中国流域经济与政区经济协同发展研究

刘世庆　许英明　巨栋　等◎著

人民出版社

目　录

第一篇　总报告

第二篇　分报告

第三篇　专题与调研

第四篇　国际经验借鉴

第一篇　总报告

第一章　流域概况：中国河流水系自然地理与社会经济发展现状

第一节　自然地理

中国位于亚欧大陆东部，濒临太平洋西岸，幅员辽阔，国土面积960万平方千米，约占亚洲陆地面积的1/4，全世界陆地面积的1/15，仅次于俄罗斯和加拿大，居世界第三位。自最北端漠河以北的黑龙江主航道中心线至最南端南沙群岛中的曾母暗沙，南北距离5500千米，自最东端黑龙江与乌苏里江汇口处到新疆帕米尔高原边界，东西相距5200千米。

按地理、气候条件，划分为三大自然地理区，即东部季风区、西北干旱半干旱区和青藏高原高寒区①。大兴安岭以东、内蒙古高原以南和青藏高原以东地区为东部季风区，面积约占全国的45%；大兴安岭以西、昆仑山—阿尔金山—祁连山和长城一线以北为西北干旱半干旱区，面积约占全国的30%；昆仑山—阿尔金山—祁连山以南、横断山以西为青藏高原高寒区，面积约占全国的25%。

中国的地势西高东低，自西向东呈三级阶梯状分布，青藏高原平均海拔在4000米以上，被称为世界屋脊，以昆仑山、祁连山、横断山脉为界构成了中国地形的第一级阶梯，该阶梯地势高，湖泊众多，雪峰连绵，人烟稀少；介于青藏高原和大兴安岭、太行山、巫山、雪峰山之间，由内蒙古高原、黄土高原、云贵高原和塔里木盆地、准噶尔盆地、四川盆地等组成的第二级阶梯，海拔在1000—2000米；由大兴安岭、太行山、巫山、雪峰山一线向东至海滨是第三级阶梯，海拔在500米以下，包括东北平原、华北平原、长江中下游平原和辽东半岛、山东半岛、东南沿海、江南丘陵以及一些山地，该阶梯上空夏季风活动频繁，降水受季风气候影响很大。

中国地貌类型复杂多样，总体上以上山地地貌为主，平地较少。高山、高原以及大型内陆盆地主要分布于西部地区，丘陵、平原以及较低的山地多位于东部。其中山地面积约占国土面积的33%，高原占26%、丘陵占10%、盆地占19%、平原占12%。全球

---

① 李怡涵：《1985—2010年中国省际人口迁移的空间区域分布特征及影响因素研究》，兰州大学博士论文，2015。

高于 8000 米的 12 座山峰中，中国就有 7 座。中国和尼泊尔接界处的珠穆朗玛峰，海拔 8848.13 米，是世界最高峰，新疆吐鲁番盆地的艾丁湖海拔在 -155 米以下，中国陆地正负比差超过 9000 米，为世界之最。

中国是世界上季风气候最为显著的国家之一，冬季受西伯利亚和蒙古强冷高压的控制，大陆盛行偏北风，西北或东北一带，寒冷干燥；夏季东部广大地区受东南季风和西南季风的影响，盛行偏南风，暖湿气流从东南沿海以东或以南深入大陆，温暖湿润，形成了我国大部分地区四季分明、雨热同期的特征，是大陆性气候特征最为明显的国家之一，具有冬季严寒、夏季炎热的特点。

区域气候差异大，在纬向，分布有赤道带、热带、亚热带、暖温带、温带和寒温带等多个气候带；在经向，呈现出湿润、半湿润、半干旱、干旱、极端干旱等不同水分条件的自然地带；加上西高东低的三级阶梯状地势的垂直差异，形成了中国复杂多样的气候类型，使我国成为世界上干旱与洪涝频繁发生的国家之一。

第二节 河流水系

中国是世界上河流众多的国家之一，绝大多数河流分布在气候较为湿润和多雨的东部与南部地区，西北地区则河流较少，且有较大范围的无河流区。根据 2011 年第一次全国水利普查成果统计，全国流域面积 100 平方千米以上河流 22909 条，总长 111.46 万千米；大于 1000 平方千米以上河流 2221 条，总长 38.66 万千米；大于 10000 平方千米以上河流 228 条，总长 13.26 万千米，见表 1–1。

表 1–1 全国河流总数统计

流域（分区）	项目	流域面积 50km² 以上河流	流域面积 100km² 以上河流	流域面积 1000km² 以上河流	流域面 10000km² 以上河流
全国河流	条数（条）	45203	22909	2221	228
	总长度（km）	1508490	1114630	386584	132553

摘自：《第一次全国水利普查成果丛书全国水利普查数据汇编》，中国水利水电出版社 2016 年版。

中国的河流主要集中在长江、黄河、珠江、辽河等大江大河流域内。按河川径流循环的形式及河流其最后的归宿分为两类：一类为注入海洋的外流河；另一类为流入封闭的湖（泊）沼（泽）或消失于沙漠的内流河。外流河与内流河的地理界线大致北起大兴安岭西麓，基本上沿东北—西南方向，经阴山、祁连山、巴颜喀拉山、冈底斯山以及青藏高原西南缘一线，以东地区的河流基本为外流河，以西地区的河流为内流河。中国外流河流域面积占全国面积的 64%，其多年平均河川径流占全国的 96%；内流河流域面积占全国面积的 36%，其多年平均河川径流占全国的 4%。

中国外流河大都沿着从西向东倾斜的总地势，注入太平洋西岸各海域，主要河流有黑龙江、绥芬河、图们江（注入日本海）；鸭绿江、辽河、滦河、海河、黄河（注入渤海）；长江、钱塘江等（注入东海）；韩江、珠江、元江、澜沧江等（注入南海）；分布于青藏高原东南部、南部和西南部的河流多流入印度洋；雅鲁藏布江注入孟加拉国湾；一些河流流出国境入他国河流如森格藏布（狮泉河）汇入印度河注入阿拉伯海，额尔齐斯河出国境经哈萨克斯坦、俄罗斯入北冰洋。

考虑河流水系的完整性、兼顾行政区的完整性，流域与行政区有机结合等因素，2002 年开始的全国水资源综合规划，将全国的河流、水系分为 10 个水资源一级区（流域）和 80 个二级区。见表 1–2。

表 1–2　全国河流水系水资源一级区分区

序号	水资源一级区	包括的流域、水系地区（即水资源二级区）
1	松花江区	松花江流域、额尔古纳河、黑龙江、乌苏里江、图们江、绥芬河
2	辽河区	辽河流域、辽宁沿黄渤海诸河、鸭绿江流域中国境内部分
3	海河区	海河流域、滦河及冀东沿海地区
4	黄河区	黄河流域
5	淮河区	淮河流域、山东半岛沿海诸河地区
6	长江区	长江流域（含太湖水系）
7	东南诸河区	包括：钱塘江、浙东诸河、浙南诸河、闽东诸河、闽江、闽南诸河、金澎金马诸河
8	珠江区	珠江流域、粤西桂南沿海诸河、海南岛及南海各岛诸河
9	西南诸河区	包括：红河、澜沧江、怒江、伊洛瓦底江、雅鲁藏布江等跨境河流中国境内部分以及藏南、藏西诸河地区
10	西北诸河区	包括：塔里木河等西北内陆河以及额尔齐斯河、伊犁河等跨界河流的中国境内部分

其中：除黄河、长江、海河一级区分别是完整的流域外，而其他的一级区，除本流域外，还有周边邻近的其他一些流域、地区。各分区的主要河流见表 1–3。

表 1–3　全国各水资源分区的主要江、河统计

序号	水资源一级区	包括的主要较大河流
1	松花江区	松花江、黑龙江、第二松花江、嫩江、乌苏里江、图们江、绥芬河、牡丹江
2	辽河区	辽河、浑河、太子河、大凌河、鸭绿江
3	海河区	滦河、海河、潮白河、永定河、大清河、子牙河、漳卫南运河、徒骇马颊河
4	黄河区	洮河、湟水、无定河、汾河、渭河、伊洛河、沁河、大汶河
5	淮河区	颍河、史河、淠河、沂河、沭河
6	长江区	金沙江、雅砻江、岷江、沱江、嘉陵江、乌江、湘江、资水、沅江、澧水、汉江、赣江、抚江
7	东南诸河区	钱塘江、瓯江、闽江、南渡江、浊水溪
8	珠江区	柳江、西江、北江、东江、郁江、韩江、南渡河
9	西南诸河区	红河、澜沧江、怒江、伊洛瓦底江、雅鲁藏布江
10	西北诸河区	塔里木河、石羊河、昌马河、黑河、乌伦古河、柴达木河、格尔木河、疏勒河、伊犁河

在全国的河流中，流域面积大于 10 万平方千米的河流共 20 条，见表 1–4。

表 1–4　中国大江大河（流域面积大于 10 万平方千米）名录

序号	河名	河长（km）	流域面积（km^2）	平均年径流量（亿 m^3）	备注
1	黑龙江	4440	184.3	3408	我国干流区面积 34.11km^2（未计松花江）
	其中：我国境内	2854	91.2	1383.3	包括松花江等支流
2	松花江	2309	56.12	818	长度从嫩江计
	其中：嫩江	1370	29.85	293.5	
3	辽河	1345	22.11	137	包括大辽河
4	海河	1090	26.55	163	计入徒骇马颊河，河长以卫河为源计

（续表）

序号	河名	河长（km）	流域面积（km^2）	平均年径流量（亿 m^3）	备注
5	黄河	5464	79.5	607	
	其中. 渭河	818	13.5	103.7	包括洛河
6	淮河	1000	26.9	595	
7	长江	6397	178.27	9856	
	其中：雅砻江	1571	12.8	5708	
	岷江	793	13.3	961.3	
	嘉陵江	1120	16	698.8	
	汉江	1577	15.9	554.7	
8	珠江	2214	44.25	3381	
	其中：西江	2075	25.3	2301.6	
9	澜沧江	2161	16.44	741.5	
10	怒江	2013	15.74	1015.9	
11	雅鲁藏布江	2057	24.2	1161.2	
12	塔里木河	2437	100.26	349	
13	黑河	821	11.6	34.94	主干，不包括东、中系诸河

根据：陆孝平、富曾慈编纂《中国主要江河水系要览》和水利部水利水电规划设计总院著《中国水资源及其开发利用调查评价》两书整理。

在全国的河流中，习惯上将控制流域面积大、流域内人口密集、工农业发达、水能资源丰富、水量大的，松花江、辽河、海河、黄河、淮河、长江、珠江，统称为七大江河。其控制范围的流域面积，占全国国土面积的45.6%，水资源总量占全国总量的57.5%，水资源可利用量占全国总量的近58.2%，水能蕴藏量占全国的58.8%。流域控制人口占全国75.7%，耕地占全国的86%。河流主要基本情况详见表1–5，每条江河概况介绍见下节。

表 1–5　中国七大江河基本情况表

河流（水系）	流域面积（万 km^2）	河长（km）	水资源总量（亿 m^3）	其中：地表水资源（亿 m^3）	地表可利用量（亿 m^3）	总人口（亿人）	总耕地（亿亩）	粮食总产量（万 t）	水能蕴含量（MW）	其中水能技术可开发量（MW）
松花江	56.12	2309	961	818	339	0.55	2.08	2921	6599	6250
辽河	22.11	1345	222	137	63	0.34	0.83	1771	828	247.4
海河	26.55	1090	307	163	110	1.22	1.8	3731	3150	2185
黄河	79.5	5464	719	607	315	1.14	2.44	2758	40548	34741
淮河	26.9	1000	794	595	289	1.72	1.85	6122	1510	900
长江	178.27	6397	9958	9856	2827	4.27	4.64	14334	305000	281000
珠江	44.25	2214	3386	3381	796	1.17	2.08	2196	39690	38370
七江河合计	433.7	19819	16347	15557	4739	10.41	15.72	33833	397325	363720.4
全国	950.67		28412	27388	8140	13.75	18.72	62144	676047	541640
占全国（%）	45.62		57.54	56.80	58.22	75.71	86.04	54.44	58.77	67.15

注：流域参数主要采用 2014 年《中国水资源及其开发利用调查评价》、2008 年各《流域综合规划》成果、2010 年《中国水利统计年鉴》数和全国第二次水能普查等成果整理。

除此之外，不包括在七大江河内的跨境外流河中，流域面积大、水资源丰沛、水能资源丰富的河流（国际河流），在西南诸河区、西北诸河等区，还有：

雅鲁藏布江，流域面积 24.2 万平方千米，河长 2057 千米，水资源总量 1661.2 亿立方千米，水能理论蕴藏量 113500 兆瓦，水量除长江外居全国第二位，水能理论蕴藏量居全国第二位，经印度，进入孟加拉国与恒河相汇，最后注入孟加拉国湾。

澜沧江，流域面积 16.44 万平方千米，河长 2161 千米（国境内），水资源总量 741.5 亿立方千米，水能理论蕴藏量 36560 兆瓦，是世界第七长河，亚洲第三长河，东南亚第一长河，水资源、水能资源十分丰富，在云南省出境，经老挝、缅甸（后始称湄公河）流经泰国、柬埔寨和越南，于越南胡志明市流入中国南海。

怒江及伊洛瓦底江，河长 2013 千米（中国境内），流域面积 15.74 万平方千米，水资源总量 1015.9 亿立方千米，水能理论蕴藏量 36410 兆瓦，水资源、水能资源十分丰富，在云南省出境，进入缅甸（称萨尔温江）流入印度洋。

我国东北地区国界河流黑龙江，跨中国、俄罗斯、蒙古三国，全长 4400 千米（以海拉尔河为源），流域面积达184.3万平方千米，为世界第十位，在中国境内的流域面积约占全流域面积的48%。松花江在同江市注入黑龙江。黑龙江形成东南西伯利亚与中国之间的部分边界。发源于中国东北、内蒙古北部与西伯利亚之间的边界，流往俄罗斯西伯利亚城市哈巴罗夫斯克，注入鞑靼海峡，为北亚最长的河流。

我国西北地区尚有，我国第一大内流河塔里木河，河长2437千米，流域面积100.26万平方千米，水资源总量369亿立方千米，注入塔里木盆地，归宿为罗布泊。见表1–6。

表1–6　中国其他主要江河基本情况表

河流（水系）	流域面积（万 km^2）	河长（km）	降水量（亿 m^3）	水资源总量（亿 m^3）	地表可利用量（亿 m^3）	总人口（万人）	总耕地（万亩）	水能蕴藏量（MW）	其中水能技术可开发量（MW）
雅鲁藏布江	24.2	2057	2289.9	1661.2	107.3	142.8	229.95	113500	47400
澜沧江	16.44	2161	1637.7	741.5	108.9	663.6	411.6	36560	28250
怒江及伊洛瓦底江	15.74	2013	1697.6	1015.9	150.1	538.1	394.1	36410	21320
黑龙江中国部分	34.11	2854	1520.2	473.3	411.1	3300	2044	4930	4680
塔里木河	100.26	2437	1154.4	369	339.5	968.64	2531		

中国是一个多湖泊的国家，湖泊类型多样，有构造湖、冰蚀湖、冰碛湖、火山口湖、堰塞湖、风蚀湖、溶蚀湖等。按湖水最终流向可分为外流湖和内流湖。分布具有区域性特点，其中青藏高原地区、长江中下游平原是湖泊分布的两个最密集的地区。

根据第一次全国水利普查成果统计，全国现有水面积大于1平方千米以上湖泊2865个（其中淡水湖约1594个），总水面积7.8万平方千米，储水量约7422亿立方米，见表1–7。

表1–7　全国湖泊统计成果

流域（分区）	项目	水面积 $1km^2$ 以上湖泊	水面积 $10km^2$ 以上湖泊	水面积 $100km^2$ 以上湖泊	水面积 $1000km^2$ 以上湖泊
全国湖泊	数量（个）	2865	696	129	10
	水面面积（km^2）	78007.1	71276.7	53230.3	21869

摘自：《第一次全国水利普查成果丛书全国水利普查数据汇编》，中国水利水电出版社2016年版。

在 2865 个湖泊中：淡水湖 1594 个，咸水湖 945 个，盐湖 166 个，其他 160 个。水面积大于 1000 平方千米的大型和特大型湖泊（含干盐湖）统计见表 1–8。

表 1–8　中国大型湖泊和特大型湖泊基本情况表

湖泊名称	所在水资源一级区	所在行政区	面积（km^2）	储水量（亿 m^3）	湖泊类型
察尔汗盐湖	西北诸河区	青海	4704	0	干盐湖
青海湖	西北诸河区	青海	4237	715.93	咸水湖
鄱阳湖	长江区	江西	3750	295.7	淡水湖
洞庭湖	长江区	湖南	2625	167	淡水湖
太湖	长江区	江苏	2338	44.28	淡水湖
呼伦湖	松花江区	内蒙古	2126	102	咸水湖
纳木错	西北诸河区	西藏	1962	784.6	咸水湖
昆特依干盐湖	西北诸河区	青海	1680	0	干盐湖
色林错	西北诸河区	西藏	1628	374.4	咸水湖
洪泽湖	淮河区	江苏	1597	30.4	淡水湖
南四湖	淮河区	山东	1098	16.08	淡水湖
兴凯湖	松花江区	黑龙江	1054	66.12	淡水湖

摘自：《中国水资源及其开发利用调查评价》，水利部水利水电规划设计总院中国水利水电出版社 2014 年版。

中国也是世界上湿地类型齐全、数量大、分布最广的国家之一，一般分为五大类，沼泽湿地、湖泊湿地、河流湿地、浅海及海岸滩涂湿地四大类型自然湿地和包括水库、池塘、稻田等在内的人工湿地。据全国水资源综合规划调查成果统计，全国有沼泽湿地 2894 块，1370 万公顷，洪泛平原湿地 476 块，107 万公顷，三角洲湿地 169 块，48.8 万公顷。东部地区河流湿地多，长江中下游地区湖泊湿地较多，东北部地区沼泽湿地多，青藏高原具有世界海拔最高的大面积高原沼泽和湖群，形成独特的工业寒湿地。

中国是世界低纬度山岳冰川最为发达的国家之一，初步查明，中国西部地区共发育冰川 46377 条，总面积 59425 平方千米，冰储量约为 50400 亿立方米，年平均冰川融水量 616 亿立方米。其中内流区发育的冰川 27024 条，总面积 35468 平方千米，冰储量约为 32175 亿立方米，年平均冰川融水量 256 亿立方米。分别占冰川总量的 58.3%、59.7%、63.8% 和 41.6%。其余的冰川分布在外流河，是长江、黄河、雅鲁藏布江等江河的发源地。冰川主要分布在西藏、新疆、甘肃、青海、云南、四川等省。

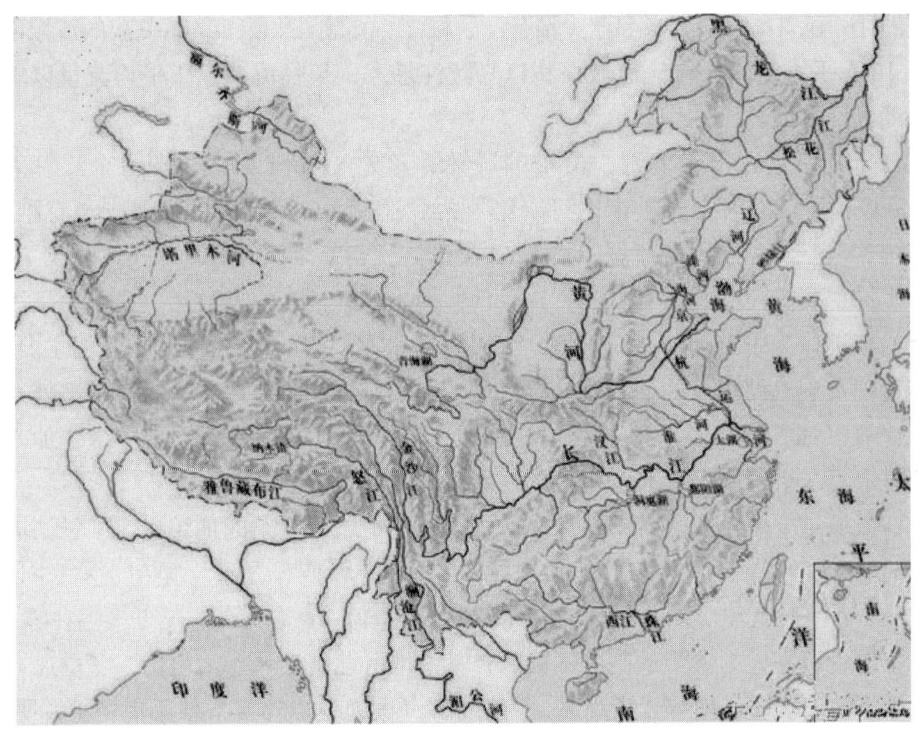

图 1–1　中国水系示意图

第三节　七大江河

本节重点介绍我国控制流域面积大、流域人口多、社会经济发达，具有重要战略地位的七大江河，即长江、黄河、松花江、珠江、淮河、辽河、海河。七大江河的主要基本情况见表 1–5。

一、长江

长江是中国和亚洲的第一大河，世界第三大河，发源于青藏高原的唐古拉山脉主峰格拉丹冬雪山西南侧，自西而东横贯中国中部，经青海、西藏、四川、云南、重庆、湖北、湖南、江西、安徽、江苏、上海 11 个省（自治区、直辖市），数百条支流延伸至贵州、甘肃、陕西、河南、广西、广东、浙江、福建 8 个省、自治区的部分地区，总计 19 个省级行政区，一路上气势磅礴，大小湖泊与干支流众多，可谓“远似银藤挂果瓜，近如烈马啸天发，雄浑壮阔七千里，通络润滋亿万家”，最终于上海注入东海。流域面积达 178.27 万平方千米，约占中国陆地总面积的 18.6%，干流全长 6397 千米，河流总落差 5400 千米以上。长江水系发育由数以千计的大小支流组成，流域面积 10000 平方千米以上的支流有 49 条，其中 8 万平方千米以上的有 8 条，它们是雅砻江、岷江、嘉陵江、乌江、湘江、沅江、汉江、赣江[①]。雅砻江、岷江、嘉陵江和汉江4条支流的流域面积都超过了10万平方千米。支流流域面积以嘉陵江最大；年径流量、年平均流量以岷江最大；长度以汉江最长。

长江干流宜昌以上为上游，长4504千米，落差5100米以上，约占全江总落差的95%，流域面积100万平方千米，河床比降大，滩多流急，加入的主要支流有雅砻江。其中直门达至宜宾称金沙江流域，长3464千米。宜宾至宜昌河段均称川江，长1040千米，加入的主要支流，北岸有岷江、嘉陵江，南岸有乌江。出三峡后，进入中下游平原区，宜昌至湖口为中游，长955千米，流域面积68万平方千米，本段加入的主要支流，南岸有清江及洞庭湖水系的湘、资、沅、澧四水和鄱阳湖水系的赣、抚、信、修、饶五水，北岸有汉江。湖口以下为下游，长938千米，流域面积12万平方千米，加入的主要支流有水阳江水系、太湖水系和北岸的巢湖水系。

长江流域主要位于亚热带季风气候区，辽阔的地域、复杂的地貌决定了长江流域具有多样的地区气候特征[②]。长江中下游地区，冬冷夏热，四季分明，雨热同季，季风气候十分明显，年平均气温16—18℃，夏季最高气温达40℃左右，冬季最低气温在零下4℃左右；上游青藏高原为典型的高原气候区；其余地区北有秦岭、大巴山，冬季风入侵的强度比中下游地区弱，南有云贵高原，东南季风不易到达，季风气候不如中下游明显[③]。

长江流域地势西高东低，形成三级阶梯。青南川西高原、横断山区和陇南川滇山地为第一级阶梯，高程一般3500—5000米。云贵高原、秦巴山地、四川盆地和鄂黔山地为第二级阶梯，高程一般500—2000米。淮阳低山丘陵、长江中下游平原和江南低山丘陵组成第三级阶梯，除部分山峰高程接近或超过1000米外，一般在500米以下[④]。

长江流域水资源丰沛具有独特的生态优势。长江流域水资源总量9958亿立方米，其中地表水资源9856亿立方米，地下水资源2492亿立方米，地下水资源重复水量2390亿立方米。由于流域人口众多，人均占有水量为2330立方米，仅为世界人均占有量的1/4。长江水资源特征，主要反映在河川径流的时空分布上，流域地表水资源量占水资源总量的99%；在地表水资源中，河川径流量又占96%以上。汛期的河川径流量一般占全年径流量的70%—75%。径流地区分布也很不均匀，单位面积产水，以金沙江和汉江水系为最少，鄱阳湖和洞庭湖水系为最大；按行政区，青海、河南最小，湖南最大。流域内拥有各类湿地155块，175.87多万公顷，是我国重要的湿地分布区域之一；面积大于1平方千米的湖泊805个，湖区总面积17326.6平方千米，储水量760.8亿立方米；森林面积6187万公顷。流域内分布着各类各级自然保护区827个，总面积3584万公顷，占

① 马建华：《全面把握综合规划内涵不断促进长江水利发展》，《人民长江》，2012（1）。
② 马建华：《全面把握综合规划内涵不断促进长江水利发展》，《人民长江》，2012（1）。
③ 齐天乐：《流域经济视角下长江航运发展战略研究》，四川省社会科学院硕士论文，2014。
④ 齐天乐：《流域经济视角下长江航运发展战略研究》，四川省社会科学院硕士论文，2014。

长江流域面积的20%。有中华鲟、白鳍豚、大熊猫、金丝猴等珍稀动物，还有银杉、水杉、珙桐等珍稀植物，是我国重要的生物基因宝库。

长江流域是我国水能资源最为富集的地区，理论蕴藏量30500万千瓦，占全国的40%，技术可开发装机28100万千瓦，年发电量1.32万亿千瓦时。已建、在建水电站2458座，总装机容量超过12970万千瓦，占技术可开发量的42%以上。技术可开发的水能资源中，大型水电站数量多、比重大，共有大型水电站107座，装机容量19000万千瓦，年发电量0.86万亿千瓦时，分别占全流域的68%和66%；空间分布为西多东少、支流多于干流，上游装机容量24400万千瓦，占全流域的87%；干、支流装机容量为11200万千瓦和16900万千瓦，分别占全流域的40%、60%。干流宜宾以上（即金沙江）、支流雅砻江和大渡河是我国最重要的水电开发基地，已、正开发装机容量仅分别占其技术可开发量的28%、33%和22%，尚有较大的开发潜力。

长江素有"黄金水道"的誉称，是联系我国东、中、西部的航运大动脉，流域内共有通航河流3600多条，总计通航里程约7.1万千米（其中，0.7米以上水深的等级航道5.7万千米），占全国内河通航里程的56%，各项运网密度指标均高于全国平均水平。运网密度每万人高于全国平均50%，运网密度每100千米为全国平均的3倍多，综合密度和经济相关密度也在全国平均2倍以上，显示出长江水系航运网的优势和在全国内河航道中的地位和作用。

长江流域是我国的资源富集区。矿产资源丰富，种类齐全，在全国已探明的130种矿产中，长江流域有110余种，占全国的80%。各类矿产中储量80%以上的有钒、钛、汞、磷、萤石、芒硝、石棉等；占50%以上的有铜、钨、锑、铋、锰、高岭土、天然气等。全国11个大型锰矿、8大铜矿，长江流域分别占有5处和3处；湖南、江西的钨矿，湖南的锑矿，湖北的磷矿，均居全国之首。流域内煤矿储量少，仅占全国的7.7%，主要集中于黔、川、滇三省，其中黔北六盘水煤矿居全国第三位[①]。林木蓄积量占全国的1/4。主要林区在川西、滇北、鄂西、湘西和江西等地。用材林仅次于东北林区；经济林则居全国首位，以油桐、油菜、漆树、柑桔、竹林等最为着称。

长江流域是我国人口、经济的聚集区，综合实力较强。2007年有人口约4.27亿人，占全国1/3，其中农业人口约3.2亿人，城镇化率42%。在流域总人口中，约94%为汉族；还有五十多个少数民族，2000余万人，其中超过100万人的有土家、苗、彝、侗、藏、回6个民族，各少数民族主要居住在云贵高原、青藏高原、川西、湘西和鄂西一带。长江流域人口稠密，平均人口密度超过220人/平方千米，特别是长江三角洲、成都平原和中下游平原区，人口密度达600—900人/平方千米，上海达4600人/平方千米以上，是中国人口最稠密的地区[②]。流域地区生产总值84778亿元（当年价），人均地区生

① 李中锋、刘铁军：《长江和长江流域》，《人与自然》，2002（12）。

② 黄强：《地灵人杰话长江》，《学习月刊》，2012（12）。

产总值 19841 元，有耕地面积 4.62 亿亩，占全国 25.4%，粮食总产量 1.63 亿吨，占全国的 32.5%。是我国重要的食品粮、棉、油的生产基地。工农业生产在全国占有举足轻重的地位，是我国经济重心所在、活力所在，其中以沪苏浙为主体的长江三角洲地区是我国经济最发达的地区，综合实力较强。

流域开发目前存在的问题是：由于长江中下游洪水来量大而河道泄洪能力不足，遇大洪水有大量超额洪量需妥善安排，部分地区防洪形势严峻；支流和湖泊堤防较薄弱，且未形成完整的防洪圈；蓄滞洪区建设滞后，计划分洪十分困难①。

由于水资源时空分布不均，已建工程调控能力不足，导致局部地区和部分时段缺水，与经济社会发展需求不相适应。上游地区缺乏骨干调蓄工程，已建工程老化失修，工程性缺水现象突出，一些高原平坝和河源局部区域还存在资源性缺水；中游部分丘陵山区仍存在较严重的工程性缺水现象，部分地区存在水质性缺水；下游地区受水污染和河口段咸潮上溯影响，引起水质性缺水。流域内以滇中高原、四川盆地、湘中湘南地区、吉泰盆地、豫鄂南阳盆地等地水资源供需矛盾最为突出，部分大中城市还存在各种类型的缺水现象。随着流域经济社会发展，废污水排放量逐年增加，加之面源污染仍未得到有效控制，导致干流局部水域、部分支流河段和湖泊污染严重，特别是城市江段存在明显岸边污染带，部分支流出现水华，部分湖泊富营养化严重②。

2010 年，长江流域总供用水量为 1983 亿立方米，其中地表水源供水量 1890 亿立方米，地下水源 85.1 亿立方米，其他水源 8.3 亿立方米。总用水量中，农业 948 亿立方米，工业 747 亿立方米，生活 269 亿立方米，河道外生态用水量 19.9 亿立方米，农业、工业、生活、生态用水量分别占总用水量的 47.8%、37.6%、13.6% 和 1.0%。流域水资源开发利用率为 20.4%，低于全国平均值，水资源开发尚有较大潜力。

长江治理开发与保护应在注重维护长江生态功能、改善长江水生态环境、修复已造成的不良水生态环境的基础上，充分发挥长江的服务功能，使长江永远成为一条生态环境优良、造福人类的健康河流，以水资源的可持续利用支撑和保障经济社会的可持续发展③。根据流域治理开发与保护现状、存在问题和经济社会发展需要，按照“维护健康长江，促进人水和谐”的基本宗旨，拟定长江治理开发与保护的主要任务是防洪、治涝、供水、灌溉、发电、跨流域调水、航运、水资源保护、水生态环境保护、水土保持、水利血防等。根据 2011 年中央 1 号文件关于到 2020 年基本建成防洪抗旱减灾体系、水资源合理配置和高效利用体系、水资源保护和河湖健康保障体系和有利于水利科学发展的制度体系的总体要求，加快长江流域控制性水利水电工程（能控制洪水、调蓄水资源、对河流或河段洪水和水资源起调控作用的工程）建设，强化控制性水利水电工程的调度

① 马建华：《全面把握综合规划内涵不断促进长江水利发展》，《人民长江》，2012（1）。
② 张金锋：《最严格水资源管理制度在长流规修编中的体现》，《人民长江》，2012（11）。
③ 仲志余：《科学发展引领综合规划为治江事业提供技术支撑》，《人民长江》，2013（5）。

管理，增强应对洪涝旱灾害能力，提高水资源利用效率，维护良好水环境，强化流域综合管理，实现长江水资源的有序开发和有效保护。在现已形成的治理开发与保护格局的基础上，逐步建成完善的防洪减灾体系、水资源综合利用体系、水资源与水生态环境保护体系、流域综合管理体系。

长江经济带建设是党中央、国务院主动适应把握引领经济发展新常态，科学谋划中国经济新棋盘，作出的既利当前又惠长远的重大决策部署，是一项重大国家战略。是中国经济三十多年高速增长后转型发展的必然要求，是实现“十三五”时期发展目标的主要举措。长江经济带的建设，必须深入贯彻习近平总书记系列重要讲话精神，按照“五位一体”总体布局和“四个全面”战略布局，牢固树立和贯彻落实创新、协调、绿色、开放、共享的发展理念。坚持生态优先、绿色发展，坚持一盘棋思想，理顺体制机制，加强统筹协调，处理好政府与市场、地区与地区、产业转移与生态保护的关系，共抓大保护，不搞大开发，加快推进供给侧结构性改革，更快发挥长江黄金水道综合效益，着力建设沿江绿色生态廊道，着力构建高质量综合立体交通走廊，着力优化沿江城镇和产业布局，着力推动长江上中下游协调发展，不断提高人民群众生活水平，努力形成生态更优美、交通更顺畅、经济更协调、市场更统一、机制更科学的黄金经济带，为全国统筹发展提供新的支撑①。

金沙江（包括通天河、沱沱河）是长江的上游干流河段，位于我国青藏高原、云南高原和四川盆地的西部边缘，跨越青海、西藏、四川、云南、贵州 5 省区，流域面积 47.4 万平方千米，源头至宜宾干流全长约 3500 千米，总落差 5100 米，分别占长江全长的 55.5% 和干流总落差的 95%。金沙江发源于唐古拉山脉中段各拉丹冬雪山的姜根迪如峰南侧冰川，成为东支支流，与尕恰迪如岗雪山的支流汇合后始称沱沱河，折转东流，汇入当曲后称通天河，流至玉树巴塘河口始称金沙江。金沙江流域以山区为主，地势西高东低，逐渐向东南倾斜，跨越青南川西高原、横断山地、川滇山地及四川盆地等四个地貌区。干流与横断山脉平行，与怒江、澜沧江并流至日冕斯木达坝址附近形成世界自然遗产“三江并流”景观。穿行至石鼓后成一急转弯流向东北，形成了“万里长江第一湾”，弯道上的虎跳峡大峡谷，是金沙江短距离落差最集中的河段。干流又折向东流至攀枝花市。从左岸汇入最大支流雅砻江，沿途又纳入龙川江、普渡河、牛栏江、横山等各支流，至宜宾与左岸支流岷江汇合后称长江。流域水资源总量为 1565.2 亿立方米，根据屏山站 1956—2006 年多年平均径流量 1460 亿立方米。石鼓站 1956—2006 年多年平均径流量 420 亿立方米；攀枝花站 1956—2006 年多年平均径流量 580 亿立方米。金沙江是长江宜昌以上地区泥沙的重要来源之一，占宜昌站多年平均输沙量的 50.5%。

金沙江流域经济发展的主要最优因素是，地处我国西南腹地，拥有水电、矿产、森

① 周泓、刘洋、张雪瑶等：《生态优先推动长江经济带绿色发展——<长江经济带发展规划纲要>初步解读》，《环境与可持续发展》，2016（11）。

林、生物、旅游等众多优势资源，是我国西南重要的水电基地，工农业生产基地和极具魅力的旅游胜地，极具开发优势。地理位置优越，水资源和水能资源丰富，落差集中，水能资源富集，全流域的水能蕴藏量121023兆瓦，技术可开发量119650兆瓦，占长江流域的43.6%和46.6%，水能资源蕴藏量约占全国的六分之一，居我国各大江大河之首。气候立体分布明显，适宜农林牧业发展，牧草资源丰富，畜牧业发达，光热资源丰富，是云南、四川两省粮食和经济作物的重要产区。矿产资源丰富，种类多，储量太大，品位高，铁、铜、铅、锌、煤、食盐和磷的储量均十分丰富，著名的攀西地区的铁矿和钒钛等伴生矿，云南昭通和攀西地区的煤矿、西藏江达的铜矿，以及晋宁的磷矿、安宁的盐矿等，其中攀枝花市的钒钛等储量位居世界前列，为流域的发展提供了雄厚的物资基础。

金沙江旅游及生物资源丰富，流域独特的自然地理风貌、雪域高原风情、丰富多样的动植物资源、悠久灿烂的历史文明、多姿多彩的民族文化，将吸引更多的中外游客。

在长江经济带开发建设中，实施西部大开发，加快金沙江流域开发优势资源，发展流域经济前景十分广阔。金沙江水力资源十分丰富，具有电能质量高、调节性能好的优点，是我国最大的水电能源基地，是我国西电东送的主要基地之一，在实现我国电力布局、“西电东送”形成全国统一电网等方面具有重要的战略地位。以水能资源的开发为先导，是金沙江流域综合开发的主要环节。应在认真研究综合利用要求和自然生态保护的基础上，合理规划梯级布置，开发和利用好金沙江干流的水能资源。优先开发干流中下游河段水能资源，是水能开发的重点，建设全国西南能源基地至关重要，金沙江梯级电站主要集中在金沙江中下游（石鼓至宜宾河段），干支流水能蕴藏量121023兆瓦，占长江流域的43.6%，占全国总量的17.4%，技术可开发量119650兆瓦，年发电量5927亿千瓦时，分别占长江流域的46.7%和49.9%，占全国总量的22.1%和23.7%，其中干流（江源至宜宾）水能蕴藏量58110兆瓦，技术可开发量76750兆瓦。

根据规划金沙江上游河段11级开发，有东就拉、哂垃、果通、俄南、白立、波罗、降曲河口、拉哇、巴塘、苏洼龙、日冕，总装机容量11460兆瓦，年发电量521.5亿千瓦时；金沙江中下游河段13级开发，装机容量59485兆瓦（或59265兆瓦）（虎跳峡或塔城方案），年发电量2710亿千瓦时（或2802亿千瓦时）。其中：中游布置有虎跳峡（或塔城）、梨园、阿海、金安桥、龙开口、鲁地拉、观音岩七个梯级，装机容量17680兆瓦（或17460兆瓦），年发电量731.86亿千瓦时（或823.86亿千瓦时）；下游布置有金沙、银江、乌东德、白鹤滩、溪落渡、向家坝六个梯级，装机容量41805兆瓦，年发电量1978.14亿千瓦时。

金沙江干流石鼓至宜宾河段梯级总库容都在650亿立方米以上，兴利库容在330亿立方米以上，具有较大的防洪库容的潜力。梯级水库控制了长江上游约50%流域面积，完建后配合三峡水库对长江中下游防洪、拦沙可以起到显著的作用[①]。

目前金安桥、观音岩、溪落渡、向家坝枢纽已经建成投产发电，乌东德、白鹤滩、梨园、阿海、龙开口、鲁地拉、金沙、银江也已经陆续开工建设，虎跳峡枢纽正开展前期工作。

金沙江下游电站梯级（六级）开发建设，特别是乌东德、白鹤滩、溪落渡、向家坝四级特大型电站建成，可形成800千米以上的库区，规划可以建成全长768千米的Ⅳ级航道。计划2020年电站建成，但目前电站建设，没有同时建设过坝船闸等过船设施，影响到金沙江干流攀枝花至宜宾的下游河段的航道建设，把金沙江纳入长江经济支撑带建设规划，推动已建电站建设预留航道，在建电站应进行船闸改造或增加翻坝措施；推动攀枝花、宜宾、泸州、水富三港合作，提高金沙江下游航道等级，提升长江黄金水道功能，推进铁路、高速公路、航空等基础设施建设互联互通，提升黄金水道功能有重要意义[②]。

二、黄河

黄河是中国的第二大河，发源于中国青海省巴颜喀拉山北麓的约古宗列盆地的约索曲，海拔4675米，自西向东横贯中国北部，流经青海、四川、甘肃、宁夏、内蒙古、陕西、山西、河南、山东9个省区，最后于山东省东营市垦利县注入渤海，全长5464千米，天然落差4480米，是中国第二长河，仅次于长江，也是世界第五长河流。在中国历史上，黄河及沿岸流域给人类文明带来了巨大的影响，是中华民族最主要的发源地，“没有黄河，就没有我们这个民族”，中国人称其为“母亲河”。流域面积79.5万平方千米（包括鄂尔多斯内流区4.23万平方千米），汇集了40多条主要支流和1000多条溪川，流域面积10000平方千米以上的支流有10条。黄河流域年平均降水400mm左右，年平均水资源总量719亿立方米，地表水资源量607亿立方米，其中地下水112亿立方米，在中国各大江河中居第8位。黄河含沙量极大，1956—2000年实测年输沙量12.5亿吨，平均含沙量达34.4千克/立方米，是举世闻名的多沙河流。黄河的主要支流有上游段（河源至河口镇）的大夏河、洮河、湟水（包括大通河），其中洮河是黄河上游的最大支流，发源于甘肃斜山东麓，在刘家峡附近入黄河；中游段（河口镇至河南郑州的桃花峪）的无定河、汾河、渭河、伊洛河，其中渭河是黄河的最大支流，发源于甘肃省渭源的鸟鼠山，横贯八百里秦川的关中平原，在潼关汇入黄河；下游段（郑州以下至河口），此段处于华北平原上，是地上“悬河”，黄河两岸几乎所有河流都无法注入黄河，只有

① 江志远：《浅谈金沙江溪洛渡水电站的防洪作用》，《中国三峡建设》，2004（8）。

② 刘世庆、巨栋：《长江绿色生态廊道建设总体战略与实现路径研究》，《工程研究—跨学科视野中的工程》，2016（10）。

发源于山东泰山的汶河，居高临下，借助于京杭大运河，才使其一部分水量注入黄河。

河源至内蒙古自治区托克托县的河口镇为上游，河道长 3472 千米，流域面积 42.8 万平方千米；自河口镇至河南郑州市的桃花峪为中游，中游河段长 1206 千米，流域面积 34.4 万平方千米，占全流域面积的 43.3%，落差 890 米，平均比降 7.4%。黄河桃花峪至入海口为下游。河道长 785.6 千米，落差 94 米，流域面积 2.3 万平方千米，仅占全流域面积的 3%，比降上陡下缓，平均 1.11%。黄河流域范围内，黄河干流宁蒙河套河段南部，有一片内流区。该地区属鄂尔多斯高原，包括库布齐沙漠和毛乌素沙漠。是内蒙古、陕西、宁夏的接壤地带。内流区面积 4.2 万平方千米。

黄河流域幅员辽阔，山脉众多，东西高差悬殊，各区地貌差异也很大。大部分为山区和丘陵，分别占流域面积的 40% 和 35%，平原区仅占 17%。又由于流域处于中纬度地带，受大气环流和季风环流影响的情况比较复杂，属大陆性气候。因此，流域内不同地区气候的差异显著，气候要素的年、季变化大，流域气候有以下主要特征：光照充足，太阳辐射较强，季节差别大、温差悬殊、降水集中，分布不均、年际变化大湿度小，蒸发大、冰雹多，沙暴、扬沙多、无霜期短。黄河流域幅员辽阔，地形复杂，各地气候差异较大，从南到北属湿润、半湿润、半干旱和干旱气候。

流域内共有总耕地面积 2.44 亿亩，上中游还有宜农荒地约 3000 万亩荒地可供开垦，占全国宜农荒地总量的 30%。农田有效灌溉面积 7764 万亩。黄河流域很早就是中国农业经济开发地区。上游的宁蒙河套平原、中游汾渭盆地以及下游引黄灌区都是主要的农业生产基地之一。

流域矿产资源丰富，已探明的有 37 种，具有全国性优势的有稀土、石膏、玻璃用石英岩、铌、煤、铝土矿、钼、耐火粘土等 8 种。上中游地区的煤炭资源，中下游地区的石油和天然气中游都十分丰富。已探明煤产地（或井田）685 处，保有储量约 5500 亿吨，占全国煤炭储量的 50% 左右，预测煤炭资源总储量 2.0 万亿吨左右。在全国已探明储量超过 100 亿吨的 26 个煤田中，黄河流域有 12 个，如内蒙古鄂尔多斯、山西省的晋中和晋东、陕西陕北、宁夏宁东、河南豫西、甘肃陇东等能源基地。流域内已探明的石油、天然气储量分别约为 90 亿吨和 2 万亿立方米，分别占全国总地质储量的 40% 和 9%，主要分布在胜利、中原、长庆和延长 4 个油区，其中胜利油田是我国的第二大油田，是我国经济社会持续发展的重要保障。能源工业包括煤炭、电力、石油和天然气等，原煤产量占全国产量的一半数以上，石油产量约占全国的 1/4，已成为区内最大的工业部门。铅、锌、铝、铜、铂、钨、金等有色金属冶炼工业，以及稀土工业有较大优势。

黄河干流落差 2960 米，水能理论蕴藏量 4054.8 万千瓦，可开发的水能资源总装机容量 3474.1 万千瓦，仅干流已、在建水电站 25 座总装机容量 1970 万千瓦，在我国七大河流中居第二位，是我国西北地区的水电能源基地。能源矿产资源优势明显，事关国家能源安全，在我国国民经济建设中具有十分重要的战略地位。

黄河流域涉及9省（区）66个地（市、州、盟），340个县（市、旗），2010年流域内总人口约11368万人，占全国总人口的8.6%，全流域人口密度为143人/平方千米，高于全国平均值134人/平方千米；其中城镇人口4543万人，城镇化率40.0%，比全国平均值44.1%略低。流域各地区人口分布不均，70%左右的人口集中在龙门以下地区，而该区域面积仅占全流域的32%左右[①]。农田有效灌面7764万亩。国内地区生产总值13733亿元，人均地区生产总值12171元。第一产业是黄河流域的传统产业，历史悠久。历史上黄河流域工业基础薄弱，新中国成立以来有了很大的发展，建立了一批能源工业、基础工业基地和新兴城市，为进一步发展流域经济奠定了基础。黄河上中游地区仍比较贫困，加快这一地区的开发建设，尽快脱贫致富，对改善生态环境，实现经济重心由东部向中西部转移的战略部署具有重大意义[②]。黄河流域及下游引黄地区地域辽阔、土壤肥沃、光热资源丰富、昼夜温差大，有利于小麦、玉米、棉花、花生和苹果等多种名、优、特粮油和经济作物生长。黄河流域是我国农业经济开发最早的地区，上游丰茂的草原和宁蒙平原是我国畜牧业和粮食生产基地，宁蒙平原还是干旱地区建设"绿洲农业"的成功典型。中游的汾渭盆地以及下游的沿黄平原是我国粮食、棉花、油料的重要产区。

黄河是我国北方地区最大的河流，是我国西北、华北地区的重要水源。黄河以占全国水资源总量2%的水资源量，承担着全国12%的人口、15%的耕地面积、五十多座大中城市、13个国家能源重化工基地以及中原油田、胜利油田的供水任务，同时还承担着繁重的向流域外相关地区调水的任务，在我国经济社会发展中具有十分突出的战略地位[③]。

黄河流域特点及日前存在的主要问题是：水少沙多，水沙异源、水沙关系不协调的自然特性。黄河是世界上输沙量最大、含沙量最高的河流，多年平均天然输沙量达12.5亿吨，多年平均天然含沙量34.4千克/立方米；水土流失严重，生态环境脆弱。黄河巨量泥沙来源于世界上水土流失面积最广、侵蚀强度最大的黄土高原，水土流失面积45.4万平方千米（占全流域水土流失总面积的97.6%）；下游河道形态独特，由于"水少沙多、水沙关系不协调"，造成黄河下游持续淤积抬高，使河道高悬于两岸黄淮海平原之上，成为举世闻名的"地上悬河"，历史上洪水灾害突出。流域矿产资源丰富，开发潜力较大。黄河流域的矿产资源尤其是能源资源十分丰富，煤、稀土、石膏、玻璃用石英岩、铌、铝土矿、钼、耐火黏土等资源具有全国性优势。中游地区的煤炭资源、中下游地区的石油和天然气资源，在全国占有极其重要的地位。流域已探明煤产地（或井田）685处，保有储量约5500亿吨，占全国煤炭储量的50%左右，预测煤

①《黄河流域综合规划（2012—2030）概要》，《黄河报》，2013.03.21。

②《黄河流域—互动百科》，http：//www.hudong.com。

③ 张新海、李清杰、杨立彬、蒋桂芹：《黄河水资源利用与配置》，《人民黄河》，2013（10）。

炭资源总储量2.0万亿吨左右，在保障我国能源安全方面具有十分重要的战略地位。流域水力资源技术可开发装机容量34941.3兆瓦。流域土地资源丰富、黄河流域总土地面积11.9亿亩（含内流区），占全国国土面积的8.3%。流域内共有耕地2.44亿亩，农村人均耕地3.5亩，约为全国农村人均耕地的1.4倍。流域内大部分地区光热资源充足，农业生产发展潜力大，黄淮海平原、汾渭平原、河套灌区是我国的粮食主产区。但径流年内分配集中、连续枯水段长；受地形、气候、产汇流条件等因素影响，黄河流域水土资源分布极不平衡。黄河河源区土地面积占全流域的17%，产水量占29.3%，而人口和耕地均不足全流域的1%；上游兰州至河口镇区间，土地面积、人口和耕地分别占全流域21%、14%和21%，但产水量仅占5.7%。流域大部分耕地集中在干旱少雨的宁蒙沿黄地区、中游汾河、渭河河谷盆地以及当地河川径流较少的下游平原引黄灌区。黄河流域下游还承担较重的向海河、淮河流域补水的任务，中下游缺水供需矛盾尖锐，严重制约经济社会发展。下游的历史灾害和现实威胁充分说明黄河安危事关重大，黄河流域的治理与国计民生息息相关。①

《黄河流域综合规划》提出了，治理黄河，历来是中华民族安民兴邦的大事。为实现黄河治理开发与保护的总体目标，需构建完善的水沙调控体系、防洪减淤体系、水土流失综合防治体系、水资源合理配置和高效利用体系、水资源和水生态保护以及流域综合管理等六大体系。其中水沙调控体系是防洪减淤体系、水资源合理配置和高效利用体系的核心，也与水土流失综合防治体系、水资源和水生态保护体系、流域综合管理体系密切相关，是黄河治理开发与管理总体布局的关键。按照资源节约、环境友好的节水型社会建设的要求，节流开源并举，节流优先，适度开源，强化管理，在实行最严格的水资源管理制度、全面推行节水措施、进一步强化节约用水和水资源合理配置基础上，合理安排城乡饮水安全工程、水源工程、供水工程和跨流域调水工程建设，合理开发水电、水运资源，充分发挥水资源综合利用效益②。

三、松花江

松花江是我国七大江河之一，属于黑龙江国际河流（跨中国、俄罗斯、蒙古三国）在中国境内的最大支流。地处我国东北地区的北部，有第二松花江和嫩江西、南两源。西源嫩江为主源发源于大兴安岭伊勒呼里山，南源第二松花江发源于长白山天池，两江在吉林省松原市三岔河汇合后称松花江，沿吉林、黑龙江两省边界，东流在黑龙江省同江市同江镇注入黑龙江。松花江全长2309千米，其中干流全长939千米，流域面积约为56.12万平方千米，占东北地区总面积的60%。其中山区占61%，丘陵占15%，

①《黄河流域综合规划（2012—2030）概要》，《黄河报》，2013.03.21。

②《黄河流域综合规划（2012—2030）概要》，《黄河报》，2013.03.21。

平原占24%。地跨吉林、黑龙江两省。其主要支流有嫩江（全长1370千米，流域面积29.85万平方千米，占松花江流域总面积的一半以上）、呼兰河、牡丹江、汤旺河等。佳木斯以下，为广阔的三江平原，沿岸是一片土地肥沃的草原，多沼泽湿地，为我国著名的“北大荒”。流域水系发育，支流众多，流域面积大于1000平方千米的河流有86条，大于10000平方千米的河流有16条。流域多年平均水资源总量961亿立方米，其中地表水资源量为818亿立方米、地下水资源量324亿立方米、地表与地下水资源不重复量143亿立方米。松花江虽然是黑龙江的支流，然而在经济意义上却远远超过黑龙江。①

流域地处北温带季风气候区，大陆性气候特点非常明显，冬季寒冷漫长，夏季炎热多雨，春季干燥多风，秋季很短，年内温差较大。年平均气温为-3—5℃，最高达40℃，最低达-50℃。年降水量一般为500mm，东南部山区达800mm，西南部平原只有400mm，其年际变化较大，存在明显的丰枯交替变化规律。流域自然灾害主要为洪涝和干旱，东涝西旱。涝灾以东部三江平原最重，平均两年发生一次；旱灾以西部松嫩平原较重，以春旱为主。

松花江流域一大特点是湖泊沼泡较多，大小湖泊共有600多个。这些湖泊大部分在松花江中游、嫩江下游，以及嫩江支流乌裕尔河、双阳河、洮儿河和霍林河下游的松嫩平原的低洼地带以及松花江下游地区，有的湖沼在江道上或江道旁侧，并与江道连通，如镜泊湖、月亮泡、向海泡和连环湖等，这些湖泊对调节和滞蓄洪水，可以起到一定的作用。

松花江流域范围内山岭重叠，满布原始森林，蓄积在大兴安岭、小兴安岭、长白山等山脉上的木材，总计10亿立方米，是中国面积最大的森林区。矿产蕴藏量亦极丰富，除主要的煤外，还有金、铜、铁等。松花江流域土地肥沃，盛产大豆、玉米、高粱、小麦。此外，亚麻、棉花、烟草、苹果和甜菜亦品质优良。

松花江流域水能资源较丰富，松花江总的水能理论蕴藏量659.9万千瓦，河流落差1556米。规划建21级水电站，共装机415.04万千瓦，平均年发电量合计为91.55亿千瓦时。已建1万千瓦以上水电站8座，总装机容量338.81万千瓦，年发电量56.69亿千瓦时。松花江通航里程1447千米。齐齐哈尔、吉林以下可通航汽轮；哈尔滨以下可通航千吨江轮；支流牡丹江、通肯河，以及齐齐哈尔市至嫩江县的嫩江河段均可通航木船。

松花江流域是我国重工业基地的重要组成部分，人口众多，是我国重要的农业、林业和畜牧业基地。行政区涉及内蒙古、吉林、黑龙江和辽宁四省（自治区）的24个市（地、盟）、84个县（市、旗）。2007年全流域总人口5353万人，国内生产总值9713亿元，工业增加值4476亿元；耕地面积20832万亩，粮食总产量5323万吨。流域东西

① 本部分资料引自：（1）松花江一百度百科，网络：http：//baike.baidu.c。（2）《松花江流域综合规划》概要，网络：http：//slwr.aov.cn/s。

分布有三江平原和松嫩平原，土地肥沃，草原连片。大小兴安岭山区森林茂密，为中国著名的林业基地；三江平原煤炭资源丰富，1985年原煤产量6000万吨；松嫩平原为中国的主要石油基地，建有大庆油田，1985年原油产量占中国原油总产量的一半。

水利发展面临的形势：防洪减灾体系亟需进一步完善松花江流域防洪工程基础设施仍然薄弱，与规划目标相比还有较大差距；水资源供需矛盾日益突出流域水资源分布东多西少、北多南少、边缘多腹地少，与生产力布局不协调。在不考虑水质性缺水情况下，现状多年平均缺水接近50亿立方米，主要表现在农业灌溉供水不足，流域内供水保障程度低，缺乏调蓄工程，现状蓄水工程供水能力仅占地表水供水能力的21%。水环境恶化尚未根本扭转。目前，流域城镇污水处理率仍然较低。地表水污染程度没有明显改善；随着经济社会的发展，流域水环境恶化及河湖纵横向连通受阻，导致河湖水生态功能退化，湖泊、湿地萎缩；部分大中城市地下水严重超采，形成大面积地下水漏斗。农村水利基础设施相对薄弱，流域内农村饮水安全问题没有得到根本解决，尚有1215万饮水困难人口存在饮用水水质超标、水源保证率低、用水方便程度低等问题；许多地区农田灌溉和排涝等水利工程设施不完善，用水保证率普遍不高。

松花江流域水土资源匹配较好，是我国主要的粮食主产区，在国家粮食安全体系中起着举足轻重的作用。积极发展节水灌溉、提高灌溉效率，加快现有大中型灌区续建配套与节水改造，在水土资源条件具备的地区规划新建24处大型灌区。农业灌溉发展在林草、湿地面积不再减少的前提下，有计划地扩大农田灌溉面积，合理调整农业结构，其中松嫩平原地区结合“以稻治碱”；松花江流域下游三江平原地区结合“两改一提高”，适当发展水田灌溉面积；在流域缺水地区，大力发展现代高效节水农业，以保障粮食主产区产量的稳产、高产。到2030年，全流域有效灌溉面积提高到7800.6万亩，耕地灌溉率由现状的21%提高到36%。

松花江流域水力资源较为丰富，在注重生态环境保护和综合利用的基础上合理有序开发水能资源，开发的重点为嫩江、松花江干流及牡丹江等水能资源开发条件相对较好的河流。

规划2030年用水总量控制在430.24亿立方米以内，灌溉水有效利用系数提高到0.61；建成水资源保护和河湖健康保障体系，全面实现水功能区水质目标，浅层地下水超采区超采量全部退还，流域江河、湖泊、湿地生态系统得到全面保护，受损的水生态系统得到基本修复，保证水生态系统基本实现良性循环和健康发展，黑土资源得到有效保护；2030年万元工业增加值用水量降低至36立方米；2020年水功能区水质达标率为80%，2030年水功能区水质达标率95%以上。

四、珠江

珠江是我国南方的主要大河，珠江由西江、北江、东江及珠江三角洲诸河四个水系组成，西江是珠江水系的主干流，发源于云南省境内的马雄山。几大水系汇入珠江三角洲后，经虎门、蕉门等八大口门，在广东省珠海市的磨刀门注入南海。流域地跨云南、贵州、广西、广东、湖南、江西以及香港、澳门 8 省、自治区、特别行政区及越南社会主义共和国的东北部。珠江全长 2214 千米，全流域面积 45.37 万平方千米，其中中国境内面积 44.25 万平方千米。珠江水系河流众多，集水面积在 1 万平方千米以上的河流有 8 条，1000 平方千米以上的河流有 49 条[①]。

珠江流域北靠南岭，南临南海，西部为云贵高原，中部丘陵、盆地相间，东南部为三角洲冲积平原，地势西北高，东南低。全流域土地资源共 66300 万亩，其中耕地 7200 万亩，林地 18900 万亩，耕地率低于全国平均水平，流域人均拥有土地仅有 9.31 亩，约为全国人均拥有土地的五分之三。

珠江流域地处亚热带，北回归线横贯流域的中部，气候温和多雨，多年平均温度在 14—22℃之间，多年平均降雨量 1200—2200mm，降雨量分布明显呈由东向西逐步减少，降雨年内分配不均，地区分布差异和年际变化大。水资源丰富，多年平均年降水量为 1477mm，年均水资源总量为 3370 亿立方米，仅次于长江，居中国第二位。其中西江 583.5 亿立方米，北江 510.3 亿立方米，东江 273.8 亿立方米，珠江三角洲 299.1 亿立方米。径流年内分配极不均匀，汛期 4—9 月约占年径流总量的 80%，6、7、8 三个月则占年径流量的 50% 以上。珠江水资源丰富，全流域人均水资源量为 4700 立方米，相当于全国人均的 1.7 倍，但年际变化大，时空分布不均匀，致使流域洪、涝、旱等自然灾害频繁。汛期降水强度大，汇流速度快，容易形成峰高量大历时长的流域性洪水，对经济发达的珠江下游及三角洲造成严重威胁。枯水期也会连续三个月无雨或少雨，造成春旱或秋旱。珠江属少沙河流，多年平均含沙量为 0.249 千克/立方米，年平均含沙量 8872 万吨。[②]

珠江自云贵高原至南海之滨，水力资源丰富，干流总落差 2136 米，流域水能理论蕴藏量 3969 万千瓦，年发电量 3477 亿千瓦时。单站装机容量 0.01 万千瓦及以上的技术可开发水电站共 9473 座，总装机容量 3837 万千瓦，年发电量 1581 亿千瓦时，主要集中在西江南盘江下游和红水河及黔江河段，是中国水电开发建设基地之一。其中西江的红水河落差集中，流量大，开发条件优越，素称水力资源的“富矿”，已开发利用的尚少，亟待加快开发。流域内经探明的矿物资源有 58 种，其中矿石储量亿吨以上的有 25 种，主要矿产资源有煤、锰、铁、硫铁矿、钨、铝土、磷、锡等，以及金、铀、钛等珍贵矿藏。另珠江口外南海蕴藏有丰富的石油和天然气，现正在进行勘探开发。

珠江流域涉及云南、贵州、广西、广东、湖南和江西 6 省（自治区）46 个地（州）

① 邓俊：《珠江水利资源概况》，《中国三峡》，2011（8）。

② 刘胜玉、赵彦龙、杜韶娴：《珠江八大出海口门无机氮污染物年际变化及入海通量分析》，《水文》，2009（12）。

市、215个县及香港、澳门特别行政区，其中贫困县57个，占26.5%。2008年总人口11723万人（未计港澳，下同），其中云贵、两广、湘赣人口比例分别占17.6%、81.1%、1.3%；平均人口密度为265人/平方千米，高于全国平均水平，但分布极不平衡，西部欠发达地区人口密度小，东部经济发达地区人口密度大。流域城镇化率52.4%，其中广东省城镇化率最高，达72.7%。流域内民族众多，共有五十多个民族。主要民族有汉、壮、苗、布依、毛难等，其中以汉族人口为最多，其次是壮族。由于地理位置、资源、环境的限制和历史原因，流域内区域经济发展极不平衡，贫富差异悬殊。其中地处下游的广东省凭借毗邻港澳的地理优势和资源优势，抓住改革开放的有利时机，发展以轻工制造业和高新产业为龙头的特色经济。1980—2008年，珠江流域GDP从284亿元（当年价）增加到38954亿元（当年价），按可比价计算，年均增长率为13.0%，东部地区经济增长快于西部地区，全流域人均GDP增长了18.6倍，GDP占全国的比例由6.4%提高至13.0%。珠江河口区以占全国不到0.3%的国土和1.5%的人口，创造了7.5%的GDP和33%的外贸出口总额。人均GDP已超过30000元，居全国之首。

流域存在的主要问题：洪涝灾害频繁，防洪减灾形势依然严峻。主要表现为洪涝灾害频繁，防洪减灾体系尚未完善；水情工情变化、气候异常加大了防洪压力；水土流失加重了流域的防洪压力；防洪非工程措施薄弱，有待进一步加强。水资源供给与保障能力不足。局部地区水资源短缺；流域径流调节能力低；咸潮影响、水环境恶化进一步加剧了区域水资源的供需矛盾；极端天气引发的区域干旱频发。水环境形势严峻；局部地区水土流失严重、土地石漠化。水力资源开发有待进一步规范，同时，流域管理薄弱，难以满足流域水资源可持续利用的需要。

水资源配置2030年规划目标是建立和完善流域防洪减灾、水资源供给和保障、水资源保护与生态环境修复和流域综合管理四大体系，加强农田水利、工程性缺水与中小河流治理等薄弱环节建设，统筹协调水资源开发、利用、保护与防治水害的关系，以保障防洪安全、供水安全和水生态安全，提高流域管理水平，以水资源可持续利用支撑流域经济社会的可持续发展。规划控制指标2030年珠江流域水功能区点源污染物COD、氨氮入河控制量的限制排污总量意见，作为水资源保护和水污染防治工作的依据。2030年实现水功能区全面达标。需水预测2030年珠江流域总人口将达到13469万人；城镇化率67.25%；GDP113103亿元；农田有效灌溉面积4589万亩。预测2030年50%保证率条件下的珠江流域河道外总需水量643亿立方米；香港2030年需水总量为22.29亿立方米；澳门2030年需水总量为1.46亿立方米。可供水量预测在现有当地工程挖潜配套和合理调配的基础上，流域规划建成大藤峡水利枢纽、牛栏江调水、漓江补水、滇中引水（部分完成）、黔中调水等骨干水源工程，并规划建设一批当地水源工程，2030年流域多年平均可供水量将达到640亿立方米。水资源配置能实现供需平衡。

五、淮河

淮河流域地处中国东部，介于长江和黄河两流域之间，位于东经 112—121 度，北纬 31—36 度。淮河源头位于河南省南阳市桐柏山太白顶北麓老鸦叉，流经河南、湖北、安徽、山东及江苏五省。淮河下游水分三路，主流通过三河闸，经宝应湖、高邮湖在三江营入长江，是为入江水道；另一路在洪泽湖东岸出高良涧闸，经苏北灌溉总渠在扁担港入黄海；第三路在洪泽湖东北岸出二河闸，经淮沭河北上连云港市，经临洪口注入海州湾。2003 年开通了淮河入海水道，自二河闸下游，紧贴苏北灌溉总渠北岸入黄海。淮河流域面积 26.9 万平方千米，干流全长约 1000 千米，总落差约 200 米，平均比降 0.2‰。其中淮河水系 19.01 万千米，沂沭泗水系 7.89 万千米。

淮河可以分为上游、中游、下游三部分，洪河口以上为上游，长 360 千米，地面落差 980 米，流域面积 3.1 万平方千米；洪河口以下至洪泽湖出口中渡为中游，长 490 千米，地面落差 16 米，中渡以上流域面积 15.8 万平方千米；中渡以下至三江营为淮河入江水道，长 150 千米，地面落差约 6 米。由于历史上黄河曾夺淮入海，现状淮河分为淮河水系及沂沭泗水系，废黄河以南为淮河水系，以北为沂沭泗水系。

淮河流域地处中国南北气候过渡带，淮河以北属暖温带区，淮河以南属北亚热带区，气候温和，年平均气温为 11—16℃。气温变化幅度由北向南、由沿海向内陆递增。整个淮河流域多年平均水资源量为 794 亿立方米，其中地表水资源 595 亿立方米。淮河水系 583.2 亿立方米，沂沭泗水系 210.8 亿立方米。淮河流域西部、西南部及东北部为山区、丘陵区，其余为广阔的平原。山丘区面积约占总面积的三分之一，平原面积约占总面积的三分之二。

全流域总人口为 17170 万人，平均人口密度为 636 人/平方千米，是全国平均人口密度 122 人/平方千米的 4.8 倍，居各大江大河流域人口密度之首。流域耕地面积 18326 万亩，境内日照时间长，光热资源充足，气候温和，发展农业条件优越，主要作物有小麦、水稻、玉米、薯类、大豆、棉花和油菜，1997 年粮食产量为 8496 万吨，占全国粮食总产量的 17.3% 是国家重要的商品粮棉油基地。农业产值为 2844 亿元，人均农业产值为 1812 元，高于全国同期人均值 1345 元。淮河流域在我国农业生产中已占有举足轻重的地位。淮河流域沿海还有近 1000 万亩滩涂可资开垦。干旱之年还可北引黄河，南引长江补源。

淮河流域全流域水能蕴藏量 151 万千瓦，可开发的装机约 90 万千瓦，已开发近 30 万千瓦，主要分布在上游各支流，由于集水面积有限，径流小，电站装机容量大部在 1 万千瓦以下。

淮河流域矿产资源以煤炭资源最多，初步探明的煤炭储量有 700 多亿吨，主要集中在安徽的淮南、淮北和豫西、鲁西南、苏西北等矿区，且煤种全、煤质好、埋藏浅、分布集中，易于大规模开采，煤炭产量约占全国的1/8。淮河流域工业以煤炭、电力工业及农副产品为原料的食品、轻纺工业为主。已建成淮南、淮北、永城、平顶山、徐州、兖州、枣庄等国家大型煤炭生产基地，是中国黄河以南最大的煤田。流域内现有火电装机近2000万千瓦。近十多年来，煤化工、建材、电力、机械制造等轻重工业也有了较大发展，郑州、徐州、连云港、淮南、蚌埠、济宁等一批大中型工业城市已经崛起。淮河流域1997年工业总产值9664亿元，国内生产总值7031亿元，人均国内生产总值仅4383元，低于全国平均值，尚属经济欠发达地区。

淮河流域与水有关的问题仍十分严重。一是防洪排涝标准不高，洪涝灾害仍很频繁，尤其是分（蓄）洪区运用机会多，区内群众生活困难，黄河侵淮夺淮恶果仍未全部消除，治理难度大；二是流域内各项水源工程的年供水能力约450亿立方米，一般年份缺水11亿立方米。旱灾时有发生，使粮食产量徘徊不前。水污染严重，使本已短缺的水资源，更是雪上加霜。淮河治理开发的目标是以防洪为主，兼顾除涝、发电、灌溉、航运、水产、水土保持等方面的综合利用。

规划到2020年，建成较为完善的防洪除涝减灾体系，进一步控制山丘区洪水，完善中游蓄泄体系和功能，巩固和扩大下游泄洪能力，淮河干流中游淮北大堤、洪泽湖大堤和沂沭泗河中下游地区主要防洪保护区防洪标准达到国家规定的要求；建成适应流域经济社会可持续发展、维护良好水生态的整体协调的水利体系。到2030年，流域用水总量控制在641.6亿立方米以内；万元工业增加值用水量降低到35立方米以内，农田灌溉水有效利用系数提高到0.61以上；基本实现水功能区COD和NH3-N达标，重要河流控制断面和重要湖泊水质达Ⅲ类标准。

围绕健全防洪除涝减灾体系，上游山丘区建设出山店、前坪等大中型水库，增加拦蓄能力。淮河中游调整行洪区、整治河道，扩大中等洪水通道，实施蓄滞洪区建设，开展行蓄洪区及淮河滩区的居民迁建。整治入江水道、分淮入沂，加固洪泽湖大堤，建设淮河入海水道二期工程，扩大淮河下游洪水出路，降低洪泽湖水位。

以流域水资源开发利用现状为基础，建设南水北调东线、中线和引江济淮、苏北引江工程等跨流域调水工程，完善水库、湖泊、闸坝等调蓄工程和沿黄、沿江引水工程，与淮河干流共同构建淮河流域"四纵一横多点"的水资源配置和开发利用工程格局，完善沿淮湖泊洼地及沂沭河洪水资源利用工程，提高城乡供水能力，保障城乡供水安全和粮食生产安全。全面加强节水型社会建设；加强防旱抗旱能力建设。

六、海河

海河流域位于中国华北地区，是中国开发较早的流域之一。海河流域东临渤海，西倚太行，南界黄河，北接蒙古高原。海河流域包括海河、滦河和徒骇马颊河3大水系、7大河系、10条骨干河流。以卫河为源，全长1090千米，其干流自金钢桥以下长

76 千米，河道狭窄多弯。其中，海河水系由五大干流组成，即南运河、北运河、大清河、子牙河和永定河，这五条河在天津市区三岔河口汇入海河，经海河流入渤海。滦河水系包括滦河及冀东沿海诸河；徒骇马颊河水系位于流域最南部，为单独入海的平原河道。

海河干流起自天津金钢桥附近的三岔河口，东至大沽口入渤海，其长度仅为 73 千米。但是，它却接纳了上游北运、永定、大清、子牙、南运河五大支流和 300 多条较大支流，构成了华北最大的水系——海河水系。它与东北部的滦河、南部的徒骇与马颊河水系共同组成了海河流域。海河水系的分布就像一把大蒲扇铺在华北平原上，海河正是这把蒲扇的柄，而天津市区正好处在这个扇面的顶端，在扇柄两侧展开。华北平原众多的河流正是通过各条支流辗转流入五大干流，最后又汇入海河。流域总面积 32.0 万平方千米（其中海河水系 24.55 万平方千米、滦河水系 7.45 万平方千米），其中山区约占 54.1%，平原占 45.9%。海河流域地跨北京、天津、河北、山西、山东、河南、内蒙古和辽宁 8 个省（自治区、直辖市）。全流域总的地势是西北高东南低，大致分高原、山地及平原三种地貌类型。西部为黄土高原和太行山区，北部为蒙古高原和燕山山区，面积 19.16 万平方千米，占 60%；东部和东南部为平原，面积 12.84 万平方千米，占 40%。整个海河流域多年平均水资源量为 307 亿立方米，其中地表水资源 163 亿立方米。

流域属于温带东亚季风气候区。冬季受西伯利亚大陆性气团控制，寒冷少雪；春季受蒙古大陆性气团影响，气温回升快，风速大，气候干燥，蒸发量大，往往形成干旱天气。夏季受海洋性气团影响，比较湿润，气温高，降雨量多，且多暴雨，但因历年夏季太平洋副热带高压的进退时间、强度、影响范围等很不一致，致使降雨量的变差很大，旱涝时有发生；秋季为夏冬的过渡季节，一般年份秋高气爽，降雨量较少。流域水能理论蕴藏量为 315 万千瓦，其中可能开发的为 218.5 万千瓦。

海河流域地跨京、津、冀、晋、豫、鲁、蒙、辽 8 个省、自治区、直辖市。人口密集，大中城市众多，流域内有首都北京、直辖市天津，以及石家庄、唐山、秦皇岛、廊坊、张家口、承德、保定、邯郸、邢台、沧州、衡水、大同、朔州、忻州、阳泉、长治、安阳、新乡、焦作、鹤壁、濮阳、德州、聊城 25 座大中城市。2008 年总人口 1.38 亿人，城镇化率 50%，人均 GDP3.11 万元。流域平均人口密度 384/ 人平方千米，其中平原地区 608 人 / 平方千米，耕地 1.8 亿亩，其中平原约 1.14 亿亩。是中国重要的粮棉产地。流域内矿产资源丰富，煤、石油、铁的蕴藏量在中国均占有较大比重。山西省是重要的能源基地。沿海是重要的盐产区。海河流域的工业、交通、旅游业均较发达，有北京、天津、石家庄、唐山、大同等大城市及天津、秦皇岛等外贸港口。海河流域是我国政治文化中心和经济发达地区，在我国政治经济中的地位重要。是我国首都所在地，政治、经济、文化的中心地区。

流域国内生产总值占全国的 12%，人均国内生产总值高出全国平均水平的四分之一。海河流域具有发展经济的技术、人才、资源、地理优势。还兴建了水电站 119 座，总装机容量为 66.28 万千瓦，年均发电量达 17.9 亿千瓦时，使海河流域可发电量水能资源的 1/3 得到了利用。

由于海河水系上游支流繁多分散，下游集中，河道容泄能力上大下小，尾闾不畅，故而极易形成洪峰，给流域内人民的生产生活带来极大的危害。中国自 20 世纪 50 年代开始治理海河河道，兴建水库，增辟灌溉和入海尾闾工程。

水利发展面临的形势：水资源承载能力不足，资源性缺水严重，供需矛盾加剧；水生态恶化，水污染加剧。水资源过度利用引起了河道断流、湿地萎缩、河口生态恶化、地下水位下降等生态环境问题，加剧了地区间争水矛盾。海河流域属于资源型缺水地区，是我国目前水资源开发利用程度最高的地区，全流域水资源开发利用程度已达 87%，水资源开发利用已超过水资源承载能力。随着城镇化加快，京、津、唐经济带发展战略的实施，经济社会发展对水资源将提出更高要求，水资源供需矛盾将更加突出。其生态环境恶化比较明显。地下水超采严重，入海水量减少。区域水资源已经无法承担地区经济社会发展对水资源的要求。唯一外调水源才能解决水资源短缺的矛盾。

南水北调西线工程是我国实现经济社会可持续发展的水资源配置重要工程之一，科学合理地配置全国水资源，适应水资源丰缺现状布局产业结构，是中央统筹区域经济协调的重要战略举措。引长江水的南水北调中、东线建成通水，对解决海河流域严重缺水，具有重要的战略意义。区域大力节水，用好调入水量是搞好水资源合理配置的关键。海河流域 2030 年总用水量为 509 亿立方米，平水年实现入海水量 65 亿立方米。以强化节水和优先利用长江水为前提，以当地地表水资源可利用量和地下水可开采量为控制，积极开发利用非常规水源，形成地表水和地下水共同支撑、当地水和外调水优化配置的流域水资源配置格局。在流域水资源开发利用现状评价和经济社会发展预测基础上，提出了流域水资源配置方案，确定了采取强化节水措施条件下提出了强化节水措施和连续枯水年应急对策。

预计到 2030 年，海河流域建成由南水北调中、东线工程与流域 6 条主要河系为骨干的“二纵六横”水资源配置工程格局，结合各河渠之间的连通工程，实现流域水资源的东西互补、南北互济。

七、辽河

辽河是中国东北地区南部河流。汉代称大辽河，五代以后称辽河。辽河发源于河北省平泉县七老图山脉的光头山，流经河北、内蒙古、吉林、辽宁四省（自治区），全长 1345 千米，注入渤海。流域面积 22.11 万平方千米。其中山地占 35.7%，丘陵占 23.5%，平原占 34.5%，沙丘占 6.3%。西部为大兴安岭、七老图山和努鲁儿虎山，高程 500—

1500米，东部为吉林哈达岭、龙岗山和千山，高程500—2000米，流域地势大体是自北向南、自东西两侧向中间倾斜，中下游形成辽河平原，高程200米以下。东、西辽河在辽宁省昌图县福德店附近汇合后始称辽河。辽河干流河谷开阔，河道迂回曲折，沿途分别接纳了招苏台河、清河、秀水河，经新民至辽中县的六间房附近分为两股，一股向南称外辽河，在接纳了辽河最大的支流——浑河后又称大辽河，最后在营口入海；另一股向西流，称双台子河，在盘山湾入海。流域地势，东北部高，西部低，海拔高程2—2039米。河道弯曲，呈不规则河型，水系发育，大小支流70余条，中下游河道宽浅，河道宽1000—2000米。水流缓慢，泥沙淤积。河床质为沙壤土。洪水期易遭灾害。年结冰期约4个月。三江口以下可通航。

辽河流域大部分地区属温带半湿润半干旱的季风气候，气温的分布，平原较高，山地较低，年平均约在4—9℃间，自南向北递减。暴雨主要由于西方或北方移来的冷空气和东南方来的太平洋湿暖空气交替作用产生，暴雨占全年降水量比重很大，暴雨在流域内分布与年降雨量一致，自东南向西北减少。

全流域多年平均水资源量为223亿立方米，地表水量137亿立方米。辽河年径流的地区分布不均，西辽河面积占全流域的64%，水量仅占21.6%，下游沿海一带面积占31%，而水量占73%。辽河干流以东的太子河上游山地，离黄海较近，多年平均年降水量达900mm左右。往西北因受长白山脉西南延续部分千山山脉的阻隔，年降水量逐渐减少。

辽河流域是中国水资源贫乏地区之一，水污染十分严重，特别是中下游地区，水资源短缺更为严重。辽河已建工程的供水能力已占水资源量的50%以上，中、下游开发程度更高。辽河干流自然落差1200米，干支流水能理论蕴藏量为82.8万千瓦。其中可能开发的为24.74万千瓦。可能开发的水电站都为中小型，而且集中在支流太子河和浑河上。

辽河全流域有4省（区），地、市、盟20个，2007年全流域总人口3383万人，国内生产总值9172亿元，工业增加值3168亿元；耕地面积8327万亩，有效灌溉面积3319万亩，粮食总产量2747万吨。是我国重要的钢铁、机械、建材、化工基地，粮食生产基地和畜牧业基地。辽河中、下游地区是东北乃至全国工业经济最发达的地区之一。

辽河流域是中国水资源贫乏地区之一，特别是中下游地区，水资源短缺更为严重。辽河已建工程的供水能力已占水资源量的50%以上，中、下游开发程度更高。根据分析，一般年份供需可接近平衡，遇枯水年或连续枯水年，必须削减农业用水，才能维持工业生产。有些工程如太子河的汤河水库原以农业用水为主，由于工业用水不断增加，已不得不改为向工业供水为主。流域内将出现严重缺水现象。

水利发展面临的形势：水资源承载能力不足，供需矛盾加剧辽河流域属于资源型缺水地区。目前，全流域水资源开发利用程度已达77%，其中浑太河已达89%，水资源开发利用已接近或超过水资源承载能力。随着振兴东北老工业基地、保证国家粮食安全战略及辽宁省沿海经济带发展战略的实施，经济社会发展对水资源将提出更高要求，水资源供需矛盾将更加突出。水污染防治任务重，生态环境脆弱辽河流域水资源开发利用程度高，废污水排放量大，是国家“三河三湖”重点治理区。目前，城市废污水处理率较低，水污染问题突出。经济社会用水挤占了生态、环境用水，部分河流出现断流，河流下泄水量减少，湖泊、湿地及河口萎缩。部分城市地下水超采，水土流失依然十分严重。防洪工程达标率低，防洪形势依然严峻。流域内部分堤防建设标准偏低，未达到规划防洪标准；部分建筑物阻洪严重，对地区防洪构成严重威胁；山洪灾害防治、中小河流治理工作滞后。

辽河已建工程的供水能力已占水资源量的 70% 以上，中、下游开发程度更高。北水南调工程是综合开发利用水资源的一项工程，除解决辽河中下游用水紧张外，对东北内河航运发展，也是十分必要的和非常迫切的。可使封闭型的松花江航运转为开放型，使辽河复航变为可能。北水南调是一项与社会经济发展相协调的重大战略措施。2030 年用水总量控制在 186.67 亿立方米以内，农田灌溉水利用系数提高到 0.64。建成水资源保护和河湖健康保障体系，水功能区全部实现水质目标，地下水超采量全部压减。2030 年万元工业增加值用水量为 23 立方米；2020 年水功能区水质达标率为 75%，2030 年水功能区水质基本达标。跨流域调水以解决辽河流域水资源短缺，实现水资源优化配置为目标，到 2020 年，完成大伙房水库输水工程、吉林省中部城市引松供水工程、大凌河引水工程建设，加快绰尔河等引水工程前期论证工作，适时开工建设。到 2030 年全流域调入水量约 30.31 亿立方米。

八、其他主要河流

（一）雅鲁藏布江

雅鲁藏布江是中国最长的高原河流，位于西藏自治区境内，也是世界上海拔最高的大河之一。发源于西藏西南部喜马拉雅山北麓的杰马央宗冰川，上游称为马泉河，由西向东横贯西藏南部，从海拔 5300 米以上的喜马拉雅山脉中段北坡冰雪山岭发源，自西向东奔流于号称“世界屋脊”的青藏高原南部，绕过喜马拉雅山脉最东端的南迦巴瓦峰转向南流，经巴昔卡出中国境。之后在巴昔卡出中国实际控制线（即麦克马洪线），经过我中国的藏南地区之后进入印度阿萨姆邦，改称布拉马普特拉河；进入孟加拉国以后称为贾木纳河，在孟加拉国境内与恒河相汇，最后注入孟加拉湾，形成世界上最大的三角洲。

雅鲁藏布江的源流有三支：北支发源于冈底斯山脉，叫马容藏布；中支叫切马容冬，因常年水量较大，被认为是雅鲁藏布江的主要河源；南一支发源于喜马拉雅山脉，叫库比藏布，该支流每年夏季水量较大。三条支流汇合后至里孜一段统称马泉河。河流长 2057 千米，流域多年平均地表水天然径流量 1661.2 亿立方米。

雅鲁藏布江大拐弯处的雅鲁藏布江大峡谷是世界第一大峡谷。雅鲁藏布江在中国南段地区形成巨大的谷地，是我国重要的青稞产地。

雅鲁藏布江干流在西藏境内全长2057千米，依自然条件、河谷形态及其流程变化，分上游、中游、下游三段。

上游河段。雅鲁藏布江正源杰马央宗曲至里孜段为雅鲁藏布江上游河段，段内河长约268千米，占雅鲁藏布江总河长的13%，段内集水面积占流域总面积的11%。海拔高度4530—5590米，水面落差约1060米。上游段河谷形态为高原宽谷类型，谷宽1000—2000米，多汊流和江心洲，多沼泽和湖泊。流域两侧地形以新月形沙丘为主。

中游河段。里孜至米林县派镇段，段内河长约1340千米，占雅鲁藏布江总河长的65%，段内集水面积占全流域总面积的68%。水面落差1200米，河床海拔高度4600—2800米。汇入该河段的支流主要有多雄藏布、年楚河、拉萨河、尼洋河、帕隆藏布等。河段内峡谷宽窄相间，呈串珠状，均为宽谷河段，主要有岗来、仁庆顶、托夏、永达、桑日——加查、朗县和日敏峡谷等。其中仁庆顶峡谷为连续峡谷段，谷长49千米，水面宽度约80米，落差约110米，谷底宽100—200米。桑日——加查峡谷段谷长37千米，水面宽度约50米，落差270米，两岸高出水面500余米，谷底宽80—100米，该段峡谷有2处瀑布群和13处约1米的跌水。中游河段为西藏主要农耕区。

下游河段。米林县派镇至出境处，段内河长约496.3千米，占雅鲁藏布江总河长的24%。水面落差2725米，占全河总落差的50.1%，段内集水面积占总流域的21%。雅鲁藏布江下游米林县至派镇里冬桥之间河段，围绕南迦巴瓦峰构成“u”字形大拐弯，为世界上著名的大河弯段，河湾全长213千米，总落差2190米。从南迦巴瓦峰顶到墨脱的雅鲁藏布江水面两地高差约7100余米，水面垂直距离40千米，构成了从永久冰雪带到亚热带、热带的独特景观。峡谷段新构造运动强烈，多地震，断层发育。下游河段的支流多由干流河道的拐弯处汇入。江水流速平均8米/秒，局部流速16米/秒，大拐弯处的水能资源约7000万千瓦，约占整个雅鲁藏布江天然水能蕴藏量的2/3，约占全国水能蕴藏量的1/10。

雅鲁藏布江是西藏水能资源最丰富的河流，水量多，落差大而集中，水力资源十分丰富。干流流出国境处的年平均流量约4425立方米/秒，仅次于长江和珠江，居中国第三位。其干流与五大支流的天然水能蕴藏量近1.135亿千瓦，仅次于长江流域，居中国第二位，占西藏理论水能蕴藏量的56.2%，其中可开发量为4837.14万千瓦，占境内可开发量的80.96%。

雅鲁藏布江支流众多，其中集水面积大于2000平方千米的有14条，大于1万平方千米的有5条，即多雄藏布、年楚河、拉萨河、尼洋河、帕隆藏布。其中拉萨河河流最长、集水面积最大；帕隆藏布年径流量最大。

流域上游河水补给以融雪为主，中下游雨水较多，特别是下游地区，地处印度洋暖湿气流的水汽输送通道，降水量大。墨脱县的戴林站平均年降水量为5317mm，巴昔卡站平均年降水量为4496mm，1954年实测为7591mm，为中国大陆降水量最大的地区。中国境内多年平均年径流量达1654亿立方米。中国境内人口、耕地、工农牧业产值均占西藏一半以上，为西藏政治、经济、文化中心地带。1990年后重点对雅鲁藏布江、拉萨河、年楚河中部地区进行治理，修建了冲巴湖、满拉等水库和众多小水电站，整修防洪堤防，兴建引水渠道，发展灌溉，有力地改善了这一地区农牧业生产条件。

雅鲁藏布江峡谷地形适合建筑水坝，拦洪蓄水。雅鲁藏布大峡谷水能蕴藏量最大，水能理论蕴藏量为5576万千瓦，占西藏总水能理论蕴藏量的25%以上。1987年西藏自治区政府正式提出开发雅鲁藏布江及其支流拉萨河、年楚河的“一江两河”工程，雅鲁藏布江流域是重点开发区。该项目工程成为西藏中部流域开发投资最多、规模最大的农业综合开发项目，造福沿江两岸人民。

雅鲁藏布江源头区域生态环境脆弱，全球气候变化和人类活动的干扰使得湿地萎缩、草场退化、沙漠化面积增大，源头区水源涵养、水土保持功能下降。2001年国家环保总局批准雅鲁藏布江源头生态功能保护区作为第二批国家级生态功能保护区建设试点，自治区环境保护局编制了《雅鲁藏布江源头国家级生态功能保护区规划》，规划了雅鲁藏布江源头国家级生态功能保护区建设和保护的总体布局。通过生态功能保护区项目的建设，在生态效益上，建立起高寒、干旱草原生态系统的良性循环，使源头区水源涵养功能、水土保持功能得到恢复和加强，使源头区的高山草原、高山草甸、沼泽湿地、河流等多种生态系统得到保护，使得高寒地区特有的以及世界稀有的生物种群得到有效保护；在社会效益方面，填补中国在雅鲁藏布江河流源头生态监测和环境基础研究的空白，并对中游的西藏经济中心地带、下游大峡谷生物多样性重要地区以及境外的孟加拉国、印度等南亚地区国家的生态环境产生巨大的支撑作用；在经济效益方面，促进当地旅游经济和其他产业发展，改善当地群众的生活环境和条件。

（二）塔里木河

塔里木河位于新疆维吾尔自治区塔里木盆地北部。发源于天山山脉的阿克苏河、发源于喀喇昆仑山的叶尔羌河以及和田河汇流而成。流域面积19.8万平方千米，最后流入台特马湖，塔里木河全长2137千米，仅次于伏尔加河、锡尔—纳伦河、阿姆—喷赤—瓦赫什河和乌拉尔河，为世界第5大内流河，中国最长的内流河。历史上塔里木河河道南北摆动，迁徙无定。最后一次在1921年，主流东流入孔雀河注入罗布泊。1952年在尉犁县附近筑坝，同孔雀河分离，河水复经铁干里克故道流向台特马湖。塔里木河周边因为有塔里木河水的滋润而变成绿洲地带。塔里木河流域远离海洋，深处中亚内陆，四周高山环绕，大陆性气候非常明显，降水稀少，蒸发强烈，日照时间长，四季气候悬殊，气候变化剧烈。

塔里木盆地位于新疆维吾尔自治区南部，地处天山和昆仑山之间，包括周边山区总面积105万平方千米，占新疆总面积的63%。盆地面积53万平方千米，盆地中心塔克拉玛干沙漠面积 33.76 万平方千米，山前平原和绿洲仅 19.24 万平方千米。塔里木河流域地理坐标为东经 71°　39″—93°　45″、北纬 34°　20″—43°　39″，北倚天山，西临帕米尔高原，南靠昆仑山、阿尔金山，三面高山耸立，地势西高东低。山区以下分为山麓砾漠带、冲洪积平原绿洲带、塔克拉玛干沙漠区。

塔里木河流域在地域上包括塔里木盆地周边向中心聚流的九大水系 114 条源流和塔里木河干流，塔克拉玛干大沙漠及东部荒漠区。流域总面积 102 万平方千米，流域内有 5 个地（州）的 42 个县（市）和兵团 4 个师的 55 个团场，全流域总人口 902 万人，流域内现有耕地 2044 万亩。九大水系是孔雀河水系、迪那河水系、渭干河、库车河水系、喀什噶尔水系、叶尔羌河水系、和田河水系、克里雅河小河水系、车尔臣河（且末河）小河水系。原则上说，在南疆源自天山和昆仑山流入塔里木盆地的所有河流都可归为塔里木河水系，构成塔里木河流域。塔里木河流域是一个封闭的内陆水循环和水平衡的相对独立的水文区域。

塔里木河干流全长 1321 千米，自身不产流，历史上塔里木河流域的九大水系均有水汇入塔里木河干流。由于人类活动与气候变化等影响，20 世纪 40 年代以前，车尔臣河、克里雅河、迪那河相继与干流失去地表水联系，40 年代以后喀什噶尔河、开都——孔雀河、渭干河也逐渐脱离干流。到 2008 年与塔里木河干流有地表水联系的只有和田河、叶尔羌河和阿克苏河三条源流，孔雀河通过扬水站从博斯腾湖抽水经库塔干渠向塔里木河下游灌区输水，形成"四源一干"的格局。

流域多年平均地表水天然径流量 398.3 亿立方米，河流的水源主要来自天山和昆仑山等高山冰雪融水，不重复地下水资源量为 30.7 亿立方米，水资源总量为 429 亿立方米。

塔里木河流域地处欧亚大陆腹地，远离海洋，四周高山环绕，属大陆性暖温带、极端干旱沙漠性气候。其特点是：降水稀少、蒸发强烈，温差大，多风沙、浮尘天气，日照时间长，光热资源丰富。气温年平均日较差 14℃—16℃，年最大日较差一般在 30℃以上。年平均气温在 10.6℃—11.5℃之间。夏酷冬寒，夏季 7 月份平均气温为 20℃—30℃，极端最高气温 43.6℃。冬季 1 月平均气温为零下 10℃至 20℃，极端最低气温零下 30.9℃，≥ 10℃积温多在 4000—4500℃之间，持续 180—200 天，日照时数在 3000 时左右，平均年太阳总辐射量为 1740 千瓦.公顷.a，无霜期 187—233 天。多年平均降水量为 17.4—42.8mm，蒸发量 1125—1600mm（以折算 E-601 型蒸发皿计算）。干旱指数自北向南、自西向东增大，在 17-50 之间。干流地区多风沙、浮尘天气，以下游地区最为严重，起沙风（≥ 5 米/秒）年均出现次数 202 天，最大风速 40 米/秒，主导风向为北东到东北东。

塔里木河流域土地资源丰富，流域总面积 102 万平方千米，灌区面积 1883.1 万亩，其中农田灌溉面积 1427.2 万亩，人工林草灌溉面积 455.9 万亩。塔里木河流域是新疆矿产资源开发前景良好的区域之一，境内矿产种类齐全，含量丰富。已发现的矿产资源主要有石油、天然气、煤、锰、铁、铝、钒、铀、金、银、铍、锌、钛、铜、铅、锂、钽、铯、铌、铬、锡、镍、钴、钨、锶、蛭石、钾盐、膨润土、磷、大理石、云母、金刚石、石棉、石灰岩、石膏、汉白玉、自然硫等。其中探明储量大、有巨大开发前景的矿产资源主要有石油、天然气、蛭石、石棉、石灰岩、云母等。

在塔里木河流域山区，分布着许多珍稀野生动物，如盘羊、北山羊、岩羊、马鹿、雪豹、猞猁、棕熊等。平原荒漠区野生动物主要有野骆驼、鹅喉羚、塔里木马鹿、野猪、沙狐、草原斑猫、塔里木兔等。其中塔里木马鹿、塔里木兔是塔里木盆地的特有物种。在高山上有兀鹫、秃鹫、胡兀鹫、雪鸡、黄嘴山鸦、高山岭雀、雪鸽、雪雀等为代表，山地森林有苍鹰、松鸡、啄木鸟、斑鸠等。在草原上有草原雕、红隼、红嘴山鸦、椋鸟、百灵等。

第四节　经济社会发展

一、经济社会的发展进程

1949年新中国成立以来，在党中央、国务院的领导下，中国经济社会状况发生了翻天覆地的变化。特别是改革开放以来，经济社会得到快速发展，人民生活得到显著改善。这期间，中国经济社会发展大致经历了3个阶段；

第一阶段为国民经济“六五”和“七五”计划的1979—1991年，以党的十一届三中全会为标志，全党工作重点转移到以经济建设为中心上，经济高速增长，GDP年均递增率达9%。

第二阶段为国民经济“八五”至“十一五”计划的1992—2010年，改革开放进入到全面发展的新时期，改革开放由沿海地区向内陆逐渐推进，GDP年均递增率达10.3%，是国民经济发展最快的时期，在此时期虽然1998—2000年几年间，由于亚洲金融危机，中国对外贸易萎缩，国内需求不足，对经济发展造成了一定影响，国家通过制定一系列行之有效的调整措施，保证了经济的稳健发展，这几年GDP仍然保持着平均8%以上的递增率增长。

第三阶段为国民经济“十二五”计划的2011—2015年，全球经济复苏艰难曲折、主要经济体走势分化，世界经济增长模式和发展格局将会发生深刻调整。我国经济全面进入工业化的“后危机”时代，随着经济总量不断扩大，保持我国经济在更长时期内高速增长的难度在加大，国民经济发展面临一个结构转型期，中国崛起面临着新的重大机遇。国内经济收缩，下行压力持续加大，多重困难和挑战相互交织。积极应对国际金融危机持续影响等一系列重大风险挑战，适应经济发展新常态，不断创新和完善宏观调控，推动形成经济结构优化、发展动力转换、发展方式转变加快的良好态势。我国经济社会发展总体平稳，稳中有进，GDP年均递增率增长仍然保持在7.8%，而2015年GDP增速为6.9%，为25年新低，但在世界主要经济体中仍名列前茅。

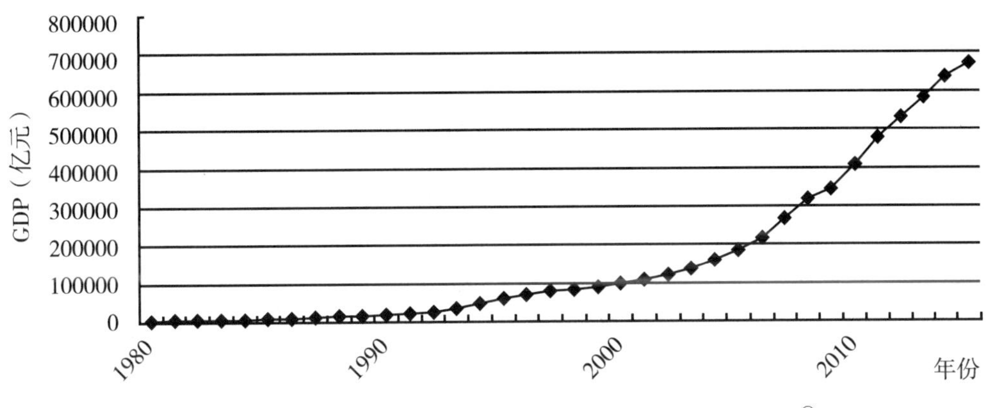

图 1-2　1979—2015 年中国国内生产总值发展情况示意图[①]

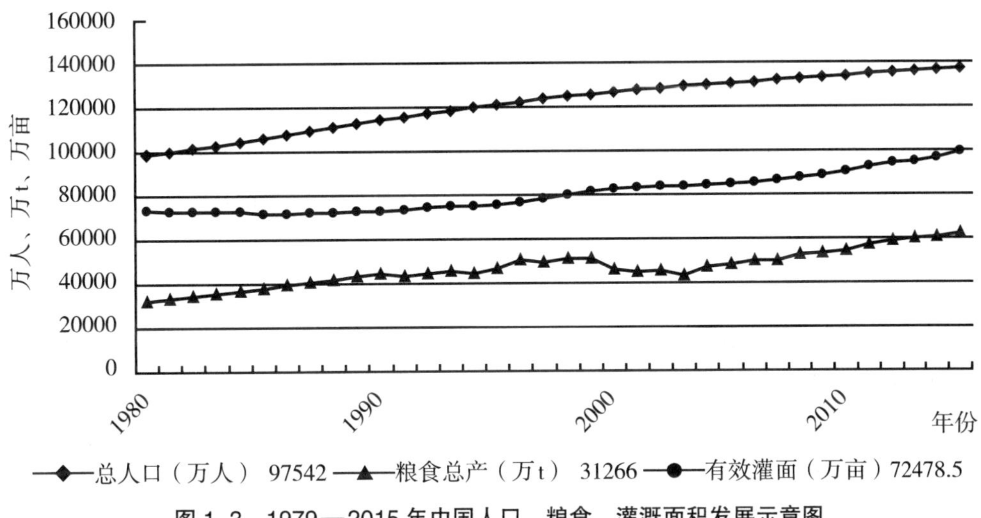

图 1-3　1979—2015 年中国人口、粮食、灌溉面积发展示意图

自 1978 年至 2015 年全国总人口从 9.63 亿人，增加到 13.75 亿人，平均增长率为 3.86%，1980 年以来中国城镇化进程显著加快，全国城镇人口从 1.73 亿人，增加到 7.71 亿人，城镇人口的比重从 17.9% 占，提高到 56.1%。

国内生产总值（GDP）从 1979 年 3650.2 亿元，增加到 2015 年的 67.67 万亿元，增长了 185 倍，按可比价计算平均增长率 8.15%，年均递增率 9.6%。人均 GDP 从 379 元，增长到 49228 元（按可比价计算为 21947 元）。

按 1979 年不变价计算，国内生产总值 GDP（亿元），不同时期的递增率见表 1-9。

① 根据中华人民共和国统计局编，中国统计出版社《2016 中国统计摘要》资料，绘制 1979—2015 年中国经济社会发展情况见图 1-1 和图 1-2。

表 1-9 中国 1978 年—2015 年不同时期 GDP 递增率

项目	1978—1991 年	1992—1997 年	1997—2000 年	2001—2010 年	1992—2010 年	2011—2015 年
年递增率（%）	9.06	9.4	8	10.5	10.3	7.8

从 1978 年至 2015 年，粮食总产量由 31266 万吨，达到 62144 万吨，人均粮食由 334kg，增长到 452kg。农田有效灌溉面积从 7.33 亿亩，增长到 9.93 亿亩，人均达到 0.72 亩。

二、经济社会的发展现状

至 2015 年全国共有 33 个省（直辖市、自治区）（含香港、澳门特区及台湾省）。暂不统计香港、澳门特区及台湾省有 31 个省（直辖市、自治区），334 个地级市、2850 个县（县级市、区），39789 个乡（镇），总常住人口 13.75 亿人，其中城镇人口 7.71 亿人，占 56.1%，农村人口 6.04 亿人，占 43.9%。人口的自然增长率 0.05%，人口密度 143 人/平方千米。

2015 年国内生产总值（GDP）676708 亿元，其中第一产业 60863 亿元，第二产业 274278 亿元，第三产业 341567 亿元，一、二、三产业的比例为 9 ∶ 40.5 ∶ 50.5，人均国内生产总值 49228 元。一、二、三产业对 GDP 的贡献率为 4.7%、41.2% 和 54.1%。全国居民可支配收入 21966 元，其中城镇居民 31195 元，农村居民 11422 元。

国土部门 2015 年公布的全国第二次土地普查成果，全国耕地面积约 20.27 亿亩（标准亩），仅占国土面积的 14%。其中有效面积 9.93 亿亩，人均有效灌溉面积 0.72 亩，农作物播种面积 24.95 亿亩，粮食总 62144 万吨，人均占有粮食 452 千克。油料 35374 万吨，棉花 560.34 万吨，水产品总产量 6700 万吨，肉类产量 8625 万吨，水果产量 27375 万吨。

2015 年能源生产总量 362000 万吨标准煤，发电装机容量 150828 万千瓦，发电量 58106 亿千瓦时，原煤 37.47 亿吨，钢材 11.237 亿吨，水泥 23.59 亿吨，汽车 2450.4 万辆。我国经济仅次美国，居身世界第二。2015 年全国各省级行政区主要经济社会指标统计见表 1-10。

表 1-10 2015 年全国各省级行政区主要经济社会指标统计

省级行政区	行政区		常住总人口		GDP（亿元）	其中：			人均地区生产总值（元）	耕地面积（万亩）
	地级市	县级	总人口（万人）	城镇人口（%）		一产业	二产业	三产业		
全　国	334	2850	137462	56.1	676707.8	60863	274277.8	341566.9	49229	202745.10

（续表）

省级行政区	行政区		常住总人口		GDP（亿元）	其中：			人均地区生产总值（元）	耕地面积（万亩）
	地级市	县级	总人口（万人）	城镇人口（%）		一产业	二产业	三产业		
北京市		16	2171	86.5	22968.5	140.2	4526.4	18301.9	106284	331.80
天津市		16	1547	82.64	16538.2	208.8	7688.7	8640.7	107960	657.45
河北省	11	170	7425	51.33	29806.2	3439.5	14388	11978.7	40255	9826.80
山西省	11	119	3664	55.03	12802.6	788.1	5224.3	6790.2	35017	6093.00
内蒙古自治区	12	102	2511	60.3	18032.8	1618.7	9200.6	7213.5	71903	13798.50
辽宁省	14	100	4382	67.35	28743.4	2384	13382.6	12976.8	65524	7484.55
吉林省	9	60	2753	55.31	14274.2	1596.3	7337.1	5340.8	51852	10509.75
黑龙江省	13	128	3812	58.8	15083.7	2633.5	4798.1	7652.1	39462	23796.15
上海市		16	2415	87.6	24965	109.8	7940.7	16914.5	103141	282.00
江苏省	13	97	7976	66.52	70116.3	3987.9	32043.6	34084.8	87995	6872.40
浙江省	11	90	5539	65.8	42886.5	1832.8	19707.1	21346.6	77644	2967.75
安徽省	16	105	6144	50.5	22005.6	2456.7	11342.3	8206.6	35997	8824.65
福建省	9	85	3839	62.6	25979.8	2117.7	13218.6	10643.5	67966	2008.05
江西省	11	100	4566	51.62	16723.8	1773	8487.3	6463.5	36724	4630.95
山东省	17	137	9847	57.01	63002.3	4979.1	29485.9	28537.3	64168	11450.70
河南省	17	158	9480	46.85	37010.3	4209.6	18189.4	14611.3	39131	12211.05
湖北省	13	103	5852	56.85	29550.2	3309.8	13503.6	12736.8	50654	7922.70
湖南省	14	122	6783	50.89	29047.2	3331.6	12955.4	12760.2	42968	6224.25
广东省	21	119	10849	68.71	72812.6	3344.8	32511.5	36956.3	67503	3932.70
广西自治区	14	110	4796	47.06	16803.1	2566	7694.7	6542.4	35190	6629.10
海南省	4	23	911	55.12	3702.8	855.8	875.2	1971.8	40818	1090.05
重庆市		38	3017	60.94	15719.7	1150.2	7071.8	7497.7	52330	3683.85
四川省	21	183	8204	47.69	30103.1	3677.3	14293.2	12132.6	36836	10102.20
贵州省	9	88	3530	42.01	10502.6	1640.6	4146.9	4715.1	29847	6822.15

（续表）

省级行政区	行政区		常住总人口		GDP（亿元）	其中：			人均地区生产总值（元）	耕地面积（万亩）
	地级市	县级	总人口（万人）	城镇人口（%）		一产业	二产业	三产业		
云南省	16	129	4742	43.33	13717.9	2055.7	5492.8	6169.4	29015	9329.70
西藏自治区	7	74	324	27.74	1026.4	96.9	376.2	553.3	31999	662.70
陕西省	10	107	3793	53.92	18171.8	1597.6	9360.3	7213.9	48023	5988.00
甘肃省	14	86	2600	43.19	6790.3	954.5	2494.8	3341	26165	8068.20
青海省	8	43	588	50.3	2417.1	208.9	1207.4	1000.8	41252	882.30
宁夏自治区	5	22	668	55.23	2911.8	238.5	1379	1294.3	43805	1921.65
新疆自治区	14	104	2360	47.23	9324.8	1559.1	3565	4200.7	40036	7740.30

摘自：中华人民共和国统计局编，中国统计出版社《2016 中国统计摘要》，耕地为 2013 年全国第二次普查成果。

十二五时期（2011—2015 年）是我国发展很不平凡的五年。面对错综复杂的国际环境和艰巨繁重的国内改革发展稳定任务，党中央、国务院团结带领全国各族人民顽强拼搏、开拓创新，经济社会发展取得显著成就，胜利完成“十二五”规划确定的主要目标和任务。

预测“十三五”时期（2016—2020 年）是全面建成小康社会决胜阶段。经过 30 多年的持续高速发展后，中国经济社会发展将进入一个增长新阶段，正在发生新的经济趋势变局，适应新常态、引领新常态、力争抓住新机遇、迎接新挑战。三驾马车（投资、出口、消费）将让位于三大发动机（制度变革、结构优化、要素升级），服务经济超过工业经济、移动互联网颠覆传统领域、城镇主导社会翩然而至。必须认真贯彻党中央战略决策和部署，准确把握国内外发展环境和条件的深刻变化，积极适应把握引领经济发展新常态，全面推进创新发展、协调发展、绿色发展、开放发展、共享发展，确保全面建成小康社会。积极应对国际金融危机持续影响等一系列重大风险挑战，适应经济发展新常态，不断创新和完善宏观调控，推动形成经济结构优化、发展动力转换、发展方式转变加快的良好态势。经济保持持续较快发展，经济总量稳居世界第二位，人均国内生产总值增至 49351 元（折合 7924 美元）。

第五节　水资源

一、全国水资源量

水资源是人类赖以生存且不可替代的基础性的自然资源和战略性的经济资源，是综合国力的重要组成。是地球上一切生物赖以生存和发展不可替代的物质基础，是生态系统最活跃的控制性要素，水是生命之源、生产之要、生态之基。在人类历史发展的进程中，贯穿着与频繁发生的洪旱灾害的顽强斗争，兴水利、除水害、事关人类生存、经济发展、社会进步，是治国安邦的大事，治水是人类社会永恒的主题。

地球总水量为 138.6×10^8 亿立方米，其中淡水储量为 3.5×10^8 亿立方米，占总储量的 2.53%，而且大部分是主要分布在南北两极地区的固体冰川。比较容易开发利用的、与人类生活生产关系最为密切的湖泊、河流和浅层地下淡水资源，只占淡水总储量的 0.34%，为 104.6×10^4 亿立方米，还不到全球水总储量的万分之一。

中国是水资源大国，根据全国水资源综合规划成果，1956—2000 年系列，全国多年平均水资源总量为 28412 亿立方米，其中地表水水资源量为 27388 亿立方米，地下水与地表水资源不重复计算水量为 1024 亿立方米，水资源总量居世界第六位；但中国又是人口大国，人均水资源拥有量只有 2200 立方米，仅为世界平均水平的 1/4，人均水资源量排在世界的第 121 位，是全球 13 个人均水资源最贫乏的国家之一。如果增加 2001 年—2014 年水资源计算成果，全国多年平均水资源总量下降为 28035 亿立方米，2001 年以来 14 年仅有 2 年水资源量超过 2000 年以前的多年平均值。特别是在经济高速增长三十多年后，缺水状况是全国普遍现象且不断加剧，全国 670 个城市一半以上缺水，110 多个严重缺水，水资源已成为制约我国经济社会发展的最大瓶颈，促进水资源节约、高效、可持续利用，成为今天中国面临的最大课题。

首先从水资源总量来看，我国水资源总量虽然不少，但由于水资源禀赋条件并不优越，中国人口众多，人均、亩均水资源占有量非常低，人均水资源仅有 2200 立方米/年，仅为世界人均占有量的 28%；亩均水资源仅有 1440 立方米/亩，约为世界平均水平的 1/2。单位国土面积水资源量仅为 29.8 万立方米/平方千米，为世界平均水平的 83%。据统计，全球淡水资源的人均占有量为 10000 立方米/年，各个国家的人均占有量差距很大，加拿大为 92692 立方米/年，美国为 10491 立方米/年，巴西为 45931 立方米/年，俄罗斯为 30836 立方米/年。国际上一般认为，人均＜ 3000 立方米/年即为轻度缺水，＜ 2000 立方米/年则为中度缺水，＜ 1000 立方米/年就属严重缺水，＜ 500 立方米/年则属极度缺水。由此来看，中国总体已近中度缺水国家，北方部分地区甚至严重缺水、极度缺水，全国人均拥有淡水量在世界仅排第 88 位。在确保生态环境“健康”的情况下，水资源量可利用水量为 8140 亿立方米，水资源可利用率为 29.4%，可利用水量更加有限。更可怕的是，随着经济社会的发展和人口的增长，有人预测到2030年，我国人均水资源将降至1760立方米/年，即跌进中度缺水国家，向严重缺水国家滑落，水资源的整体缺乏与经济社会发展、人民生活水平的提高有着极大的矛盾。

根据2002年全国开展的水资源及其开发利用调查评价，经1956—2000年45年系列，按全国水系分为10个一级区调查分析计算成果，见表1–11，图1–4和图1–5。

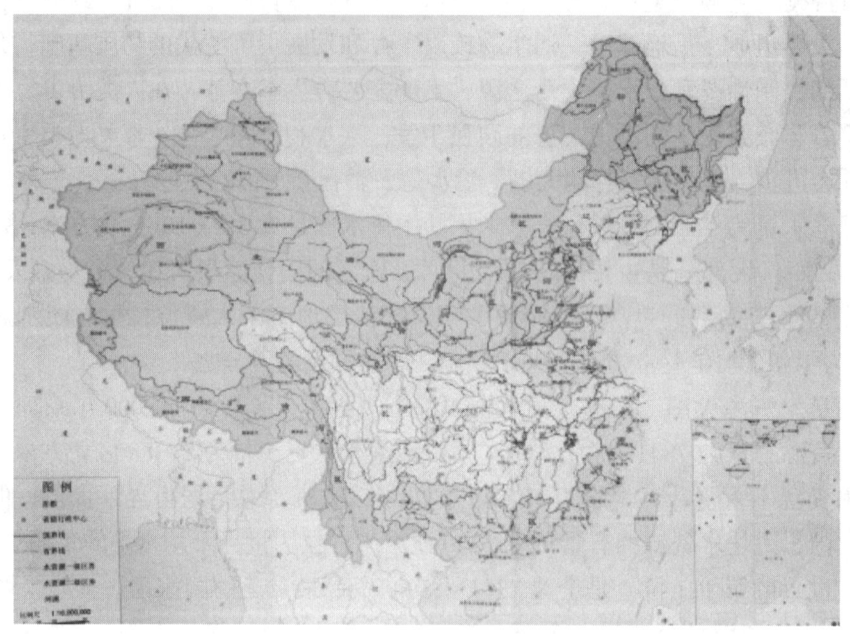

图1–4　中国水资源分区示意图

表1–11　中国水资源一级区多年平均年水资源统计

水资源一级区	计算面积（km^2）	降水量（亿m^3）	地表水资源量（亿m^3）	地下水资源量（亿m^3）	不重复计算水量（亿m^3）	水资源总量（亿m^3）	产水系数	产水模数（万m^3/km^2）
松花江区	934802	4719	1296	478	196	1492	0.32	15.96
辽河区	314146	1713	408	203	90	498	0.29	15.86
海河区	320041	1711	216	235	154	370	0.22	11.57
黄河区	795043	3544	607	376	113	720	0.2	9.04
淮河区	330009	2767	677	396	234	911	0.33	27.62
长江区	1782715	19369	9856	2492	102	9958	0.51	55.86
东南诸河区	244574	4372	2656	666	19	2675	61	109.37

（续表）

水资源一级区	计算面积（km^2）	降水量（亿 m^3）	地表水资源量（亿 m^3）	地下水资源量（亿 m^3）	不重复计算水量（亿 m^3）	水资源总量（亿 m^3）	产水系数	产水模数（万 m^3/km^2）
珠江区	578974	8973	4723	1162	14	4737	53	81.82
西南诸河区	844114	9186	5775	1440	0	5775	63	68.42
西北诸河区	3362261	5421	1174	770	102	1276	0.24	3.79
北方地区	6056302	19875	4378	2458	889	5267	0.27	8.7
南方地区	3450377	41900	23010	5760	135	23145	0.55	67.08
全国	9506679	61775	27388	8218	1024	28412	0.46	29.8

注：此表摘自《中国水资源及其开发利用调查评价》一书中国水利水电出版社 2014 年。

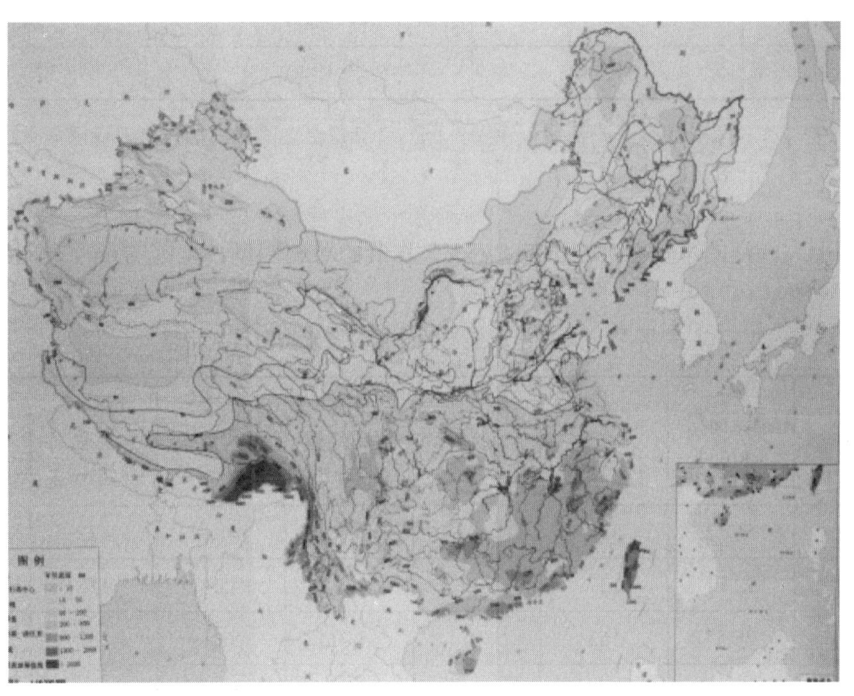

图 1-5 中国多年平均降雨深等值线图（1956—2000 年）

多年平均地表水资源量减去不应该被利用的生态环境基本水量和难以被控制利用的水量的多年平均值，剩余的水量即为多年平均地表水资源可利用量，见表 1-12。

表 1–12　中国水资源一级区水资源可利用总量估算成果统计

水资源一级区	水资源总量（亿 m^3）	水资源可利用总量（亿 m^3）	水资源可利用率（%）
松花江区	1492	660	44.3
辽河区	498	240	48.1
海河区	370	237	64.1
黄河区	720	396	55.1
淮河区	911	512	56.2
长江区	9958	2827	28.4
东南诸河区	1995	560	27.1
珠江区	4723	1235	26.1
西南诸河区	5775	978	16.9
西北诸河区	1276	495	38.8
北方地区	5267	2540	48.2
南方地区	22451	5600	24.9
全国	27718	8140	29.4

注：此表根据《中国水资源及其开发利用调查评价》编制，在全国和东南诸河水资源总量中均未包括台湾省、香港和澳门特别行政区。

中国七大江河的水资源占全国的57.5%，水资源可利用量占全国的64.4%。见表1–13。

表 1–13　中国七大江河的水资源及水资源可利用量

水系	流域面积（km^2）	地表水资源（亿 m^3）	水资源总量（亿 m^3）	地表可利用量（亿 m^3）	地表可利用率（%）	可利用总量（亿 m^3）	总量可利用率（%）
松花江	56.12	818	961	339	41.4	427	44.4
辽河	22.11	137	222	63	45.4	115	51.8
海河	26.55	163	307	110	51.1	237	64.1
黄河	79.5	607	719	315	51.8	396	55.1
淮河	26.9	595	794	289	48.7	445	56.1
长江	178.27	9856	9958	2827	28.7	2827	28.4
珠江	44.25	3380.8	3385.9	796	23.6	796	23.6

（续表）

水系	流域面积（km^2）	地表水资源（亿 m^3）	水资源总量（亿 m^3）	地表可利用量（亿 m^3）	地表可利用率（%）	可利用总量（亿 m^3）	总量可利用率（%）
合计	433.7	15556.8	16346.9	4739	30.4	5243	32
全国	950.67	27388	28412	7524	28.2	8140	29.4
占全国（%）	45.62	56.80	57.54	62.99		64.41	

二、中国水资源开发利用基本情况

新中国成立以来全国的水利建设取得了巨大的成就，中国以占全球 5% 的淡水资源，9% 的耕地，保障了占全球 22% 人口的温饱和经济社会的快速发展。截至 2010 年，中国已建成大中小型水库 8.79 万座，总库容 7162 亿立方米，其中大型水库 552 座，总库容 5594 亿立方米，中型水库 3269 座，总库容 930 亿立方米，小型水库 84052 座，总库容 637.9 亿立方米；引水工程近 86 万处，年引水能力为 1686 亿立方米；排灌站装机 43987 千千瓦，其中固定提水工程 43.5 万处，年提水量 755 亿立方米；机电井眼 53.4 万眼，年供水量 847.9 亿立方米。见表 1–14。

表 1–14　中国水资源一级区 2010 年主要水利设施情况统计

水资源一级区	灌溉面积（千公顷）	已建成水库		其中：大型水库		机电排灌站装机容量（千 kw）	其中固定机电排灌站		机电井眼数（眼）
		座数（座）	总库容（亿 m^3）	座数	总库容（亿 m^3）		处数（处）	装机容量（千 kw）	
全国	66352.3	87873	7162.43	552	5594.46	43987	435320	23305	5337050
松花江区	5979.1	2475	581.24	44	492.3	1703	8475	568	612275
辽河区	3273	1248	423.95	42	372.51	1177	6949	588	308868
海河区	8361	2095	323.15	34	262.97	6600	14005	1301	1535616
黄河区	6021.5	2773	843.96	29	740.1	4031	33318	3388	592269
淮河区	11897.2	8966	667.25	58	523.25	10788	70507	3913	1883867
长江区	16142.5	45197	2463.27	178	1883.67	13537	206391	9329	194760
东南诸河区	2237	7446	577.99	48	443.12	1238	40677	854	36516
珠江区	4725.2	14909	1056	83	745.51	3743	52958	3190	38815

（续表）

水资源一级区	灌溉面积（千公顷）	已建成水库		其中：大型水库		机电排灌站装机容量（千kw）	其中固定机电排灌站		机电井眼数（眼）
		座数（座）	总库容（亿 m^3）	座数	总库容（亿 m^3）		处数（处）	装机容量（千kw）	
西南诸河区	1172.3	1971	65.52	7	32.58	86	1203	76	1387
西北诸河区	6543.6	793	160.1	29	98.46	1084	837	98	132677

注：此表摘自《2011 中国水利统计年鉴》一书中华人民共和国水利部编中国水利水电出版社 2011 年。

2010 年全国总供水量 6022 亿立方米，占当年水资源总量的 19.5%。其中地表水源供水量 4881.6 亿立方米，占总供水量的 81.1%；地下水源供水量 1107.3 亿立方米，占总供水量的 18.4%；其他水源供水量 33.1 亿立方米，占总供水量的 0.5%。在地表水供水量中，蓄水工程供水量占 32.3%，引水工程供水量占 33.9%，提水工程供水量占 30.8%。

据《2011 中国水利统计年鉴》和《中国水资源公报 2010》统计，在全国 2010 年总用水量 6022 亿立方米中，生活用水 765.8 亿立方米，占总用水量的 12.7%；工业用水 1447.3 亿立方米，占总用水量的 24.0%；农业用水 3689.1 亿立方米，占总用水量的 61.3%；生态环境补水 119.8 亿立方米，占总用水量的 2.0%，见表 1–15。

表 1–15 中国水资源一级区 2010 年供水量和引水量统计

水资源一级区	供水量（亿 m^3）				用水量（亿 m^3）				
	合计	地表水	地下水	其他	合计	农业	工业	生活	生态
全国	6022	4881.6	1107.3	33.1	6022	3689.1	1447.3	765.8	119.8
松花江区	456.6	259.2	197.3	0.1	456.6	331.4	82.5	34.4	8.3
辽河区	208.9	91.8	113	4.1	208.9	136.7	34.8	33.3	4.1
海河区	368.4	122.5	236.2	9.7	368.3	247.6	50.8	59	10.9
黄河区	392.2	262.6	126.8	2.8	392.2	277.6	61.5	44	9.1
淮河区	639.3	463.5	172.7	3.1	639.4	445.5	98.8	85.9	9.2
长江区	1983.2	1889.7	85.1	8.4	1983.2	948.2	746.6	268.5	19.9
东南诸河区	342.5	333.2	8.5	0.8	342.5	157.8	121.8	53.1	9.8
珠江区	883.4	840.7	39.6	3.1	883.4	489.2	222.6	157.4	14.2
西南诸河区	108	104.3	3.6	0.1	108.1	85.7	9.7	12.3	0.4

（续表）

水资源一级区	供水量（亿m³）				用水量（亿m³）				
	合计	地表水	地下水	其他	合计	农业	工业	生活	生态
西北诸河区	639.5	514.1	124.4	1.0	639.5	569.4	18.4	18	33.7

中国的总用水量从1949年的1031亿立方米，增长到2010年的6022亿立方米，年均递增率为3.4%。全国2010年水资源利用主要用水水平指标，人均用水量450立方米，万元国内生产总值用水量150立方米，农田实际灌溉亩均用水量421立方米，城镇生活人均用水量193l/d，农村居民人均生活用水量83l/d，万元工业增加值用水量90立方米。与世界平均水平比较，中国人均用水量低于世界平均数，万美元PPP（或GDP）用水量高于世界平均数，用水组成比例与世界水平相当。

根据2010年水利统计资料和七大江河流域综合规划报告以及全国水资源综合规划成果，分析十大水资源分区和七大江河现状2010年，供用水情况见表1–16、表1–17。

而南方地区江河长江、珠江的水资源开发利用率为20.4%、18.6%左右，东南诸河与西南诸河的水资源开发利用率为12.8%、1.8%左右。具有一定的供水开发潜力。另外松花江水资源开发利用率31%左右，它们均未超过了可利用水资源的范围，但存在地区供需水不平衡的现象。

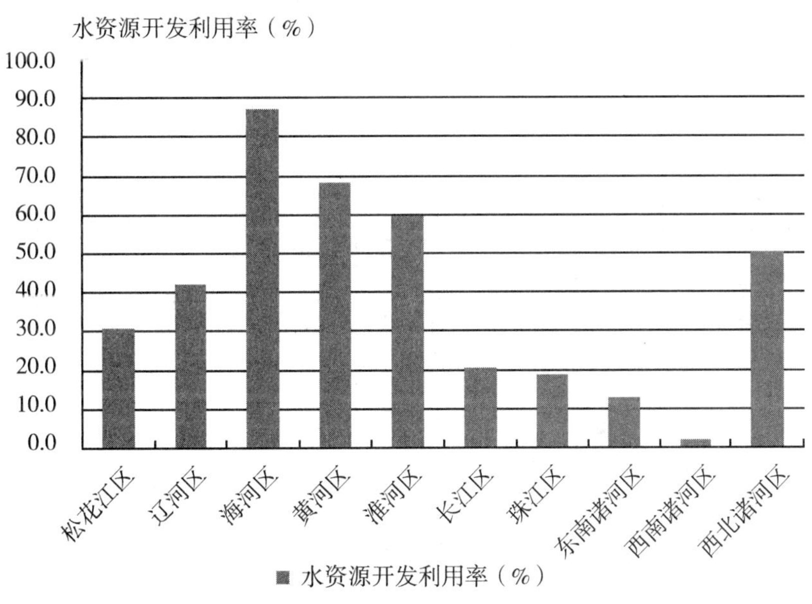

图1–6　2010年各水资源分区水资源开发利用率示意图

表 1–16　中国各水资源分区 2010 年水资源供用水量分析表

水资源一级区	水资源总量（亿 m^3）		2010 年实际供水量（亿 m^3）				2010 年实际用水量（亿 m^3）							水资源开发利用率（%）
	水资源总量	水资源可利用总量（亿 m^3）	2010 年实际供水量	其中：地表水	地下水	其他	生活用水	工业用水	农业用水	生态环境用水	在供水量中调入水量	调出水量	本区流域水资源量	
松花江区	1492	660	456.6	259.2	197.3	0.1	34.4	82.5	331.4	8.3	0		456.6	30.60
辽河区	499	240	208.9	91.8	113	4.1	33.3	34.8	136.7	4.1	0		208.9	41.86
海河区	370	237	368.3	122.5	236.2	9.6	59	50.8	247.6	10.9	46		322.3	87.11
黄河区	719	396	392.3	262.6	126.2	2.8	44	61.5	277.6	9.2	0	97	489.3	68.05
淮河区	911	512	639.3	463.5	172.7	3.1	85.8	98.7	445.5	9.3	98		541.3	59.42
长江区	9958	2827	1983.1	1889.7	85.1	8.3	268.5	746.5	948.2	19.9	5	53	2031.1	20.40
珠江区	4737	1235	883.5	840.7	39.6	3.2	53.1	121.8	157.8	9.8	1		882.5	18.63
东南诸河区	2675	560	342.5	333.2	8.5	0.8	157.4	222.6	489.2	14.3	0		342.5	12.80
西南诸河区	5775	978	108	104.3	3.6	0.1	12.3	9.7	85.7	0.3	0	2	110	1.90
西北诸河区	1276	495	639.5	514.1	124.4	1	18	18.4	569.4	33.7	2		637.5	49.96
北方地区	5267	2540	2704.9	1713.7	970.5	20.7	274.5	346.7	2008.2	75.5	145		2559.9	48.60
南方地区	23145	5600	3317.1	3167.9	136.8	12.4	491.3	1100.6	1680.9	44.3	7		3310.1	14.30
全国	28412	8140	6022	4881.6	1107.3	33.1	765.8	1447.3	3689.1	119.8	152	152	6022	21.20

表 1–17　中国主要七大江河现状水资源供用水量分析表

河流（水系）	流域面积（km^2）	年均水资源量（亿 m^3）		2010 年实际供水量（亿 m^3）				2010 年实际用水量（亿 m^3）						水资源开发利用率（%）
		水资源总量	水资源可利用总量（亿 m^3）	总供水量	其中：地表水	地下水	其他	生活用水	工业用水	农业用水	生态环境用水	在供水量中调入水量	本区流域水资源量	
松花江	56.12	961	427	296.8	168.5	128.2	0.1	22.4	53.6	215.4	5.4	0.0	296.8	30.88
辽　河	22.11	222	115	154.6	67.9	83.6	3.0	24.6	25.8	101.2	3.0	0.0	154.6	69.63
海　河	26.55	370	237	368.3	122.5	236.2	9.6	59	50.8	247.6	10.9	46	322.3	87.11
黄　河	79.5	719	396	392.3	262.6	126.9	2.8	44.0	61.5	277.6	9.2	0.0	489.3	68.05
淮　河	26.9	794	445	524.2	380.1	141.6	2.5	70.4	80.9	365.3	7.6	98.0	426.2	53.68
长　江	178.27	9958	2827	1983.1	1889.7	85.1	8.3	268.5	746.5	948.2	19.9	5.0	2031.1	20.40
珠　江	44.25	3370	796	671.5	638.9	30.1	2.4	40.4	92.6	119.9	7.4	1.0	670.5	19.89
合　计	433.7	16394	5243	4390.8	3530.2	831.8	28.8	529.2	1111.7	2275.2	63.5	150.0	4390.8	26.78

三、水资源及水资源开发利用中面临的主要问题

通过上述对中国水资源数量、现状开发利用情况的分析，可以对中国水资源特点和面临的问题作如下综合评价：

由于中国季风气候、复杂多样的地形地貌，构成各地水循环特点差异显著，水资源和生态环境状况迥然不同，水资源问题复杂多样；全国水资源总量为28412亿立方米，其中北方河流水资源总量为5267亿立方米，仅占全国水资源总量的18.5%，径流深为270mm；而南方河流有水资源总量为23145亿立方米，占全国水资源总量的81.5%；径流深550mm，南方河流径流深为北方河流的2.04倍。

水资源地区分布不均，与人口、土地等其他资源不匹配；水资源的年内分配不均，年际变化大，天然来水与用水需求过程不适应，实现水资源合理配置的难度大；总体上水资源南方多、北方少，东部多、西部少，山区多、平原少。南方河流控制国土面积的36.3%，人口占54%，耕地占40%，GDP占56%，水资源总量占全国的81.5%；而北方河流控制国土面积为63.7%，人口占46%，耕地占60%，GDP占44%，但水资源总量仅占全国的18.5%。全国人均占有水资源2100立方米，北方地区人均占有水资源868立方米，属于土地资源多而水资源极度缺水地区，其中以海河、淮河、黄河人均占有水资源最低为270立方米、450立方米和660立方米，是中国水资源供需矛盾最为尖锐的地区；而南方地区人均占有水资源3300立方米，以西南诸河最高达29000立方米，水资源总体是丰富的，但仍存在区域、地区分布的不均，形成一些水资源贫乏的缺水地区，水资源的分布与人口、土地等其他资源不匹配。水资源大部分由河川径流量组成，河川径流量的93%产自山丘区，但用水较少；而平原区产水量相对较少，平原区往往人口稠密、城市集中、耕地成片、灌区密布，是主要的用水地区；加之受季风气候的影响，河川径流年内集中程度高，年际变化大和部分地区雨热不同期，除发生水旱灾害外，也是导致天然来水与用水需求过程不适应。现状水资源供需平衡已经反映出，北方地区特别是海河、淮河、黄河水资源开发利用率达到54—87%，超过或逼近水资源可利用量的极限。

此外，近年来由于气候变化影响，水资源数量明显减少，供需矛盾更趋紧张；水资源基础设施建设滞后，尚未形成全国水资源合理配置的格局，过度开发和不合理利用问题较为突出，部分地区缺水严重；中国现状用水效率和效益较低，缺水与用水浪费并存；点源污染不断加剧，非点源污染问题日渐突出，部分河流污废水入河量远超其水体的纳污能力，水污染加剧的态势尚未得到有效抑制；由于部分水质状况不断恶化，部分河流水体已丧失了使用功能，加剧了供需矛盾，供水安全受到严重的威胁；中国水资源问题已成为经济社会持续发展和生态文明建设的关键制约因素。

随着工业化、城镇化和农业现代化快速发展，加之全球气候变化影响，水资源短缺

加剧、水污染问题突出、水生态损害严重，特别是水资源短缺已经成为制约经济社会发展的重要瓶颈。数据显示，我国水资源开发利用逼近红线。全国用水总量正在逐步接近国务院确定2020年用水总量控制目标，开发空间十分有限。海河、黄河、辽河流域水资源开发利用率已经远远超过国际公认的40%的水资源开发生态警戒线，严重挤占生态流量，水环境自净能力锐减，西北内陆河流开发利用已接近甚至超出水资源承载能力。据《第一次全国水利普查公报》统计，全国水库总库容占河川径流量的34%，兴利库容仅占16.8%，对水资源的调控能力不足，供水保障能力较弱；全国有防洪任务的河段中已治理的只占33%，已治理达标的仅占17%，中小河流治理率低。

现状水资源开发利用情况表明，2010年全国水资源用水量为6022亿立方米，一个流域水资源开发利用率，反映了该流域水资源开发利用的程度，至2010年全国水资源开发利用率为21.2%，其中北方河流水资源开发利用率为48.6%，已经超过了可利用水资源量；南方河流水资源开发利用率为14.3%，七大江河流域内现状用水和供水量，占全国总用水和供水量的71.9%。北方的辽河、海河、黄河、淮河和西北诸河的水资源开发利用率高达42%、87%、68%、59%和50%，均超过了可利用水资源的极限。

尤其是北方地区河流和水资源贫乏的地区，水资源过度开发已经引发一系列的问题：黄河、海河、淮河流域缺水形势加剧，水资源十分紧张，城市缺水现象日益显示，引发了断流、地下水超采严重，水污染加剧，江河湖库水质下降，河口生态环境恶化等问题，挤占生态环境和农业用水现象日益突出，用水浪费与缺水现象并存，节水和挖潜还有较大潜力。西北干旱地区水土资源过度开发，生态环境恶化也十分突出，已经严重制约了经济社会的发展。

四、2030年供需态势分析

水资源供需分析的基础是未来的社会经济发展格局，社会经济发展对水资源需求的影响，主要体现在：人口增长与城镇化进程，产业结构变化与工业总产值，必要发展与灌溉面积增长。从供需平衡分析成果表可知，虽然各水资源分区基本实现供需平衡。为进一步说明水资源与我国经济社会发展的适应性，根据七大江河流域综合规划报告以及全国水资源综合规划成果，对2030水平年全国水资源十大片区的水资源供需水进行了预测成果，在采取强化节水措施，控制需求过快增长，进一步对现有水利设施挖潜配套和适度开发新水源、合理调配水资源、保障生态环境用水的基础上，2030年，全国多年平均河道外供水量为7113亿立方米，在现状超采的地下水和挤占的河道内生态环境用水得到退减并对长期挤占水量进行弥补的基础上，实施了跨流域调水工程的建设，基本实现供需平衡。全国水资源开发利用率达25%，北方地区河流水资源开发利用率达55.6%，南方地区河流水资源开发利用率达18.1%。见表1–18。

表 1-18　规划水平年全国水资源供需平衡分析成果

水资源一级区	2020 水平年预测				2030 水平年预测（亿 m^3）							
	需水量	供水量	缺水量	缺水率（%）	需水量	供水量	缺水量	缺水率（%）	在供水量中调入水量	调出水量	本区流域水资源量	水资源开发利用率（%）
松花江区	567	556	12	2.03	604	594	10	1.69	1	11	604	40.48
辽河区	242	236	6	2.34	249	244	5	2.02	10		234	46.99
海河区	495	458	36	7.32	515	505	10	1.9	163		342	92.43
黄河区	521	456	65	12.46	547	521	27	4.87	77	97	541	75.14
淮河区	740	709	31	4.19	762	754	8	1.03	188		566	62.13
长江区	2296	2283	13	0.57	2351	2348	3	0.14	8	341	2681	26.92
珠江区	925	919	6	0.67	941	936	5	0.54	17		919	19.40
东南诸河区	409	407	2	0.6	431	429	2	0.45	0		429	16.04
西南诸河区	126	125	2	1.88	134	132	2	1.29	3	25	154	2.67
西北诸河区	642	630	12	1.94	657	650	8	1.14	6		664	50.39
北方地区	3208	3046	162	5.04	3334	3267	67	2.01	446	108	2929	55.61
南方地区	3757	3733	24	0.64	3858	3846	12	0.31	28	366	4184	18.08
全国	6964	6779	186	2.67	7192	7113	79	1.1	474	474	7113	25.04

黄河、淮河、海河区是我国重要的工业基地、能源基地和粮食生产基地，在全国经济社会发展中具有十分重要的地位，该地区经济总量较大，人口众多，城镇密集，工业较为发达，农业垦殖率高，但水资源短缺，过度开发和水污染问题十分突出。水资源开发利用率达到 47—92%，达到水资源承载能力的极限，超过了水资源可利用量的上限要求；2030 年在实施跨流域调水工程，进行黄河、海河、淮河与长江四流域间的水资源合

理配置，从长江调水约 341 亿立方米（另黄河调水 97 亿立方米到海河、淮河流域），才能实现供需平衡。

松花江、辽河区是我国重要的商品粮生产基地，自然资源和矿产资源丰富，具有较为完备的综合工业体系，城市较为密集，也是我国老工业基地振兴和新型工业增长的主要地区之一。辽河区目前水资源开发过度，存在超采地下水和挤占生态环境用水的现象。在通过加大松花江及跨界河流调水 10 亿立方米，扩大水资源开发利用水平的情况下，实现供需平衡。辽河水资源开发利用率可由现状的 70% 下降到 2030 年的 46%（不包括调水量），松花江水资源开发利用率达 41%。

长江和西南诸河区是我国水资源较为丰富的地区，但该区各地的水资源条件和社会经济状况差异较大，局部地区也存在工程性缺水问题和季节性缺水现象，以及水污染严重问题。长江上游和西南诸河区经济社会发展相对滞后，缺乏水资源控制性骨干工程，水资源调控能力不足，开发程度较低。长江中下游是我国重要的农产品生产基地和沿江经济中心地区，水资源开发利用程度较高。在依靠利用当地水资源，增加骨干水利工程建设，提高水资源的利用程度，可以实现供需平衡满足 2030 年供水需要。考虑“南水北调”工程将长江水调到黄河、淮河、海河区约 341 亿立方米，长江流域水资源开发利用率从 20%，提高到 27%。西南诸河区 2030 年水资源开发利用率仅 2.2% 左右，潜力较大。

珠江及东南诸河区，水资源条件总体较好，但区域间差异较大，存在的水资源问题也各不相同，部分地区缺乏控制性的工程和水资源调配工程，工程性缺水问题比较突出，珠江三角洲及钱塘江、闽江下游地区水污染加剧，河口生态环境问题较突出，存在工程性和季节性缺水；一些地区供水保证率不高，枯水季节缺水较为严重。通过新建一些控制性的水利工程，借助水资源的调控能力，进一步开发水资源，即可解决区域供水问题，实现水资源的供需平衡。珠江在确保向香港供水 11 亿立方米的情况下，水资源开发利用率达 19.4%，东南诸河区水资源开发利用率达 16% 左右。

西北诸河区气候干旱、降雨稀少、生态环境脆弱，随着人口增长和经济社会发展，许多地区水资源开发过度，地下水超采、水资源供需矛盾和生态环境问题日益突出，河道断流、湖泊污涸、地下水位下降、土地沙化、土地盐碱化，如石羊河、塔里木河、黑河等地区最为严重，到 2030 年，通过压减灌溉面积，采取强化节水措施以及水资源合理配置，减少消耗水量，另外跨流域调水（从黄河调水 6 亿立方米）等措施，实现水资源供需平衡，本区水资源开发利用率将达到 50% 左右。

为规范流域用水秩序，合理利用水资源，保证供水安全和生态安全，促进流域经济社会可持续发展。各省（直辖市、自治区）均应严格执行《国务院办公厅关于印发实行最严格水资源管理制度考核办法的通知》（即：水资源管理的“三条红线”），确保 2030

年供水量控制在红线的范围内。全面贯彻落实最严格水资源管理制度，加强水资源管理、节约和保护。

刘立彬

第二章 协同内涵：流域经济与政区经济协同发展内涵特征与国际经验

流域经济是古老而鲜活的经济课题，流域经济是一种以自然江河溪流水系为基础，以流域之内的人力、财力以及其他各种资源的优化配置为中心目标的跨行政区经济系统。纵观人类发源与历史文明，无一不是起源于大江大河之畔。世界上各大国家，尤其是西方发达国家都十分重视对流域及河流的综合治理和开发，国内外对于流域经济的研究青睐有加。政区经济在中国表现得特别明显，国内从20世纪70年代开始对政区经济也有很多研究。政区经济受益于地方政府强大的行政干预能力，对区域经济形成刚性约束，往往具有经济分割的特点，要素流动受阻，因此也被称为“块块经济”“诸侯经济”，近年来，流域经济与政区经济有不断协同发展的趋势。

第一节 流域经济与政区经济协同发展的内涵及特征

流域是人类文明的摇篮，依托流域进行经济活动开发是人类社会发展的重要方式。河流两岸往往是国民经济和区域经济持续发展的重要区域，是经济发展中主要产业最集中、城市最发达和人民生活居住条件最优越的区域，我国长江三角洲、珠江三角洲和环渤海地区是流域经济区的典型地区，也是我国率先现代化和经济最发达的地区，我国的经济崛起与长江流域、珠江流域、黄河中上游的开发治理密切相关。流域治则经济兴，流域废则百业退。实现流域内生产要素的自由流动，优化生产力布局，发挥沿岸中心城市的辐射带动作用，推动流域一体化发展，是流域经济发展的现实意义，也是流域经济发展的内在要求。

一、流域经济的内涵及特征

流域是指由分水线所包围的河流集水区。每条河流都有自己的流域。地理经济学研究发现，沿江、沿海160千米内，聚集了全球人口的80%以上。沿江、沿海布置人口和产业，是古往今来生产力优化布局的自然选择。人类活动与聚落的形成，最开始都是依托河流捕鱼采草而生。世界各国的发达城市和经济区多是这样，我国的长江流域、珠江流域、海河流域的中下游沿岸同样如此，河流穿行而建立起来的城镇，繁华富庶，勃勃生机。实现流域的综合开发，促进流域经济发展，是国民经济和区域经济可持续发展的重要方式。

（一）流域经济的内涵

流域经济是以河流为基础，以流域水资源、人、城市、产业等要素开发配置为核心，以促进流域协调可持续发展为目标，复合自然、经济、社会、生态等要素系统的跨区域经济系统。流域经济以河流为纽带，沿岸产业布局呈梯级层次分布，生态环境具有联动性，产业由下游到上游渗透，实现产业的高度化，且随着经济的发展，跨流域经济交流与合作将逐渐加强。

世界各国发达的经济走廊和重要经济地区大都布局在主要江河流域，流域经济区往往是地区经济发展的产业集聚带和城市群区域。在我国，流域经济区是区域经济发展的重要形式，在国民经济发展中的地位和作用非常重要。在流域经济区的主要构成要素中，自然要素是基础因素，交通要素是决定因素，城市要素是核心因素，产业要素是关键因素，文化要素是内在因素，生态要素是特色因素。发展流域经济区，应处理好各要素之间的关系。

（二）流域经济的特征

流域经济作为一种特殊类型的区域经济，既具有区域经济的一般属性（客观性、地域性、综合性、可度量性、系统性等），又具有水资源特点的专门属性。一般来说，流域经济往往具有以下五个方面的特征：①

第一，流域经济是以河流为纽带的整体系统

流域经济依托河流为轴线形成条状经济区域，河流是流域经济发展的主要纽带，水资源是流域经济最核心的自然资源。水具有流动性，串联河流上下游与沿岸区域形成流域经济，因此，流域经济具有不可分割的整体性和高度相关的相连性。流域内各要素，包括水资源、航运资源、水电资源、产业分布和交通要道等各种要素之间关系极为密切，上中下游、干流支流、河流湖泊、水路岸边等相互制约、相互影响、相互支撑，牵一发而动全身。一条河流，如果上游开垦过度，森林植被被破坏，乱砍滥伐，施加农肥造成土壤流失或侵蚀，不仅会对上游的本地区域造成严重影响，破坏农牧耕地生态系统，影响生态环境，河沙与化肥污染元素也将顺着流水带到中下游地区，造成中下游地区河床升高，泥沙淤积，河水污染，湖泊富营养化产生水华现象，对中下游地区的经济发展造成恶劣影响、对人民生活造成巨大的灾难。同样的，如果中下游地区人民为了自

① 覃成林：《黄河流域经济空间分异与开发》，科学出版社 2011 年版。

身的发展，过度实行围湖造田，筑坝拦水，也将对中上游地区造成恶劣影响，会造成上游地区河水位抬高淹没沿岸居民居住区，而湖泊面积减少后，其调蓄功能也将被进一步削弱，对上游河流的干枯洪水调解功能形成不利影响。并且，河流各区段的开发活动，都将影响其整体系统功能，如在河流某一区域进行水电开发设施，必然造成河流断流，造成上游地区水位抬高，沿岸城市与居民被迫迁移，而下游水量减少，形成更多滩涂沙地，并且水流截断将削弱整个河流的通航能力，对洄游鱼类和其他生物的生存和繁殖造成恶劣影响。因此，流域内任何区段的开发，都不能仅仅考虑其局部利益与影响，必须从整体出发，从整个流域发展的大局出发，考虑整体河流区域的发展利益，考虑各项功能之间的影响程度，对全流域可能产生的重大影响和后果进行科学评估，方可开展，不可冒进而为。

第二，流域经济纵向跨度大形成梯级结构

流域经济虽然是以河流为纽带的整体系统，但是，由于从上游到下游，其资源禀赋、地理区位、开发程度、环境容量、经济技术基础和历史背景各不相同，导致流域上中下游往往形成梯度较大的纵向经济带。流域，特别是大流域，其河流长度跨越几千里，地理跨度极大，其沿岸可能流经若干国家和区域，加之各区域人文环境和政治体制的差异，形成巨大的横向纬度分异带和纵向经度分异带，区域经济表现出沿河流分布不同的区段性、差异性、多变性和复杂性。从世界上的主要大江大河流域分布来看，区域要素的分布往往可以分为两种类型的梯级结构：

一种是，自然资源的分布梯级结构，包括水资源和水能资源、矿产资源、土地资源、森林植被资源、自然物种资源和生态环境资源等；

另一种是，经济发展水平的梯级结构，包括人力、物力、财力、产业结构和层次规模、城市建设水平与社会结构水平等；

这两种类型的梯级结构，往往存在不同的分异方向。以我国长江流域和黄河流域为例，其资源分布多数成正向递减分布，从上游到下游其自然资源拥有量越来越少，但其经济发展水平却呈现出逆向递减分布情况，从上游到下游其经济发展水平和社会发展水平越来越高，因此形成了资源中心在上游、经济中心在下游的反向梯级结构模式。

第三，流域经济是具有层次性的网络系统

流域，以一条主要河流为轴线，联合众多干支流，形成复杂的流域经网系统。一个流域可以分为若干个子流域、小流域，如长江流域可分为雅砻江、岷江、嘉陵江、乌江、沅江、湘江、汉江和赣江各个子流域，而各个支流又可以分为更小的二级支流、三级支流，最后直至划分到最小的溪流为止。因此，各大流域生态系统，也就是由各个干支流子生态系统所构成，是一个网状结构的整体系统。而且，从产业门类和经济结构来看，流域生态经济系统又可以划分为农业、工业、服务业、交通运输、经济区、城市和城市群等各种子系统，农业生态经济系统又可以划分为种植业、牧渔业、养殖业、林业等。因此，流域在整体开发时，需要考虑到各个子系统相互之间的影响，科学统筹，兼顾各系统的利益，相应的设置开发的优先次序和开发层次。

第四，流域经济具有经济协作的内在动力需求

流域是一个开放型的协作经济系统，各个子系统之间相互配合、相互协调，同时系统内部以及各系统之间不断进行物质循环与要素交换，人力资源、财务资源、信息资源、物质资源等不断交流，形成一个充满活力、能量递增和经济越来越发达的经济协作生态系统。流域内各个行政区域，既有专业化分工，也应该进行经济协作，流域之间生态环境状况相互影响、航道疏通相互制约、区域发展不平衡问题突出、产业转型升级任务艰巨、要素流动壁垒严重、城镇和产业布局同质化、区域合作机制不顺等一系列问题，要求流域之间必须实现整体发展，形成上中下游优势互补、协作互动的格局，实现资源高效配置、市场统一融合，进一步优化沿岸产业结构和城镇化布局，培育经济合作竞争新优势，推动流域经济持续健康发展。

第五，点轴模式是流域经济的一般空间模式

流域是一种特殊的区域，流域经济是区域经济的一种典型模式，它首先是一个自然单元，然后才是人类经济活动的承载空间。流域经济的发展符合区域经济发展的一般空间模式，点轴模式是其一般空间结构，自然条件与自然资源的客观分布，是决定流域经济区发展的空间格局的重要因素。流域经济“点轴”模式中的“点”，通常指的是流域沿岸的大中城市，是区域经济中重要的增长极，“轴”通常指的交通线路，包括航道、公路和铁路，流域经济依托点轴模式发展后，进而形成更宽的网络体系，即城市集聚区、城市群，一定程度上来说，城市群又是新的增长点，进而形成更大的流域经济网。流域经济通过“点轴”模式的集聚效应和扩散效应，形成要素之间的集聚和经济效益的溢出分散，通过区域之间不均衡的发展机制来实现整个流域经济以沿岸大城市为中心节点的由近及远的圈层开发模式。

“点轴”开发的区域经济空间结构模式，既有极化效应，也有扩散效应；既有利于发挥流域的要素优势，将沿岸区域中有限的人流、物流、财流集聚于一个重点发展点域，促进资源和要素向增长极汇聚，形成强大的聚能优势，迅速提高中心城市的生产力；又可以通过点轴系统的带动，将经济发达的城市的能量向外辐射，核心区向城乡边缘区扩散，再辐射到外围区域，并且通过合理的区际分工合作，带动整个流域经济的协同发展。

（三）我国发展流域经济的现实意义

我国流域众多，光是大的水系就有“一纵三横”之称。一纵即指京杭大运河流域，三横分别是长江、黄河和珠江三大流域。可以说，流域贯穿了全国各大经济区的发展。但流域经济的发展，也存在着区域发展不平衡、要素流动不畅通、产业结构同质化、生态环境不断恶化和城市竞争等一系列问题，研究流域经济的科学发展，对于我国有着重要的现实意义：

一是要不断打破流域内要素流动的行政壁垒，形成区域合作优势。在我国，流域内部往往存在着自然资源与经济结构之间的逆向梯度分布，长江、黄河、珠江三大流域表现非常突出，上游河流发源地均在西部高山峡谷之间，其自然资源丰富，但经济发展水平非常落后；下游处于各流域入海口地区长三角地区和珠三角地区，其沿江沿海区域经济是全国经济中心，经济发展水平遥遥领先。上游地区经济基础薄弱，市场化程度低，土地、人力资源、自然资源丰富、科技水平很低，下游土地开发程度高，地价高、人力资本高、自然资源匮乏、科技水平较高、产业发达，下游地区有产业转移的内在动力，而上游地区有承载产业发展的客观需要，流域上下游之间有很强的经济互补性，合作需求旺盛。

二是要扩大流域经济发展的点轴扩散效应，推动城市群发展。流域经济在发展中，往往呈现不均衡发展模式，各流域在重要节点地区发展形成大城市，将要素吸聚在此集中发展。近年来，随着交通要道的不断发展，公路、铁路、航线网络不断密集，区域之间的距离不断缩小，中心地区因人口过度集聚造成房价攀升、生活成本拉高、土地紧缺、大城市病越来越明显，其经济效应向外扩散有着强烈的动力机制。各大城市边界不断拓宽，城镇化迅速发展，如上海周边的昆山、无锡等地，都成了经济溢出效应的受惠区，大城市逐渐向城市群演变，流域经济中的中心节点正在不断扩大，形成更大的区域经济网络。

三是要重视流域开发中的环境影响，实现流域可持续发展。改革开放以来，东部沿海地区迅速发展，这些地区正处于我国主要流域的下游地区，而长江、黄河中上游地区地处西部，经济发展水平较低，而自然资源丰富，有强烈的发展愿望。从近几年全国的经济发展数据来看，长江中上游地区，四川、重庆、武汉等地区，其国民经济增长甚至高达 10%，且正处于快速城镇化期间，地区经济有快速发展的强烈需求。但是，长期以来，我国经济的快速发展都是以环境污染和资源耗损为代价的粗放式增长，各流域下游地区的发展已经占用了相当的环境容量，若上游地区仍以简单的资源开采、能源消耗为发展模式，必将会为流域发展带来更严重的生态环境恶化。特别是上游地区往往是高山草原地区，其生态系统极其脆弱，一旦破坏难以恢复。因此，流域在开发中一定要注意整个流域的环境承载力，不可只顾自身发展，罔顾流域整体利益，要以流域经济的整体发展出发，统筹规划，实现整个流域乃至整个国民经济的可持续发展。

四是要推动流域产业结构调整，实现生产力优化布局。由于流域缺乏整体规划，各行政区之间独立开发，造成流域各城市之间产业结构同质化，未能形成科学互补的流域产业结构。在未来流域经济的整体开发中，应当对流域实施整体规划，综合流域内各区段之间的自然资源禀赋、区位自然条件、要素资源、社会发展条件等各个方面的基础差异，对区域内人才、技术、资金、信息、科技等相关生产要素进行统筹安排，实现流域整体开发，分工协作，优势互补，促进流域产业结构调整和生产力布局优化。

二、政区经济的内涵及特征

政区经济在我国具有特有的制度背景。从1980年起，我国开始对各省市行政区实行“划分收支、分级包干”的财政体制改革，中央和地方开始实行“分灶吃饭”，到1994年实行“分税制”财政体制改革，形成中央、企业、地方及外资在内的多元化格局，地方政府的财权、事权独立，地方政府具有强大的组织财政收入的积极性，也增强了地方政府的投资实力，行政区成为组织经济运行的基本地域单元。由此，各大行政区逐步形成一种特殊的经济形式——政区经济。由于行政区划对各要素流动的刚性约束，各区域形成行政区壁垒，“边界”明显，区域之间相对独立运行成为客观现象。澳大利亚学者奥德丽·唐尼索恩认为我国的政区经济是一种“蜂窝状经济”，具有分割化趋势；美国学者托马斯·P·莱昂斯认为我国的经济体制造成了政区经济的经济分割。国内学者也把这种政区经济的典型特征概括为“块块经济”“诸侯经济”，行政区经济分为多种类型，从省到市到县到乡镇，形成各级政区经济模式。

（一）政区经济的内涵

“政区经济”即指“行政区经济”，是指由于行政区划、行政权力对区域经济形成刚性约束和要素流动壁垒，进而产生的一种特殊区域经济，这是我国从计划经济时代向社会主义市场经济转型过程中，出现的一种具有典型的经济分割性质、过渡性的区域经济类型。该概念最早由华东师范大学中国行政区划研究中心主任刘君德在1992年提出。

行政区经济概念的提出，对于当代中国特殊的国情进行了形象的描述。行政区域对于要素流动的壁垒是行政区经济形成的主要原因。各地区由于政绩考核的原因，地方行政长官注重于地区经济的发展，应用行政区财政收支权力，进行地区经济开发活动，形成行政区经济。行政区经济是与经济区经济相对应的一种经济模式，比如流域经济区，就是一种跨越行政区域的自然经济区经济，行政区经济是人力分割造成，而自然经济区经济是自然作用而成。

按照区域经济协调发展理论，区域之间应该突破行政区域的刚性约束，打破要素流动壁垒，实现一体化发展格局。然而，在我国各经济区发展中，存在着不同程度的区域经济分割现象，各区域之间产业政策和发展规划各自为政，造成市场流通、技术转移、公共服务之间的差异与壁垒，各行政区之间往往形成恶性竞争。由于地方政府主要官员的政绩考核制度，造成各个地方追求自身GDP的发展，各行政区在自身利益的驱逐下，对市场经济行为进行强制的行政干预，阻碍要素的自由流动，形成地方保护主义和本位主义，行政区经济表现出与自然经济区经济相悖的发展模式，造成对经济干预的负面效应。当然，由于行政区对于要素强大的组织能力，行政区经济往往拥有着在短期内实现经济快速飞跃的发展能力，地方政府可以通过扩大投资、强化基础设施建设等方式将社会资源迅速集中在某一地区，并且可以通过地方财政的杠杆作用，撬动社会资本投向某一区域重点发展，成为地区经济发展的风向标，对经济区的经济发展起到正面作用。在政区经济的发展中，应当统筹协调，不断推进区域间的公共服务均等化，缩小不同地区之间公共服务的差距，在教育、医疗、卫生等各项社会福利措施方面，逐步实现公平化；各区域之间要加强合作，形成产业结构优势互补、良性互动的模式，以产业链的角度科学规划地区产业选择和重点，将我国区域不平衡发展战略逐步向均衡发展转变，促进先进地区产能转移，实现落后地区加快发展，人民生活水平不断提高，缩小社会贫富差距，减少社会矛盾。

（二）政区经济的特征

区域分异是政区经济最典型的特征，行政区经济最明显的差异在于其经济社会活动中，无一不透露着地方政府对于市场经济的人为干预活动，地方利益是政区经济发展的首要目标。受行政区划的干预，经济区内的生产要素无法实现自由流动，形成强大的地方壁垒，经济运行秩序比较紊乱①，市场经济发展受到阻碍。

第一，企业竞争处于政府干预的非公平环境之中

在计划经济体制下，我国政府对企业发展实施全面计划，企业生产什么，如何生产，如何分配都由政府统一安排。改革开放以后，企业生产由市场供需决定，然而，由于我国处于计划经济向市场经济转型时期，企业与政府之间的关系千丝万缕，企业竞争并非真正意义上的由市场自主决定，而是取决于政府的行政指令和决策者的方向。地方政府在制定各项政策时，往往从自身利益出发忽略大局，对区域内的企业予以税收减免、财政补贴或资源倾斜，造成企业生产成本差异，导致各地区盲目追求税高利大的企业，并且对于地区企业流动设置壁垒，比如禁止企业自由迁入迁出等相关政策，造成各区域内的企业同质化，企业竞争并非处于公平的市场环境之中，阻碍了资源实现优化配置的过程。

第二，生产要素流动受行政区壁垒阻碍

区域经济的发展要求劳动力、土地、资本、企业家才能、技术、信息等生产要素实现自由流动，以满足市场发展的客观需要。但是，由于行政区的刚性约束与制约，各生产要素跨区域流动受到阻碍，户籍是影响劳动力自由流动的重要因素，户籍制度导致的教育资源、医疗资源、公共服务资源等不均等因素阻碍劳动力在区域之间流动。各行政区之间由于争夺资源，限制生产要素的自由流动，各自发展区域经济，形成了生产要素流通不畅的现象。

第三，行政区经济呈现出隐蔽竞争的特征

由于中央对地方、上级对下级政府的考核，以GDP和其他经济指标为重要依据，因此，各地区之间存在着强烈的竞争动力。但是，与市场化主体之间的直接竞争不同，各地

① 熊曦、吴冬霞、曹姣：《关于我国“行政区经济”的思考》，《西部论坛》，2007，17（3）。

方政府之间不会直接采取价格战、技术封锁等企业之间的竞争方式，而是采取相对较为隐蔽方式进行竞争，例如地方政府在招商引资中，对同一个企业提出不同的优惠条件，以土地优惠政策、税收优惠政策、厂房低价出售出租等方式，争夺企业落户本地，但却不会直接对其他地方政府采取攻击性措施，行政区经济存在着较为隐蔽的竞争模式。

第四，行政区域交接区域边界性突出

一般而言，行政区经济有自身的经济中心和边缘地带，经济中心与其政治中心又往往存在一定的关联性，越是远离政区经济中心的地带，其经济发展程度往往越低。特别是，在两个或者多个行政区交接的区域，其边界性更加突出，这种地方，由于远离各个行政区的中心区域，且因边缘地区的人口流动复杂、不安定因素较多，各个行政区都撒手不管，往往出现一种经济衰退的“三不管”地带，成为行政边界区的重灾区域。

三、协同发展的内涵及特征

和谐发展是科学发展观的客观要求，协同发展模式的核心在于“和谐”二字。与优胜劣汰的竞争理论不同，协同发展认为某一物种的胜利是与另一些物种共同进化形成的，是共荣共存，而非另一物种灭绝的附带产物。科学引入协同发展理论，对于流域经济和政区经济的共荣发展具有积极的推动作用，既符合经济区发展的客观要求，又符合我国特殊的社会主义初级阶段的基本国情。

（一）协同发展的内涵

协同发展，是指两个及其以上的目标，通过相互之间的配合，共同发挥所长，完成某项工作或任务，从而实现双方或多方共同发展的有利结果。协同作为一种整合手段，或作为一种管理和控制的职能，如“同心协力，互相补充”；协同作为一种状态而存在，表示各子系统或各系统要素之间、系统各功能、结构或目标之间的融合关系，如“和谐一致”。[①]从静态看，协同发展指区域自然资源、人口、经济、社会、生态环境等各要素之间关系和谐的性质和状态；从动态上来看，协同发展不仅指当前经济、社会、生态结构的和谐状态，更强调各要素内部循环发展的能力和各要素协调可持续发展的趋势。协同发展是一个个不断地自我改变和自我发展的过程，是一个个静态的和谐一致状态的联结。[②]

（二）协同发展的特征

协同发展往往具有以下几个特征：

一是协同发展的要素具有多样性。在协同发展的框架里，常通过制度、体制、科

---

① 胡碧玉：《流域经济非均衡协调发展制度创新研究》，四川人民出版社 2005 年版。

② 张彤：《论流域经济发展》，四川大学博士论文，2005。

学、教育和道德规范等多种内容的共同竞争，相互促进，进而达到社会的多样性全面的协同发展。

二是协同发展的竞争具有公平性。协同发展是和谐一致的发展，是一种多元素公平竞争的模式，各个市场主体、各种经营模式在同等条件下展开角逐的开放性模式。

三是协同发展的结果具有共生性。协同发展不同于优胜劣汰，其发展结果是促进双方或多方的共同发展和进步，绝不以牺牲一方为代价发展另一方，各大主体共荣共存，促进整个经济系统的持续健康发展。

（三）流域经济与政区经济协同发展的内涵

由于流域经济区和行政区是不同的经济类型，一个是自然经济区，一个是人为经济区，且两种经济区的边界往往是不重合的。一条河流，很可能跨越若干个经济区，甚至跨越若干国家，例如长江、莱茵河等；而一个行政区内，往往又可能出现多条河流，包含多个流域经济区，例如河南，因此流域经济和政区经济之间容易出现各种矛盾和问题。如前所述，流域经济以促进区域协调可持续发展为目标，政区经济则具有强烈的地方利益倾向，前者要求要素自由流动，后者阻碍要素自由流动，二者之间矛盾必然突出。二者之间的矛盾和不协调，最主要的原因还是在于各行政区各自的利益分割，造成要素流动的壁垒；流域上中下游各行政区的利益难以协调，各个行政区的利益与流域经济区的整体利益存在着冲突，给水资源利用、环境治理带来诸多不便[①]。也有研究指出，在我国实施的流域综合管理与行政区管理相结合的体制，是适合现阶段发展国情的有利举措，但却因为流域管理与行政区管理之间的边界不够，“统的不够，分的无序”造成流域中各政区分工协作的制度缺失，导致流域经济在发展中出现诸多问题，因此，应当建立起以流域管理机构为主导、各政区行政部门相配合的流域分工协作管理机制[②]。

一是要素整合与可持续发展的问题。西方经济学将劳动力、土地、资本视为三大基本要素，随后资源、技术、信息、制度等也被认为是必不可少的经济要素。在对流域经济与政区经济研究中，侧重研究流域经济的核心要素——水资源，以及人口、资源、环境的整合发展，对水资源的自由流动和流域产业分工、功能分区、沿江城市群优化布局提出发展思路。

二是经济体制与行政体制改革的问题。市场失灵与宏观调控是西方经济学又一理论，流域经济的市场机制同样存在市场失灵的问题，政府的宏观调控是必要的手段。资源管理体制体现政府功能，国内水资源管理体制采用流域管理与行政区管理相结合的模式，对政府机构改革提出了更高的要求。

---

① 陈湘满：《论流域区与行政区的关系协调》，《邵阳师范高等专科学校学报》，2002（2）。

② 邢华、赵景华：《流域与区域水利发展协调性评价——以淮河流域为例》，《中国人口·资源与环境》，2012（10）。

三是利益协调与民生保障的问题。民本思想在中国几千年的封建社会就已形成，2003年胡锦涛总书记提出科学发展观，作为我国各项事业改革的之一方法论。中国共产党十六大和三中、四中全会，从全局出发，都提出了建设社会主义和谐社会的重要战略任务，可见民生保障对于整个国民经济的发展的重要意义。为解决中国实际问题，应当充分发挥社会主义科学发展观理论优势，以构建和谐社会理论为具体指导，建立起流域经济与政区经济发展的利益协调机制与民生保障机制。

第二节　国外流域经济与政区经济协同发展的经验借鉴

许多发达国家在其现代化进程中，都把流域经济的开发作为战略重点，把流域经济区发展作为国家经济建设的重心和主轴，布局重要产业与城市，各大江河流域的沿岸往往形成先进的经济走廊和城市群中心。通过大规模建设水利工程设施，发挥流域蕴藏的巨大的水能动力，构建航道、铁路、公路一体通达的交通网络物流疏散体系，依托流域的水资源、沿岸土地及其他自然资源，开发形成格局特色、相互照应、水陆联动的产业集聚区，流域经济区成为许多国家的产业集聚区和城市集聚区，如莱茵河、田纳西河、多瑙河等，其沿岸多为世界知名的发达地区城市密集带。

表 2-1　世界典型国家和地区流域经济与政区经济协同发展基本情况

国家和地区	主要流域	流域开发管理模式	流域管理机构	制度保障
英国	泰晤士河、塞文河等	1973年成立10个水务局，流域内不按行政区划分和受其管辖权的限制，每个水务局对本流域与水有关的事务全面负责，具体职能包括对所在流域的水资源、供水、排水、污水处理、防洪、航运、渔业，甚至水上娱乐等事业实行统一管理。水务局不是政府机构，而是法律授权的具有很大自主权、自负盈亏的公用事业单位。后改为水务公司，市场化运营。	综合性流域管理机构，水务局，后私有化为水务公司，如泰晤士河水务管理局	英国是世界上工业化最早的国家，同时也是最早制订水法的国家。《水法》《流域管理条例》《河流洁净法》《土地排水法》《河流防止污染法》《公共健康法》《农业法》《污染控制法》等。
美国	密西西比河（支流田纳西河、密苏里河）、阿肯色河、哥伦比亚河、圣劳伦斯河等	作为联邦制国家，联邦层面水治理职责相对宏观，主要是制定水资源管理的总体政策和法规，大部分水治理行政权保留在各州。因此，流域管理更多协调各州落实国家政策，确立流域总体目标并推动执行。	主要是流域管理局，如TVA；有流域管理委员会，如特拉华河流域管委会	《水资源规划法》《田纳西河流域管理局法》《清洁水法》《安全饮用水法》《流域保护方法框架》等

（续表）

国家和地区	主要流域	流域开发管理模式	流域管理机构	制度保障
德国	多瑙河、莱茵河、易北河、奥得河、美因河等	德国的水资源行政管理体系分工较为明确，形成了联邦政府、地方政府和社会组织相互合作、互为补充的水资源管理体制。在国家层面上由联邦环境部总体负责水资源管理相关事宜。在联邦法律框架下，各联邦州和市政府被赋予了较大的自主管理权，比如征收的排污收费归地方政府支配使用。同时，德国很多公益机构和学会也参与到了水资源可持续管理工作中，在其中发挥专家指导与社会监督作用。	由中央部门和地方政府管理流域	在国家层面上《联邦水法》是德国水资源管理的基本法，还有《废水收费法》《地下水条例》《饮用水条例》《供水管道条例》《肥料条例》等专门法律法规；各州可补充规定。另有欧盟《水资源管理框架指导方针》。
日本	信浓川、利根川等	日本的水资源管理体制，属于“多龙治水，协同管理”模式，分别由国土厅、建设省、农林水产省、通商产业省、厚生省、环境厅（2000年升格为环境省）、科学技术省等部门，按照中央政府赋予的职能各负其责，衔接配合。	全国七大水系由国土厅直接监督、管理，其他水系由都、道、府、县知事指定管理者。	《河川法》《工业用水法》《上水道法》《下水道法》《特定多功能水库法》《水资源开发促进法》《公害对策基本法》《水污染防治法》等
澳大利亚	墨累河（支流达令河、马兰比吉河等）	澳大利亚是联邦制国家，各州和地区对水资源管理承担主要责任。水管理大体上分为联邦、州和地方三级，但基本上以州为主，流域与区域管理相结合，社会与民间组织参与管理。	流域管理委员会，如墨累—达令河流域	国家水事委员会法、《墨累—达令流域协议》、国家水资源行动计划的政府间协议、南澳大利亚州水资源法律与政策等

一、构建水陆立体交通网络体系

水运迄今为止仍然是人类所能掌握的最便宜的运输方式。区域间的经济竞争，本质上是企业间的竞争。而企业之间的竞争，物流成本是非常重要的一个方面。相比公路运输的高成本和高耗能性，水运充分显示出了强大的集装能力、低廉的成本以及较高的环保性，欧洲在工业革命初期，就建立起了完善的水陆和铁路网络，形成了四通八达的物流集散网络体系。在各国发展流域经济的经验中，依托航道水运，同时构建起与之相配套的公路、铁路物流集散基地，形成沿岸产业集聚区的黄金走廊，是流域经济最普遍的发展模式。

（一）畅通航道

航道畅通是水运发展的基本条件。一条河流，即使自然资源再丰富，天然条件再好，如果没有人类开发建设，也难以发挥出其潜在的巨大能量。在世界发达国家流域经济的发展过程中，对于航道畅通的建设，不遗余力。以德国莱茵河为例，始终把航道通畅、河流治理、净化河流作为主要方针，不断拓宽河流主要航道，提升河流通航能力。工程水利是其重要发展方式，德国莱茵河通过修建水利工程和运河的方式，将莱茵河与埃姆斯河、易北河、塞纳河、罗讷河等支流统统串联起来，并不断开通莱茵河、多瑙河的运河动脉，最终形成通江达海的河流航道网络体系。

密西西比河与多瑙河也是注重航道通畅的开发模式，密西西比河除干流上游和部分支流外，全年皆可通航，然而，密西西比河的通航条件却并非天然形成，而是人工所造。美国联邦政府为了开辟驳船航线，启动了“密西西比河及其支流工程计划”，对流域进行渠化整治和综合治理，形成航运路线，圣路易斯、新奥尔良等重要港口逐步发展，其使流域沿岸城市成为物流中心和商品集散地。[①]多瑙河航运发达，可通航的支流有 30 多条，沿岸有 100 多个码头，是沿岸各国的运输大动脉，也是欧洲重要的经济、环境、运输廊道。为了连接其他航道，先后开凿了多条运河，其全年的货运量大约有 2 亿吨，发挥作为贸易大动脉的作用，被誉为“黄金之河”。并且，由于航道的通畅，沿岸形成了重要的经济中心和港口城市，布达拉斯、维也纳等城市均分布在多瑙河流域。

（二）构建公路、铁路、港口无缝对接的物流网

航道是流域经济点轴模式中重要的“轴线”，是连接流域上下游地区的重要脉络。水运是流域经济发展的强劲动力，在德国莱茵河流域，分布着纵横交错、运能巨大的航道物流网体系，同时，在德国鲁尔区 19 世纪 30 年代就已经开通了第一条铁路，随后又在莱茵河沿岸建起了五条高速公路，以起到物流分担与分拨集散的功能。不仅如此，德国的油气管道、电力线路也都在流域内分布，这些能源干线与交通干线和港口相连接，形成了流域经济区强大的综合交通物流网，构成了水路运输为主导、铁路运输为辅助、公路运输为衔接的物流发展体系，充分综合利用各种运输方式的特殊优势，形成 50 多个货运中心，对德国经济发展起到了强大的推动作用。莱茵河沿岸形成了巴塞尔、法兰克福、科隆和鹿特丹等多个重要的港口城市，并且集聚了最发达的产业经济带和城市群，形成了区域经济核心增长极与广阔腹地之间的繁荣共生。

---

① 刘有明：《流域经济区产业发展模式比较研究》，《学术研究》，2011 年（3）。

二、水电开发协调统一科学有序

水电开发是在煤电开发造成环境污染情况下的重要选择，水能资源是一种可再生资源，也是一种绿色资源。开发水电，释放水能，形成电力资源，可以节约煤炭、石油等相关燃料，减少对环境的污染和破坏，同时，在水电开发的同时，还可以治理航道，起到防洪调蓄、灌溉养殖的作用，发挥水资源更多综合效益，因此，水电开发深受世界各国的青睐。但随着水电开发的规模和影响不断扩大，其带来的问题也越来越多。水电开发必然构筑高墙大坝，因此造成上游地区水位上涨，引发上游地区土地淹没，沿岸居民不得不移居他乡，从而引发移民问题；水电开发因为改变了自然河流的天然生成，也会造成上游河沙淤积、河床太高的问题，例如哥伦比亚的安芝加亚水库和新中国建国初期修建的三门峡水库；水电开发切断河流航道，造成河流通航能力削弱，并且对流域生态环境造成恶劣影响，影响气候问题，造成洄游鱼类灭绝等一系列问题出现。因此，水电开发不可一概而论，一定要在动工前充分论证，科学规划，充分评估其对环境的各种影响，方可实施。

（一）因地制宜灵活选择水电开发模式

世界各国、各大流域的自然条件各不相同。水电开发是流域综合开发的重点，但是，针对不同的流域情况，其选择的水电开发模式也是不尽相同的，必须严格考察流域的自然生态条件，充分考虑流域实际情况，因地制宜地选择水电开发模式。通常来讲，在一条流域内，选择在上游和支流修建水电大坝，如我国长江上游地区是水电开发的主战场，在河流下游则选择建造较低的大坝。特别是，当一条河流的航运功能要求较高时，则要充分考虑大坝对水流的阻断影响，尽量避免建造高坝，而是采用多级低坝的方式，修建径流电站，在多瑙河就是采取的这种方式。并且，为了减少大坝围栏抬高水位，造成土地淹没和移民问题，有些流域则采取了增加开发梯级数，以减少水位抬高造成的不利影响，例如罗纳河。日本则是利用河流干支流流向一致，且距离较近，但水流势能充足的天然特点，在干流和支流同时建坝，起到调蓄水容功能和发电储能的功能。这些先进的因地制宜的水电开发模式，都取得了很好的成效，值得推广和借鉴。①

（二）制定相关法律法规指导水电开发

凡事预则立不预则废，法律法规对于人类的经济活动，则是重要的“预”过程。制定相关的法律法规，则可以在江河水电开发时，有章可循、有法可依，流域水电开发做

① 国家能源局：《国外主要国家水电发展的经验》，2014.09.16。

到整齐划一，避免因为政策形势改变而任意变动的现象出现。

从世界各国的发展经验看，许多国家都制定了相应的政策与法规体系，例如挪威的水资源法，要求所有的水电开发项目必须遵循环境的要求，进行水电评估，并且得到水利电力局许可后方可开工建设；日本也有各政府机构和非政府机构之间制定的水电开发指南，不断提高水电开发的技术标准，减少水电开发带来的不利影响；美国在水电开发中，注重保护生态环境，对于洄游鱼类特别预留了洄游通道，以确保生物多样性得以保持，维护整个河流生态系统的稳定性①。

（三）水电开发必须服从生态原则

西方发达国家在探索流域经济发展模式中已经意识到，传统的流域管理必须向基于生态优先的流域综合管理转变，水电开发也必须服从生态原则，才能得以长久维持。事实上，从人类历史的发展进程来看，因为对于生态环境的重视程度不够而盲目开发造成的不利影响，已经足够人类深深反思。欧洲的莱茵河污染案可以说对世界形成了一个警示效应。虽然经过多年的治理，莱茵河的综合开发取得了巨大的成功，但是人们怎样都忘不了那些弥漫在伦敦空气中的黑色恐惧。日本在发展过程中，也同样注意保护环境，维护生态系统稳定，并且不断加强科技研发，通过高科技创新手段努力实现水电资源的绿色开发。我国也已经逐步认识到生态环境的重要性，习近平总书记提出长江流域“共抓大保护，不搞大开发”为流域经济的发展指明了方向，流域开发必须服从生态原则，水电开发也必须基于生态保护的前提之下。

为了降低水电开发对于自然生态系统的破坏程度，世界各国采取了一些环境友好的发展模式，对河道及河流生态系统能够进行积极修复，不断提高河流生物多样性，促进稀有鱼类的人工繁殖，保护和恢复濒危物种，不断修复水电开发破坏的生态环境，我国水电开发规模大、工程多，三峡工程对于生态环境的影响无法评估，这些经验值得我国学习借鉴。

三、统一的流域管理机构

实施流域统一管理制度，是流域经济区发展的客观要求，也是理顺管理体制的必然手段，更是当今世界河流管理的趋势和方向。从世界各国的发展经验看，对于流域统一管理均非常重视，全球超过 3/4 的国家都在进行或已经完成水资源综合管理计划。流域管理机构是流域体制机制的表现形式，其管理模式反映了流域经济区的经济发展模式和国家政治体制差异。流域管理机构受国家政府的授权，对流域综合管理进行不同程度

---

① 国家能源局：《国外主要国家水电发展的经验》，2014.09.16。

的实施，但其机构类型、管理权限、主体地位却各不相同。流域水管理已经成为国际上普遍推行的一种水资源管理方式，从当今世界的流域管理模式来看，主流的有三种管理模式：

（一）流域管理局模式

流域管理局是世界流域管理模式中权限极大的管理模式，具有高度的自治权力和财务独立的特点，以美国田纳西河流域管理局为典型代表。

田纳西河流域管理局（TVA，Tennessee Valley Authority）成立于1933年5月，其成立具有最高法律依据，是由美国国会通过的“田纳西流域管理局法”，田纳西河流域管理局成立正是美国大萧条时期，该局被赋予了专责解决田纳西河谷一切问题的法定权限。根据《田纳西河流域管理局法》，它具有统一规划、整体开发、维护流域内生态系统的广泛权限，对于流域内涉及的水土保持、农业生产、水利发电、航运运输等方方面面，具有整体规划的权限，形成了一个“地理导向”的整体开发规划机构，以此来推进田纳西河流域内一切生产活动和经济社会发展的重大决策。

根据TVA法，TVA有权采用多种方式征用流域内土地用于水资源开发。TVA成立后一段时期，开始对田纳西河流域水资源集中进行综合开发。按照流域整体规划，田纳西河的开发中，通航能力和防洪灌溉是首要目的，其次是水电开发。20世纪50年代，田纳西河首先实现了水资源的开发；60年代后，逐步实现在保护自然资源基础上的综合开发。经过近70年的开发建设、运营管理，田纳西河成为美国经济最发达、城市最繁荣的地区，其通航能力、防洪能力、水电容量、水质改造都得到了大幅度的提升，实现了流域开发一体化发展。在通航能力方面，田纳西河干流建成9座梯级船闸，完成了航道整治，通航里程1050千米，加上支流通航共1240千米，经俄亥俄河和密西西比河，可以与美国22个州和五大湖相通，每年平均通航船只34000艘，开发水运的通航效益每年约4亿美元。在防洪调蓄功能方面，田纳西河流域各干支流建成了54座水库之多，其中有防洪库容的水库27座，总防洪库容约194亿米，构建了强大的防洪调蓄综合体系，流域防洪标准达到百年一遇。田纳西流域自20世纪50年代起实施洪泛区管理计划，早于美国其他流域。通过综合防洪减灾措施，每年平均防洪减灾效益1.117亿美元。水电开发方面，田纳西河流域的水电开发在20世纪就基本完成，建成水电站30座，分布流域各干支流，总装机容量6093兆瓦。TVA管理约1100千米的公共土地，17600千米长的公共沿岸带，近2000千米水面。对这些水土资源实施土地开垦管理、野生动物栖息地保护、水环境保护和水质管理、制定沿岸土地管理政策，实施了“净水计划”和“湖泊改善计划”，并利用这些水土资源发展旅游，建立了百余个公共游览区，每年吸引大量游客。

TVA支持流域内地区公众参与流域管理。根据TVA法和联邦咨询委员会法，TVA建立地区资源管理理事会，形成流域内各政策决策的咨询参考。这些理事会成员，多数代表着流域内重要行业的利益，包括配电商、航运、交通与防洪等各个河流主要功能受益方，每年理事会举行两次以上的协调会，通过投票的方式，进行意见反馈。并且，理事会的日程和主要议题进行公示昭告，社会公众也可以列席参与会议，发表意见，主动参与流域管理决策过程。

从机构的运行来看，TVA不仅具有上述的管理权限，其还具有财务自由的特点，这也是由法律赋予的权利。也就是说，TVA既能行使政府权力，管理流域机构相关事务，又具有企业经营的性质，有自己的工作经费，不用受制于其他机构，能够有更大的管理自主性。其运行经费由国会专门拨付，直接对总统负责。由此可见，田纳西河流域管理局在推进流域经济与政区经济协同的发展中功能强大，已经大大超出了水资源管理的范围，更重要的任务是推进整个田纳西河流域经济区的经济和社会的有序发展。但是，TVA管理模式的成功是具有其特定历史原因的，毕竟强大的流域管理机构将会削弱其他各机构部门的相关利益，因此在实践过程中也会受到地方政府和其他相关行政部门的阻挠，很难再成功设立，目前发展中国家尚无该种模式的成功案例，而且美国后来想要再组建此类流域管理局也因其他利益方受损而备受阻挠，哥伦比亚流域管理局就是因此而被搁置的①。

（二）综合性流域机构模式

综合性流域管理机构管理权限居于流域管理局与流域管理委员会之间，负责流域统一管理和水资源管理，具有部分行政管理职能，与地方政府共同管理流域经济区。以英国泰晤士河为典型代表。

泰晤士河（River Thames）是英国著名的“母亲”河，其流域中各大城市如牛津、温莎等是英国著名的经济文化中心，泰晤士河对于英国经济社会的发展举足轻重。但是，因为人类的过度繁衍开发，从1800年到1900年，泰晤士河先后两次爆发大规模水质污染危机，泰晤士河也因此前后两次进行了污染治理。1850年，在第一次污染治理阶段，采取了污染转嫁的方式，即修建专门的城市排污系统，将伦敦的城市污水直接排往河流下游地区，以此来降低伦敦城区河流的污染情况，短期内缓解城市污染治理的压力，这种治标不治本的对策本身并不具有可持续性②。

在第二次污染治理阶段，泰晤士河开始实施了综合性的流域水管理制度。从1963年起，泰晤士河先后有了《流域管理条例》和《水资源法》作为管理依据，强化了流域取水许可制度，实现流域水资源统一管理，泰晤士河水务管理局也成立起来，统一管理流域内防洪灌溉、畜牧养殖等各项功能。水务局不同于田纳西河流域管理局，不是政府

① 郑春宝、马水庆、沈平伟：《浅谈国外流域管理的成功经验及发展趋势》，《人民黄河》，1999（21）。
② 张卓群、肖强、于升峰：《国外流域综合管理典型案例研究及对我国的启示》，《现代商业》，2016.09.18。

的派出机构，而是自负盈亏的事业单位组织，虽然有一定的经营性设施收入来源，包括水费、排污费及其其他收入，但也接受政府的财政拨款，主要用于防洪和排水等公益性工程设施建设。正是由于水务局既有财政拨款，又有部分经营性收入来源，因此形成了较强经济自主权，与其他流域管理部门之间矛盾不大，其管理权力居于流域管理局和流域委员会之间。因此，在 1989 年机构改革中，泰晤士河水务局率先转换为公司经营模式，不再属于政府事业单位，主要承担流域供排水功能，充分运用和发展了市场机制模式，实现了公司的财务独立。仅 1987—1988 年，总收入就高达 6 亿英镑，其中日常支出 4 亿英镑，上交盈利 2 亿英镑，既解决了资金短缺难题，又促进了社会发展。

泰晤士河水务公司取得了非凡的成就，充分体现了市场机制的强大动能，而关键在于实现了流域水务管理的统一，这也被称为欧洲流域管理的一次重大革命。英格兰和威尔士等其他 9 个的水务行业也纷纷私有化经营。泰晤士河另辟蹊径的公司化运营方式，也值得我国学习借鉴。

（三）流域管理委员会模式

流域管理委员会在各种流域管理机构中属于管理权限相对较小的管理机构，委员会由流域内各行政机构组成，主要起到沟通协调妥善处理各方利益和矛盾的作用。澳大利亚的墨累—达令河是典型代表。

墨累—达令流域（Murray-Darling Basin）是澳大利亚最大的流域经济区，该流域承担了澳大利亚全国 75% 的用水量，对于经济社会的持续发展举足轻重。但是，由于行政体制分割的原因，流域跨越新南威尔士、维多利亚、南澳大利亚 3 个州，各州之间又是具有独立自主权的决策主体，相互之间竞争冲突严重，各州之间相互争夺水资源，中央政府对于各州之间的管理权力强度又不够，造成河流环境污染负外部性蔓延，流域生态不断恶化。为了解决墨累—达令流域的水资源问题，澳大利亚中央政府先后两次与地方政府进行了协议，第一次在 1914 年，签署了协定也成立了河流委员会，但未设置专门的流域管理机构，造成委员会权力虚设，未能切实解决流域环境问题；第二次在 1987 年，中央与地方政府不仅签订了墨累—达令流域协议，还设置了专门的流域管理机构，具体对流域实施统一的综合管理。墨累—达令的机构设置分为三个层级，一是部级理事会，作为机构的最高决策机关，负责制定整个流域开发和综合管理的战略政策；二是流域委员会，负责落实执行部级理事会的决策安排，对流域开发制定规划和实施意见，协调各地方政府、各行业、各阶层之间的利益需求，起到沟通协调和平衡发展的作用；三是社区咨询委员会，一般由流域内涉及的各个特殊利益阶层代表人员组成，主要代表流域内社会公众参与流域决策管理，代表最基层人民的基本利益。

墨累-达令河的成功，与其代表了最广泛人民和阶层的利益、对于流域管理机构权力的尺度把握有度的突出特点息息相关，充分调动了流域各方的积极性，合理规避和有效处置流域开发中出现的各种问题，实现了流域的统一高效管理。

随着流域开发的各种问题出现，各国都在不断探索着有效的流域管理机制，流域统一管理成为改革的方向。但是，对于流域综合管理机构的权限设置，中央政府和地方政府的权力划分，流域各利益主体之间的权益保障，社会公众和底层阶级的利益诉求，各部门与管理机构之间的合作协调，一系列相关问题的解决，存在着不同程度的分歧。总体而言，田纳西河流域管理局模式是集权最强的管理模式，但却容易引发其他政府机构的抵制；泰晤士河水务局实行的市场化经营方式，不仅解决了机构运行的财务问题，也实现了专业管理；墨累-达令流域管理委员会是集权较弱的管理模式，但却充分调动了各阶层利益代表的积极性，在公众参与方面起到了积极的推动作用。这些先进的流域管理经验对于我国流域经济的发展都有十分重要的借鉴意义。

四、具有完善的市场化交易机制

政区经济的最大弊端在于分割和壁垒，阻碍生产要素的自由流动。流域经济作为经济区经济，其本质要求是实现要素的自由流动。为促进要素的自由流动和实现流域经济区的高效管理，世界各国采取了不同的手段和模式。水资源是流域经济区区别于一般经济区最核心的要素，水权制度可以说是流域经济与政区经济协同发展的具体落实，初始水权的分配制度和水权交易制度是流域经济区打破行政经济区的行政分割最有利的制度设计。事实上，发达国家往往具有先进的水权制度和发达的水权交易市场。从取水许可、初始水权分配、可交易水权确定、水权交易规则、模式、价格、期限和范围等各个方面，都有相应的制度和实践探索。

（一）初始水权明晰

在初始水权分配上，发达国家都有着适合本国或者本区域的初始水权制度。纵观世界各个国家和地区，其水权制度的建立，与其民族发展历史和传统文化习惯息息相关，在此基础上，考虑本国的行政管理体制，根据各流域的山川河流、地理条件、自然资源、产业基础、发展阶段等具体国情，根据各国的发展战略和现实需要来发展完善的。现实的发展需要与政府的积极推动相互结合，即水资源状况、历史传统、政府目的等多因素决定了水权制度的具体选择。因此，在世界上流域水资源相对比较丰富的地区，往往采取的是河岸权制度，而在一些水资源匮乏的流域，则采用优先占用权制度，我国的黄河初始水权分配就采取了优先占用权的分配方式，而在一些水资源非常少甚至可称为稀缺资源的地区，初始水权就往往采取比例分配的方式，比如中东地区的以色列。随着经济社会的发展，人们意识到市场机制对于资源配置的高效性，因此也引入市场机制进入水权市场，各国纷纷探索水权交易制度，甚至建立起了起着市场中介和储存功能的水银行制度。

（二）完善的水权交易制度和水市场

科斯定理表明，市场交易对于资源优化配置起着积极作用，越是市场经济发达的地区，其水资源的优化配置效率越高，例如美洲、澳洲等地，由于市场化程度高，市场交易规则成熟，这些国家的水权交易制度非常完善，以美国、澳大利亚等发达国家为典型代表。初始水权明晰是水权交易制度建立的基础，美国不仅有明晰的初始水权分配制度，也有配套的水权交易制度规则体系，并且有法律法规完善的市场环境保驾护航。美国西部地区的水权交易市场尤其发达，加利福尼亚州的水银行世界闻名。发展中国家对于水权交易的探索也不弱，例如智利和墨西哥，都纷纷建立起了全国性的水权交易市场，以促进水资源的优化配置。目前，水权交易在澳大利亚相当普遍，已成为世界上水权交易和水市场的典范。在东南亚地区的新加坡和马来西亚之间的水权交易，也是典型的案例，新加坡由于地区狭小、淡水资源极其缺乏，因此向邻国马来西亚购买了60年的淡水资源，这些进口淡水占到了整个新加坡水资源的85%，对于经济社会的稳定起到了决定性的作用。新加坡人思路创新，又将从马来西亚买来的淡水资源制作成精美的水产品，卖回到马来西亚。在水权定价方面，一般为政府与市场共同确定水价，具体情况根据国情而定。例如美国是市场化程度较高的国家，其水价的制定便注重遵循市场规律，充分考虑水资源的实际价值、供排水的工程造价成本以及投资回报率等相关因素，其水资源价格主要包含了水债券利息、资源税、污水处理费、检测费、管线接驳费等，水价每年修订一次。法国则更加看重居民用水体验，通过公众参与听证的方式确定水价，以充分考虑社会居民的承受能力。当然，世界各国都十分注重水资源的环保问题，排污费已成为水资源费的重要组成部分，我国也是如此。

五、统一规划与制度保障体系

流域的开发管理，是一个长久的过程，但是其治理难度却是更令人类社会头疼的问题。流域的开发利用，既要满足当代人的需要，也要满足后代的发展需要；既要考虑经济社会发展的综合效益，也要考虑生态环境的承载能力。不同的流域，由于其天然环境不同，并且肩负的社会开发目标各不相同，在一段时期重点开发的领域也不同，各个目标之间必须相互协调。流域开发不仅要考虑防洪灌溉、航运功能、水电开发等多项经济发展所需，也要考虑城镇生活用水、生态用水预留等相关利益。因此，有统一的规划和相关的法律法规作为指引，确保多目标之间的协调统一，是必然的客观要求。

（一）全流域实行统一规划

流域整体规划，是对流域开发进行协调、统一、权衡的方案，是流域整体发展、长期发展、发展根基等问题的思考和考虑，是流域发展整套行动的实施方案。流域是一个整体生态系统，牵一发而动全身，单个区段的发展并不能促进整个流域的发展，单个工程取得收益也不能代表整个流域取得了进步，相反，各个子区域的开发必须充分考虑其经济活动造成的外部性以及对资源的挤占问题，整个流域系统必须要有基于全流域开发效益最大化原则上的实施方案。因此，制定统一的流域规划，是进行流域综合开发利用的基本前提。

世界上流域沿岸各国都非常注重河流的统一规划，早在19世纪，美国就成立了密西西比河委员会，对于流域的整体开发进行了统筹规划，并颁布了《水资源规划法规》，对流域规划非常重视。苏联的伏尔加河，美国的哥伦比亚河，其工程开发建设单位可以有很多，但是却必须在一个统一规划的指导下进行开发建设，以达到多目标协调统一的目的，减少无序开发对流域发展的不利影响。澳大利亚的墨累–达令河、德国莱茵河、法国的罗纳河都分别制定了流域统一规划。2000年欧盟在其水资源领域颁布了重要指令文件《欧盟水框架指令》，规定欧盟所有国家和流域都必须实施流域管理规划与行动计划，并且每6年要制定一次，由此可见发达地区对于流域规划的重视程度。

（二）具有一系列的法律法规作为基础和保障

目前，世界各国的水权制度以一系列法律法规作为依据，这些制度文件对于各国水权的界定、分配、水权交易和水市场建设都做出了相应的规定，其中最重要的法律是水法。如墨西哥《宪法》宣布："水是国家所拥有的财产，只有得到有关联邦权力机构的授权才得以使用"。英国《1991水资源法》和《2003水法》规定水属于国家所有；日本的1964《河川法》规定河川属于公共财产；法国的《水法》总则规定，水是国家的公共财产。有些国家的州制定的水法非常具体和详细。如美国《俄勒冈州水法》对该州所有水资源属于公众所有，初始水权以优先占用权为主，该法还对水资源管理机构、水权的豁免使用权等相关内容进行了规定。对于流域的法制建设，也是作为流域管理的基础和前提，法律互相呼应、补充，体系完善，如美国的《田纳西河流域管理法案》对田纳西河流的管理机构、管理权限、管理模式等都做出了规定，日本的《河川法》对于一级、二级河川的管理、工程的实施、流水占用等各个方面进行了详细规定，英国《水法》对于流域管理局的职能、水务行业改革等都有全面的管理依据，以确保流域综合管理的推进。

（三）有广泛的社会公众参与

从国外经验来看，流域管理往往都有广泛的社会公众参与，以保障所有利益相关方的权利。民间力量是弱小的，能否保障基层人民参加听证，参与专家论证环节，表达自身利益诉求，实现信息互通，规划决策公正透明，实施多利益主体的利益协调问题，是流域综合管理能否成功的关键所在。在西方国家，公众参与是行政管理的重要环节，是被法律赋予认可的权利，是制度建设的重要方面。流域综合管理中，不仅有各个相关业界的专家论证，为机构管理提供决策参考意见，而且流域沿岸的居民和社会各界代表也要参与听证，增加决策的透明度、推动利益相关方的平等对话。美国的公众参与是受法律保障的，法律规定政府的相关决策必须要有公众参与，公众的意见将对政策能否落地起到决定性的作用，并且公众的参与贯穿于整个政策的起步研究阶段、决策制定过程和政策落地实施全过程之中，是实质性的参与而非只是形式上的参与。法国的《水法》也明确规定，各项水政策的制定实施，需要听取公众意见，流域各层次的人群要广泛参与协商。《欧盟水框架指令》也提出要广泛鼓励社会公众参与流域管理，要求对于社会公众参与的渠道一定要畅通，政策的制定落实需要经过三次公众书面征询意见的过程。

各国对于流域综合开发管理的成功经验，对我国流域经济与政区经济协同发展有非常重要借鉴意义。改革开放以来，我国也愈加重视流域综合管理进程建设，在法律保障体系、流域管理机构、流域发展规划制定、公众参与等方面都有所发展，但仍未能满足现实发展的客观需要。客观分析借鉴国外流域管理的先进经验，总结国外流域管理的成败关键，结合我国的实际国情，探索出一条适合中国政治经济体制的管理道路，有利于实现流域经济和政区经济的协同发展。

林　睿　郭时君

第三章　中国特点：我国流域经济与政区经济协同发展探索和演进

我国流域经济的发展与政区经济的发展经历了长时期的探索。从1951年全面治理淮河、修建官厅水库，1952年修建新中国成立后第一个全国最大的水利工程——荆江分洪区，全国水利建设拉开帷幕。1949成立中央人民政府水利部，1954年改称中华人民共和国水利部，并先后设立了黄河、长江、淮河委员会，为全国水利建设和流域管理搭建了机构框架。从20世纪50年代后期到“农业学大寨”期间，全国掀起了大规模的、群众性的水利建设高潮，大力发扬自力更生、艰苦奋斗精神，开展从小型到中、大型，从蓄水到引水、提水的水利建设，全国半数以上的水库建成。改革开放以后，水电开发成为水利建设的重大内容，葛洲坝水电站、二滩水电站、三峡水电站等水电站陆续开工建设，全国水电装机容量从1978年年底的1867万千瓦、年发电量496亿千瓦时发展至1999年年底的7739万千瓦、年发电量2219亿千瓦时，翻了4倍左右。进入21世纪，水量缺乏、水污染严重等问题频现，水环境问题全面爆发，生态水利成为流域发展的重要基调，生态文明被反复列入中央文件之中，水权水市场机制建立，实施最严格的水资源管理制度，《水法》《水污染防治法》《水土保持法》《防洪法》等法律法规不断完善，流域综合管理不断深化，“河长制”全面推行。

第一节　实践探索

流域是人类赖以生存发展的根基。从古至今中国人的大事就是治水，从上古时代的大禹治水到1998年的全民抗洪抢险，中国的历史几乎是一部治水史，因此，有人说，中国人的文化是治水文化，治水文化反映了流域经济发展的核心所在。无论是国家治理还是经济发展，无不与流域关联。流域往往跨数省甚至数国，其治理模式及其与政区经济协同发展模式，受自然条件、宏观体制、发展阶段、主要矛盾和人口聚集等因素制约，在中国特殊国情下，还受到重大工程的影响。新中国成立后，我国流域治理及其与政区经济协同发展先后经历了计划经济时代、改革开放时代、经济转型阶段，流域经济面临的主要矛盾和协同发展模式，也随之不断演进。

表 3–1　新中国建国以来我国流域经济与政区经济协同发展的历史沿革

时间	重大体制机制改革	重点事件
第一阶段 （1950—1978 年） 重点领域：防洪与灌溉	1. 1949 年 10 月，成立中央人民政府水利部。1954 年 9 月，改称中华人民共和国水利部。1958 年 2 月，与电力工业部合并，成立中华人民共和国水利电力部。 2. 1950 年成立中央防汛总指挥部（国家防汛抗旱总指挥部前身）。 3. 1949 年 6 月，中共解放区成立黄河水利委员会，中华人民共和国成立后黄河水利委员会改属水利部直属。 4. 1950 年 2 月成立水利部长江水利委员会，其前身是扬子江水利委员会。 5. 1950 年成立治淮委员会（1990 年正式更名为水利部淮河水利委员会）。	1. 1950 年冬，全面治理淮河； 2. 1951 年修建第一座大型水库官厅水库； 3. 1952 年修建荆江分洪区，建国后第一个大型水利工程； 4. 1955 年修建武汉长江大桥； 5. 1957 年黄河干流兴建第一座大型水利枢纽工程三门峡大坝； 6. 1968 年，南京长江大桥通车。
第二阶段 （1979—1999 年） 重点领域：分水与水电开发	1. 1979 年 2 月 23 日，中华人民共和国水利部和电力工业部分开。1982 年水利部和电力工业部再合并，重新设立了水利电力部。1988 年 4 月，恢复中华人民共和国水利部。 2. 90年代后，水电部首先从水利部独立出来，并进一步转为水电公司。 3. 1979 年成立了水利部珠江水利委员会； 4. 1980年4月1日成立水利部海河水利委员会； 5. 1982 年成立水利部松辽水利委员会； 6. 1984 年 12 月成立太湖流域管理局； 7. 1984 年开始起草、1988 年通过《中华人民共和国水法》。	1. 1978 年提出建立西南、西北、中南、华东、华北和东北六个经济协作区； 2. 1987 年黄河流域“八七分水”方案； 3. 1988 年 12 月，葛洲坝水电站建成； 4. 1991 年 9 月二滩水电站开工建设，2000 年完工，是中国在二十世纪建成投产最大的电站； 5. 1994 年世界上最大的水电站——三峡水电站开工建设。
第三阶段 （2000 年以后） 重点领域：生态与资源节约	1. 2004 年黄河水利委员会《黄河水权转换管理实施办法》； 2. 2011 年中央一号文件即《中共中央国务院关于加快水利改革发展的决定》； 3. 2012 年初，国务院《关于实行最严格水资源管理制度的意见》； 4. 2013 年水利部《关于加快推进水生态文明建设工作的意见》； 5. 2014 年 7 月，水利部《水利部关于开展水权试点工作的通知》； 6. 2015 年《生态文明体制改革总体方案》； 7. 2016年12月《关于全面推行河长制的意见》。	1. 2000 年西北三条内陆河塔里木河、石羊河、黑河分水； 2. 2001 年浙江东阳–义务首例水权交易； 3. 2002 年，南水北调工程开工建设； 4. 2005 年 9 月，南水北调中线丹江口大坝动工； 5. 2005 年金沙江流域的溪洛渡、2006 年向家坝水电站相继开工建设； 6. 2012 年 7 月，三峡水电站全面投产； 7. 2014 年《关于依托黄金水道推动长江经济带发展的指导意见》。

一、1950—1978 年：计划经济和农业为主的阶段

新中国成立以后，经过多年的战乱，社会生产亟需恢复。当时全国绝大多数地区仍是靠天吃饭，江河堤坝多年欠修，防洪和灌溉的需要是最迫切的，人民建设水利工程的热情高涨。在这一时期，我国以计划经济和农业为主，兴修水利工程的主要功能是用于防洪和灌溉，特别是淮河灾害导致人民深受其苦，江河的治理和水利的修建不断开展起来。在 1950 年 8 月召开的中华全国自然科学工作者代表会议上，周恩来总理提出了“兴修水利”重点任务，这是当时配合土地改革的重要内容。1952 年 10 月，毛泽东主席亲自视察关系国计民生的黄河流域，并作出了“要把黄河的事情办好”的最高指示，体现出国家领导人对于兴修水利的重视程度，全国各地纷纷响应，大大推动了当时水利工程建设的力度。

（一）防洪、灌溉水利工程大规模建设

新中国成立时，我国水旱灾害频繁，尤其是黄淮海地区灾情严重，从 1949—1952 年，水灾不断，灾民从整个苏北到淮北有几千万。农田水利基础薄弱，广大地区农业基本是靠天吃饭。此时，国家首要的任务是恢复生产、安定社会。控制水旱灾害成为一项极为重要的工作。每年，国家动员上千万的人进行水利建设，恢复水利工程。水利工作的方针任务是：防治水害，兴修水利。重点是防洪排涝，整治河道，恢复灌区。在受洪水威胁的地区着重于防洪排水，在干旱地区着重于开渠灌溉，以发展农业生产，达到发展生产力的目的。例如：为了打开原属淮河流域、被黄河夺淮所堵塞的沂河、沭河和泗水的出路，苏鲁两省人民在战争刚结束就协作开辟了漫滩行洪的新沂河和新沭河；1950 年冬，在抗美援朝的同时，开始全面治理淮河。为了安排长江洪水的调蓄措施，1952 年春夏，在长江中游重省湖北修建了荆江分洪区，以确保“江湖两利”，这也是新中国成立后第一个全国最大的水利工程。又例如：黄河下游从来不敢引黄灌溉，但以黄河人民胜利渠为开端，开辟了黄河下游的灌区。在威胁首都安全的海河支流永定河上，1951 年开工修建官厅水库。这是新中国修建的第一座大型水库，可以拦蓄官厅以上百年一遇的洪水，解除京、津地区洪水威胁，保证京山、京汉两条铁路的安全，还供应北京城市用水用电。

（二）淮河治理是当时面临的重大课题

中国七大江河之一的淮河，其下游排水不畅，治理难度极大，是有名的“害河”。在新中国成立以前的一百年里，淮河先后发生的大型洪涝灾害多达近五十次，其频率之高令人头疼。最突出的大灾有 1866 年、1916 年、1921 年和 1931 年四次。每次洪水泛滥，使得沿岸成百上千的城镇变为汪洋地区，成千上万的灾民流离失所，葬生于洪水之中。

正如凤阳花鼓词所唱，是“十年倒有九年荒”的穷地方。新中国成立以后，毛泽东主席十分关切淮河的治理，于1951年为治淮题字“一定要把淮河修好”。淮河开始实施了调蓄工程的建设，按照“蓄泄兼筹”的指导方针，在上游山区修建水库，在中游修建蓄洪工程，强化调蓄功能，在下游扩大水道，淮河流域建成大中小型水库5700多座。淮河的治理，可以说是新中国成立以后第一次对流域进行综合治理、系统管理，这也开启了我国历史上大规模治理流域事业的开端。

（三）成立了水利部和水利部黄河、长江管理委员会等流域管理机构

1949年10月，成立中央人民政府水利部。1954年9月，改称中华人民共和国水利部。1958年2月11日，水利部与电力工业部合并，成立中华人民共和国水利电力部。为做好防汛抗旱工作，1950年中央防汛总指挥部（国家防汛抗旱总指挥部前身）成立。中国也是世界上唯一专门成立“防洪抗旱总指挥部”的国家，从成立至今，该部的总指挥大多由时任国务院副总理担任。

为提高流域经济区的管理效率，我国陆续设立了黄河、长江、淮河等管理局，对流域实行统一管理，统筹协调整个流域水利事项（包括水文测验、水资源规划、水资源配置、水利工程建设、水利工程运行调度、防洪除涝、水害治理等）的有关事务，更好地协调流域管理与行政区管理的关系。1949年6月，中共解放区成立黄河水利委员会，中华人民共和国成立后黄河水利委员会改属水利部直属。1950年2月成立水利部长江水利委员会，其前身是扬子江水利委员会。1950年成立治淮委员会，曾山任主任，1953年沂、沭、泗、运各河的治理开发工作划归治淮委员会统一管理（1990年正式更名为水利部淮河水利委员会）。

（四）水利建设高潮，形成“国家出钱，农民出工”的水利建设格局

由于经济体制的原因，当时所有水利投入资金基本都由国家财政投入，而农民则出工出力，形成“国家出钱，农民出工”的水利建设格局。从1950年开始，全国动工整修和兴建了一批投资少、见效快、技术简单的小型水利工程，四川简阳沱江大桥、武汉长江大桥、南京长江大桥等先后修建起来。从20世纪50年代后期到“农业学大寨”期间，全国人民注重农业生产，对于水利建设的高潮持续高涨，其中典型的有红旗渠、十三陵水库等，全国半数以上的水库都是始建于大跃进时期。1966—1978年间，全国在之前水利建设的基础上开始有计划地建设骨干水利工程。尤其是到20世纪70年代后期，在李先念的主持下，全国的大型水利、农田水利，总共每年的水利资金达到一百多亿元，兴起修建水利的高潮，四川省闻名于世的都江堰得到进一步发展，都江堰人民渠、东风渠、三合堰、玉溪河等大型引水工程和星罗棋布的水库工程陆续建成。

二、1978—1999 年：改革开放和工业化城市化快速推进阶段

改革开放以后的十年，全国以经济建设为中心，迫切需要改变社会建设方针，“以经济建设为中心”成为社会发展的主旋律，农田水利建设相对停滞。到了 20 世纪 90 年代，水利事业开始大发展，水利工程不再只是满足防洪灌溉功能，水电开发成为水利工程建设的重要部分，北方地区由于经济发展水量不够，开始实施水量分配，典型的是黄河的“八七分水”方案；但是，与流域开发建设相伴而生的，不仅仅是流域综合效益的提升，也有大量工业企业和农业化肥造成的污水排放问题，水环境水生态问题，流域生物多样性减少，水土流失严重、围湖造田调蓄功能下降等各种资源环境问题不断爆发。1998 年，长江、松花江和嫩江爆发特大洪水灾害，对人民生活造成了严重影响，造成直接经济损失 1660 亿元，中央开始再度审视水利工程调蓄作用的重要性，做出了灾后重建、强化河湖调蓄能力、整顿水利工程等战略部署安排，加大对工程水利的财政投入，把水利工程建设列入了国家的基础设施建设范围之内。

（一）经济协作区推动政区经济跨区发展

经济协作区是国家根据自然经济区发展的需要，为打破行政区的要素流通壁垒，而实施的一种经济区域模式。经济协作区最早在 1958 年提出，当时全国分为七大经济协作区；1978 年国家出台《1976 年到 1985 年发展国民经济十年规划纲要（草案）》，在原来的经济协作区分区和各大行政区域分割的基础上，提出了建立西南、西北、中南、华东、华北和东北六个经济协作区，由此形成产业互补、经济协作、农业轻工业和重工业协调发展的区域经济体系。这是我国跨越行政区域形成的区域经济模式，虽然经济协作区不是以流域为划分依据，但却反映了我国在打破行政区划障碍、形成协作互补体系方面的重要进程。经济协作区反映了我国非均衡发展战略的模式，特别是后来国家“八五”“九五”“十五”时期，将经济协作区逐步分为东部、西部、中部等区域，要求有条件的发达地区优先发展起来，然后再逐步向其他欠发达地区转移产业和技术，最终实现整个国民经济的发展。由此，我国逐步形成了西穷东富的不平衡发展格局，东部沿海地区率先发展起来，而西部地区则贫穷落后，东西部差距进一步拉大。

（二）北方地区实施流域分水

随着改革开放工业化城市化快速推进，水少的矛盾逐步突出，在北方地区表现尤为明显。黄河总体上是资源性缺水的河流，黄河的径流量，仅为全国河川径流量的 2%。黄河兰州以上产水占 62%，黄河上中游的兰州至三门峡河段，缺水尤为严重，人均水资源量仅为全国平均量的 1/8，而从经济社会发展的需要看，上游用水少，中下游用水多。但黄河承担着全国 15% 的耕地面积、12% 的人口和 50 多座大中城市的供水任务，这就

造成了黄河水权分配的供需矛盾问题。为了解决这个矛盾，1987 年国家对黄河流域的水资源根据各省用水情况制定了一个分水方案，叫“八七分水”方案[①]。“八七分水”方案是以 1980 年黄河沿岸各省区实际用水量为基础，综合考虑省（区、市）的灌溉发展规模、工业和城市用水增长以及大中型水利工程兴建的可能性，黄河流域总引用水量比 1980 年增加 40% 以上的原则下来划分的。其中：山西省因能源基地发展的需要，增加用水量 50% 以上；宁夏、内蒙古自治区当前农业用水较多（考虑到该地区有效利用率不高，发展方向应是在节水中求发展）增加用水量 10% 左右；河北省、天津市虽不在黄河沿岸，但考虑从黄河引水接济，分配用水量 20 亿立方米。其他沿黄各省（区）一般增加用水量约 30%—40%，见表 3–1。确定分水后剩余的 210 亿立方米水，留作输沙用水。“八七分水”方案为水权流转制度建立了依据，真正推动了我国水权制度的建设发展，为市场化机制的建立奠定了基础。

表 3–1　黄河可分配供水量方案

单位：亿 m^3

地区	青海	四川	甘肃	宁夏	内蒙古	陕西	山西	河南	山东	河北	天津	合计
年耗水量	14.1	0.4	30.4	40.0	58.6	38.0	43.1	55.4	70.0	20.0		370

（三）水电工程建设掀起高潮

水电开发是深受青睐的绿色资源开发，相比于煤电，更具有环保性。1878 年法国建成世界第一座水电站，我国尚处于封建社会阶段，不知电力为何物。我国的地理环境特殊，西高东低形成了梯级地形地貌，而主要河流长江、黄河、珠江等都是从西向东延伸，其河流径流量较大、水势落差极大，水能开发潜力丰富，可开发量达到 3.78 亿千瓦，位列全球第一。但是，由于社会制度和科学技术落后，加上多年的战乱，建国初期，我国的水电装机仅仅为 36 万千瓦，几乎没有什么水电开发工程，人均装机和发电量仅为 0.0007 千瓦、3.3 千瓦时，可以说水电开发从零开始。经过 20 世纪 50 年代以后水电工程的开发，到 1978 年年底，我国的水电工程有所发展，比新中国刚成立时翻了近 60 倍，水电装机容量达到 1867 万千瓦。

改革开放以后，随着经济社会的发展，水电建设事业进入快速发展时期。1980 年全国政府工作报告也专门提出了水电将作为今后发展的重点，国内开始建设了许多水电站，包括广蓄水电站、岩滩水电站、鲁布革水电站、漫湾水电站、隔河岩水电站、水口水电站等等，到 1990 年年底我国水电总装机容量达 3500 万千瓦。

---

①《国务院办公厅转发国家计委和水电部关于黄河可供水量分配方案报告的通知》。

特别是进入20世纪90年代以后，我国的水电工程建设更加热烈，先后建成投产了五强溪、李家峡、万家寨等水电站，1988年12月，葛洲坝水电站建成；1991年9月二滩水电站开工建设，2000年完工，是中国在二十世纪建成投产最大的电站；1994年世界上最大的水电站——三峡水电站开工建设。到2000年，中国的水电装机总容量已达到7700万千瓦有余，十年间水电装机容量翻了一倍多，是新中国成立时的200多倍。

（四）机构管理不断完善

1979年2月23日，中华人民共和国水利部和电力工业部分开。1982年国务院机构改革方案，又将之前划开的水利部和电力工业部进行了合并，重新设立了水利电力部，管理全国的水利工程和水电开发事宜。1988年4月，恢复中华人民共和国水利部。20世纪90年代后，水电部首先从水利部独立出来，并进一步转为水电公司。

改革开放以来，为进一步推进流域的统一管理工作，在前期黄委会、长委会和淮委会的基础上，我国又先后成立了珠江、海河、松辽、太湖流域管理局，形成了全国七大流域管理机构。1979年成立了水利部珠江水利委员会（简称珠江委），为水利部派出的流域管理机构，在珠江流域、韩江流域、澜沧江以东国际河流（不含澜沧江）、粤桂沿海诸河和海南省区域内依法行使水行政管理职责；1980年4月1日成立水利部海河水利委员会（简称“海委”），为水利部派出的流域管理机构，在海河流域、滦河流域和鲁北地区区域内依法行使水行政管理职责；1982成立水利部松辽水利委员会，是水利部在松花江、辽河流域和东北地区国际界河（湖）及独流入海河流区域内的派出机构，代表水利部行使所在流域内的水行政主管职责；1984年12月成立太湖流域管理局，加强对太湖流域的整治，专门管理全国五大淡水湖之一的太湖流域，代表水利部行使流域水行政管理的职责。

三、2000年以来：经济转型和流域综合管理不断深化的阶段

世纪之交，长江、松花江、嫩江爆发特大洪水，引起经济社会的巨大灾难。黄河多次出现断流现象，长江、太湖、辽河、海河等流域不断出现水质污染问题，人们开始意识到，过去大规模的流域开发和水电建设，对于流域的环境承载力造成了严重的负荷。新世纪以来，国内开始反思过去依托自然资源大规模开发、粗放增长方式对于流域发展的不可持续性，开始提出了保护水资源，建设生态友好，人与自然和谐发展的道路，在流域综合开发时充分评估生态环境的承载能力。对于传统的大规模开发水利工程造成的不利影响开始反思，在开发水资源时设置三条红线，环境保护意识超过流域开发，2016年1月习近平总书记更是提出，对于我国的重要经济走廊——长江经济带的发展，一切都要以生态环境为优先，沿岸城市发展要充分考虑流域生态系统的修复能力，“共抓大保护，不搞大开发”，把生态环境保护放在长江流域发展的第一要位。

（一）水少、水污染成主要矛盾，水环境问题全面爆发

一直以来，我国社会经济发展模式以“高投入、高消耗、高污染”为特点，导致环境质量整体恶化，其中水环境恶化更为堪忧。中国的水体污染主要是由工业废水、农药、生活污水以及各种固、气体等废弃物排放所造成的。我国水资源整体较为缺乏，加之其时空分布不均，导致水资源缺乏问题突出，全国657个城市中近一半属于缺水城市，近三成的国土面积属于年降雨量低于250毫升的干旱地区，每年用水缺口达500多亿立方米。随着经济社会发展和全球气候变化影响加剧，水资源供需矛盾将更加尖锐。然而，水资源在本身就缺乏的情况下，还面临着水污染严重的问题。由于多年来经济发展盲目追求速度、忽视生态环境保护，造成江河流域普遍受到严重污染，各流域和湖泊水质劣质，并爆发水华问题，从《2015年中国环境状况公报》来看，在七大水系全国972个地表水国控断面中（其中5个无数据），Ⅰ—Ⅲ类、Ⅳ—Ⅴ类和劣Ⅴ类水质断面分别为64%、27%和9%，见图3-1；

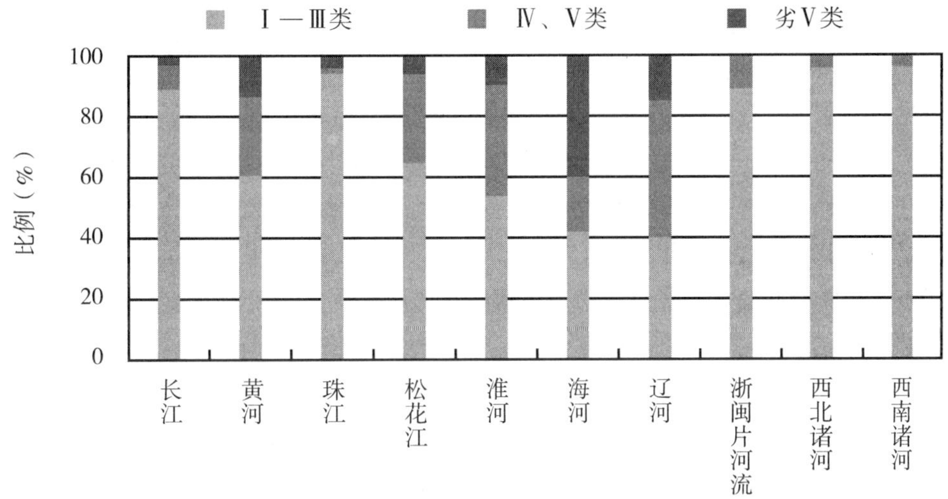

图3-1　2015年全国七大流域和西南、西北、浙闽河流水质监测情况[①]

从全国62个重点湖泊监测数据来看，Ⅰ类、Ⅱ类、Ⅲ类、Ⅳ类、Ⅴ类、劣Ⅴ类分别有5个、13个、25个、10个、4个、5个，Ⅱ类和Ⅲ类居多，占半数以上，主要污染指标为总磷、化学需氧量和高锰酸盐指数，其中滇池和达赉湖富营养化较为严重，见图3-2；全国地表水优质和良好的Ⅰ—Ⅲ类水质断面占66.0%，轻度污染Ⅳ、中度污染Ⅴ类占24.3%，重度污染的劣Ⅴ类占9.7%；全国酸雨城市比例为22.5%，酸雨频率平均为14.0%；中国管辖海域共发现赤潮35次，累计面积超过2800平方千米。

① 图表来源：中华人民共和国环境保护部《2015中国环境状况公报》。

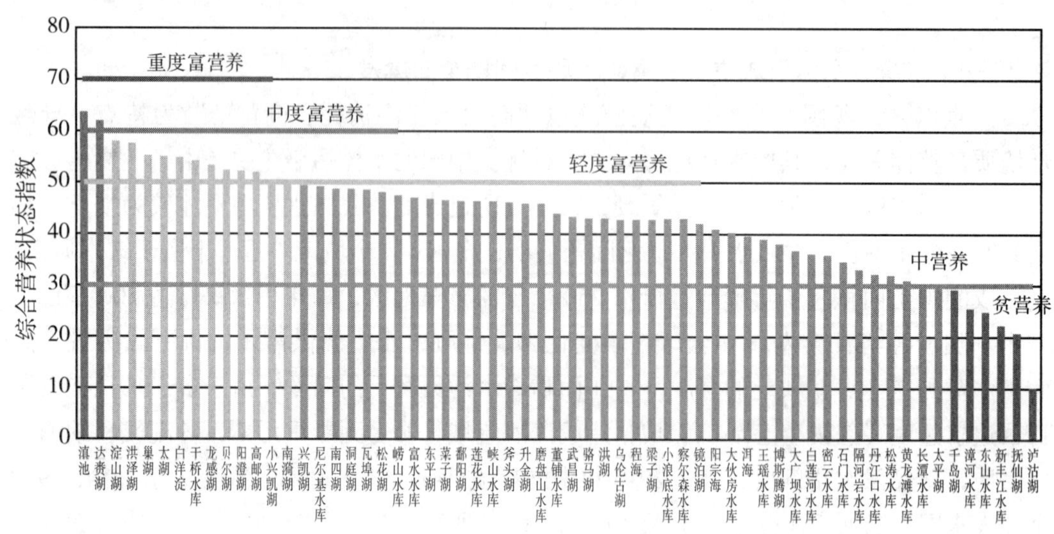

图 3–2　2015 年全国重点监测湖泊富营养化状态指数①

（二）工程水利向生态水利转变，水利一号工程空前重视

进入新世纪，我国的水利工程建设更加快速，尤其是对于大型水电工程的建设突飞猛进。2004 年我国的水电装机容量首次突破 1 亿千瓦，总容量超过了美国，中国水电一跃成为全球第一。同时，金沙江流域的溪洛渡、向家坝等巨型水电站相继开工建设，2012 年 7 月，跨世纪的中国第一大水电工程——三峡水电站全面投产。到 2010 年，短短 6 年之间，我国的水电装机容量增加了 1 亿千瓦，比 2004 年又翻了一倍，其总装机容量之大、发展速度之快、建设规模之巨都是举世瞩目的。

与此同时，南水北调工程提上日程，2002 年，南水北调工程开工建设。2005 年 9 月 26 日，南水北调中线标志性工程——中线水源地丹江口水库的控制性工程丹江口大坝加高工程正式动工，标志着南水北调中线工程进入全面实施阶段。2013 年 11 月 15 日，东线一期工程正式通水运行。2014 年 12 月 12 日，中线工程一期正式通水运行。

在扩大水电开发和调水工程的同时，生态水利也被空前重视起来，人水和谐思想正式纳入到现代水利体系中。2009 年，全国大部分地区出现阶段性干旱；2010 年，西南五省市干旱，造成经济损失 350 亿元之多；2010 年 8 月 7 日，甘肃省甘南州舟曲县发生强降雨引发特大泥石流灾害，造成百余人遇难。这些重大的水利自然灾害对经济社会发展造成了严重影响，水利欠账仍然突出，2011 年中央一号文件《关于加快水利改革发展的决定》，开始关注水利基础设施建设问题，成为三农问题多年一号文件之后的国家战略，水利建设提到空前重视的高度。此后，生态文明被反复列入中央文件之中，党的十七大、十八大均对构建生态文明社会进行了描述，2013 年水利部印发了《关于加快推

① 图表来源：中华人民共和国环境保护部《2015 中国环境状况公报》。

进水生态文明建设工作的意见》，2015 年中央发布了《生态文明体制改革总体方案》，生态文明成为国家级发展战略，水利建设对于全国流域生态文明的建设非常重要，建立流域生态系统安全的格局是新时期社会发展的客观需要。

（三）水权水市场机制建立，实施最严格的水资源管理制度

随着经济发展与水量有限之间的矛盾不断显现，继黄河“八七分水”之后，我国各大流域陆续也实施了分水方案，初始水权开始明晰。不仅如此，各地区、各层面为了解决缺水问题，利用市场机制，进行水权转换和水权交易，促进经济的发展。2000 年前后我国西北三条内陆河塔里木河、石羊河、黑河，为遏制断流，恢复生态，也启动了全流域分水和全流域治理工程。2001 年 2 月浙江义乌市出资 2 亿向东阳市买下 5000 万立方米水资源永久性使用权，是我国早期水权交易的典型案例，一般认为这是国内首例水权转让实例。2002 年年初，国家水利部正式将甘肃省张掖市确定为全国第一个农村节水型社会试点地区，在临泽县梨园河灌区和民乐县洪水河灌区试行水票交易制度，武威、金昌也积极探索了水权转让。2004 年黄河水利委员会出台了《黄河水权转换管理实施办法》(试行)，并于 2009 年修订。该办法明确了转换对象、范围、转换原则、审批权限与程序，转换期限与费用，技术文件编制要求等内容。2003 年开始，宁夏、内蒙古分别开展黄河水权转换工作试点，截至 2012 年年底两自治区水权交易项目合计已达到 39 个。2012 年年初，国务院推动落实 2011 年中央一号文件即《中共中央　国务院关于加快水利改革发展的决定》，进而颁布了《关于实行最严格水资源管理制度的意见》，提出了水资源开发总量目标（2030 年 7000 亿立方米）、用水效率控制目标（2030 年达到接近全球先进水平）、水功能区限制纳污目标（2030 水质达标高于 95%）三项主要指标，要求经济社会的发展与生态环境的承载力相一致。

从黄河流域的“八七分水”方案，到 20 世纪 90 年代黑河、石羊河、塔里木河分水，再到今天全国所有区域完成分水，实行最严格的三条红线制度，全国各大流域基本完成初始水权分配。2014 年 7 月，水利部印发了《水利部关于开展水权试点工作的通知》，推进国家水权制度建设，提出在宁夏、江西、湖北、内蒙古、河南、甘肃和广东 7 个省区开展水权试点，试点内容包括水资源使用权确权登记、水权交易流转和开展水权制度建设三项内容，试点时间为 2—3 年。

（四）流域综合管理不断推进，流域整体开发合作发展成趋势

为推进流域全面综合管理，我国水利部门、环保部门、国家发展和改革委员会、建设部门、农业部门、林业部门、卫生部门分别对流域的相关方面进行管理，并且，在水利部下已按七大流域设立了流域管理机构，包括长江、太湖、松辽管理委员会等七个流域管委会，七大江河湖泊的流域机构依照法律、行政法规的规定和水利部的授权在所管辖的范围内对水资源进行管理与监督，由此形成了纵横交错的管理体制。

围绕流域整体开发合作，各大流域开始形成整体开发合作发展的趋势。2013年7月，中共中央总书记习近平在湖北调研长江经济带建设情况时指出，长江流域沿岸城市之间要不断加强区域合作，促进上游、中游、下游产业协调发展，进一步畅通航运通道，发挥长江流域通江达海的内河运输功能，打造成为中国的黄金水道。2014年，中央在前期工作的基础上，进一步印发了《关于依托黄金水道推动长江经济带发展的指导意见》，将长江黄金水道的建设提上了新高度，提出要依托长江黄金水道，高起点高水平建设综合交通运输体系，推动上中下游地区协调发展、沿海沿江沿边全面开放，打造出横贯我国东部西部、辐射南方北方、具有良好的经济效益和生态环境的长江经济带。《长江经济带发展规划纲要》正式印发，长江流域作为一个整体进行规划开发有了依据。

（五）创新建立河长制，社会公众逐步参与

针对我国河流众多、污染严重、用水控制等问题，我国充分结合实际国情创造性的实施了“河长制”，将流域经济的发展要求与行政区经济的特殊驱动力进行了完美的结合。如前所述，政区经济产生的分割，最本质的原因在于地方官员政绩考核的动力，在我国，中央政府对于地方政府的官员考核，直接影响着官员的任职升迁问题，因此，凡是列入官员政绩考核的事情，其执行效率非常之高，反之则亦然。流域经济之所以难以整体发展，正是因为流域经济没有地方行政长官直接负责管理，也就是说流域的发展不会列入官员的政绩考核体系之中，因此各地方政府没有强烈的管理愿望。“河长制”一出，恰恰给了各级政府的一记警钟，从上至下，各级党政主要领导人分别担任各流域的“河长”，也就是说一条河的流域成为相应的党政负责人的“责任领地”，并且有行政考核一票否决制高悬上空，这些党政负责人势必会对河流的水质改善、污染控制、水量控制、生态环境等方方面面认真落实负责，以此促进我国建设起流域经济与政区经济的协同发展模式。

流域管理长期以来缺少利益相关方参与的问题，也一直没有得到有效解决，尤其是公众参与程度更是薄弱。一些地方政府和企业为了经济效益，不惜上高耗水、高污染、高排放的项目，而作为弱势群体的普通公众，往往被排斥在决策过程之外，不仅利益得不到保障，甚至连知情权都被剥夺，更谈不上参与。2016年12月11日印发实施的《关于全面推行河长制的意见》提出，要拓展公众参与渠道，营造全社会共同关心和保护河湖的良好氛围。《意见》还充分借鉴了国际上社会公众参与决策的体制机制，要求各流域江河建立信息发布的平台，通过社会媒体主动向社会公告河长名单，并且在流域沿岸也要设置河长公示牌，以此来督促河长管理好河流事务，在社会公众的监督下开展工作。“民间河长”“企业河长”“百姓河长”将大有作为，公众的监督职能得到强化。另一方面，一些NGO组织也开始参与环保测评监督，如阿里巴巴公益基金会“清源行动资助计划”将推广数据+环保的工作方式，并鼓励民间机构参与中国绿色经济转型的建设，资助国内民间环保组织通过环境公开数据和环保部门合作，监督超标排放企业和在环境信息公开上未履行义务的企业，与政府形成良性互动。

第二节　制度建设

新制度经济学创始人诺斯教授认为制度分为三种类型：正式规则、非正式规则、以及这些规则的执行机制，三个部分构成完整的制度内涵，是一个不可分割的整体。我国流域经济与政区经济协同发展的制度建设，主要包括一系列的立法保障和管理办法、管理机构，由此组成正式规则与非正式规则的有益补充。从法律建设方面来看，我国涉及流域水资源管理的法律主要有《中华人民共和国水法》《中华人民共和国防洪法》《中华人民共和国水土保持法》和《中华人民共和国水污染防治法》四大法；从部门规章制度来看，涉及水资源管理条例多不胜数，主要可以分为水权交易的相关制度条例、流域综合开发的相关制度条例两种类型；从流域管理机构来看，水利、环保、城建、卫生等部门均有管理内容，而水利部下设的七大流域管理委员会则是重要的流域管理部门。这些法律法规框架和管理机构为我国流域制度建设提供了保障。

一、立法保障

（一）《中华人民共和国水法》

1984 年开始起草、1988 年通过、2002 年修订的《中华人民共和国水法》（简称《水法》），标志着我国水资源的整治和管理从此进入了有法可依的时代，这也是全国范围内第一个真正意义的正式的水法律文件。自 2002 年《水法》进一步修订，于同年 10 月 1 日起施行，修订后的《水法》则将水资源流域管理纳入法制轨道，有利于流域内水资源的统一规划、统一协调与合理配置，还在用水顺序权方面将生态用水放在了与工农业生产用水同等重要的位置。目前我们所述的《水法》通常即指 2002 年 8 月修订版（中华人民共和国主席令第七十四号）。

我国《水法》最核心的思想，是确立了水资源归国家所有的公有制水权制度，包括地球表面的水源和地下水源，无一例外。同时，《水法》还明确了取水许可制度和有偿使用制度，除去农村集体经济极少数取水免费以外，我国对于取水需要取得许可证，并且水资源不是无偿使用的，而是要支付相应的水资源费才能取得使用权。《水法》实际上为水价的制定和收取提供了依据，我国水价通常由水资源费、工程水费、排污费构成，这也是依法而为。《水法》还对流域规划作出了相应的规定，与欧洲各国的法律一致，我国也是以立法的方式确定了流域必须制定统一规划，并且各个水利工程建设也必须遵循流域总体规划，不可随意而为。《水法》对于我国流域管理和行政管理体制也作出了相应的规定，规定国务院水行政主管部门进行统筹管理，而地方政府管理本辖区内的水事务，水资源的开发要兼顾流域各利益阶层的利益，国家对用水总量实现总额管理和定额管理相结合的制度。总体而言，《水法》对于我国的水资源、水管理体制、流域开发和管理等方方面面都做出了相应的规定，是我国第一部系统的水资源相关法律。

（二）《中华人民共和国水污染防治法》

水体污染是我国流域经济发展的突出问题，粗放的经济发展模式，为流域带来了超负荷的环境压力，为了缓解这种压力，促进流域健康持续发展，保障人民安全用水需要，我国专门对水资源的污染防治进行了立法，1984 年颁布《中华人民共和国水污染防治法》，1996 年、2008 年进行了修订。规定：水污染防治应当坚持预防为主、防治结合、综合治理的原则，首先是要确保居民饮水安全问题，对于工业水污染、城镇水污染、农业水污染、船舶水污染要制定相应的应对预防措施，各项污染排放不得超过国家或者地方规定的水污染物排放标准和重点水污染物排放总量控制指标。企业排污须有排污许可证，这也为排污权交易奠定了基础。

（三）《中华人民共和国水土保持法》

我国山川地貌复杂，丘陵山坡地区多，且多在流域上游发源地区，生态环境脆弱。新中国成立以来，为了发展经济，许多地区老百姓进行土地开垦，造成森林植被破坏、土地荒漠化严重，进而造成水土流失和环境污染问题。为了预防和治理流域水土流失的问题，减少土地荒漠化现象，我国 1991 年颁布了《中华人民共和国水土保持法》。规定：国务院水行政主管部门主管全国的水土保持工作。对于水土保持监督管理的主体机构也予以了明确，规定水行政主管部门派出的流域和湖泊管理机构作为水土保持的监督主体，也就是七大流域管理机构及其他水利部派出机构，承担着流域水土保持的监督管理职能，而地方政府则要全力配合维持本地区的水土保持工作。其他相关的林业、农业和国土资源等地方行政部门，都要配合做好有关的水土流失预防和治理工作。已在禁止开垦的陡坡地上开垦种植农作物的，应当按照国家有关规定退耕，植树种草；耕地短缺、退耕确有困难的，应当修建梯田或者采取其他水土保持措施。在禁止开垦坡度以下的坡耕地上开垦种植农作物的，则要科学采取补救措施，予以保土退耕等，确保生态环境的保护。

（四）《中华人民共和国防洪法》

防洪可以说是新中国成立后第一个重大任务，受季风气候和雨季的影响，我国的水资源呈现出时空不均的现象，夏季洪涝灾害频发，历史上长江、淮河等流域都曾发过无数次洪水灾害，对于人民的生命财产安全构成极大的威胁。《中华人民共和国防洪法》正是为了防控洪水、保护人民生命财产安全所制定的专门法律，1997 年通过，2009 年修正，2015 年再次修正。《防洪法》规定，水资源的开发，必须同时兼顾防洪功能，实现兴利除弊的目标；国家水行政部门的派出机构，即水利部各大流域管理局，是防洪工作的实施主体；防洪要制定专门的规划，要积极扩大林草植被覆盖面积、加强水源涵养，从源头做好防治工作；流域防洪，实施全流域综合管理和分级管理相结合的制度，跨越行政区的流域由水行政主管部门负责，在某一行政区内的防洪工作由地方政府具体负责；要疏通河道，禁止流域沿岸进行围湖造田，影响流域防洪调蓄功能；对于防洪区要提前做好应急预案，防洪工程要稳步实施。

二、部门规章

（一）水权交易相关制度规定

在初始水权的分配方面，2006 年 1 月 24 日国务院第 123 次常务会议通过了《取水许可和水资源费征收管理条例》（中华人民共和国国务院令第 460 号），于 2006 年 4 月 15 日起开始施行，与此同时，在 1993 年实施的《取水许可制度实施办法》予以废止。与 1993 年的取水许可实施制度相比，该条例更加规范了取水许可的范围和程序，并且增加了取水许可的同时征收水资源费，明文规定各取水主体，要申请取水许可证，并且支付相应的水资源费，这也是对《水法》的具体落实。此次修订条例明确了水资源使用权的有偿使用性。

2006年4月水利部部长会议审议通过、2008年2月正式实施的《水量分配暂行办法》（中华人民共和国水利部令第 32 号），规定“水量分配是对水资源可利用总量或者可分配的水量向行政区域进行逐级分配，确定行政区域生活、生产可消耗的水量份额或者取用水水量份额”“水资源可利用总量包括地表水资源可利用量和地下水资源可开采量，扣除两者的重复量。”“可分配的水量是指在水资源开发利用程度已经很高或者水资源丰富的流域和行政区域或者水流条件复杂的河网地区以及其他不适合以水资源可利用总量进行水量分配的流域和行政区域，按照方便管理、利于操作和水资源节约与保护、供需协调的原则，统筹考虑生活、生产和生态与环境用水，确定的用于分配的水量。”

在水权转让方面，2005 年 1 月 11 日，水利部同时颁布了《关于水权转让的若干意见》（水政法［2005］11 号）与《关于印发水权制度建设框架的通知》（水政法［2005］12 号），为我国水权制度的建设做出了系统的定义和规范，特别是对水权转让制度和水权交易、水市场做出了明文规范，成为我国水权制度建设的重要里程碑。其中，《关于水权转让的若干意见》对水权转让（该文件规定“水权转让”指的是水资源使用权转让）的基本原则、限制范围、转让费、转让年限、监督管理等多个方面做出了明确的规定，这是我国全国范围内的第一个正式的水权转让制度文件，规范水权转让行为，为水市场的建立打通了制度中的关键一环，推动了水资源使用权的合理流转，促进了水资源的优化配置、高效利用、节约和保护。《水权制度建设框架》则是开展水权制度建设的指导性文件，《框架》提出水权制度是现代水管理的基本制度，涉及水资源管理和开发利用的方方面面，并对水权制度的定义和内涵做出了明确规定，规定水权制度明确初始水权分配、明确政府与用水户各主体之间权责关系、包括法律法规、体制机制等相关政策文件内容的总称并且明确了水权制度体系包括水资源所有权、使用权和水权交易流转的整体规定。《框架》提出，水资源所有权归国家所有，这是由《水法》规定，水资源所有权制度建设包括水资源统一管理制度、全国水资源规划制度、流域水资源分配的协商机制、区域用水矛盾的协调仲裁机制、水资源价值核算制度、跨流域调水项目的论证和管理制度、水资源管理体制七个方面内容；水资源使用权制度包含水权分配、取水管理（文件中提出要修订1993年颁布的《取水许可制度实施办法》）、水资源和水环境保护、权利保护；水权流转制度（文件规定“水权流转即水资源使用权的流转，当前主要为取水权的流转。”）包括水权转让资格审定、水权转让的程序及审批、水权转让的公告制度、水权转让的利益补偿机制以及水市场的监管制度等。

在水权制度完善建设方面，2010年12月31日中央一号文件《中共中央 国务院关于加快水利改革发展的决定》(中发［2011］1号）明确提出了水资源的重要意义，提出“建立水利投入稳定增长机制”和“实行最严格的水资源管理制度”，建立用水总量控制、用水效率控制、水功能区限制纳污制度、水资源管理责任和考核制度。

2012年1月国务院三号文件《国务院关于实行最严格水资源管理制度的意见》(国发［2012］3号），是对《中共中央国务院关于加快水利改革发展的决定》的贯彻落实，提出了水资源开发总量目标（2030年7000亿立方米）、用水效率控制目标（2030年达到接近全球先进水平）、水功能区限制纳污目标（2030水质达标高于95%）三项主要指标，要求经济社会的发展与生态环境的承载力相一致，“加强用水效率控制红线管理，全面推进节水型社会建设”；“加强水功能区限制纳污红线管理，严格控制入河湖排污总量”，对取水许可、水资源有偿使用、用水生态补偿机制等等方面做出了规定，我国水市场有了更加规范的制度。

2012年11月党的十八大提出推进生态文明建设，要求建立起适合市场经济体制的、客观反映资源稀缺价值的有偿使用制度和生态补偿制度。积极开展节能量、碳排放权、排污权、水权交易试点。

2013年年底，中央发布了《中共中央关于全面深化改革若干重大问题的决定》，提出完善产权等基本经济制度，“健全自然资源资产产权制度和用途管制制度。”对于江河流域、森林植被、河滩荒地等自然生态空间，一一进行确权登记，明确其权属所在，进而形成权责分明的自然资源产权制度；完善主要由市场决定价格的机制，“推进水、石油、天然气、电力、交通、电信等领域价格改革，放开竞争性环节价格。”对于水资源的产权制度完善和水价改革有了更加明确的规定，有力助推我国水市场的建立完善。

2014年6月水利部印发《关于开展水权试点工作的通知》，明确提出在河南、宁夏、江西、湖北、内蒙、甘肃、广东7省区组织开展水权试点工作，提出力争用2至3年时间，在水资源使用权确权登记、水权交易流转等方面取得突破，为全国层面推进水权制度建设提供经验借鉴，我国的水权改革在制度建设上不断深入。

（二）流域综合开发管理相关制度规定

2015 年 4 月 16 日，国务院印发关于《水污染防治行动计划》的通知，要求大力推进生态文明建设，以改善水环境质量为核心，按照“节水优先、空间均衡、系统治理、两手发力”原则，贯彻“安全、清洁、健康”方针，推动流域水环境得到大力改善，号称“水十条”。一是要控制污染排放，控制工业污染、农业农村污染、城镇生活污染和船舶港口污染四大污染源；二是要促进经济结构转型升级，促进产业结构优化和空间布局提升，发展循环经济；三是要保护水资源，控制用水总量，提高用水效率，科学保护水资源；四是要加强科技支撑，推广适用技术，研究前瞻技术，创新发展环保产业；五是要强化市场作用，构建价格机制和融资机制，对环保企业实施奖励政策；六是要加强执法监督，完善法律法规，加大执法力度，提升监管水平；七是要加强水环境管理，强化水质目标管理和风险防控，推行排污许可；八是要确保水生态安全，保障人民饮水安全，加强重点流域污染防治，保护水和湿地生态系统；九是要明确责任主体，加强各方合作；十是要强化公众参与和社会监督，构建全民行动格局。

在加强对流域经济与政区经济的宏观调控和管理方面，制定出台了相关的规划和政策，如《流域综合利用规划》修订工作、《重点流域水污染防治规划》，流域经济与政区经济合作呈加速发展态势，环境保护部与地方人民政府签署《进一步推进环境保护工作合作协议》，以环境保护优化经济发展，促进流域经济与政区经济协同发展。

流域综合规划是流域开发、利用、节约、保护水资源和防治水害的重要依据。依照《中华人民共和国水法》，我国七大流域制定了综合规划。继 2012 年年底国务院批复长江、辽河流域综合规划后，2013 年，国务院批复了黄河、淮河、海河、珠江、松花江以及太湖流域综合规划。七大江河流域综合规划（修编）全部得到国务院批复。为完善流域水沙调控、防洪减淤、水资源合理配置与高效利用、水土流失综合防治、水资源与水生态环境保护、流域综合管理体系为目标，坚持全面规划、统筹兼顾、标本兼治、综合治理，注重科学治水，处理好治理、开发与保护和上下游、左右岸、干支流等关系，努力增水、减沙和调控水沙，为实现经济持续健康发展和社会和谐稳定提供有力支撑。

近年来，我国特别重视促进流域经济带的发展，以促进流域经济与政区经济的协同发展。2014 年秋，中央发布《关于依托黄金水道推动长江经济带发展的指导意见》，科学规划了长江经济带发展前景，部署了建设综合立体交通走廊、创新驱动促进产业转型升级、全面推进新型城镇化、培育全方位对外开放新优势、建设绿色生态廊道、创新区域协调发展体制机制等重点任务，部署将长江经济带建设成为具有全球影响力的内河经济带、东中西互动合作的协调发展带、沿海沿江沿边全面推进的对内对外开放带和生态文明建设的先行示范带，并形成了《长江经济带综合立体交通走廊规划（2014—2020 年）》。2016 年 3 月 25 日，中共中央政治局召开会议，审议通过《长江经济带发展规划纲要》。确立了长江经济带发展战略的顶层设计，明确了长江经济带发展的方向、目标和重点。设立了两大战略目标：到2020年，生态环境明显改善，创新驱动取得重大进展，战略性新兴产业形成规模，培育形成一批世界级的企业和产业集群；到2030年，水脉畅通、功能完备的长江全流域黄金水道全面建成，创新型现代产业体系全面建立，在全国经济社会发展中发挥更加重要的示范引领和战略支撑作用。空间布局上提出“一轴、两翼、三极、多点”的格局，推动沿岸经济区协同发展。“一轴”是指以长江黄金水道为依托，发挥上海、武汉、重庆的核心作用，以沿江主要城镇为节点；“两翼”是指发挥长江主轴线的辐射带动作用，向南北两侧腹地延伸拓展；“三极”是指以长江三角洲城市群、长江中游城市群、成渝城市群为主体。

三、管理机构

我国水利部门、环保部门、国家发展和改革委员会、建设部门、农业部门、林业部门、卫生部门分别对流域的相关方面进行管理。为推动流域经济与政区经济的协同发展，我国先后成立了长江、黄河、淮河、海河、珠江、松辽水利委员会和太湖流域管理局七大流域管理机构，明确了水利部、环保部、国土部、各省市州地方政府的管理权限和权力边界，不断推进流域管理体制机制的改革，探索各流域各区域之间要素自由流动的市场化之路，力求理顺管理机制，构建统一高效的管理体制。

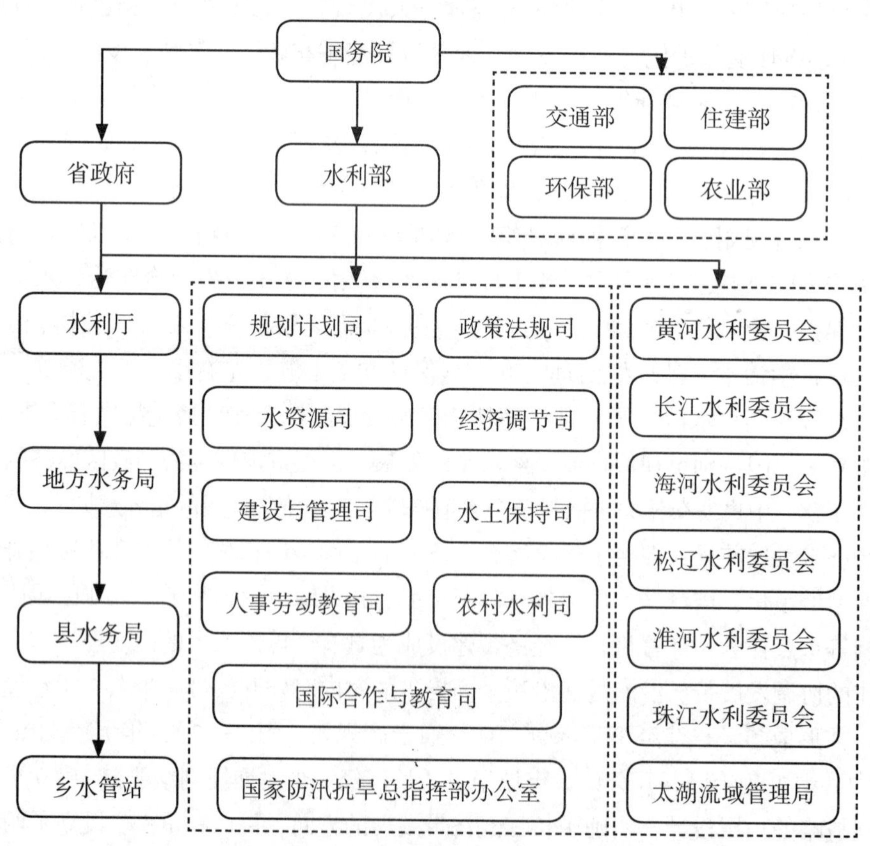

图3-3　主要涉水管理部门组织架构图

（一）主要涉水部门的职责

水利部：中华人民共和国水利部是全国水行政主管部门，全面负责水资源管理，包括地表水、地下水、再生水在内的传统和非传统水资源都归属水利部管理，同时，水利部还负责水源保护，与环保部对接环保信息发布等职能。

水利部的主要职责是：①贯彻执行《中华人民共和国水法》；②负责全国水资源的综合管理，全面协调水资源开发利用和社会节水问题，协调地区和部门之间的水事矛盾；③组织编制水利工作发展长远规划和年度计划，制订全国和跨省的水长期供求计划，组织重大水利工程建设；④负责大江、大河的综合治理开发和国家防汛抗旱工作；⑤统筹城乡水资源的供需，管理农田排灌、牧区水利、乡镇供水、中小型水电开发和水利渔业等有关事务；⑥主管全国水土保持工作；⑦主管全国水文工作；⑧对全国水利工程建设进行行业管理；⑨归口管理全国水利科学技术和水利教育发展工作；⑩对全国水利队伍建设进行行业管理。水利部内设立有关职能机构，并设立了黄河、长江、淮河、海河、松花江和辽河、珠江、太湖等流域机构，作为水利部的派出机构，分担流域水利行政工作，组织编制流域江河治理水资源开发利用的综合规划，进行专门问题的研究，编制重大工程项目的规划设计，配合地方政府进行防汛工作。对于重大的水利枢纽工程，如汉江丹江口水利枢纽、三门峡水利枢纽和引滦工程等也设立直属管理机构，负责调度运用。

水利部下辖各省水利厅，各地方政府实施水务一体化管理，城乡水务一体化管理即对水务的统一管理，建立“一龙管水，共同治水”的管理体制，就是指对水资源的开发、利用、治理、配置、节约、保护实行全方位、全领域、全过程的统一管理。

按照水资源统一管理与分级、分部门管理相结合的制度，水力发电、内河航运、城市供水排水和垦荒水利的行政管理工作，分别由能源部、交通部、建设部和农业部负责。

交通部：制定水路发展战略、政策和规划，起草水路相关法律法规草案，负责拟订综合交通运输标准，协调衔接各种交通运输方式标准。

环境保护部：环保部在参与流域水资源的管理方面，其最主要的职能是监控重点区域，确保流域污染防治规划的制定实施和保障全社会饮水安全问题，并且参与全国的重点海域污染防治规划制定，对于我国的重点流域、区域、海域出现的水污染和防治问题，统筹协调安排，并且还监督海洋环境污染问题，并负有向社会公众发布水污染防治信息的责任。

住房与城乡建设部：住建部原本负责的是城市供排水的相关事务管理，在机构改革中，其原本负责的水务管理体制工作已经移交给各个地方政府，住建部只保留对市政设施建设的指导权。此后，住建部将重点指导各地区城市的供排水和节水相关工作，以及相关的城市管网建设。

农业部：农业部在涉水部门中的管理职责，主要与其渔业管理职责相关。农业部全面负责流域渔业相关管理制度，包括渔业的生产、渔业捕捞许可证、流域野生动植物和湿地生物的管理保护、保护流域野生生物等一系列工作，特别是我国为了保护鱼类实施禁渔制度后，农业部便成了拟定实施休渔制度和禁渔制度的具体行政机关，凡是与渔业相关的事务都要进行管理，并且农业部还协调指导农业部长江流域渔政监督管理办公室工作。

（二）七大流域管理机构

水利部下设了黄河、长江、淮河、珠江、海河、松辽水利委员会和太湖流域管理局，如表 3–2 所示，对流域实行统一管理，统筹协调整个流域的水利事项（包括水文测验、流域开发规划、流域水资源优化配置、水利水电工程建设、防洪调蓄、水害治理等）的有关事务，更好地协调流域管理与行政区管理的关系。

表 3–2　我国七大流域管理机构基本情况

<table>
<tr><th>机构名称</th><th>设立时间</th><th>管理区域</th><th>主要职能</th></tr>
<tr><td>水利部黄河水利委员会</td><td>1946 年 2 月初设，1946 年 5 月改称冀鲁豫区黄河水利委员会，1949 年 6 月正式成立</td><td>黄河流域和新疆、青海、甘肃、内蒙古内陆河区域</td><td rowspan="2">1. 负责保障流域水资源的合理开发利用。受部委托组织编制流域或流域内跨省（自治区、直辖市）的江河湖泊的流域综合规划及有关的专业或专项规划并监督实施；拟订流域性的水利政策法规。组织开展流域控制性水利项目、跨省（自治区、直辖市）重要水利项目与中央水利项目的前期工作。根据授权，负责流域内有关规划和中央水利项目的审查、审批以及有关水工程项目的合规性审查。对地方大中型水利项目进行技术审核。负责提出流域内中央水利项目、水利前期工作、直属基础设施项目的年度投资计划并组织实施。组织、指导流域内有关水利规划和建设项目的后评估工作。
2. 负责流域水资源的管理和监督，统筹协调流域生活、生产和生态用水。受部委托组织开展流域水资源调查评价工作，按规定开展流域水能资源调查评价工作。按照规定和授权，组织拟订流域内省际水量分配方案和流域年度水资源调度计划以及旱情紧急情况下的水量调度预案并组织实施，组织开展流域取水许可总量控制工作，组织实施流域取水许可和水资源论证等制度，按规定组织开展流域和流域重要水工程的水资源调度。</td></tr>
<tr><td>水利部长江水利委员会</td><td>成立于 1950 年 2 月，为扬子江水利委员会改建</td><td>长江流域和澜沧江以西（含澜沧江）区域</td></tr>
</table>

（续表）

机构名称	设立时间	管理区域	主要职能
水利部淮河水利委员会	1929年成立导淮委员会，1947年改名淮河水利工程总局，1950年成立治淮委员会，1990年更名为水利部淮河水利委员会。	淮河流域和山东半岛区域	3. 负责流域水资源保护工作。组织编制流域水资源保护规划，组织拟订跨省（自治区、直辖市）江河湖泊的水功能区划并监督实施，核定水域纳污能力，提出限制排污总量意见，负责授权范围内入河排污口设置的审查许可；负责省界水体、重要水功能区和重要入河排污口的水质状况监测；指导协调流域饮用水水源保护、地下水开发利用和保护工作。指导流域内地方节约用水和节水型社会建设有关工作。 4. 负责防治流域内的水旱灾害，承担流域防汛抗旱总指挥部的具体工作。组织、协调、监督、指导流域防汛抗旱工作，按照规定和授权对重要的水工程实施防汛抗旱调度和应急水量调度。组织实施流域防洪论证制度。组织制定流域防御洪水方案并监督实施。指导、监督流域内蓄滞洪区的管理和运用补偿工作。按规定组织、协调水利突发公共事件的应急管理工作。 5. 指导流域内水文工作。按照规定和授权，负责流域水文水资源监测和水文站网的建设和管理工作。负责流域重要水域、直管江河湖库及跨流域调水的水量水质监测工作，组织协调流域地下水监测工作。发布流域水文水资源信息、情报预报、流域水资源公报和流域泥沙公报。 6. 指导流域内河流、湖泊及河口、海岸滩涂的治理和开发；按照规定权限，负责流域内水利设施、水域及其岸线的管理与保护以及重要水利工程的建设与运行管理。指导流域内所属水利工程移民管理有关工作。负责授权范围内河道范围内建设项目的审查许可及监督管理。负责直管河段及授权河段河道采砂管理，指导、监督流域内河道采砂管理有关工作。指导流域内水利建设市场监督管理工作。 7. 指导、协调流域内水土流失防治工作。组织有关重点防治区水土流失预防、监督与管理。按规定负责有关水土保持中央投资建设项目的实施，指导并监督流域内国家重点水土保持建设项目的实施。受部委托组织编制流域水土保持规划并监督实施，承担国家立项审批的大中型生产建设项目水土保持方案实施的监督检查。组织开展流域水土流失监测、预报和公告。
水利部珠江水利委员会	1979年成立	珠江流域、韩江流域、澜沧江以东国际河流（不含澜沧江）、粤桂沿海诸河和海南省区域	
水利部海河水利委员会	1980年4月1日成立	海河流域、滦河流域和鲁北地区区域	
水利部松辽水利委员会	1982年成立	松花江、辽河流域和东北地区国际界河（湖）及独流入海河流区域	

（续表）

机构名称	设立时间	管理区域	主要职能
水利部太湖流域管理局	成立于 1984 年 12 月，其前身是 1964 年成立的太湖水利局	太湖流域、钱塘江流域和浙江省、福建省（韩江流域除外）范围	8. 负责职权范围内水政监察和水行政执法工作，查处水事违法行为；负责省际水事纠纷的调处工作。指导流域内水利安全生产工作，负责流域管理机构内安全生产工作及其直接管理的水利工程质量和安全监督；根据授权，组织、指导流域内水库、水电站大坝等水工程的安全监管。开展流域内中央投资的水利工程建设项目稽察。 9. 按规定指导流域内农村水利及农村水能资源开发有关工作，负责开展水利科技、外事和质量技术监督工作；承担有关水利统计工作。 10. 按照规定或授权负责流域控制性水利工程、跨省（自治区、直辖市）水利工程等中央水利工程的国有资产的运营或监督管理；研究提出直管工程和流域内跨省（自治区、直辖市）水利工程供水价格及直管工程上网电价核定与调整的建议。 11. 承办水利部交办的其他事项。

综上所述，我国涉水部门间职能交叉，规划和项目缺乏统筹衔接，水利资金投入存在“碎片化”现象，影响水利建设的实际效果。应加快推动行政管理体制改革，尽可能划清部门职能范围，减少职能交叉。同时，科学制定国家水安全政策和战略规划，加强涉水规划的衔接，建立部门协调机制，切实解决水利领域条块分割问题。

第三节　中国特点

我国的流域经济发展是在计划经济时代和经济转型阶段不断完善发展的，与西方发达国家的市场经济体制不同，我国的流域经济与政区经济带有浓厚的中国色彩，以政府为主导的体制是主要模式。近年来，市场机制被不断引入，水权市场不断发展，资源的配置效率不断提高，而水利、环保、建设、农业等多部门涉水管理也造成了管理体制的混乱，各部门管理权限职责交叉不够明晰，流域一体化发展，分工合作已成为流域发展的趋势，流域管理的水资源法律法规不断完善，但仍不能满足经济社会发展的需要。

一、公有制为主体，流域管理与区域管理结合

我国水资源公有是由《水法》予以规定的。《水法》明确规定了我国水资源归国家

所有的性质，这与我国的行政管理体制是分不开的。在西方国家，私有制是主要社会分配方式，但是基于水资源的特殊行政，仍有许多市场经济发达的国家将水资源的所有权定为国有，原因是水资源关系国计民生，不可盲目私有化。但是，不管是在西方国家，还是我国，即使规定了水资源所有权是公有制，但不影响水权制度的建设和水权交易市场的发展，在这个问题上，世界各国都有一些相似的做法，例如将水资源使用权与所有权剥离开来，实施水资源所有权公有、使用权私有的方式，进而引入市场机制，实施水资源的高效配置。不仅如此，由于水资源的公共物品性质，其外部性较强，边界难以界定，特别是生态用水、航运渔业用水等方面，其公共物品的外部性表现明显，因此，政府则考虑从最广大的人民群众的公共利益出发，将这部分公共用水确立为公共水权，予以保护，以保障公共利益。

流域经济与政区经济的边界往往是不重合的，政区经济对于要素的自由流动起到强大的壁垒阻碍作用，流域管理机构与行政机关之间的权利和利益博弈时常存在。西方发达国家对于流域机构的设置，有采取强大的统一管理模式，削弱地方政府的水资源管理权限，例如田纳西流域管理局，也有采用市场化经营管理模式的泰晤士河水务公司方式，各种管理结构的管理权限各不相同。在我国，由于特殊的行政体制，本身行政机关之间就存在条条块块之间的分割和矛盾，流域管理更是复杂，且我国的大江大河如长江、黄河等都是跨越了若干个省市，要协调管理的难度非常大，因此，我国的流域管理采取了与区域管理相结合的体制。纵观我国的流域管理机构特征，最明显的在于“统的不够，分的无序”，即流域管理机构与各涉水管理机构之间的条理不够清晰，流域管理存在着杂乱的现象。

二、政府主导，市场机制逐步推进

水权交易是流域经济突破行政区壁垒实行核心要素自由流动的具体形式。从我国现有的初始水权分配和水权交易模式来看，政府仍起主导作用。我国从 1987 年黄河实施流域分水，确定沿岸各省的水量分配以来，到 2013 年最严格的水资源管理制度，实施用水总量控制，实际上已经完成了全流域的分水工作，也就是说，全国各大流域都已经完成了初始水权的分配工作，这是水权交易的第一步。而对于水权的交易，各地区、各阶层、各行业都有了相应的探索，2001 浙江东阳—义乌首例水权转让，一次性买断了横锦水库 4999 立方米的用水权，实现了两个地方政府之间的水权交易实践；2003 年，在黄河分水的基础上，黄河流域的内蒙古、宁夏各盟市之间也尝试开展了行业间的水权转换，其采用的“农业综合节水—水权有偿转换—工业高效用水”模式为部分城市的工业发展创造了有利条件，2014 年水利部提出在长江、黄河、珠江流域的宁夏、江西、湖北、内蒙古、河南、甘肃和广东 7 个典型省区开展水权试点，大力推动水权体制的建设，进一步确定了水权确权登记、水权交易转让和完善水权制度建设的相关内容，其中第二项内容为开展水权交易流转，是市场机制的具体体现。包括探索各地区、各江河流域之间、跨省市跨行业的多种形式的水权交易和转让方式；积极培育水市场，建立健全水权交易平台。在7个试点中，内蒙古、河南、甘肃和广东四个省区将开展水权交易，而各个省的试点重点却各不相同。其中，广东主要是依托现有的制度创新体制，在广东产权交易集团的基础上，进一步构建实施省级层面的水权交易平台，进行水权交易制度和规则的创新，引导东江流域上下游地区的水权交易；内蒙古则继续发挥资源城市的特殊需求，加强工业城市鄂尔多斯和水量丰富的巴盟之间开展跨市区的水权交易；河南因为其省域内有多条河流，适合探索跨流域的水权交易模式；甘肃曾经在张掖水票制度建设中起到了首创范例，可以以此为据继续探索农户之间、农户与用水协会之间，以及工农业等不同行业之间的水权交易模式。由此可见，突破行政壁垒实现水资源自由流动是今后必然的发展方向。

三、纵横相交，流域实行分级管理

从横向来看，负责水资源和流域管理的涉及水行政主管部门即水利部、环保部、交通运输部等各部门；从纵向看，涉及水利部各个流域派出管理机构和各级政府，各个部门之间的协调。例如，水利部对负责水资源保护，环境保护部负责对水环境质量和水污染防治，各城市水务局负责城市内涉水一切事务的管理，相互之间如何协调尚需研究。

涉及水利管理的相关职能，分级管理较为明显，水利部是水资源管理的主要行政管理机构，因水利部级别太高，且我国幅员辽阔，各大江河流域湖泊具体情况各不相同，因此，水利部采取了对主要江河湖泊实施派出管理机构的模式。这些流域管委会均是水利部派出的流域管理机构，代表水利部行使流域综合管理职责，属于国家直管，而其他河流多为省级管理，例如四川沱江。但是，相比起美国田纳西流域管理局，这些流域管委会的职责权限普遍较弱，在于地方政府的协同中，还需要强化职能。

流域管理还需要进一步理清职能职责，划分权力边界，做好协调配合，提高流域管理效率。要进一步推进河长制，通过河道网格化管理思想，对省、市、县（市、区）分级管理，整合现有各种基础数据、监测数据和监控视频，利用省、市、县三级传输网络快速收集至管理信息系统，面向各级领导、工作人员、社会公众提供不同层次、不同纬度、不同载体的查询、上报和管理系统。

四、以流域为导向的区域经济一体化成为发展方向

从近年来国家对长江经济带的发展定位来看，以流域为导向的区域经济一体化已经成为发展方向。2014年国务院发布的《关于依托黄金水道推动长江经济带发展的指导意见》和2016年中央审议通过的《长江经济带发展规划纲要》，都展示了国家对于建设流

域经济区的重大决心。流域经济也确实有着强有力的生产力潜力，以莱茵河为例，18 世纪中叶，莱茵河已经是欧洲航海工业一个集中地。但到 20 世纪 50 年代中期，老工业区莱茵河经济已经失去了它的竞争优势。为重振莱茵河流域经济，20 世纪 50 年代中期由政府主导，对其进行重新规划和结构调整，产业发展以高科技研发为主，并确定了沿岸城市各自发展的重点，从而完成了全球最具现代化的流域经济的转型。之后 20 年，莱茵河流域诞生了 50 多所大专院校，69 个技术孵化中心、工业园区，24 个国家资助的研究机构等。

长期以来，长江沿岸城市开发受利益驱动，各城市发展以行政区划地为牢，各自为政，缺乏整体规划，形成了现在的块状、不平衡的经济发展现状：东部率先发展、中部崛起、西部开发。同时，沿岸城市在发展时，不是根据主体功能区要求、资源禀赋、现有发展现状及潜力来培育最具有自身特色的经济和城市，而是呈现出千城一面的区域景观：产业同质化，没有形成差异化发展。因此，实施长江流域区域一体化，沿线 11 省市共建长江经济带，本质上是打破生产力的现有布局，按照效率最大化的原则进行生产要素的重组，建立统一的规划从而推动沿岸城市形成各自发展的重点、实现均衡发展，建统一的大通道、在产业梯度转移中形成沿岸城市明确产业分工，最终实现均衡协调发展的格局，是目前长江流域的发展方向，也是我国流域经济的发展方向。

五、协同发展的政策法规逐步健全，仍任重道远

我国已颁布《中华人民共和国水法》《中华人民共和国水污染防治法》《中华人民共和国水土保持法》《中华人民共和国防洪法》等相关法律，也出台了《取水许可和水资源费征收管理条例》《水量分配暂行办法》《关于水权转让的若干意见》《关于印发水权制度建设框架的通知》《中共中央国务院关于加快水利改革发展的决定》《国务院关于实行最严格水资源管理制度的意见》《关于开展水权试点工作的通知》《水污染防治行动计划》等一系列相关法规，以及七大流域的综合规划《关于依托黄金水道推动长江经济带发展的指导意见》《长江经济带发展规划纲要》《淮河流域水污染防治暂行条例》《塔里木河流域水资源管理条例》等流域发展的相关意见办法，这对于我国实现流域经济与政区经济的协同发展起到了良好的推动作用。但是，相比于西方发达国家，我国的政策法规、管理意见办法过多，但法律体系不够健全。尤其是对于流域的开发管理，仍缺乏专门的法律制度框架。水法律体系是有效实施水资源管理的根本手段。目前，世界各国都非常重视水的立法工作，许多国家把有关水的开发、利用、管理、保护或集中规定在一个法内，或针对各种问题分别制定若干单行法律。另外，国外水资源管理机构的设置和职权的授予，也多以立法为根据。如美国田纳西流域管理局是根据 1933 年美国国会关于开发田纳西流域的法案成立的；英国水务局是根据 1973 年英国水法成立的。而在第二次世界大战以后，随着经济的发展和人口的增长，以及水资源开发利用规模的不断扩

大，水资源的开发与利用越来越成为关系到社会经济发展的大事，传统水法显然不能适应客观发展的需要。因此，在国际上逐渐形成适应现代社会需要的现代水法，进一步建立和完善合理、可操作性强的配套性水法律体系。

总体而言，我国流域经济与政区经济不断发展，但仍处于探索阶段，还面临许多挑战，协同发展仍然任重道远。

郭时君

第四章　战略构想：构建中国流域经济与政区经济协同发展铁三角

流域经济是引领未来中国发展最重要的增长极和实现区域协调可持续发展的基本途径。流域经济与政区经济协同发展已成为中国经济布局的基本方向并取得重大成就，但二者协同发展面临许多挑战。本研究创新性提出我国流域经济与政区经济协同发展“铁三角”战略构想及体制创新和政策改进方向。核心思想是：优化要素配置提升要素效率，创新体制机制提升治理效率，推进民生发展提升人民福祉，实现和谐、合作、公平、共享的可持续发展，在流域经济与政区经济协同发展中携手落实联合国《2030 年可持续发展议程》，作出中国的贡献。

第一节　矛盾和根源

流域经济与政区经济协同发展是中国经济布局的基本方向，流域经济是综合效益最高的区域，世界大河流域诞生众多伟大文明和繁荣经济；流域也是矛盾最集中的地方，是经济开发的重点区域和治理的难点区域。中国拥有长江、黄河、珠江等一批灿烂繁荣的流域文明，但经过几十年高速增长后，流域经济与政区经济协同发展中资源配置、区域协调、流域管理、民生建设等方面问题逐渐凸显，威胁整个国家的可持续发展。

一、我国流域经济与政区经济协同发展面临的六重困境

（一）水资源问题频发

我国水资源问题集中在三个方面：水多、水少、水脏。

流域广受洪水威胁。流域防洪体系不完善，河道泄洪能力不足。汛期城市内涝严重，流域内各大城市接连出现“海景”奇观。洪水不仅对生态环境产生巨大冲击，防洪治洪也耗费了大量财力物力，考虑到气候变暖和水利建设影响，洪水已不仅是天灾更是人祸。另外，快速城市化使人口财富高度聚集，导致洪灾的破坏力更强、危险性更大。

水资源供需矛盾加剧。我国水资源和降水时空分布不均，已建工程对水资源配置能

力不足，资源性缺水和工程性缺水现象并存[①]。一方面，近年来我国城镇化工业化进程加快，黄河宁蒙河段的能源基地建设快速推进，经济社会对水资源的需求不断提高。另一方面，海河、黄河、辽河等流域水资源开发利用率均在70%以上[②]，远超国际公认的40%的水资源开发生态警戒线，后续水资源保障严重不足。

水污染威胁严重。根据《2015年中国环境状况公报》，我国十大水系一半污染，Ⅳ—Ⅴ类和劣Ⅴ类水质占比达35%，地下水水质为较差级、极差级占比超过60%。全国废水排放总量695.4亿吨，城镇生活污水排放量485.1亿吨[③]，排污量远超环境容量。水质变差加剧了缺水情况，在工业发达的大中城市尤其明显。

（二）生态保护形势严峻

我国生态保护形势十分严峻，突出表现为空气质量恶化、土壤污染退化严重。

全国78%的城市环境空气超标，京津冀等地区特别突出，2011年到2015年北京经历了437次污染过程（PM2.5浓度大于35微克/立方米），平均每周1.7次，每次持续时间平均约70小时，85%的污染过程达到了严重程度。值得注意的是，码头上燃烧重油的巨轮排放的二氧化硫当量非常大，一艘万吨巨轮排放的量相当于数十万辆城市汽车的量，不仅污染空气且会形成酸雨导致污染扩大，这尚属港口城市治理盲区。

2014年，全国荒漠化土地面积261.16万平方千米，沙化土地面积172.12万平方千米，防治形势十分严峻。2015年全国年内净减少耕地面积超过10万公顷，土壤侵蚀总面积295万平方千米，占我国国土面积的30.7%[④]，同时耕地质量堪忧，全国平均质量等别为9.97等，总体偏低，优等地占比仅2.9%。自然生态质量不佳，全国2591个县域中，生态评级为“较差”“差”占比达30%，集中在内蒙古、甘肃等西部地区。

（三）区域经济发展失衡

流域上下游、左右岸利益冲突。上下游间已是发展阶段的差距，流域发展呈现割裂化的趋势，这突出表现在长江、黄河、珠江等大河流域。第一，上游地区承担流域生态屏障建设任务，但项目建设受限，经济发展滞后，同时在获取水权等制度性资源时也处于劣势。第二，下游地区地势平坦土地肥沃，区位优势突出，经济开发成本低，加之沿海和河口地区受到政策偏向，导致要素不断向下游集中，上下游间发展严重失衡。下游地区经历高速增长后，边际报酬递减，现行资源配置偏向下游实则降低了流域整体福

---

① 刘世庆、巨栋：《长江绿色生态廊道建设总体战略与实现路径研究》，《工程研究——跨学科视野中的工程》，2016（10）。

② 姚润萍：《我国水资源开发利用逼近红线》，新华网，2015.03.23。

③ 中华人民共和国水利部：《2014年中国水资源公报》，2015.08.28。

④ 中华人民共和国发展改革委、水利部、住房城乡建设部：《水利改革发展“十三五”规划》，2016.12.27。

利，进一步影响国民经济增速。

政区经济发展失衡。第一，区域经济碎片化。我国设立了各种各样的经济区，如国家开发区、产业承接转移区、生态环境保护区、海洋经济区等，区域边界交叉，建设内容重叠，导致区域各自为政、开放合作不够，区域规划无法联动，政策红利大打折扣。第二，城镇发展失衡。城镇人口不断向大城市集中，一些特大城市承载能力濒临上限，"城市病"凸显；小城市数量减少，人口比重、产业支撑、基础设施等走向衰落。第三，产业发展与能源分布不匹配。能源和矿产多分布在中西部地区，改革开放以来制造加工业向东部沿海地区集聚，造成工业生产与能源、原材料产地脱节，开采、加工与生产割裂导致效率损失。

（四）流域管理矛盾突出

我国流域管理的核心问题是：统得不够、分得无序、公众参与缺失，实际是流域管理体制与区域管理体制结合不够，部门协调难和地区协调难并存。

统得不够，即缺乏统一处理流域内事务的机构，难以实施统一有效的管理。[①]流域事务处理涉及发改、水利、环保、财政、科技、国土、交通、农业、林业、住建等众多职能部门，大江大河流域更是涉及多省市区。流域立法滞后，尚无一部能够统筹流域发展和管理的法律，现行法律主要针对涉水管理作出规定，尚未顾及经济社会发展的方方面面。

分得无序，即流域内的各部委、部委派出机构、各省区相关部门等管理机构职能分工无序，"多龙治水、缺乏协调"。据悉，水利和环保部门间曾有"环保不下水，水利不上岸"的说法，但随着近年来流域问题复杂化，这种"规则"已经突破。

可以看出，这一问题集中体现在我国流域的分级管理体系上。通常，我国大流域实行中央和地方结合管理体制，以水利部、交通部等部委的派出机构为主，地方政府部门协调管理，地方部门应当尊重辖区利益，同时必须服从中央部委的统筹管理。这就存在中央和地方管理、部门和区域管理中的条块分割问题。小流域管理边界则相对清楚，主要是地方管理，如西北内陆河等。一般来说，水资源纠纷较少的流域以地方管理为主（长江、珠江等）、水资源供需矛盾较突出的流域以部门管理为主（黄河、海河、辽河等）。

公众参与意识不强、机制缺位。一方面公众长期在市场提供的"自然秩序"和政府提供的"人为秩序"调配下生存，普通公众对流域事务认识的深度和广度不够，对流域决策的主动性和自觉性不高，参与性普遍不足；而NGO等相对专业的组织缺乏监督和管理权限，只能进行环境调查和宣传，监督有效性难以保障。另一方面，流域利益共同体被忽视，流域管理决策权集中于政府，决策过程不够透明，决策结果难以顾及公众，一

① 刘世庆、巨栋：《长江绿色生态廊道建设总体战略与实现路径研究》，《工程研究——跨学科视野中的工程》，2016（10）。

且引发负外部性问题损失最严重的却是公众利益。

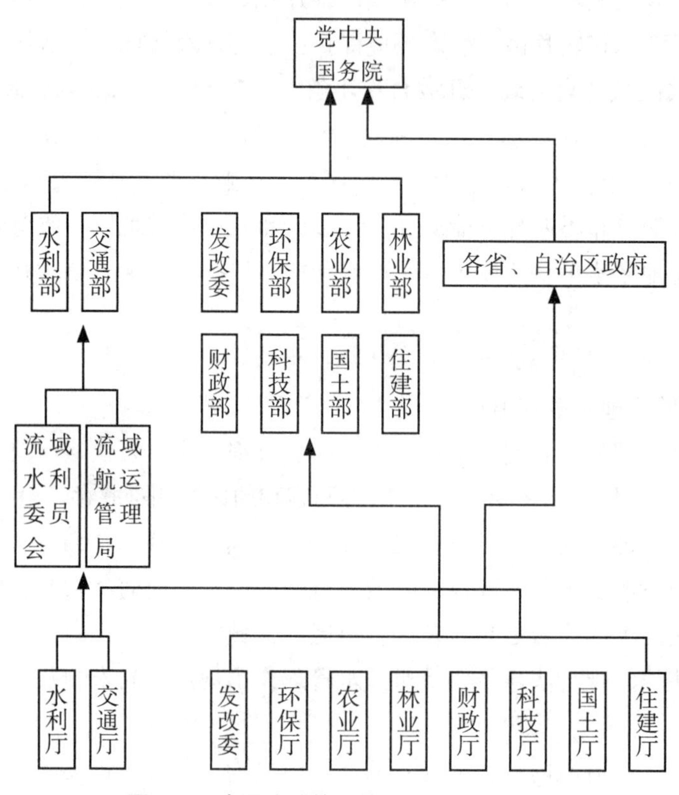

图 4–1　我国流域管理的组织机构图

（五）流域资源开发失序

利益分配失调。重点是开发、保护与补偿三者割裂，问题集中在大型水电工程建设上，此类工程往往由央企主导，选址、投资、建设以发电效益为主，对生态、航运等考虑较少。要素流通效率大打折扣，长江上游特别是岷江流域已被大大小小的水电站割裂成“相接的湖”，水道功能已逐渐丧失。对生态和航运功能保护不足，三峡工程设计时对航运发展和生态影响预估不足，导致工程阻碍航道、阻断鱼类洄游等问题突出。利益区际分配失调，水利工程发电直输东部，沿途不得落地，发电收益对地方留存少，相当于要素无偿转移，“建设一座电站、开发一片流域、带动一方经济、致富一方百姓”成为彻底的空话。

开发者社会责任缺失。水利工程特别是大型水电工程建设往往造成大面积的淹没区影响区，这有两方面影响。一是移民问题，表现为当地环境变化造成的就地安置困难和生活技能不足导致的易地搬迁困难；二是淹没耕地，水电工程选址常在落差大的地区，淹没区地势较低而土壤肥沃，造成严重的土地资源损失。从 1957 年至今已 60 年，三门峡水库的移民遗留问题仍未妥善解决。而更加浩大的三峡工程，虽然人均补偿标准翻了数十倍，但经济社会也经历了数十年的发展，简单的资金补偿很难恢复民众往日美好生活，更难免流离失所和后续生活困难等问题。这些究其根本是水电开发方社会责任不足，缺乏合理的补偿机制。

（六）民生水平提升缓慢

民生保障仍然不足。饮用水安全、贫困问题等关乎人民切身利益仍然受到威胁。2015年我国尚有1.1亿农村居民和1535万农村学校师生饮水安全问题需要解决。[①]部分农村地区饮用水存在苦咸或含有高氟、高砷及血吸虫病原体等问题。社会文化建设滞后，发展快的区域新的文化不断兴起，对原有文化产生冲击，发展慢的区域保护不力，原有文化逐渐消亡。贫困问题严重，特别是流域上中游地区贫困问题突出，我国14个集中连片特困地区中近三分之二属于上中游地区。

人民福祉亟待提升。生态环境用水欠账积重难返，京津冀等城市密集区年均赤字达90亿立方米[②]。我国流域经济飞速发展后，"绿色生活""健康饮食""养生"等概念被公众广泛接受，人民对民生的认知已经不局限于养老、教育、医疗和各类生产性服务，更多地开始追求生活品质和个性化追求，对高品质的旅游、养生、餐饮等需求迅猛扩张。

二、我国流域经济与政区经济协同发展困境的三大根源

综上所述，我国流域经济与政区经济协同问题，最突出表现在经济社会快速发展对良好生态的需求不断增长，而同时却忽视了生态供给。流域经济为政区经济提供水源、灌溉、发电、航运、防洪、抗旱、旅游、生态保护，政区经济则依托这些支撑和本地区的特色区位和资源禀赋，用强大的行政力量和市场功能，在沿江沿湖沿海流域开发资源、聚集人口、建设城市和产业、繁荣文化和科教，而矛盾也在发展中不断积累。水、大气、土壤等资源环境承载力正濒临上限，特别是我国最严格水资源管理制度实施后，水资源"三天红线"划定，意味着我国正从资源环境"承载"迈向"约束"的时代。此六重困境根本源于流域与政区的发展规律相背，区域利益分割，这可以从三个方面解释：要素配置低效、体制统分无序、利益共同体缺失。

（一）要素配置低效

水资源的"水多""水少""水脏"问题，说到底是资源配置效率不高、要素通道不畅和要素保障不足。一般来说，要素由市场配置效率较高，而我国市场力量较弱，流域

① 孙宏亮、李璐、张涛、刘伟江、郜志云：《我国饮用水安全保障现状与对策分析》，《环境与可持续发展》，2015（5）。

② 李慧：《京津冀水利一体化如何破冰》，《光明日报》，2014.09.21。

统一市场建设滞后。以水市场建设为例，1987 年黄河分水开启我国水权制度建设进程，到 2014 年我国启动新一轮水权试点，探索多种水权交易模式，建立局部的水市场，但交易范围限于省内，且交易价格较高，建立广泛的流域市场尚需时日。

生态环境恶化问题，可由水资源问题的内在逻辑进行扩展，本质上是生态、经济和人口等要素在区域间的配置问题，区域要素集聚度超出生态环境承载力，流域与政区利益的良性博弈被破坏。

这两大困境源于要素配置低效，一方面是人类对流域经济要素的识别不清，整合力度不够，另一方面则与基础设施建设不完善有很大关系。为缓解水资源供需矛盾，我国已实施南水北调等调水工程和水权交易试点，但工程建设导致用水成本提高，受水区用水积极性不足，若坚持开发本地水源则要素配置效率更低环境代价更大。

（二）体制统分无序

区域发展不平衡在流域经济和政区经济中表现出不同的形态，但本质都是区域禀赋差异下，非均衡发展政策体系带来的“马太效应”，加之体制创新进程缓慢，进一步导致的区域发展碎片化和割裂化。

流域管理问题的核心是流域与政区协同问题，流域具有整体性和系统性，其发展尊重自然规律和经济规律，具有更重的市场色彩；政区则强调局部利益和短期效益，其发展依赖政府意志和政策实行，特别是政府意志。政区发展往往以经济规模为目标，因此在政区主导经济发展时，难免各政区追求自身利益对区域协同形成冲击，而违背经济规律，向自然过度索取违背自然规律，对流域利益考虑不充分。

以上两大困境源于体制机制制约特别是管理体制不完善。流域管理具有公共品性质，仅有政府提供会导致决策权高度集中，造成的短视行为、高度垄断和负外部性问题。一旦问题爆发，必须设立良好的协调机制降低决策成本，否则会导致更多的效率损失。

（三）利益共同体缺失

流域资源开发无序造成的利益分配失调和社会责任缺失，究其根本是资源开发的负外部性问题，这可以从两个层次解释：中观层面，对整个流域有负外部性影响，例如局部水电开发会破坏流域整体性，导致流域整体的运输、生态等功能受损；微观层面，对利益相关者有负外部性影响，公众是流域开发的参与者也是利益相关者，无序开发行为其原有资源被占用或灭失，而又缺乏合理的补偿。

民生水平提升缓慢，源于对经济发展的目标识别不清。改善民生是一切工作的出发点和落脚点，这一点学界和政界已达成共识。流域经济与政区经济协同发展的目的在于促进流域经济和谐、公平、合作、共赢的可持续发展，最终落脚点一定在提升人民福祉水平，这关乎全人类的命运。

以上两大困境根源是以流域为边界的利益共同体缺失，流域开发和政区发展均未重视利益共同体构建，在利益链条纵横交错的当今社会，共同体构建不仅是涵盖经济、生态、社会等利益共同体，更应该包括流域责任共同体和命运共同体。

第二节　战略构建

综上，水资源问题频发、生态保护形势严峻、区域经济发展失衡、流域管理矛盾突出、流域资源开发失序、民生水平提升缓慢构成流域经济与政区经济协同发展六重困境，其内在逻辑是流域与政区发展规律相背、区域利益分割，要素配置低效、体制统分无序、民生建设滞后是三大根源性问题。推进我国流域经济与政区经济协同发展，必须从要素、体制、民生三方面来突破。

一、战略选择

本课题既重视流域经济，又重视政区经济，深入分析两者如何结合、协调、互补、互利，从协同发展的六重困境入手，探索三大根源性问题的破解之道，构建要素整合、体制创新、民生发展联动的“铁三角”战略。

以要素整合为基础。梳理流域与政区的要素联系，探析并分解两者间的利益链条，为破除体制制约和利益挤占提供基础，实现流域经济与政区经济在微观层面的协同。一方面，必须明确识别流域发展的关键要素，理清要素间的联系和影响。另一方面，流域经济和政区经济的主要要素自由流动的市场机制进行设计，从明确产权、降低成本等视角来实现要素整合。

以体制创新为保障。我国流域经济长期受到政区经济为主导的发展体制制约，民生发展不足、要素配置失衡、流域通而不畅，要推进流域经济就必须以体制创新为保障，从决策机制、信息机制、补偿机制、动力机制推进体制创新，实现流域经济与政区经济在宏观层面的协同。重点从水资源管理体制和政府职能改革入手，对流域经济和政区经济协同发展的体制机制进行研究，突破流域经济和政区经济的框架束缚，建立协同发展模型。

以民生发展为导向。民生问题既是流域经济和政区经济协同发展的出发点，也是落脚点，既是目标，也是前提，民生代表着最广大的利益，民生不改善，所有的发展都是空话。所有的措施和创新，都是以发展民生为导向，要素整合必须是有利于流域整体福利最大化的资源配置方案，体制创新必须是有利于公益性和外部性效益发挥的政策举措。必须扩展民生的内涵，树立流域居民和移民生存权、发展权、享受权意识，并予以相应的政策保障，促进人民绿色福祉、利益共享和和谐社会建设，真正提升民生发展水平，这才是对流域经济与政区经济协同发展的实际推进。

推进协同发展“铁三角”战略，最终目的在于解决流域经济与政区经济协同发展中的重要问题，实现流域经济与政区经济和谐、公平、合作、共赢的可持续发展。

二、战略目标

（一）经济实力显著提升

流域经济与政区经济协同发展格局基本形成，经济社会水平量质齐升。流域成为我国经济发展的重心，在全国经济总量中占比不断提升。长江干流向上拓展至金沙江形成四段划分，连接西南诸河完善长江经济带；依托黄河干流、陇海兰新线、连霍高速，结合“丝绸之路”战略建设打造黄河经济带；拓展珠江—西江经济带边界和发展内容，充实珠江经济带；优化松花江、辽河和黑龙江流域经济布局，结合东北振兴建设松辽流域经济组团；深化西北三大内陆河水资源管理，推进形成西北内陆河流域经济组团，形成“三带两组团”的流域经济发展格局，促进中华民族的伟大复兴。

流域水运瓶颈破解、功能显著提升，建成衔接高效、安全便捷、绿色低碳的综合立体交通走廊。产业结构持续优化，创新驱动取得重大进展，研究与试验发展经费投入强度不断提升，高科技高附加值产业占比显著提高。港口、航运、生态旅游、水利文化等具有流域特色的产业迅速发展，形成特色化、高端化、国际化的产业形态。流域成为我国参与国际竞争与合作的优势力量和重要窗口，促进我国与周边国家在政治安全、经济和可持续发展、社会人文三大支柱和互联互通、产能、跨境经济、水资源、农业和减贫五个优先领域等方面的互信合作。

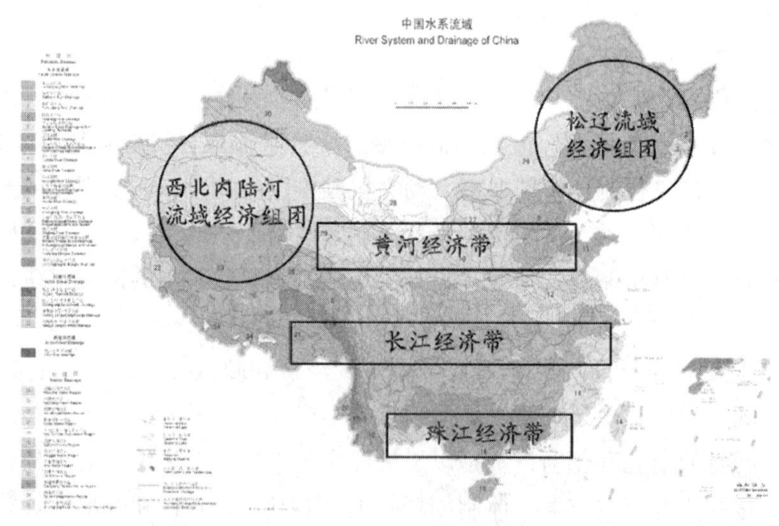

图 4-2 我国流域经济布局构想图

（二）发展方式加快转变

流域经济与政区经济发展方式完成绿色化、集约化转变，基本建成资源节约型、环境友好型社会。到2020年，全国流域用水总量控制在6700亿立方米以下，万元国内生产总值用水量、万元工业增加值用水量较2015年分别降低23%和20%，农田灌溉水有效利用系数提高到0.55以上[①]。城镇供水水源地水质全面达标，农村自来水普及率达到80%以上，农村集中式供水人口比例达到85%以上[②]。新增农田有效灌溉面积3000万亩，发展高效节水灌溉面积1亿亩，新增小水电装机容量500万千瓦[③]。大气、水、土壤污染防治取得阶段性成果，主要污染物排放总量明显减少，城市细颗粒物（PM2.5）年均浓度逐年下降，雾霾天基本消失[④]。

（三）体制机制创新突破

流域经济与政区经济体制协同的重点领域和关键环节改革取得重要进展。“统得不够、分得无序、公众参与缺失”等问题基本解决，政府、市场、公众三元合作的管理体制加快形成。最严格水资源管理制度得到全面落实，“三条红线”管控收到实效。《流域法》颁布，相关法规、规章、标准和技术规范体系逐步形成。统一开放的现代市场体系基本建立，协调统一、运行高效的流域管理体制全面建立，部门职能分工逐渐明确，初步实现流域与政区协调管理。流域社会组织得到发展，公众参与机制建立并发挥实效，全民共建流域经济的大格局基本形成。

（四）生态修复见到实效

流域生态建设与政区经济发展矛盾得到化解，生态协同治理模式基本形成。全面划定生态保护红线，管控要求得到落实，国家生态安全格局总体形成[⑤]。到2020年，新建30—50个国家级自然保护区，完成200个国家级自然保护区规范化建设，全国自然保护区面积占陆地国土面积的比例维持在14.8%左右（包括列入国家公园试点的区域）[⑥]。建立生物多样性观测网络，加大保护力度，国家重点保护物种和典型生态系统类型保护率达到95%[⑦]。推动60—100个生态文明建设示范区和一批环境保护模范城创建，生态

① 中华人民共和国发展改革委、水利部、住房城乡建设部：《水利改革发展“十三五”规划》。
② 中华人民共和国发展改革委、水利部、住房城乡建设部：《水利改革发展“十三五”规划》。
③ 中华人民共和国发展改革委、水利部、住房城乡建设部：《水利改革发展“十三五”规划》。
④ 刘世庆、巨栋：《长江绿色生态廊道建设总体战略与实现路径研究》，《工程研究——跨学科视野中的工程》，2016（10）。
⑤ 国务院：《“十三五”生态环境保护规划》。
⑥ 国务院：《“十三五”生态环境保护规划》。
⑦ 国务院：《“十三五”生态环境保护规划》。

文明建设示范效应明显[①]。

（五）人民福祉全面提升

经济发展与人民福利协同共进，民生发展水平显著提升，城乡居民生活环境更加优美，城市绿地率达到国际先进水平，生态文明美丽家园基本建成，人民福祉提升迈向“正无穷”。流域自然水景体系全面形成，水利工程和水生态景观高效融合，沿岸城镇和乡村建设充分体现历史记忆、文化脉络、地域风貌、民族特色和绿色生态，流域水文化得到传承和发扬。人民对良好生态环境的期待基本得到满足，生态文明主流价值观在全社会得到推行，绿色生活方式和消费模式逐步成为社会风尚[②]。贫困地区、贫困人口全部消除，完成全面建设小康社会的历史性任务。

第三节　基本原则

本研究认为，推进“铁三角”战略必须坚持五大发展理念，践行中国特色社会主义建设“五位一体”总体布局，坚持尊重自然和经济规律，坚持推进法制建设和发展成果共享，坚持实施可持续发展战略，才能保障流域经济实现和谐、公平、合作的可持续发展。

一、尊重自然规律

尊重自然规律就是要促进人与自然和谐相处，保障人水、人地等关系和谐，从根本上改善人与自然争夺发展空间的局面，关键在于寻求自然资源保护与人类对资源的永续利用的平衡[③]。水资源是流域经济发展的核心要素和关键支撑，必须尊重流域规律，树立活水理念，保障水生态系统的自然流动和循环，大力开展生态修复和环境治理，恢复流域自然风貌。树立“绿水青山就是金山银山”的生态文明理念，以水定产、以水定地、以水定城，加快建设资源节约型、环境友好型社会，坚定走生产发展、生活富裕、生态良好的可持续发展之路。

二、尊重经济规律

尊重经济规律就是要深刻把握流域经济和政区经济的基本特点，坚持二者协同发

---

① 国务院：《“十三五”生态环境保护规划》。

② 刘世庆、巨栋：《长江绿色生态廊道建设总体战略与实现路径研究》，《工程研究——跨学科视野中的工程》，2016（10）。

③ 燕乃玲、虞孝感：《我国生态功能区划的目标、原则与体系》，《长江流域资源与环境》，2003（12）。

展和科学发展，重点在于处理好效率与公平之间的关系。效率与公平是人类社会生活的一对基本矛盾，也是经济学研究的基本问题之一。在流域经济发展中，应当强调全流域的整体效率，坚持以边际报酬递减规律为指引，以提高全社会福利为准绳，加快发展流域和上游地区等边际报酬较高的区域，秉承“总福利”最大化的重要原则，促进人民生活水平、生态环境质量、人口资源环境协调、社会事业和人的全面发展等内容的充分发展，让流域经济发展成为促进国家竞争力的提高和中华民族的崛起的内生动力。

三、坚持推进法制建设

深刻理解全面推进依法治国的指导思想，坚持和拓展中国特色社会主义法治道路，把依法治水、依法管水和依法用水协同处理，坚决实行最严格水资源管理制度，确立管理的“三条红线”。坚持践行社会主义法治理念，以完善的法律法规体系为基础促进流域政区协同发展，以妥善的立法、执法和行政制度为落实推进流域法治化进程，以法治政府建设为抓手转变政府职能，全面推进体制机制创新，开创依法治水兴利新局面。

四、坚持发展成果共享

坚持发展成果共享就是要让人民群众享受到更多的发展成果，把“改善民生，发展民生”作为流域经济与政区经济协同发展的主要目标和重要支撑。强调民生发展的时代特征，扩充民生建设内涵，以各大流域为基本单元，以“绿色生活”为核心理念，在提高物质生活水平的同时，建设天蓝、地绿、水净的美好家园。坚持发展成果由人民共享，按照人人参与、人人尽力、人人享有的要求①，注重民生发展的机会公平和结果公平，促进全体人民共同迈入小康社会。

五、坚持可持续发展

坚持节约资源和保护环境的基本国策，深刻认识资源和环境是人类生存和发展的基本条件，是经济和社会发展的基础。坚持转变发展方式，推进经济社会发展与环境容量和资源承载力相协调，从粗放式发展向集约化发展转变，积极提高资源利用效率，强化资源再生回用。坚持转变水资源管理方式，充分考虑经济社会各方面发展需求，合理规划水资源用途，严格规范水资源管理和使用。坚持流域对内对外开放，积极融入全国乃至全球经济布局，推进流域与政区互利共赢，保障经济发展高效可持续。

---

① 吴桂韩：《共享发展通向幸福和谐的必由之路》，《理论学习与探索》，2016（5）。

第四节　实施路径

构建要素、体制、民生联动的协同发展“铁三角”，突破流域与政区的区域利益分割和发展规律背离，实施要素识别和整合，开展体制机制创新，加快流域综合管理决策机制、信息共享机制、生态补偿机制、产权市场化的动力机制创新，实现流域经济与政区经济协同发展。

一、要素整合

（一）要素解构和识别

深入分析流域经济与政区经济现面临的要素配置失衡问题，特别是洪水频发、水资源短缺、水体污染等问题的根源，通过对流域经济发展的解构，识别出对矛盾产生起关键性作用的一类或一组要素，为要素整合打好基础。

流域经济是具有流域特色的区域经济，其发展要素一般可分为四类，即自然资源和历史基础等原生性要素，人口、技术、资金等再生性要素，市场等牵动性要素，组织和管理等制动性要素[①]。

从西方经济学相关理论来看，古典经济增长理论强调自然、劳动力、物质资本和技术进步对经济增长的影响，库兹涅茨强调结构变化对经济增长的影响，新经济增长理论强调科学技术和人力资本对经济增长的影响，新制度经济学则认为制度是影响经济增长的真正动因[②]。

从流域发展实际面临的挑战来看，以水资源问题为代表的要素配置失衡现象在大江大河流域中非常普遍。以我国长江、黄河、珠江流域为例，此三大江河横跨我国东中西三大板块，经济发展水平差异大，上游多属于中西部落后地区，中下游则都处于东部发达地区；要素禀赋的区域差距大，上游地区经济基础薄弱，人才、市场、技术等要素匮乏；下游地区经济发展快，拥有丰富的资金、技术、人才优势，但自然资源相对不足，劳动力、土地等要素成本高，是我国流域经济要素配置失衡的突出特征。

2016 年习近平总书记在重庆讲话时谈到，“长江经济带作为流域经济，涉及水、路、港、岸、产、城和生物、湿地、环境等多个方面，是一个整体，必须全面把握、统筹谋划”[③]。长江经济带是我国流域经济发展的典型，习近平总书记的讲话给出了要素识别的

---

① 陈栋生：《区域经济学》，河南人民出版社 1993 年版。

② 李敏纳、蔡舒、张慧蓉、覃成林：《要素禀赋与黄河流域经济空间分异研究》，《经济地理》，2011（1）。

③ 徐小任、徐勇：《长江经济带后备适宜建设用地潜力》，《长江流域资源与环境》，2016（25）。

最新思考。

流域经济要素主要有：水及与水相关的要素、土地、资金、劳动力、城镇布局、产业结构层次、环境容量等，这些要素可划分为涉水要素、经济要素、环境要素三类。

1. 涉水要素，即水以及与水密切相关的一切要素，主要包括：河流、湖泊、湿地、航道、桥梁、港口、岸线等。涉水要素是流域经济要素的核心要素。

2. 经济要素，即构成流域经济实力和经济发展水平的要素，主要包括：资金、土地、劳动力、以及产业结构层次和城镇布局等。可进一步分为两类，一是土地、自然资源等，即排除水要素外的所有区域自生性要素；二是资金、技术、劳动力、产业结构、城镇布局等区域再生性要素。第一类经济要素是第二类要素的支撑和承载。

3. 环境要素，指自然环境容量，即某一环境区域内对人类活动造成影响的最大容纳量，实际是大气、水、土地、动植物等承受污染物的最高限值。

（二）要素集聚和整合

要素集聚和整合源于流域要素的空间分异①。流域跨越较多的自然单元，各单元的要素禀赋不同，人们对要素利用的方式和历史基础也不同，加之各种社会经济因素影响形成了流域经济的空间分异现象②。流域经济发展过程也是要素的发展过程，代表着生产力的区域布局在微观层面的状态改变和调整。长江文明和黄河文明并列为中国文明的两大源泉，千百年来恰如中流砥柱，吸纳、融合了各地区文明精华，向更高层次发展，期间伴随着人口集聚扩散、产业发展演进、交通网络密化、技术更新迭代、文化繁荣更替等现象，实际是各类要素向流域集中和整合的过程。

要素受区位优势引导向一定区域流动，实现单位空间的要素增长，形成要素集聚，这里的“增长”包括要素的规模增长和质量提升。流域水资源相对于其他区域要丰富，而下游和河口地区地形条件优越，资本、生产力和运输能力等经济要素更容易在此集中，而环境要素和涉水要素与自然禀赋密切相关，流动性较差，导致要素配置失衡，必然要求要素的高效整合。

要素整合的核心意义是优化要素配置，突破分割瓶颈，提高发展效率，实现协同发展。要素整合就是要促进各类要素融合和流通，重点推进以涉水要素整合为核心的流域资源优化配置进程，必须梳理各要素之间的关系和对经济的影响，积极推动以涉水要素为主的各类要素的上下游协调和政区间流通。一是涉水要素与经济要素的整合，特别要协调好桥梁、水道、电站建设的关系，加快流域航运能力提升、沿岸综合交通体系建设和电站布局优化；推进岸线和港口资源有序开发，对流域进行高标准、高质量的统一

---

① 韩文洁、史利江：《流域经济的空间分异——以黄河流域为例》，《价值工程》，2016（25）。

② 罗宏、冯慧娟、吕连宏：《流域环境学初探》，《2010 中国环境科学学会学术年会论文集》（第二卷），中国环境出版社 2010 年版。

规划并严格落实，实现流域空间资源优化配置。二是涉水要素与环境要素整合，重点开展湖泊、河流、湿地生态修复和水系连通等水生态建设工程，推进流域水生态一体化管理。三是经济要素与环境要素整合，重点是第二类经济要素与环境要素的优化配置，一方面通过生态环境治理提高区域环境容量，为经济社会发展提供支撑；另一方面，在充分考虑环境容量的前提下，提高资本、技术、产业等要素聚集度，解决人与自然争夺空间的问题，建设流域特色化、高端化的产业体系，推进城镇体系合理布局，加快区域科技创新，让流域成为生态环境优美、经济实力强劲的区域经济系统。

二、体制创新

（一）管理决策机制

流域经济具有整体性、关联性的特点，整体性一般表现为流域经济拥有多元利益主体，政府、市场、公众利益与流域发展息息相关。关联性不仅表现为要素间的密切关联，还包括上中下游、干支流、左右岸之间的影响和制约。这就存在两个层面问题，第一层面是流域管理决策的参与主体问题。现阶段流域决策权集中在政府手里，公众参与流域决策的渠道少、难度高。政府决策时虽然会听取部分专家学者和企业代表的意见，但也存在学界意见不一、企业寻租等情况，民间监督明显不足。公众常是流域问题的后果承担者，我国很多官员认为民间环保组织为异己力量、不安定因素，代表其利益的NGO或是民间协会等组织发声尚且困难，更别提普通民众。第二层面是政府主导的管理体制本身存在政府失灵的问题，特别是管理上的条块分割，中央部委和地方政府的相关部门分属不同的人、财、物来源，中央对地方业务属于指导性的、监督性的，无法真正实现法律法规和政策执行。这样的管理决策机制容易引发水体污染、生态破坏、民众利益受损等问题，且难免地方政府和部门事后扯皮推诿。

要突破困境，关键在于保障流域利益相关者的利益，明确各方权利范围，将流域管理决策的外部性内部化，也要从决策主体和管理体制两个层面着手。一是建立政府、市场、公众在流域决策中的伙伴关系。政府统筹流域和政区规划，强化法律法规和制度设计，统一监督、管理和协调职能；发挥市场配置资源的基础性作用和市场的积极作用，从解决政府失灵的角度强化市场机制力量；推动相关利益主体共同参与，包括代表民众利益的NGO、民间协会以及民众代表等，建立起积极互信、协调包容的流域伙伴关系。二是进一步完善政府主导的流域综合管理制度，管理的客体包括自然、人文、经济和生态等，必须是机构协调、立法机制、管理模式多管齐下的综合管理。

政府主导实行流域统一管理是世界各国江河管理的主要做法，其具体模式主要有两种。第一种是建立高度自治的统一管理机构，以流域为单元，以水资源管理为核心，对水资源开发、利用、治理、配置、节约、保护以及防治水旱灾等水事活动进行流域管理。以美国田纳西河流域为例，田纳西流域管理局是联邦政府领导下的政府职能机构，下设若干机构专门负责流域的各项开发利用，具有颁布流域管理行政法规的职能，以及对流域所有水资源统一调度的行政权力。第二种是设置各部门各政区联席会议制度，以莱茵河流域最为典型。1950年荷兰、瑞士、法国、卢森堡和德国联合成立了“保护莱茵河国际委员会”（International Commission for the Protection of the Rhine，ICPR）。ICPR包括欧共体在内的莱茵河流域主要成员国6个，委员会主席由各成员国的环境部长轮流担任。每年召开一次各国环境部长参加的全体会议，主要决定重大问题，通过的计划由各国分工实施。国际、部门合作的联席会议制度实际是多元化功能互补合作机制，有助于构建广泛的利益共同体，实现区际密切协调配合，进一步的可呼吁流域统一的产业、社会、人口政策，形成流域经济社会高地从而产生辐射力量，最终向一体化的经济区迈进。

我国水情社情复杂，流域管理体制改革必须“统”和“分”两手抓，一是强化“统”，建立强有力的流域统一管理机构，即流域管理委员会，由国务院直接管辖，协调决策流域各类事务。二是处理好“分”，我国现行体制是综合管理与专业管理、职能管理相结合，体制创新的关键在于如何处理二者的结合点和边界，通过职能细化和机构调整设计涉水管理的十二部门联动管理的实施细则，完善相关的一切配套制度。同时，应建立行之有效的部门、政府联席会议制度，充分考虑各方利益，针对重大问题的快速响应来优化会议制度设计。

（二）信息协调机制

信息机制核心在于为流域综合管理和一体化治理服务，优化流域上下游、干支流、政区间的信息沟通，使流域利益相关方的信息交流和协调常态化、透明化，与联席会议制度形成补充和互动。第一，加快流域信息化数字化建设，黄河流域已率先实现全流域干支流数字化，黄委会通过“数字黄河”平台可实时获取流域任何可监测水域的水文信息，实施流域统一协调和管理。其他流域应当借鉴黄河流域经验，从基础监测设施和平台建设着手，加快流域水文信息的采集和实时汇总，强化统一管理、统一监督和统一调度职能，进一步可探索经济社会等各方面信息统一发布和管理。第二，建立流域信息对外发布平台和合理的公开机制。对于不涉及国家安全的非保密信息，应该向公众开放；按信息的敏感程度和保密级别可划分安全层级和门类，按级别或类别制定相应的申请程序实现间接开放和定向开放。第三，建立流域重大问题的预警和响应机制。在信息平台完善后，预警机制和响应机制非常必要，特别是对于重大问题，提前预警和快速响应将有效减损。鉴于生态问题事关重大影响全局利益和后代利益，可考虑借鉴证券市场的熔断机制，探索“生态熔断”，在生态环境质量下降到一定水平时启动熔断，定向、短期的断绝重大污染源运行。

（三）补偿机制

补偿机制关键是优化利益再分配，在效率基础上强调公平，旨在消弭政策偏向导致的区域发展不协调问题和市场机制在民生发展和生态建设等公共品提供上的失灵问题。生态补偿是将生态系统服务外部的、非市场的价值转化为提供生态系统服务的财政激励，实际是运用政府和市场手段调节流域生态利益相关者之间利益关系的公共制度。2014 年修订的《中华人民共和国环境保护法》明确规定，国家建立、健全生态保护补偿制度。国家指导受益地区和生态保护地区人民政府通过协商或者按照市场规则进行生态保护补偿。

流域生态补偿是建立补偿机制的核心内容。我国流域特别是大江大河的生态补偿需求强烈，流域上游承担了较重的生态保护任务，一方面产业发展受到严格管控难以实现加快发展，另一方面优质要素不断向下游及流域外流动，导致上游地区发展严重滞后，有效的补偿机制成为解决这一矛盾的重要手段。应当探索建立生态补偿机制，开展重点区域水生态保护补偿范围、标准体系、经费筹措及基金运作等基础研究，处理好上下游、左右岸、相关行业之间的利益关系。

（四）动力机制

动力机制即以权责划分为基本手段来破解外部性问题，并形成激励。一是完善以自然资源产权制度为主的发展动力机制。《中共中央关于全面深化改革若干重大问题的决定》指出要健全自然资源资产产权制度和用途管制制度。“健全自然资源资产产权制度和用途管制制度。对水流、森林、山岭、草原、荒地、滩涂等自然生态空间进行统一确权登记，形成归属清晰、权责明确、监管有效的自然资源资产产权制度。建立空间规划体系，划定生产、生活、生态空间开发管制界限，落实用途管制。健全能源、水、土地节约集约使用制度。”①。根据科斯定理，清晰的产权界定是市场有效发挥作用的基础，而流域水环境的利益相关者都应该成为确定产权的主体，包括政府、市场、公众等，而这种产权理论又是基于市场机制的。产权激励是市场机制建设的重要内容，构建流域统一市场和加快产权制度改革是市场机制建设的主要方向。

二是建立以生态建设联动承包责任制为重点的治理动力机制，这一机制瞄准的是流域环境治理权和治理责任的统一。根据过去的经验和教训，我国普遍存在生态建设难以落实的情况，特别是在环境保护上“口号环保，减排空转”现象尤其严重。生态建设涉及企业利益和社会责任、地方利益和区域责任、短时效益和长期环境利益等多组矛盾，参与方均符合“理性人”假设的情况下，权责不明则是众多矛盾的根源所在。必须建立能落实到每个污染源和问题点的承包责任制，以及有效的考核和监督机制，才能突破这个治理政策难落实、生态建设难推进、区域协同难突破的怪圈。

---

①《中共中央关于全面深化改革若干重大问题的决定》，《人民日报》，2013.11.16。

三、民生发展

（一）增进绿色福祉

近年来，我国居民物质生活不断丰富，良好的生态环境已经成为提升生活水平的进阶需求。党的十八大报告提出建设"美丽中国"，强调把生态文明建设放在突出地位，融入经济建设、政治建设、文化建设、社会建设各方面和全过程①。现下我国雾霾肆虐，环境问题突出，2016 年入秋以来，超过 6 省区深陷"霾"笼、超过 20 个城市启动红色预警、部分城市机动车单双号限行。②据悉，一个燃煤火电厂的烟囱可以影响半径 1000 千米的区域，这一烟囱的肆意排放会为每一场雾霾贡献"力量"，直接危及民众健康。环境治理已成为重中之重，大代价治理可能成为下一阶段的常态化现象。

人们享有的健康水平与城市、国家以及全球可持续发展的前景紧密相关。更健康的人口将会创造效率更高、积极性更强和更和平的未来。促进人民健康应成为今后十五年国家计划的基础，从而构建可持续发展的未来。必须以改善人居环境为主要目标，从污染源监测分析入手，集中力量定点突破，构建完备的生态保护治理网络；加快供给侧结构性改革，淘汰落后产能，优化产业结构；把生态建设与城市建设结合起来，树立"田园城市""绿色发展"等理念，建设城市湿地、城市绿化带和风道。在经济建设不断取得新发展的同时，尊重和保护自然环境、顺应并传承自然规律，维护健康的生态系统，提升当代人民绿色福祉。

（二）推进利益共享

利益分配不平衡是民生发展面临的重要挑战，利益共享是民生发展的重要基础，要实现利益共享就必须坚持"共建共享"原则，流域开发成果应当在全流域范围内实现平衡。下游地区受区域优势和政策导向青睐吸收了大量优质要素实现优先发展，实则侵占了上游地区要素报酬，区域壁垒又导致上游人民难以享受到下游发展带来的好处。上游承担了流域资源开发和生态保护的双重重担，而很多地区贫困问题尚未解决，就更难提民生发展。

共建共享就是强调全体社会成员共同参与建设、共同承担责任为共同享有提供坚实的物质基础；社会成员实现对社会利益的享有反过来促进社会建设的积极性和创造性，实现开发与受益的辩证统一。具体来说，必须作出更有效的制度安排，提高公共服务共建能力，增加公共服务供给，从解决人民最关心、最直接、最现实的利益问题入手，打破区域壁垒，推动基本公共服务在流域内共享。特别的，上游资源开发利益应优先考虑

---

①《中共中央关于全面深化改革若干重大问题的决定》，《人民日报》，2013.11.16。

② 张华迎、高敬、巩志宏、王存福、王军峰：《三问 2016 年入秋以来最严重区域性雾霾天气》。

在当地转化，要素收益在当地留存后再向区域外转移，例如水电开发中，水电收益和电量应更多在当地留存，推动当地企业、民众参股水利工程，真正实现“建设一座电站、开发一片流域、带动一方经济、致富一方百姓”。另外，流域开发必须考虑到上游地区发展的潜力，成果应在代际间共享。欠发达地区资源特别是水资源富余的一个很重要原因是他们的发展水平滞后于全流域，并不是真正的水富余，要为他们留下未来发展的环境。

（三）建设和谐社会

构建和谐社会是实现中国梦的落脚点，流域民生发展有助于凝聚社会共识。和谐稳定的社会环境为经济繁荣发展和科学技术创新提供基础保障。2013 年出台的《关于深化收入分配制度改革若干意见》明确提出“完善收入分配结构和制度，增加城乡居民收入，缩小收入分配差距，规范收入分配秩序”，落脚点就是提高居民收入。适当降低中小企业税负，改善工资制度，促进流域人民收入水平整体提高。另一方面，积极的就业政策是非常必要的。因地制宜实施积极完善的就业政策不仅可以支撑流域经济社会发展，更能促进发展成果有效转化为居民收入，实现人民福祉提高。

大众创业、万众创新是我国新常态下经济发展“双引擎”之一，也是构建和谐社会的流域民生发展的重要动力。“人”是社会创造力各主体中最活跃的因素，为和谐社会建设提供“能动力量”。“人”也是社会创造力的主要受益者，创新驱动流域经济社会加快发展，促进人民福祉迈向更高水平。通过创新社会管理、降低创新创业门槛、构建流域创新平台，从而激发社会活力，形成具有流域特色的创新型社会，让人民在创新中实现自我价值，升华民生的时代内涵。

第五节　政策方向

流域经济与政区经济协同发展的主要任务和政策方向是，强基础、调结构、转思路、促改革、增福祉，在协同发展中凝聚共识，携手落实联合国 2030 年可持续发展议程，实现流域经济与政区经济和谐、合作、公平、共享的可持续发展。

一、强基础：推进基础设施建设　突破外部瓶颈

全面推进流域交通网络和信息网络建设，降低流域经济交易成本和皮鞋成本，突破政区边界消除协同硬件阻碍，为化解碎片化、割裂化和外部性问题夯实基础。以基础设施建设为支撑，打造沿江综合立体交通体系，推动要素跨区优化配置，破解碎片化问题。以省际协调为统筹，全面优化基础设施的规划、设计、建设和技术标准，构建统一运输市场，打破割裂化困局。以运输体制革新为抓手，强力推进江海联运、铁路、公

路、航空、水运四大运输方式有效衔接，优化通关效率，降低物流运输成本，全面破除流域要素整合的外部制约。

建立统一的信息发布机制和统一的监测及数据管理系统平台，推进流域基础信息共享。基础信息共享涉及水文、水质、环境等物理、化学、生物信息的采集和处理，流域经济社会发展情况的汇总和发布等。完善监测体系和数据综合处理能力，保证数据的统一性、完整性；建立综合管理平台提升数据挖掘、分析和预测能力，实现对河流进行动态的精细化管理①；及时公布流域以及流域中各个政区单位的数据信息，建立科学有效的汇总比较体系，有序向社会公众开放数据库。

推进流域基础设施一体化，包括：物流运输一体化，流域内任何两点可达，上下游间物流快捷方便；船舶标准一体化，各流域根据自身情况统一流域船舶标准，并进一步探索统一全国船舶标准；流域通关一体化，借鉴长江经济带、京津冀等区域建设经验，加快推进全国海关通关一体化，同时加强标准化执法，本地化通关和信息化管理。

二、调结构：加快城市和产业集群发展　优化生产力布局

流域开发一业生百业，一利生百利，其综合效益是现代经济的任何一个部门或行业所不能比的。发展流域经济，有巨大的经济推动效应和生态环境效应，不仅可以改善生态环境，诞生新的城镇，协调三次产业，更能推动社会和经济的可持续发展。②

加快流域城市群和产业群发展也能推进流域经济开发。世界银行2009年发展报告《重塑世界经济地理》③汇集几代人的经济地理研究成果，重新构建了关于城市化、区域发展、区域一体化的理论和政策框架，拓展了新经济地理学的学术外延，其中特别指出世界各国发展经验表明，提高密度、缩短距离、打破分割，是促进一个国家和地区经济发展的有效途径，并重点对城市化不同阶段的政策组合作了深入阐述，该理论和分析框架，对于流域与政区协同发展和一体化进程，特别是城市和产业协同发展，具有重要指导意义。在国土空间有限供给的前提下，产业发展必须与城市发展协同，项目建设必须统筹考虑劳动力、资金、技术、政策等诸多要素，避免区域同质竞争，在适当时候推进流域公共资源共享，进一步提升资源配置效率。当城市群和产业集群发展到一定阶段，要素整合和体制机制达到较高水平，区域分割、外部性、碎片化等问题得到有效解决，体制、要素、民生等瓶颈逐渐化解。根据新经济地理分析框架，可从三方面展开。

---

① 达平：《流域综合管理系统的技术探讨——以拉萨河为例》，《环境保护科学》，2015（6）。
② 李伟：《建造流域经济》，《人民日报（海外版）》，2000年04月27日第十版。
③ 世界银行：《2009年世界发展报告：重塑世界经济地理》，胡光宇等译，清华大学出版社2009年版。

一是提高密度。以流域历史发展为基础，统筹全流域要素情况，加强产业布局、要素流动和区域合作等顶层设计。以沿江城市经济建设为核心，提高流域经济中心的聚集效益和环境承载力，吸引人才、产业、科技、资本等向沿江城市聚集。以近江近岸的中小城镇经济建设为重点，提高城市经济规模和人口规模，拓展广大经济腹地。这其中必须注意，流域经济强调生态环境的承载力，特别是在技术没有突破的情况下，水、土地等要素的承载力十分有限，人口、产业等要素向沿江聚集时必须遵循市场规律，严控生态红线，不能走先污染后治理的老路。

二是缩短距离。减弱商品、服务、劳务、资本、信息等穿越空间的难易程度。以航道、港口等建设为核心，大力推进流域航运建设，加快上下游之间要素流动。以流域干流和主要支流为纽带，加快完善沿江沿岸综合立体交通运输体系，注重多式联运无缝衔接，提高流域要素流动效率。以通江达海的快速通道建设为重点，密化流域经济网络，保障要素有选择的集聚和辐射。

三是打破分割。流域分割根源在于行政区划形成的壁垒，必须打破发展与保护的分割，关键在于发展生态经济，在环境承载力内加快体制改革。打破政区与流域的分割，消除政区对要素流动的限制，加强流域内政区间合作，建立流域协商机制。打破政府、企业、公众等利益相关方的分割，重点在于开展流域协同治理，从流域水利建设着手推进，促进流域发展多方参与。在建设领域，特别是大中型水利工程建设和公共供给领域，充分发挥政府的主导作用和保障作用，同时鼓励社会资本积极进入，特别是小微水利设施建设；在经营层面，包括大型调水工程建成后形成的设施使用层面，逐步实现企业化管理和运营，逐步改革行政事业型的管理局（所）体制。针对市场化改革滞后和政府主导初始水权分配格局基本形成的情况，研究水资源市场化改革，运用市场的力量促进流域经济与政区经济的要素整合。

三、转思路：积极转变发展方式　提高可持续发展能力

（一）绿源—绿江—绿岸—绿洲“四绿”协同推进绿色发展战略

绿源战略。大力实施重要生态保护区、水源涵养区、江河源头区生态自然修复和预防保护；加快水土流失及岩溶地区石漠化治理，实施退耕还林还湿，恢复河湖生态功能，建设沿江、沿河、环湖水资源保护带、生态隔离带；切实加强敏感区域生态环境保护，加快源头地区产业结构调整，建设功能完备的生态屏障。

绿江战略。推进全流域水污染联防联治，建设清水廊道；建立健全流域综合性的防洪防汛体系，打造洪水安澜廊道；统筹考虑生态、防洪、发电、航运、景观需求，规划流域内重大水利工程建设，打造畅通的长江航运廊道和优美的风景廊道，建设江河湖库水系连通生态水网体系，形成创新协调的水生态体系。

绿岸战略。从岸线、城乡、产业、扶贫等多角度入手，明确绿色发展战略导向，制

定产业绿色化水平指标体系，全面优化城乡、产业布局，提高岸线资源使用效率，构建和谐共生的人水关系。加强对污水的处理和回收利用，加快改进排污许可制。

绿洲战略。开展河口综合整治工程，加强河口岸线资源管理，妥善协调河海关系；强调规划引领，有序开发河口资源，推进长三角城市群绿色转型；强力推进湿地、湖泊等生态系统修复工程，优化三角洲水网体系，打造健康优美的河口三角洲。①

（二）禁止—修复—提升多层共治　开展综合治理措施

坚决实施生态建设负面清单制度。树立底线思维，按照全国主体功能区规划要求，建立生态环境硬约束机制，明确各地区环境容量，对不同区域限定禁止对象和禁止要求。坚持空间管控一张蓝图，重点生态功能区和生态脆弱区必须严格禁止污染项目建设和污染活动，强力推动污染治理工程，已有污染项目强制其向区外搬迁。各级各类自然文化资源保护区的核心区、缓冲区及其他需要保护的特殊区域，严格依法禁止开发。允许开展的活动也应设定开发限度，健全差别化的规划引导、财政扶持、产业布局、土地整理、资源配置、环境保护、考核评估等政策措施。

全面修复自然生态系统服务功能。开展大规模绿化行动和保护行动。长江上游生态屏障往往又是生态脆弱区、灾害多发区，过去大开发如水电开发造成的危害，必须大力推动生态环境修复工程。以生态系统多样性修复和生物多样性修复为重点，特别是对生态脆弱区重大地质灾害点的工程治理，有序推进灾区生态修复。加大对重点生态功能区的转移支付力度，突出保护修复生态环境和提供生态产品，实施生态脆弱敏感地区移民搬迁。

优化提升生态服务价值和生态服务功能。加快转变流域经济增长方式。重点开发区要突出在生态保护中发展，提升经济发展质量。实施造林增绿、森林保护、湿地建设等一批生态提升工程，大力提升流域生态环境质量。加大财政资金购买生态产品的力度，引入市场机制开展碳汇交易、水权、排污权交易。推动建立流域生态补偿机制，突出流域内横向补偿。加快生态扶贫步伐，鼓励发展生态旅游、生态农业，提升重点生态功能区造血功能。②

（三）国家—流域—地方合力建设完善的法律法规体系

坚持立法引领，发挥法律倒逼和保障作用，加快转变经济发展方式。一是国家顶层设计，坚持依法治国基本原则，明确新时期水利法治建设的重大问题，以革新的时代观

---

① 刘世庆、巨栋：《长江绿色生态廊道建设总体战略与实现路径研究》，《工程研究——跨学科视野中的工程》，2016（10）。

② 刘世庆、巨栋：《长江绿色生态廊道建设总体战略与实现路径研究》，《工程研究——跨学科视野中的工程》，2016（10）。

和进步的管理方案，全面推动水利法治体系的建设和完善。特别是在农田水利改善、节水设施建设、地下水管理等方面加快立法，结合我国基本水情推出一整套科学高效的水法规体系。二是流域严格执法，重点推进水行政执法、水资源管理、水系空间用途管制等方面严格执法职责；加快完善水市场规范制度，严格惩处水事违法行为。三是在地方加强水利普法和队伍建设。加强依法治水理念宣传教育，强化企业、公众对水法的认识和理解；加大对水政干部使用和交流力度，优化突出人才的培养方案，切实提升干部队伍水平。

四、促改革：破除体制制约　推进政府—市场—公众三元合作

（一）坚持政府主导

建立统分结合的管理制度。优化产业政策、财政政策、人口政策、环境政策等引导流域经济发展。进一步明确中央部委、地方政府等涉水管理法律地位，优化职能分工、事权划分、责权利划分。建立联席会议制度，由国家组织各职能部门、各政区负责人召开联席会议，定期磋商解决流域管理中部门职能交叉和政区利益冲突问题。探索建立统一的流域管理委员会，统管一切流域经济社会发展事务，拥有集决策权和执行权，接受国务院的直接领导。探索建立由国家主导各部门各政区参与、纳入市场和公众力量的流域决策委员会、咨询委员会，对流域管理委员会实施监督。

完善国家、地方的政策体系和责任制度。借鉴国际先进经验，推动水利部、环保部等设立水污染防治大区和驻市代表，解决监督和政策执行断层问题[①]。理顺层次责任，建立地方行政长官环保责任制，核定本区域的环境承载能力，制定符合本区域的政策和能源战略。加快坚持推进“放、管、服”改革，实施简政放权，加强对市场和社会的监管，根据流域经济特色提供更加优质的公共服务产品，持续推动政府职能转变和释放发展潜能。坚持党政同责，加快完善对流域安全、社会稳定等重大问题的问责机制。完善并推广企业环境信用评价办法采用负分制、年度记分制，将评价结果作为评先创优、金融支持、资质等级评定等方面的重要参考。

2016 年 12 月，中国中共中央办公厅、国务院办公厅印发了《关于全面推行河长制的意见》（简称《推行河长制的意见》），其中由各级党政主要负责人担任河长，协调解决河流保护与管理中的重大问题。我国“河长制”最早源自江苏，2007 年无锡市就将河流断面水质检测结果纳入各市县区党政主要负责人政绩考核内容[②]，从市委市政府主要领导到村干部到分级担任“河长”，取得了良好的治理效果。据环保部门监测，截至 2011 年，无锡 12 个中国国家考核断面水质达标率 100%，主要饮用水源地水质达标率 100%；

---

① 董良杰：《雾霾治理须体制改革和减排联动》，《中国经济报告》，2015（2）。
② 杨轩：《河湖管护省级党政主要领导任总河长》，《中国商报》，2016.12.20。

2012年主要饮用水源地水质达标率100%。[①]全面推行河长制必须加强河湖管理保护工作，落实属地责任，健全长效机制，[②]管理的权责更加明确，治理才能更有效率。

强化水生态建设和制度配套。全面落实最严格水资源管理制度，强化“三条红线”控制建设流域生态文明。政府主导设计长期性的生态补偿计划框架，建立生态补偿的激励机制和动力机制，积极推动地方企业和农民等参与生态补偿项目，促进流域共建共享。推动建立区域联防联动机制，共同应对大气污染、水污染等生态问题。建立减排联动承包责任制，将减排责任明确到每一家企业、每一个烟囱，促进区域能源结构调整优化。探索生态熔断机制，在生态质量下降到一定程度时，停止区域内一切污染源运行。加快推进大众创业、万众创新，实现流域发展方式从投资驱动向科技创新驱动转变。

（二）加快完善市场机制

加快产权制度改革，加快建设流域资源产权的界定、分割、收益、转让和保护等制度；分离流域管理委员会的行政管理职能与资源产权者代表职能，明确央属流域资源产权与地方流域资源产权之间、国家流域资源产权与集体流域资源产权之间的平等关系；推动农业三权分置，促进土地经营权有序流转。完善水资源定价机制，因地因时制宜推进水权制度建设，探索跨流域水权交易、水质换水权等多种水权交易模式，推进流域水市场建设。实施上网电价和排放当量实时、动态挂钩的联动责任制，分解到减排设施操作班组的考核与奖惩机制[③]，让市场的力量推动企业减排进入法制轨道。对内开放，加强流域一体化市场建设，抓好龙头骨干企业，建设流域专有孵化器，逐步形成能够带动我国经济发展，融入世界产业布局的高端产业集群，打造流域外向型经济。

（三）大力推动公众参与

以流域重大工程为指引和切入点，切实改善民生建设和公众参与水平。强化公众参与流域管理决策的意识，培育非政府组织与非营利组织等社会组织，建立有效的流域公民代表选举制度和流域决策参与制度，保障流域公民代表可直接参与流域决策管理。强化企业社会责任，企业也是流域“公民”，在生产过程中必须增强对人的价值的关注，充分发挥资本优势，发展教育、文化、艺术、城市建设等社会事业，承担生态建设任务改善流域公共环境。对重大工程的环评评估及其运行情况进行环境审计，针对性的设立一批专业资格的环境审计与调查事务所，独立监督重大项目的污染物排放和设备运行[④]。

① 张建波、韩飞：《无锡首创的“河长制”要在全国推广》，《扬子晚报》，2016.11.04。
② 国务院办公厅：《关于全面推行河长制的意见》，2016.12.11。
③ 董良杰：《雾霾治理须体制改革和减排联动》，《中国经济报告》，2015（2）。
④ 董良杰：《雾霾治理须体制改革和减排联动》，《中国经济报告》，2015（2）。

五、增福祉：加快社会民生建设　提升人民福利水平

（一）开展“增蓝添绿”行动

增蓝就是要开展流域生态修复，建设幸福美丽家园。从流域中心城市建设入手，在不影响现有城市布局和经济发展的前提下，科学制定生态城市或田园城市发展规划并坚决实施，逐步向具备条件的二级城市推广。大力植树造林，截污减排，推动城市废物、废气、废水等循环利用。

添绿就是加强城市水环境治理，统筹全流域水利工程规划和城市建设规划，优化干支流水景体系，建设独具特色的水利景观。开展城市水网净化工程，特别是中小河道黑臭整治。标本兼治，着力推进截污纳管、雨水泵站改造等工作。水岸联动，与区域环境综合整治、区域功能调整紧密结合。沟通水系，着眼于使河道成网，打通一批断头河，要分区域制订调水方案，提高水体自净能力。

（二）共建流域和谐社会

实施更加积极的就业政策，提高流域居民收入水平。根据流域发展情况制定针对性的就业政策，特别是水电开发、航运建设等流域特有的产业实施更加积极的就业政策，促进这些产业向规模化、高端化迈进。发展生态旅游等具有流域特色的生态产业，吸引当地居民优先在生态产业内就业。

加快发展生活性服务业，促进消费结构升级。把握人民群众关注焦点和基本生活需求，从生活服务的供给数量和质量入手，重点发展居家服务、养老服务、健康服务、文体服务、休闲服务等产业，注重改善居民消费环境。

（三）提升民生保障水平

推进基本公共服务均等化，加快流域发展成果共享。开展饮用水水源污染风险评估，强化饮用水供水单位责任。加快发展流域现代教育体系，加强流域内高等教育跨政区合作。加大流域公共文化资源整合力度，弘扬流域特色文化。鼓励流域内医疗水平发达地区医院跨政区开办分院，发展互联网医疗。深化医药卫生体制改革，建立流域互联互通的医疗信息平台。统筹流域社会保障体系，完善流域医保跨省结算，建立流域社会保险参保信息共享机制。加大对上游地区、贫困地区的纵向转移支付，加快建立流域横向生态补偿机制，促进流域与政区民生协同发展。

刘世庆　巨　栋　林　睿

第二篇　分报告

第五章　理论探析：协同发展理论基础和机理

流域既是范围广泛、资源富集、市场容量大的区域，也是市场分割严重、行政隶属关系复杂的区域，更是整体性强、关联度和开放度高的区域。流域内自然要素间联系密切，要素流通频繁，而且上中下游、干支流、各行政区间的相互制约、相互影响关系显著①。沿流域各省（市区）既有互通有无、亲密合作，共建流域大市场的一面，也有诸侯割据、各自为政的一面，行政区划分割严重影响流域经济的一体化发展。发展和治理"碎片化"是流域经济与政区经济冲突的表征，"外部性"是流域经济与政区经济冲突的症结，流域经济与政区经济协同发展的困境在于"各行政区利益的不相让"，但协同的力量也来自于各个行政区。如何从部分走向整体，从碎片走向整合，从竞争走向合作竞争，并解决流域经济与政区经济协同发展"立足政区又超越政区"，已成为解决流域经济与政区经济协同发展的重大理论和现实问题。本部分从流域经济与政区经济冲突的表征、症结、困境等基本问题出发，分析流域经济与政区经济发展的本源、流域经济与政区经济难以协同发展的本质，探讨流域经济与政区经济协同共生，依靠政区又超越政区，逐步消融原有僵化刻板的政区划分，释放行政区划刚性约束下被忽视的协同发展能量，促进流域经济与政区经济协同发展。

第一节　流域经济与政区经济发展冲突的表征、困境和症结

流域经济与政区经济的本质特征决定了其发展的冲突和矛盾。流域经济是一种特殊类型的区域经济，主要是以自然河流水系为基础，以江河为通道，以物流为纽带或轴心，通过整合和优化流域内的人、财、物等各种资源而形成具有一定分工协作的跨区域经济系统②。政区经济主要是在一定的行政区域内，行政区划对区域经济的刚性约束而产生的一种特殊区域经济现象，是我国区域经济由纵向运行系统向横向运行系统转变过程中出现的一种主要区域经济类型③。政区经济和流域经济的不同点主要在于：政区经济的行政

① 卢祖国、陈雪梅：《论我国流域管理碎片化治理之策》，《生态经济》，2009（4）。

② 张侃侃、郭文炯：《基于空间特征、过程与机制的流域经济研究》，《经济问题》，2013（10）。

③ 卢祖国：《流域内各地区可持续联动发展路径研究》，暨南大学博士论文，2010。

色彩浓厚，区域边界比较清楚，行政手段和政策功能对其经济发展影响较大，政区经济往往是在既定的历史发展线索的导引下有序地展开[①]；流域经济更加强调流域一体化发展，整体性极强、关联度高、开放度高的区域经济，区域边界相对模糊。流域经济和政区经济发展的矛盾和冲突，在世界范围内广泛存在，但在中国表现尤为突出，尤其是在条块分割与权责失衡、监督缺位与过度管制、沟通阻滞与末端治理等多重因素叠加的现实中。

一、“碎片化”：流域经济与政区经济冲突的表征

随着区域经济一体化发展和流域经济整体化、一体化发展的内在要求趋强，沿流域各行政区划内与“水”相关的公共问题“外溢化”和“无界化”已成为一种常态，流域经济与政区经济冲突“碎片化”现象和弊端不断显现。流域规则和政区规则的不兼容，涉水管理机构、用水机构，以及涉水利益部门的内在复杂性以及相互之间所谓“领域”竞争，以及流域公共治理中的正式规则尚不能完全成为重塑系统的主导力量，造成并加剧了这种“碎片化”[②]。根据兰普顿提出的碎片化权威模型[③]，碎片化权威的解释维度主要包括三个方面：价值和理念的整合、资源和权力的分配结构以及政策制定和执行过程。为此，本部分从地方政府价值和理念的碎片化、资源和权力分配结构的碎片化、政策制定和执行的碎片化三个层面分析流域经济与政区经济冲突的表征和弊端。

（一）政府间价值和理念方面的碎片化

地方政府理性经济人的“搭便车”心理和理念导致集体行动的困境。流域以水为纽带，将流域内上、中、下游紧密连接成具有复杂关系的有机体，从这个意义上来看，流域各地具有不可分割性。但流域内各行政区往往由于职能分工、权力分割等，导致地方政府及其职能部门间形成各自的价值、发展理念和利益诉求，而这种分异又往往反映在发展战略、发展规划、发展政策的制定过程中。在中央政府层面上，政府治水的价值观是实现水资源可持续利用。在流域管理机构层面，其作为国家水资源行政主管部门的派出机构，在流域航运、水污染治理等活动中承担核心的组织角色，在这些方面起到一定的统一管理作用，具有一定的第三方的公正性[④]。在地方政府层面，其作为地方公共利益的代表，在贯彻中央政府层面价值和理念的同时，还要在寻求政绩、推动地方经济发展

① 仇和、石金楼、陈洪强：《谈谈“政区经济”与“区域经济”之关系——张家港“科技兴市”的启示》，《中国科技论坛》，1994（6）。

② 任敏：《我国流域公共治理的碎片化现象及成因分析》，《武汉大学学报》（哲学社会科学版），2008（4）。

③ Lieberthal，Kenneth G .& David M. Lampton.Bufcaucracy，Politics and Decision-Making in Post-Mao China.［M］. Bcricclcy：University of California Press，1992.

④ 吴小建：《从碎片化到一体化：流域水污染治理模式的转向》，《安徽广播电视大学学报》，2014（1）。

与水资源开发利用、水污染治理等方面寻求平衡和取舍。水资源的开发利用、水污染治理等在一定程度上具有公共产品的属性，地方政府在自利理性价值观引导下追求最大化利益，这样，流域内各地方政府的个体行为往往导致流域公共资源过度开发和利用，就会产生“公地悲剧”，也就产生了流域经济与政区经济冲突和矛盾，也就产生重开发轻治理、重地上轻地下、排污不管治污、各自为政、上游不管下游、地方保护主义突显、战略和政策制定重地方利益等“碎片化”现象。

（二）政府间资源和权力分配的碎片化

政府间资源和权力分配的碎片化主要表现在以下几个方面。一是流域管理体制导致权利分配的碎片化，目前，我国实行的是流域管理与行政区域管理相结合的管理体制，水利部门是水资源管理的行政主管部门，而流域跨越多个行政辖区，跨区域、跨部门的流域问题的整体协调和综合治理能力较弱。二是流域涉水不同部门间的权力分割，在我国流域治理和流域经济发展的体制框架中，一直存在着“九龙治水”（有水利、环保、地矿、城建、农业、林业、电力、土地、卫生、财政、计划、科研、气象、海洋等，水利部门作为水行政主管部门，主要负责水量调度问题，环保部门作为水污染防治的行政主管部门，主要负责水质问题，农业部门负责水生生物保护问题，林业部门负责湿地资源保护问题等）[①]，多龙治水必然造成协调困难，交易成本增加，管理效率低下，资源可持续利用不高，也就导致政策、治理和责任等方面的碎片化。此外，行政区域机构与流域管理机构间体制和功能等方面的重叠和差异，也导致其在管水的冲突与矛盾。特别是处理流域跨行政区水污染纠纷时，行政区域机构间，行政区域机构与流域管理机构间存在许多冲突和矛盾，目前尚没有有效的协调沟通模式与解决机制[②]。各部门出于自身利益考虑，认识不统一，工作交叉，职责重叠，往往导致“谁管谁都不管”的结局[③]。三是我国进行的分权化改革在一定程度上加深了资源和权力分布的碎片化，这主要体现在中央—地方财政分权，特别是为弥补地方财政不足而允许部分部门创收政策的实施[④]，一些行政辖区及其职能部门，将本辖区或本部门的利益贯穿到公共政策的制定中，但从整个流域来讲，未必是有利于全流域的政策，这也就造成了多个行政辖区政策冲突和利益冲突，增加了流域与政区或者政区间博弈的成本。四是水权的碎片化。从水权落实的现

---

① 丰云：《从碎片化到整体性：整体性治理视角下的湘江流域治理策略》，《党政干部论坛》，2015（6）。

② 吴小建：《从碎片化到一体化：流域水污染治理模式的转向》，《安徽广播电视大学学报》，2014（1）。

③ 陈坤：《从直接管制到民主协商：长江流域水污染防治立法协调与法制环境建设研究》，复旦大学出版社 2011 年版。

④ 上官仕青：《跨域环境治理中的地方政府合作——以小清河流治理为例》，中国海洋大学硕士论文，2015。

实中来看，根据《水法》规定，水资源的所有权归国家或集体所有，但落实到现实中，水权基本上是属于部门或者地方所有，这些“准既得利益者”成为了水权深化改革的“阻力”，导致水资源优化配置难度增大。从水资源的经营与使用权来看，在现行的法律框架下，地方或部门本身既是水资源的所有者、使用者，又是经营者。从治水者的权益来看，政府是对生活污水、生产废水进行处理，达标后排放的“排水者”，是“水资源的再生产者”①。但从整个流域来讲，需要从整理利益、流域整体来对水资源优化配置，这就导致流域经济与政区经济的冲突和矛盾。

（三）政府间政策制定和执行的碎片化

政府间政策制定和执行的碎片化主要表现在以下几个方面。一是信息共享机制不健全，导致政策制定和执行的碎片化。我国分散式的要素管理体制限制，往往导致各相关部门基于部门管理惯性或自身利益，不主动甚至不愿意将其掌握的信息与其他部门共享，仅将本辖区或本部门利益和信息作为政策制定的重要考量，同时，在政策执行过程中各方基于自身利益对政策进行选择性执行或者消极应对。二是利益补偿机制不健全，导致政策制定和执行的碎片化。流域开发和治理是以行政区为单位，地方政府主要承担行政区内的治理成本，而治理的受益者是整个流域，特别是下游行政区。流域上、中、下游间利益补偿机制的缺乏，影响了流域辖区政府间合作的意愿和动力。三是流域治理法律、法规的碎片化。这主要表现为“四多四少”：法规多、法律少；城市水治理的法规多，农村水治理的法规少；污染治理法规多，防止污染法规少；经济处罚多，刑事处罚少。四是水资源保护的相关标准的碎片化，水资源保护各个标准由不同部门出于不同考量而制定和实施，相互之间缺乏必要协调，这在一定程度上增加了遵守标准和执法的难度②。五是社会参与机制不健全，导致政策制定和执行的碎片化。流域经济发展与流域治理，直接与公民切身利益相关，尤其与流域的百姓息息相关，但由于偏重政府作为主导力量，以及参与机制及参与条件的缺失，利益相关者、公民和社会组织参与流域治理的意愿和机会甚是薄弱，政策制定过程中公众被排斥，更很少参与流域和行政区公共政策的制定，未能充分发挥利益相关者的积极性和创造性。

二、“外部性”：流域经济与政区经济冲突的困境

外部性既是市场失灵的表现形式，也是市场缺陷的表象。经济主体利益间的冲突是

---

① 吴小建：《从碎片化到一体化：流域水污染治理模式的转向》，《安徽广播电视大学学报》，2014（1）。

② 吴小建：《从碎片化到一体化：流域水污染治理模式的转向》，《安徽广播电视大学学报》，2014（1）。

外部性产生的直接原因之一，而这种利益冲突又源于资源的稀缺性。公共物品或准公共物品、产权不清晰、不完全竞争和信息不对称等因素导致市场外部性。流域是行政经济区域和自然区域相互嵌套的地域空间系统，流域的社会经济属性，使流域具有一定的区域产权和区域利益；流域具有自然属性，自然功能单元被行政区的边界分割，归属不同的利益主体，产生“空间冲突”[①]。流域开发、治理、协作的外部性既有市场外部性，又有政府行为外部性。流域流经的地方政府间的竞争、“利己”行为、矫正市场失灵行为等因素导致政府行为外部性。

（一）流域水资源配置使用的“外部性”

流域开发利用的外部性。流域的公共性，以及流域的水、土地等资源准公共物品属性，决定了流域开发利用的外部性特征。流域作为自然过程的产物，流域的开放性使用和流域资源的非竞争性使用，致使流域开发利用产生外部性。流域的水、土地等资源具有准公共物品属性，准公共物品的开放性和分割管理，容易导致经济学上所说的“公地公水悲剧”。根据法律，流域的水资源在所有权上是属于国家的，但现实中，流域水资源在使用、初始分配不是很明晰，水产权不能做到完全排他性，加之流域的流线长、跨区广等自然属性，而且对流域准公共物品的分割管理，这使得消费中的“搭便车”行为时常出现，有时甚至是普遍现象，“拥挤效应”和“过度使用”问题不断出现，造成我国流域开发利用、交易中具有典型的外部性特征。

流域生态保护和治理的外部性。一方面，水的流动性和难以分割性等特点，使传统的以行政区为界限的“碎片化、封闭式、自利性”的分割治理方式负面作用逐步放大；另一方面，环境资源属于公共产品，流域治理的正外部性和水资源污染的负外部性，致使流域内政府间在流域生态保护和流域治理等方面合作缺乏内驱力。同时，在现行体制和机制下，上下游间存在着成本和效益相互转移的问题，即成本收益的主体不一致性，上游水利设施和生态保护的正向效益以向下游转移为主，其成本则主要由上游地区承担；水污染和生态破坏等负向效益则对上下游地区都会产生危害，但其中一部分甚至大部分外部成本会转移到下游地区[②]，这种成本和效益的不匹配，造成的后果就是本来可以增加流域治理的正外部性，由于陷入了“公地悲剧”而产生难以扭转的负外部性。

（二）流域政府地方利己行为“外部性”

地方政府“经济人”属性会本能地驱使地方政府产生“搭便车”行为。这种搭便车

---

① 王昱、丁四保、王荣成、卢艳丽：《地理学区域研究中的外部性认识及其科学意义》，《地理研究》，2011（4）。

② 刘玉龙、阮本清、张春玲、许凤冉：《从生态补偿到流域生态共建共享——兼以新安江流域为例的机制探讨》，《理论前沿》，2006（2）。

的理念和相应的“画地为牢”式的“行政区经济”动机将在很大程度上阻碍流域经济一体化的进程，从而增加地方间经济交往的交易成本。[①]“任何时候，一个人只要不被排斥在分享由他人努力所带来的利益之外，就没有动力为共同的利益做贡献，而只会选择作一个搭便车者。如果所有的参与人都选择搭便车，就不会产生集体利益”[②]。“囚徒困境”模型揭示了个体理性与团体理性的矛盾，反映在流域内各行政区间关系上，即每个地方都在追求自身利益最大化的结果是整个流域“受损”，存在着“集体行动的困境”。

流域政府地方利己行为外部性主要表现在以下几个方面。一是区域间流域开发政策的外部性。流域的边界与行政边界不一致，导致流域经济与政区经济发展利益的不一致，不同区域的政府根据本地区的流域的管理权限和本地区的利益，制定各自的流域开发利用、管理规划和政策，有些政策有时并不有利于流域经济的整体发展。二是部门之间流域开发政策的外部性。目前我国在流域的开发、利用和保护方面涉及多个部门，而且这些部门均享有一定管理权限，造成流域开发、治理、管理等过程中出现部门间相互争权、相互推诿、相互扯皮、各行其是等现象[③]。

（三）外部性内部化是可持续发展的关键

解决外部性的关键是解决成本和效益相互转移的问题，即解决好外部性内部化。根据行为博弈理论，博弈双方的互动情形包括背叛或合作两种。对于流域流经行政区间关系而言，在对待流域水资源配置使用的外部性和流域政府利己行为外部性时，也表现出冲突或协调两种情形[④]。以流域治理外部性为例，其一，冲突，在环境资源配置有限的情况下，如果流域内每个相关的行政区均认为其他地方政府会投入人力、物力、财力治理污染，就会造成每个行政区均不重视流域治理，流域环境会因为得不到各个地方的有效保护而遭到破坏。其二，协调，就是流域内各行政区协同行动，并通过机制设计及对话协商，提升参与流域治理的动力和积极性，共同应对流域环境污染问题，使投入成本得到应有的补偿，负外部性的经济活动承担相应成本，正外部性的活动得到相应补偿。制度约束不同，博弈活动的外部环境就有差别，博弈参与者的策略选择依据就会发生变化，支付和成本也将发生相应的变化，并会反映到博弈均衡的结果中[⑤]。因此，有必要通过相应的机制和制度设计来对参与博弈者的行为进行引导，使流域经济发展的外部性内部化，促进流域经济可持续发展。

---

① 魏向前：《跨域协同治理：破解区域发展碎片化难题的有效路径》，《天津行政学院学报》，2016（3）。

②［美］埃莉诺·奥斯特罗姆：《公共事物的治理之道——集体行动制度的演讲》，余迅达、陈旭东译，上海三联书店 2000 年版。

③ 吴群河、牛红义：《外部性理论与我国流域水环境管理的探讨》，《人民长江》，2005（1）。

④ 胡佳：《跨行政区环境治理中的地方政府协作研究》，复旦大学，2010。

⑤ 王圣君：《政府治理跨界水污染模式研究》，硕士论文，东华大学，2014。

三、利益分异：流域经济与政区经济冲突的症结

流域的边界与行政边界通常不一致，流域穿过不同的行政边界，在共同的流域内，不同涉水机构因为水这条纽带而产生了无法分离的关系，行政区间、上下游间、涉水部门间等等会产生利益分异，特别是在竞争性利益方面，有时更是“利益不相让”。在行政分割体制条件下，流域内不同行政主体、不同的利益主体难以通过集体行动实现共同利益①，已成为流域经济与政区经济冲突的症结。

（一）自利理性：行政主体“利益不相让”

流域流经的行政主体“自利理性”，使流域内各地方政府获得了超常规发展的强大动力，但从整个流域视角来看，地方政府间的竞争，特别是在流域开发和流域生态保护方面的“自利理性”，一定程度上又造成政区经济发展与流域经济发展的矛盾与冲突。根据中国国情选择的特色行政管理体制和政绩评价机制，使地方政府具有政治与经济的双重属性，其经济属性就决定了，地方政府在地区经济的发展中充当地区经济利益代表的主体，致使其往往以本地区经济发展利益为导向制定本地区的发展战略、发展规划和发展政策，伴生了“政府企业化”和“政府逐利化”等现象。有时，这些发展战略和发展政策，会忽视流域经济的整体利益或者流域其他地区的利益，这种具有一定“排他性”的地方政府行为，会造成流域流经行政区间的利益冲突，直接影响着流域经济与政区的协同发展②。流域内各行政区往往只是根据各自经济发展与环境保护需求自行对功能区进行划定，这为上中下游协调发展带来极大困难，也为流域生态功能保护及其对经济社会发展支撑作用的发挥带来较大制约③。流域内各行政区的发展规划和生产力布局中，往往只以本行政区的中心城市及周围地区为主体，较少从整个流域的角度来规划和发展。也常常由于开发主体不同，各自为政，或者项目雷同，或者过度开发，甚至是“以邻为壑”④，导致流域资源难以优化组合，流域整体效益未能充分发挥。

（二）流域行政性分割体制强化地方利益

流域行政性割离又强化了地方利益，影响资源的优化组合和区域整体效益的充分发挥。流域跨域的政府主体类型，既有中央和地方政府，又有各种层面的流域机构，更有

① 胡若隐：《探索参与共治的流域水污染治理新模式》，《人民日报》，2011.12.22。

② 毕乐强：《区域经济外部效应及对策研究》，东北财经大学，博士论文，2011。

③ 卢祖国：《流域内各地区可持续联动发展路径研究》，暨南大学，博士论文，2010。

④ 田苗：《珠江流域滇黔桂三省交界地区跨边界经济合作及协同发展研究》，云南师范大学，硕士论文，2006。

水资源、水环境的利益相关者。在流域开发和管理方面，我国逐步形成了国家与地方条块分割，地方间、利益主体间块块分割，各有关部门和利益主体各自为政，往往从自身职能部门的利益考量出发进行流域开发与管理，相互之间协调少，有时甚至冲突，一些部门在获得自身收益的同时往往与其他部门和地区产生矛盾和冲突，各涉水地方政府间的利益摩擦和矛盾冲突，又损害了社会和谐。其根源在于行政条块分割、块块分割、有待优化的政绩考核机制，以及以垂直流动为主要特征的区际互动机制。流域经济与政区经济协同发展，既需要考虑政府与市场、集权与分权、效率与公平的边界和侧重点，又需要在中央与地方、地方与地方、部门与部门的利益冲突中寻求博弈均衡[①]，更需要在开发与保护、生存与发展、当前与未来的考量中寻求平衡。

（三）多重利益主体经济行为导致博弈困局

块块分割、条块分割、分散管理的行政体制造成不同利益主体集体行动的困境。流域经济与政区经济的矛盾和冲突的化解更重要的是依附于流域上各行为主体的利益博弈。流域内地方政府之间的竞争主要体现为流动性要素和制度、政策上的博弈，受不同等级层次的行政力量干预、扭曲和信息不对称的影响，流域内地方政府之间的竞争具有非公平性、非规范博弈性特征[②]。其中，行政区域本位主义、自理理性、合作协调机制不健全、投入和受益主体不一致、法律与制度不完善等已成为流域内各行政区域合作的重要阻碍。这也导致流域流经行政区发展战略目标、战略重点、重大工程相似，缺乏特色，经济运行带有显著的行政区域利益特征，区域合作、竞争、博弈和摩擦一直存在[③]。市场主体更是因主体利益不同，或项目雷同，或者过度开发，更重要的是各自为政，缺乏整体观念。在我国现行地方行政分割体制条件下，当流域承载的规模经济总量足够大时，以流域为载体的各行政区等利益主体就会因对各自利益的考虑而难于集体行动[④]，也就不可能通过采取集体行动实现共同利益。

四、市场分割：流域经济与政区经济冲突的体制原因

地方保护主义和利益冲突造成的市场分割、要素流动不畅是流域经济与政区经济难以协同发展的根本性体制原因。要素流动是促进区域协同发展的基础性力量，而流域内，基础设施缺乏统一规划与协调配合，难以实现互联互通（要素自由流动），地区利

① 任敏：《我国流域公共治理的碎片化现象及成因分析》，《武汉大学学报》（哲学社会科学版），2008（4）。

② 邓伟根、陈雪梅、卢祖国：《流域治理的区际合作问题研究》，《产经评论》，2010（6）。

③ 卢祖国：《流域内各地区可持续联动发展路径研究》，暨南大学博士论文，2010。

④ 北京大学“科学发展观与政府管理改革”课题组：《参与共治：超越地方行政分割体制的流域水污染治理新模式》，《环境保护》，2011（23）。

益冲突造成生产要素在区域内流动不畅和市场分割。

（一）地方保护主义造成市场分割严重

相对独立的行政区划、财税体制和政府考核体系及机制的结合，致使流域流经行政区成为相对独立的经济发展体。行政主体为维护本辖区内经济主体的利益和政府自身的利益，通过显性的、隐性的行政手段限制资源的地域性流动，或实施相关的政策阻止其他地区产品的进入，或阻止本地的资金的流出等忽视市场规律行为，追求辖区经济利益最大化和追求GDP政绩，造成市场的分割和市场的扭曲，以及市场效率的损失[①]。市场分割阻碍商品和发展要素的自由流动[②]，致使流域经济与政区经济发展难以协同，流域内经济发展差异进一步扩大。

（二）地方利益冲突造成要素流动不畅

改革开放以来，各种生产和发展要素在市场经济的作用下，冲破行政界限的束缚，跨区域流域显著增强，流域流经地方政府间内在经济联系性和相互依赖性不断加深。但是，地方政府在“自利理性”下，出现自利化倾向，以及地方政府对水资源的分散化管理造成部门职能的重复、冲突和扯皮，加之流域管理机构则被限定在分散的特定区域（如重要河段、边界河段和交叉河段），并只能在特定标准（如取水许可限额）之下行使水管理职能等客观现实[③]，造成流域内地方利益、部门利益分异甚至利益冲突。这在一定程度上致使生产要素流动不畅，不能配置到边际产出最高的生产环节中，使长期的社会福利受到损害。

（三）交易成本加剧流域地方市场分割

交易成本不仅包含有形的交易成本，如行政区采取不合作态度，导致行政区间人流、物流、资金流、现金流等费用的增加，也包括无形的交易成本，交易过程中由于市场不统一、市场机制发育不成熟、市场体系不健全、市场秩序不规范等造成的经济运行成本，也可以看作一系列制度成本（信息成本、谈判成本、界定并控制产权的成本、监督管理成本、拟定并实施契约的成本、制度结构变化的成本等）。由于流域跨政区经济合作和协同发展，不仅需要同一层面的政府间协调，而且需要不同层面的政府间协调，“协调成本”（即交易成本）就应运而生。特别是在没有隶属关系的同级别和有利益冲突的政府间部门间协调，其协调成本更高。现代经济学分析表明，从社会角度看，至少一

---

① 毕乐强：《区域经济外部效应及对策研究》，东北财经大学博士论文，2011。

② 刘英基：《中国区域经济协同发展的机理、问题及对策分析》，《理论月刊》，2012（3）。

③ 北京大学“科学发展观与政府管理改革”课题组：《参与共治：超越地方行政分割体制的流域水污染治理新模式》，《环境保护》，2011（23）。

方不同意的交易比双方都同意的交易所产生的总效用要低①。所以，只有合作收益大于甚至远大于协调成本时，各主体间合作才会产生，才能缓解流域地方市场分割。

（四）"区位粘性"影响市场分割的惯性

我国特殊的行政管理体制、考核机制、行政区划这堵"看不见的墙"以及地方保护主义等因素的驱使，流域流经行政区经济发展方式、发展路径在短时期内较难改变。政区经济发展的路径依赖效应，也叫区位粘性、政区经济发展的锁定效应。这种锁定效应影响着市场分割的惯性，也就是说流域市场分割的现状很难在短时期内改变，除非有强大的外部力量来打破流域内政区经济处于锁定效应的稳定均衡状态。一方面，市场分割、生产要素流动不畅、地方利益等会形成流域内区位均衡；另一方面，区位粘性也使市场分割等长期化。这就需要依靠更加强大的政府力量和市场力量，共同促进流域内资源共享、要素流通，推动流域资源的优化配置，改变流域内政区经济发展方式的锁定，实现整个流域的发展结构优化升级。

第二节　流域经济与政区经济协同发展的关键、基础和力量

流域经济和政区经济协同发展要求系统内要素的协调性和整合度。根据协同学理论，协同是系统内各要素之间的彼此协作、相互作用和有机地整合的状态，强调在差异基础上实现各要素（子系统）的协调发展，坚持差异与协同的辩证统一，最终实现整体协同效应②。协同发展要求系统内部各要素之间有统一的发展目标和规划，有高度的协调性和整合度，在相互平等和开放的条件下，共同对外开放，在相互协作、相互促进和功能有机整合中实现整体发展③。流域经济与政区经济协同发展，是流域经济系统与政区经济系统由弱关联到强关联，从竞争走向合作竞争，围绕区域共同利益的"序变量"而自组织或他组织成为更高层次的区域经济系统的过程。协同发展的过程是一个从初级协同到高级协同的过程，要素协同合作是初级协同原理，要素利益关系协调是高级协同原理，初级协同原理和高级协同原理是区域经济系统协同发展的基本原理④。趋向协同发展，既是流域内各行政区为着共同利益而自组织的过程和结果，也是在更大范围上被区域外力量、竞争和战略环境驱动的过程和结果。

① 安树伟、母爱英：《省级"行政区边缘经济"与统筹区域协调发展》，《重庆工商大学学报》（西部论坛），2005（6）。
② 王佳、石智雷：《基于共生理论的流域经济协同发展分析——以南水北调工程河南段为例》，《水利经济》，2013（4）。
③ 刘英基：《中国区域经济协同发展的机理、问题及对策分析》，《理论月刊》，2012（3）。
④ 王力年：《区域经济系统协同发展理论研究》，东北师范大学，博士论文，2012。

一、协同共生：流域经济与政区经济协同发展的关键

面对流域内地方间及部门间相互冲突的利益诉求，协同共生是其必然选择。共生性存在的原因在于流域公共物品的外部性和要素跨域流动性等特征，无法在单个行政区内部解决，只能通过流域与政区协同在一体化框架内才能提出系统解决方案。共生必然导致协同，共生是协同的基础，协同是共生的必然结果。

（一）流域经济与政区经济发展具有“共生性”等特征

流域经济与政区经济协同发展具有共生性、有序性、高效性、动态性等特征。共生性是流域经济与政区经济协同发展的基础，也是协同作用发挥的基本保障。共生意味着流域内各地区间、部门间，以及流域内经济主体间密不可分、相互依赖。共生性要求市场相互开放、要素自由流动、设施互联互通、发展战略和政策协调配合等。有序性是流域经济与政区经济协同发展的必要条件。有序意味着流域经济与政区经济生产要素和发展要素有序组合、合理分工，有序性要求产业协同、功能协同、专业化分工合理，从而实现整个流域系统的资源优化配置。高效性是流域经济与政区经济协同发展的重要目标之一。高效性意味着不仅流域内各行政区内部高效健康有序较快发展，而且整个流域内也形成“互惠共生，合作共赢”的内生增长机制，各行政区协作水平和协作能力不断增强，协同体系向机制化、制度化、规范化进化，协同作用增强，推动整个流域经济大系统可持续发展。动态性是流域经济与政区经济协同发展的演进特征。动态性意味着流域经济系统遵循着“初级—中级—高级”逐步演进的动态过程①。在市场因素、行政力量和社会力量等驱动因素的共同作用和推动下，流域经济系统从无序走向有序，又从新的无序走向新的有序，流域经济系统结构和协同水平不断向更高级进化。

（二）共生理论对流域经济与政区经济协同发展的启示

1879年，德国真菌学家德贝里（Anton de Bary）首次提出“共生”的概念，并将其定义为“不同种属的生物按某种物质联系共同生活”。共生普遍存在于社会大系统中，是区域系统功能最优化、成本最小化、效益最大化的动态与持续的共赢、共振状态。基于共生的流域经济与政区协同发展是各个单元通过角色分工、功能整合实现共生发展②。共生理论可以从以下几个方面为流域经济与政区经济协同发展提供理论指导和启示。一是流域经济与政区经济协同发展是合作性共生。流域经济与政区经济的协同发展是各行

---

① 李琳、刘莹：《中国区域经济协同发展的驱动因素》，《地理研究》，2014（9）。

② 王佳、石智雷：《基于共生理论的流域经济协同发展分析——以南水北调工程河南段为例》，《水利经济》，2013（4）。

政主体间、利益相关者间合作竞争的关系，而不应是相互分割、相互排斥的关系。合作与竞争流域经济与政区经济协同发展的基础，以流域整体利益为出发点，进行合作，促进流域内资源共享、产业互补、要素互通，竞争可以促使流域内发展理念更新、技术进步、制度和政策创新等促进整体发展的要素产生，实现流域经济系统结构的进化。二是流域经济与政区经济协同发展是进化性共生。共同激活、共同适应、共同发展不仅是生物体共生的本质，也是社会经济共生的本质。共生为共生单元提供了理想的进化环境和路径，流域经济内各子系统的竞争提高各自的竞争力，而各子系统的共生发展提升整个流域的活力和生命力，也进一步提高各子系统的可持续发展能力。三是流域经济与政区经济协同发展是互惠性共生。根据共生理论，共生系统存在寄生、偏利共生、非对称互惠共生和对称互惠共生等四种共生模式。其中，对称互惠共生单元之间在物质、能量和信息的流通和交换过程中产生的激励是激励相容的，对称互惠共生系统是最有效率、最稳定、共生能量最大且接触介质最好的系统。在流域经济与政区经济协同发展的过程中，应引导各行政区间和利益相关者间建立对称互惠关系，促进共生体内各主体激励兼容度增强①。共生理论为解决流域经济与政区经济的矛盾和冲突，提高流域经济系统的进化方向和整体实力，提供了宏观理论指导。

（三）协同理论对流域经济与政区经济协同发展的启示

协同理论可以从几个方面为流域经济与政区经济协同发展提供理论指导和启示。一是竞争是协同的基本前提和条件。竞争既是流域内各行政区经济发展的重要动力来源，也是因“过度竞争”导致了流域经济与政区经济的矛盾和冲突，甚至损害了流域经济发展的整体功能和整体效益。协同要求流域这个大系统内的各子系统相互协调、相互配合、相互合作、同步联系，促使系统内分散的成分转变成有序的整体，推动各行政区间竞争从无序走向有序，提高流域经济系统的整体功能和效率。二是子系统的全方位开放是流域经济与政区经济协同发展的基本保障。根据协同理论，协同强调子系统向同一层次、上下层次的其他区域在时间、空间及组成内容等方面的全方位开放。只有这样，系统间和系统与外部才能进行物质、能量、信息等交换。相互平等有序的交换，才能促进各行政区间的竞争和发展“有序性”，才能促进个体与整体、局部与全局的同步与协同②。三是子系统充分的自主性（自组织）是流域经济与政区经济协同发展的重要支撑。流域经济与政区经济协同发展既要尽量减少地方保护和市场分割，又要给予子系统或要素充分的自主性，增强协同发展的效益，提高各子系统的积极性和

① 冷志明：《中国省际毗邻地区经济合作与协同发展的理论基础及运行机制研究》，《科学经济社会》，2007（2）。

② 冷志明：《中国省际毗邻地区经济合作与协同发展的理论基础及运行机制研究》，《科学经济社会》，2007（2）。

创造性。四是“他组织”的控制和协调是“自组织”作用发挥的重要条件。流域内各行政区以流域整体利益为重发挥自组织作用，需要流域机构或其他“他组织”的控制和协调，这就需要建立必要的协调机制和管理体制，才能达到流域经济与政区经济协同发展的目标。

二、府际管理：流域经济与政区经济协同发展的基础

美国学者盖瑞·J.米勒在《管理困境——科层的政治经济学》一书中提出：当“科层失灵”与“政府失灵”同时出现时，面对这一“管理的两难困境”时，究竟如何是好？在以善治和良治为取向的政府改革运动中，答案即是要建构自主治理机制，其在流域政府间横向协调过程中体现为府际治理机制。我国流域经济与政区经济协同困境的制度性出路，可能就在于从流域的共同利益出发，强化更高层次协同机构的功能，超越地方行政分割体制，通过流域政府间紧密合作形成的权威效力为主导和主干，构建起政府、市场和社会公众等多层次利益主体协同发展的合作机制。这方面，府际管理理论、流域良治理论和整体性治理理论带来有益的指引和启示。

（一）府际管理理论对政府间关系管理的启示

政府间关系的管理大致经历“联邦主义”“府际关系”和“府际管理”三个阶段。“联邦主义”阶段重视制度和结构，相互制约与均衡；“府际关系”阶段重视科层参与、互动博弈；“府际管理”阶段重视解决争端、协商对话、网络参与①。从现实来看，政府、市场、社会的共同参与为主要特征的府际管理满足了公共需求。而且地方政府间紧密伙伴关系的建立，政府部门间横向的合作与沟通，上下级政府之间的纵向协调与整合，可以克服现有政府管理过程中普遍存在的“碎片化”制度结构和部门自我中心主义，提升政府部门处理综合性问题的能力。②以流域管理机构为主导的协作机制，通过建立高层联席会议制度、流域日常议事制度、信息沟通制度等，推进流域管理机构、地方政府和国家职能部门在流域管理和流域经济发展上的深层次合作。地方政府间基于信任、声誉以及彼此尊重等文化心理基础上进行事权明晰、平等协商、分工负责、沟通顺畅。当然，这是一个动态的过程，当前最需要解决的是明确划分流域与行政区的事权，解决流域经济与政区经济协同发展中的突出问题之一——流域管理与行政区域管理存在的职能交叉、权责不匹配等问题。通过平等协商、契约拟定、流域立法等，合理划分规划类事权、行政许可类事权、组织协调类事权、执法监督类事权，在此基础上，可由流域管理

① 顾金妍：《中央与地方政府及地方政府间对长江流域合作治理的研究》，西南交通大学，硕士论文，2007。

② 薛雅琳：《南水北调工程建设中“整体政府”公共服务模式研究》，郑州大学，硕士论文，2014。

机构牵头，通过建立地方府际议事制度等，逐步构建地方政府之间、相关职能部门间的协商机制、信息沟通和共享机制，寻求解决流域管理，以及流域经济与政区经济协同发展过程中面临的冲突和矛盾的办法和路径[①]。

（二）流域良治理论对流域管理体制的借鉴

流域良治理论强调政府管理的有效性、市场机制的运用和公民社会的参与[②]。良治即实现政府管理的有效性和公正性。建立权威的流域管理机构，促进流域资源共享和优化配置，制定更加公平有效的法律法规，协调化解流域与行政区间，以及流经政府间利益冲突，共享流域发展利益等将有助于提高政府管理的有效性和公平性。在流域与政区经济协同发展的过程中，市场机制的运用可以一定程度上弥补“政府失灵”，水权交易、水资源有偿使用、排污权交易、碳汇交易、生态补偿等方面均可充分运用市场，发挥市场在流域资源配置中的决定性作用。“多中心治道”是良治理论的核心观点，它要求权力由政府向公民社会转移。政府失灵和市场失灵是政府运作和市场调节局限性的表现。在流域管理上体现得尤为明显，从产权来看，我国的水资源归国家所有，政府是水资源公益的唯一代表，一定程度上，流域管理机构和地方行政机关行使权力，但却在不同层面上代表流域利益和区域利益[③]，致使在管理目标、管理方式、管理政策等方面存在着分歧，甚至矛盾，造成“政府失灵”[④]。如果将流域管理的一些职能交给公民社会，扩大公民、组织等第三方力量在流域事务的参与力度，让他们更大程度上参与到流域相关法律制定、发展战略和发展政策的制定和实施过程中去，在共同的管理活动中能够协调一致，做到功能整合，与政府一起形成流域管理的合力，促进流域良治的实现。

（三）整体性治理理论对流域治理的启示

兴起于20世纪90年代的整体性治理理论是由英国学者佩里·希克斯和帕却克·登力维提出并快速发展起来的一种全新的理论框架，其核心观点是反对碎片化，以问题的有效解决为一切行动的逻辑，强调整体性利益的实现，与流域经济与政区经济协同发展具有逻辑上的契合性。整体性治理理论的核心思想是整合与协调，希克斯指出整体性治理就是在政策、规则、服务供给、监控等过程中实现整合，整体性治理体现于不同层级或同一层级内部，不同职能间，政府、私人部门与非政府间等三个维度中[⑤]。整体性治理理论对流域治理如下几点启示。一是重塑流域整体协同的治理理念，以流域整体主义

① 邢华：《水资源管理协作机制观察：流域与行政区域分工》，《改革》，2015（5）。
② 钱东：《我国水资源流域行政管理体制研究》，昆明理工大学，硕士论文，2007。
③ 钱东：《我国水资源流域行政管理体制研究》，昆明理工大学，硕士论文，2007。
④ 杨娟、潘秀艳：《流域良治——流域管理的发展方向》，《北方环境》，2004（5）。
⑤ Perri.Towards Holistic Governance：The New Reform Agenda. New York：Palgrave，2002，pp.28—31.

思维，以责任与公共利益导向，通过协调、整合机制的构建，为公众提供无缝隙的公共产品和服务。二是建立多元协同主体，充分发挥政府、企业、公众等多元主体的整体优势，形成流域发展合力。三是深化协同运行机制，构建流域内多层次的沟通交流平台，完善地方政府间、地方政府与职能部门间、利益相关者间对话、协商的交流机制。四是建立基于网络和数据库的流域信息资源“共享”系统，提高流域监测预警能力。五是构建利益协调机制，提高地方政府间合作的动力。六是完善法律法规，形成流域治理和流域发展的刚性约束。

三、行政主体：流域经济与政区经济协同发展的力量

在现有的体制和发展形势下，流域经济与政区经济协同发展过程中，政府仍是主导力量，企业是中坚力量，社会参与是重要的新兴力量[①]。在地区竞争加剧、信任危机、地区保护主义、不合理的政绩观与考核体系等背景下，以行政转型与治理变革为契机，以制度创新和信息技术进步为支撑，进行流域跨界紧密合作，促进流域经济与政区经济一体化发展。

（一）跨流域机构重视：流域经济跨界合作基础

根据新制度经济学的启示，须建构流域政府间横向协调机制，来规范地方政府权力产权，减少权力产权摩擦引发的交易成本，消解其经济活动外部性。从制度层面明确协同各方的主体责任，根据埃莉诺·奥斯特洛姆的观点，协同主体间伙伴关系的建构并不基于利维坦的权威性，也不源于市场化的交易，而是类似于一种自组织的公共池塘资源，它们必须解决的困境是：如何在面对搭便车、规避责任或者其他机会主义行为诱惑的情况下，取得持久的共同利益？简单地说，确保负责任的制度供给何以可能？目前，主要还是借力上层推动这一“外部变量”。[②]我国建立流域管理机构已有几十年的历史，新《水法》中明确规定，对水资源实行流域管理与行政区域管理相结合的管理体制。在现实中，针对流域经济与政区经济发展的矛盾和冲突，流域规划机构采取了若干措施，开展了许多有益工作，取得了积极进步，但仍存在管理体制不相适应，流域管理机构的主体责任不够明确，功能不够强化，部分涉及全流域的任务没有全面落实。跨流域机构，在加强自身功能并强化主体责任的同时，进一步划清并强化流域管理与行政区管理的事权和责任，充分调动相关地方政府、地方政府相关部门、第三方和市场等相关主体进行流域经济合作的积极性和创造性。并在流域立法、机构设置、职能划分、监管机制、公众参与等方面积极协调和促进，通过政策引导、制度和利益激励、公平公正立法

① 胡徽：《流域协同治理的主体动力研究》，湘潭大学，硕士论文，2015。
② 颜昌武：《协同治理化解碎片化困境》，《学习时报》，2016.5.2。

等措施，协调并化解各利益主体的冲突和矛盾，保障流域内各利益相关者的合法权益，为流域经济跨界合作打下坚实基础。

（二）行政主体间信任：流域经济跨界合作条件

信任是增进区际合作的基础，而信任又基于信息的充分交流与共享[①]。从博弈论观点看，流域经济与政区经济协同发展过程是流域内各行政主体合作竞赛以及流域整体与其他区域之间的竞争。要达到流域内各方共赢，流域内各行政主体须采取连续合作博弈策略。行政主体之间要建立互信伙伴关系，一是要让对方感到可信，行政主体间相互信任，才可能采取有利于流域整体利益的集体行动。二是合作主体间利益分配公平或基本合理，减少行政主体间的分歧和矛盾，增强行政间信任，提升合作的可持续性。三是合作实现自身综合利益扩大化，并通过典型合作形成示范效应，进一步促进行政主体间信任。四是行政主体间产生冲突和矛盾时，及时通过协商消除分歧和矛盾。五是增进流域政府间横向信息交流、交互和信任，推动合作实施集体行动。

（三）行政主体合作意愿：流域经济跨界合作前提

随着科学发展观、“五大发展理念”、地方政绩考核体系的渐变等因素，行政主体的流域公共利益观念和官员理性自觉进一步凸显，流域内行政主体的合作意愿不断加强，为流域经济跨界合作提供了前提和条件。虽然流域被利益目标各异的行政区分割着，但有水作为纽带，流域水资源和生态的可持续开发和利用成为整个流域共同的利益。流域公共利益观念的进一步凸显，各行政主体应以这一根本利益为出发点和落脚点，加强沟通和合作，避免各自为战，特别是尽力建设负外部行为，这种流域公共利益观念的进一步凸显，将有助于提升行政主体的合作意愿[②]。同时，越来越多的行政长官意识到，如果流域资源开发利用方式、方法不可持续，将为整个流域带来极为负面的影响，最终也会影响到自身的根本利益，为此，理性自觉的官员已开始寻求合作，共同开发利用资源，共同面对流域问题，这也为流域跨界合作提供了前提和动力。

（四）集体行动效应趋强：流域经济跨界合作可持续

合作利益及其分享，是流域经济跨界合作的动力源和利益驱动力。各行政主体，采取有益于流域的合作政策等集体行动效应的强度，及集体行动利益共享的程度，决定了流域经济跨界合作的可持续性。合作政策对流域内行政区的影响可能是积极的经济效应和消极的经济效应，当然，这两种效应是相对于一个具体的环境而存在的，不会一成不变的，既是对同一个行政区，某个阶段是积极的，也可能另一个阶段是消极的，合作的

① 李建建、黎元生、胡熠：《论流域生态区际补偿的主导模式与运行机制》，《生态经济》，2006（10）。
② 王勇：《流域政府间横向协调机制研究》，南京大学，博士论文，2008。

经济效应是一个变化发展的过程。需制定既为合作行为提供充分的激励，又违反“游戏规则”者与采取机会主义行为者予以足够惩罚的行为规则。使行政主体间的经济合作逐渐契约化、有序化。

第三节　多维协同促进流域经济与政区经济一体化发展

协调化解流域经济与政区经济协同发展的冲突和矛盾，需要以优势互补、资源共享、互惠互利、共同发展为目标，从战略协同、要素协同、生态协同、市场协同和利益协同等多个维度，强化协同动力机制、组织机制、利益共享与补偿机制，破除行政壁垒，完善流域协调机构与流域管理法律法规等，促进流域资源共享、开发共管、环保共投、社会共识，降低协同合作的交易费用，提高合作效益和有序性。

一、战略协同：发展战略共商——解决“市场失灵”等问题

从流域整体利益的高度出发，以战略协同弥补市场这只“无形的手”调节区域内的功能分工与合作的局限，更好发挥政府作用，共商、共拟、共守协同发展战略，推动流域经济与政区经济一体化发展。流域经济与政区经济发展战略协同既包括总体发展战略协同，又包括产业发展和开放战略的协同等。一是经济转型发展战略协同。从战略高度，全面贯彻“创新、协调、绿色、开放、共享”五大发展理念，编制和实施流域发展规划和发展战略，破除行政壁垒，优化区域分工与资源利用，协同推进流域经济一体化发展。同时，各行政区明晰己方与对方有共同利益的中长期战略，并在战略实施中保持协同。二是产业结构调整的战略协同。从全流域角度，通过上中下游优势互补、协作互动和统一布局，体现通过产业分工合作发挥特色优势的要求，减少和避免低水平重复建设和资源浪费，实现协调联动发展。三是开发战略及发展政策协同。各行政区开发战略及各项政策及载体，服从于流域经济一体化发展战略，并相互配合、相互衔接、共同作用，形成具有一定结构的开发、政策及载体系统。

二、资源协同：流域资源共享——解决“政府失灵”等问题

流域经济系统各个经济要素间，以及区域内部要素、内部市场和区域外部要素、外部市场联系的无障碍性，是实现流域经济与政区经济协同发展的重要条件。根据流域内各经济要素的差异性和不平衡性等特征，充分发挥市场作用，让市场在资源配置中起决定性作用，顺畅各个经济要素之间的联系，促进各个要素之间竞争与合作，增强流域内行政区间的经济关联性，提高流域经济整体功能。在市场经济条件下，生产要素的流动

是以效率为导向的，即生产要素总是向“高回报”的方向流动①。以流域整体利益为重，共享流域资源，促进流域资源开发协同。要素顺畅流动，运用市场和技术革新力量打破流域内行政壁垒，化解隶属关系的刚性约束，促进流域人、财、物、技术、信息等要素的自由流动，有效整合行政区间资源、资金和技术，减低交易和合作成本。

三、生态协同：生态环境共治——解决环境“外部性”等问题

针对流域生态分割与跨界环境污染严重，以及流域内生态建设和环境效益的外部性问题，需以流域水系为单元，以政府为主导，以行政区域为主体，进行流域生态协同。原则上，按照“受益者补偿、损害者赔偿”的原则，共商规则，共守行动纲领，共治流域生态环境。目标层面上，以全流域水资源可持续利用、水环境可持续维护、经济社会可持续发展为共同目标，制定全流域水生态与环境保护和建设的总体目标，包括林草覆盖率、允许水土流失量、各类污染物允许排放量、水环境质量与水功能区水质达标要求等②。制度层面上，进一步明确协同各方的主体责任，明确界定上下游地区各自的权利和责任，并建立切实可行的行政区域责任制。一方面，针对流域生态问题，采取协同治理这种主动预防性的而非被动应付式的治理方式。另一方面，进行利益补偿，当上游地区的生态环保投入所产生的正向效益转移到下游地区，下游地区应采取适当的方式予以补偿；当上游地区在生态与环境保护和建设中未能履行规定的责任，达不到规定的保护标准，给下游地区造成损害的，则应按损害程度承担赔偿责任③。方式层面上，探索多样的生态补偿方式，包括纵向转移支付、横向转移支付、水权交易、异地开发、生态补偿基金等。保障上，相关立法支持，强化流域管理机构功能，弱化“多龙治水”管理体制等。

四、市场协同：基础设施共建——解决发展“碎片化”等问题

流域内各行政主体及其他利益相关者，共同加强流域公路、铁路、机场、港口、航道、邮电通信、信息网络、能源、金融电子化等统一市场基础设施建设，丰富流域内要素流通的物质载体和媒介，加速商品、人才、资金、技术、信息、能源等资源的顺畅流动，降低流域经济和政区经济运行成本，提高市场配置效率。加大流域基础设施建设力

---

① 黎鹏：《区际产业的互补性整合与协同发展研究》，《经济与社会发展》，2003（5）。

② 刘玉龙、阮本清、张春玲、许凤冉：《从生态补偿到流域生态共建共享——兼以新安江流域为例的机制探讨》，《理论前言》，2006（2）。

③ 刘玉龙、阮本清、张春玲、许凤冉：《从生态补偿到流域生态共建共享——兼以新安江流域为例的机制探讨》，《理论前言》，2006（2）。

度，建成流域合作的联结纽带和桥梁，提升交通便捷性、空间布局依赖性、经济要素流动性、资源环境相关性。逐步建立和完善商品要素市场，共同培育建立统一的开放市场，打破行政性垄断和地区封锁，打破地域限制，突破体制障碍，协调好区际关系，形成统一、开放、有序的市场体系，破解流域发展“碎片化”问题，促进整体集散效益、规模效益和专业化效益的发挥。

五、利益协同：利益分配共赢——解决“利益不相让”等问题

以水为利益纽带构建利益分享和利益调节机制，打造流域利益共同体。强化跨流域管理机构的功能或构建流域区际合作的利益协调机构，协调利益的分配和共享，提高地方政府合作的积极性和流域跨界合作的可持续性。可以通过强化已有跨流域机构的利益分配调节功能，也可以通过政府间联盟等形式，探索建立一个既反映各地方政府意愿，又能获得流域内各地方政府普遍认同的，具有相对民主的治理结构的跨行政区的协调管理机构。一是针对流域各地方政府及其他利益主体，在流域经济与政区经济发展过程中出现的利益冲突和矛盾，建立一种公共决策程序，使各地方利益诉求得以充分表达。二是构建流域合作的信息沟通机制，较少摩擦和分歧，增进合作。三是根据“收益原则”和“能力原则”，就共同关心的投入、产出、利益共享和分配进行协商。四是在平等、互利、协作的前提下，本着互惠互利原则公平商议利益补偿问题，通过规范的制度建设来实现地区之间的利益补偿转移①。五是营造外部监督约束环境，保障流域各利益相关者持续合作和共同发展。

许英明

① 卢祖国：《流域内各地区可持续联动发展路径研究》，暨南大学博士论文，2010。

第六章　要素整合：协同发展铁三角的基础

要素整合是流域经济与政区经济协同发展的推进基础。它和体制创新、民生发展共同构成流域经济与政区经济协同发展“铁三角”战略，是本课题研究对象和主要内容。

本子课题研究路线和主要内容如下：首先，本研究报告第一部分对与本研究相关重要概念作出理论界定，识别流域经济与政区经济协同发展的主要要素，综述传统资源要素视角下及新经济地理视角下的要素整合理论。其次，报告第二部分研究传统资源要素视角下的要素整合的途径和方法，分别从基础要素（水资源）整合、核心性要素（产业和环境）整合、主体要素（城市和人口）整合三个层次展开研究。再次，报告第三部分研究新经济地理视角下的要素整合的途径和方法，分别从提高密度，集聚生产要素；缩短距离，促进要素流通；消除分割，推进一体化三个维度进行研究。第二部分和第三部分是本研究报告的重点和难点。最后是体制机制创新和政策建议部分，分别分析和论述创新流域经济和政区经济要素整合所需的体制机制创新以及具体政策建议。

本报告认为，从传统资源要素视角下要素整合看，基础要素整合包括打造建设畅通便捷的水运大通道、构建互连互通的立体交通走廊、整合沿岸岸线和港口、以水权制度改革为突破口，协同开发流域水资源、严格保护水环境和水生态；核心要素整合包括推进产业整合升级和创新发展和生态优先，绿色发展；主体要素整合包括优化流域城市布局、推进新型城镇化、推动人力资源整合。

从新经济地理视角下的要素整合看，一要是提高密度，促进经济聚集，包括提高经济密度，打造要素聚集中心—城市和促进不平衡增长和全局性和谐发展；二是缩短距离，促进要素流通，包括大力进行基础设施建设，缩短空间距离、改革现有制度，缩短制度距离、消除行政壁垒，促进要素跨地区自由流动；三是消除分割，推进要素一体化，包括进一步打破条块分割，促进流域专业化协作、进一步打破城乡分割，统筹流域城乡发展、进一步打破地区分割，扩大流域开放合作。

机制和政策是流域经济与政区经济协同发展的重要保障，本报告提出流域要素整合的五大机制创新和五大政策建议。五大机制创新包括：建立生态、水、自然资源等资源要素的市场化配置机制、创新流域要素整合的动力机制、创新流域要素整合的协调机制、建立和完善流域生态补偿机制、创新流域城镇化发展机制。五大政策建议包括：发挥市场主导与政府引导的协同作用、试点制定长江法等流域开发综合管理法律法规、试点成立长江等流域开发管理委员会、试点建立长江流域生态补偿机制、推进流域基本公共服务均等化建设，实现全覆盖。

第一节　重要概念界定和主要要素识别

一、重要概念界定和辨析

要素、要素整合、流域经济、政区经济、协同发展是与本研究相关的重要概念，对这些概念作出理论界定和辨析是本研究的基础。

（一）要素与要素整合

1. 要素

对于区域经济系统而言，要素是区域经济系统中对整体性质和结构起主要和关键作用的元素。熊俊[①]（2006）认为，区域要素包括：区域资源（包括自然资源、资本、技术、劳动力、产业等）、区位条件（基础设施、自然生态和社会环境等）、政策制度、历史文化。按要素的流动性分，区域经济要素分为流动性和非流动性要素：流动性要素包括劳动力、资金、信息和企业家才能等；非流动性要素包括区位条件、自然资源、基础设施、文化、政策、制度等。从区域经济学角度看，张彤[②]（2005）指出区域要素包括两类：一指构成区域单元的组成部分如经济中心、腹地和网络；二指影响区域经济发展的各种要素资源，包括土地等自然资源、劳动力、资本、技术、信息、组织管理和区位环境、政策制度等。本报告认同熊俊（2006）关于区域要素主要包括四部分内容，即区域资源要素、区域区位条件、区域历史文化要素、区域制度政策要素。

2. 要素整合

从字面定义看，辞海对“整合”的定义是：“通过整顿、协调重新组合”。从系统论角度看，整合指对重构事物结构并产生新的生产力的一体化进程。“整”是“合”的前提，“合”是“整”的结果（黄宏伟[③]，1995）。李显君[④]（2003）总结提出了整合的内涵：整合就是以整体论为指导，以整体功能最大化为目的，通过调整、协调，组合、整顿等行为促使有关对象改进完善、优势互补、功能共享的过程和方法。综上所述，本报告认为整合是指对不同的和零散的要素通过整顿、组合、协调等方式重新调整相互之间的关系，使之相互衔接或耦合，重新构成新的整体，使各要素发挥出其最优效用，最终实现

① 熊俊：《要素投入、全要素生产率与中国经济增长的动力》，中国财政经济出版社 2008 年版。
② 张彤：《论流域经济发展》，四川大学博士论文，2006。
③ 黄宏伟：《整合概念及其哲学意蕴》，《学术月刊》，1995（9）。
④ 李显君：《关于管理整合的初步研究》，《中国软科学》，2003（4）。

整体效应的最大化。

在不同的视角下，“整合”的含义并不相同。黎鹏（2003）[①]归纳了一些学者从不同研究角度对整合的分类，并提出了有关概念：“经济整合”是指战略调整经济的产业和组织结构，提高经营规模，扩大产业集约化程度、实现资源有效配置。“社会整合”是社会各种不同的矛盾和冲突进行重组，使之纳入统一体系的过程。“文化整合”是不同的甚至矛盾的文化特质在相互调整和适应以后形成的一种和谐的文化体系的过程。虽然“整合”在各学科中含义有所不同，但各学科对整合概念还是具有一些共通点：一是整合过程实质是个高级化的过程；二是整合结果是形成一致和完整的系统。

从区域要素视角看，黎鹏（2003）认为，区域要素整合是区域经济发展主体（政府或企业）通过组合、调整、协调等方法，对区域内相异的和零散的资源要素重新组合集成，从而改善区域经济结构、提高经济竞争力，最终使区域经济突破区域资源和要素限制而达到超常规跳跃发展。

本报告认为区域要素整合是指通过市场行为或行政调控等对区域闲置或未得到优化配置的自然资源、人力资源、基础设施资源、资本资源、产业资源、信息技术资源、环境生态资源、制度政策等资源要素等进行组合、调整、转移，使各资源要素在市场竞争中组合优化、优势互补，产生整体聚合效应，从而实现区域经济、社会、生态、环境效益最大化的过程。区域要素整合主要包括：自然资源整合、基础设施整合、市场产业整合、技术信息整合、资本金融整合、环境生态整合、规划政策整合等。区域要素整合是区域要素聚合、优势互补，形成合理分工协作的要求，也是增强区域竞争力和促进区域协同发展的基础。

（二）流域经济、政区经济及其矛盾表现

1. 流域经济和政区经济

流域一般具有以下特点[②]：一是，流域是以河流为纽带和核心的区域。河流是流域的纽带和核心，流域发展必须依托河流。二是，流域以水资源开发利用为基础。水资源是生命之源，是流域发展的基础要素。流域经济活动的产生和深化，都是以水资源的开发利用为基础。三是，流域是带状的区域。河流流经上游中游下游各区段，人口、城市、产业沿河流布局，形成了带状的上中下游各段梯度差异明显的经济空间格局：上游一般山高谷深、资源丰富、经济较为落后；中游一般水流平缓、经济发展水平居中；下游一般地势平坦、土壤肥沃、人口城镇密集、经济较为发达。四是，流域是整体性强、关联度高的区域。流域内不仅自然、资源、经济、社会、生态等要素间联系极为密切，而且上中下游各区段之间既相互制约又相互联系，统一于一个完整的流域

---

① 黎鹏：《区域经济协同发展研究》，经济管理出版社 2003 年版。
② 张文合：《流域经济区划的理论与方法》，《天府新论》，1991（6）。

系统中。五是，流域是多维度的区域。流域内自然地理、经济社会、生态环境等要素融为一体，水资源、矿产资源、产业资源、信息资源等综合开发，上游、中游、下游紧密相连，相互依托。

张彤[①]（2005）总结了流域经济的四大特点和四大功能。四大特点：流域经济是以水资源开发利用为基础，实现自然、人口、产业、城市等综合开发配置的经济；流域经济是以河流为纽带和核心，促进区域协同发展的经济；流域经济具有明显区段性，上游、中游、下游存在明显的经济发展梯度差异；流域经济是以区域可持续发展为目标的经济，追求自然、社会、经济、生态的协调共赢。四大功能：综合性与系统要素整合功能；开放性与经济沟通功能；区域性与统筹协调功能；区段性与引导错位发展功能。本报告认为流域经济是以河流为基础，以流域水资源、产业、人、城市、生态等要素开发配置为核心，以促进流域协调可持续发展为目标，复合自然、经济、社会、生态等要素系统的跨区域经济系统。

行政区是指国家为实现行政管理和建设，对领土进行分级划分而形成的行政区域。为有利于国民经济的组织与管理，经济区和行政区一般重合，形成了“政区经济”概念。刘君德等[②]（1996）认为政区经济是由于行政区划对区域经济的刚性约束而形成的一种特殊区域经济现象，是指以行政区域单元组织和管理经济活动，相对独立，有行政等级体系的经济，是与非行政经济（流域经济，城市群经济等跨行政区域的经济）和区域经济一体化相对应的一种经济形式。从其等级体系看，在中国可划分为省级—地区级—县级政区经济。行政区经济具有以下四个特点：一是行政性，即企业和市场竞争受到地方政府的强烈干预；二是封闭性，即资源、人口、产业等生产要素流动时受到行政区边界阻碍；三是区域经济同构性，即区域内经济和产业结构趋同化；四是经济中心和行政中心的高度一致性。本报告认同刘君德等（1996）对政区经济的定义和特点分析。

2. 流域经济和政区经济的矛盾

由于流域区和行政区是两种性质不同的区域类型，边界往往不一致。一个行政区可能包含几个不完整的流域区，一个流域区也可能跨越几个行政区，而，以致流域经济和政区经济出现较多矛盾和问题。陈湘满（2002）[③]分析了二者之间的不协调，表现在：政区经济利益往往妨碍流域内各资源要素的自由流动，行政分割成为资源要素优化配置的障碍；流域上中下游中的各行政区的利益很难协调，流域地方利益和全局利益矛盾尖锐；流域内行政区基础设施建设重复、市场分割、产业结构雷同；完整的流域被人为分割，给水资源开发、产业发展、生态治理带来较多困难。

① 张彤：《论流域经济发展》，四川大学博士论文，2006。
② 刘君德、舒庆：《中国区域经济的新视角——行政区经济》，《改革与战略》，1996（5）。
③ 陈湘满：《论流域区与行政区的关系协调》，《邵阳师范高等专科学校学报》，2002（2）。

（三）协同发展

张彤[①]（2005）从静态和动态两方面来提出区域协同发展的基本含义：从静态看，协同发展指区域自然资源、人口、经济、社会、生态环境等各要素之间关系和谐的性质和状态；动态看，协同发展不仅指当前经济社会、生态环境结构的和谐状态，更强调各要素内部循环发展的能力和各要素协调可持续发展的趋势。协同发展是一个个连续性地自我发展完善的过程，是一个个静态的和谐一致状态的联结。本报告认同张彤（2005）对区域协同发展的定义，区域经济协同发展有以下几个特点：一是区域经济关系协调，紧密合作，资源、劳动力、资金等发展要素在区域间自由流动；二是区域产业结构协调，合理分工，优势互补，具有较强的经济关联性；三是区域商品市场和要素市场一体化，形成统一的区域市场；四是区域发展速度和发展水平协调，居民生活水平和收入差距协调；五是区域的经济发展与生态环境协调。

二、要素和要素整合相关理论综述

本报告从传统资源要素理论和新经济地理论两个视角来综述现有文献中关于要素和要素整合的相关理论。

（一）传统资源要素理论视角

国内外对微观要素理论进行了深入的研究，主要包括生产要素理论、要素禀赋论、里昂惕夫之谜及其解释、国际贸易新要素理论等。

生产要素理论是从微观角度将要素看作为生产要素，其范畴是随着社会经济持续发展进步而不断深化的。

要素禀赋论也称为赫克歇尔—俄林理论，主要包括要素供给比例理论、要素价格均等化理论。要素禀赋论的基本论点由瑞典经济学家赫克歇尔首先提出，俄林师承赫克歇尔，在1933年出版的《区间贸易和国际贸易论》一书中创立了要素禀赋论。要素禀赋理论用生产要素的丰缺及不同产品在生产过程中所使用的要素比例不同来分析贸易的产生和贸易结构。按照要素禀赋理论，一国应出口的产品是其比较优势产品，是使用该国相对充裕而便宜的生产要素而生产出来的产品，而进口的产品是使用该国相对稀缺而昂贵的生产要素而生产出来的产品。萨缪尔森发展了赫—俄理论，提出了要素价格均等化学说，即贸易最终会使所有生产要素的价格在所有地区都趋于相等。

美国经济学家瓦西里·里昂惕夫在检验要素禀赋理论适用性时，得出了与要素禀赋理

① 张彤：《论流域经济发展》，四川大学博士论文，2006。

论相反的结论，被称为里昂惕夫之谜[①]。有很多研究对里昂惕夫之谜进行了解释，主要解释有需求偏好相似说、人力资本说、贸易保护说、自然资源说、要素密集度逆转说等。

20世纪80年代，由赫尔普曼、克鲁格曼、格罗斯曼等人为代表的“新贸易理论”提出了国际贸易新要素，主要包括技术要素、人力资本要素、研究与开发要素、信息要素等，并以报酬递增和不完全竞争假定为基础来解释贸易和产业发展不仅仅是比较优势，而且还有规模递增收益。在不完全市场竞争中，由于国际贸易新要素和规模经济的存在，即使各国技术和要素禀赋一致，也会形成相异产品之间的“产业内”贸易，国家间越相似，产生的产业内贸易量就越大；国家间的差异越大，产生的产业间贸易量就越大。国际贸易新要素理论对二战以后科技信息革命所带来的世界经济和贸易的飞速发展从理论上给予了新的解释。

从区域发展要素角度，萨缪尔森提出无论穷国还是富国，区域经济增长的发动机安装在四个相同的轮子上：自然资源、资本资源、人力资源、技术资源，即这四种资源是区域经济发展所依赖的基本要素，另外，以D·诺思和T·W·舒尔茨为代表的新制度经济学认为制度政策供给对区域经济的可持续协调发展也具有举足轻重的影响。制度指人际交往中的规则及社会组织的结构和机制。制度供给对区域经济发展的作用虽不如矿产、水、能源、土地、资本、技术、人力等现实资源直接，但制度创新能够提升资源配置效率与促进效益增长，有效率的经济组织是经济增长的关键之一。此后，米娟提出区域要素是指整个区域。熊俊进一步总结认为，区域要素包括四方面：自然要素（包括自然资源、资本、技术及劳动力、产业等）、区位条件（基础设施、自然生态社会环境等）、文化历史要素、制度政策要素。

区域要素整合是区域协同发展的基础，区域协同发展最终要表现在对要素的整合上。区域协同发展的过程也就是要素连续流动而重新组合和优化的过程。李显君[②]（2003）提出，区域系统的动态优化之所以存在的基础是在特定发展规律作用下，区域系统组成要素之间或与其周围环境之间，不断进行信息、物质、能量等交换，并以“流”的形式推动系统各组成要素及系统与环境之间的关系。区域系统的优化取决于两种不同类型的要素相互作用：一是系统与环境之间的要素相互作用；二是系统各子系统和各要素之间的相互作用。

区域要素整合主要内容一般包括：自然资源整合、人力资源整合、基础设施整合、产业和市场整合、资本金融整合、技术信息整合、生态环境整合、规划政策整合等。黎

① 里昂惕夫1956年发现：按照要素禀赋理论，美国是世界上劳动力最昂贵和资本最密集的国家，应主要出口资本密集型产品，进口劳动密集型产品。但事实恰好相反，美国出口量最大的却是农产品等劳动密集型产品，进口量最大的却是汽车、钢铁等资本密集型产品。这被称为“里昂惕夫之谜”。

② 李显君：《关于管理整合的初步研究》，《中国软科学》，2003（4）。

鹏（2003）认为要素是区域协同发展得以产生的物质基础，要素整合能有效提高区域社会资源配置的效率，其整合的速度和效率对区域社会经济的运行速度、效率、效益有着根本性影响。区域要素整合有利于使各资源要素在市场竞争中优化组合、优势互补，从而产生整体聚合效应，实现区域经济、社会、生态、环境效益最大化；有利于破除区域资源配置的制度壁垒减少交易成本，有效提升区域资源配置效率；有利于消除市场分割等行政樊篱，促进资源合理流动，在更大的范围内整合资源，从而增强区域整体竞争力和促进区域协同发展。

从区域要素整合途径看，实现各资源要素配置的相对均衡发展是区域经济协同发展增长的基础[①]：一是，促进区域经济协同发展的资源要多样化。自然资源、人力资源、基础设施资源、资本资源、科学技术资源、生态环境资源是区域经济协同发展所依赖的基本要素，另外，制度政策资源、新资源培育和废弃资源重新开发等对区域经济的协同发展也有非常重要的影响。二是，支撑区域协同发展的资源要素在各个产业间的配置要均衡化。不仅是三次产业间的外部均衡，而且包括三次产业间的内部均衡。过度依赖某个产业或某种资源要素容易导致区域经济结构单一化与固性化，从而不利于区域经济的协同发展。三是，现实资源要素供给与潜在资源要素开发要同步化。现实资源的供给数量与利用效率关乎区域经济的短期增长速度，而潜在新资源要素的开发培育决定区域经济的未来发展。

（二）新经济地理理论视角

从空间地理看，区域要素的整合过程实质上是提高密度，促进生产聚集的过程；是缩短距离，促进要素自由流通的过程；是打破分割，促进要素一体化的过程，这是新经济地理理论研究的重要内容。

1991 年克鲁格曼发表了著名论文《规模递增与经济地理》，标志了新经济地理学的诞生。传统经济地理学的理论前提是规模不变经济、完全竞争市场结构，以及无差异空间、无运输成本、外生比较利益等。新经济地理学理论则假设不完全竞争市场结构、规模报酬递增、空间差异，认为产业与人口集中是区域实现规模经济的内在要求，经济与人口集中与不平衡是世界各国经济发展的普遍规律。

过去二十年，新经济地理学蓬勃发展，在原有理论基础上涌现了很多新成果，其中最重要的最新成果是世界银行出版的《2009 年世界发展报告——重塑世界经济地理》[②]。《世界银行年度发展报告》往往是世界发展理论和政策研究的总结和归纳，也是对世界发展重大问题的应对。《2009 年世界发展报告——重塑世界经济地理》是 1978

① 刘培林：《地方保护和市场分割的损失》，《中国工业经济》，2005（4）。

② 世界银行编：《2009 年世界发展报告：重塑世界经济地理》，胡光宇等译，清华大学出版社 2009 年版。

年以来的第 31 部，它总结了几代人的经济地理理论和实践研究成果，重新构建了关于城市化、区域发展和世界一体化的理论和政策框架，是对世界经济地理实证分析的集大成。

第一，如何认识世界经济地理变迁？一是，该报告将密度、距离、分割作为经济地理变迁的三个基本特征。（1）密度指每单位面积的经济总量，体现了区域经济的集中程度。经济密度的提高有利于促进区域产业集中度的上升，由此导致的规模经济效应可以提高产业关联度，扩大市场需求，促进市场一体化。（2）距离指商品、服务、劳务、资本、信息和观念等到达经济聚集中心的距离，主要指生产要素的集中速度，劳动力的流动程度和物流成本的高低程度，这不仅仅指空间距离，还包括由于基础设施落后和制度障碍造成的经济距离。缩短距离有利于减少要素流动成本，从而促进要素流动、经济集聚和市场一体化。（3）分割指国家之间、地区之间商品、资本、人力资源、知识流动的限制因素，包括阻碍市场一体化的各种有形和无形障碍以及由文化异质性导致的文化分割。

二是，全球生产和财富目前主要集中在大城市、发达省份和富裕国家。从全球的自然地理条件和环境来看，不是任何地方都适合进行经济活动和创造财富。迄今为止，全世界一半的生产活动是在仅占全球土地面积 1.5% 的地方进行的，而且大都集中在沿海地区和大江、大河、大湖沿岸。因为这些地方最适宜人类的生存发展。北美、欧盟和日本，以世界六分之一的人口聚集了 75% 的世界财富；占日本人口 1/4、土地面积 4% 的东京市，其创造的GDP超过日本全国的一半。在中国，目前东部沿海长三角、京津冀、珠三角已经成为引领中国经济的三大增长极：土地面积占全国的 4.3%，贡献了全国约 40% 的GDP，约 75% 的进出口贸易总额，吸引了 70% 的FDI。

三是，在经济集聚的同时，发展还是可以具有普惠和谐性。世行报告指出，区域间发展不平衡呈倒U形发展：随着经济的发展，区域间的发展不平衡会逐渐拉大，但随着经济的进一步发展，这种发展不平衡会逐渐缩小并趋同，发达地区和落后地区发展差距是先分化后趋同。日本就是一个经济集中与生活水平趋同并行不悖的典型案例。日本东京圈、名古屋圈、大阪圈三大都市圈集聚了全国 73.6% 的GDP，68.7% 的人口，其人均GDP仅为全国的 1.08 倍。排除东京之外，日本人均GDP最高地区仅为最低地区的 1.8 倍。需要强调的是，这种趋同是市场机制和政府调控共同作用的结果。

第二，推动经济地理变迁的动力是什么？该报告强调聚集效应、迁移、专业化和贸易是重塑世界经济地理的主要驱动力。聚集的规模效应、生产要素自由流动、人口的迁移，会促使经济活动趋于集中。交通方式的有效改善和交通成本的大幅下降，显著缩短了经济距离，促进了专业化分工以及产业内贸易的发展。国家和区域消除经济壁垒和打破经济分割，从而能够发挥规模经济和专业化的作用，促进市场一体化。概括起来，就是世界银行报告所总结的提高密度、缩短距离、打破分割。

第三，如何同时实现不平衡的经济增长与普惠和谐性的发展？该报告总结了发达国家的经验，提出一个新的关于城市化、区域发展和区域一体化的公共政策框架，包括土地制度、政府财政转移支付等公共制度、基础设施建设、特殊干预措施。这是一个促进一体化的组合工具，如图6-1所示：（1）在市场一体化的初级阶段，通过供给公共制度来提高密度；（2）在市场一体化的中级阶段，通过连接落后地区与先进地区的基础设施建设来缩减距离并提升密度；（3）在市场一体化的高级阶段，通过采取针对性的干预措施来提升密度、缩减距离并破除市场分割。

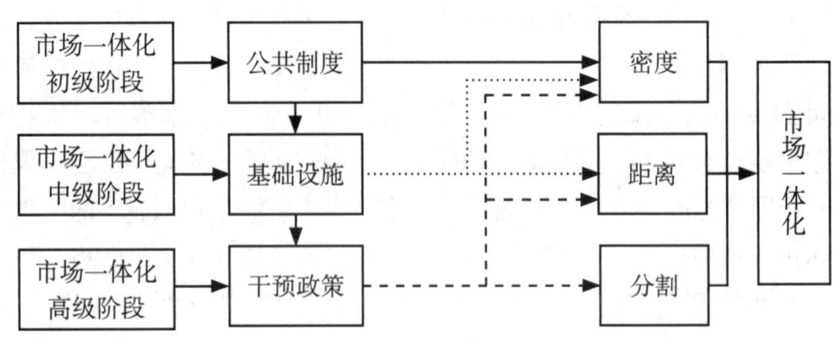

图6-1 世界银行促进市场一体化的公共政策分析框架

资料来源：世界银行编：《世界银行2009年发展报告——重塑世界经济地理》，胡光宇等译，清华大学出版社，2009年版。

三、要素识别：流域经济与政区经济协同发展的主要要素

按照本报告的定义，流域经济是以河流为基础，以流域水资源、人、城市、产业等要素开发配置为核心，以促进流域协调可持续发展为目标，复合自然、经济、社会、生态等要素系统的跨区域经济系统。因而，本报告所说流域经济的主要要素包括：水资源、产业、人口、城市、生态环境、机制政策等。

流域的基础在于水，水是人类一切生产经营活动的必要资源，水资源被认为是流域经济最基础的战略要素；流域协调可持续发展是流域经济发展目标，其核心落脚在产业和经济的协调持续发展和绿色发展；人是流域经济活动的主体，流域人口的空间分布与流动聚集，是流域城市布局的基础。由此，本报告将流域经济与政区经济主要发展要素分为三类：一是基础性要素，包括水资源；二是核心性要素，包括产业和生态环境；三是主体性要素，包括人口和城市。本报告第二部分在资源要素视角下，分别对基础性要素整合，核心性要素整合，主体性要素整合的途径和方法进行具体分析。本报告第三部分则在新经济地理视角下，分别从提高密度，集聚生产要素；缩短距离，促进要素流通；打破分割，推进一体化三个维度对要素整合的途径和方法进行研究。另外，制度机制、政策是流域经济与政区经济协同发展的重要保障，本报告第四部分别对流域经济要素整合需要的机制创新和具体政策进行论述。

四、长江流域和长江经济带

长江流域和长江经济带在我国经济社会发展中有着举足轻重的地位和作用。本报告以长江流域和长江经济带要素整合作为主要运用对象，从实践操作角度来对本报告提出的要素整合途径和方法进行具体运用。

（一）长江流域和长江经济带战略

我国是世界上拥有江河和流域最多的国家之一，流域面积在 100 平方千米以上的河流有 5 万多条，流域面积在 1000 平方千米以上的河流有 1600 多条。长江、黄河、珠江、海河、淮河、松花江和辽河被称为我国七大江河，其中最大最重要的是长江。七大江河水资源总占全国水资源总的 60%，其中长江占七大江河水资源总量的 62.5%。这七大江河通航里程约占全国内河通航里程的 80%，其中长江通航里程占全国通航里程 60%。长江干流被称为“黄金水道”，对连接我国沿海与内地及东、中、西三大地带有十分重要的作用。

作为中华民族和中华文明的摇篮，长江源起青藏高原唐古拉山北麓的“三江源”自然保护区，经青藏高原、出四川盆地和三峡，过荆楚，穿过长江三角洲平原，最后流入东海，跨越我国东中西三大地带。长江干流全长约 6300 千米，是世界第三长河，沿途共流经青、藏、滇、川、渝、鄂、湘、赣、皖、苏、沪等 11 个省市自治区。上游为湖北宜昌以上长江干流河段，长 4504 千米，流域面积 100 万平方千米，其中宜宾以上河段习称为金沙江，长 3464 千米，宜宾至宜昌河段习称川江，长 1040 千米；中游为宜昌至湖口河段，长约 955 千米，流域面积为 68 万平方千米；下游为湖口以下河段，长约 938 千米，流域面积为 12 万平方千米。长江流域面积达 180 万平方千米，约为中国陆地总面积的 20%；长江水资源总量超过 9600 亿立方米，约占全国河流径流总量的 36%，位于世界第三位，仅次于亚马逊河和刚果河。

长江经济带设想源起于 20 世纪 80 年代初陆大道提出的“点—轴系统”理论和我国国土开发的“T”字型“一线一轴”结构构想，“一线”指东部沿海线，“一轴”则指长江。20 世纪 80 年代中后期，国家提出“以上海浦东开发开放为龙头，进一步开放长江沿岸城市，进而带动整个长江流域经济”。20 世纪 90 年代初出现“长江三角洲及长江沿江地区经济”概念，并明确了沿江七省二市（上海、江苏、浙江、安徽、江西、湖北、湖南、重庆、四川）的地域范围；2005 年，在交通部牵头下，沿江七省二市签订了《长江经济带合作协议》，正式提出长江经济带概念。2013 年 9 月，国家发改委和交通运输部启动《依托长江建设中国经济新支撑带指导意见》研究起草工作；2014 年 3 月，李克强总理在《政府工作报告》明确提出“依托黄金水道，建设长江经济带”；9 月 25 日，国务院正式印发《关于依托黄金水道推动长江经济带发展的指导意见》及《长江经济带综合立体交通走廊规划（2014 年—2020 年）》，长江经济带战略正式上升为国家发展战略；同年 11 月中央经济工作会议把长江经济带战略、一带一路战略、京津冀协同发展战略并列为重点推进的三大国家重大战略。

长江经济带地域范围包括沿江的九省二市，即上海、江苏、浙江、安徽、江西、湖北、湖南、重庆、四川、贵州、云南，总面积为 205.5 平方千米，约占全国国土面积的 21%，其中上海、江苏、浙江、安徽为下游，面积约为 35.1 万平方千米；江西、湖北、湖南为中游，面积约为 56.5 万平方千米；贵州、云南、四川、重庆为上游，面积约为 113.8 万平方千米。2014 年长江经济带人口总数 5.8 亿人，约为全国总数的 42%；GDP 为 29 万亿元，约占全国总量的 46%，人口和经济总量几乎占了我国的一半。

长江经济带战略的正式提出对于保障我国经济持续增长，促进东中西部协调发展，扩大对外开放合作，具有十分重要的意义。

（二）长江经济带的地位和作用

长江经济带是我国经济发展的主要增长极、东中西部协调发展的关键带、对外开放合作的重要轴线。

从国家战略看，长江经济带在西部联通陆上丝绸之路经济带，在东部衔接 21 世纪海上丝绸之路，长江经济带与“一带一路”之间的有机结合，系统构建了我国东中西均衡发展、沿海和内陆双重开放的战略格局（图 6–2）。上游成渝地区正成为内陆对外开放新桥头堡，向北经过关西地区衔接丝绸之路经济带；向东南经云南通过北部湾出海联通 21 世纪海上丝绸之路；向西南经云南通过中孟缅走廊连通东盟国家。下游长三角地区是我国沿海开放经济带的主要组成部分之一。

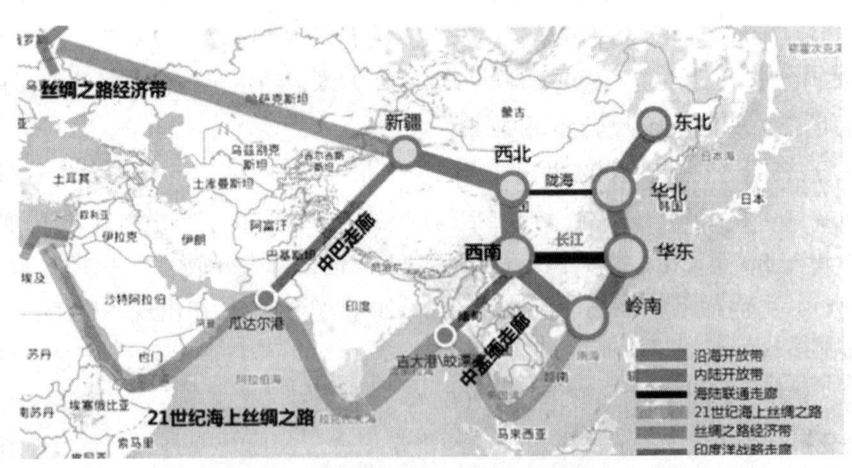

图 6–2　国家战略格局中的长江经济带

从经济发展看，长江经济带是我国资源富集、经济密集、人口集中、城市集聚、具有综合比较优势的资源带、产业带、经济带、城市带和创新带[①]。2014年长江经济带以全国21%的面积和42%的常住人口，生产了全国约46%的GDP、41%规模以上工业总产值、45%的外贸出口总额、46%的高技术产值，大约贡献了中国经济的半壁江山。长江经济带人均GDP超过4.5万元，高于全国4.2万元的平均水平，其中下游的江浙沪3省市人均GDP达到7.5万元。

从人口和城镇化看，2014年长江经济带常住人口约占全国的42%。1992—2013年期间，长江经济带常住人口增加了5882万人，主要由上海、浙江、江苏常住人口增长带动，显示出长江下游发达地区强大的人口吸引能力。2014年长江经济带常住人口城镇化率为53%，城市密度为全国平均密度的2.16倍。长江经济带集中了《全国主体功能区规划》明确的三大特大城市群之一（长三角城市群），八大大城市群和区域性城市群之三（成渝城市群、长江中游城市群、江淮城市群），成为我国“两横三纵”城镇化战略格局的重要支撑。

从交通运输看，作为黄金水道，长江水域面积占全国的40%，河道通航里程占全国内河通航里程的70%，运输能力达到30亿吨，位居全球内河航运第一位；年货运量和周转量占全国内河航运量的60%和90%以上，承担了沿江地区85%的煤炭和铁矿石及其上游90%以上的货物货运量，是世界上内河运输最繁忙的通航河流。港口方面，长江经济带拥有生产用码头泊位2.6万个，占全国总量的80%，拥有上海、武汉、重庆等三大国家航运中心，南京、南通、苏州、镇江、杭州等16个国内主要港口。2014年长江干线规模以上港口完成货物吞吐量18.5亿吨，其中上海港货物吞吐量超过8亿吨，持续保持世界第一。

从产业发展看，长江经济带粮棉油产量占全国40%以上，是我国主要的农业基地；长江经济带也是我国最重要的工业基地之一，我国钢铁机械、有色金属、石油化工、电子工业、纺织工业等等现代大工业大部分汇集于此，2014年钢铁产量占全国的31%，汽车产量占全国的44%，化工产量约占全国的47%；优越的开放基础与良好的经济发展条件，使信息技术、生物医药、新材料、电商物流、文化创意、航天技术、新能源等高新技术产业和战略新兴产业发展迅速，集中了全国相当数量的优势企业和技术研发机构，上海张江“药谷”与“中国硅谷”、南京“软件谷”、无锡“物联网”、苏州“纳米谷”、武汉“光谷”、重庆“车谷”等已成为沿江地区经济的名片。

从资源生态看，长江流域集中了我国约46%的淡水资源、35%的耕地资源、37%的森林资源，拥有众多在全国生态保护中占有重要地位的土壤保持区、水源涵养区、生物多样性保护区等多种生态功能区，生态屏障和环境保护功能非常突出。但同时，长江经济带也是我国主要的资源消耗和环境负载区域之一，生态环境尤其是水环境受到大规模

① 徐长乐：《建设长江经济带的产业分工与合作》，《改革》，2014（6）。

工业化和城市化的破坏和威胁，部分地区接近或达到环境容量，发展经济与保护生态和环境之间的矛盾比较突出。

总的来看，长江经济带目前已成为我国综合发展实力最强的区域之一，在我国经济发展战略格局中具有举足轻重的基础地位。但我们也要看到长江经济带正面临各种挑战，包括：上中下各流域处于不同发展阶段，内部经济发展水平差异较大；行政区经济阻碍着跨流域要素的自由流动和产业合作；上中下游之间的基础设施建设薄弱阻碍着长江经济带市场一体化进程；重化工业沿长江全线铺开，污染排放量快速增长，环境生态压力日趋严重；上中下游城市群发展不均衡，中上游城市体系不够完善等，应对这些挑战需要进一步强化水资源、产业、人口、城市和生态等要素整合，将长江经济带建设成为流域经济和政区经济协同发展的典范。

第二节　传统资源要素视角下的要素整合

一、基础要素整合：建设立体综合水道和协同开发水资源

水是人类生存和发展的基础，也是经济发展的基础资源。水资源是流域最基础最重要的资源，是流域经济发展的基础性要素，水资源要素整合基础在于水资源综合开发和绿色利用。

目前我国一些流域面临水运大通道堵塞不畅、岸线和港口资源重复建设和恶性竞争、水资源供需矛盾加剧、洪涝灾害频繁、水生态环境恶化等种种挑战，需要对流域水资源要素进行整合，以下分别从打造水运大通道、构建立体交通走廊、整合沿岸岸线和港口、协同水资源开发、保护水环境和水生态五个方面来分析水资源要素整合的具体途径和方法。

（一）建设畅通便捷的水运大通道①

1. 畅干流，通支流，保源流

畅通快捷的干支流水运体系是流域经济和社会发展的大动脉，是发挥水资源灌溉、运输等功能的基础；源流和上游的生态屏障建设是发挥水资源作用的前提。

一是畅干流。针对某些流域干流航道堵塞不畅的问题，积极实施干流航道浚深和畅通工程，包括深下游，即干流下游重点进行深水航道工程，解决泥沙淤积问题，以提高下游水深；畅中游，即中游和上游重点进行瓶颈河段整治工程，以消除中上游水运瓶

① 内河水运在我国经济社会发展中起着极为重要的的运输作用。目前我国内河航道主要分布在长江、珠江、淮河及黑龙江水系，长江、珠江和淮河 3 个水系通航里程占全国通航总里程 82.3%，其中长江占全国通航里程 53%，被称为“黄金水道”。

颈，从而提高干流水运能力，将干流建设成为流域便捷高速的水运大通道。

二是通支流。积极推进流域支流航道整治和梯级渠化，改善支流通航条件，提升支流通航等级，建设与流域干流有机衔接的支线水运网络。统筹跨流域行政区的航电枢纽布局和建设，协调航电枢纽发电与航运的关系，防止因为水电枢纽过于密集而造成断航。另外，加大支流通航基础设施建设及配套完善。一方面，完善码头、港口设施，为支流航运提供硬件支撑；另一方面，升级现有船闸和升船机等通航设施，提高通航设施对船舶的运输能力和等级，以满足不断增大的货运需求。

三是保源流。加强干流源流和上游的生态屏障建设，积极实施防护林体系建设、水土流失及岩溶地区石漠化治理、退耕还林还草、河湖和湿地生态保护修复等各种生态保护工程，制止一切破坏源流和上游生态和环境的项目上马。

2. 建设流域物流大通道

依托水运大通道，建设流域物流大通道，是发挥水资源航运功能，降低物流成本，促进流域经济发展的重要手段。

一是打造沿流域物流联动发展的利益共同体。流域干流往往横跨流域不同省市，应发挥市场配置资源的基础性作用，发挥各省市航运、港口、物流等企业的不同优势，以资产为纽带、以港口和物流园区为物流节点、以集装箱运输为重点，打造流域物流产业联动发展的利益共同体，共同建设高效便捷的流域大物流带。

二是建立航运、港口、物流企业的战略联盟。首先，加强流域上中下游港口之间的联盟。干流上中下游的重要港口应根据自身的实力条件和发展趋势，建立港口战略联盟，通过合理分工，紧密合作，共享现有资源，避免恶性竞争。中游、下游港口可按市场营销和技术联盟模式进行协作，下游和中、上游港口可按技术型联盟进行合作。其次，是加强流域重要港口与主要航运公司之间的合作和联盟。可以采取多样化的合作方式，如港航双方可以合股共同经营港口，进行基础设施建设方面合作等。再次，是建立重要港口与大货源之间的联盟。为保障获得长期并稳定的货物来源，港口也可以凭借其优势，主动积极地建立与重要货源长期联盟关系，形成合作联盟。

3. 完善水运服务和保障系统

一是加强水运集疏运体系建设。以流域航运中心和主要港口为基础，推进机场、铁路、高速公路、高等级公路等与重要港口的连接通道建设，提高货物中转运输能力和速度。加快建设流域航运中心和重要港口与沿江开发区、物流园区间的快速运输道路，提高港口运输服务的覆盖面积，增强集疏运服务功能。

二是建立水运智能服务和安全保障系统。建立和完善流域干流航运智能信息体系，建立多种运输方式综合服务信息平台，尽快提高和改善流域水运能力。加快建设流域各监管和救助部门信息共享平台，推进信息系统互联互通，在流域干线建设全天候和全方位运行的水上安全监管和救助体系。

（二）立体交通，互联互通

流域的交通运输体系不仅仅是水运交通，而是水、陆、空综合性的立体式交通体系。以流域水运大通道为支点，统筹“水、铁、公、空、管道”“五位一体”运输建设，加快这五种运输方式的衔接配套和流域综合交通枢纽建设，发展铁水、公水、公铁、空铁等多式联运，打造航道畅通、枢纽互通、关检直通、江海联通、干支直达的互联互通式综合运输走廊，以强大运输基础设施支撑流域经济发展。

1. 构建流域“水、铁、公、空、管道”“五位一体”的综合立体交通走廊

一是依托流域干流，打造以流域干流和重要江河航运为主轴，以流域支流和小的江河航运等为补充的流域干支流内河航道体系，增强对流域产业和城镇发展的运输保障作用。

二是建设流域内外快速便利的铁路网。对接国家“三横五纵”的干线快速铁路网建设，建设沿流域干流和其他重要江河的沿江快速铁路；加强流域内铁路建设，改造升级流域现有普通铁路，提高流域铁路长度、密度、等级，打造联通流域内外重要城市的快速铁路网。

三是建设流域内外高等级广覆盖公路网。以流域内国家高速公路和高等级公路为基础，建成连通流域中心区域、重点城市、重要港口和边境口岸的快速公路网络；积极建设普通国道二级及以上公路，提高流域国省干线公路技术等级；加快流域县乡连通公路、旅游景区连接公路、山区脱贫和资源开发重要公路建设，基本达到流域各乡镇和各建制村村村通水泥路。

四是强化流域航空网络建设。进一步将流域主要城市打造成国内航空枢纽，加强流域重要城市机场建设，将其打造成流域内次航空枢纽；在建设流域干线机场同时，积极推进流域支线机场建设，形成以流域干线机场为主，支线机场为辅的流域上、中、下游机场群网络；增加和完善流域国内和国际航线，提高流域主要城市间航班密度，积极向国家有关部门申请增加国际运输航线。

五是建设流域油气管道网络。加强油气运输通道和储备系统建设，尤其是流域重要节点城市的油气管道建设，合理布局沿江管网设施；完善区域性油气管网，强化流域下游发达地区向上游和中游地区、沿江地区向腹地辐射的原油和成品油输送管道建设；加快互联互通，形成以流域干线管道为支点，连接流域各重要城市天然气供应保障体系。

2. 打造流域综合交通枢纽

一是加快流域全国性综合交通枢纽（流域主要城市）和区域性综合交通枢纽（流域重要城市）建设，建设以流域主要城市为核心，与流域重要城市、次区域经济中心相互联系的立体化交通网络，打造高效畅通、多层次、立体型的城市群交通圈。

二是加强流域水运、铁路、公路、航空等各种客运运输方式有效衔接。根据城市空间形态、运输要求、旅客出行等不同特征，建设不同层次和功能的综合性客运枢纽。推

动和实现流域重要城市水运、地铁运输、地面公共交通等与干线铁路、城际铁路、干线高速和快速公路、机场等紧密衔接，实现零距离换乘，提高客运运输的方便性和舒适性。

三是提高货运枢纽集疏运功能。加快流域货运枢纽与开发区、物流园区等的空间布局，建设能力相称的公路、水运、铁路连接线和换装设施，提高货物运输的方便性和可达性。另外，推动制定多式联运标准规范，积极发展铁水、公铁、公水、空铁等多式联运，发展多式联运经营企业，提高物流运输效率。

四是编制流域综合交通枢纽建设和发展规划，促进与流域现有城镇体系规划、土地利用规划、城市总体规划等规划体系的衔接与配套，科学合理布局高速铁路、高速和快速公路、机场、港口、地铁建设，把交通枢纽和交通网络建设同流域产业发展和城市建设结合起来，逐步建成上中下游贯穿，多种交通方式并存，网络型的现代交通体系。

（三）整合开发岸线、口岸、港口

岸线、口岸、港口建设是水资源综合开发的重要内容。我国有些流域存在岸线资源无序开发和过度开发、口岸过多、港口过度竞争甚至恶性竞争等问题，需要整合开发港口、口岸、岸线等资源。

一是整合流域干流和重要江河岸线资源。建立岸线资源有偿使用制度，加快流域干流和重要江河岸线的开发和保护，积极建设沿江工业与港口岸线、过江通道岸线、取水口岸线，大力保护生态和生活岸线；提高流域干流和重要江河已有岸线利用效率，把水安全、防洪、治污、港岸、交通、景观等各种功能结合起来，提高岸线资源集约利用水平，逐步解决流域岸线无序发展的问题；积极保护岸线原始风貌，有效使用沿江风景名胜等自然人文景观资源，让流域居民享受方便、安全、舒适的亲水空间。

二是整合流域对外开放口岸和特殊区域建设。向国家有关部门申请增加流域开放口岸和特殊口岸，建设流域高水平对外开放平台：在中上游地区申请增设口岸和特殊口岸，在有条件的区域增设内河港口、铁路、机场一类开放口岸，推动流域口岸信息系统互联互通。条件成熟时，逐步将流域沿江各类海关特殊监管区域整合为综合保税区，鼓励在条件成熟的流域边境地区建设边境经济合作互助区。

三是推进流域港口优化整合。进一步推进流域主要港口建设，将其打造为国家级航运中心，同时加强流域重要港口建设，打造流域若干区域性航运物流中心，加强上、中、下游各港口间分工协作和运营联合，实现优势互补，形成港口群良性互动发展新格局。另外，鼓励流域主要港口企业以资本、技术、管理等为纽带，推进流域跨区域兼并、重组或联盟合作，推动区域内港口的横向资源整合，加快以物流产业链为基础的上、中、下游港口之间和港口、航运、物流等行业的产业链纵向整合，发挥市场机制，优化整合港口资源，推动港口一体化发展。

四是构建流域大通关体制。加强流域重要海关与沿海沿边口岸海关的合作，通过“一次申报、一次查验、一次放行”模式，实现流域海关区域通关和检验检疫一体化；推进流域各口岸、海关等执法部门的信息互换、监管互认和执法互助，简化通关程序，提高监管效率。

（四）以水权制度改革为突破口，协同开发流域水资源

水权制度是现代水资源管理的主要制度。我国当前的水权制度规定水资源所有权属于国家，在管理上为政府行政分配、统一调度。由于沿袭了市场化改革滞后，我国目前水权制度中水的使用权、配置权和收益权比较模糊，水资源所有权与经营权不分，政府对水资源进行无偿或低价供给，种种问题致使我国流域水资源的低效利用，用水粗放增长，浪费严重，需要以水权制度改革为突破口，通过制度创新促进流域水资源的协同开发。

1. 水权制度简介

水资源产权，简称为水权，目前对水权的定义有多种，一般是指水资源所有权、使用权、转让权等与水资源有关的一组权利的总称。水权制度则是指划分、界定、配置、调节和保护水权，确认和处理各个水权主体的责、权、利关系的一系列制度总称，水权制度一般由水资源所有制度、水资源使用制度和水权转让制度组成。从国际实践看，水权制度是现代水资源管理的主要制度。

目前，现代水权制度按所有权性质可分成两大类：一是私有水权制度，即水的所有权属于私有，水权包括水资源的所有权和使用权；二是公有水权制度，即水的所有权属于国家、政府所有，水权侧重于水资源使用权。按初始水权的取得和分配，可进一步细分为四类：河岸所有权制度、优先占用权制度、行政分配权制度、比例分配权制度。这四类初始水权分配制度都存在一定的缺陷，近些年来世界各国开始出现新的趋势，即在初始水权分配的基础上实行二次水权分配，实施可交易水权制度。尽管各国水权制度有所不同，但是建立权属明晰的水权关系，是实现水资源优化配置的基础。

表 6–1　现代水权制度比较表

种类	制度主要内容	优缺点	目前实施国家或地区
河岸所有权	水权属于沿岸的土地所有者，水权私有并依附于地权，前提是水资源充足。	权属清晰明确，仅适用于水资源丰富地区。	美国东部各州，如特拉华、佐治亚等

（续表）

种类	制度主要内容	优缺点	目前实施国家或地区
优先占用权	水资源所有权公有，用户拥有使用权。三大原则：时先权先（即先占用者具有优先使用权）、有益用途、不用即废。	权属清晰明确，适用于水资源相对短缺地区，但水权有高低等级，存在公平性问题。	美国西部各州如犹他州、澳大利亚等
行政分配权	水资源所有权国家所有，国家用行政手段分配水资源，水资源的开发必须服从国家的经济计划和发展规划。	整体上保障水资源配置效率，但权属比较模糊，微观效率不高。	前苏联和中国
比例分配权	将水资源按照一定的比例分配给所有用水户。	消除水权的高低等级，具有公平性，适用于水资源非常缺乏地区。	智利、墨西哥、以色列等
可交易水权	属于二次水权分配，在政府监管下按市场机制交易和转让富余的取用水量权利。	是对初次分配的补充完善，显著提高水资源配置效率。	美国西部、澳大利亚、中国等

2. 以水权制度改革为突破口，协同开发流域水资源

（1）因时因地建立水权明晰的水权制度

美国水权制度主要特征是水权明晰和因地制宜。在美国东部地区如阿肯色州等，由于水资源较为丰富，采用河岸所有权制度；在美国西部如犹他州等，由于干旱缺水，采用的则是优先占用权制度；美国加州则实行河岸所有权与优先占用权并存的混合水权制度。从制度上看，无论是河岸所有权制度还是优先占用权制度，都通过合理明晰界定水权，明确了水资源所有者和使用者对水资源的各种权利、义务。

我国当前的水权制度规定水资源属于国家所有，在管理上为政府行政分配、统一调度。由于沿袭了计划经济管理体制，我国目前水权制度中水的使用权、配置权和收益权比较模糊，水资源所有权与经营权不分，种种问题导致我国水资源的低效利用和配置。因此，在国家对水资源拥有所有权的前提下，对现有水权制度进行改革完善，逐步建立起以产权明晰、政资分开、权责明确、流转顺畅为目标，以水权许可和登记、水权有偿获得、可交易水权为核心内容的现代水权制度。当前水权制度改革的重点是明晰和合理配置水权以及加快建立水权交易制度，具体做法包括加快水权的确权和确权登记，逐步放开使用经营权，选择部分重要缺水流域进行水权交易试点，推动水权交易平台建设等。

另外，我国水资源量南多北少，时空分布极不均匀。我国可根据区域和流域的水资

源状况，因地制宜，在全国性水权制度的基础上，建立符合不同特点的区域性和流域性的水权制度。

（2）建立符合中国国情的流域水权分配机制

水权初次分配和再分配是水权制度的重要内容。目前世界上很多国家，特别是一些西方国家按水权优先级别对水资源进行初次配置，通过水权交易对水资源进行再分配。首先，从水权优先级别来看，生活用水具有最高等级的优先权；一般根据申请时间的先后被授予相应的优先权，即时先权优先；在用水等级相同的情况下，能够产生更大效益的用水具有优先权。其次，在进行水权再次分配时，则在市场机制和政府监管下，通过水权交易市场实现用水者之间的水权转让与交易。

我国水权分配长期沿袭的是行政管制分配模式，政府对水资源进行无偿或低价供给，致使用水粗放增长，浪费严重，既缺乏效率又不公平。应当借鉴国外的先进做法，探索建立符合中国国情的水权初始分配和再分配机制。在水权初次分配方面，首先，要建立水资源的宏观控制体系和定额管理指标体系。其次，按水权优先级别对水权进行分配。一是在优先考虑生活、公共以及生态用水需求。二是优先考虑粮食安全和社会稳定用水。三是对于实施优先权的流域可根据时间优先、地域优先、现状优先的原则进行水权分配。再次，推进水权协商分配试点。在一些用水户相对比较集中、有一定的组织协会基础、水资源稀缺的区域，逐步培育和建立用水协会，由行政主管机构授权，民主协商分配初始水权。

在水权再分配方面，首先，要进一步建立和完善水权交易法规体系、水权交易管理体系、水权交易市场体系等。其次，在水资源供需困难的流域如黄河中上游进一步推进水权交易，设立流域水权交易中心。用户在水权交易中心通过市场机制交易水权，政府对其监督管理，然后再逐步向其他流域推广。

（3）流域水权共享

Murray河是流经澳大利亚维多利亚州、南澳大利亚州及新南威尔士州的一条跨区域河流。随着对Murray河取水需求量的不断增加，三州对Murray河水分配也出现了越来越大的矛盾。为解决这一问题，三州在联邦政府的协调下决定共享水权，并签订了《Murray河水资源协议》，以定量的方式明确了各州所拥有的具体水权，

我国很多河流流经数个省区。如何分配流域上游中游下游之间、省际之间以及省内各地区之间的水权是一个长期难以解决的问题。Murray河流水权共享协议对我国跨省河流水权分配具有一定借鉴意义。当前可以选几条跨省河流进行水权分配试点，即在中央政府指导下，由河流流域的省区签订水权共享协议，以定量的形式明确各省的水权，而且下游省区对上游中游省区进行合理的经济补偿。

（4）推进流域重要河流用水计量设施和水资源监测系统建设

用水计量设施和水资源信息监测系统是现代水资源管理的技术基础。澳大利亚已建立比较完善的用水计量设施和水资源信息监测系统，从而能准确地预测年际与年内水

资源可分配总量，极大改善了水权定量和分配管理的可操作性和准确性。应借鉴这一经验，积极推进流域重要河流的用水计量设施和水资源监测系统建设，包括：建设流域水资源动态监测系统；建设流域各用水区域间边界段面监测系统；研究开发流域水资源预报预测模型；建设大型用水户的取水计量实时监测系统等。

（五）保护水环境，恢复水生态

良好的水生态和水环境是水资源开发利用的前提。目前我国有些流域存在水污染严重、水生态和水环境日益恶化、水质不断下降，呈现富氧化等种种问题，需要采取必要措施，严格控制和治理流域水污染和强化水生态保护和修复。

1. 严格水资源开发，保护水环境

一是落实最严格水资源管理制度，加快建设水资源管理体系、农田水利体系和防汛保障体系，落实水资源用水效率控制、开发利用控制、水功能区限制纳污三大水资源利用红线，严格水资源保护责任和考核制度。

二是加强水源保护区和流域生态河道建设，改善沿江取水口和排污口布局，积极建设饮用水应急水源，严格取缔饮用水水源保护区内的任何排污口；加快河流和海洋开发保护体系，促进陆域与海域协调发展、河流与海洋联动保护；积极推动沿江、沿河、沿湖水资源保护带、生态隔离带建设，提高流域水源涵养和水土保持能力。

2. 建设绿色生态廊道，恢复水生态

一是坚定不移实施主体功能区制度，积极划定流域生态保护红线，大力加强重点生态功能区建设和保护，构建中上游生态屏障。二是实施各种生态工程，大力加强流域生态环境保护和恢复，中上游大力进行坡耕地退耕还林还草、岩溶地区石漠化治理等生态工程，中下游积极推进退田还草还湖还湿、生态清洁小流域综合治理等生态工程。三是强化水土流失治理和地质灾害防治，重点进行流域防护林体系建设和天然林草资源保护，积极保护流域风景名胜资源和山地丘陵地区林草植被。

3. 严格流域水污染控制和治理

一是明确水功能区限制纳污红线，按河段并分时间季节科学制定流域水域纳污容量，对流入河（湖）排污总量进行严格控制。二是实行流域干支流沿线城镇污水垃圾全收集全处理，特别是流域上游贫困地区由国家出资兴建和运营各级污水处理厂，强化对农业畜禽、农村污水垃圾治理、水产养殖污染物排放控制，大力加强对船舶溢油风险防范和船舶污水排放控制。三是大量减少磷排放量、氨氮排放量，严格控制总磷排放和总氮排放量。强化对流域化工、印染、造纸、有色等排污行业环境隐患排查和集中治理，推广合理施肥，控制稻田过量投入氮素化肥，减少城乡含磷洗涤剂的用量等。四是完善水污染应急救援体系，建立流域水环境污染预警系统，提高水污染应急处置能力。

（六）长江经济带水资源整合分析

长江干流长达6300余公里，贡献了全国37%的水资源、53%的内河通航里程、48%的可开发水电资源。改革开放以来，长江经济带路网规模持续扩大，基本形成了以长江水道为基础，铁路、水运、航空、公路、管道等五种运输方式协调配套发展的综合运输网，但仍然存在较大不足，包括中上游航道阻塞问题明显，高等级航道比重不高；从长江下游到上游的东西向铁路和公路运输能力相对薄弱，铁水、公水、空铁等运输方式间尚未实现有效衔接；水资源供需矛盾加剧、洪涝灾害频繁、水利设施薄弱、水生态环境恶化等，这些问题已成为影响长江水资源综合开发利用的重要制约因素。

1. 畅干流、延上游、通支流、保源流

畅干流。一是实施重大航道整治工程来畅通长江干流，打造黄金水道：下游着重建设12.5米深水航道工程；中游重点建设荆江段航道整治工程、宜昌至武汉4.5米航道治理工程、武汉至安庆6米航道治理工程；上游重点进行宜宾至重庆段航道整治工程。二是打造以长江干流航运为主轴，以岷江、乌江、嘉陵江、湘江、洞庭湖水系、赣江、鄱阳湖水系、汉江等为补充的长江航道运输网，促进长江航道运输的集群化和集约化。

延上游指将长江干流从宜宾向上延伸800公里至攀枝花，四川云南贵州三省共同开发建设金沙江下游经济区，打通国家重要战略资源要地——攀西六盘水经济区与川南经济区和成都经济区的联系及其通江达海通道。

通支流是将岷江、嘉陵江、涪江等重要支流与长江干流贯通，积极推进嘉陵江全江渠化通航，岷江航道整治、乐山港和成都港建设等项目工程，加快沱江污染治理和赤水河保护，逐步实现沱江、涪江复航等。

保源流即强化通天河、雅砻江、大渡河等长江源流的生态屏障建设，严格遵守源流“三江”生态红线，大力实施各种生态环境保护工程，禁止一切破坏源流的项目建设，以打造长江上游生态屏障。

2. 构建复合型、立体型交通网

一是以长江水运为依托，以“五节点”（上海、南京、武汉、重庆、成都五大城市）、“两横轴”（上海—成都、上海—昆明两条通道）、“五纵轴”（南京至杭州、武汉至长沙、合肥至南昌、重庆至贵阳、成都至昆明）、“四区域”（长三角、长江中游、成渝地区、金沙江下游）为支撑，构建“水、铁、公、空、管”“五位一体”复合立体型交通运输网络。

二是以上海、南京、武汉、重庆、成都等大城市为核心，以现有连接重要城市、城市群和结点城市的通道布局为依托，以区域交接处或断头路建设为突破口，全面建设沿江高速铁路、城市群轨道交通、国家高速公路，打造中心城市之间、核心城市与重要城市之间的“1小时城市区交通圈”“2小时城市群内城际交通圈”和“3小时高铁城市群交通圈”。

三是优化港口布局，加快上海国际航运中心、武汉长江中游航运中心、重庆长江上游航运中心等三大国家航运中心，以及南京、芜湖、九江、岳阳、宜宾等重要航运物流中心建设，推动这些港口分工协作和联动发展。按照港区专业化、规模化原则，积极提升上海港、宁波—舟山港作为长江下游海港区功能，积极推进芜湖、安庆、马鞍山、黄石、宜昌、荆州、岳阳、泸州等长江中上游重要港口建设，加快港口集疏运通道和中转体系建设，延伸港口运输服务的辐射范围和功能。

3. 打造综合交通枢纽和对外开放交通走廊

一是重点建设上海、南京、武汉、重庆 4 个复合型国家综合交通枢纽。充分发挥上海江海交汇枢纽的区位优势，打造世界性的航运中心和水运、公路、铁路、航空综合交通枢纽，强化对整个长江流域的支撑和服务功能；南京应以港口和铁路建设为重点，构建长江下游航运中心和区域运输综合枢纽，扩大对苏中苏北和皖中地区的辐射作用；武汉应重点打造长江中游航运中心和区域运输综合枢纽功能，形成中部物流运输成本洼地，扩大对长江中游的辐射作用；打造重庆为长江下游航运中心和区域运输综合枢纽，成为西部对外开放的高地，扩大对长江上游的辐射作用。

二是长江上游建设南北对外开放的交通走廊。长江上游对外开放合作是我国新一轮对外开放的重点，应着重建设三条南北向的对外联系走廊，打造长江流域西向对外开放门户，包括：成都—昆明—缅甸走廊、连通东盟国家；重庆—贵阳—防城港走廊、连通海上丝绸之路；重庆—兰州—霍尔果斯走廊、连通欧亚大陆桥。

三是强化落后地区基础设施建设。长江中游和上游地区基础设施建设比较薄弱，应充分利用中部崛起和西部大开发战略带来的良好机会，充分利用国家建设资金和下游发达地区的援助资金等，花大力气建设和改善长江中上游地区交通基础设施、电力设施、通讯设施等各种基础设施，为区域经济发展提供重要的基础设施条件支撑。

4. 强化长江水环境保护和水生态恢复

研究制定长江生态环境保护规划，强化重点生态功能区保护和流域生态系统修复，积极建设太湖、滇池、巢湖、草海等流域湿地生态环境保护恢复工程，进一步加强金沙江、乌江、三峡库区、赣江、嘉陵江、汉江、洞庭湖和鄱阳湖水系等重点区域水土流失控制和治理，显著改善长江生态环境。

积极实施流域长江防护林体系建设和沿江天然林草资源保护，强化流域沿江风景名胜资源保护和林草植被建设。强化长江稀有和重要物种栖息繁衍场所保护，积极建设自然保护区和水产种质资源保护区。。

建立长江水环境污染预警系统，制定水功能区限制纳污红线，加强长江源头、三峡库区、洞庭湖、鄱阳湖、丹江口库区、长江口等水体的水质监测和保护体系建设，强化流域重点水域保护，按河段、分季节严格控制入水域排污总量，稳步改善和提高长江流域水质。

二、核心要素整合：产业整合升级和绿色发展

流域协调可持续发展是流域经济发展目标，其核心落脚在产业和经济的协调发展和绿色发展。产业和环境是流域经济和政区经济发展的核心要素，其中，产业是流域经济发展的动力，环境和生态是流域经济发展的保障。

目前，我国流域经济发展呈现出明显的二元经济特征和城乡差距。一是流域的上游地区除了极少数发达地区以外，交通、电力、通信等基础设施建设相对于中下游发达地区相当滞后。上游地区的基础设施长期处于落后状态，使产业成长受到很大限制。二是现代产业和大型企业大多集中于流域的中下游地区和流域各大中城市，而生产效率较为低下的传统产业和中小企业大多集中于流域的上游地区和广大的乡村。三是流域的上游地区工业化水平落后于中下游地区。我国流域中下游地区已处于工业化中期向后期发展阶段，流域的上游除了极少数地区以外仍然处于工业化初期向中期发展阶段。

为进一步提高流域工业化和城市化水平，缩小城乡差距，迫切需要对流域产业和环境要素进行整合，一方面要推动现有产业整合升级，创新推动新产业发展；另一方面要以生态为优先，推动产业绿色发展，搭建流域产业和环境协同发展的桥梁。

（一）推进产业整合升级和创新发展

推进流域产业整合升级主要是针对流域现有产业，特别是传统产业的转移、整合、升级。推进流域产业创新发展主要是发展战略性新兴产业、高新技术产业、现代服务业等。

1. 推进流域产业整合升级

（1）促进主导产业的整合升级

主导产业是指在较长时期内需求的收入弹性较大，与其他产业的关联作用强，具有较高劳动生产率的产业。这类产业技术水平发达，附加值大，对其他产业具有较强的辐射带动作用。主导产业作为具有较高增长率和较强产业关联度的产业，在区域经济发展中往往发挥着支柱性的作用。

流域各区段要依据产业比较优势和企业优势，大力发展和培育流域的主导产业。对于经济发展水平较高的流域下游地区，主导产业选择的重点是现代农业、先进制造业、高新技术产业，现代服务业。对于欠发达的流域经济中游地区，主导产业选择的重点是资本或技术密集型产业，如重化工业、装备制造业、纺织机械等。对于经济落后的流域上游地区，主导产业选择的重点是充分利用资源优势，积极发展具有比较优势和特色的产业如旅游业和特色农业等，另外，在其相对发达的地区，大力发展一些现代制造业和高新技术产业。

（2）加快传统产业改造升级

一是通过产品结构升级和技术创新，逐步从产业链微笑曲线中低附加值的底端提升到研发、品管、市场渠道管理等高附加值的两端，由生产低端的钢铁机械等冶金产品和轻工纺织等劳动密集型产品升级到生产行业所需的高端产品和产品高端。二是充分利用互联网、大数据（Big Data）、云计算（Cloud Computation）、人工智能（AR）等新一代信息技术加快对医药化工、纺织机械、钢铁冶炼、农产品加工等传统产业的升级，加强对引进技术的消化、吸收和创新升级，提高传统产业企业的技术研发能力和创新水平。三是推进传统产业由下游地区向上中游的转移，将下游地区相对较为先进的技术、人才、产业输送或转移到中上游地区，从而提高流域整体的产业实力。

（4）引导产业有序转移和重组

一是依托中上游地区广阔腹地，引导资源加工型、劳动密集型产业从流域下游地区向中上游地区转移；二是按照资源优势和区位优势进行产业空间结构调整和布局新的产业，引导产业园区向中心城市集聚，形成产业群带和产业集聚；三是建立产业跨区域转移合作机制，支持和鼓励流域下游和中上游开展产业园区战略合作，以中上游地区国家级开发区、省级开发区为基地，建设产业转移园区；四是加大同类企业重组力度，依托优势企业引领产业经济。通过兼并、收购、参股等方式，实现流域内优势企业的强强联手，依托优势企业引领流域内的产业经济发展。

2. 创新驱动产业发展

（1）发展新兴产业，培育新的经济增长点

一是大力发展战略性新兴产业。在3D打印、移动互联网、云计算、大数据、生物工程、新能源、新材料等领域取得重要突破。下游地区重点发展新一代信息技术、航空航天装备、海洋工程装备及高技术船舶、先进轨道交通装备、节能与新能源汽车、新材料以及生物医药等新兴产业；中游地区重点发展激光、光纤、高档数控机床和机器人、新型金属材料、电力装备、农机装备等产业；上游地区重点发展机械、电子、核电设备及与医药、食品、轻工等产业。

二是加快发展现代服务业。积极发展金融保险、节能环保、现代物流等生产性服务业和研发设计中心、检验检测平台、认证认可中心等中介性服务产业；加快发展健康养老、家庭服务、文化教育、生态旅游和特色旅游业等生活性服务业。

三是积极发展现代农业。利用流域丰富和多样化的农业资源，积极推动流域农业优势产业带和农业特色产业带建设，因地制宜建设一批高水平现代农业产业区。上游地区发展草食畜牧业、特色生态农业、特色休闲农业、特色乡村旅游业；中游地区发展现代种业，建设粮食生产基地和主要农产品基地；下游地区发展高效精品农业和都市农业。

（2）培育自主创新能力

一是建立企业的技术创新主体地位，引导创新资源向优势企业和大企业集聚，建设若干具有较强自主创新能力的行业领军企业，进一步布局一批国家工程中心、国家重点实验室、企业技术中心。二是积极推动产学研互助合作，运用市场化机制探索建立新型科研机构，鼓励发展产业技术创新战略联盟。

（3）培育新兴产业集群

以流域国家级高新园区、省级开发区、产业建设园为基地，积极建设一批国家高技术产业基地和战略性新兴产业基地，突破核心关键技术，培育知名自主品牌，打造新型电子信息、高端装备、新能源汽车、高技术船舶、先进轨道交通装备、新材料、生物医药等新兴产业集群。

（4）加强金融创新，支持流域产业与经济发展

一是打造流域内跨区域的金融合作平台，促进金融要素自由流动。对流域内跨区域、影响力大的一些建设项目，比如跨区域基础设施项目、重大产业项目等，金融机构之间可以探索银团贷款的模式，开展跨区域合作。

二是通过金融机构和金融产品创新，支持产业整合和转型。效仿支持"一带一路"战略所成立的亚洲基础设施投资银行，在我国主要流域如长江和黄河流域试点设立流域经济带发展银行，支持流域重要基础设施和产业投资项目建设。试点建立流域产业发展并购基金来支持产业资本跨区域流动，推动以资本为纽带的产业跨区域整合。支持在流域内成立新的民营银行等中小金融机构，发挥民营经济的活力，为流域经济发展募集民间资本。支持到海外资本市场发行流域建设债券和设立海外建设基金，从国外资本市场筹集产业发展和建设资金。

3. 强化流域内产业分工协作和配套

明确流域内上、中、下游地区各自在整个流域经济系统产业发展中的功能定位，推动各地区构建具有独特竞争优势的产业，建设呈梯度发展格局的流域产业带，最终形成上中下游合理分工、协作互补和产业共生的流域产业体系。

一是经济发达的流域下游地区要推动产业结构创新升级，重点发展高端制造业，3D打印、移动互联网、云计算、新能源、新材料等战略性新兴产业，信息技术、生物技术等高新技术产业、物流、电子商务、金融等现代服务业。二是经济总体发展水平中等的流域中游地区应转变经济增长方式，大力推动新工业化，主动承接下游地区的产业转移。充分利用流域的水资源、能源、航运等优势，积极推进产业布局调整和产品结构提升，大力发展钢铁石化、交通装备、工程机械等大工业，打造装备制造、汽车、家电、纺织服装等国际性制造业集群。三是经济发展水平相对滞后的上游地区要对区域内丰富的森林资源、农牧资源、自然生态资源、水能资源、旅游资源实现统一整合，优化配置，共同开发，形成规模效应。大力发展草食畜牧业、特色生态和特色休闲农业，培植一批具有比较优势的名优产品和企业集团，形成特色产业，提高区域经济竞争力。

（二）生态优先，绿色发展

绿色发展是构建流域产业和环境协同发展的桥梁。在生态环境容量最严格红线内，

积极发展生态农业、生态旅游业、积极推动产业绿色、循环、低碳发展，建立节约能源资源和保护生态环境的绿色发展产业模式。

1. 积极发展生态农业

1981年英国农学家Worthington将生态农业定义为："生态上能自我维持，低输入，经济上有生命力，在环境、伦理和审美方面可接受的小型农业"[①]。流域生态农业建设中应立足流域资源优势，选择适合本地生态环境条件的生态农业建设模式，将产业发展与资源可持续利用、环境保护结合起来。

一是因地制宜地选择适合流域生态环境条件的生态农业建设模式。在我国，生态农业发展的典型形式也是多种多样的，应根据各流域的自然资源分布、生态环境条件、社会经济技术条件等，选择适合本流域的生态农业建设模式。在流域山区可重点建设名优茶基地和山区药材基地；在流域丘陵区重点调整种植结构，积极发展蚕桑、茶叶、果木等经济作物和家禽家畜养殖业；在流域平原区重点建设粮油作物、果木、禽畜养殖基地。

二是发挥资源优势，积极培育特色生态农业。我国主要流域上游一般是高原草原区域，可建立优质绿色环保的畜牧基地，积极发展饲草产业和保护性草地畜牧业。流域中上游区域应大力发展生态种植业，建立棉花、糖料、烟叶、水果、中药材等特色环保农业生产基地。如长江流域的云南省可发展花卉园艺、优质烤烟产业，四川山区可积极发展名贵药材产业，黄河流域的陕西可积极发展苹果、梨、大枣等优质果品产业。另外，流域不能仅仅输出特色农产品，而是要延长产业链，进行农产品深度加工，形成区域化布局、专业化生产、产业化经营的良性发展机制，实现农业经济效益和生态效益的有机结合。

2. 积极发展生态旅游

生态旅游，是指以欣赏和研究自然景观、野生生物及相关文化特征为目标，为保护区筹集资金，为当地居民创造就业机会，为社会公众提供环境教育，有助于自然保护和可持续发展的自然旅游[②]。胡鞍钢（2001）指出："我国长江、黄河流域中上游地区自然条件复杂，地域差异大，民族风情浓郁独特，内涵丰富，科研价值高，观赏性强，具备了发展生态旅游的资源基础。特别是在某些偏僻地区，由于交通不便，人烟稀少，近、现代的工业进程对旅游区的生态冲击较小，原汁原味的旅游资源更加适合生态旅游的开展。"[③]长江、黄河等流域上中游地区应当充分利用本地的自然生态资源优势，积极发展生态旅游。

（1）做好生态旅游资源的统筹规划和综合开发。一是应根据不同流域及流域各区段

① 曹俊杰：《生态农业、效益农业与我国农业的可持续发展》，《经济问题》，2002（3）。
② 李萍、黄载曦：《四川生态旅游业与政府的主导作用》，《旅游管理》，2001（2）。
③ 胡鞍钢：《地区与发展西部开发新战略》，中国计划出版社2001年版。

的生态资源优势，搞好统筹规划，设计能突出本地区特点和品位的特色生态旅游活动，以及开发生产具有本地特色的手工艺品、绿色食品等旅游纪念品。二是立足独具魅力的特色旅游资源优势，推动传统旅游产品的更新升级，开发新的旅游线路和景点，形成以历史文化观光、科学考察、登山探险、原始生态观赏等为主的特色旅游线路和产品。三是生态旅游区旅游项目的规划开发要与保护自然生态环境相协调，尽可能强调自然生态特色，尽可能减少环境污染和杜绝建设性破坏。

（2）合理开发和保护生态旅游资源，把发展旅游业与生态建设结合起来。生态旅游资源是一种极为宝贵的稀缺资源，具有不可再生性。流域上中游地区接近原始或自然状态，具有很大的环境敏感性和脆弱性。所以必须科学地确定最高游客容量和环境承载力，并能够采取一定的技术手段及时调控游客流量，把旅游活动强度和游客进入数控制在环境可承载的范围内。

（3）加强旅游配套设施建设，提高服务质量。一是加快消除发展交通、通信、住宿等基础设施瓶颈的限制。生态旅游地大多位于流域经济欠发达的上游高山和少数民族地区，交通、通信、居住等基础设施比较落后，严重制约了生态旅游的开发。因此，应多渠道、多方式筹措资金，加大投入，强化生态旅游地的交通、通信建设，搞好旅游地宾馆和餐饮服务业的建设，满足生态旅游过程中游客的吃、住、行、游、娱等需求。二是搞好生态旅游区的“文明优质服务”和安全生产，狠抓生态旅游区软环境建设，提高旅游业从业人员的素质等，打造生态旅游地良好的声誉和品牌。

3. 推行清洁生产、发展循环经济

一是探索建立绿色GDP核算体系，制定符合我国国情的资源循环再利用以及资源回收的有关政策；二是加强研究、开发、引进、推广环保新技术，大力开发清洁生产技术、生态产业链技术、环境工程技术、回收处理技术、绿色再制造等“绿色技术”；三是积极推进ISO14000环境管理体系认证，建立环境友好的绿色工业园区，积极发展循环经济。

4. 大力调整产业结构和布局

我国某些流域由于受计划经济体制的影响，行政壁垒比较严重，产业布局条块分割和产业结构雷同现象相当严重，一方面，导致区域产业小型化、分散化、技术落后、缺少研发和创新能力，另一方面，造成高耗水、高耗能、污染重的产业如汽车冶金、化工机械等在流域大量分布。应坚持绿色可持续发展理念，大力调整流域内现有的产业结构和布局：一是对新建产业项目应充分评估对区域环境生态系统的影响，对现有污染严重的企业进行技术改造、停产或搬迁；二是鼓励发展绿色节约型和环境友好型的产业，逐步形成经济效益和生态效益相一致的工业布局；三是根据流域内各区域优势，科学规划和组织协调不同地区的产业布局，避免产业结构雷同，特别是对高污染高耗水的产业进行整合，尽可能减少对资源环境的污染。

（三）长江经济带产业整合分析

从产业发展看，目前长江经济带产业发展存在一些问题：一是沿江各省市经济发展联系不够，流域整体经济效益明显。二是中上游地区还缺乏对周围地区具备打动和辐射作用的中心城市，服务业发展相对薄弱。三是沿江产业带布局存在很大不平衡性。长江下游沪宁段经济发达，产业城镇密集、外向型经济特征明显；长江中游除武汉城镇群外，其他城镇群呈不连续分布，产业发展水平不高；长江上游段除成渝城市群外，沿岸城镇呈点轴状分布，尚不具备产业带的特征。四是产业结构雷同现象比较严重，高耗水、高污染的产业如汽车、冶金、重化工业等在流域大量聚集。

从绿色发展角度看，当前长江流域开发和生态安全保护之间存在着较大的矛盾：一是流域的生态环境整体性保护不足，生态系统退化趋势在加剧；二是各种污染物的排放量大，风险隐患大，饮用水安全保障压力大；三是一些重点城市的产业发展和环境保护的矛盾十分突出，一些重要城市群的水污染和大气污染形势严峻，一些重点湖泊富营养化现象突出。

1. 整合产业结构，优化产业布局

立足长江流域各区域产业优势，整合优化长江流域产业体系，促进长江流域各省市形成协作配套的产业布局和呈梯度分布、层次有序的现代产业体系。

（1）按产业布局，优化产业结构

沿江地区产业结构的整合优化必须在国家产业政策指导下，以国际国内市场和产业发展趋势为导向，积极调整升级现有产业，大力发展新兴产业。在产业发展中，农业重点在于调整优化农业结构，发展生态农业和现代农业；工业重点发展能源、交通运输、通讯、机电工业，改造纺织、轻工等传统产业，大力发展高端制造业、3D打印、移动互联网、云计算、新能源、新材料等战略性新兴产业、信息技术、生物技术等高新技术产业；服务业要重点发展金融、物流、文化创意、生态旅游、电子商务等现代服务业。

（2）按区段布局，形成各具特色、协调发展的产业整体

首先，长江各区段必须因地制宜采取不同产业发展模式，通过优势产业的合理分工，使产业布局趋于合理化。一是下游地区积极发展高新技术产业、先进制造业、现代金融、国际贸易、物流业、文化创意等新型服务业；二是中游地区应利用长江水资源和水运的优势，积极发展装备制造、化工、冶金机械、电子信息、文化旅游等产业，依托各产业园和开发区承接下游产业转移；三上游地区应利用其丰富的自然资源优势，立足攀西钒钛钢铁资源区，滇东北—黔中煤磷铝资源区，川南硫铁煤炭资源区，川东北天然气资源区，成都—绵阳军工产业区等积极发展能源资源加工、军工设备、医药化工、纺织机械等优势产业、生态文化旅游业特色产业，依托各地产业园积极承接中下游产业转移。

其次，产业布局建设必须选择重点项目和重点区域进行建设，按照点、轴、面逐步推进，分阶段分步骤进行，切不可齐头并进，“撒胡椒面”。中上游的武汉、重庆、成都

等大中城市及一些资源富集地区，将是长江产业带的重点开发地区。重点发展以上海为中心的长江三角洲、以武汉为中心的长江中游城市群、以成渝城市群为中心的长江上游沿岸地区。同时加强区域联合与协作，协调上、中、下游的发展关系，消除市场壁垒，建立流域统一市场。

（3）培育行业龙头企业，构建沿江优势产业集群

龙头企业是社会生产力高度发展条件下的一种先进的企业组织形式，也是区域产业分工与合作的中坚。首先，积极鼓励沿江骨干企业沿江开展产业重组、兼并、投资布局，到沿江区域中心城市设立区域企业总部或研发、设计、销售中心，到沿江各地及国内外建厂布点，在更大的市场范围中塑造企业品牌和形成企业销售网络，培育一批拥有核心技术和自主品牌的龙头企业，打造龙头企业战略联盟；其次，围绕长江流域的岸线、腹地等资源，依托上海、武汉、重庆等重要产业基地的产业优势和辐射带动作用，大力推进技术创新和实施品牌战略，在电子信息、装备制造、汽车冶金、化工机械、新能源和新材料等重点产业领域培育若干具有核心竞争力的优势产业集群。

2. 积极发展创新产业和绿色产业

（1）长江经济带是我国自主创新最发达的地区，要充分利用创新优势，积极培育和发展创新产业。一是要积极发挥自主创新示范区的引领作用，目前下游主要依托上海张江、苏南自主创新示范区、浙江海洋经济示范区的作用，中游主要依托武汉东湖、长株潭自主创新示范区的作用，带动长江经济带自主创新的发展。二是在长江经济带布局一批国家工程中心（实验室）和企业技术中心，加大推动长江经济带国家创新型城市试点建设，形成上中下游特色鲜明的产业创新体系。

（2）积极培育特色环保农业。长江经济带上游西北地区和青藏高原是我国主要的畜牧业地区，应积极发展饲草产业和保护性草地畜牧业，培育和建立优质绿色畜牧基地。中上游区域应大力发展生态种植业，建立棉花、糖料、烟叶、水果、中药材等特色环保农业生产基地。如云南省可积极发展花卉园艺、优质烤烟产业，四川西部山区可积极发展名贵药材产业。

（3）积极发展生态文化旅游产业。一是整合全流域生态旅游资源，培育打造以人文景观、历史文化、名胜古迹为主的长江旅游带和以山水生态、风俗文化、乡村风貌为重点的乡村旅游精品线路。二是充分发挥流域各段资源优势，打造各具特色的生态文化旅游品牌。上游重点发展巴蜀文化、云贵民族文化旅游品牌，中游重点建设三国文化、荆楚文化、徽派文化旅游品牌，下游重点打造海派文化和吴越文化旅游品牌。

三、主体要素整合：优化城市布局、推进城镇化和人才整合

城市是人口、经济、产业、科技、金融、信息、文化等要素聚集的中心，是流域经济发展的增长极。人口是流域经济活动的主体，也是流域发展中最为活跃的要素，区域

经济的发展总是伴随着城市的布局和人口分布的变动，区域经济发达地区往往是流域人口集中区和城镇密集区。

要充分发挥城市和人口在流域经济发展中的主体作用，需要整合优化流域城市和人口合理布局，形成合理的城市体系和城市群，打造流域经济增长极；推动新型城镇化，即人的城镇化，促进农业转移人口有序实现市民化；推进劳动力资源和人才资源整合，发挥人的因素在流域经济发展过程中的决定性作用。

（一）优化流域城市布局

流域城市整合和合理布局的目标是推进流域城市化建设，建立科学的城市体系，打造区域经济增长极。

1. 优化城市空间布局

一是针对流域具体情况，有选择地实施控制大城市规模。对于流域经济发达地区需要控制大城市、特别是特大城市的发展规模。对于各流域的中上游地区，特别是中游地区，则应积极发展大城市。根据我国经济梯度发展的现状看，流域中游大都属于中等发达地区，二三产业已有一定的基础，具备加快发展大城市的基础和条件，应鼓励发展一批大城市。另外，在流域上游地区重点发展一定数量的中等城市和大城市。二是在流域中上游选择一批重要城市进行重点建设，作为带动流域次区域发展的经济中心，如我国长江流域的攀枝花、宜宾、万县、宜昌、九江、芜湖等，将其打造成为新的具有一定聚集和辐射功能的次区域经济中心。三是继续推进流域国家级和省级新区建设，作为推动流域城市发展的重要平台和支撑。

2. 调整完善城镇体系，大中小城市协调发展

一是合理发展大城市，积极发展中等城市，大力发展小城镇。对于市区非农业人口1000万以上的特大城市，应适当控制人口流入的速度，避免引起城市规模的过度膨胀；对于市区非农业人口100万以上的大城市，则应鼓励继续人口集聚，特别是流域省会城市和省域中心城市，应积极鼓励进一步发展壮大；大力发展中小城市和小城镇，可通过户籍改革等手段吸引农民进城成为新的城镇居民。二是因地制宜，区别对待。对于流域发达地区，主要是限制其中心城市发展规模，提高发展质量，同时应积极发展一些中小城市；对于流域欠发达地区来说，应大力进行现有中心城市建设，积极扩大城市规模和提高城市质量，同时还培育发展一些基础条件较好的中等城市和区域次中心城市。

（二）推动新型城镇化

推进新型城镇化建设，必须坚持是“人的城镇化”。既不能盲目追求“户口城镇化”，更不能依靠“土地城镇化”，只有积极推进农业转移人口市民化、享受相同的市民待遇，真正实现城镇化，才能有效集聚人力资源，发掘其积极性、创造性推动城镇发展。

首先，打破城乡“二元”户籍制度，放开城乡户籍实现市民化。农村转移人口市民化以地级市为基本单元，以县域内农村转移人口市民化为突破口，根据中小城市及城镇综合承受能力，分类分步实现在教育、就业、医疗、养老、救助、住房保障等方面与城镇居民享受相同待遇。

其次，对于流域现阶段还不能放开城乡户籍的特大城市和大城市，可建立统一积分落户制度，及将满足一定条件的农业转移人口最终转变为城市居民，享受相同的市民待遇。

最后，流域上游地区往往是重要的生态保护地，生态环境比较敏感和脆弱，当地居民比较贫穷。中央和地方政府应通过生态移民等方式把居住在流域上游地区生态极度敏感地方的农村居民迁移附近城镇到中下游地区就业和居住。

（三）推进人力资源整合

科学技术是第一生产力。在流域经济发展过程中，人的因素起着决定性作用。我国流域上中下游的人力资源状况呈现不均衡的现象，流域下中上游表现为显著的逐步递减函数。由于流域中上游人才匮乏，流域经济开发和发展受到很大制约，此种现象恶性循环，导致上中下游差距逐渐扩大。由此，一方面，要大力开发培育人力资源，尤其是开发培育流域中上游和落后地区的人力资源；另一方面，要积极推进现有人力资源整合，鼓励和吸引人才从流域发达地区到落后地区。

1. 大力开发培育人力资源

流域经济发展不仅需要有顶尖人才进行创造性、开拓性的创新活动，同时更加需要大批整体素质较高的劳动力来切实推动流域发展。

首先，将教育放在流域优先发展的重中之重，高度重视基础教育事业发展，通过义务教育开发培育人才，提高整体科学技术水平。一是要充分落实国家的义务教育普及政策，大力发展中小学教育，提高流域整体的基础科学文化水平；二是要增加对大学和科研机构的智力投资，特别是中下游地区高校和科研机构的基础设施建设，提高流域整体科技水平；三是在落后的流域中上游地区和偏远的农村地区，国家要实施特殊优惠和补贴政策，加大教育投资，从根本上解决流域落后地区农村教育经费短缺、教师工资长期拖欠、教育资源流失的状况。在流域落后地区要严格实施全面的免费义务教育，不仅学杂费全免，其他所有与教育有关的费用也全免，并增加农村的教育资源投入，加强教育设施建设和老师的教育培训，切实提高教育质量。

其次，大力发展职业技术教育，加强对农村劳动力进行职业技能培训，提高农村劳动力的整体素质和就业能力。提高农村劳动力素质，一是要将农村九年制义务教育与职业技术教育相互连接起来，同时提高青年农民的科学文化素质和职业技能素质。二是加强对农村劳动力的职业技能培训。要根据企业的实际需求，根据不同工作职位对从业人员基本技能的不同需求，从适合工作实践出发合理安排培训内容，实行定向培训，提高培训的适用性和实用性。。

2. 推进现有人力资源整合和转移

一是建立相应激励机制，挖掘流域现有人才潜力，加强对科技人员的培训并鼓励自主创业，鼓励流域发达地区从流域外甚至发达国家引进各种高级人才，培养和形成一批具有竞争力的科技创新队伍，确保流域经济发展的智力驱动。二是要以主导产业为重点，积极引进、培养一批企业经营管理人才，提高企业管理队伍的经营管理能力。三是国家应出台一系列优惠和激励政策措施，鼓励优秀人才从发达的流域下游地区到落后的流域中上游地区从事创业工作，为人才的合理流动提供宽松的环境。四是流域中上游地区要建立起一套稳定人才、吸引人才的机制。一方面，通过改善提高现有科技人员、干部、职工的工资、福利待遇，稳住现有人才队伍；另一方面，要出台一系列人才吸引优惠政策，以优厚的工资和福利待遇吸引新毕业的大中专学生和专业技术人才到本地区工作。

（四）长江经济带城市要素整合分析

1. 发挥中心城市的依托和带动作用

在长江经济带形成以上海、南京、武汉、重庆、成都等流域中心城市为依托，杭州、南京、合肥、长沙、南昌、昆明、贵阳等地区中心城市为带动，将沿江各城市串在一起发展的城市空间格局。

（1）发挥上海龙头作用。上海是长江经济带乃至全国的经济、金融、航运、科创、物流中心，是长江经济带开发轴的起点，发挥着龙头带动作用，具备辐射、示范和带动效应。上海的龙头作用体现在：一是市场的集散中心功能，有效实现人流、物流、资金流、技术流和信息流的集聚扩散；二是产业技术传递中心功能，是长江经济带内最重要的研发中心、创新中心、总部中心；三是综合服务中心功能，为长江经济带各类要素的自由流动和优化配置提供必要的中介、平台等服务；四是制度创新示范功能，上海的政务服务能力居全国前列，在体制机制上同国际通行的管理规范、制度接轨，为沿江城市提供经验借鉴。

（2）发挥武汉中部中心城市作用。武汉地处长江中游，是中部地区的中心城市，我国重要的工业产业基地、科技教育基地、综合交通枢纽。将武汉打造为长江中游地带的经济发展高地，国家先进制造中心、国家商贸物流中心，发挥武汉中部中心城市的集聚和辐射带动作用，辐射长江中游地区，发挥承东启西的关键点作用。

（3）发挥成都—重庆上游中心作用。成都和重庆扼守沿海地区向西部扩散的咽喉地带，在长江经济带上游扮演中心角色。要大力推动成都和重庆双核城市的率先崛起，发挥成渝城市群的产业与科技优势、要素和服务平台优势以及“外引内联、承东启西”的战略优势，发展成为辐射和带动长江上游地区的经济发展高地和长江经济带内陆开放高地。

（4）发挥杭州、南京、合肥、长沙、南昌、昆明、贵阳等地区中心城市辐射带动作用。杭州、南京、合肥、长沙、南昌、昆明、贵阳等省会城市应充分发挥地区中心城市在科技、经济、技术、人才等方面的辐射、带动、示范作用，与其他次级中心城市和外围城市合理分工、协调发展。

2. 培育一批重要节点城市

以中心城市为核心，通过发展轴带连接节点城市和重要功能区，从而带动流域整体发展，是长江城市发展带应该遵循的发展模式。在具体发展轴带、节点城市和功能区的识别上，应根据长江上中下游的地区差异和发展目标加以区别对待。

（1）上游地区。上游地区要追求绿色发展，在经济发展的同时注重生态保护。城市空间结构是调“三轴两群”：建设沿江发展轴、沪昆发展轴、南北发展轴线（广元—重庆—贵阳—南宁）三条主要发展轴带，培育成渝城镇群和滇中城镇群两大城市群。节点城市包括两类，一类是长江航道重点城市，另一类是陆路重要枢纽节点。长江航道的节点城市包括：万州、涪陵、泸州、宜宾、攀枝花、南充、广元、乐山。陆路枢纽节点城市包括：都匀、凯里、毕节、昭通、曲靖。

（2）中游地区。中游地区升级和完善基础设施网络建设，走新型工业化道路，发展现代产业，构建布局合理的城镇体系。城市空间结构为“多带一群”：建设沪汉蓉通道、沪昆通道、京广通道、京九通道等发展轴，打造武汉、南昌、长沙中三角城镇群，带动整个中游地区的发展。建设九江、岳阳、宜昌等长江沿线的重要港口城市，强化对赣江、湘江沿线重点城市的带动作用。建设常德、怀化、衡阳、荆州、襄阳、鹰潭、赣州等交通枢纽节点城市。

（3）下游地区。下游地区要求优化提升，提高全面开放水平，集聚创新要素，增强创新能力，打造世界级城镇群。下游地区城市空间结构为“六带两群”。打造沿京沪通道、沪昆通道、沿江通道、沿海通道、东陇海通道、华东第二通道（串联上海、嘉兴、马鞍山、宣城、合肥、阜阳），建设上海城市群和宁合芜两大城镇群。下游地区节点城市主要分布于江苏沿海、浙江沿海和皖江城市带三个次区域：①提升连云港、徐州、盐城，促进江苏沿海发展为我国沿海新型工业基地；②壮大台州、温州、金华、衢州，促进浙江沿海成为我国海洋经济发展示范区；③培育铜陵、安庆、滁州、宣城，促使皖江城市带成为全国重要的先进制造业基地。

3. 构建跨区域城市群和区域性城市群

一是优化沿江城镇化格局。打造以沿江运输大通道为轴线，以成渝城市群、长江中游城市群、长江三角洲城市群三大跨区域城市群为基础，以黔中、滇中、武汉城市群、宁合芜等区域性城市群为支撑，以沿江大中小城市为补充的城镇化结构。

二是促进长江三角洲城市群一体化，提升国际竞争力。构筑以上海城市圈为核心，杭州城市圈、苏锡常城市圈为中心的城市群结构，打造具有国际竞争力的世界级城市群；依托沪宁合、沪杭主轴带作用，发展培育沿海、沿江、杭湖宁、杭绍甬舟等次发展轴带，未来打造为下游地区重要的先进制造业基地和自主创新高地。

三是培育发展长江中游城市群。优化武汉、长沙、南昌中心城市作用，建设武汉都市圈、长株潭都市圈、南昌都市圈三大城市圈；促进武汉国家创新型城市发展，建设中部地区现代产业和服务业中心；加快环长株潭城市群建设，积极建设鄱阳湖、洞庭湖生态经济区。

四是加快成渝城市群发展。依托重庆、成都中心城市作用，把成渝城市群打造成为西部地区经济中心、现代产业和服务业基地，建设深化内陆开放的试验区、统筹城乡发展的示范区；发展成渝主轴带和成绵乐、沿长江、川南等次轴带，推动重庆两江新区和成都天府新区创新发展。

五是加快滇中和黔中城市群发展。依托昆明中心城市功能，打造曲靖—昆明—楚雄、玉溪—昆明—武定发展轴，建设特色资源深加工基地和文化旅游基地；发展遵义—贵阳—安顺主轴带，促进黔中成为重要的能源资源深加工、大数据应用服务基地、特色轻工业和民族文化旅游基地。

第三节　新经济地理视角下的要素整合

新经济地理视角下的要素整合，主要有三条途径：一是提高密度，促进生产聚集；二是缩短距离，促进要素自由流通；三是打破分割，促进要素一体化。

一、提高密度，打造要素聚集中心—城市

（一）经济密度和要素集聚中心—城市

经济密度指每单位土地的经济总量，反映了区域经济的集聚程度，是一个区域经济发展情况最具代表性的指标之一。一般情况下，一个区域的经济密度越高，其产业越聚集，城市越密集，经济越发达，居民越富裕。

流域人口、城市、经济等要素的聚集分布与流域的自然地理条件密切相关。流域适宜人类从事经济活动的地点和地带，或者资源富集、自然条件优越、江河交汇，或者位处流域中下游地势平坦、土地肥沃的冲积三角洲，具有资源充裕、交通便捷、经济活动成本低等优势，成为从事经济活动的优势区位。由此，就有大量经济要素和经济活动在此聚集，经济密度逐渐提高，并成为人口聚居地。流域内人口聚居地由于经济活动主体追逐聚集规模经济效益，吸引更多的经济要素和经济活动汇集，经济密度进一步得到提高，逐渐由临时性的码头、港口、城堡等发展成为城镇、城市和都市，成为区域产业和经济中心。随着集聚作用的进一步增强，经济密度更加提高，这些城镇、城市和都市之间的联系日益密切，逐渐发展成为城镇群、城市群、城市圈或者城市带，成为流域的产业和经济中心。

从另一个角度看，正如世行2009发展报告所说，经济集聚和经济密度提高的过程

实质上是城乡一体化，也就是通过城市化过程，构筑要素聚集中心一城市。

（二）促进不平衡增长和全局性和谐发展

世界银行 2009 年发展报告告诉我们，提高密度，促进人口、经济、产业、财富等要素集聚于城市所形成的不平衡增长和全局性和谐发展是可以相辅相成、并行不悖的。这个理念给我们促进流域要素整合，发展流域经济送来两大启示：一是坚定不移地发展流域经济，促进促进人口、经济、产业等要素聚集于流域某些城市，形成流域生产中心、经济中心和财富中心，因为发展不足仍是我国流域经济发展面临的主要挑战。二是从流域地区发展不平衡发展和差距拉大开始，就要根据流域的情况，制定和实施缩小区域差距、推进流域全局性和谐发展的措施。

关于第一点促进人口、经济、产业、城市等要素集聚和整合的策略、途径和具体措施，本报告第二部分已经分析和论述得很多，这里就不再赘述，而是重点分析如何推动全局性和谐发展，即促进流域不发达地区发展的途径和措施。

我国流域不发达地区往往是少数民族地区、革命老区、边境地区、贫困地区，也是通常所说的“老少边穷”地区，这些地区往往交通闭塞、生态环境薄弱、经济落后，居民生活贫穷，缺乏教育、卫生、医疗等基本公共服务。

1. 推行特殊发展政策，加快流域“老少边穷”地区的发展

流域“老少边穷”地区是经济低密度地区和环境脆弱地区，不适宜人口、产业、经济、城市等要素大规模集聚和整合，由此要推行特殊发展政策，以基础设施建设、民生改善和特色产业发展为重点，以提高这些地区居民的生活水平为目的，力争到 2020 年与全国居民一样实现全面小康。

一是国家和地方采取一切办法增加各种资金和人力投入，优先推进以道路、供电、通讯、城乡公共设施等基础设施建设，切实解决流域“老少边穷”地区饮水难、用电难、交通难、通信难等突出问题。二是国家和地方加大投入，加快发展教育事业和卫生事业。可推广四川大力推进少数民族地区教育的做法，包括制定实施地区教育发展十年行动计划，实行“9+3”免费教育计划，即组织当年未升学的初中毕业生和未就学的高中毕业生自愿到内地职业学校免费接受职业教育等；制定实施地区卫生发展十年行动计划，有效防治血吸虫病、包虫病、大骨节病等各种疾病，积极推动流域“老少边穷”地区的教育和卫生事业发展。三是积极发展生态文化旅游、特色农牧业等特色生态产业，发展特色生态农牧业，以自然生态休闲、少数民族文化为重点的休闲农业与乡村旅游业，不断增强地区自我发展能力。四是中央政府和地方政府设立专项扶持资金，结合流域发达地区的对口援助和生态补偿资金，大力推进民生改善工程，集中解决制约地区发展最突出、最紧迫的问题，在基础设施建设、社会事业发展、生态环境保护、综合扶贫开发、倡导健康文明生活方式、基本公共服务均等化等方面取得重要进展。

2. 用政府购买生态产品的办法发展生态经济，保护生态环境

某些流域“老少边穷”地区如地处长江源流的四川西北地区位于青藏高原南缘，海拔高、气温低、生态环境极其恶劣，居民生活贫困，虽然这些地区有高原牧场，有丰富的水能、矿产资源，不过按照国家主体功能区政策，这些地区非但不能开发，而且要大力保护。如何既能保护发展生态环境，又能不断提高当地居民的经济收入和生活水平，是这些地区一个必须解决的重大挑战。

可以试点采取政府购买生态产品的办法，发展生态经济，以便既保护生态环境又能提高当地居民收入。一是根据国家主体功能区规划，明确界定哪些地区必须严格生态保护，不能开发，界定范围可以到县。二是在界定的范围内，可试点在某些区域，允许当地或外地居民承包土地用来种树、种灌木、种草及其他保护生态的植物，以便生产和提供生态产品。三是对生态产品的考核指标包括种植规模（覆盖范围）、成长速度、防止水土流失绩效、氧增长度量。根据这些指标制定一个综合基础指标。四是生态经济建设所需初始投入，由中央和地方政府出资或由来自流域发达地区的援助资金和生态补偿资金。五是从鼓励发展和保护生态经济、提高承包者的积极性的要求出发，对生态产品制定一个单位指标价格，政府设立生态经济发展保护基金和收购公司，由政府的公司向承包者收购。六是承包者所得收入归承包者所有，可不纳所得税。管理承包事项的政府工作人员可根据业绩从政府基金中领取工资。

3. 继续并扩大生态移民试点

生态移民是指原居住在生态环境严重破坏地区、生态敏感区、生态脆弱区等自然环境条件恶劣地区的居民迁移到其他适合居住的地方的人口迁移。实施生态移民是有效保护生态脆弱地区生态环境，彻底改善当地居民生产生活水平和全面实现小康的根本途径。

应继续并扩大流域“老少边穷”地区生态移民试点，特别是要逐步实现对流域生态极其脆弱地区的全覆盖，实现生态环境保护和居民生活水平改善的双赢。（1）强化政府在生态移民工程中的组织和引导作用。一是政府要负责移民安置区土地租赁、三通一平等基础设施建设。二是生态移民的住房建设资金采取以政府补贴为基础、群众自筹和项目争取为辅的方式筹集。三是坚持安置区高起点规划，高标准设计、严要求建设。

（2）加强政策及制度保障，解决移民群众的后顾之忧。一是逐步打破户籍界限，消除移民群众与城镇居民在医疗、入学、就业及社会保障等之间的差异，享受同等待遇。二是加大对移民群众的职业技能培训，使其掌握一技之长，加快产业转移步伐。三是进一步加大劳务输出力度，在不断巩固现有劳务输出渠道和规模的基础上，继续扩大对流域发达地区的劳务输出，增加移民群众收入。四是积极争取国家对生态移民的财政转移支付和流域受益发达地区的对口支援，建立和完善相应的生态补偿机制。

二、缩短距离，促进流域要素自由流通

距离指商品、服务、劳务、资本、信息和观念等到达经济聚集中心的距离，它衡量要素、商品和服务在地区之间流动的难易程度，主要指生产要素的集中速度，劳动力的流动程度、物流成本的高低程度，这不单指空间距离，更重要的是由于基础设施落后和制度障碍造成的经济距离。缩短距离有利于减少要素流动成本，从而促进要素流动、经济集聚和市场一体化。

一般来说，流域内各地方行政区间要素流动障碍主要如下：一是地方政府推行地方保护主义政策，限制资本外流，控制企业外迁，抵制外部商品进入。在限制资本外流和控制企业外迁上，政府主要通过行政权力进行干预。同时，为保护本地企业，地方政府通过对外来企业和商品施以非常严格的安全、环境、税务、工商等稽查，以抵制外来商品进入本区域。二是通过严格的户籍政策影响人的社会保障、子女入学等，从而制约人力资源流动。户籍政策对人力资源要素流动的限制具有连锁效应，会相应降低其他要素的流动规模和速度。三是通过行政边界处的交通设施障碍影响要素流动。在我国，区域中心城市为限制要素外流，会在交通设施的区域间互通上设置障碍，如发达城市的轨道交通在行政区边界会戛然而止，而不顾其经济影响力已经辐射到行政边界之外。

缩短距离，推动流域要素流动，主要包括以下三条途径，第一，要大力进行基础设施建设，缩短空间距离；第二，改革现有制度，缩短由于制度障碍造成的制度距离；第三，消除行政壁垒，促进要素资源跨流域行政边界自由流动。

（一）大力进行基础设施建设，缩短空间距离

大力进行道路、港口、航空、管道、通讯等基础设施建设，实现流域基础设施互联互通，是缩短流域空间距离的主要途径。本报告第二部分关于基础要素整合对此已经分析较多，这里就不再重复论述，本部分重点分析后两条途径。

（二）改革现有制度，缩短制度距离

一是改革现有的城乡分割户籍制度，促进劳动力自由流动。一是取消农业户口与非农业户口划分方法，取消“农转非”式的户籍迁移方式，按常住人口和暂住人口进行登记。二是彻底改革城市户口管理制度。除一些特大城市以外基本取消对大中城市的户籍管制，让居民自由选择户籍地，允许居民自由流动和迁徙。

二是改革劳动就业制度，建立城乡劳动者平等就业的制度。一是简化农民进城务工的各种手续，取消针对农民进城就业的歧视性规定，善待农民工。二是消除歧视农民工的一切行为，以社会需求和劳动力素质作为能否就业的判断标准，保证农民工获得平等

的就业机会。

三是加快建立健全城乡统一的社会保障和福利制度。由于各种原因，建立城乡一体化的社会保障平台需要分步实施。具体而言，应逐步进行以下保障制度的建设：一是工伤保障制度。二是劳动收益保障制度。三是医疗保障制度。四是生活条件保障制度。五是养老与失业保障制度。

（三）消除行政壁垒，促进要素跨地区自由流动

一是推进跨区域的资金、水、自然资源、信息、技术、人才等各类要素市场建设，构建有序便捷的生产要素、人力资源、资本营运、金融物流、科技信息等市场服务体系和交易平台，促进资金、信息、资源、技术、人才等各类要素跨区域自由流动。

二是按照市场经济的客观规律推动产业、港口等要素资源的优化配置。具体包括：通过流域“大产业带”到“大产业链”的转变，从各自为界、盲目追求产业规模扩大向形成产业链式整合转变；通过推进“大通道”到“大通关”的转变，实现流域海关区域通关一体化和检验检疫一体化，推进流域各口岸、海关等执法部门的信息互换和监管互助，将流域水运大通道提升为经贸大通道；通过整合上中下游的重要港口资源，建立港口战略联盟，实现“大港口”到“大联盟”的转变。

三是国家从中央层面应该逐步破除行政分割等阻碍要素自由流动的制度性障碍，如养老、医疗、教育等社会保障体系尽快实现全国统筹，目前可先试点实现流域内统筹。

四是在流域发达地区制定城市规划时进行试点建设用地指标流域内跨省转移，解决人口流入地建设用地紧张，而人口流出地建设用地空余的矛盾。

三、打破分割，推进要素一体化

分割指国家之间、地区之间商品、资本、人员和知识流动的限制因素，简而言之，就是阻碍经济一体化有形和无形的障碍，包括天然的阻隔，文化的障碍、经济体制机制的障碍、行政保护等形成的市场壁垒。

对我国流域经济要素整合而言，分割主要有三种：条块分割、城乡分割、地区分割，由此，消除分割，推进要素一体化的途径主要有以下三条：打破条块分割，实行流域专业化协作；打破城乡分割，统筹流域城乡经济社会发展；打破地区分割，扩大流域内外开放合作。

（一）进一步打破条块分割，促进流域专业化协作

我国曾是实行高度集中的计划经济体制的国家，从中央到地方各部门之间的封闭和分割、各行政地区之间的封闭和分割，造成一个个固步自封、强力追求“大而全”、“小而全”的“王国”，统称“条块分割”。这种体制上的封闭和分割是以条条块块的利益为基础，具有强烈的排他性和自我保护性，是社会化大生产所要求的专业化协作的主要障碍。改革开放以来，随着社会主义市场经济的建立，我国在打破条块分割，推进专业化协作方面取得很大进展：除少数国有企业外，大部分企业都进行了产权制度改革，取消了行政隶属关系，撤销或合并了多个部、厅、局等政府管理部门，建立了民间的企业和行业协会或联合会；放开市场，积极推动建立全国统一的市场体系，广泛推进跨地区、跨行业的专业化协作，使条块分割的体制障碍逐步得到消除，从而极大地促进了生产力的解放和经济发展。

但时至今日，我国流域某些地区和某些部门还存在较严重的条块分割，存在着较强的地方保护主义和行政壁垒，阻碍了要素的自由流动和统一市场体系的形成，这就需要进一步打破条块分割，促进专业化协作。一是政府有关部门要进一步切实简政放权，转变政府职能。在生产经营活动领域，变事前审批为事中、事后监督；在社会组织管理制度领域，实行宽进严管；在社会民生领域，政府合理配置资源，加大资金投入，实现基本公共服务均等化。二是让市场机制在资源配置中起决定性作用，建立统一开放、竞争有序的全国市场体系。要建立公平开放透明的市场规则，完善主要由市场决定价格的机制，完善一系列标准体系和法规来规范市场经济秩序；要着力清除市场壁垒，实施统一的市场准入制度和标准。

（二）进一步打破城乡分割，统筹流域城乡发展

人类发展的历史过程说明，城市是在农业社会中孕育和发展起来的。城乡分离是农业社会到工业社会的一个转折点。之后，越来越多的农村发展为城市，农民转变为工人。城市和农村都越来越现代化，城乡差别越来越小，以至消灭。现在世界发达国家像美国、英国、澳大利亚等国家既是高度工业化国家，也是农业最发达，城乡差别基本上消灭的国家。与这些国家相比，我国的农业和乡村要落后许多。原因是多方面的，重要原因之一就是长期实行城乡分割的人民公社体制，把城乡关系割裂了。改革开放后，四川、安徽首先以家庭联产承包制取代人民公社体制，解决了全国人民的吃饭问题；农民工的自由流动，解决了城市化的问题；实行统筹城乡改革试点，在全国推广了土地确权、颁证制度，初步解决了农民的土地权利问题；农村教育、医疗、养老制度的改革和建立，初步解决了社会公共服务均等化问题。

必须看到的是我国某些地区还存在相当程度的城乡分割，严重阻碍着劳动力、资本、技术等要素跨区域流动，需要进一步打破城乡分割，统筹城乡经济社会发展。一是进一步促进城乡一体化，彻底改革城乡分割的户口管理制度，创造条件逐步建立城乡一体化的教育、医疗、就业、社会保障体系。二是在完成农民宅基地使用权确权的基础上，尽快完成农民土地承包经营权确权登记颁证工作。三是加快建立城乡统一的建设用地市场。通过建设城乡统一的土地市场，以公开公正的方式转让土地使用权，构建城乡

之间土地平等交易制度。四是不断推进制度创新。在国家现有土地政策框架和区县土地利用总体规划基础上，积极推进城乡建设用地增减挂钩、农村宅基地置换、农村集体建设用地流转等改革试点，提高土地利用效率。

（三）进一步打破地区分割，扩大流域开放合作

从某种意义上说，一部我国改革开放史其实是一部不断打破区域分割，推动自然资源、劳动力、资本、技术等要素跨区域流动的历史。对我国流域经济发展而言，也是如此，只是目前某些流域还存在比较严重的行政地区分割，需要进一步打破地区分割，扩大流域内外开放合作。

1. 进一步扩大流域内区域合作

一是通过产业协作，共建产业园。鼓励流域上中下游各产业园区开展战略合作，在着力推动下游地区产业园区转型升级的同时，以中上游地区国家开发区、省产业园区为基础，建设承接产业转移承接园区。二是搭建跨区域金融合作平台，促进金融市场一体化。三是进一步推进流域内相邻具有密切联系的城市同城化和一体化。以四川为例，可积极推动内江自贡同城化、成都德阳绵阳一体化、川南一体化。

2. 进一步扩大流域外开放合作

促进泛流域合作，有效连通长江流域、珠江流域、黄河流域、渤海流域。长江流域、珠江流域、黄河流域、渤海流域是我国经济发展的四大发动机，要进一步加强这四大流域的经济开放和合作，特别是强化长江流域长三角、珠江流域的珠三角、渤海流域的京津冀的相互开放和合作，强化长江上游的成渝经济区与黄河流域的关中—天水经济区的相互开放和合作。当前开放合作重点应放在基础设施共建和互联互通、水资源和能源共享开发、市场体系统一开放、产业链对接和产业集群联动、流域生态环境联防联治、流域管理统筹协调等方面。

全方位推进流域对外开放。一是突出“南向”，借助便利的地缘关系和良好的经贸关系，借助产业和市场互补性强的有利条件，扩大与东盟和南亚各国的贸易、产业、工程和技术合作，争取在较短时间内取得突破性进展。二是加强“东向”，利用欧美日韩产业层次高、技术力量强、一般商品需求大等条件，更多吸引其投资，扩大商品和技术贸易规模，重点推进企业与欧美、日韩知名企业的战略合作，鼓励世界500强等跨国公司投资设立采购中心、研发中心、物流中心、营运中心、培训中心等。三是畅通“西向”，针对中亚、西亚、非洲轻工产品需求增长快、人力和自然资源较为丰富等特点，鼓励流域纺织服装等劳动密集型企业走出去投资设厂，积极扩大轻工产品、重要资源贸易和建筑劳务人员输出。

四、长江经济带要素整合—世行公共政策框架的运用

提高密度、缩短距离、打破分割，必然会促进经济环境优越地区的生产力得到快速发展，社会财富得到快速增加，人民物质和文化生活水平得到快速提高；但与此同时，又会拉大这些地区与一些低密度地区、偏远落后地区、不适宜开发地区的发展差距和收入差距，在原来就不平衡的基础上出现更加不平衡现象。但世界银汉 2009 发展报告明确告诉我们，不平衡增长和全局的和谐发展是可以相辅相成、并行不悖的，如何实现呢？世行报告提出一个新的公共政策框架工具，包括公共制度、基础设施以及特殊干预措施。

由此，具体就长江经济带要素整合而言：一是建立和完善产权、劳动、土地、财税、资源、投资、公共服务等方面的无空间差别的公共制度，促进要素与商品的集聚，打造城市带、城市圈、城市群等经济中心，以提高经济密度。二是提升完善交通、水运、供电、通讯等基础设施，减少各种运输与通讯成本，以缩减经济距离。充分依托长江“黄金航道”功能，统筹水运、铁路、公路、航空以及管道建设，形成航道畅通、枢纽互通、关检直通、江海联通、干支直达的互联互通式综合运输走廊。三是设立统一有力的流域管理机构，统一规划、布局、管理长江经济带发展，推进长三角城市群、成渝城市群、长江中游城市群在基础设施互联互通、水资源综合开发、市场体系统一开放、产业链对接、生态环境建设等方面进一步融合，实现区域商品市场和要素市场一体化。

第四节　创新流域经济和政区经济要素整合的机制和政策

机制和政策是流域经济与政区经济协同发展的重要保障，流域要素整合关键解决途径在于相关机制和政策的改革与创新。以下提出流域要素整合的五大机制创新和五大政策建议。

一、创新流域经济要素整合的机制

（一）建立生态、水、自然资源等资源要素的市场化配置机制

一是推进重要资源要素的自由流动和有效配置。推进资金、水、自然资源、信息、技术、人才等各类要素市场建设，建立跨区域的水资源、人才、产权、金融、生态等市场要素的信息和交易平台，打破行政分割和市场壁垒，促进资金、信息、资源、技术、人才等各类要素跨区域自由流动。改革完善水权交易制度、排污权交易制度、碳排放权交易制度，鼓励缺水区域与水资源充裕区域，环境生态容量充足地区和污染严重地区进行市场化机制下的水权交易、排污权交易、碳排放权交易，提高流域水资源配置和生态

环境要素整体配置效率。。

二是建立资源开发的利益共享机制。建立资源开发参与和共享机制，鼓励资源地和当地居民参股资源开发，鼓励资源开发单位从销售收入中提取一定资金设立发展基金或股权联合开发等方式支持资源地经济社会发展和当地居民就业和增收。例如，从流域重要水电企业销售电量收入中提取一定比例资金，转移支付给库区地方政府，用于移民安置补偿、培育库区绿色产业、进行基础设施、生态环境、社会事业建设等。逐步实行资源使用权有偿转让制度，允许资源地将重要资源要素的使用权向其他地区转让，并从中获得符合市场价格的经济补偿。改革和完善资源税收制度，积极推进水资源费改税试点，扩大征税资源范围，提高征税标准，提高资源税地方分成比例。

（二）创新流域要素整合的动力机制

一是利益分享和援助机制。按照一定规则，流域各方（主要是流域发达地区）共同出资设立专项建设和援助基金，支持流域跨区域重大基础设施建设、重要生态环境保护项目、产业转移对接项目、基础教育、人才培训、医疗、公共卫生等方面的对口援助项目。

二是将流域区域合作工作推进相关指标纳入地方政府考评指标体系中，构建区域合作长效机制。改变地方官员考核以GDP为核心指标，建立更具综合性的指标体系，纳入区域合作、民生工程、公共服务、环境生态相关内容。

三是在地方政府和市场机制都无力解决的重大跨区域工程上，中央层面应集中协调，推进流域跨区域航道治理、沿江高速铁路和高速公路建设等重点基础设施，降低区域内要素流动成本，促进合作潜力“显化”，增强区域内经济合作的动力。

（三）创新流域要素整合的协调机制

第一，成立超越行政区划、具有较高权威性的协调机构。可效仿成立京津冀协同发展领导小组的经验，在中央层面设立主要流域发展领导小组，如长江和黄河协同发展领导小组，从制度方面入手，在现有规划和次区域合作基础上，编制我国主要流域整体发展规划和制定合作政策，负责协调流域产业分工、资源能源综合开发、基础设施建设、生态保护等，破除阻碍资金、技术、劳动力等要素自由流动的行政壁垒。

第二，发挥民间组织和中介力量的作用，搭建区域合作的各类平台。建立高级研究咨询类机构，如设立由国内外知名专家学者、企业家组成“流域发展顾问委员会”，作为流域整合的高级“智库”；建立跨区域的行业协会和市场协会；建立民间交流平台，开展友好城市交往，组织企业市场考察、招商引资等。

第四，建立外部联动机制，增强与其他流域经济带的联动。如进一步加强长江经济带与黄河经济带、珠三角地区的联动。从现实看，长江上游地区与黄河流域的陇海兰新经济带有密切经济联系，珠三角对长江中游地区有较大影响的经济影响力。通过外部协作机制的建立，建立以沿江综合运输大通道、京广线等南北综合运输通道、新丝绸之路通道为支撑的跨流域交流合作大通道，促进要素在流域间的自由流动、产业分工协作，推动各流域共同发展。

（四）建立和完善流域生态补偿机制

第一，制定有关流域生态补偿的法律法规，通过明确生态补偿的种类、标准、范围和管理体制，实现流域跨省域生态补偿的制度化和规范化；强化中央和人大对跨省域生态补偿工作的监督管理力度，严格监督和管理生态补偿资金的使用。

第二，从实现流域可持续发展的角度出发，将生态补偿方式从“输血型”补偿为主转变为“造血型”补偿为主，比较可行的手段包括园区共建、项目合作、投资引导、设立产业扶贫基金、技术人才援助等。为此，国家应出台强有力的投资引导政策和技术扶持政策，积极支持经济发达的流域下游省市将节能环保和生态型产业向上游地区转移。在转移方式上，可以综合运用园区项目共建、设立产业扶贫基金、提供技术和人才培训等多种方式，推动流域上下游地区互惠合作、互利共赢。

第三，建立多元化、多渠道的生态补偿资金长效投入机制是流域跨省域生态补偿机制正常运转的前提。从国内的发展实际看，有必要建立“以横向财政转移支付为主，纵向转移支付为辅”的生态补偿资金制度。与生态补偿纵向转移支付相比，横向财政转移支付的好处是符合“谁受益谁补偿”的原则，通过明确双方的权利义务关系，最大程度地调动生态补偿直接利益相关方（流域中下游开发地区与上游生态保护地区）实施横向生态补偿机制的积极性。为此，应着力扩大横向转移支付规模，推动中下游地区对上游地区实施合理公平的生态经济补偿。经济补偿形式可采取财政转移支付、专项补偿补贴、建立流域发展基金、低息贷款、以及水权、碳排放权、排污权转让收费等。对于中央财政的纵向转移支付，则主要用于重大项目的专项补助。此外，还应积极争取民间资金、国家开发银行等政策性金融机构、世界银行、亚洲开发银行等国际金融组织的支持，实现生态补偿资金来源渠道的多元化。

（五）创新流域城镇化发展机制

一是建立健全与城镇居住年限等条件相挂钩的农民市民化基本公共服务提供机制，逐步建立健全与当地生产发展水平、财政支撑能力和城镇综合承受能力相适应的基本公共服务，分类分层分梯度实现教育、就业、医疗、养老、救助、住房保障等基本公共服务全覆盖、均等化。二是在有条件的城镇进行新型城镇化试点，研究建立农业转移人口市民化成本分担制度，建立有利于人口和要素流动的设市设区模式，建立多元化多层次的城镇化投融资机制。

二、流域要素整合的相关政策和建议

（一）发挥市场主导与政府引导的协同作用

市场经济是人类迄今为止所发现的较有效的配置资源的形式，但市场这一无形之手不是万能的，需要政府这一有形之手的调控和引导。在流域要素整合过程中，同样既要发挥市场的主体和主导作用，也要发挥政府的引导和调控作用，寻求最大限度发挥市场主导与政府引导的协同作用。要根据市场发展规律，尊重、培育并充分利用市场机制，发挥市场在地区间要素流动和资源配置整合中的决定性作用。同时，为防止“市场失灵”，应积极发挥政府在要素整合中的引导作用，通过一系列政策措施的制定实施，发展和完善各种要素市场，对基础设施建设进行大规模投资，放松城乡户籍限制，消除区域间贸易壁垒和行政分割，促进产业体系构建和转移、人口集聚和城镇化、基本公共服务均等化和生态环境保护。

（二）试点制定长江法等流域开发综合管理法律法规

国际上比较成功的流域开发管理案例都十分重视使用法律手段。通过建立完善的流域管理法律法规体系，将相关管理和合作机制以法律形式制度化、规范化，界定合作成员政府的行政权力边界，是促进要素整合和流域发展的重要手段。

我国目前与“水”相关法律法规体系已基本形成，包括《水法》《水污染防治法》《防洪法》《水土保持法》以及各部门、各地方性法规，但还缺乏针对流域开发管理的综合法律，建议在我国第一个流域综合立法——《太湖流域管理条例》的实践基础上，针对长江和黄河等主要流域制定《长江法》《黄河法》，建立统筹整个流域的水资源开发管理、区域经济社会协调、生态环境保护、污染防治等方面的流域综合管理法律，进而构建完善的流域开发管理法律法规体系。

（三）试点成立长江等流域开发管理委员会

我国主要流域上中下各区域之间在资源禀赋、产业条件、经济发展基础等方面存在一定甚至较大的差异。可借鉴美国田纳西河流域管理局的经验，在主要流域例如长江和黄河试点成立集水资源、经济、水运、环境、生态等多方面利用与管理功能于一体的综合管理机构——流域开发管理委员会。例如，长江开发管理委员会可以以水利部长江水利委员会为主，合并国务院相关部委在长江的分支机构，由国务院授权扩大相应职能与权力，负责长江水资源、经济、水运、环境、生态的综合管理。

另外，由国家有关部门和流域开发管理委员会共同编制和出台系统化的流域开发和管理政策，以促进要素整合和流域发展。例如，促进产业转移和整合是流域要素整合的重点内容，可制定科学合理的产业布局和产业梯度转移规划，制定产业负面清单，依托流域下游发达地区和中上游重点地区，对各个省市区进行差别化功能定位，引导产业的优化转型与有序转移。另外，可创新异地GDP核算、利税分享和相关土地政策，积极鼓励上中下游之间共建产业园区，比如流域上游往往有丰富的水资源和其他自然资源，但属于生态脆弱地区，不适宜发展大工业，可以通过“飞地工业区”的特殊政策，在流域中游的城镇设立飞地加工工业园区，由上游提供资源，中游提供土地、资本、技术等要素，通过入股和分税等制度调整上游和中游的利益分配关系，实现共享发展，从而探索一条流域上游生态脆弱地区实现新型“异地工业化”的道路。

（四）推进流域基本公共服务均等化建设，实现全覆盖

基本公共服务包括教育、医疗卫生、养老、失业、贫困救助等许多方面，是一个国家所有公民都有权利享受的公共服务。中国的基本公共服务主要由地方政府提供，流域发达地区政府有更雄厚的财政实力，能提供更高水平更广范围的基本公共服务。要逐步缩小乃至均等化不同地区基本公共服务水平的差距，一是消除省际人口流动和生态移民障碍，促进人口向流域相对发达地区迁移并聚集，这样，更多人能得到发达地区较高水平的基本公共服务；二是完善分税制预算体制，按照财权和事权相匹配的原则，合理划分地方政府的事权，并通过合理调整中央税和地方税比例，使地方匹配相应的财权，从而获得更多财力提供基本公共服务；三是结合主体功能区和生态补偿机制建设，中央政府和流域下游发达地区加大对流域上游生态脆弱地区的财政转移支付力度，尤其是一般性纵向和横向财政转移支付，保障地区间的人均可支配财力相对公平。

付　实

第七章　体制创新：协同发展铁三角的保障

我们研究流域经济与政区经济协同发展问题的目的：一方面是为了保护流域，实现可持续发展；另一方面是为了恰当利用流域资源，为我国的经济社会发展服务，最终实现流域经济与政区经济的协同发展。那么，究竟如何实现流域经济与政区经济的协同发展呢？这个问题涉及方方面面，非常复杂。其中，管理体制是十分关键的，即如何进行创新，构建事权清晰、分工明确、行为规范、运转协调的流域管理体制，促进流域经济与政区经济协同发展。这正是本章研究的重点。

第一节　国内外相关研究

一、国外研究

国外关于流域经济与政区经济协同发展体制的研究集中在流域管理的政策法规、流域管理机构的设置及其运营机制等方面。Cai等[①]认为，在未来几十年，结合科学和制度的支持，系统分析将成为分析流域管理的主导方法。Mohammed I.等[②]运用场景开发框架模型，开发和应用在美国亚利桑那州佛得角河流域，提出保持当地水资源的可持续性是改变水的消费习惯和行为模式，并指出利益相关者参与是建立模型的关键。Nicklow等[③]认为，嵌入式模拟系统的优化是过去十年流域管理中已经被最广泛应用的建模。Juan等[④]在研究哥伦比亚和肯尼亚田间试验时发现在流域管理中多方行动中，利益相关者的

---

① Cai, X., Vogel, R., and Ranjithan, R.（2013）. "Special Issue on the Role of Systems Analysis in Watershed Management." J. Water Resour. Plann. Manage., 139（5）, pp.461-463.

② Mohammed I. Mahmoud, Hoshin V. Gupta, Seshadri Rajagopal, Scenario development for water resources planning and watershed management: Methodology and semi-arid region case study, Environmental Modelling & Software, Volume 26, Issue 7, July 2011, pp.873-885.

③ Nicklow, J., et al.（2010）. "State of the art for genetic algorithms and beyond in water resources planning and management." J. Water Resour. Plann. Manage., 136（4）, pp.412-432.

④ JUAN CAMILO CARDENAS, LUZ ANGELA RODRIGUEZ and NANCY JOHNSON（2011）. Collective action for watershed management: field experiments in Colombia and Kenya. Environment and Development Economics, 16, pp.275-303.

沟通尤其重要，可以减少社会损失和增加制度选择的有效性。L.German 等[①]提出了流域管理中的“集成”和“参与”概念，认为公众参与问题讨论和方案实施必须超越一级社区论坛水平并根据不同的群体采取不同的管理方式。

二、国内研究

我国不少学者分析总结了国外流域管理的做法和我国可以借鉴的经验，重点是分析了美国几条大河、欧洲跨国河流从“灾河”到“美河”的成功案例。一些学者也分析了我国与国外流域管理存在的差异。这些学者关于流域经济与政区经济协同发展体制的研究重点不尽相同，下面进行简要地综述。

（一）关于流域管理机构的设立

杨道波指出：流域管理机构与其他水资源管理部门之间的权限划分不够明确；流域管理机构与地方水行政主管部门之间存在职权冲突，缺乏协调机制；谁来牵头拟定流域规划不够明确，且流域规划的落实缺乏法律保障。[②]熊晶认为：应该明确流域管理机构的地位及其统一宏观规划调度的定位，由其按照公平合理利用和补偿机制原则协调流域内部的利益[③]。张惠林提出：应进一步强化现有流域机构对流域水资源规划开发、利用的管控能力[④]。崔伟中提出：应该明确划分和规定流域管理与行政区域管理的事权，进一步改革流域管理机构，建立和完善适应中国国情、具有中国特色流域管理的新体制[⑤]。我国新水法为加强流域水资源开发、利用、节约和保护与管理，提供了法律的保障。何大伟提出：学习西方国家重视河流综合开发和利用，将生态环境管理、资源管理全部归入流域管理机构统一管理，而且按照公司化的理念进行管理[⑥]。李曦等针对我国现行流域水资源管理中存在的流域机构法律地位不明确、分散决策、流域机构缺乏管理权威、流域监管不力等问题，提出了加强我国流域水资源管理的对策建议：从法律上明确流域机构的地位、职责和职权；把流域机构定位为区域的流域机构，形成区域利益共同体，整合决策，从而确立流域机构的权威地位；建立流域直接管理的监管体制[⑦]。

---

① L. German，Hussein Mansoor，Getachew Alemu，Waga Mazengia，T. Amede, A. Stroud，Participatory integrated watershed management：Evolution of concepts and methods in an ecoregional program of the eastern African highlands，Agricultural Systems，Volume 94，Issue 2，May 2007，pp. 189–204.

② 杨道波：《流域生态补偿法律问题研究》，《环境科学与技术》，2009，29（9）。

③ 熊晶：《国际河流管理和内河流域管理比较研究》，《长江流域资源与环境》，2005，14（2）。

④ 张惠林：《流域地表水资源管理体制》，中国农林大学硕士论文，2005。

⑤ 崔伟中：《流域管理若干问题的研究》，《中国水利学会 2003 学术年会论文集》，758。

⑥ 何大伟：《三峡库区流域管理模式探讨：机构、法律与制度》，《科技导报》，2000；03。

⑦ 李曦、雷海章、熊向阳：《我国流域管理的现状问题及对策》，《科技进步与对策》，2002；03。

（二）关于流域的一体化管理

中国科学院刘毅研究员指出：解决流域水问题必须采取综合管理方式。所谓流域综合管理，就是进行跨部门与跨行政区协调，综合开发与保护流域资源，最大限度地适应自然规律，充分利用生态系统功能，实现流域的经济、社会和环境福利的最大化及流域的可持续发展①。崔伟中指出，我国尚未建立流域管理与区域管理二者之间有机结合的管理体制，流域管理比较落后，无法适应流域的水资源统一管理的要求②。因此，建立统一管理、垂直领导的体制是流域可持续发展的客观要求。冯省等认为，只有实行从目标到手段的综合管理，才能使流域综合管理达到标本兼治的效果③。薄燕怀从水环境特点出发，以水体环境管理内涵为依据，提出了水体环境全流域管理的模式、管理的基本框架和基础准备④。施雪等认为，应该建立流域统一管理的协调机制，最好的方式就是搭建一个平台来协调和沟通流域与区域之间、部门之间、地方之间的利益，促进流域可持续发展，保障公共福利的最大化⑤。

（三）关于流域管理与政区管理的体制

刘新华认为，流域水行政管理职能来源于法律授权和行政授权⑥。李婉晖等认为，由于流域管理的主要对象是水资源，因此，必须根据水资源的自然特性，建立包括法律制度、行政管理体制、经济政策、科学技术等措施在内的一整套流域管理措施。流域管理的重点是规划、管理与协调，应通过开发与保护来实现人与自然的和谐共处⑦。曾群认为，水资源优化配置的主要方式为："以产就水"和"以水就产"。主要措施很多，包括建立布局合理并且高效运行的水资源供给体系；建立安全并且有效的水资源保护体系；建立以水权制度为基础，按照市场机制运作的水资源市场，等等⑧。任远研究太湖面源污染问题及其治理机制时提出区域水资源的统一管理和相互协商机制不是控制和命令的行政机制，流域性水环境管理应是一个市场管理机构，应成为地区性水价体系、水权交易

① 刘毅：《改革流域管理体制促进流域综合管理》，《中国科学院院刊》，2008-2。

② 崔伟中：《流域管理若干问题的研究》，《中国水利学会 2003 学术年会论文集》，758。

③ 冯省、王富贵：《流域管理中的几个新理念及其实践应用》，《水资源与水工程学报》，2011，22（3）。

④ 薄燕怀：《实施水环境全流域管理的初步研究》，安徽师范大学学报（自然科学版），2000，23(4)。

⑤ 施雪、普利锋、张力小等：《流域管理与区域管理矛盾研究——以丹江口水库流域为例》，《环境科学与技术》，2009，32（3）。

⑥ 刘新华：《建立流域管理与区域管理相结合的黄河河道管理机制的探讨》，《水利发展研究》，2004（9）。

⑦ 李婉晖、潘文斌、邓红兵等：《水资源利用与保护的途径一流域管理》，《生态学杂志》，2004，23（6）。

⑧ 曾群：《汉江中下游水环境与可持续发展研究》，华东师范大学，博士论文，2005 年。

市场、排污权交易市场的组织者，并促进市场运行的规范化，实现流域内水资源的保护和优化利用[①]。任勇、俞海等认为：我国目前环境管理体制存在严重缺陷，横向管理体制不健全，尤其是缺乏跨省（区、市）、跨流域、跨部门的协调体制，无法解决省市之间、上下游之间和行业之间生态环境补偿问题[②]。胡鞍钢等认为，跨区域水资源分配是一种利益分配，并提出“准市场”分配水资源的思路[③]。梁丽娟、葛颜祥等认为，通过横向转移改变地区之间既得利益格局来实现地区之间公共服务水平的均衡[④]。张惠远、刘桂环等认为，在流域的生态补偿机制中，关键是上下游的责任关系界定问题，上下游要建立跨行政区域的“环境责任协议”和环境保护仲裁制度[⑤]。

（四）关于水资源管理中水权制度的研究

安新代、殷会娟和虞孝感、曾群以及张惠林等学者研究了水资源管理中的水权制度。例如，张惠林在借鉴其他国家水权理论和发达国家成功的水权水市场管理经验的同时，探索了我国水权交易方面的新路子，把水资源的开发使用，纳入市场经济范畴，以经济手段进行管理[⑥]。特别是安新代、殷会娟比较全面地研究了国内外水资源管理中的水权制度[⑦]。他们认为，综合起来看，一个国家和地区的水权制度主要取决于其水资源管理的历史、水资源状况及管理导向等因素，而且许多国家水权制度的地域色彩较浓。不少国家的水法已将对水权的规定从对土地权属的规定中独立出来，而且都逐渐允许开展水权交易。

（五）关于公众参与流域管理

我国研究公众参与流域管理的学者较多。樊辉等提出，流域管理中的参与者基本可以分成普通公众、利益相关者两大类。根据利益相关者各自不同的利益诉求及其性质，可将其分成污染者、污染承受者、专业人士、权力机关等四类[⑧]。政府鼓励公众通过合法、公开、公平的程序和渠道参与流域管理，协商、协调解决流域管理中一切与环境有关的问题。从多年的实践来看，政府官员和规划人员对于流域区居民的利益要

---

① 任远：《太湖流域水污染实质与集成化流域管理》，《中国人口资源与环境》，2002，12（4）。
② 任勇、冯东方、俞海：《中国生态补偿理论与政策框架设计》，中国环境科学出版社 2008 年版。
③ 胡鞍钢、王亚华：《转型期水资源配置的公共政策：准市场和政治民主协商》，《中国软科学》，2000（5）。
④ 葛颜祥、梁丽娟、接玉梅：《水源地生态补偿机制的构建与运作研究》，《农业经济问题》，2006（9）。
⑤ 张惠远、刘桂环：《我国流域生态补偿机制设计》，《环境保护》，2006（19）。
⑥ 张惠林：《流域地表水资源管理体制》，中国农林大学，硕士论文，2005。
⑦ 安新代、殷会娟：《国内外水权交易现状及黄河水权转换特点》，《水资源管理》，2007（19）。
⑧ 樊辉：《流域管理中的公众参与研究》，《商业时代》，2012，（29）。

求重视不够，甚至将视之为流域管理的阻力，其结果是利益各方缺乏信任与交流[①]。因此，公众参与流域管理具有举足轻重的作用。崔伟中提出，我国的流域管理尚未真正建立起公共参与和民主协商的机制[②]。冯省等认为，要在流域管理中树立参与式理念，鼓励所有利益相关者参与流域管理[③]。李丹等认为，公众可以通过流域委员会制和董事会制等途径参与流域管理[④]。黄艺等指出对流域的水生态功能进行甄别，合理划分其生态功能区，并按不同功能合理管理水资源，成为协调经济发展和水生态保护的关键因素之一[⑤]。崔延松等[⑥]认为，流域范围内具有共同利益的用水户往往通过非营利性经济组织如水利灌溉组织、流域用水组织以及用水者协会组织等自行组织起来，参与水资源分配决策。这类组织具有法人资格，自我管理，独立核算，经济自立。其成员通过内部民主协商的形式管理和分配水权。这类非营利性经济组织成立的理论依据是一种由布坎南（James M. Buchanan）提出的所谓“俱乐部资源”。其俱乐部成员之间可以共用俱乐部资源，非其成员者则不能使用。用水户参与分配体系模式的优点在于：有利于提高水权分配的弹性，兼顾公平与效率；有利于降低监督成本，提高管理效率。用水户参与分配体系模式的缺点在于：从宏观上看，很难形成一个透明化的制度，从而不便于监督管理；作为“用脚投票”的俱乐部，较易忽略其少数或弱势团体的利益；很难统一和协调不同的协会之间、部门之间以及行业之间的水权分配矛盾；对于我国来说，农业用水所占的比例最高，而我国农民的组织化程度较低，若推行这种分配模式，其成本较高，因此不适合大范围实施。

（六）关于流域经济与政区经济的其他方面

冯省等提出了可持续替代生概念。其核心思想是，在流域管理中既要注重环境效益又要注重经济效益，二者之间应该平衡发展。这一思想为流域管理成果的可持续性奠定了基础[⑦]。何大伟认为，走生态农业的发展道路有助于保护和改善农村生态环境以加强对

---

① 李环：《流域管理中公众参与问题的探讨》，《油气田环境保护》，2006，16（2）。

② 崔伟中：《流域管理若干问题的研究》，《2003 学术年会论文集》，中国水利学会，758。

③ 冯省、王富贵：《流域管理中的几个新理念及其实践应用》，《水资源与水工程学报》，2011，22（3）。

④ 李丹、黄德忠：《流域管理中的公众参与机制》，《水资源保护》，2005，21（4）。

⑤ 黄艺、蔡佳亮、郑维爽等：《流域水生态功能分区以及区划方法的研究进展》，《生态学杂志》，2009，28（3）。

⑥ 崔延松、张云等：《自然资源开发利用与管理——基于流域可持续发展的研究视角》，黄河水利出版社，2012.8 版。

⑦ 冯省、王富贵：《流域管理中的几个新理念及其实践应用》，《水资源与水工程学报》，2011，22（3）。

流域面源污染的控制。发展节水型农业是节约水资源的有效途径[①]。姜群鸥等把流域综合管理信息系统运用于锡林河流域水质评价、流域分析和灌溉需水估算，为该流域现代化管理和综合治理提供了决策参考[②]。黄茁等认为，由于在线监测能力不足、缺乏定性监测和具有一定覆盖面的监测手段、监测方法自动化程度不高等原因，导致我国监控体系与水环境管理要求往往不相符。作者重点从四个方面提出了水环境质量监控的思路：一是提高监测技术的效率灵敏度和可靠度。二是研究并采用污染定性分析技术，引入综合毒性分析方法。三是开发生物传感器。四是发展空间技术，建立覆盖全流域的监测平台。在水质监控预警体系中引入现代信息技术[③]。彭顺风等提出了淮河流域管理数字化及其系统的概念，初步建成了淮河流域管理数字化系统，可为流域管理业务提供科学的量化的参考依据，发挥了决策支持的作用。[④]王金南等提出的“流域—控制区—控制单元”三级分区体系[⑤]，在一定程度上弥补了中国以往的流域分区方法主观性较强，划分依据不充分等缺陷。

（七）关于流域经济与政区经济体制的案例研究

罗志高、刘勇等六人通过编著国外流域管理理论、美国科罗拉多流域、特拉华河流域和欧洲莱茵河流域等管理体制机制的文献，为我们提供了许多值得重视的经验教训。其中，他们对于莱茵河流域管理体制机制经验的总结对我国很有参考价值：以下游国家为主导的国际协作机制；环境基础设施与技术建设十分重要；法制建设；单一管理向综合管理模式的转变；先进的监测与预警手段；确定可持续发展目标；企业的主体地位及公众意识的提高；突发事件的应对机制。又如，他们总结美国科罗拉多流域管理的经验教训包括：可以说，当前科罗拉多流域管理正朝着跨州、区域协作性公共管理机制的趋势发展。在可持续发展的环保框架下，政府牵头、促进多方合作、考虑各方利益诉求、协调其间利益冲突，以流域为单位统筹水资源管理，鼓励企业与民间力量参与进来，努力实现经济效益和环境效益的双重收获，这种管理机制无疑对我国的流域治理有着重要的借鉴意义[⑥]。

---

① 何大伟：《三峡库区流域管理模式探讨：机构、法律与制度》，《科技导报》，2000（3）。
② 姜群鸥、邓祥征、战金艳等：《锡林河流域综合管理信息系统研发与应用》，《生态学杂志》，2010，29（1）。
③ 黄茁、曹小欢：《流域管理中水质监控技术发展探讨》，《长江科学院院报》，2009，26（2）。
④ 彭顺风、李凤生、黄云等：《淮河流域管理数字化系统框架与方法研究》，《治淮》，2011，（7）。
⑤ 王金南、吴文俊、蒋洪强等：《中国流域水污染控制分区方法与应用》，《水科学进展》，2013，24（4）。
⑥ 罗志高、刘勇等编著：《国外流域管理典型案例研究》，西南财经大学出版社，2015 年版。

第二节 中国流域经济与政区经济协同发展体制的现状及问题

一、体制的历史沿革

2100多年前，我国的第一部水利通史，即《史记》中的《河渠书》，记载了从禹治水到汉武帝黄河瓠子堵口时期内的一系列治河防洪、开渠通航、引水灌溉的史实。随着经济技术的发展，人类对于江河管理与开发利用的认识不断进步。到1933年，我国水利工程学会第三届年会的决议指出防洪、给水、排水、水力、灌溉、水道、污渠以及港口工程等等，都属于流域开发与管理的范围。其中，“水力”指水能利用，“污渠”指城镇排水。到了20世纪后半叶，人们又将江河管理与开发利用扩大到水土保持、水资源保护、环境水利和水力渔业等领域。

总起来看，新中国成立以前，我国的流域管理与资源开发利用大致可以分为三个大的时期：第一个时期从大禹治水到秦汉，以在黄河流域的广袤平原修建防洪治河、运河、各类灌排水工程为重点。郑国渠、都江堰是这一时期的著名水利工程。第二个时期从三国至唐宋，流域管理与资源开发发展迅猛。灌溉工程在全国各地普遍兴建，运河建设和管理有重大发展，其技术水平也达到了我国古代运河工程技术的高峰。隋唐大运河是该时期最著名的水利工程。在这一时期，唐代中央政府颁行了我国古代第一部水利法规——《水部式》，对农田水利管理、碾磨设置及其用水管理、航运船闸和桥梁的管理维修、渔业及城市水道管理等都做出了明确规定。第三个时期是元、明、清朝代，水利普及时期。元、明、清时期相对安定，战乱不多，水利发展稳定。由于南方人口的增加和经济的发展，长江、珠江等南方流域的开发、治理逐渐成为重点。管理理念也有所提升。其中，以明代潘季驯为代表的“束水攻沙”治河思想的完善和系统堤防的实施，使传统的治河堤防工程技术的发展进入高峰。明清以来，关于流域管理和工程技术方面的研究著述以及专业志书陆续问世。

新中国成立以后，我国高度重视流域管理及工程建设。三峡工程等大批水利工程和水力发电站开工建设，南水北调等重大工程也相继实施。1988年，《中华人民共和国水法》的颁布，使我国的流域管理迈上了法制轨道。之后，相继颁布了《中华人民共和国水土保持法》等法律法规。各地也先后颁布了大量地方性法规。对于龙头水库的作用、战略性水电工程的意义、国际河流管理与国际惯例、水库移民、水电开发与旅游业关系等重大问题的理论研究也有重大进步。

从总体上看，新中国成立以后到改革开放前近30年，我国的流域管理工作主要由水利、环保部门负责，虽然取得了很好的成效，但是在水资源开发利用中往往注重开源而忽视节流和保护，重视经济效益而轻视生态与环境保护；原《水法》对法律责任的规定较粗线条，不便于操作，对于违法行为的打击力度也很不够，导致执法困难等问题也日渐突出。特别是由于节约用水、计划用水和水资源保护方面的法律制度不完善而导致水资源浪费和污染严重以及水权和水资源有偿使用制度不完善而影响水资源的优化配置等等问题，应当引起我们高度重视。

二、体制的现状

（一）总体情况

2002 年，我国对 1988 年的《中华人民共和国水法》（以下简称《水法》）进行修订并颁布施行了新《水法》。与原《水法》相比，新《水法》在水资源的管理体制、水资源的权属以及水资源的节约、保护及其法律责任等方面有较大突破，对促进流域经济与政区经济协同发展有较好的导向作用。

一是明确了我国水资源实行公有制。这一点在新《水法》第三条的规定中得以体现。即水资源属于国家所有。同时，还明确规定了由农村集体经济组织修建管理的水库中的水和农村集体经济组织的水塘，归该农村集体经济组织使用。

二是明确了水资源管理实行流域管理与行政区域管理相结合的体制。这一点体现在新《水法》的第十二条规定中。这一条包括了许多具体的规定。这些规定有利于流域内水资源的统一规划、协调及合理配置。

三是明确了流域管理高于行政区域管理。这一点在新《水法》第十五条的规定中得以体现。

四是明确了水资源宏观调配的“双主体制”——国家发改委和国家水利部。这一点在新《水法》第四十二条中规定得很清楚。

五是明确了水资源以行政分配为主的配置模式。这一点在新《水法》第四十七、四十八条中规定得很清楚。例如，国家对用水实行总量控制和定额管理相结合的制度。

（二）典型的体制模式

在国家的新《水法》框架下，全国各江河流域围绕水资源的保护和利用，大胆探索适合自身的流域经济与政区经济管理体制。总体上看，形成了四种有代表性的体制模式：一是以水资源统一计划分配为主、探索水权转换和交易为辅的黄河体制模式；二是流域管理与区域管理并重的长江体制模式；三是以区域协调为主，流域管理为辅的珠江体制模式；四是以流域管理为主，区域行政管理为辅的辽河体制模式。

1. 黄河体制模式：以水资源统一计划分配为主、探索水权转换和交易为辅

黄河是我国的第二长河，仅次于长江，位于我国北部，流经 9 个省、自治区，流域内有 1 亿多人口，全长约 5464 公里，流域面积约 752443 平方千米，是中华文明最主要的发源地，是我国的“母亲河”。

黄河流域经济与政区经济管理的体制模式呈现以下特点：

一是水资源主要采取统一计划的方式进行分配。自 20 世纪 70 年代后期以来，黄河

水资源的供需矛盾日益尖锐，因此，借助党的十一届三中全会的改革东风，黄河流域管理开始从政策和制度上进行突破——重视水行政管理制度和用水管理的计划性。到20世纪80年代后，在沿黄各省（区）形成了计划用水的详细规章制度。1984年，国家计委将相关报告和调查研究结合起来，并与沿黄各省区进行协调，提出了《黄河可供水量分配方案》，详细规定了各省（区）在南水北调工程生效之前的水使用量权。这一方案至今仍然是黄河沿岸各省区间调配黄河水资源的基础。1987年,《黄河可供水量分配方案》得到了国务院批转，要求黄河相关省区依据该方案并紧密结合其当地的国民经济发展实际，制定各自的用水规划。这是我国第一个大江大河流域宏观层次上实施配水。在此实践基础上，1993年国务院发布了《取水许可制度实施办法》。1994年，水利部发布了《关于授予黄河水利委员会取水许可管理权限的通知》，明确了黄河水利委员会的6项管理权限，加强了黄河流域的取水管理。当年，黄河水利委员会颁发了黄河流域依法取水的第一个正式制度安排，即《黄河取水许可实施细则》。取水许可制度的实施，为规范取水行为发挥了很大的作用。

二是开展水权转换和交易的市场机制探索。建国初期，黄河流域一些省市在实践探索中逐步形成了计划用水和配水量权的管理制度，“浪费不补、节约归己”逐步成为普遍遵循的原则，促进了水资源利用效率的提高。不过，之后经历了许多曲折，一些好的制度未能坚持。到20世纪80年代中后期，随着黄河水资源供需矛盾的加剧，因开发利用水资源而引起的各种水纠纷、水案件也不断增加，要求黄河流域大胆探索和突破水权制度。与此同时，黄河流域实施计划管水等制度的建立，也为黄河流域水权制度的探索和突破奠定了较好的基础。

水权，是指在水资源稀缺条件下人们有关水资源权利的总和。随着1988年《水法》等一系列正式制度安排相继出台，黄河流域水权制度的探索也取得了一定进展。黄河的水权，是指依据我国《水法》和《取水许可和水资源费征收管理条例》而确定的取水权，即水资源使用权。在国家对黄河水权的初始分配（一级市场）完成以后，由于流域农用水所占比重较大，而农用水领域节水的空间大，因此，必须探索水权转换和交易机制——农用水权向非农行业水权转换并交易，通过农用水资源的“农转非”水市场规范运行，促进水资源合理配置，实现节水目标。这就需要建立（二级）水权市场。

2004年6月，黄河水利委员会于出台了《黄河水权转让管理办法（试行）》，正好与水利部2005年1月下发《水利部关于水权转让的若干意见》推动全国实施水权转让契合，使黄河流域的水权转让制度得以很快形成和执行，由此大大促进了1988年《水法》特别是2002年新修订的《水法》等一系列政策法规的贯彻落实，加大了探索售水、水交易等水资源配置市场机制的力度。

目前，黄河的水权转换和交易制度有以下特点：一是主要通过节水减少无效损失水量，不侵占出让方耗水量权益。二是转换和交易的是工程措施的节水量，结构调整等非工程措施节水量不能转换和交易。三是目前只能在省（自治区）级行政区域内进行水权转换和交易。四是水权转换和交易的重点是农业水权向工业水权的转换和交易。五是水权转换和交易是政府调控、监管的准水市场。此外，由于黄河水权转换和交易有一套较完善的技术审查体系、制度保障体系和组织实施体系，由此，黄河水权转换才能健康、持续发展。

其实，由于黄河流域内9个省、自治区的经济发展情况差异较大，万元GDP的用水量下游高于上游2—3倍，因此，如何利用水权市场使水资源流向效益高的地区和行业成为重要的探索主题之一中。同时，由于黄河流域流经的省、自治区多达9个，很容易在不同行政区域之间引起水事纠纷，而这些纠纷若通过行政手段进行协调，不仅难度大，而且效率低，因此，正在探索通过建立水权市场，利用市场机制来协调水资源的分配，减少纠纷。

可见，黄河逐步形成了一整套以流域管理与行政区域管理有机结合的水权制度体系，为黄河流域的统一管理、全流域配水和水行政管理和水权转换交易提供了制度依据。当然，建立流域经济与政区经济协同发展的黄河管理体制还有许多问题有待进一步研究，包括如何科学合理划分流域机构与区域水行政管理部门的事权等等。

2. 长江体制模式：流域管理与区域管理并重

长江是中国第一大河流，流经11个省、市、自治区。国家对长江流域采取一体化管理与行政区域管理有机结合的管理模式。这种体制具有以下特征：

一是以重大工程项目为载体，强化流域管理。长江流域主要通过长江水资源保护工程、长江水资源统一调度工程、长江水生态保护与修复工程、长江水资源应急响应工程等等重大工程，强化流域管理机构在统一规划、监测、审批、协调等方面的权限。

二是用规划、制度等促进流域管理与区域行政管理结合。从规划来看，2010年，国务院批复了《长江流域及西南诸河水资源综合规划》和《长江流域综合规划》，明确了其后20年长江水资源发展的战略目标与总体布局以及各地方区域水资源管理的主要目标与任务，进而也促进了流域管理与区域行政管理的结合。从管理制度来看，从2001年开始，陆续颁布了《长江河道采砂管理条例》《取水许可和水资源费征收管理条例》等一系列法规条例，明确了长江水利委员会及其下属机构与长江流域各省区的权责分配。从行政指令来看，长江水利委员会按照2011年中央关于"实行最严格水资源管理制度"的要求，建立了长江流域总量控制指标体系，并要求各地方把相关指标细化到各支流和各行政区域，同时实行严格的监督考核制度，形成"总量控制与定额管理相结合"的流域工作体系。此外，长江流域沿岸各省区之间的联动、协商、合作等机制也促进了流域管理与区域行政管理的结合。例如，长江流域沿岸省、自治区、直辖市的主要领导参与了"水土保持委员会"和"长江防汛总指挥部"等组织及其活动。这样的区域高层沟通互动机制，对于促进长江流域管理与区域行政管理的有效结合发挥了重要作用。

三是流域管理机构与区域行政管理机构之间具有服从、合作、分工、监督等多重复杂的关系。“服从关系”，主要是指在涉及流域宏观事项时，区域行政管理要服从流域整体管理，如长江流域范围内的省、区水资源规划应服从长江流域综合规划。“合作关系”，是指在涉及跨流域治理事项时，流域管理机构与相关地方行政管理机构必须合作进行。例如，在制定长江流域跨省水资源调度方案的过程中，长江水利委员会与有关省人民政府必须合作。“分工关系”，指流域管理机构与区域行政管理机构各自按法定权限对长江流域水资源相关事项进行管理。“监督关系”，则指在调处省际边界水事活动和纠纷时，长江水利委员会对省、区地方行政管理机构具有监督、执行权责。例如，长江水利委员会有权对省际边界的违法取水、采砂工程进行查处。

3. 珠江体制模式：以区域协调为主、流域管理为辅

珠江流域总面积 45.26 万平方千米，由西江、北江、东江和珠江三角洲诸河组成，干流西江发源于云南省东北部，流经云（云南）、贵（贵州）、桂（广西）、粤（广东）及香港、澳门。北江和东江水系几乎全部在粤境内。珠江体制模式有以下特点：

一是设立了省际和粤省内两层流域管理机构。省际层面的流域管理机构由合署办公的珠江水文局和水资源保护局组成。这两个局是具有部分水行政管理职能的副厅级事业单位，受水利部、环保部和珠江水利委员会领导。粤省内层面的流域管理机构是成立于 2008 年的广东省流域管理委员会，是议事协调机构，负责广东省范围内各大流域水资源保护、管理的协调和决策工作。此外，广东省分别设立了东江、北江、西江及韩江等四大流域管理局。这些流域管理局既归属广东省水利厅管辖，又受流域管理委员会领导，主要协助制订广东省内本流域的各项规划、预案并监督实施等。珠江流域管理机构均是派出机构：珠江水利委员会及其下设的珠江水文局、水资源保护局是水利部的派出机构，四大流域管理局是广东省水利厅的派出机构。由于它们都是中央和地方水行政部门职能的延伸，无法承担跨部门、跨区域问题的综合性协调与管理任务。因此，珠江流域管理机构与地方水利部门的关系是：指导不领导、监督不干扰、协办不取代。而珠江水资源管理的执法权、行政审批权等，则仍然主要由地方水利部门行使，流域管理机构主要做好信息披露与共享，促进地方协调沟通等。

二是组建了区域行政协商的牵头机构。该机构由省、市负责人及地方水利部门领导构成。为了促进珠江不同区域行政的协商沟通，珠江流域组织了多种省际、地市高层联席会议。在省际层面，建立了泛珠水利协作年会制度，形成了珠江流域省际水利部门高层联席会议机制。2004 年 5 月的珠江水利协作会议商定，各省、自治区派一位副厅（局）长作为协作会议联络员，各省、自治区的水利厅（局）每年定期轮流承办会议，研究解决当前水利协作中的主要问题。在粤省内层面，广东省流域管理委员会和四大流域工作小组是流域协商的领导保障机构。广东省流域管理委员会主任由其省政府分管领导担任，成员有广东省政府办公厅、水利厅、发放委、财政厅、环保局等单位的代表，其日常工作由广东省水利厅承担；各流域工作小组组长由广东省水利厅分管各流域的副厅长担任，副组长为各流域管理局的局长，成员由流域内各地级以上市水利（水务）局长

组成。

三是建立了行政区域之间的协商机制。首先，通过泛珠战略这个平台，建立了各省级水利厅之间的协商机制。例如，2004 年通过的《泛珠三角区域环境保护合作协议》明确将水环境保护作为跨地区合作的重要内容。2007 年，珠江水利委员会牵头，搭建了“黔、桂跨省河流水资源保护与水污染防治协作机制”；同年，珠江水利委员会联合云、贵等省，签署了《珠江流域跨省河流水事工作规约》，建立了水事活动协商机制。其次，借助实施《珠三角改革规划纲要》的契机，建立了地市一级水资源保护的协商机制。2009 年以来，珠三角各地市之间签署了《推进珠江口东岸地区紧密合作框架协议》等多项合作协议，为省内流域治理特别是环境保护和珠江水资源治理提供了合作平台。

四是通过统一规划、地方立法，明确了流域管理的权责分配。在规划方面，2010 年 12 月，国务院批复《珠江河口综合治理规划》，表明地方性水资源相关规划应服从流域整体规划。在地方立法方面，2006 年以来，广东相继出台了《广东省跨行政区域河流交接断面水质保护管理条例》等一系列管理条例，明确了各级地方政府及水行政主管部门在所辖区域水资源管理中的标准、责任与考核等。

4. 辽河体制模式：以流域管理为主、区域行政管理为辅

辽河全部在辽宁省境内，干流 538 公里，沿岸城市较多，产业以重工业为主，污染较严重。辽宁省委、省政府于 2010 年 5 月划定了辽河的保护区，同时成立了正厅级建制、省政府直属事业编制的辽河保护区管理局对这些保护区实行集中的一体化管理。这是中国的河流首次“划区设局”管理，也是辽河“以流域管理为主，区域行政管理为辅”体制模式的鲜明特点。归纳起来，该模式的特点有三个：

一是成立了职能比较集中的辽河保护区管理局。根据《关于辽宁省辽河保护区管理局主要职责内设机构和人员编制规定的通知》，辽宁省水利厅、环保厅等 7 个部门承担的关于辽河保护区的相应职能均划归辽河保护区管理局。这样，辽河保护区管理局的主要职能就包括编制规划、水质量管理监督、水政执法、环境评价、项目审批与许可等等。辽宁省政府明确辽河保护区管理局为省政府直属正厅级事业单位，并且核定事业编制 55 名，经费由财政全部补助，并给予其充分的政策、资金和人员支持，以保证其一体化管理的权力；同时，还设立了辽河保护区公安局，保障其有效执法。

二是强化了流域管理机构的“三权”——决策权、执法权与监督权。首先，辽河保护区管理局对于该流域的管理有协商沟通权、决策权、执法权和监督权。该局的内设机构有 8 个，除了办公室外，其余机构都对水资源管理有一定的权利。其次，通过设立辽河保护区公安局，强化了辽河保护区管理局的监督权和执行权。该公安局是辽宁省公安厅的直属机构、正处级建制，实行辽宁省公安厅和辽河保护区管理局双重管理。其主要职责是维护保护区内的安全与秩序，保障管理局行政执法工作。再次，明确了流域管理机构——辽河保护区管理局与辽宁省水利厅、环保厅之间的职责分工，强化了管理局的权限。辽宁省水利厅、辽宁省环保厅起技术辅助、信息支持的作用，主要负责技术性工

作，并向辽河保护区管理局提供相关监测数据。而辽河保护区管理局则起主要作用，负责保护区内水资源的监督管理。

三是全面理顺了流域管理机构的权责关系。从纵向权责关系来看，根据 2010 年 12 月实施的《辽宁省辽河保护区条例》，辽河保护区管理局由辽宁省政府直接管理，而该局又领导各市、县辽河保护区管理局，指导和帮助这些基层管理局开展其保护区的行政执法工作。而从横向权责关系来看，该《条例》明确规定辽河保护区管理机构在治理保护工作中处于主导地位，省、市、县的水利、环保、交通等部门则必须在各自职责范围内协助其做好相关工作。此外，该《条例》还明确规定了地方政府对于辽河保护区管理机构应提供政策支持和资金保障，要求省和市、县政府将流域水污染防治纳入其国民经济和社会发展规划，并且建立专项资金，加大治理投入力度。

三、现行体制存在的问题

现行体制存在的问题可以归纳为两个大的方面：一方面是流域管理体制的相关法律法规不完善的问题；另一方面，是实践中存在的问题。

（一）流域管理体制的相关法律法规不完善的问题

1. 相关法律法规不完善且相互之间不够协调

首先，我国目前关于流域管理体制的法律法规不够完善，也未形成体系，一些重要而有效的流域管理手段缺乏法律法规保障。例如，现行的国家和地方法律法规中缺乏上下游之间的生态补偿制度，导致上游的生态保护缺乏制度性动力；因为缺乏水权（使用权）和排污权交易制度，难以建立符合现代市场经济需要的水权市场和排污权市场，使得流域水资源管理长期囿于明显的行政化管理体制机制，高效节约用水和遏制流域污染的长效机制迟迟无法建立；等等。其中，没有制定专门针对流域一体化管理的法律法规，使得流域一体化管理的机构的地位及其职责、职权很难得到有效的法律保障，从而削弱了流域一体化管理的力度。这种状况不改变，将很难适应现阶段正如习总书记 2016 年初在重庆考察长江流域时明确提出的“长江要搞大保护、不搞大开发”等流域管理的新思路和新战略的要求。

其次，新《水法》与相关法律法规之间不够协调。例如，关于水质监测主体的规定就存在一定矛盾。新《水法》规定水利部门和流域管理机构对水功能区的水质进行监测，但是《中华人民共和国水污染防治法》规定环保部门组织监测地面水体的水环境质量；重点流域的管理机构对其所在流域的省界水体的水环境质量进行监测，并向国家水利部门等机构报告。其实，这样的法律规定在实践中不仅容易引起环保部门与流域管理机构间的矛盾，而且造成监测资源的浪费。又如，关于流域纳污排污总量控制的主体，新《水法》第三十二条的规定与《中华人民共和国水污染防治法》第十七条的规定也存在一定矛盾，前者明确水利部门或者流域管理机构核定水体的纳污能力、提出水域的限制排污总量意见并且组织水功能区划，而后者却规定环保部门是主体。显然，这样的规定很容易引起水体纳污能力与排污总量、水功能区划与水环境功能区划尤其是水域的限制排污总量与实际排污总量之间脱钩和不协调等现象。

出现上述问题的主要原因是相关立法在指导思想上对于流域一体化管理的重要性认识不深、重视不够，导致流域管理机构在相关立法的过程中处于“弱势”，进而未能充分反映流域管理的公共利益诉求和根本目标。同时，相关部门在立法过程中协调、配合不够，各部门往往采取了部门自身利益高于流域公共利益的态度，在相关立法中展开了强烈“博弈”，处于“弱势”的流域管理机构则很难在这些“博弈”中“获胜”。

2. 缺乏跨部门、跨行政区综合管理的规定

现行的许多法律法规由于对跨行政区流域的综合开发利用缺乏具体规定，因此，其对水资源的开发实行统一规划、统筹兼顾、综合利用等规定和要求往往很难真正落实。这样，涉及不同地区的流域，在被开发利用时，各地区往往采取对自己有利的政策；相关的行业部门之间也缺乏统一的协调，往往也只从本部门的需要出发来决定水资源的开发利用。许多措施往往在局部看来是有利的，但对整体来说则可能是有害的。

3. 新《水法》的一些规定不够完善

在尚无关于流域一体化管理、综合管理法律法规的情况下，相对具有综合性、关键性的新《水法》就显得尤其重要。但是，新《水法》并不是我们想象的那么完善，一些规定与新常态、新战略、新的流域发展思路显得很不适应。

新《水法》虽然明确了我国实行流域水资源国家所有分级管理、流域管理与行政区域管理相结合的管理体制，但是，究竟如何结合，对流域管理、行政区域管理谁为主谁为辅规定得并不明确、不具体，实践中难以操作，导致各流域、各区域出现较大差异甚至一些混乱。例如，新《水法》规定由国务院水行政主管部门牵头，会同有关部门和有关行政区人民政府编制重要江河、湖泊的流域综合规划，却未足够考虑流域管理机构的参与权，从而很可能使流域管理机构的具体管理权力受到质疑。又如，新《水法》规定：国家发改委和国家水利部负责全国水资源的宏观调配。这种两个部门“平行”的规定，导致这两部门的地位、职责并不明确。在实践中，鉴于国家发改委特殊的宏观管理职能和超强的综合管理权利，在负责全国水资源的宏观调配中往往是国家发改委的作用远远大于国家水利部的作用，进而导致行政管理实际上远高于流域管理的结果，甚至在面对流域资源开发利用的一些尖锐矛盾下导致流域管理机构被架空、流域管理目标“流产”。再如，新《水法》规定：在旱情紧急情况下的水量调度预案和跨省、自治区、直辖市的水量分配方案，由流域管理机构与有关省、自治区、直辖市人民政府制订。而在实践中，流域管理机构在与有关省、自治区、直辖市人民政府的协商过程中，往往由于相关的省、自治区、直辖市人民政府具有经济发展的强大动力、GDP考核的硬性压力而变“商量”为“强要”（全力争取水资源等等指标向自己倾斜），在“商”的过程中显

得更厉害，起的作用更大。因此，究竟流域管理与政区管理谁主谁辅并不真正清楚。新《水法》还比较具体地规定了国家对用水实行总量控制和定额管理相结合的制度。根据用水定额、经济技术条件以及水量分配方案确定的可供本行政区域使用的水量，由县级以上地方发改部门牵头，会同同级水利部门，制定年度用水计划，对本行政区域内的年度用水实行总量控制。这一规定中的发改部门会同同级水利部门中的“会同”恰恰显示了同级水利部门的“弱势地位”与政区管理的“强势地位”。

无须赘述，上述类似的规定均没有足够突出流域管理机构的“强势地位”，更没有做出“铁”的制度性规定，导致实践中流域管理机构往往处于“弱势”，从而导致政区管理进而政区经济“压倒”流域管理的问题频出，很难实现流域经济与政区经济的协同发展。

4. 程序性立法缺失、执法不严的问题突出

目前，有关流域管理的国家立法和地方立法很少是程序性立法，绝大多数都是实体性立法。这样，实体性规定常常由于缺乏程序性的规定相配合而难以真正执行，利益相关方的矛盾很难处理。当然，执法问题产生的原因很多，除缺乏程序性立法外，地方保护主义也是重要的原因之一。由于地方环保部门在财政经费以及人事任免上对地方政府的依赖性很强，因此，虽然有很多关于企业排污、环境保护、严格执法方面的规定，但“执行难”问题一直都存在。包括《中华人民共和国环境保护法》关于地方各级政府应当负责本辖区的环境质量，采取措施改善环境质量，同时地方政府对造成严重环境污染的单位应限期治理，逾期未完成治理任务的单位应责令其关停等等规定，在实践中都未能真正完全落实。正是因为各地方政府及其主管部门未能严格履行其法定的环境监管职责，排污单位也未都完全自觉履行其环境守法义务，污染问题及其纠纷才会依然较多地存在。

（二）流域管理体制在实践中存在的问题

根据新《水法》等相关法律和规范性法律文件的规定，我国目前的流域管理实行的是“统一管理与分级、分部门管理相结合”的体制。这种流域管理体制在实践中虽然取得了一些好的成效，但也产生了较多的问题：

一是“多龙治水”的管理体制导致流域的公共利益难以得到有力保护。目前，我国的水利、环境保护等 12 个部门对于流域的开发、利用和保护都均有一定的权限。同时，还有流域所经地的各级政府。如此多的管理部门、地方政府各自存在不同的责任和利益，使之在流域管理的过程中常常产生相互争权、各行其是、推诿扯皮等现象，导致流域资源有序开发、生态环境保护、污染严格治理等等流域公共利益很难得到保护和落实，从而危及流域的可持续发展。

二是流域的一体化管理、综合管理很难落实。目前，由于我国尚无专门针对流域一体化管理、综合管理的法律法规，而只有许多专项的法律法规，这就使得流域的一体化管理、综合管理缺乏强有力的法律保障。虽然我国相关的专项法律法规规定我国目前的流域管理实行“流域管理与行政区域管理相结合”的管理体制，但是，在实践中，我国

各流域的综合管理机构长期以来并不具有足够的流域管理权限，因此，很难真正实施一体化管理。而且，这样的管理体制在实践中往往导致了国家与地方条块分割，各行政区域的管理居于主导地位，不利于流域可持续发展战略的实施，使得流域的一体化管理、综合管理很难真正落实。

三是流域管理机构的地位不高、权责不明、权威性不足。其一，我国现行法律法规特别是制度性规定强调的还是各级政区管理机构的重要性，重大的战略部署和平常的工作安排一般都是以行政区划为单位来进行的，而对于流域管理机构地位、权责的规定都很粗略、原则、笼统，难以真正落实。这一点在前面我们分析的相关法律法规不完善中也得到了印证。新《水法》虽然明确了“流域范围内的区域规划服从流域规划”，似乎表明了流域管理机构的地位高于政区管理机构。但是，第十七条的规定实际上却排除了流域管理机构参与重要江河、湖泊的流域规划，进而制约了其管理权力，导致流域管理与政区管理在实践中难以真正协调和统一，而且一旦发生矛盾，往往是流域管理让位于政区管理。这种情况在我国缺水严重区域如黄河中上游地区显得尤其突出。即便是我国第一大河流——长江，其经济带规划纲要也未能足够突出长江水利委员会的地位、权责及长江一体化管理的重要性，而是充分考虑了流域各政区经济发展的需要——长江三角洲城市群、长江中游城市群、成渝城市群发展的需要。其二，现行的流域管理机构是国务院水行政主管部门的派出机构，在权力级别和行政层级上一般都低于同级行政区，加之在流域一体化管理和监督方面的权力也很有限，既难以将所在流域区段各类用水户的利益诉求反映到相关流域的宏观决策、流域管理政策法规的制定中，往往导致流域管理与政区经济的脱节甚至冲突，又因为在流域监督执法中要依托于地方政府或司法机关，因此其权威性受到地方政府和用水户的严峻挑战。其三，现行的流域管理机构缺乏有效的调控手段。目前，流域管理机构虽然具有流域规划编制的权利和责任，但是在水资源配置、开发、工程投入、流域治理项目审批以及监督管理方面并没有有效的手段来保证流域规划的实施，往往导致流域规划流于形式，成为人们戏称的“鬼话”。当然，现行流域管理机构的内部职能部门以行政事业性质的部门为主，行政权威不足，企业化、市场化机制同样很弱，与发达国家成功的流域管理大多采取行政方法与市场方法有机结合、权责利有机统一的管理模式相去甚远，这也是导致我国流域管理低权威、低效能的重要原因。

四是政区经济管理处于明显“强势”。在我国市场经济的快速发展中，由于流域的各地方政府受到财政分灶吃饭体制的“强烈激励”，高度重视当地经济发展，崇拜GDP政绩，因此，为谋求当地经济社会的最大利益，对流域自然资源采取了“巧取豪夺”的硬战略，千方百计开发和利用其行政区域内的流域自然资源和自然环境。相反，对流域生态环境的保护和污染治理等“外部性”明显的方面则往往采取“软对策”。加之，正如我们前面所分析的，流域管理部门面对“强硬”的地方行政管理机构，要么顺应地方要求甚至与之“合流”，如珠江模式；要么当“聋子”“瞎子”，不管不问，让渡流域公共利益。其结果可想而知——实际上政区经济超越流域管理要求而“强势发展”，很难实现流域经济与政区经济的协同发展。

五是缺乏市场化的激励机制。新《水法》仍然是在沿袭计划经济时代政府在经济活动中处于强势地位的思维模式下制定的，流域水资源管理的相关制度设计体现的都是政府的主导地位甚至由政府全权管理，而水权交易、排污权交易等市场化机制涉及很少，导致合理利用、节约利用、高效利用水资源、减少污染的市场化激励机制缺乏。在这种情况下，上游节约用水无利可图，加之当年水量的分配以往年的实际用水量为基数，因此，为保住水量的分配份额，上游宁可多用水，也不愿意节约给下游用。同样，由于农民在政治利益的博弈中处于弱势，因此，城市地区无动力去严格执法处置企业排污，而是任由企业超标排放、污染河流，使农村地区承担环境外部成本。

六是公众参与机制不健全。从田纳西流域等国外许多流域管理的成功案例来看，公众的参与可以加强流域管理决策的科学性、减少流域管理决策的盲目性、降低决策的风险、减少决策执行成本、增加决策执行的实效、减少水法执行的监督成本，提升公众的节水意识，提高水资源的利用效率，等等。因此，除涉及国家机密外，均应鼓励社会公众参与流域管理事项的管理和监督。而我国的流域管理由于是政府主导型的管理模式，公众参与机制相对缺乏，即使一些流域、一些区段、一些地方有公众参与，但也缺乏制度性保障，如流域管理信息公开制度，而往往是简单化、形式化的参与，大多是在被动征求意见时发表一下意见，参与的效果也较差。

（三）流域内政区经济管理体制存在的问题

正如我们前面所分析的，由于长期以来我国流域一体化管理的不足，而政区管理处于“强势”且各行政区各自为政，导致流域内部的经济分工与协作体系迟迟无法建立，流域经济一体化程度较低。其体制性原因在于流域内各行政区受到“分灶吃饭”财税体制的束缚和干部任用升迁的GDP政绩考核的“激励”，不得不目前各自为政，竞相发展，从而出现盲目竞争、重复建设、城市功能相似、产业结构雷同的局面，很难形成产业有序分工与协作、城市功能互补的一体化发展格局。目前，我国真正形成一体化发展的流域经济带还没有，稍微发展较好的也只是长江下游、珠江下游的三角洲地区，即俗称的长三角、珠三角地区。

就以我国地理空间跨度最大、流域面积最大、对我国经济社会发展也最具战略意义的长江为例，其流域经济带的建设也是举步维艰的。其实，我国建设长江经济带早在30多年前就开始设想、谋划了，可是直到今天仍然未能真正建成。2016年5月，国务院又正式发布了《长江经济带发展规划纲要》，用以指导长江经济带建设。即使是这个《纲要》，也是按照下游以上海为中心、中游以武汉为中心、上游以成都与重庆为中心，分上中下游三个区域的内部协同发展为主来规划的，而不是按整个长江流域的一体化发展来规划的。由此足见，长江经济带建设的难度之大，特别是各行政区各自为政的体制性障碍之顽固是很难消除的。回顾起来，原国务院发展研究中心主任马洪在20世纪80年代初提出了长江经济带整体开发的构想——“一线一轴”战略。其中，“一线”就是指的沿海发展一条线，“一轴”则指的是长江。之后，理论界不少学者研究了该问题。1982年12月22日，国务院发出通知，决定成立上海经济区，希望能打破“经济区”与“行政区”之间的壁垒。1985年的“七五”计划要求加快长江中游沿岸地区的开发，并加强与东部、西部地带的横向经济联系。1985年，沪、宁、汉、渝4个城市发起成立了“长江沿岸中心城市经济协调会”。一般每两年召开一次会议，共同研究长江流域产业布局、结构调整、经济合作、生产要素调配流域经济合作等重大问题。到2014年11月，该“经协会”共计召开了16次市长联席会议（见表7-1），会员城市达到27个。他们通过签署会议纪要，推动相关领域的合作。例如，为了抓住长江经济带建设上升为国家战略的契机，加快落实国务院《关于依托黄金水道推动长江经济带发展的指导意见》的战略举措，2014年的第16届市长联席会议纪要便达成了以下合作共识：一是建立依托长江黄金水道的综合立体交通走廊；二是联合防控和治理长江流域环境，打造和保护长江经济带绿色生态走廊；三是实施园区共建，加强区域经济合作，促进布局优化和产业梯度转移；四是推进长江流域政产学研用合作，加快科技成果的产业化进程；五是加强长江流域文化、旅游等相关方面的交流合作，共同打造精品旅游线路，开展优秀文化交流活动。不过，从30年来的实践来看，不论是1985年开始成立的“长江沿岸中心城市经济协调会”，还是1997年成立的“长江三角洲城市经济协调会”，由于这类协调会及其市长联席会都是“民间”性质，因此，在“分灶吃饭”、各自为政的体制性顽疾影响下，其所达成的合作项目真正落实的并不多。这也正是30多年来推进长江经济带建设的深层次原因所在。当然，长江沿岸中心城市经济协调会所做的这些巨大努力对于推动长江经济带的建设和发展之贡献也是非常重要的。

表7-1　长江沿岸中心城市经济协调会各次会议的主要情况①

次数	时间	地点	主要内容
1	1985.12	重庆	长江沿岸中心城市经济协调会成立。通过《协调会章程》，会议决定按渝、汉、宁、沪顺序轮流担任主席方，每年举行一次会议。会议依据国家对长江流域经济发展的总体布局要求，认真研究了联合开发长江的现实要求，确定首先在长江水运、长江开发研究、长江旅游、信息交流、资金融通、科技协作、邮电通讯、商贸流通和物资协作等9个领域开展联合与协作。依据4个中心城市的优势和特点，分别建立9个专题协作组。

① 长江沿岸中心城市经济协调会历15届市长联席会议简况_国际贸易中心城（http://blog.sina.com）。

（续表）

次数	时间	地点	主要内容
2	1986.12	武汉	主题为：联合起来，共同开发长江经济带。会议研究了协调会工作方针，“抓区域经济合作、促流域经济开发”。会议依据国家对长江流域经济发展的总体布局和要求，认真研究联合开发长江的现实需求，协调会成员扩大到沿江23城市。（上海、南京、武汉、重庆、宜宾、攀枝花、泸州、宜昌、荆州、石首、岳阳、鄂州、黄石、九江、安庆、铜陵、芜湖、马鞍山、镇江、扬州、泰州、南通等）。随后长江流域组建了南京经济协调会、武汉经济协作区、重庆经济协作区、上海为中心的长江三角洲经济协作中心。
3	1987.12	南京	时任国家体改委主任李铁映同志到会。会议主题为：开发利用长江、振兴流域经济，提出“抓区域、促流域”的工作思路。会议通过《长江沿岸中心城市经济协调会第三次会议给国务院的报告》。
4	1988.11	上海	提出“抓区域、促流域、抓专题、促联合”的工作方针。在国家有关部门和沿江城市共同努力下，初步使各专题形成网络化格局。
5	1989.12	重庆	会议认真回顾总结了第3、4次会议确定的工作思路和执行情况，强调要进一步贯彻落实“抓区域、促流域、抓专题、促联合”的工作方针。会议决定增设环保专题组，并将协调会改为两年举行一次。
6	1992.4	武汉	主题为：加快长江开放开发步伐。会议以邓小平南巡谈话为指针，集中研究探讨了沿江城市加快改革开放步伐，推动长江开放内联协作问题，提出“呼应浦东开放、参与三峡工程建设，加快开放开发沿江城市”的思路；研究了深化流域经济联合的主要任务和工作。在交通银行的支持下，组建“长江经济联合发展股份有限公司”。
7	1994.5	南京	会议强调，在过去的基础上，进一步加强与浦东、三峡的合作，长江的开发开放、内联协作要“发挥整体优势，发展区域联合，共同推进长江流域开发开放”。提出加强长江开放的理论研究。会议接纳合肥为协调会成员。
8	1996.3	上海	会议举行了“迈向21世纪的长江”研讨会，举办了“腾飞的长江”沿江城市风貌展示。会议提出积极研究长江三角洲及沿江经济带发展重大问题，积极建设长江三角洲及沿江地区经济带投资与协作信息网络，积极推进长江商贸走廊建设，会议接纳宁波、舟山为协调会成员。
9	1998.5	重庆	会议审议通过了《关于加快资产重组，联动调整产业结构的意见》《关于进一步发育和健全产权交易市场的意见》和《关于加强高新技术产业合作与联动发展的意见》。会议提出由重庆牵头编制《长江沿岸地区产业发展规划》。会议接纳泰州市为协调会成员。
10	2000.12	武汉	主题为：开发长江经济带、参与西部大开发。以国家西部大开发战略思想为指导，审议通过了《长江沿岸中心城市联合参与服务西部大开发，形成新的经济发展优势的框架意见》《长江沿岸地区产业发展规划》《进一步发展长江流域产权交易共同市场的工作意见》等指导性文件。会议接纳咸宁为协调会成员。

（续表）

次数	时间	地点	主要内容
11	2002.10	南京	会议修改并通过《长江沿岸中心城市经济协调会章程》；开通中国长江网；召开了部分区域合作组织经验交流会；会议调整原10个专题组为8个专题组，由上海市牵头商贸物流、会展专题组，南京市牵头旅游、信息专题组、武汉市牵头交通、环保专题组，重庆市牵头产业结构调整、西部开发专题组。会议接纳黄冈、池州、巢湖为协调会成员。
12	2004.11	上海	会议主题为：发挥长江黄金水道作用，推进长江流域经济联动发展。会议决定，共同开展推进长江“黄金水道”建设的专题研究，积极探索加强高层次协商机制，进一步推进沿江4个区域的合作。
13	2006.11	重庆	会议主题为“发挥黄金水道作用，推动长江经济发展”。通过《长江沿岸中心城市经济协调会关于进一步加大扶持三峡库区发展力度的建议》，29个城市共同签署了《长江沿岸中心城市经济协调会第十三届会议多边协议》。
14	2008.10	武汉	与会市长以长江黄金水道开发与产业合作为主题，积极探索加快区域改革开放方略，共商长江流域联合与协作大计，并联合签署了《关于加快黄金水道开发进一步促进产业合作的多边协议》《长江流域环境保护合作宣言》两个文件。
15	2012.12	上海	通过了《关于增设合肥市作为长江协调会常设主席方的提案》等3个提案。中共上海合作交流工作委员会书记、上海市政府合作交流办公室主任林湘作协调会今后两年工作的报告，并将通过《长江流域城市合作发展（上海）宣言》。会议商定，今后两年长江协调会着重在园区共建、口岸合作、知识产权合作、文化合作、生态保护、流域合作机制建设等6个方面推进相关工作。
16	2014.11	合肥	国家发改委发展规划司马强处长详细解读了《国务院关于依托黄金水道推动长江经济带发展的指导意见》，上海社科院院长王战作主题发言，上海口岸办和2名企业家代表分别围绕长江沿岸中心城市口岸大通关和会议主题发言。各成员城市市长共同签署了《长江流域环境联防联治合作协议》。同时，会议审议通过了《长江沿岸中心城市经济协调会第十六届市长联席会议纪要》。

注：作者根据“百度百科”等相关资料整理而得。

第三节　中国流域经济与政区经济协同发展体制创新的意义、原则、内容

一、体制创新的重大意义

创新我国流域经济与政区经济协同发展的体制，能够解决我国过去因多部门治理、政出多门的流域管理体制而导致流域公共利益受损等问题；能够更好地实行流域的一体

化管理、综合管理；能够切实提高流域管理机构的地位、明确其权责，增强其对流域管理的权威性；能够克服流域管理在与政区经济管理合作中处于明显“弱势”的问题；能够通过引入水权等流域资源产权市场，建立流域资源高效利用、节约利用的市场化激励机制；能够建立和完善公众参与机制；能够真正解决流域内政区经济各自为政、分割发展，导致重复建设、产业雷同、资源浪费的问题。通过体制创新，解决以上问题，为促进我国流域的生态文明建设，实现流域的可持续发展，促进流域经济与政区经济的协同发展奠定体制基础。

二、体制创新的基本原则

我国流域经济与政区经济协同发展的体制创新应坚持以下四个基本原则：

（一）以流域保护为导向，兼顾流域资源开发与政区经济发展

习近平同志 2016 年 1 月 5 日在重庆召开推动长江经济带发展座谈会上强调，当前和今后相当长一个时期，要共抓大保护，不搞大开发，把修复长江生态环境摆在压倒性位置。这一要求也适合于我国其他的所有流域。这实际上为我国流域经济与政区经济协同发展的体制创新指明了方向。一方面，党的十八大第一次提出了“五位一体”总体布局。其中，第一次将“生态文明建设”与经济建设、政治建设、文化建设、社会建设并列入“五位一体”。而流域生态文明建设是我国全面生态文明建设的基本组成部分，并且由于流域之水的天然流动性，使得流域污染和环境破坏具有从上游到中下游不断叠加、几何放大的负面效应。例如，西部地区保持一方水土所需的成本仅几元钱，但如果形成洪灾转移到下游，其经济损失将是几百元甚至几千元。因此，流域保护与生态文明建设具有特殊的重大意义。另一方面，由于流域生态保护具有非常显著的经济外部性——“我保护、你受益”，即流域的上游投入、保护而中下游受益，导致流域保护天然缺乏激励机制，为降低成本而不顾流域污染、生态破坏，往往成为流域各行政区大力发展经济的选择。近年来，许多流域的各行政区在巨大的经济发展动力“激励”下，对于流域资源过度开发、竭泽而渔。正如大家所看到的，许多江河沿岸地区开发如火如荼，不遗余力甚至不做挑选地引进项目，导致江边高污染的矿产、钢铁、水泥、化工企业密布；一些企业污水直排、偷排，污染流域水资源，威胁用水安全，水生动植物的多样性遭到严重破坏，一些水生物种纷纷告急……此外，我国经过几十年特别是改革开放以来的高速发展，已经成为全球第二大经济体，全面小康社会也很快建成，经济发展已不再是“压倒性”任务。在这种情况下，探索我国流域经济与政区经济协同发展的体制创新、加强流域管理，必须坚定不移地坚持以流域保护为根本导向，适当兼顾流域资源开发与政区经济发展。

（二）以流域管理为主导，加强流域一体化管理与政区协同管理有机结合

面对流域生态建设的严峻形势，必须高度重视流域管理，提高流域管理的地位，确保以流域管理为主导，其他各方管理包括政区管理为辅助，推进流域上中下游及其各类资源开发与环境保护一体化管理与政区协同管理相结合。

（三）以政府管理为主、市场机制和社会参与为辅，推动流域经济与政区经济协同发展

人一天也离不开水，经济社会发展同样离不开水。水资源是一种特殊资源，也是人类社会越来越重要、越来越稀缺的资源。水资源是流域的基本构成部分，也是流域发挥生态功能、环保功能以及其他经济社会发展功能的保障性资源。中国是世界 13 个贫水国之一，对于处于加速发展、对水资源需求越来越大的发展中大国来说，水资源显得尤其重要、稀缺和宝贵。借鉴美国等许多成熟市场经济将田纳西流域管理提升到国家层面，使用较强的行政力量、法律力量实施强有力管理的经验，中国作为政府主导型的社会主义国家，建设中国特色社会主义是我国的根本任务。因此，面对如此特殊的流域管理，特别是水资源管理，必须充分发挥政府的主导作用，同时加快引入市场机制和社会参与机制，利用政府的行政力量和市场的经济力量以及各方社会力量，来共同推动流域经济与政区经济协同发展。

（四）以完善法律法规和相关政策为保障，切实贯彻落实体制创新举措

对于发展社会主义市场经济，特别是对于已经确立依法治国的我国来说，一切流域都应该坚持法治思维，贯彻依法治国理念。对于特殊而重要的流域管理进而推动流域经济与政区经济的协同发展来说，构建相应的管理体制必须以完善法律法规和相关政策为保障，才能切实贯彻落实体制创新的相关举措，确保体制创新的成功。这也是发达国家流域有效管理、高效开发利用流域资源、协同发展流域经济和政区经济的宝贵经验，同时也是汲取我国过去流域管理因法治理念不够、法制基础较弱、法制保障较差而导致流域管理乱象丛生、破坏流域生态环境、危及流域可持续发展的教训所必须坚持的原则。

三、体制创新的主要内容

打破流域内行政区划的界限和壁垒，充分发挥市场在资源配置中的决定性作用，更好发挥政府作用，建立健全多层次协商机制，加快形成市场体系统一开放、基础设施互联互通、流域管理统筹协调的政区发展新机制。具体创新内容应依据流域的不同情况和重要性的差异，进行具体设计。对于国家确定的重要江河、湖泊如长江、黄河，要重点在以下方面进行创新：

（一）科学设置强有力的流域管理机构并实行河长负责制

流域管理机构是流域管理的综合责任主体，也是流域管理的核心主体。加强流域管理，推动流域经济与政区经济协同发展的基础，也是流域管理体制改革进而推动流域经济与政区经济协同发展的体制创新之核心所在。因此，科学设置强有力的流域管理机构，是落实“以流域保护为导向”“以流域管理为主导”等基本原则的重要举措。

科学设置强有力的流域管理机构应体现决策与执行、监督的分离与制衡的要求。而我国流域数量多、类型复杂。因此，应当依据各流域的具体情况，分类地科学设置流域管理机构。从我们前面的分析可以看出，进入 21 世纪以来，国际流域管理机构的设置的多种模式中，综合流域机构是较为流行的一种模式。它具有广泛的水管理职责和控制水污染的职权。它的职权既不像流域协调委员会那样单一，也不像流域管理局那样广泛。我国从总体上看可以借鉴其做法，设置规格高、赋权充分的国家流域管理机构，真正发挥流域综合管理、一体化管理的权威作用，强力推动我国分割的流域管理体制向统一管理、多方参与的现代新型综合管理体制转变。具体可以考虑如下思路：

首先，设立决策机构——流域管理委员会，并实行河长负责制。习近平同志在中央全面深化改革领导小组于 2016 年 10 月 11 日召开的第 28 次会议上发表的重要讲话专门强调，要全面推行河长制。河长的主要任务是贯彻新发展理念，以防治水污染、保护水资源、修复水生态、改善水环境。通过构建责任明确、协调有序、监管严格、保护有力的河湖管理保护机制，为河湖健康及其功能永续利用奠定制度基础。要完善河长对于河湖的治理机制，同时对河长进行绩效考核和责任追究。河长的选任程序是：由流域管理委员会负责人提名河长人选，流域管理委员会全体会议或其常委会表决同意后任命，因此，流域管理局是流域管理委员会的直属机构，应严格按照流域管理委员会决议的要求与目的进行流域管理。流域管理局应当由具有高度专业技术技能与管理实践经验的专家组成。其主要职责是：流域范围内的供水、防洪、水质保护、水土保持与恢复、制定流域规划及水资源规划、沿海污染防治等等；同时，还负责颁发排污许可证、制定流域内的各种水费标准、建设新的水利项目，并征收水资源费、防洪排水费以及排污费、废水入河罚款等。河长制的具体内容可以参见湖北宜昌市的《关于全面实行“河长制”加强河流生态保护的意见》（见专栏）。

专栏：湖北宜昌市关于全面实行“河长制”加强河流生态保护的意见①

各县市区人民政府，市政府各部门，宜昌高新区管委会：

根据党的十八大及十八届三中、四中、五中全会精神，按照市委、市政府

① 宜昌市长任长江宜昌段河长副市长任清江宜昌段河长_新浪湖北（http://hb.sina.com.c）。

统一部署和要求，为维护全市河流生态安全，加强生态文明建设，现就在全市河流（含湖泊和水库，下同）实行“河长制”提出如下意见。

一、指导思想

以科学发展观为指导，树立人水和谐理念，坚持保护优先方针，坚持“政府主导、属地管理、部门协同、社会参与”的原则，按照“明确目标、落实责任、保障经费、长效监管、严格考核”的要求，建立以行政首长负责制为核心的“河长制”，全面加强河流生态保护，建设美丽健康河流，促进经济社会与生态环境协调发展。

二、工作目标

从2015年起，实现“河长制”全覆盖，建立责任明确、制度健全、监管有力的河湖管理责任体系，每年达到国家和省级对宜昌控制单元水质考核要求。到2016年，建立“河长制”配套制度及考核办法，形成完善的制度体系，实现“河长制”管理常态化。到2017年，主要河流实现环境整洁、岸坡及水面无垃圾、基本消除违章建筑，基本消除城市建成区黑臭水体。到2020年，水功能区水质达标率达到85%以上，主要河流实现“水清、河畅、岸绿、景美”。

三、“河长”设置

根据我市河道水系及管理体系，实施按河道级别和河道所在地相结合的多级“河长制”，覆盖全市范围内的所有河道。河流上的水库纳入所在河流管理。有湖泊的县市一并建立“湖长制”。

跨县（市、区）的主要河流，由市领导担任一级“河长”，流经区域的县（市、区）领导担任二级“河长”，流经区域的乡（镇、街道）领导担任三级“河长”。跨乡（镇、街道）的河流，由县（市、区）领导担任一级“河长”，流经区域的乡（镇、街道）领导担任二级“河长”。不跨乡（镇、街道）的河流，其“河长”设置由所在县（市、区）确定。

与“河长”设置相对应，每条河流（河段）确定一个联系部门和一名联络员，协助“河长”履行有关职责。

“河长”是河流保护与管理的第一责任人，其主要职责是：督促下一级“河长”和相关部门完成河流生态保护工作任务；协调解决河流保护与管理方面的重大问题。

四、工作任务

（一）明确河流保护界限。实施河道、水库、湖泊保护界限设置项目建设，对河道管理范围进行勘测，建立界碑界桩和宣传告示牌。划定并向社会公布城市蓝线，明确城市地表水体保护和控制范围。

（二）建立巡查保洁机制。建立河道巡查制度，组建专兼职河道巡查员队伍，及时发现、报告和制止涉河违法违规行为。将河道管理范围内陆域、水域纳入城乡环卫统一管理，制定保洁标准和管理办法，推行市场化作业。向社会公布河流保护举报投诉电话，畅通监督渠道，接受社会监督。

（三）严格涉河行政审批。坚持依法行政、科学决策，规范涉河行政审批流程，严格审批条件，加强涉河项目建设监管。加强河流沿线土地利用监管，严禁非法侵占河道。科学划分涉河管理事权，明确涉河行政审批分级管理权限。

（四）开展水环境整治。建立健全水环境监测网络，完善水环境信息发布制度。编制实施河流综合整治规划、水污染防治规划、农业面源污染防治及畜禽养殖污染防治等专项规划。加强饮用水水源保护。清理整顿水库承包经营，禁止投肥养殖。加强城镇污水处理厂和污水管网建设。

（五）加大行政执法力度。建立水利、环保、交通、城管等部门联合执法机制，依法查处违章建筑、乱堆乱弃、非法排污等涉河违法行为。加强河流保护立法工作，完善河流保护法规体系。加强涉河法律法规宣传，提高全社会依法保护河流的意识。

（六）加强信息平台建设。建立河流管理信息系统，逐步实现信息上传、任务派遣、督办考核数字化管理。

五、保障措施

（一）加强组织领导。成立宜昌市全面实行“河长制”工作领导小组，由市长任组长，常务副市长任常务副组长，市政府分管水利、环保、城管工作的副市长任副组长；市政府办公室、市目标办、市发改委、市住建委、市规划局、市国土资源局、市环保局、市城管委、市水利水电局、市财政局、市农业局、市林业局、市畜牧兽医局、市交通运输局、市园林局、市公安局、市旅游局、市工商局、团市委主要负责人为成员。[①]领导小组下设办公室，由市水利水电局主要负责人兼任办公室主任，市水利水电局、市环保局、市城管委分管负责人兼任副主任，并抽调人员组成工作专班。各县（市、区）要成立相应机构。

（二）落实经费保障。将河道巡查经费、保洁经费等经常性支出及界碑界桩、联合执法等专项工作经费纳入各级财政预算，建立长效、稳定的河道管护投入机制。市财政对城区各区河流保护管理经费给予补助。

（三）严格监督考核。将“河长制”落实情况纳入政府综合目标考核，作为领导班子和领导干部实绩考核的重要依据。

宜昌市人民政府办公室

2015 年 11 月 30 日

① 宜昌市长任长江宜昌段河长 、副市长任清江宜昌段河长_新浪湖北（http://hb.sina.com.c）。

流域管理委员会下设专家委员会。其组成应依据流域的不同情况而具体确定。对于国家确定的重要江河、湖泊，该管理委员会应包含中央有关部委、流域内各地方政府及其职能部门、流域内各行业的用水大户等方面的负责人以及专家等。管理委员会作为流域管理的决策机构，应享有流域最高权力[①]，对涉及流域管理的一切重大事项如流域水资源的开发、利用、治理、配置、节约、保护以及水土保持、环境资源可持续利用等重大事项，通过民主表决做出决策，协调流域管理、区域管理和行业管理。同时，负有流域管理的全面责任。由于流域管理委员会是法定的行政主体，因此，应列入国家的行政序列，由国家法规对其职责、权限和隶属关系予以明确。[②]长江、黄河等重大流域的管理委员会主席（总河长）可由国务院领导担任，国家水行政主管部门的负责人担任副主席（副总河长）。决策机构是非常设机构，除了按照规定召集例会外，实行“有事议事”制度。

其次，设立执行机构——在流域管理委员会下设流域管理局或类似机构。其负责人的选任程序是：由流域管理委员会负责人提名河长人选，流域管理委员会全体会议或其常委会表决同意后任命，因此，流域管理局应直接对流域管理委员会负责，并严格按照流域管理委员会决议的要求与目的实施管理运作。流域管理局应当由具有高度专业技术技能与管理实践经验的专家组成。其主要职责是：流域范围内的供水、防洪、水质保护、水土保持与恢复、制定流域规划及水资源规划、航运、沿海污染防治以及流量管理；同时，还负责制定流域内的各种水费标准、颁发排污许可证、建设新的水利项目，并征收水资源费、防洪排水费以及排污费、废水入河罚款等。

再次，设立监督机构——流域监督委员会。其主要职责是监督流域管理政策的执行程度、执法的公正性、规划的科学性等。当然，对流域管理进行监督除流域监督委员会外，政府有关部门及普通民众也可以进行监督。

（二）构建流域内政区之间的互动合作机制

一是完善政府协调机制。建立流域内不同地区间、相关部门间相互沟通和协商的机制。对于长江等重点流域，要加大国家层面的协调力度，解决流域经济带发展的重大问题。在实行流域统一管理过程中，协调处理好发改、水利、环保等部门之间的关系，做到科学分工、职能明确又互相支持，形成相互制约、相互促进、相互监督、共同发展的良性运行机制。为此，必须以水利部门为牵头单位，建立和完善信息通报机制、联合会商和行动机制。流域管理机构与各省（区）水利部门对于黄河流域内干流及跨省支流上水行政管理的重大问题应随时相互通报，一般情况定期通报。鼓励上中下游地区加强协商合作，共同研究解决生态环境保护、基础设施互联互通、产业协同发展、市场一体化建设等政区之间合作的具体事项。

---

① 肖涛：《关于流域一体化管理的初步探讨》，《水资源保护》，2004（3）。

② 刘振胜、周刚炎：《试论流域与区域相结合的水资源管理体制》，《水利水电快报》，2005（6）。

二是发挥企业主体作用。加快转变政府职能，提高流域内政区公共服务水平，营造良好市场环境。支持企业建立所在流域跨上中下游以及跨政区的联合商会、行业协会等社团组织，提高其协调、服务和自律能力，促进信息共享、联合创新、产业协作、标准对接，更好参与流域经济带建设。鼓励企业组建跨地区、跨行业的产业联盟和技术联盟等联盟组织。

三是强化产业分工协作体系。从美国密西西比河、欧洲莱茵河等国外流域的产业协同发展的经验来看，流域产业发展是一个国家、区域产业发展的“先行者”和非常重要的组成部分。例如，美国密西西比河流域很早就形成了以匹兹堡为代表的一批钢铁工业城市、路易斯安那州为代表的石油工业。又如，德国钢铁集团92个企业中有66集中在莱茵河畔，其中世界著名的鲁尔工业区便位于莱茵河的赫尔内河上。同时，德国杜伊斯堡、埃森、杜塞尔多夫等著名城市均布局在莱茵河沿岸，形成以港口城市为点、以沿江产业带为轴、以流域经济区为面的“点—轴—面”开发产业模式，大大增强了德国经济发展的活力。[①]可见，只要我们在流域产业的发展中同时注意加强流域环境的保护和修复，其产业的发展由于流域良好的水运条件、电力供应和丰富的自然资源，是能够取得巨大成功的。我国东部沿海地区的经济之所以能够高速发展几十年，成为我国最发达的“先行区”，也与其流域资源得天独厚分不开。

我国未来建设流域产业分工协作体系重点应该放在以下几个方面：

——科学编制规划，引导流域的产业发展方向。在经济全球化的大背景下，产业分工协作体系日益开放，我国各流域的产业分工协作体系也应积极融入国际、区际产业分工协作体系，寻求上下游、区外环节的协作，建立合理的流域产业分工合作体系。国家和流域各政区应该加快制定流域产业发展规划，引导产业发展，特别是要明确流域内各行政区在产业链分工中的角色和发展重点，从过去招商多多益善、来者不拒，转变为按产业链招商选资，从产业形成的“源头”来加强流域产业分工协作体系建设。

——建立流域生态产业的分工协作体系。流域生态产业是一个支撑流域可持续发展的“基础性”产业。其内涵丰富，多种多样，如企业清洁生产、废物资源化、废物流转、再循环、再利用等技术，还包括构建和管理这些技术的社会组织与制度体系。[②]因此，一方面，该产业体系中的企业必须有良好的生态环保理念，在追求经济效益的过程中，高度重视社会责任和环境保护。[③]另一方面，要高度重视市场机制的决定性作用，保证该产业体系中的企业都能从分工合作、互利共生中得到好处，取得增值效应，使生态产业的分工合作体系能够通过市场机制实现自我协同。此外，要建立该流域生态产业各类主体之间严格的契约机制、良好的信誉机制和有力的协调机制。

① 刘有明：《流域经济区产业发展模式比较研究》，《学术研究》，2011（3）。
② 郭永辉：《生态产业链治理模式研究——国内外治理比较分析》，《科技进步与对策》，2014（4）。
③ 郭永辉：《生态产业链治理模式研究——国内外治理比较分析》，《科技进步与对策》，2014（4）。

——建立流域内资源型产业的分工协作体系。例如，长江上游政区可以重点发展水能、森林、矿产资源等产业的前端环节，中下游政区重点发展水资源、矿产加工业中的中后端环节；全流域各政区可以依据其特色农业资源发展特色农业及其农产品加工业、物流商贸业等等。各产业争取在上中下游的政区之间形成垂直分工协作关系。为此，需要在企业组织模式上给予制度性保障。以长江流域的矿产资源型产业为例，最好由上中下游的政府和企业共同出资、股权合作来组建流域矿业企业，形成“利益均沾及均衡”机制，促进产业分工协作，即上游主要从事矿山采掘、粗加工环节，中游从事矿产品深加工环节，下游则主要从事矿产品价值微笑曲线两端即矿产品的研发设计与物流运输、商贸销售特别是整体品牌打造的环节。这样，就避免了目前我国长江等许多流域经济发展中上中下游政区经济的同构化和恶性竞争局面。

——建立流域内特色优势产业的分工协作体系。例如，长江流域的特色优势产业主要包括电气机械和器材制造业、汽车制造业、计算机、化学原料和化学制品制造业、通信和其他电子设备制造业、专用设备制造业等产业，其占全国的比重都超过了 50%。此外，黑色金属冶炼和压延加工业、通用设备制造业、油加工、炼焦和核燃料加工业、有色金属冶炼和压延加工业在全国也占有较高的比例。这些流域特色优势产业都应当在上中下游的政区之间建立非常紧密的分工协作体系，以期避免各政区的产业结构同构和内部竞争，提高流域产业的整体竞争力。

——建立流域内特殊区域之间的协同发展机制。围绕流域内的产业发展方向和发展现状，通过规划引导、市场作用和政策法规支持，建立流域内特殊区域之间的协同发展机制，是实现流域经济与政区经济协同发展的根本途径。这些特殊区域包括国家级开发区、省级开发区、经济技术开发区、高新技术产业开发区、各类工业园区、出口加工区、边境经济合作区、保税区、物流园区、旅游度假区、金融贸易区、海峡两岸科技园区，特别是近年刚刚建立的自由贸易区，等等。这些特殊区域作为我国改革开放的“先行区”，经过 30 多年的改革探索及高速发展，已成为我国社会主义市场经济体制机制的“领头羊”和区域经济发展的增长极，在吸引外商投资、发展新兴产业、优化产业结构、促进技术进步等方面发挥着特殊的巨大作用。仅以长江的开发区为例，截至 2015 年 6 月，根据中国开发区协会和中华人民共和国商务部官方网站公布的开发区名录，长江经济带内拥有各类国家级开发区 220 个，省级开发区 575 个，分别约占全国总数的 44.2%、49.7%。长江经济带只占全国 21.4% 的国土面积，却拥有近全国总数一半的开发区数量。正是由于长江经济带的特殊重要地位，因此，国务院 2014 年 9 月 25 日发布了《关于依托黄金水道推动长江经济带发展的指导意见》，明确提出要以沿江国家级、省级开发区为载体，培育世界级产业集群。2016 年 5 月通过的《长江经济带发展规划纲要》进一步落实了该《意见》精神。实际上，其他流域的经济开发区（园区）也应该如此，承担起其整个流域发展及其体制创新的“先驱”作用。不过，进一步分析，我们发现，长江经济带开发区的空间分布呈现“大分散、小集中”的显著特点。其中，国家级开发区主要集中在上海、江苏的南京、苏州、无锡、常州和浙江，中、西部区域分布较为分散，主要布局在省会城市或经济较为发达的城市（见表7–2）；省级开发区较为分散，已基本覆盖经济带东部和中部区域的每一个地级市，但呈现中部＞东部＞西部的发展格局，西部“三省一市”的省级开发区仍然集中布局在核心大城市（见表7–3）。可见，开发区等特殊区域是流域经济改革开放和高速发展的主要载体，建立流域内特殊区域之间的协同发展机制，是实现流域经济与政区经济协同发展的根本途径。

表7–2 长江经济带东、中、西部的国家级开发区分布情况

流域区段	长江经济带东部			长江经济带中部				长江经济带西部			
国家级开发区数量比例（个、%）	191（33%）			294（51%）				90（16%）			
行政区域	上海	浙江	江苏	安徽	江西	湖北	湖南	重庆	四川	云南	贵州
国家级开发区数量（个）	23	84	84	72	77	81	64	33	33	10	14

资料来源：根据中国开发区协会、中华人民共和国商务部网站公布的最新国家级开发区名单整理，数据截止到2015年6月。

表7–3 长江经济带东、中、西部的省级开发区分布情况

流域区段	长江经济带东部			长江经济带中部				长江经济带西部			
省级开发区数量比例（个、%）	191（33%）			294（51%）				90（16%）			
省份	上海	浙江	江苏	安徽	江西	湖北	湖南	重庆	四川	云南	贵州
省级开发区数量（个）	23	84	84	72	77	81	64	33	33	10	14

资料来源：根据中国开发区协会、中华人民共和国商务部网站公布的最新国家级开发区名单整理，数据截止到2015年6月。

——建立流域内产业的行业协会、行业联盟、共性技术共建共享平台、劳动力包括人才资源流动平台等“公共”服务组织或者市场组织。通过这些“中介组织”的平台作用，促进各方联合投资、多边合作等等，推进流域内要素市场、产品市场和技术交易市场等等市场的一体化建设，实现合作共赢。

（三）加快引入市场机制，建立有利于流域经济与政区经济协同发展的统一市场体系

首先，要建立流域资源特别是水资源的产权制度，为引入市场机制奠定基础。具体包括：依法确定流域资源权属、依法管理流域资源权属变更、依法调查和处理流域资源权属纠纷等方面的制度。针对我国目前流域资源产权制度的情况，要建立能够体现流域资源配置效率与公平的流域资源产权制度，重点应该建立流域资源产权的人格化代表制度——直属于国务院（或地方政府）、权责对称的流域管理委员会（类似于我国的国务院国资委或地方国资委）应作为流域资源产权的人格化代表。当然，应仿效现阶段国资委改革的取向，分离流域管理委员会的行政管理职能与资源产权者代表职能。同时，还应明确央属流域资源产权与地方流域资源产权之间、国家流域资源产权与集体流域资源产权之间的关系——平等关系。

另外，应根据流域资源的不同种类分类建立产权制度。第一类是建立针对流域不可再生的矿产资源的产权制度。我国由于人均矿产资源量低且耗竭速度很快，因此，应对多数矿产资源实行国家所有。一些非紧缺、无规模开发效应的小矿山，可通过拍卖等方式，出售其所有权，明确所有者，以防止对小矿山的乱采乱挖，同时可以改变目前对小矿山“低价”、粗放开发和浪费使用的现状。第二类是建立针对流域的可再生非生物性自然资源的产权制度。由于这类资源具有可以恢复和循环使用的特点，加之其对人类生产生活和平衡生态系统的意义重大，因此，国家应本着有利于生态和社会整体利益的出发点来确定其所有权。对于我国来说，由于土地和淡水资源都十分紧缺，且大多具有垄断性和公共性，因此，总体上应该由国家和集体所有。当然，对于一些非紧缺性的土地，为了激励企业和农户采取长期行为，避免这些土地的生态恶化，国家可以规定其目标用途，并拍卖其所有权。第三类是建立针对生物性可再生自然资源的产权制度。生物性可再生自然资源主要是指由动物、植物、微生物及其周围环境组成的各种生态系统。它们一般具有循环再生能力，若开发、利用合理、适度，可恢复、更新，为人类永续利用。同时，这类资源的产权常常具有多元化特征，在实际使用中往往具有较强的竞争性。在市场经济发达国家，国家一般是通过法律来确认这类资源如草原、森林、野生动植物等的所有权主体。我国应根据不同资源的生态效益大小来确定其所有权。例如，对生态效益很大的生态林、生态草地、珍稀动植物，应继续保持国家所有，其他一般的生产性草地，国家则可以转让其所有权，形成多元所有权结构，以充分调动各方面的积极性，减少资源浪费和滥用。

在流域的上述各类资源中，最为基本也最为重要、最为紧缺的是流域的水资源。因此，应当加快探索流域水资源的产权制度——水权制度。在这方面，本书进行了较为系统的研究，详情请见总报告以及发表的阶段性成果，此处不再赘述。

其次，要建立完善的产权交易市场。若没有高效、有序的流域资源交易市场，流域资源的产权制度所具有的合理配置资源、高效利用资源、节约使用资源等制度性功能就缺乏发挥作用的载体、平台，流域资源产权制度的建立实际上就失去了意义。因此，在明晰流域资源产权关系的基础上，必须逐步使市场机制在流域资源优化配置中发挥决定性的作用，建立起以流域资源产权市场为依托，以合理的流域资源价格为信号，以流域资源的供需均衡为目标的流域资源产权交易制度，从而实现流域资源产权交易的市场化。为此，一是要建立流域资源有形市场体系。主要包括：设置具有固定的交易场所、具有一定规模的产权交易机构，设置具备制订、修改、解释交易规则和监督职责的产权交易管理机构。同时，应规范产权市场交易中介服务市场，严格审查中介机构资质，规范管理中介服务行为，防止中介机构运作不规范、信誉低下等问题的产生。二是要完善流域资源产权市场的交易制度。主要包括：市场准入制度，规定进入市场的条件，确定市场交易的方式和程序；明确市场交易应遵循的规则，即游戏规则。三是要建立灵活多样的产权交易方式。针对流域不同类型的资源，建立包括买卖、承包、租赁、招标、拍卖、股份合作等在内的多种产权交易形式，为流域资源产权主体之间设定可供选择的行为模式。四是加大市场执法力度。依法处罚违法、违规交易的单位和个人，净化流域资源市场交易环境，保证流域资源市场交易的有序进行。同时，行政执法也应规范程序，接受公众监督。

对于我国长江流域等地理空间跨度很大、流经的行政区域很多、资源十分丰富同时生态环境也越来越脆弱的流域来说，推进流域经济与政区经济协同发展的任务就显得万分重要而艰巨。其中，建设一体化的流域资源市场体系是关键。为此，一是扩大市场准入范围。推行负面清单制度，建立公平开放透明的市场规则和务实、高效的区域标准化协作机制，实施统一的市场准入制度和标准，扩大市场准入范围，推动劳动力等要素跨区域流动和优化配置。建立区域间质量、资质互认制度，加强市场监管合作。二是共建共享流域基础设施。加强流域省际和部际之间沟通协调，统筹规划流域基础设施，逐步消除区域运输服务标准的差距，从标准、制度上保障构建统一开放有序的运输市场。加快流域物流体制改革，规范收费行为，大力发展直达运输，有效衔接江海联运、铁水联运、公水联运，降低物流成本。三是建立和完善流域建设投融资体制。鼓励流域各行政区共同设立城际铁路、环境治理等投资基金，共同设立流域经济带的产业投资基金和创业投资基金。加快政府和社会资本的合作模式（PPP）在流域共用基础设施、公用事业等领域建设项目的应用。同时，鼓励保险等资金进入具有稳定收益的投资领域。鼓励流域跨省区通过委托基金管理公司运作等市场化机制来保障其可持续。围绕加快流域船型标准化进程，积极探索创新流域及其沿线政区金融产品，鼓励开展融资租赁服务。扩大流域商业保理试点范围，积极发展航运保险，创新航运保险产品和服务，在沿江重点城市率先试行航运保险产品注册制。

（四）构建流域生态环境的协同保护机制

保护流域生态环境是流域可持续发展的基本要求。而流域生态环境的保护离不开流域上中下游之间、流域内各政区之间以及相关社会力量的协同推进。各流域管理机构应根据其流域情况，采取多种方式，千方百计组织和协调流域各方共同努力，加强流域生态环境保护。从体制创新角度来看，重点应在以下方面努力：

一是建立和完善流域负面清单管理制度。流域沿线一切经济活动都要以不破坏生态环境为前提。流域生态环境只能优化、不能恶化，这是一条必须坚守的底线。贯彻落实全国主体功能区规划的要求，建立并硬化流域生态环境约束机制，严格遵循各地区环境容量来制定负面清单，设定禁止开发的岸线、河段、区域和产业，加强日常监测和监管，严格落实国家关于生态文明建设的相关政策规定，建立和完善“河长”等相关党政领导干部的流域生态环境损害责任追究制度。对于违规违法占用流域的岸线、河段、土地和布局产业者必须依法重处。

二是建立流域环境污染联防联控机制。深化研究流域生态修复、环境保护等指标体系，建立完善和真正落实流域环境信息共享机制、环境污染联防联控机制和预警应急体系以及跨部门、跨政区、跨流域突发环境事件应急响应机制。鼓励各流域沿岸省市共同设立其流域水环境保护基金、湿地保护基金。开展水域、岸线等水生态空间确权登记以及水权、碳排放权、排污权交易试点探索，通过建立环评会商等第三方组织来推行环境污染第三方治理。

三是建立并实施流域生态补偿机制。围绕长江、黄河等重点流域及其上游等重点区域，分类分级开展生态补偿试点，建设生态补偿示范区。重点是完善财税分享制度，探索和完善流域上中下游开发地区、受益地区对于生态保护地区的横向生态补偿机制，从机制上激发流域沿江省市保护生态环境的内在动力。

四是建设流域生态文明示范区。在重点流域的重点省市县、重点生态区域建设生态文明示范区，围绕人与自然和谐发展的主题，大胆探索资源节约、环境保护和生态治理的管理模式和体制机制。以长江流域为例，应以源头区域和上游区域为重点，创新跨政区生态保护与环境治理联动机制，加快形成各政区生态环境协同治理经验。以淮河流域、巢湖流域为重点，加强流域生态环境综合治理，完善综合治理体制机制，加快形成流域综合治理经验。

（五）建立流域及政区的公共服务协调机制

一是合作发展流域内的“跨区”教育。这里的“跨区”是指跨流域内各行政区的界限（下文用法同）。要通过师资全流域区域流动和学生全流域区域就学以及学分互认、联合开展协同创新、联合推进学科建设等方式，开展跨上中下游以及跨政区的义务教育、高等教育。特别是要建立和完善流域内统一规范的劳动用工和跨区域培训教育工作机制，加快建设一批“跨区”职业教育集团，加强包括农民工在内的职业技术培训，为劳动力在流域上中下游转移流动创造条件。

二是协同发展流域内“跨区”公共文化。针对重点流域，建立全流域统一的公共文化管理机构，统筹和整合全流域的图书馆、艺术馆、博物馆等资源管理和使用，进一步塑造和弘扬流域文化特色。保护流域历史文化名城名镇名村和非物质文化遗产，进一步改造提升文化基础设施，协同开发和共享数字图书馆、数字档案馆等文化资源。

三是协同推进流域内“跨区”医疗卫生联动协作。要以长江、黄河、珠江等跨行政区域较多的主要流域为重点，大胆探索建立全流域“医疗卫生联合体”，推动流域内医疗水平发达地区医卫机构跨政区开办分院、合作办医甚至对口支援，显著提升不发达区域、基层、贫困地区医疗卫生服务能力和水平。建立全流域跨政区互联互通的医疗卫生信息平台，并在流域内实行双向转诊和同级医疗机构检查结果互认制度。大力发展全流域互联网远程医疗和各具特色的健康服务产业。强化“跨区”联检、联防、联控传染病（慢性病、寄生虫病、地方病等疾病），协作管理计划生育和康养服务。建立和完善按流域进行统一管理的医药卫生体制模式。

四是建立和完善流域内“跨区”的社会保障体系。在重点流域尽快试点基本养老保险、基本医疗保险等社会保险关系的“跨区”转移接续。推进医疗保障在流域内跨上中下游以及跨政区结算。建立流域内跨上中下游以及跨政区的社会保险参保信息共享机制。

（六）加快重点领域改革，促进流域经济与政区经济协同发展

一是加大行政审批制度改革力度。切实转变政府职能，持续推进简政放权，建立权力清单、责任清单和负面清单，对有利于流域经济与政区经济协同发展的事项可以由市场决定的，应坚决交由市场主体自主决定；对下放流域内地方政府的审批事项，地方政府要接住、管好。大力改善投资软环境，坚决杜绝企业服务中的不作为、乱作为现象。

二是推进各流域的改革试验区先行先试。例如，对于长江经济带的建设来说，应充分发挥上海浦东、浙江义乌、武汉城市圈、长株潭城市群、成都、重庆等国家综合配套改革试验区的引领示范作用，优先将国资、金融、土地、科技、行政、开放等重大改革在试验区先行先试。推进浙江开化、湖南临湘、云南大理等市县“多规合一”试点。及时总结改革经验并进行推广，形成区域性改革新优势。深化流通体制改革，促进流通信息化、标准化、集约化，推动传统商业加速向现代流通转型升级。

（七）完善和强化流域经济与政区经济协同发展的社会参与机制

要从各个层面着眼，循序渐进地开展行动，逐步推进公众参与流域经济与政区经济协同发展的管理活动。

从国家层面来看，应通过制定和完善相关的法律法规，来鼓励和支持社团组织、公民等非政府主体参与流域经济与政区经济的协同发展管理，明确其参与的权益和参与的程序性规定。

从流域层面来看，应加快推进“河长制”，改革流域管理机构，强化其流域一体化、综合化管理的权利和责任，协调政区经济发展，举办社会大众等非政府主体广泛参与的流域论坛等等。

从政策法律及实践操作层面看，应包括以下几个方面：一是推行流域管理政务公开，扩大公众知情权。认真落实环境保护政策法规、项目审批、案件处理等流域政务公

告公示制度。完善相关政府网站，针对中老年人群要注重传统媒体的宣传方式，加大发布环境质量、环境管理等信息的力度，增加发布频度，使各类非政府主体可以更便捷地获得流域主要用水、管理决策与规划执行的相关信息。二是进一步落实行政审批的全流域公告和听证制度。应该改变目前流域公告和公众参与的内容较少、单一的状况，增加流域用水许可、排污许可、工程许可等各种涉水行政审批程序，扩大“公众”的地域范围，使流域内跨部门、跨地区的弱势群体与潜在受害者等利益相关者（如渔民、下游用水户、湿地管理部门等）也有平等对话的机会，加大保护其权益的力度。三是增强利益相关方参与流域管理的能力。建设和扩大流域理论及政策的交流平台，包括论坛、俱乐部等，为利益相关方的参与提供更好的条件；通过与相关教育和培训机构合作等多种方式，开设流域管理课程，增强利益相关方的参与意识和参与能力。四是建立流域信息公开机制和平台。进一步建设综合性的流域信息发布平台，加大在流域层面公开流域管理政务信息的力度，促进各种流域信息及时发布。五是完善政府采取公告公示、意见征求与听证等行为的程序，采取规定方式与灵活多样的方式有机结合进行信息披露、意见表达和政府回复，力求取得好的实效，对这种效果进行客观评价并纳入相关政府服务责任单位的考核。六是进一步强调“河长制”与流域决策科学化、民主化的有机结合。应加快建立和完善“河长制”，明确河长在流域管理重大决策中的地位、权利和责任，同时，公开流域管理相关事项的决策过程，增强高政策制定过程的开放度和透明度，建立和完善公众参与、专家论证以及以河长为首的政府决策有机结合的决策咨询机制。七是鼓励和引导环境公益诉讼。应在现有法律中明确公众参与的程序性规定。任何公民和社会团体都可以对不履行法定职责的流域管理机构或者污染、破坏流域生态环境的单位和个人提起诉讼。同时，应严格执行流域管理诉讼中的回避原则，其诉讼主体决不能与案件有直接利害关系。

（八）完善相关法律法规，保障流域经济与政区经济协同发展的体制创新

建立健全法律政策体系是实施流域统一管理与分级管理制度的保障。只有以法律形式明确流域管理机构的地位、职责、权力以及与政区之间的关系，才能使流域经济与政区经济协同发展的体制创新做到有法可依。这也是国外流域经济与区域经济协同发展许多成功案例的重要经验之一。我国由于社会主义市场经济体制机制尚不完善和成熟，就更需要通过法律法规来保障。我国不仅需要建立和完善流域管理方面的综合性法律如《流域管理法》《长江法》等等，也需要许多专项的法律法规如《流域生态保护法》等等。特别是各个法律法规之间必须配套、协调。法律法规需要保障的重点包括：流域管理机构的地位、权责利；流域生态保护与生态补偿机制；流域资源特别是水资源的产权界定及交易市场；流域内各政区之间的全面合作机制；等等。当然，在一些方面既要完善相关法律法规，也要注意与其他手段结合使用。例如，要完善流域资源产权及市场交易的纠纷处置机制，既需要相应的法律法规做保障，也需要一些民事调解和救助机

制。因为在流域资源产权界定、交易等过程中往往会发生纠纷，而要保证流域资源产权制度的建立及其产权交易活动的顺利开展，就必须建立相应的产权纠纷处置机制。流域资源的社会性与经济性的双重属性，决定了流域资源需要受到公法和私法的双重调整。因此，应当考虑如何平衡、协调流域资源产权及市场交易中的争议解决机制中政府行政权与流域资源利用者私权之间的冲突。同时，由于流域资源的稀缺性和市场主体的趋利性动机，导致了利用者私权的扩张欲望并常常引发利用者相互之间的权利冲突。这种冲突是典型的私权冲突，不应该采用行政调处的方式解决，而应当引入民事救助机制来科学、有效地处理流域资源利用主体之间的纠纷。

蓝定香

第八章　民生发展：协同发展铁三角的目标

民生是流域经济与政区经济协同发展的出发点和归宿，民生发展是流域生产要素、体制机制协同发展铁三角的目标，也是流域经济与政区经济协同发展的根本目标和具体任务。本书以马克思主义民生理论，特别是党的十八届五中全会提出的创新、协调、绿色、开放、共享“五位一体”的发展新理念为指导，从流域民生的实践出发，指出我国流域民生发展虽然取得了巨大进步，但是流域经济与政区经济和民生发展不协调问题突出。本书以流域政区经济发展与民生发展——流域生态环境与民生发展——移民后续扶持政策与脱贫致富等民生发展重要的关系为框架，分析了当前我国流域民生发展的主要机遇挑战，指出：经济发展是民生发展中决定性因素，如何破解流域政区经济发展和民生发展失衡陷阱问题，有效提供流域民生发展的经济支撑和财政支持，是促进流域经济与政区经济协调发展和民生发展关键。透过流域民生发展政区差距及其原因分析，提出民生财政的支出结构向能力建设和机会均等转型的是民生保障的必然要求；流域生态资源是人类生生不息及经济社会可持续发展的源动力。流域生态环境质量，是衡量民生发展质量的重要指标。当前流域水资源短缺和生态环境破坏等问题，给民生造成巨大的损失，并已经严重威胁到人类生存发展。良好的流域生态环境保护是最公平的民生公共产品，因此，加强生态文明建设有序发挥流域生态系统内部各要素的功能，促进民生发展成为“十三五”乃至更长时期政府职能转变指向。然而，生态建设、水生态资源保护的“外部性”，对下游、上游、对岸的经济社会和民生发展造成严重的影响。消除其影响的关键是抓住生态建设、水生态资源保护“外部性”内部化的有效途径——生态补偿，为此，需要建立共建共享的生态补偿机制。如何建立共建共享的生态补偿机制，促进流域生态建设和环境保护与民生发展政策与机制，确保流域发展有重大的理论和现实意义；在水电非自愿移民后续扶持和社会保障方面，应准确甄别其贫困的本质性问题、在制定地方扶持标准时，要符合当地贫困群体的实际情况，通过对这些问题的解决，以促进我国流域经济社会和民生发展可持续发展的目标。

第一节　理论与实践探讨

认识民生发展的理论基础和实际问题，是不断推进民生发展理论创新、制度创新，顺利破解民生发展困境的必然要求。

一、民生发展的理论基础

（一）民生的内涵

我国关于“民生”概念的最早记载始于《左传·宣公十二年》中：“民生在勤，勤则不匮。”孟子曰：“谷与鱼鳖不可胜食，材木不可胜用，是使民养生死无憾也……七十者衣帛食肉，黎民不饥不寒，然而不王者，未之有也。”此乃两千年前对民生的解释。在中国传统社会中，民生一般是指百姓在物质层面的基本生活状态，即百姓基本的衣食住行用的境况。

近代，孙中山曾提出了三民主义思想。在孙中山“三民主义”中的“民生主义”，的解释是：“民生就是人民的生活——社会的生存、国民的生计、群众的生命便是。”[①]民生除了朴素的食、衣、住、行，还包括社会、国家层面关注的民生。

到现代，尤其是改革开放以后，随着人民物质生活水平的提高，民生内涵有了进一步的发展，其内容包含教育、就业、收入分配、社会保障、基本医疗卫生、社会管理等[②]。党的十八大指出：“加强社会建设，必须以保障和改善民生为重点。要多谋民生之利，多解民生之忧，解决好人民最关心最直接最现实的利益问题，在学有所教、劳有所得、病有所医、老有所养、住有所居上持续取得新进展，努力让人民过上更好生活。”

党的十八大以来，习近平总书记在五大民生内容基础上，根据我国当前民生发展的阶段性特征以及人民的当代民生诉求，在环境保护方面，进一步提出“环境治理是一个系统工程，必须作为重大民生实事紧紧抓在手上”；生态建设方面，指出“良好生态环境是最公平的公共产品，是最普惠的民生福祉”；当前，流域生态资源与调节功能遭到大规模破坏，我国的流域水污染问题日益严重，生态环境建设已成为转变经济发展方式的重要考量因素。习近平总书记多次强调，“绿水青山就是金山银山”“要坚持节约资源和保护环境的基本国策”“像保护眼睛一样保护生态环境，像对待生命一样对待生态环境”[③]。李克强总理多次指出，要加大环境综合治理力度，提高生态文明水平，促进绿色发展，下决心走出一条经济发展与环境改善双赢之路。

党的十八届三中全会指出，“要把群众需求作为改革的重点，着力解决好事关民生的突出矛盾和问题。全面深化改革必须以促进社会公平正义、增进人民福祉为出发点和落脚点。”

当前，保障和改善民生是我国最现实、最紧迫的任务，也是社会建设的主要内容。

---

① 孙中山：《民生主义第一讲》（1924 年 8 月 3 日），《孙中山全集》，中华书局 1986 年版，第 355 页。
②《十七大以来重要文献选编（上）》，中央文献出版社 2009 年版。
③ 国务院：《“十三五”生态环境保护规划》，《环境经济》，2016（11）。

总之，民生的内涵随着时代的变迁和经济的发展而不断丰富，现代意义的民生概念从广义来看民生包含与社会民众生活相关的所有内容。

（二）民生发展的内容和目标

从民生需求体系看，破解民生问题的维度，可以把民生发展划分“保障”民生、“改善”民生和“发展”民生三个阶段，民生发展最初主要是经济生活和政治生活两个方面，随后增加了社会生活和文化生活的内容，当前还增加了生态文明生活等方面的内容，民生发展的内容是越来越丰富的，这是民生发展，在内容方面的历史逻辑[①]。党的十八大提出到2020年全面建成小康社会的奋斗目标——这是对民生发展新的要求。特别是在目标导向上，强调要把解决发展中存在的不平衡、不协调、不可持续问题作为全面建成小康社会的主要着力点；强调以改革的办法解决发展中的问题，使社会主义市场经济体制更加完善，各方面的制度更加定型；明确把生态文明建设作为全面建成小康社会的目标，并首次提出加快建立生态文明制度。

（三）民生需求本质及体系层次

1. 民生需求的本质界定

马克思主义认为民生需要是人对其所依赖的物质生活资料和精神生活条件的自觉能动地反映。马克思、恩格斯既强调了民生需要内容的客观性，又强调了需要的主观能动性。具体说来，“第一，人直接依赖的物质生活资料、精神生活条件是‘现实的人’的民生需要的客观基础。第二，‘现实的人’的民生需要是对其所依赖的物质生活条件和精神生活条件及其辩证关系的有意识的、能动的反映。现实的人作为有意识、能动的存在物，有着十分复杂、丰富的个体差异性。因此，具体的个人对客观外部世界的反映程度也是千差万别的。现实的人的需要是需要主体对需要对象的能动的明确指向。”[②]

2. 民生需要的体系与层次

马克思、恩格斯并没有系统论述过民生需要的体系，只是他们在讨论相关问题时，涉及民生需要的体系问题，如马克思在《1857—1858年经济学手稿》中曾指出：“关于需要体系和劳动体系这些问题应当放在什么地方讨论？在研究的过程中就会知道。”[③]而且，“新生产部门的这些创造，……是发展各种劳动即各种生产的一个不断扩大和日益广泛的体系，与之相适应的是需要的一个不断扩大和日益丰富的体系。”[④]。在《1857—1858年经济学手稿》中曾指出民生需要是一个随生产活动不断扩大、丰富的开放性体

① 马可、汤建萍：《民生发展的历史逻辑及其特点探寻》，《求实》，2013（7）。
② 吴少进：《马克思主义发展史》，安徽大学博士论文，2012。
③ 马克思、恩格斯：《马克思恩格斯全集》（第46卷下），人民出版社1980年版，第20页。
④ 马克思、恩格斯：《马克思恩格斯全集》（第46卷上），人民出版社1979年版，第389页。

系。恩格斯更是鲜明地指出了民生需要所具有的层次性。他说："通过有计划地利用和进一步发展现有的巨大生产力，在人人都必须劳动的条件下，生活资料、享受资料、发展和表现一切体力和智力所需的资料，都将同等地、愈益充分地交归社会全体成员支配。"[①]在此基础上，恩格斯分析了生存资料、享受资料、发展资料对"现实的人"的民生需求作用不同，并把"现实的人"的民生需要相应分为生存需要、享受需要、发展需要。

二、流域民生发展的成效和问题

（一）流域城乡居民的收入水平明显提高，但收入差距仍不合理

1. 居民收入水平不断提高，但城乡居民收入水平差距大

随着我国国民经济的持续快速发展，居民收入稳步增长。收入城乡居民生活水平改善的物质基础，通过对数据的梳理可以发现，我国流域城乡居民的物质文化生活水平得到改善。以长江流域的四川省为例，其 2015 年全年全省居民可支配收入达到 17221 元，其中城镇居民和农村居民可支配收入分别为 26205 元和 10247 元，而 2000 年，四川省全年城镇居民人均可支配收入 5894 元，全省农民人均纯收入仅 1915 元。可见，近十五年来，作为城乡居民生活水平改善所必需的物质基础——可支配收入在不断增长，这客观上反映了城乡居民的生活水平得到改善，城乡居民收入水平差距大。

2. 居民生活品质不断提高，但上游和下游差距较大

其一，随着我国国民经济的持续快速发展，为构建和谐社会提供了物质保障，居民的消费水平得到有效提高。以四川省为例，其 2000 年居民平均人均消费为 2385 元，其中农村居民和城镇居民分别为 1745 元和 5236 元。在 2014 年时，农村居民和城镇居民消费支出已分别达到 24914 元和 9347.4 元。其二，城乡居民的消费结构得到进一步优化，用于食品消费的支出比重在逐步减少。按照相关国际标准，恩格尔系数在 30% 以下属于富裕水平，恩格尔系数 30%—39% 说明已经达到比较富裕的程度，达到宽裕水平则要求恩格尔系数在 40%—49%，若恩格尔系数在 50% 以上这说明仅仅实现温饱及贫困。以处在长江流域的东部较发达的省份江苏省为例，农村居民家庭恩格尔系数 1978 年是 62.3%，2000 年是 43.5%，而这一数据在 2015 年则成为 36.3%；城镇居民家庭恩格尔系数 1978 年是 55.1%，2000 年是 41.1%，而这一数据在 2015 年则成为 34.7%。虽然江苏省是经济发达的东部地区，但是用来说明趋势问题，是科学的。可见，无论是城镇还是农村居民，其生活结构在不断优化。

---

① 马克思、恩格斯：《马克思恩格斯全集》（第 22 卷），人民出版社 1965 年版，第 243 页。

3. 流域政区收入分配差距较大，制约居民消费

收入差距主要表现在区域、行业城乡等方面。从区域来看，长江流域各省市收入分配差别较大。以2015年为例，东部的江苏省，其居民可支配收入为29539元，而同期上游的四川省为17221元，二者相差接近一倍。就算是同一个流域上同一个省份，不同的市县，这种差别也极为惊人。2015年，四川省居民中可支配收入最高的为成都市，其城镇居民和农村居民分别为33476元和17690元；城镇居民收入最低的为广元市的23628元，农村居民收入最低的为甘孜的8408元。行业之间的收入差别也不容忽视。据媒体报道，行业之间的收入差距可高达5倍以上。城乡居民收入差距是收入分配问题的另一表现。以江苏省为例，其1978年改革开放时期，城乡居民收入比（以农民收入为1）是1.86，而在2015年时这一数字增长到2.39。收入差距扩大的一个直接后果，便是制约了中低收入家庭的消费。在一些家庭耐用消费品、高档消费品上，城乡居民之间，不同职业、阶层、地区的居民之间，二者的消费理念、消费行为都会表现出巨大差异。这一现状，严重影响着我国经济的稳定、发展和新常态背景下经济结构的调整，特别是供给侧结构改革。"分配是民生之源"，就是说"分配"是人民休养生息的源泉，就是"改革发展成果让人民共享"，完善以按劳分配为主、多种分配形式并存的分配制度，建立正常的工资增长机制，通过"扩中、提低、限高"，缩小贫富差距，形成"两头小、中间大"的分配格局，让广大人民群众都过上好日子。但是，从现实情况可以看到，这一问题，还任重道远。

（二）流域城乡居民面临的教育、医疗等方面的压力有所缓解

1. 流域城乡居民的教育压力有所缓解

"教育是民生之基"，就是说"教育"是强国富民的基础，要努力提高国民素质，把教育放在优先发展的战略地位，加大投入，加强农村义务教育，实行"两免一补"，解决进城务工子弟上学难等问题，让孩子们都能无忧无虑地读书，让家长们不再为学费发愁。教育不仅是培养经济社会发展所需人才的重要途径，也是解决其他社会问题的重要手段。2000年以来，长江流域13省市的教育保障可以总结为"人民满意度明显提高"。具体说来，表现在几个方面。如表8-1所示，第一，各省市财政用于教育的总投入不断地增长。在长江流域上中下游各找一个代表性的省份，分别为四川、湖北、浙江，将其近15年的财政用于教育的投入整理后发现，各省市用于教育的总投入不断增长，以下游的浙江省为例，其2015年财政投入1264.93亿元，是2000年78.2亿的16倍。即使是西部的四川省，其增长速度也极为惊人，自2000年的64.8亿增长为2015年的1252.2亿。教育作为公共物品，是政府职责所在。强有力的财政保障，是解决教育公平问题，提高教育质量的有力保证。

表 8-1　浙江、湖北和四川 2000—2015 年教育财政投入（亿）

年份	2000	2003	2006	2009	2012	2015
浙江	78.1943	164.2075	269.0418	519.33	877.86	1264.93
湖北	57.658	89.0687	145.4723	317.29	732.37	913.05
四川	64.8048	108.9036	181.8699	451.44	993.20	1252.33

数据来源：《中国统计年鉴》（2001—2016）。

2. 城乡居民的医疗压力有所降低

健康是人的全面自由发展的基础，“病有所医”一直是各界政府民生建设的目标之一。改革开放特别是 2003 年以来，流域各省市的医疗卫生状况得到逐步改善，医疗体制改革也逐步地完善，医疗投入逐步增加，基本医疗卫生制度框架初步构建，基层医疗卫生服务能力明显增强，基本公共卫生服务均等化水平提高。基本医疗卫生制度主要包含“由覆盖城乡居民的公共卫生服务体系、医疗服务体系、医疗保障体系和药品供应保障体系共同构成，四大体系四位一体，相辅相成，配套建设，协调发展。同时，建立和完善医药卫生的管理、运行、投入、价格、监管、科技与人才、信息、法制等八项体制机制及条件，八个方面的体制机制和条件保障四大体系有效规范运转”，实现为群众提供安全、有效、方便、价廉的医疗卫生服务的目标。因此，基本医疗卫生制度的基本框架被形象地概括为“四梁八柱”。从 2003 年到 2016 年 14 年间，中国特色基本医疗卫生制度框架初步构建。特别是从 2009 年中国政府颁布医改方案的这 7 年来，城镇职工基本医疗保险、城镇居民医疗保障、农村新型合作医疗三条保障线，从制度上实现了城乡居民的全覆盖。近几年来，我国医疗保障体系覆盖面的扩展，以前所未有的速度快速推进，已经基本实现了全民覆盖的制度建设，基层服务体系建设也在稳步发展，基本药物制度建设目标得到落实。流域各省市地方财政对医疗投入的增加，使得居民医药费完全自理的比例大幅度下降。

（三）就业和物价上涨压力依然存在

其一，就业不充分、结构化和潜在失业大量存在。“就业是民生之本”，就是说“就业”是人民生存和生活的根本。可见就业对于社会稳定、经济发展的重要作用。长江流域各省市高度重视就业工作，把促进就业作为解决民生问题的重要抓手，先后制定了一系列促进就业的方针和政策来改善就业状况，稳定和提高就业率。但是，在新形势、新背景下，就业问题依然严峻。主要表现在就业不充分、结构化和潜在失业大量存在。长江流域由于人口众多，城镇劳动年龄人口数量仍不断增长，随着产业结构的调整升级，城镇失业人数和农村需要转移的富余劳动力增加；而经济的发展对劳动力的需求根本不能解决劳动力充分就业问题，社会就业面临巨大的挑战。新增劳动力如大学毕业生，由于大学生的个人意愿和职业技能与企业、单位的需求不匹配，造成大学生的就业困难现象。

其二，物价上涨过快，给居民生活带来较大压力。1978 年改革开放以来，我国经历过多次通货膨胀，分别发生在 1980 年、1984—1985 年、1987—1989 年、1993—1995 年、2009—2010 年，其中尤其以 1993 年开始的通货膨胀最为严重，1994 年通货膨胀率更是创造了历史上的最高，全国居民消费价格指数涨幅高达 24.1%。由于长期以来的货币超发、成本推动和国际输入推动物价上涨，冲抵了居民收入水平的增长，降低了收入水平增长带给老百姓生活水平的提高。

（四）生态建设环境保护取得良好成效，但环境污染问题依然严峻

生态建设、保护生态环境，既是发展问题，也是民生问题。中国在经济快速发展的同时，高度重视生态环境保护。环境质量的改善离不开环境保护投入的增加。宜居安康的环境，是社会发展的基础、人民幸福的保障。基本的环境质量是一种公共产品，是政府必须确保的公共服务。生态建设任重道远，在生态建设和环境保护方面，国家投入力度加大，取得以下成效。

1. 加大环境保护力度。首先，强化从源头防治污染和保护生态，做到预防污染为先，改善重点流域、重点区域的环境质量。对“三河三湖”、三峡库区、长江上游黄河中上游和南水北调水源及沿线等水污染防治力度，积极防治农村面源污染，特别要保护好饮用水源。其次，加大对我国的大中城市环境综合治理的力度，对工业污染防治，燃煤电厂二氧化硫、温室气体排放，生活垃圾和危险废物的治理达到一定的水平；再次，健全环境监管体制机制和相关制度，提高环境监管能力，加大环保执法力度，实施排放总量控制、排放许可和环境影响评价制度。最后，大力发展环保产业，建立社会化多元化环保投融资机制，运用经济手段推进污染治理市场化进程。

2. 优先保护自然生态与开发利用有序相结合。保护优先主要强化对水源、土地、森林、草原、海洋等自然资源的生态保护。继续推进天然林保护、退耕还林、退牧还草、京津风沙源治理、水土流失治理、湿地保护和荒漠化石漠化治理等生态工程，加强自然保护区、重要生态功能区和海岸带的生态保护与管理，有效保护生物多样性，促进自然生态恢复。防止外来有害物种对我国生态系统的侵害。按照谁开发谁保护、谁受益谁补偿的原则，加快建立生态补偿机制。

3. 开征环保税缓解环境压力。加快财税体制改革。积极构建有利于转变经济发展方式的财税体制。在合理界定事权基础上，按照财力与事权相匹配的要求，进一步理顺各级政府间财政分配关系。增加一般性转移支付规模和比例，加强县级政府提供基本公共服务财力保障。完善预算编制和执行管理制度，提高预算完整性和透明度。改革和完善税收制度。扩大增值税征收范围，相应调减营业税等税收，合理调整消费税范围和税率

结构，完善有利于产业结构升级和服务业发展的税收政策。逐步建立健全综合和分类相结合的个人所得税制度。继续推进费改税，全面改革资源税，开征环境保护税，研究推进房地产税改革。逐步健全地方税体系，赋予省级政府适当税政管理权限。

环境税除了能改善生态环境，有利于完成节能减排任务外，完善环境税对中国的税制建设还是非常有好处的。让百姓呼吸清洁的空气、喝上干净的水、吃上放心的食物，在良好的环境中生产生活，是党和政府对人民群众的庄严承诺。实现天蓝、水清、地绿、山青，解决人们关切的突出生态环境问题，是各级政府的重要职责。由于未能正确处理发展与保护的关系，一些地方曾经发生严重危害群众健康的突出环境污染。

（五）覆盖城乡的社会保障体系基本建立，但水电开发项目中的失地失业问题不容忽视

“社保是民生之依”，就是说“社保”是人民生存和发展的依托。就是要把老百姓都装进“保险箱”，完善和健全养老、失业、医疗等社会保障机制，落实城镇居民最低生活保障；探索建立农村养老、医疗保险和最低生活保障制度；大力加强对特殊困难群众的救助，确保弱势群体的生活底线，使人民群众老有所养，病有所医，居有其屋，衣食无忧。社会保障主要是指国家或社会通过各种公共手段向社会成员提供保护，以帮助社会成员抵制因灾害、疾病、生育、工伤、失业、伤残、年老和死亡而导致的丧失收入或收入锐减所引起的经济和社会灾害。社会保障为群众的基本生活提供了保障。

一方面，流域各省市的社会保障制度也随着社会建设的发展而逐渐建立和改善起来。目前，各地基本建立起了以养老、医疗、失业、工伤和生育保险为主要内容的社会保障制度。其中，最突出的就是养老保险的实施，各省市现在已经进入了老龄化社会，老年人口不断增加，如何解决老年人的问题已成为各省市社会的主要问题之一，为了保障老年人的基本生活，维护老年人合法权益，流域各省市改革基金筹集模式，建立多层次养老保险体系，努力实现养老保险制度的可持续发展。进入新世纪以来，城乡居民的最低生活保障制度也已逐步全面实行。政府采取一系列政策用来保障城乡居民的最低生活，不仅扩大了最低生活保障的实施范围，并且根据近年来人民的收入水平情况，适时地提高城镇的最低保障金额，通过不同的措施提高居民的生活水平。

另一方面，诸如项目开发中的就业失业等民生问题不容忽视。在一些项目开发中，隐性失业、半失业人员变数较大。表现在就业困难人员仍然是城镇就业的难点、就业帮扶政策的落实不够到位、无业人员就业观念陈旧。“4050”人员再就业困难，特别是近些年城镇化吸引的一批“农转非”人员、失地人员。针对大中专毕业生就业、复转军人安置就业、刑满释放人员失业的就业，以及企业吸纳失业人员定额减免税等优惠政策，相关部门落实不够到位，一定程度上影响了就业和再就业工作。就业观念不健康也是影响就业的重要因素。无业人员中，不同程度存在就业靠政府、吃饭依恋铁饭碗、不愿干个体、小钱不愿挣、大钱挣不来、宁可失业也不愿从事苦、脏、累、险工种的陈旧观念

和惰性心理。还有一部分失业人员宁可“吃低保”也不愿自谋职业、自主创业，有事没人干和有人没事干的现象并存，就业引导、指导和组织工作亟待改进和加强。

第二节　流域经济与民生发展

中共十七大报告指出：“必须在经济发展的基础上，……着力保障和改善民生。”[①]经济发展是民生发展中的决定性因素，当前如何破解流域与政区经济发展和民生发展失衡陷阱问题，有效提供流域民生发展的经济支撑和财政支持，是促进流域经济与政区经济协调发展和民生发展关键。

一、流域经济发展差距是民生发展差距的决定性因素

（一）流域经济差距问题

流域横跨东中西部三大地带，经济发展呈现由东向西的梯度变化，是东中西发展不平衡的重要组成部分。所谓区域差异是指经济区域之间在自然条件、经济发展现有水平及经济发展可预期的前景等方面的差别和在一定条件下的相互异化。以经济学的角度看，区域发展是区域财富和生活水平提高的过程，因而对其发展及差异状态的比较分析，应包括财富的存量、创造财富的能力及这种能力的变化、生活质量（财富的分配结构）等内容。[②]

1. 流域经济发展水平的政区差距

经济发展水平是区域在某一时期创造财富或获得财富的综合能力，通常以人均国民生产总值（GNP）和国内生产总值（GDP）来衡量。GDP是一个国家或地区所有单位在某一时期所创造的财富总和，包括分配给国外单位（如外资方）的财富。而GNP指一个国家或地区所有常作住单位在某一时期的原始（净）收入的总和，包括来自国外的收入，对于评价地区经济发展水平，GNP更适合。但由于我国大多数地区只有GDP数值，且大部分GNP与GDP相差无几，本文采用GDP。主要是分析长江流域各省市GDP总体差异和人均差异。

在过去的15年里，长江流域东中西部各省经济快速发展，经济实力有了较大提高。表8-2反映了新世纪以来，长江流域上中下游各省市GDP平均值情况。可以看出，一方面，流域的东中西部经济水平都在快速发展，另一方面，上中下游之间经济发展水平差距较大。为了更好地反应这种趋势和差别，可以依据表8-2绘制折线图，如图8-1。从

---

① 党的十七大报告：《高举中国特色社会主义伟大旗帜为夺取全面建设小康社会新胜利而奋斗》，人民网，2007.10.24。

② 史嵘：《长江流域东中西部区域经济差异与对策研究》，南京农业大学，2001。

中可以很好的发现，一方面，上中下游经济发展水平随着时间的推移动都高速增长；另一方面，流域上中下游经济水平的差距在拉大。

表 8-2　2001-1015 长江流域各省市国内生产总值（GDP）情况（亿）

	2001	2002	2003	2004	2005	2006	2007	2008	2009	2010	2011	2012	2013	2014	2015
下游	6203	6968	8191	9871	11568	13536	16157	18842	20639	24668	28981	31529	34639	37419	40033
中游	3296	3605	4075	4911	5696	6709	8191	9952	11225	13819	17002	19118	21275	23377	25059
上游	1629	1796	2028	2420	2784	3311	4006	4844	5381	6466	7985	9173	10339	11351	12223

数据来源：《中国统计年鉴》（2002—2016）。

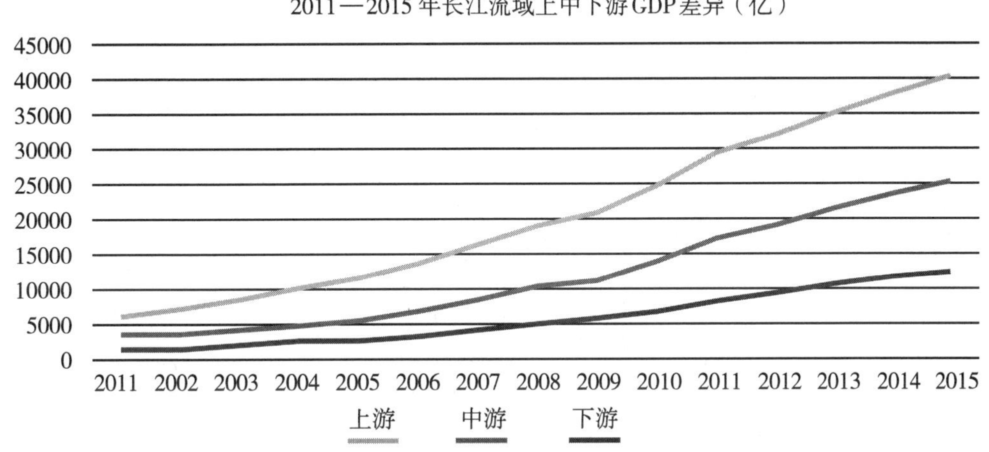

图 8-1　2001—2015 年长江流域上中下游 GDP 差异（亿）

数据来源：《中国统计年鉴》（2002—2016）。

上面只是从经济总体对流域的上中下游经济水平比较，为了更科学的反映这种经济差距，人均GDP会更能说明问题。如表 8-2 所示，流域上中下游经济实力差距明显。2015 年，东部地区平均省份人口数为 5518.54 万人，中西部分别为 5733.39 万人和 3400.71 万人。国内生产总值（GDP）则明显表现出上中下游的区域差异，下游地区的 40032.99 亿元分别是中游 25058.73 亿元和上游 12222.59 元的 1.59 倍和 3.27 倍。更能从微观角度的反应的人均国内生产总值也表现出区域的巨大差异，2015 年全年下游地区人均国内生产总值为 76357 元，中游和上游则为 43377 元和 36833 元，下游地区在人均国内生产总值上是上游地区的 2 倍多。

表 8-3　2015 年长江流域各区域经济实力比较

	人口数（万人）	国内生产总值（亿元）	人均国内生产总值（元）
上海	2415.27	25123.45	103795.54
江苏	7976.30	70116.38	87995.00
浙江	5539.00	42886.49	77643.69
安徽	6143.60	22005.63	35996.56
平均	5518.54	40032.99	76357.70
江西	4565.63	16723.78	36724.00
湖北	5851.50	29550.19	50653.85
湖南	6783.03	28902.21	42753.86
平均	5733.39	25058.73	43377.24
重庆	3016.55	15717.27	52321.00
四川	8204.00	30053.10	36775.00
贵州	3529.50	10502.56	29847.25
云南	4741.80	13619.17	28806.00
西藏	323.97	1026.39	31999.00
青海	588.43	2417.05	41252.00
平均	3400.71	12222.59	36833.37

数据来源：《中国统计年鉴》（2016）。

2. 流域经济发展活力的区域差距

不同地区活力是区域创造财富能力的变化，同时也是区域内部最终消费需求和区际比较优势的反映。它与经济发展水平紧密联系，但不一定正相关。一定地区活力的最直接表现是经济增长速度，但深层次的因素还包括投资能力与效果、经济效益、管理水平和体制因素等方面。考虑到数据的收集和可获性，我们仅对长江流域经济增速进行比较分析，以显示流域经济发展活力的区域差距。

其一，从流域经济增长来看，其总体趋势同全国一致，呈现倒V型（见表 8-3 和图 8-2）。进入新世纪，中国经济经历了两个阶段，即高速增长时期和结构调整时期。前者主要是 2001 年到 2007 年，其特征主要是经济高速增长，表现为GDP增速从 2000 年的 8.1%上升至 2007 年的 14.7%；后者从 2008 年开始至今，其特征是经济增长放缓并趋于稳定，经济结构进入深化调整的新常态时期。长江流域各省市的平均GDP增长速度也几乎同全国经济增长趋势一致。同样以 2007 年为分水岭而呈现出两个不同的增长阶段。

2007 年之前，长江流域各省市经济增速很快，2007 年之后逐步放缓并趋于稳定。

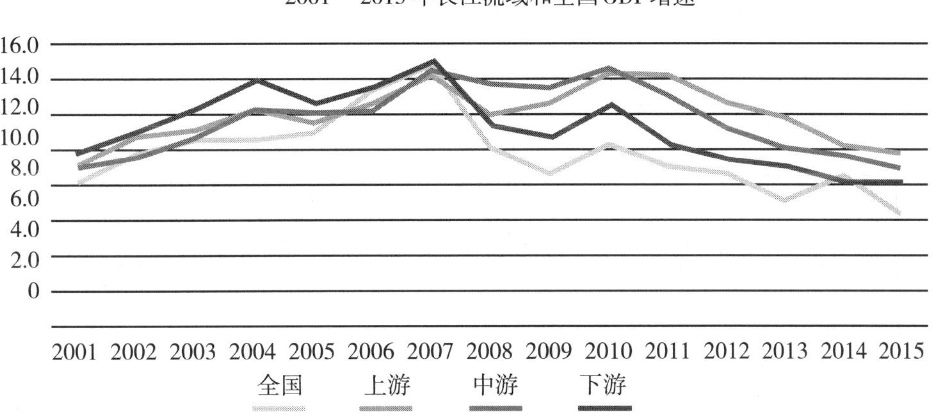

图 8–2　2001—2015 年长江流域和全国 GDP 增速

数据来源：《中国统计年鉴》（2002–2016）。

（二）流域经济增长速度的区域差距较大

过去的 15 年，是中国经济高速增长到 15 年，也是流域各政区差距不断扩大的 15 年（见表 8–4）。在 2001 年，长江流域上中下游经济增速接近，随后开始拉大，近几年有所缩小。流域经济增速在时间上和经济发展水平表现出较高的一致性，即都走过了差距扩大到区域平稳的阶段。但是在空间上却表现出非一致性特征，经济发展水平上呈现出东中西梯度差异，但是在经济增速上，2007 年之前经济发展水平表现出较高的吻合性，但是之后，出现了同经济发展水平"倒挂"的局面，即呈现出上游最高、中游次之，而下游最慢的特征。这符合经济增长的一般规律，由于东部经济发展较早，目前基数较大，进入了经济发展方式转变、经济结构调整、经济增速换挡的时期，在速度上开始慢于中西部地区。

表 8–4　2001–2015 年长江流域和全国 GDP 增速比较表

地区	2001	2002	2003	2004	2005	2006	2007	2008	2009	2010	2011	2012	2013	2014	2015
上海	10.2	10.9	11.8	13.6	11.1	12.0	15.2	9.7	8.2	10.3	8.2	7.5	7.7	7.0	6.9
江苏	10.2	11.6	13.6	14.9	14.5	14.9	14.9	12.7	12.4	12.7	11.0	10.1	9.6	8.7	8.5
浙江	10.5	12.5	14.4	14.3	12.8	13.6	14.7	10.1	8.9	11.9	9.0	8.0	8.2	7.6	8.0
安徽	8.3	8.9	9.2	12.5	11.6	12.9	14.2	12.7	12.9	14.6	13.5	12.1	10.4	9.2	8.7

（续表）

地区	2001	2002	2003	2004	2005	2006	2007	2008	2009	2010	2011	2012	2013	2014	2015
江西	8.8	10.5	13.0	13.2	12.8	12.3	13.2	13.2	13.1	14.0	12.5	11.0	10.1	9.7	9.1
湖北	9.1	9.1	9.4	11.3	12.1	12.1	14.6	13.4	13.5	14.8	13.8	11.3	10.1	9.7	8.9
湖南	9.0	9.0	9.6	12.0	11.6	12.1	15.0	13.9	13.7	14.6	12.8	11.3	10.1	9.5	8.6
重庆	9.0	10.3	11.5	12.2	11.5	12.2	15.9	14.5	14.9	17.1	16.4	13.6	12.3	10.9	11.0
四川	9.2	10.6	11.8	12.7	12.6	13.3	14.5	11.0	14.5	15.1	15.0	12.6	10.0	8.5	7.9
贵州	8.8	9.1	10.1	11.4	11.6	11.5	14.8	11.3	11.4	12.8	15.0	13.6	12.5	10.8	10.7
云南	6.5	8.2	8.6	11.5	9.0	11.9	12.2	10.6	12.1	12.3	12.7	11.8	12.1	10.8	8.7
西藏	12.8	12.9	12.1	12.2	12.1	13.4	14.0	10.1	12.4	12.3	12.7	11.8	12.1	10.8	11.0
青海	12.0	12.4	12.1	12.3	12.2	12.2	13.5	13.5	10.1	15.3	13.5	12.3	10.8	9.2	8.2
上游	9.7	10.6	11.0	12.1	11.5	12.4	14.2	11.8	12.6	14.2	14.2	12.6	11.6	10.2	9.6
中游	9.0	9.5	10.7	12.1	12.2	12.2	14.3	13.5	13.4	14.5	13.0	11.2	10.1	9.6	8.9
下游	9.8	11.0	12.3	13.8	12.5	13.4	14.8	11.3	10.6	12.4	10.4	9.4	9.0	8.1	8.0
全国	8.1	9.6	10.5	10.5	10.9	13.3	14.7	10.1	8.5	10.3	9.0	8.6	7.1	8.3	6.3

数据来源：《中国统计年鉴》（2002—2016）。

（三）流域民生改善的城乡差距问题

1. 城乡居民收入差距过大

大量实证研究表明，中国收入差距在很大程度上表现为城乡收入差距，20 世纪 90 年代以来，中国的收入差距，尤其是城乡收入差距正在不断扩大（林毅夫等，1998；陈斌开等，2010）。改革开放以来，中国的城乡收入比由 1985 年的 2.1 上升至 2009 年的 3.3，上升幅度超过 50%，2015 年为 2.95。如果把实物性收入和补贴都算作个人收入的一部分，中国可能属于世界上城乡收入差距最大的国家之列。①政府的重工业优先发展战略是中国城市化滞后、城乡收入差距居高不下的根本原因，影响中国城市化和城乡收入差距的一系列制度安排与政策措施（如户籍制度等）都内生于这一发展战略。②

也正是在这样的背景下和原因下，长江流域的城乡居民收入也表现出巨大差异。分别在上中下游选取代表性省份，四川省、湖北省和浙江省。首先，各省城乡居民收入

① 李实：《中国个人收入分配研究回顾与展望》，《经济学》，2003，2（2）。
② 陈斌开、林毅夫：《发展战略、城市化与中国城乡收入差距》，《中国社会科学》，2013（04）。

差距过大。各省城乡居民收入比最小也在2倍以上，高的甚至超过3倍（见表8–5）。如2006年，四川省城乡居民收入分别为9350元和3031元，二者收入比高达3.08。显然，这一差别超过了合理的收入差距界限。其次，长江流域上中下游各省市，在城乡居民收入差距方面基本上经历了一个扩大然后缩小的过程，但是目前还停留在不合理的区间。流域下游的浙江省，1978年城乡居民收入分别为332元和165元，城乡收入比2.01，城乡居民收入差距随后进一步扩大，直到2006年高达2.49，随后差距开始缩小，截止2015年城乡居民收入分别为43714元和21125元，比值2.06。中游的湖北省，1978年城乡居民收入分别为326元和110.5元，比值2.95，2006年分别为9803元和3419.4元，比值2.87，2015年城乡居民收入比为2.28。上游的四川省，1978年城乡居民收入分别为338.3元和127.1元，二者比值2.66，2006年高达3.08，2015年比值则为2.58。最后，长江流域上中下游的代表省份在同时期，其城乡收入差距比起全国城乡差要低。1978年全国城乡收入比2.57，2006年为3.27，2015年为2.95。

总之，通过对历年数据的整理和分析，可以做出这样的结论，即长江流域城乡居民收入差距较大，远超过合理区间。这会影响地区经济的发展和社会的稳定。

表8–5　1978—2015长江流域上中下游城乡收入差距

地区	城乡	1978	1990	2000	2003	2006	2009	2012	2015
浙江	城镇	332.0	1932.0	9279.0	13180.0	18265.0	24611.0	34550.0	43714.0
	农村	165.0	1099.0	4254.0	5431.0	7335.0	10007.0	14552.0	21125.0
湖北	城镇	326.0	1427.0	5512.5	6800.0	9803.0	14367.0	20839.6	27051.0
	农村	110.5	670.8	2268.5	2444.0	3419.4	5035.3	7851.7	11843.9
四川	城镇	338.3	1490.0	5894.0	7042.0	9350.0	13904.0	20307.0	26205.0
	农村	127.1	557.8	1915.0	2230.0	3031.0	4462.0	7001.0	10247.0
全国	城镇	343.4	1510.2	6280.0	8472.2	11759.5	17174.7	24564.7	31790.3
	农村	133.6	686.3	2253.4	2622.2	3587.0	5153.2	7916.6	10772.0

数据来源：《中国统计年鉴》（1979—2016）。

2. 城乡公共资源配置的非均衡性

民生发展的城乡差距的另一个标志是城乡公共资源配置的非均衡性。在新型城镇化和新农村建设背景下，作为社会保障重要组成部分的公共资源在城乡之间的配置，必须以社会公正为原则，基于城乡一体化、和谐化发展理念下实现。城乡公共资源均衡配置的实质是消除城乡之间公共资源配置的差异性，将医疗、教育、卫生、基础设施等公共资源适当向农村倾斜，不断提高农村公共资源配置水平，使农村公共资源配置与城市公共资源配置达到一个相对均衡的状态，最终实现城乡一体化。但遗憾的是，由于城乡二元结构的存在，在公共资源的配置上长江流域各省市，一直实行城乡分割的“双轨制”资源配置模式，导致城乡公共资源配置严重失衡。

首先，城乡基础设施配置严重失衡。与城市的交通基础设施相比，农村的交通基础设施明显落后。城市工业废水、废气的大量排放，致使江河、草原、林地等生产生活环境遭到严重破坏，政府在治理环境时，把更多的资金放在城市污染的治理上，却忽视了农村生态环境的建设。其次，城乡教育资源配置严重失衡。在教育经费方面，城市人均义务教育经费为1300元，而农村同类经费仅为450元左右①。农村地区还存在上学难的问题，学校基础设施比较落后，许多学校教学设备还不完善，师资力量比较薄弱，城乡生师比严重不合理。城乡基础教育发展不均衡现象依然明显，严重影响着农村孩子未来的生存和发展权利。再次，城市社会保障体系比较完善，而农村社会保障体系还没有建立起来，并且保障水平远远低于城市。截止到目前，农村还没有人参加失业保险、工伤保险和生育保险，农村的社会保障体系远不如城市的社会保障体系健全。在社会救助方面，各省、市、自治区对城市人口的最低生活保障一般每月人均补助200元以上，而农村最低生活保障只有50—100元左右，费用不足城市人均的四分之一②。最后，流域各省市基本医疗卫生费用支出严重向城市倾斜，由此形成了城市医疗资源相对过剩，而农村医疗卫生资源却贫乏不足的局面。从医疗费用的人均支出来看，农村居民的医疗卫生费用略有增长，城乡人均医疗费用支出比例有减小的趋势，但失衡的局面仍未摆脱，城乡医疗资源失衡配置的局面还没有得到彻底改变。

二、流域民生发展差距的政区原因分析

（一）民生发展政区财政投入差别较大

民生问题是一个经济问题，也是一个政治问题，还是一个社会问题。保障和改善民生的目标是建设符合中国国情的基本公共服务体系，这个基本公共服务体系，具有覆盖城乡、可持续的特点。在保障和改善民生方面，中国从中央和地方政府已经达成一致共识，关于这一点，从中央和各地的政策方针能充分地体现出来。民生问题的解决，是一个系统工程，需要许多相应的社会政策、制度建设来配合。需要经济发展，需要强化管理，需要制度推进，需要强化服务意识，需要扩大内需，需要推进体制改革，等等。政府要保障和改善民生，离不开相应的财政实力，任何保障和改善民生的具体举措，都可以通过财政支出情况反映出来。总体说来，财政作为解决民生为题的经济基础，决定着长江流域民生发展的不同格局，是流域民生发展产生区域差距的一大重要原因。

---

① 王冠群：《城乡收入分配格局失衡与机制优化》，《中国金融》，2012，（23）。
② 李一星、包丽君：《关于缩小城乡社会保障差距问题的对策研究》，《劳动保障世界》，2013，（2）。

1. 经济水平的差异和政府职能决定着民生财政支出的政区差异

经济发展水平和政府职能的差异决定政府民生财政支出的差别，经济发展水平是民生财政支出的经济基础，政府职能的差异决定政府财政支出的倾向。威廉·配第在自己的著作《赋税论》中提出，政府的财政支出应增加生产型支出以及社会救济支出，而政府的财政支出范围应该根据政府职能的需要来限定。在经济发展水平决定财政支出的经济基础方面，主要理论有民生财政支出增长论和民生财政的经济发展阶段论。阿道夫·瓦格纳是民生财政支出增长论的集大成者，他考察了 19 世纪许多国家的民生财政支出情况，例如西欧国家、美国和日本的相关情况，在解释民生财政支出占GNP的比例上升过程中的政治和经济因素。结论是民生财政支出规模的增长，伴随着经济中人均收入的上升。当时瓦格纳生活的时期正处于工业化时期，伴随工业化发展的制度和法律建设，相应的需要民生财政支出的增加。以美国经济学家罗斯托为代表的经济学家提出了民生财政的经济发展阶段论，他们认为，经济发展可以划分为经济发展早期、经济发展中期、经济发展成熟阶段，在经济发展的不同阶段，民生财政支出的重点不同。民生财政支出主要是社会基础设施建设，这是在经济发展早期阶段，以政府投资为主。在经济发展的中期阶段，民生财政支出主要为私人投资，政府投资为补充。经济达到成熟阶段，民生财政支出将从社会基础设施建设转向教育、保健与福利服务的支出。马克思主义认为，生产力决定生产关系，任何社会问题从根本上来说都可以溯及到生产力上。而“人类从事的第一个历史活动就是生产满足这些需要的资料”。[①] 从这一点来讲，经济发展与改善民生是一脉相承的。

我国社会主义生产目的，其人民性要求我们在经济发展中必须关注民生。所以经济问题的解决是民生问题解决的保障，改善民生要以经济发展为前提。社会主义社会改善民生，首先需要经济发展不断上新台阶，经济发展了才能为改善民生提供各种可能，为民生改善的实现提供充足的公共财政支撑。

2. 民生发展财政投入政区差别的具体体现

经济发展水平、人均收入、经济发展所处的阶段都会对民生发展财政投入产生影响，另外，政府职能的界定和转变也会影响财政的民生发展投入，甚至短期内，政府职能转变的和取向反而对民生财政投入影响很重。这是因为，虽然经济增长是人民生活和社会福利改善的基础，而人民生活和社会福利改善是增长的落脚点，但在短期内这两者并非完全一致，甚至有时互相冲突。当政府将大量公共资金用于投资国有企业和生产建设时，短期内公共服务和社会保障就会受到影响或相对滞后，居民就会更多的承担教育、医疗、养老的负担，不仅降低其可支配收入水平，而且有可能加剧贫富分化；反之，当财政支出大量流向民生攸关的公共产品和服务供给，又可能挤占经济建设所需的

① 马克思、恩格斯：《马克思恩格斯选集》（第 1 卷），人民出版社 1995 年版，第 79 页。

投资、暂时牺牲资本深化与经济增长的幅度。因此，政府角色的定位和职能的范围界定，对于最终民生财政投入的影响很大。为了更好地说明问题，分别选取了长江流域上中下游的四川省、湖北省和浙江省作为代表进行分析。

民生财政投入在过去的15年里面整个长江流域都表现上涨趋势，但是区域之间存在着较大差别。具体说来，无论是民生财政支出还是民生财政支出占财政总支出或者GDP的比重都呈现上涨。上游的四川省，其2001年民生财政支出154.2亿元，占财政支出和GDP的比重分别为25.9%和3.6%，而这一数据，到2015年则分别为40.7%和10.2%（见表8–6）。中游的湖北省也表现出了相似趋势。2001年，湖北省民生财政支出仅为123.3亿元，而到2015年则上涨为2287亿元，民生财政支出所占财政总支出和GDP比重也分别由2001年的25.5%和3.2%提高到37.3%和7.7%（见表8–7）。下游的浙江省则由2001年的民生支出144.2亿，提高为2015年的1613.9亿，比重分别由20.4%和2.8%变为26.1%和6.4%（见表8–8）。总之，由于经济发展水平的提高，民生财政投入无论是绝对数还是相对比值，在过去的15年里，长江流域各省市都表现出上涨趋势。但是，在投入的绝对值和相对值上，区域之间的差异不容忽视。在21世纪初，流域的上中下游在民生投入上差别并不太大，而随着时间的推移，这种差别显露出来，以2015年为例，四川省财政支出总额为7497.5亿元，而比他经济更为发达的浙江省为6191.6亿元。

各地区民生投入的快速增加及表现出来的差异，除了由经济发展水平决定以外，另一个重要的因素是，政府越来越重视由管理型政府向服务型政府职能的转变，随着我国政府职能从“管理者”逐步转变成社会的“服务者”，财政支出也应当从“以生产投资为中心”走向“以公共服务为中心”。因此，民生财政，要求实施服务为导向的公共政策，财政支出重点投入教育、医疗卫生、社保和就业等公共消费，并通过对居民转移支付保证弱势群体能够平等地享有增长成果。21世纪以来我国政府实施了一系列改善和保障民生的战略方针和政策，这是影响民生财政投入增加的重要因素。2012年11月8日召开党的十八大再次提出“要把保障和改善民生放在更加突出的位置”，党的十八报告论述了教育、就业、收入、社保、医疗这五个与人民群众关系最直接、最密切的现实问题，强调要“努力办好人民满意的教育”“推动实现更高质量的就业”“千方百计增加居民收入”“统筹推进城乡社会保障体系建设”“提高人民健康水平”。

表8–6　四川省历年民生支出情况表

	2001	2003	2006	2009	2012	2015
民生财政支出（亿元）	154.2	193.9	328.8	1126.5	2097.7	3050.5
财政支出总额（亿元）	594.1	732.3	1347.4	3590.7	5451.0	7497.5

（续表）

	2001	2003	2006	2009	2012	2015
GDP（亿元）	4293.5	5333.1	8690.2	14151.3	23872.8	30053.1
民生财政支出占财政支出比重（%）	25.9	26.5	24.4	31.4	38.5	40.7
民生财政支出占GDP比重（%）	3.6	3.6	3.8	8.0	8.8	10.2
财政支出占GDP比重（%）	13.8	13.7	15.5	25.4	22.8	24.9

数据来源：《四川统计年鉴》（2002—2016）。

表 8-7　湖北省历年民生支出情况表

	2001	2003	2006	2009.00	2012.00	2015.00
民生财政支出（亿元）	123.3	161.9	297.4	800.5	1501.5	2287.0
财政支出总额（亿元）	484.4	540.4	1047.0	2090.9	3759.8	6132.8
GDP（亿元）	3880.5	4757.5	7617.5	12961.1	22250.5	29550.2
民生财政支出占财政支出比重（%）	25.5	30.0	28.4	38.3	39.9	37.3
民生财政支出占GDP比重（%）	3.2	3.4	3.9	6.2	6.7	7.7
财政支出占GDP比重（%）	12.5	11.4	13.7	16.1	16.9	20.8

数据来源：《湖北统计年鉴》（2002—2016）。

表 8-8　浙江省历年民生支出情况表

	2001	2003	2006	2009	2012	2015
民生财政支出（亿元）	144.2	200.9	367.6	815.9	1656.7	1613.9
财政支出总额（亿元）	708.1	1088.4	1795.6	2989.7	4184.0	6191.6
GDP（亿元）	5210.1	6694.2	10572.2	15046.5	20181.7	25123.5
民生财政支出占财政支出比重（%）	20.4	18.5	20.5	27.3	39.6	26.1
民生财政支出占GDP比重（%）	2.8	3.0	3.5	5.4	8.2	6.4
财政支出占GDP比重（%）	13.6	16.3	17.0	19.9	20.7	24.6

数据来源：《浙江统计年鉴》（2002—2016）。

（二）人口结构的政区差异

人口结构，又称人口构成，是指将人口按照年龄、性别、人种、民族、宗教、教育程度、职业、收入、家庭人数等不同的标准划分而成的分类结果。不同的人口结构反映一定地区、一定时点人口总体内部各种不同质的规定性的数量比例关系。人口结构的变化，影响着民生发展的政策、投入等，进而影响着长江流域民生发展的区域差异。一般而言，人口结构主要有性别结构、家庭规模结构、城乡结构、年龄结构和区域结构等。下面，将从区域基数结构、人口年龄结构和城乡结构三个方面进行分析。

1. 人口基数的政区差异，影响流域民生发展的政区差异

由于流域各省市人口基数的差别，会使得如果要达到一定的民生发展水平所需投入的民生财政不同，或者投入一定的民生财政带来的民生发展的绩效产生区别。由表 8-9 所示，在 2004 年—2015 年间，流域各省市、上中下游其人口基数都存在较大差异，如前文我们虽然分析过 2015 四川省在民生投入的财政资金上要高于浙江省，期资金分别为 3050.5 亿和 1613.9 亿，但是二者在人口数量上的差别也同样巨大，前者为 8204 万人，后者是 5539 万人。实际上，这种分析还只是静态的考虑了人口基数的问题，在经济发展水平呈现东中西梯度格局的现状下，人流由中西部向东部的流动会影响民生发展的格局。

表 8-9　2004—2015 年长江流域人口基数（万人）

地区	2004	2005	2006	2007	2008	2009	2010	2011	2012	2013	2014	2015
上海	1835	1890	1964	2064	2141	2210	2303	2347	2380	2415	2426	2415
江苏	7523	7588	7656	7723	7762	7810	7869	7899	7920	7939	7960	7976
浙江	4925	4991	5072	5155	5212	5276	5447	5463	5477	5498	5508	5539
安徽	6228	6120	6110	6118	6135	6131	5957	5968	5988	6030	6083	6144
江西	4284	4311	4339	4368	4400	4432	4462	4488	4504	4522	4542	4566
湖北	5698	5710	5693	5699	5711	5720	5728	5758	5779	5799	5816	5852
湖南	6698	6326	6342	6355	6380	6406	6570	6596	6639	6691	6737	6783
重庆	2793	2798	2808	2816	2839	2859	2885	2919	2945	2970	2991	3017
四川	8090	8212	8169	8127	8138	8185	8045	8050	8076	8107	8140	8204
贵州	3904	3730	3690	3632	3596	3537	3479	3469	3484	3502	3508	3530
云南	4415	4450	4483	4514	4543	4571	4602	4631	4659	4687	4714	4742
西藏	276	280	285	289	292	296	300	303	308	312	318	324
青海	539	543	548	552	554	557	563	568	573	578	583	588
下游	5128	5147	5200	5265	5313	5357	5394	5419	5441	5471	5494	5519
中游	5560	5449	5458	5474	5497	5519	5587	5614	5641	5671	5698	5733
上游	3336	3336	3330	3322	3327	3334	3312	3323	3341	3359	3376	3401

数据来源：《中国统计年鉴》（2002—2016）。

2. 政区人口年龄结构影响流域民生发展格局

由于少年、青壮年和老年人对于民生发展需求的年龄阶段特点，会影响着民生发展投入结构的差异。例如，青少年更需要的是教育投入，青壮年更多需要的是就业和社会保障，而老年人则更需要的是养老、医疗等民生发展。以长江流域老年人口结构为例分析其对民生发展的影响。中国人口“未富先老”的特征，因而在应对老龄化问题时，面临第一次人口红利过早消失、第二次人口红利开发困难和养老资源不足等挑战。①

首先，长江流域老龄化情况严重且表现出区域差异特征。自2000年以来，长江流域各省市老龄化一直在高速增长，并且略快于全国水平。短短15年时间，其65岁老年人口占比从7.1%上升到10.5%（见表8-10）。国际上通常认为，当一个国家或地区60岁以上老年人口占人口总数的10%，或65岁以上老年人口占人口总数的7%，就意味着这个国家或地区的人口处于老龄化社会。可见，长江流域老龄化问题已经到了非常严峻的地步。整个人口老龄化的程度同经济发展的程度表现出空间一致，即下游地区高于中游地区，中游高于上游地区②。下游地区的老龄化水平高于全国水平，中游地区和全国水平几乎保持一致，上游地区则低于全国水平（见图8-3）。其次，老龄人口抚养比区域差别导致养老压力的区域差别。养老问题，已经成为长江流域乃至全国不可忽视的问题，目前养老金缺口问题已经初步出现。《中国劳动保障发展报告（2016）》指出，我国城镇职工基本养老保险财务制度不可持续的问题十分尖锐，个人账户空账运行规模越来越大，接近3.6万亿元，养老金当期收不抵支现象凸显③。从表8-11可以看出，全国老人抚养比一直高于10%，2015年高达14.3%，且这一数字在不断增长。区域内部，目前表现出下游最高、中游次之、上游最低的态势，但是如果用发展的眼光将其动态化会发现，下游地区老人抚养比在下降，从2003年的16.3%下降到2015年的16.2%，中游和上游地区则呈上升态势，2003年，中游和上游分别为11.2%和10.7%，而到了2015年，这一数字分别为14.8%和13.4%。可见，未来长江流域养老压力较大，且会呈现出与“经济发展水平倒挂”的现象，即经济发达的下游地区开始下降，而欠发达地区开始上升，并且其绝对值终将超过下游地区，这就给地方财政、养老问题，特别是地区经济发展、产业结构转型升级带来巨大挑战。最后，老龄人口结构的差别导致民生发展压力的不同从而影响甚至决定着民生发展的侧重点、财政投入结构等，也就导致了流域民生发展的地区差异。

① 蔡昉：《未富先老与中国经济增长的可持续性》，《国际经济评论》，2012（1）。

② 在此需要说明的是，因上中下游省份数目并不相同，在做平均数时，未对此带来的细微差别进行处理，但是这并不影响问题本身的说明。

③ 腾讯网：《我国个人养老金账户空账规模近3.6万亿养老金缺口产生的》，http://oil.cngold.com.cn/20160927d1970n89214237.html.。

表 8-10 2000—2015 年全国及长江流域各省市 65 岁以上人口占比（%）

	2000	2003	2006	2009	2012	2015
下游	9.1	11.9	11.4	11.8	9.9	12.0
中游	6.6	7.9	9.6	9.8	10.0	10.5
上游	6.0	7.5	8.6	9.1	9.0	9.5
长江	7.1	9.0	9.7	10.1	9.5	10.5
全国	7.0	8.5	9.2	9.7	9.4	10.5

数据来源：《中国统计年鉴》（2002—2016）。

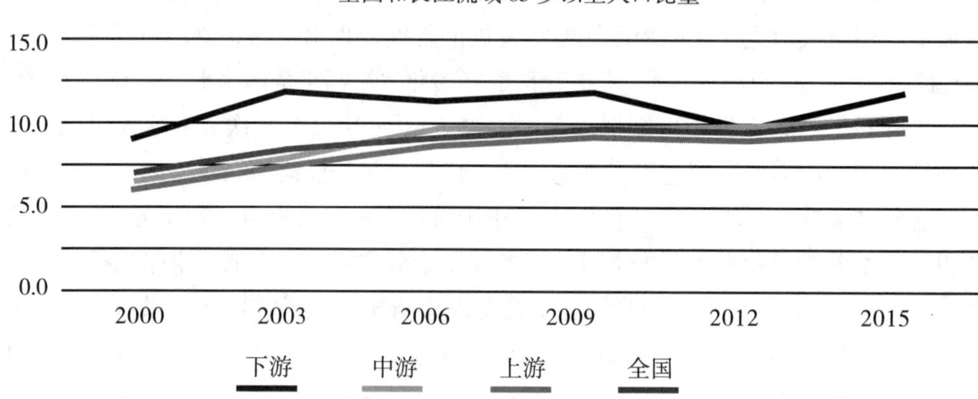

图 8-3 2000—2015 年全国和长江流域上中下游 65 岁以上人口占比（%）

数据来源：《中国统计年鉴》（2002-2016）。

表 8-11 2003—2015 年全国和长江流域各省市老人抚养比

	2003	2006	2009	2012	2015
下游	16.3	15.5	15.8	12.9	16.1
中游	11.2	13.6	13.6	13.9	14.8
上游	10.7	12.6	13.0	12.7	13.4
长江	12.5	13.7	14.0	13.0	14.5
全国	11.96	12.72	13.24	12.68	14.33

数据来源：《中国统计年鉴》（2002—2016）。

3. 流域城乡人口的差异影响流域民生发展差别

城市和农村，由于生活成本不同、居民需求侧重点差异等，从而影响着民生发展的难度系数、民生发展需求的层次和结构、民生发展投入的资金结构等。表 8–12 是长江流域人口城乡差异及城乡人口所占比重情况。从表中可以看出，流域各省份城乡人口构成差别很大。其中上游地区 2015 年平均城乡人口比重分别为 45.3% 和 54.7%，中游则为 53.1% 和 46.9%，而下游则为 67.6% 和 32.4%。由于城市生活成本较高，且吸纳了较多流动性人口，所需投入民生发展的资金较大，必然要求资金向城市倾斜，从而产生流域民生发展城乡差别的现状。另外，流域不同区域之间在城乡人口结构差别上表现出巨大差异。无论是农村还是城镇，上中下游之间都表现出较大差异，以上游和下游作比较分析，二者城镇人口和农村人口的比重都差别 22.3 个百分点。在经济发展水平本身存在差异的情况下，人口城乡结构又表现出如此巨大的差异，其结果必然是民生发展在流域的不同区域上表现出当前格局。

表 8–12　2015 年长江流域人口城乡构成及占比

地区	年末总人口（万人）	城镇人口（万人）	比重（%）	农村人口（万人）	比重（%）
上海	2415.3	2115.8	87.6	299.5	12.4
江苏	7976.3	5305.8	66.5	2670.5	33.5
浙江	5539.0	3644.7	65.8	1894.3	34.2
安徽	6143.6	3102.5	50.5	3041.1	49.5
江西	4565.6	2356.8	51.6	2208.9	48.4
湖北	5851.5	3326.6	56.9	2524.9	43.2
湖南	6783.0	3451.9	50.9	3331.1	49.1
重庆	3016.6	1838.3	60.9	1178.3	39.1
四川	8204.0	3913.0	47.7	4291.0	52.3
贵州	3529.5	1482.7	42.0	2046.8	58.0
云南	4741.8	2054.6	43.3	2687.2	56.7
西藏	324.0	89.9	27.7	234.1	72.3
青海	588.4	296.0	50.3	292.4	49.7
下游	5518.5	3542.2	67.6	1976.3	32.4
中游	5733.4	3045.1	53.1	2688.3	46.9
上游	3400.7	1612.4	45.3	1788.3	54.7

数据来源：《中国统计年鉴》（2002—2016）。

（三）经济发展主导方式的政区差异

马克思主义经济学认为，生产决定消费，生产出什么样的产品，市场只能消费什么样的产品；消费反作用于生产，通过市场调节作用，消费使我们认识到生产什么样的产品有利于实现生产的扩大。社会主义社会生产，从根本上说，是为了生产满足人民的需要的生产资料，通过需求的满足，改善人民群众的生活生存状态，以使改革开放的成果能被最广大的人民群众共享。经济发展方式和改善民生的关系是由经济规律的客观性决定的。传统经济增长方式对人民的生活造成了不利影响，单纯追求物质利益的社会价值观念陷入泥潭，城乡和区域差距加大，收入分配差距拉大，透支和破坏资源、生态。另一方面，“投资、出口、消费”作为拉动中国经济发展的三驾马车，由于三者关系失衡的状态，使经济发展过度依赖于投资和出口，国内消费率太低，严重制约着经济的发展，从而影响着人民的生活质量提高、民生的改善和消费能力增强。归纳起来，传统经济方式存在着三大弊端：第一，经济发展如果仅仅追求GDP而不是人民真正的生活质量，忽视民生的发展，过分强调经济指标，忽视民生发展。那么经济发展必将成为无本之木。同时，传统经济增长方式中，经济发展尤其是制造产业很大程度上是以低劳动力成本换来的。同时由于经济发展的城乡差异造成城乡居民收入差距扩大、地域差异造成了东中西部的国内生产总值比例关系极度不协调，东中西部发展陷入了极端不平衡的局面。第二，产业结构不协调，不利民生改善。第三，以牺牲环境为代价，影响民生实现。长江流域由于经济发展主导方式的差异导致民生发展区域的不同，主要体现在以下方面。

1. 产业结构区域差别造成物价和就业的差异

从表 8–13 可以看出，上中下游各政区在产业结构存在着较大差别，下游产业结构主要以第三产业为主，其占国内生产总值的比重为 50.6%，已经过半，而中游地区则还主要以第二产业为主经济主导产业，中游地区的第二、三次产业分别占 46.2% 和 42.6%，上游地区虽然第三产业为了主导产业，但是其比重为 45.1%，还未过半。这就是说，长江流域的上中游的产业结构处于低级化的不合理状态。产业结构的区域差别从引发结构性通胀、结构性失业等方面影响流域不同政区的民生改善情况。

其一，产业结构的不同会造成通过膨胀的程度不同，导致物价上涨的程度不同，从而对居民生活质量降低的程度也不同。也就是说，由于不同产业间的社会生产率不同，当生产率较低产业的劳动力和资本所要求获得的报酬与生产率较高产业同等时，就会引起一般物价水平的上涨。因此，要稳定物价、抑制结构性通胀，必须通过产业结构调整和优化升级才能解决。其二，由于不同产业对劳动力吸纳能力的差别，会导致长江流域区域之间失业结构和人数的不同，从而出现民生发展中就业保障的不一致性。如果产业结构不合理引起结构性失业的话，它将导致失业率不断增加。如果三次产业之间的不平衡、不协调，会导致劳动力供给和需求之间不匹配，从而引发结构性失业。

表 8-13　2015 年长江流域产业结构

地区	地区生产总值（亿）	第一产业（亿）	第二产业（亿）	第三产业（%）	第一产业占比（%）	第二产业占比（%）	第三产业占比（%）
上海	25123.5	109.8	7991.0	17022.6	0.4	31.8	67.8
江苏	70116.4	3986.1	32044.5	34085.9	5.7	45.7	48.6
浙江	42886.5	1832.9	19711.7	21341.9	4.3	46.0	49.8
安徽	22005.6	2456.7	10946.8	8602.1	11.2	49.7	39.1
江西	16723.8	1773.0	8411.6	6539.2	10.6	50.3	39.1
湖北	29550.2	3309.8	13503.6	12736.8	11.2	45.7	43.1
湖南	28902.2	3331.6	12810.8	12759.8	11.5	44.3	44.1
重庆	15717.3	1150.2	7069.4	7497.8	7.3	45.0	47.7
四川	30053.1	3677.3	13248.1	13127.7	12.2	44.1	43.7
贵州	10502.6	1640.6	4147.8	4714.1	15.6	39.5	44.9
云南	13619.2	2055.8	5416.1	6147.3	15.1	39.8	45.1
西藏	1026.4	98.0	376.2	552.2	9.6	36.7	53.8
青海	2417.1	208.9	1207.3	1000.8	8.6	49.9	41.4
下游	40033.0	2096.4	17673.5	20263.1	5.2	44.1	50.6
中游	25058.7	2804.8	11575.3	10678.6	11.2	46.2	42.6
上游	12222.6	1471.8	5244.1	5506.6	12.0	42.9	45.1

数据来源：《中国统计年鉴》（2002—2016）。

2. 物质、能源消耗的依赖程度差异导致“环境民生”的差别

马克思主义认为，物质资料的生产方式是人类社会发展的决定力量。在生产过程中形成的人与自然界之间和人与人之间的相互关系的体系是生产关系，生产方式是生产力和生产关系两者在物质资料生产过程中的统一体。物质资料的生产不能以破坏生态、牺牲环境为代价，经济发展不能以“高能耗、高物耗、高排放、高污染”为方式，只有在以保护生态、为子孙后代造福的基础上的经济发展，才能为民生改善提供物质前提，只有避免“有增长而无发展”的经济发展，才能使发展成果真正惠及民生。经济发展过程中，对物质、能源消耗的依赖程度差异导致“环境民生”的差别。

以电力消费量为例进行分析（其中涉及居民用电），由于不同地区经济发展基础、人口数量等不同，因此对于电力消费的绝对量必然不同，东部经济发展的早，对于电力消费量会大于中西部，以 2015 年为例，上中下游的电力消费量分别为 1029.85 亿千瓦时、

921.14 亿千瓦时和 2928.48 亿千瓦时。因此，我们用各区域对电力消费量的增速来分析对物质、能源消耗以来成都的差异导致的环境民生的差别。以 2000 年电力消费量为基数，做出五年每隔间隔的流域电力消费量增速折线图，如图 8-4 所示，经此图显示，总体趋势上，流域对电力消费的增速在放缓，这主要是由于经济增长方式转变、结构调整所带来的。另一方面，可以看到，2009 年之前，下游地区对于用电的消费增速高于中上游，这是由于 2010 年之前，下游地区经济快速发展，对能源的依赖程度较高，而之后，逐步放缓并低于中上游，是得益于经济发展方式的转变，开始注重经济发展对环境造成的应用，反之，中上游地区由于承接下游地区产业结构的转移，导致其对能源的需求增速高于下游地区。这直接影响着流域环境、民生问题，使得流域民生发展呈现出区域差异。

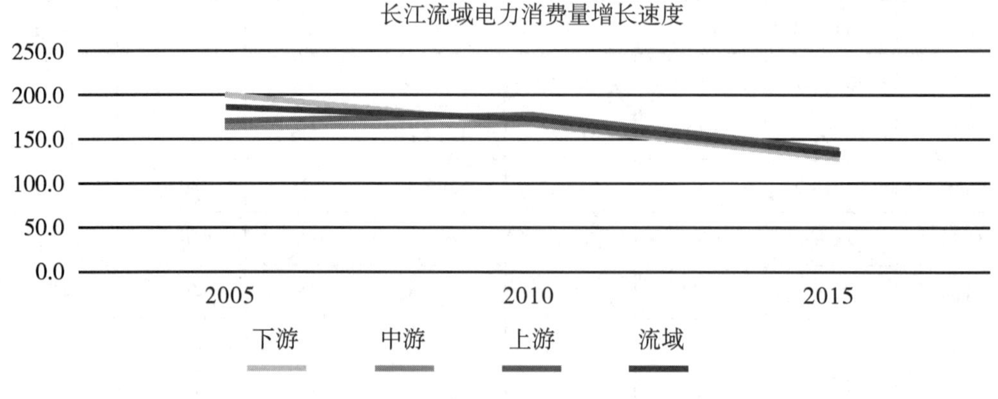

图 8-4　长江流域电力消费量增速

数据来源：《中国统计年鉴》（2002—2016）。

3. 消费水平的政区差异导致民生改善的差别

一个国家或地区在一定时期内（通常 1 年）由社会可用于投资和消费的支出所实际形成的对产品和劳务的购买力总量。它取决于总的价格水平，并受到国内投资、净出口、政府开支、消费水平和货币供应等因素的影响。如果轻视甚至忽视消费对经济增长的影响，会在一定程度上抑制民生改善。过度重视投资带动经济增长，不断增长的资本形成率对消费存在挤出效应，从而抑制消费的形成。这种对投资、消费和出口不同程度的注重，是由经济发展的阶段决定的。在经济发展初期，容易依赖资源投入和外需加快经济发展，导致投资、消费和出口的比例严重失衡。由于消费反映的是一国政府和居民对社会财富的生活性消耗，是生活水平的重要体现，因而投资、消费和出口的比例失调带来的问题就是居民生活没有随着经济快速增长而同步提高。甚至可以说，在社会财富增长的同时，民众所能享用到的份额却在不断缩小。投资驱动的经济发展方式既不利于我国消费水平的提高，也不利于城乡消费差距的缩小。

其一，长江流域各省市城乡消费差距大。以 2015 年数据为例，上中下游消费城乡消费支出比分别为 2.2%、2.0% 和 2.1%，这一巨大差别，一方面是由收入水平决定的，另一方面受到消费意愿的影响，而消费意愿本身决定于经济水平、对未来的预期等多种因素，正是由于农村民生发展没有城市的水平高，农民对未来预期低，降低其消费意愿。农民消费意愿不强，消费率不断下降，储蓄率则不断上升。这会反过来影响经济的发展，影响财政收入，影响政府对民生发展的投入。这样，必然造成城乡民生发展的差别。

其二，长江流域消费水平区域差异大（见表 8-14）。2015 年，下游地区的全体居民人均消费支出 30037.7 元，中游和上游分别为 22206.0 元和 18642.7 元，下游分别是中游和上游的 1.35 倍和 1.6 倍。区域之间巨大的消费水平差异，价值保障体现的不健全，区域间收入分配的差距加剧了居民消费能力的减弱，从而形成了民生改善与消费相互抑制的恶性循环。

表 8-14　2015 年长江流域城乡居民消费支出（元）

地区	全体居民	城镇	农村	城乡对比
上海	45815.7	48750.1	23004.9	2.1
江苏	31682.4	37515.2	20427.6	1.8
浙江	28711.5	33358.6	19952.5	1.7
安徽	13941.0	20250.9	7674.4	2.6
江西	14488.9	19362.3	9432.4	2.1
湖北	17429.4	23560.9	9542.1	2.5
湖南	16288.8	22770.4	9784.5	2.3
重庆	18859.7	25794.5	8336.7	3.1
四川	14774.0	20114.0	10038.9	2.0
贵州	12876.3	20082.2	7866.1	2.6
云南	13400.5	20699.5	7819.8	2.6
西藏	8755.7	17466.3	5411.8	3.2
青海	15167.3	21216.6	9108.8	2.3
下游	30037.7	34968.7	17764.9	2.1
中游	22206.0	27621.7	14371.7	2.0
上游	18642.7	24133.2	11650.4	2.2

数据来源：《中国统计年鉴》（2016）。

三、完善流域与政区协同推进民生发展的思考和建议

（一）长江流域上游地区民生与经济失衡的陷阱

唐任伍教授在对西方的“民生陷阱”进行的界定时指出，“所谓民生陷阱，是指在民主制度下因迎合选民的利益驱动形成的民生投入的刚性发展。”由于陷阱具有动态性，所以“民生陷阱”也必然以多样的形态存在。唐任伍在《2012中国民生发展报告——跨越变革世界中的“民生陷阱”》一书中，从世界的视角把民生陷阱分为“发展中国家的‘民生缺失陷阱’、发达国家的‘高福利陷阱’和‘贫富分化陷阱’”三大类别。有学者基于现实，把中国民生陷阱划分为“中等收入陷阱”“贫富陷阱”和“高福利陷阱”等三种类型。民生发展并不总是与经济发展的状态一致，现实中经常存在民生于经济的缺位、错位和越位等不规范、不和谐现象，也就是存在民生陷阱问题。从世界范围来看，“无论是发达国家，还是发展中国家，无论是资本主义社会，还是社会主义社会，都普遍存在着民生陷阱问题”①。因此，如何解决经济发展进程中民生陷阱问题，已成为人类社会共同面临和关注的历史难题。

从发展中国家看，民生缺失陷阱的形成主要源于经济赶超背景下民生福祉让渡于经济增长，从而形成重“经济建设”轻“民生改善”的现象。在这一过程中，经济指挥棒以及由此产生的政绩指挥棒扮演了举足轻重的角色。与高福利民生陷阱不同，世界上大部分国家都处于低福利民生陷阱阶段，改革来通过经济反哺民生的办法缓解和平抑经济与民生的差距。

首先从我国的实际来看，“经济为纲”体制追求经济增长忽略了民生建设。一直以来，我国高度重视民生建设，但是，由于以经济建设为中心思想指导下，主要精力都集中在经济建设事业上，有增长无发展的状况使民生发展事业处于边缘状态，呈现出经济高增长、民生发展的“低水平民生陷阱”。我国改革开放以来，在制度安排上遵循着经济发展优先，民生建设不同步不协同的关系，“经济发展的成果是间接的、被动的反馈于民生改善上来，而当经济发展的外部环境恶化时民生总是作为最后的安全阀（通常是刺激消费和财政投资等扩大内需）来保障经济平稳着陆”。

其次，我国以各地GDP排名作为政绩考核唯一方式，影响了民生发展。我国各级政府政绩考核体制从无到有、从发展到完善是一个相对历史的过程，在这个过程中，单纯以地区生产总值、经济增长速度评价政绩的考核体制时代背景下，各地政府简单以GDP排名评定领导干部的政绩和考核等次，以至于“经济建设为中心”被执行为以GDP为中心。为了急于追求政绩，地方政府不顾当地的实际情况，也不考虑资源、环境和社会

① 孙贺：《中国民生经济协调发展论》，吉林大学博士论文，2016。

的承受能力，盲目举债开发、上项目，不断扩大投资规模，大搞低水平、高投入、高消耗、高污染的“形象工程”和“短、平、快”的“政绩工程”。导致政府债务负担过重、资源严重浪费、生态环境严重破坏，给党和人民利益造成重大损失。同时，由于政府工作的重心围绕着GDP运转，反映民生发展的环境问题、教育问题、健康问题、社会保障等问题被忽视和冷落，削减、挪用和占用民生项目公共财政支出的现象普遍存在，盲目的GDP崇拜直接延误了民生的发展。当前，扭转这一局面势在必行，习近平总书记强调，“要把民生改善、社会进步、生态效益等指标和实绩作为重要考核内容，再也不能简单以国内生产总值增长率来论英雄了”。

再次，民生性公共财政支出不足降低了民生的质量。近年来，国家加大了民生建设的财政支持力度，但由于历史基数比较小，快速的经费增长并未改变民生支出占全国GDP的比重低于10%的窘迫局面。2012年，国家财政性教育支出为21242.1亿元，比2007年增加了14119.78亿元，增长198.24%，但仅占当年GDP比重的4.1%，国家财政性医疗卫生支出为7245.11亿元，较2007年增加了5255.15亿元，增长264%，但仅占当年GDP比重的1.4%，国家财政性社会保障和就业支出为12585.52亿元，比2007年增加了7138.36亿元，增长131%，但仅占当年GDP比重的2.4%，国家财政性住房保障支出为4479.62亿元，较2009年增加3753.65亿元，增长517%，但仅占当年GDP比重的0.9%。从总量上看，的速度和水平并在警戒线区域波动，如果解决不好，就会触发民生对经济的副作用，从而使相互促进的民生经济走向对抗，诱发民生缺失陷阱。

（二）政策启示

第一，坚持区域经济的协调发展，逐步缩小地区发展差距。应从多方面努力，着力推进供给侧改革，逐步缩小不同地区间经济社会发展的差距。政府应当建立机会与权利平等的经济环境，使得每个人都能享受到同等的公共服务。努力使全体人民学有所教、老有所得、病有所医、住有所居，推动建设和谐社会。

第二，加大国家支付转移力度，确保公共财政向流域上中游落后地区居民的倾斜。鉴于长江流域（上中下游）各地区长期以来的和经济发展水平和财政民生支出的区域差异，公共财政应当对流域上中游落后地区居民的倾斜。

第三，促进城乡基本公共服务均等化。公共服务均等化，首要的任务是实现基本公共服务均等化。要满足人民群众共同需求，使社会成员共同受益的各种服务均等化，为此，必须坚持普惠性、保基本、均等化、可持续的发展方向，提高基本公共服务水平均等化水平，促进共享发展，重点是针对上游薄弱地区农村和困难群体补短板，完善基本公共服务体系，努力实现基本公共服务全覆盖，让全国各地基本均等、全体人民普遍受惠，缩小区域差异，实行分类的民生政策支持；继续推动推动新农村建设，统筹城乡发展。

第三节　流域生态环境与民生发展

流域生态资源是人类生生不息及经济社会可持续发展的源动力。流域生态环境质量，是衡量民生发展质量的重要指标。当前流域水资源短缺和生态环境破坏等生态环境问题，给民生造成巨大的损失，并已经严重威胁到人类生存发展。良好的流域生态环境保护是最公平的民生公共产品，因此，加强生态文明建设有序发挥流域生态系统内部各要素的功能、促进民生发展成为党的“十三五”乃至更长时期政府职能转变指向。然而生态建设、水生态资源保护的“外部性”，对下游、上游、对岸的经济社会和民生发展造成严重的影响，生态建设、水生态资源保护“外部性”内部化的有效途径是生态补偿，为此，需要建立共建共享的生态补偿机制。如何建立共建共享的生态补偿机制，促进流域生态建设和环境保护与民生发展政策与机制，确保流域发展有重大的理论和现实意义。

一、流域生态环境与民生发展息息相关

（一）流域生态资源开发利用的民生发展的历程

1. 古代流域防洪、航运及水利工程和相关法制建设

马克思主义生态观认为，人与自然不可分割。一方面，人是自然界的一部分，人是自然界进化到一定阶段的历史产物。另一方面，自然是人生存和发展的前提和基础，人的生存和发展离不开自然。一旦离开自然，人就失去获取物质生活资料的可能性，无法生存下去，更无法谈创造性。

人或傍水而居或逐水草而居。自古至今，人类生存发展和水源密不可分，流域是生命的摇篮，流域水资源利用则是民生物资来源的基础。4000 多年前，大禹治水开启了一系列治河防洪、开渠通航、引水灌溉的史实，不仅留下了郑国渠、都江堰等流域各类灌排水工程，而且，随着科学水平和我国古代运河工程技术的提高，唐代中央政府颁行了我国古代第一部水利法规——《水部式》，对农田水利管理、碾磨设置及其用水管理、航运船闸和桥梁的管理维修、渔业及城市水道管理等都做出了明确规定。

2. 民国时期流域主要民生工程及管理机构法制进一步发展

民国时期，我国在流域水资源开发利用方面已有较大的发展，根据 1933 年修订后的《内政部华北水利委员会章程》，列举流域水资源开发利用中的共有五项民生任务：一、防洪工程；二、灌溉工程；三、航运工程；四、水力工程；五、其他水利。新中国成立前，我国围绕这些任务，先后在海河、长江、太湖、淮河、黄河、珠江等流域分别成立了流域管理机构，主要负责河道管理、兴修水利工程等任务。顺应流域民生工程发展的需要，各大水系的流域管理机构逐渐成立，建立时间先后不同，建立初期名称也不

统一，其中，海河流域的流域管理机构由于水患而成立。1917年华北发生水灾，次年顺直水利委员会成立，负责海河、黄河流域的水利行政。1928年，顺直水利委员会划归建设委员会领导，改称华北水利委员会。1929年，华北水利委员会修改组织条例，明确其管辖范围；1931年划归内政部领导。

3. 民生工程的扩展与流域生态环境建设发展新时期四个阶段

新中国成立以来，随着人口增加的压力和经济增长方式的变化，流域资源开发利用民生任务增加了环境保护等任务，从而使流域民生的内涵有了较大的发展，到了20世纪后半叶，我国民生工程从江河开发利用扩大到水土保持、水资源保护、环境水利和水力渔业等领域，民生发展有了更坚实的物质保障。然而，由于以高消耗、高投入为代价的粗放式经济增长方式，我国资源开发利用中较短的时期集中遭遇了发达国家上百年工业化过程中分阶段出现的环境问题。环境保护等便成为民生发展的重要课题，并且随着生态建设和环境保护成为民生的短板，生态建设和环境保护便成为国家各级政府和学界关注的热点。有学者以流域水环境恶化状况、环境法制建设、环保机构变迁、流域水环境管理进展等因素为标准，将新中国建国后我国流域水资源利用民生发展和环境管理体制演变分为四个阶段，即起步阶段（1949—1978年）、转变阶段（1979—1994年）、深化阶段（1995—2005年）、强化阶段（2006年—）。[①]

（1）流域资源开发利用与环境保护起步阶段（1949—1978年）即全国流域机构建设和环境保护兴起阶段。

20世纪七十年代，中央政府开始关注环境保护问题。随着第一次环境保护大会的召开和国务院环境保护领导小组的成立，流域水环境保护开始受到全社会关注，我国各大主要流域都建成了流域管理机构。从新中国成立到改革开放前夕，由于发展重工业的迫切需求，加上对环境问题的偏见或故意回避，我国部分地区已经出现流域性水环境恶化趋势[②]。水环境恶化引起有关领导的重视。

（2）环境保护、污染防治阶段（1979—1994年）。

改革开放以后，文革时期高层领导人对环境保护事业的重视得以延续，我国环境保护事业进入一个新的阶段。尤其是1979年《中华人民共和国环境保护法（试行）》的颁布实施，与流域水环境管理相关的一系列法律逐步颁布实施，为流域水环境管理体制建设提供了更充分的法律依据。1984年5月11日，第六届全国人民代表大会常务委员会第五次会议通过《中华人民共和国水污染防治法》。1988年5月18日，国务院公布《中华人民共和国防止拆船污染环境管理条例》。1988年6月3日，国务院第七次常务会议通过《中华人民共和国河道管理条例》。1989年7月12日，经国务院批准，国家环境

① 王资峰：《中国流域水环境管理体制研究》，中国人民大学博士论文，2010。

② 松花江水系保护领导小组办公室：《六年来松花江水资源保护工作基本情况》，《水资源保护》，1985（1）。

保护局发布了《中华人民共和国水污染防治法实施细则》。1991 年 6 月 29 日，第七届全国人民代表大会常务委员会第二十次会议通过《中华人民共和国水土保持法》。1993 年 7 月 2 日，第八届全国人民代表大会常务委员会第二次会议通过《中华人民共和国农业法》。这些法律及其实施细则从总体或者不同侧面对水环境管理作了规定，为流域水环境管理体制初步奠定了比较完备的法律基础，成为流域水环境管理转变的显著标志，逐步从辖区管理走向流域管理，从零碎管理走向系统管理，从忽视水污染防治转向重视水污染防治。

（3）全面深化流域环境污染治理阶段（1995—2005 年）。

改革开放以来，伴随着经济发展而来的环境问题日益凸显，流域水环境污染日趋严重。进入 20 世纪 90 年代中期，政府高度重视水环境管理，特别是“九五”以来，以经济结构调整为契机，依法关闭、淘汰了一批技术落后且污染严重的小企业，加快城市污水处理厂建设，重点流域水污染防治取得了阶段性成果。1995 年 8 月 8 日，国务院发布《淮河流域水污染防治暂行条例》，这是流域层面水污染防治最高层次的立法，也是国务院发布的关于流域水环境管理的唯一行政法规。条例规定了淮河流域县级以上地方政府及其环境保护部门在流域水污染防治方面的职责权限，也规定了淮河流域水利委员会的职责权限，并规定了淮河流域水污染防治领导小组的相关职责权限，以及国务院环境保护行政主管部门和水行政主管部门的相关职责权限，还规定了审计部门的职责权限。条例建立了一系列关于流域水污染防治的规章制度，并赋予流域四省人民政府制定相关实施办法的权力。

《淮河流域水污染防治暂行条例》（1995 年 8 月 8 日国务院第 183 号令）。十九次会议修订通过修订《中华人民共和国水法》。2002 年 10 月 28 日，第九届全国人民代表大会常务委员会第三十次会议通过了《中华人民共和国环境影响评价法》。流域水环境管理的其他政策法令还有很多，大大加强了流域水环境管理的制度基础。

（4）污染防治和资源保护强化阶段（2006 年—），科学发展观引领下的环境保护阶段。

2005 年 12 月 3 日，国务院发布《国务院关于落实科学发展观加强环境保护的决定》，强调经济社会必须与环境保护相协调，提出了新时期环境保护目标和重点任务。流域水污染防治和水资源保护成为重点①。从政策法规建设情况看，流域水环境管理基本法制建设已经比较完备，环境保护法律制度建设主要朝着更为具体的领域深化发展。

（二）流域水资源短缺和生态环境破坏对民生的影响

我国日益严峻的水资源短缺问题成为经济社会和民生发展的瓶颈，水环境污染，生

①《国务院关于落实科学发展观加强环境保护的决定》（国发［2005］39 号）。

态恶化问题造成重大的损失，严重影响民生发展。

1. 流域水资源短缺是经济发展和人的生存发展的瓶颈

流域作为人类社会淡水资源的主要来源地，是全球生态系统的重要组成部分，是人类生存发展的物质基础。流域生态系统为人类的发展提供多种生态系统服务和功能，包括水源供给、气候调节、净化、美学以及生物多样性和生存栖息地等，这些服务功能是人类存在与发展的重要物质基础（Costanza et al.1997；Daily 1997；Degroot 2002；MA 2005）。随着流域人口持续增长、区域经济的不断发展、城镇化进程的快速推进，对流域水的需求量增加的质量也将提出更高的要求。其中区域经济的快速增长对生态系统造成的最直接的后果就是严重的水资源短缺。中国水资源短缺，难以支撑对经济发展和人的生存发展的需求。

我国河流众多，但水资源数量短缺、结构性短缺、利用效率低等问题使水资源缺口大，严重影响民生发展。从总量缺口看，我国河流众多，但水资源数量短缺、结构性短缺、利用效率低。根据 2011 年第一次全国水利普查成果统计，全国流域面积 100 平方千米以上河流 22909 条，总长 111.46 万千米；大于 1000 平方千米以上河流 2221 条，总长 38.66 万千米；大于 10000 平方千米以上河流 228 条，总长 13.26 万千米。多年平均河川年径流总量为 27115 亿吨，水资源总量位居世界第六，但是按 2004 年人口统计，我国人均水资源量仅为 2185 立方米，不足世界平均水平的 1/3，被联合国列为世界 13 个贫水国之一（刘伟，2005）。根据水利部 21 世纪的中国水供求分析，2010 年全国的总供水量约为 6400 亿立方米—6670 亿立方米，而工业、农业、生活及生态环境总需水量在中等干旱年将为 6988 亿立方米，供需缺口将可能达到 318 亿立方米，而到 2030 年，这一缺口将达 400 亿立方米、500 亿立方米，人均水资源将接近 1700 立方米，我国将成为中度缺水国。

从区域分布来看，我国较大的松花江、辽河、海河、淮河、黄河、长江、珠江七大水系，受地形、气候的影响，在地区上分布呈现明显的北方流域片明显少于南方流域片的水资源量的区域的格局，而从大兴安岭西麓沿东北—西南向，经内蒙古高原南缘，阴山、贺兰山、祁连山、巴彦喀拉山、念青唐古拉山、冈底斯山直至我国西部国境一线西北形成我国西北内陆区，气候干燥，少雨、河流很少且为地域辽阔的无流区。1999—2001 年，北方的松辽河、海河、黄河三个流域连续干旱，三年平均年降水量分别比多年平均值少 17.8%、20.7% 和 12.2%，三年平均天然年径流量分别比多年平均值少 33.1%、57.4% 和 29.0%。水资源短缺不仅使人民生活和经济发展受到严重影响，而且也加重了华北地区地下水超采，造成生态环境进一步恶化。”[①] 随着流域内经济的快速发展和人民生活水平的提高，对水资源的需求程度日益增大，生态恶化的风险加大。

① 包晓斌：《中国流域环境综合管理》，《中国农村经济》，2004（1）。

黄河多年平均河川天然径流量534.8亿立方米，年径流量仅占全国的2%，人均水量为全国平均的23%，水资源相对贫乏，且河川径流年际、年内变化大，地区分布不均，62%的水量来自兰州断面以上。

与水资源供给短缺相对应的是我日渐增长的水资源需求，每年我国因缺水影响工业产值2000亿元和少产粮食700亿—800亿公斤。在水资源供需矛盾日趋显著的同时，我国的水资源浪费和污染问题也十分严重：第一，农业灌溉方面97%的农田仍采用大水漫灌，耗水量达7320立方米/公顷，如果采用喷、滴灌，耗水量可降至3250立方米/公顷，然而采用喷、滴灌的比例仅为3%，70%以上的农田没有采取任何节水措施（MWR，2000）。目前，我国农业灌溉水的利用系数平均为0.3—0.4，渠灌区利用率为20%—40%（方生、陈秀玲，2001），落后于先进国家的0.7—0.8和70%—80%（毛显强，钟瑜，2002）；第二，城市水务方面除北京、天津等大城市的水资源重复利用率可达70%以外，大部分城市水资源的重复利用率只在30%—50%，而发达国家为75%—85%（郭永龙等，2004）；第三，污水处理能力偏低，我国城市废水集中处理率为13.4%，远低于欧美等发达国家的80%—90%，而当前流经城市的90%河流的水质达不到饮用水标准，75%的湖泊水体呈负营养化（郭永龙等，2004）；第四，我国的水利工程普遍存在老化失修、待改进的状况特别是农田中、小型水利设施，仅从灌溉工程看，许多灌区只修建了渠道、干渠和支渠，支渠以下的斗、农、毛渠和相应灌溉设施修建不全，配套率不足20%而农村小型水利设施中50%的骨干建筑、40%的渠系建筑物都存在严重破坏在灌溉设施严重退化的状况下，占到全国用水总量75%左右的灌溉用水，其用水效率只有25%—40%（李鹤，2007），从而进一步加剧了日趋严重的水资源危机。

2. 流域洪涝灾害频繁、水土流失严重、水污染造成的经济损失和对经济发展的阻碍

洪涝灾害频繁，近半个世纪以来，黄河、淮河、海河、长江、珠江、辽河和松花江等七大江河曾先后多次发生过流域性的特大洪水。从地区分布来看，水灾严重的区域主要是七大江河的中下游地区，尤以黄河、淮河、海河和长江中下游最为严重。1998年，中国南方的长江与北方的嫩江、松花江发生特大洪水，全国有2.23亿人受灾，受灾面积2120万公顷，成灾面积1307万公顷，直接经济损失达到2500多亿元。

水土流失严重。与其他江河比较，黄河流域下游河道形态独特，历史上洪水灾害突出，“水少沙多、水沙关系”不协调的自然特性，造成黄河下游持续淤积抬高，使河道高悬于两岸黄海淮平原之上，成为举世闻名的“地上悬河”。历史上黄河下游“三年两决口，百年一改道”，决溢范围北至天津，南达江淮，纵横25万平方千米，给中华民族带来了沉重的灾难。“黄河下游河道上宽下窄，河道冲淤变化剧烈，河势游荡多变。两岸大堤之间滩区面积约3154平方千米，有耕地340万亩，居住人口189.5万人。由于主槽淤积和生产堤的修建，东坝头至陶城铺河段逐步形成槽高、滩低、堤根洼的‘二级悬河’，严重威胁防洪安全。黄河宁海以下的河段，具有‘淤积—延伸—摆动’的特性，入海流路摆动范围北起徒骇河口、南至支脉沟口，扇形面积约6000平方千米。由于特

殊的地理位置和河道条件，上游宁蒙河段和下游山东河段凌汛灾害比较严重。”①

大多数流域水土流失严重，生态环境脆弱。黄河流域毁林开荒导致植被减少和大面积水土流失，黄河源区水土流失面积达 417.34 万公顷，占源区总面积的 37.2%。土壤侵蚀类型为水力侵蚀、风力侵蚀和冻融侵蚀。在这些侵蚀面积中，强度以上侵蚀面积为 225 万公顷。塔里木河流域天然胡杨林面积由 20 世纪 50 年代的 46.58 万公顷，减少到 90 年代的 24.59 万公顷。特别是塔里木河流域中下游胡杨林的锐减和消失已直接侵害到绿洲的存在，并成为生态环境恶化极其严重的地区。

黄河是世界上输沙量最大、含沙量最高的河流，多年平均天然输沙量达 16 亿吨，多年平均天然含沙量 35 千克每立方米。黄河泥沙来源具有地区分布相对集中、年内分配集中、年际变化大的特点，90% 的泥沙来自中游河口镇至三门峡区间，7—10 月份来沙量约占全年来沙量的 90%。中游多沙粗沙区面积为 7.86 万平方千米，仅占黄土高原地区水土流失面积的 17.4%，输沙量占黄河总沙量的 62.8%，其中粒径大于 0.05 毫米的粗泥沙输沙量占全河粗泥沙量的 72.5%。

近 20 年来，由于降雨因素和人类活动影响的加剧，黄河来水来沙量、汛期来水比例、汛期有利于输沙的大流量历时和水量明显减少，黄河水沙情势发生明显变化。黄河巨量泥沙来源于世界上水土流失面积最广、侵蚀强度最大的黄土高原，水土流失面积 45.4 万平方千米（占全流域水土流失总面积的 97.6%）。侵蚀模数大于每年每平方千米 8000 吨的极强度水蚀面积 8.5 万平方千米，占全国同类面积的 64%；侵蚀模数大于每年每平方千米 15000 吨的剧烈水蚀面积 3.67 万平方千米，占全国同类面积的 89%。

水污染造成的严重的经济损失。作为发展中国家，我国经济发展的是目前的主要任务。经济发展引起大量污水未经处理或处理不达标便被排放的现象十分普遍，导致水体受到不同程度的污染。据 2014 年《全国环境统计公告》显示，201 年全国废水排放总量高达 716.2 亿吨，与 2007 年《全国环境统计公告》中所报道的废水排放总量 556.7 亿吨相比，短短 7 年的时间，全国废水排量增长了 28.7%，其中废水含有化学需氧量 2294.6 万吨，氨氮 238.5 万吨。

随着我国经济的进一步发展，废水的排放量也会逐年增加，这对于原本就水资源短缺的国家是个极大的挑战。据《2014 年全国地表水水质》报告显示我国地表水整体情况为重度污染，但仍有部分河流污染较为严重。Ⅲ类的水质占 70%，Ⅳ类、Ⅴ类、劣Ⅴ类共占 30%。七大主要流域黄河河流、松花江流域及淮河流域为轻度污染，辽河流域为中度污染，海河流域污染严重，为重度污染。而在监察、检测的 52 个重点湖泊和水库中，太湖、巢湖等 9 个湖库的情况较好为轻度污染，洪泽湖、淀山湖等 4 个湖库为中度污染，滇池、白洋淀等 4 个湖库为重度污染，污染湖库占总监测点的 32.7%。无论监测的江河

① 包晓斌：《中国流域环境综合管理》，《中国农村经济》，2004（1）。

还是湖库，在一定程度上显示出我国的水污染问题依然严峻，如果不能及时解决水污染问题，将严重制约着经济的可持续发展。

（三）流域生态环境建设的民生指向

1. 流域生态环境建设目标的民生指向

生态环境是最公平的民生公共产品，目前的生态环境是全面建成小康社会的突出短板，因此，良好的生态环境是最普惠的民生福祉，这既是流域生态环境建设目标，也是全面小康社会建设的新目标之一。2015 年 3 月 6 日上午，习近平总书记参加江西代表团审议时说，“环境就是民生，青山就是美丽，蓝天也是幸福。”2016 年 8 月 22 日，习近平总书记考察青海长江村时说，“良好生态环境是最普惠的民生福祉”的论述，是对民生内涵的进一步丰富和发展。良好生态环境是提高人民生活水平、改善人民生活质量、提升人民安全感和幸福感的基础和保障，是重要的民生福祉。老百姓的生态需求是最基本的民生需求。没有良好的生态环境，我们生活中所需的食物、水、燃料、木材和纤维等将无以获取；没有生态安全，就不会有水的安全、大气安全、粮食安全、木材安全、能源安全，甚至会危及人民群众的生命财产安全。

从流域整体性和流动性来看，生态环境所产生的效益具有扩散性、外部性的特征，不仅惠及当地，同时也惠及周边、下游乃至更广泛的地区。上游地区生态保护与建设的成果，是下游地区生态安全的重要保障；保护建设好西部地区的生态环境，对于东部地区生态环境的改善具有重要意义；中国生态环境建设所取得的成效，也是对全球环境的重大贡献，必将惠及全人类。因此，良好生态环境也是覆盖面最广、最普惠的民生福祉。

2. 流域生态环境保护与民生发展相适应的指标和任务

我国“十三五”生态环境规划提出，到 2020 年流域生态环境质量总体改善的目标，这与我国当前民生发展工程——全面小康社会的目标一致，根据《中共中央关于制定国民经济和社会发展第十三个五年规划的建议》，2020 年全面实现小康，对全面建成小康社会新的目标要求包括五个方面，其中一项目标要求是生态环境质量总体改善。具体指标和任务如下专栏所示。

专栏 1 “十三五”生态环境保护中流域水质量的主要指标

指标		2015 年	2020 年	属性
1. 水环境质量	地表水质量达到或好于Ⅲ类水体比例（%）	66	＞70	约束性
	地表水质量劣Ⅴ类水体比例（%）	9.7	＜5	约束性

（续表）

指标		2015 年	2020 年	属性
	重要江河湖泊水功能区水质达标率（%）	70.	＞80	预期性
	地下水质量极差比例（%）	15.74	15 左右	预期性
	近岸海域水质优良（一、二类）比例（%）	70.5	70 左右	预期性
2. 生态状况	重点生态功能区所属县域生态环境状况指数	60.4	＞60.4	预期性

注：（1）资料来源：国务院关于印发“十三五”生态环境保护规划的通知，2016 年 11 月。（2）水环境质量评价覆盖全国地表水国控断面，断面数量由“十二五”期间的 972 个增加到 1940 个。

3. 流域生态文明建设主要任务：提升水环境质量

根据《中共中央关于制定国民经济和社会发展第十三个五年规划的建议》，流域生态文明建设的主要任务是：提升水环境质量，具体包括以下六个方面。

一是实施以控制单元为基础的水环境质量目标管理。依据主体功能区规划和行政区划，划定陆域控制单元，建立流域、水生态控制区、水环境控制单元三级分区体系。实施以控制单元为空间基础、以断面水质为管理目标、以排污许可制为核心的流域水环境质量目标管理（见专栏 2）。优化控制单元水质断面监测网络，建立控制单元产排污与断面水质响应反馈机制，明确划分控制单元水环境质量责任，从严控制污染物排放量。全面推行河长制。在黄河、淮河等流域进行试点，分期分批科学确定生态流量（水位），作为流域水量调度的重要参考。深入实施《水污染防治行动计划》，落实控制单元治污责任，完成目标任务。固定污染源排放为主的控制单元，要确定区域、流域重点水污染物和主要超标污染物排放控制目标，实施基于改善水质要求的排污许可，将治污任务逐一落实到控制单元内的各排污单位（含污水处理厂、设有排放口的规模化畜禽养殖单位）。面源（分散源）污染为主或严重缺水的控制单元，要采用政策激励、加强监管以及确保生态基流等措施改善水生态环境。自 2017 年起，各省份要定期向社会公开控制单元水环境质量目标管理情况。

专栏 2　各流域需要改善的控制单元

（一）长江流域（108 个）。

双桥河合肥市控制单元等 40 个单元由Ⅳ类升为Ⅲ类；乌江重庆市控制单

元等7个单元由Ⅴ类升为Ⅲ类；来河滁州市控制单元等9个单元由Ⅴ类升为Ⅳ类；京山河荆门市控制单元等2个单元由劣Ⅴ类升为Ⅲ类；沱江内江市控制单元等4个单元由劣Ⅴ类升为Ⅳ类；十五里河合肥市控制单元等24个单元由劣Ⅴ类升为Ⅴ类；滇池外海昆明市控制单元化学需氧量浓度下降；南淝河合肥市控制单元等3个单元氨氮浓度下降；竹皮河荆门市控制单元等4个单元氨氮、总磷浓度下降；岷江宜宾市控制单元等14个单元总磷浓度下降。

（二）海河流域（75个）。

洋河张家口市八号桥控制单元等9个单元由Ⅳ类升为Ⅲ类；妫水河下段北京市控制单元等3个单元由Ⅴ类升为Ⅳ类；潮白河通州区控制单元等26个单元由劣Ⅴ类升为Ⅴ类；宣惠河沧州市控制单元等6个单元化学需氧量浓度下降；通惠河下段北京市控制单元等26个单元氨氮浓度下降；共产主义渠新乡市控制单元等3个单元氨氮、总磷浓度下降；海河天津市海河大闸控制单元化学需氧量、氨氮浓度下降；潮白新河天津市控制单元总磷浓度下降。

（三）淮河流域（49个）。

谷河阜阳市控制单元等17个单元由Ⅳ类升为Ⅲ类；东鱼河菏泽市控制单元由Ⅴ类升为Ⅲ类；新濉河宿迁市控制单元等9个单元由Ⅴ类升为Ⅳ类；洙赵新河菏泽市控制单元由劣Ⅴ类升为Ⅲ类；运料河徐州市控制单元由劣Ⅴ类升为Ⅳ类；涡河亳州市岳坊大桥控制单元等16个单元由劣Ⅴ类升为Ⅴ类；包河商丘市控制单元等4个单元氨氮浓度下降。

（四）黄河流域（35个）。

伊洛河洛阳市控制单元等14个单元由Ⅳ类升为Ⅲ类；葫芦河固原市控制单元等4个单元由Ⅴ类升为Ⅳ类；岚河吕梁市控制单元由劣Ⅴ类升为Ⅳ类；大黑河乌兰察布市控制单元等8个单元由劣Ⅴ类升为Ⅴ类；昆都仑河包头市控制单元等8个单元氨氮浓度下降。

（五）松花江流域（12个）。

小兴凯湖鸡西市控制单元等9个单元由Ⅳ类升为Ⅲ类；阿什河哈尔滨市控制单元由劣Ⅴ类升为Ⅴ类；呼伦湖呼伦贝尔市控制单元化学需氧量浓度下降；饮马河长春市靠山南楼控制单元氨氮浓度下降。

（六）辽河流域（13个）。

寇河铁岭市控制单元等6个单元由Ⅳ类升为Ⅲ类；辽河沈阳市巨流河大桥控制单元等3个单元由Ⅴ类升为Ⅳ类；亮子河铁岭市控制单元等2个单元由劣Ⅴ类升为Ⅴ类；浑河抚顺市控制单元总磷浓度下降；条子河四平市控制单元氨氮浓度下降。

（七）珠江流域（17个）。

九洲江湛江市排里控制单元等2个单元由Ⅲ类升为Ⅱ类；潭江江门市牛湾

控制单元由Ⅳ类升为Ⅱ类；鉴江茂名市江口门控制单元等4个单元由Ⅳ类升为Ⅲ类；东莞运河东莞市樟村控制单元等2个单元由Ⅴ类升为Ⅳ类；小东江茂名市石碧控制单元由劣Ⅴ类升为Ⅳ类；深圳河深圳市河口控制单元等5个单元由劣Ⅴ类升为Ⅴ类；杞麓湖玉溪市控制单元化学需氧量浓度下降；星云湖玉溪市控制单元总磷浓度下降。

（八）浙闽片河流（25个）。

浦阳江杭州市控制单元等13个单元由Ⅳ类升为Ⅲ类；汀溪厦门市控制单元等3个单元由Ⅴ类升为Ⅲ类；南溪漳州市控制单元等5个单元由Ⅴ类升为Ⅳ类；金清港台州市控制单元等4个单元由劣Ⅴ类升为Ⅴ类。

（九）西北诸河（3个）。

博斯腾湖巴音郭楞蒙古自治州控制单元由Ⅳ类升为Ⅲ类；北大河酒泉市控制单元由劣Ⅴ类升为Ⅲ类；克孜河喀什地区控制单元由劣Ⅴ类升为Ⅴ类。

（十）西南诸河（6个）。

黑惠江大理白族自治州控制单元等4个单元由Ⅳ类升为Ⅲ类；异龙湖红河哈尼族彝族自治州控制单元化学需氧量浓度下降；西洱河大理白族自治州控制单元氨氮浓度下降。

资料来源：国务院关于印发《十三五，生态环境保护规划的通知》，2016年11月。

二是实施流域污染综合治理。实施重点流域水污染防治规划。流域上下游各级政府、各部门之间加强协调配合、定期会商，实施联合监测、联合执法、应急联动、信息共享。长江流域强化系统保护，加大水生生物多样性保护力度，强化水上交通、船舶港口污染防治。实施岷江、沱江、乌江、清水江、长江干流宜昌段总磷污染综合治理，有效控制贵州、四川、湖北、云南等总磷污染。太湖坚持综合治理，增强流域生态系统功能，防范蓝藻暴发，确保饮用水安全；巢湖加强氮、磷总量控制，改善入湖河流水质，修复湖滨生态功能；滇池加强氮、磷总量控制，重点防控城市污水和农业面源污染入湖，分区分步开展生态修复，逐步恢复水生态系统。海河流域突出节水和再生水利用，强化跨界水体治理，重点整治城乡黑臭水体，保障白洋淀、衡水湖、永定河生态需水。淮河流域大幅降低造纸、化肥、酿造等行业污染物排放强度，有效控制氨氮污染，持续改善洪河、涡河、颍河、惠济河、包河等支流水质，切实防控突发污染事件。黄河流域重点控制煤化工、石化企业排放，持续改善汾河、涑水河、总排干、大黑河、乌梁素海、湟水河等支流水质，降低中上游水环境风险。松花江流域持续改善阿什河、伊通河等支流水质，重点解决石化、酿造、制药、造纸等行业污染问题，加大水生态保护力度，进一步增加野生鱼类种群数量，加快恢复湿地生态系统。辽河流域大幅降低石化、造纸、化工、农副食品加工等行业污染物排放强度，持续改善浑河、太子河、条子河、招苏台河等支流水质，显著恢复水生态系统，全面恢复湿地生态系统。珠江流域建立健全广东、广西、云南等联合治污防控体系，重点保障东江、西江供水水质安全，改善珠江三角洲地区水生态环境。

三是优先保护良好水体。实施从水源到水龙头全过程监管，持续提升饮用水安全保障水平。地方各级人民政府及供水单位应定期监测、检测和评估本行政区域内饮用水水源、供水厂出水和用户水龙头水质等饮水安全状况。地级及以上城市每季度向社会公开饮水安全状况信息，县级及以上城市自 2018 年起每季度向社会公开。开展饮用水水源规范化建设，依法清理饮用水水源保护区内违法建筑和排污口。加强农村饮用水水源保护，实施农村饮水安全巩固提升工程。各省（区、市）应于 2017 年年底前，基本完成乡镇及以上集中式饮用水水源保护区划定，开展定期监测和调查评估。到 2020 年，地级及以上城市集中式饮用水水源水质达到或优于Ⅲ类比例高于 93%。对江河源头及现状水质达到或优于Ⅲ类的江河湖库开展生态环境安全评估，制定实施生态环境保护方案，东江、滦河、千岛湖、南四湖等流域于 2017 年底前完成。七大重点流域制定实施水生生物多样性保护方案。

四是推进地下水污染综合防治。定期调查评估集中式地下水型饮用水水源补给区和污染源周边区域环境状况。加强重点工业行业地下水环境监管，采取防控措施有效降低地下水污染风险。公布地下水污染地块清单，管控风险，开展地下水污染修复试点。到 2020 年，全国地下水污染加剧趋势得到初步遏制，质量极差的地下水比例控制在 15%左右。

五是大力整治城市黑臭水体。建立地级及以上城市建成区黑臭水体等污染严重水体清单，制定整治方案，细化分阶段目标和任务安排，向社会公布年度治理进展和水质改善情况。建立全国城市黑臭水体整治监管平台，公布全国黑臭水体清单，接受公众评议。各城市在当地主流媒体公布黑臭水体清单、整治达标期限、责任人、整治进展及效果；建立长效机制，开展水体日常维护与监管工作。2017 年年底前，直辖市、省会城市、计划单列市建成区基本消除黑臭水体，其他地级城市实现河面无大面积漂浮物、河岸无垃圾、无违法排污口；到 2020 年，地级及以上城市建成区黑臭水体比例均控制在 10%以内，其他城市力争大幅度消除重度黑臭水体。

六是改善河口和近岸海域生态环境质量。实施近岸海域污染防治方案，加大渤海、东海等近岸海域污染治理力度。强化直排海污染源和沿海工业园区监管，防控沿海地区陆源溢油污染海洋。开展国际航行船舶压载水及污染物治理。规范入海排污口设置，2017 年年底前，全面清理非法或设置不合理的入海排污口。到 2020 年，沿海省（区、市）入海河流基本消除劣Ⅴ类的水体。实施蓝色海湾综合治理，重点整治黄河口、长江口、闽江口、珠江口、辽东湾、渤海湾、胶州湾、杭州湾、北部湾等河口海湾污染。严格禁渔休渔措施。控制近海养殖密度，推进生态健康养殖，大力开展水生生物增殖放流，加强人工鱼礁和海洋牧场建设。加强海岸带生态保护与修复，实施，南红北柳，湿地修复工程，严格控制生态敏感地区围填海活动。到 2020 年，全国自然岸线（不包括海岛岸线）保有率不低于35%，整治修复海岸线1000公里。建设一批海洋自然保护区、海洋特别保护区和水产种质资源保护区，实施生态岛礁工程，加强海洋珍稀物种保护。

（四）流域经济与生态文明协同发展战略下的民生发展模式

1. 生态文明建设与经济带协同发展的先行示范带的国家战略——长江流域经济带为例

从早期的T型开发，沿海沿江（长江）沿河（黄河）发展，到《全国国土规划纲要（2011—2030年）》提出的两横三纵和四横四纵国土开发格局，长江轴一直是我国流域与政区经济发展的重要轴线。2013年底我国开始编制长江流域经济带规划，提出依托黄金水道建设长江经济带，该区域将成为我国十三五规划重点发展区域[①]。2014年4月李克强总理提出依托黄金水道建设长江经济带。2014年国发39号文件《国务院关于依托黄金水道推动长江经济带发展的指导意见》将长江经济带建设上升为国家战略的同时，明确提出建设长江经济带生态文明建设的先行示范带。2016年1月习近平总书记在强调建设长江经济带要，"共抓大保护，不搞大开发"，2016年3月开始实施的《长江经济带发展规划纲要》首次将改善生态环境放到了流域经济带发展战略的第一位，并提出建设长江经济带绿色生态廊道势在必行。

长江经济带发展上升为国家战略，有利于破除区域壁垒，促进要素在长江经济带核心区包括上海、江苏、安徽、江西、湖北、湖南、重庆、四川、浙江和民族地区的云南、贵州11个省市之间的流动，并促进横向连接东中西三大区域板块，纵向交汇京沪、京九、京广、皖赣、焦柳等南北铁路干线，形成我国开发开放的重要通道流动，利用流域原有工业优势构建全流域现代市场体系，促进产业转移，带动西部和上游地区产业发展；有利于依托长三角城市群、长江中游城市群和成渝城市群带动民族地区发展，破解民族地区与东部沿海地区的区域发展差距，解决区域不平衡问题。

2. 流域生态文明建设协同经济发展的民生可持续发展

可持续发展需要汲取以前发展带来的失误和教训，避免重蹈"先污染、后治理"的发展道路，遏制经济的快速发展与资源的大量消耗及生态环境恶劣并存的状况。党的十七大中关于我国未来小康社会的新的经济社会发展协调的可持续发展模式时指出，"建设生态文明，基本形成节约能源资源和保护生态环境的产业结构、增长方式、消费模式。循环经济形成较大规模，可再生能源比重显著上升。重要污染物排放得到有效控制，生态环境质量明显改善。生态文明观念在全社会牢固树立。根据2014年，国务院出台《关于依托黄金水道推动长江经济带发展的指导意见》（国发［2014］39号），这是长江经济带绿色生态廊道建设最权威的文件，长江经济带生态文明建设的先行示范带

① 郑长德、钟海燕：《"十三五"时期推进民族地区实现全面小康的基本思路与政策建议》，《西南民族大学学报》（人文社会科学版），2015（1）。

的具有重要的战略定位。其生态文明建设的先行示范带的任务是：

一是把保护和修复长江生态环境摆在首要位置，推进长江经济带生态文明建设，建设水清地绿天蓝的绿色生态廊道。统筹水资源、水环境、水生态，推动上中下游协同发展、东中西部互动合作，加强跨部门、跨区域监管与应急协调联动，把实施重大生态修复工程作为推动长江经济带发展项目的优先选项，共抓大保护，不搞大开发。

二是统筹江河湖泊丰富多样的生态要素，构建以长江干支流为经络，以山水林田湖为有机整体，江湖关系和谐、流域水质优良、生态流量充足、水土保持有效、生物种类多样的生态安全格局。

三是上游区重点加强水源涵养、水土保持功能和生物多样性保护，合理开发利用水资源，严控水电开发生态影响；中游区重点协调江湖关系，确保丹江口水库水质安全。

四是下游区加快产业转型升级，重点加强退化水生态系统恢复，强化饮用水水源保护，严格控制城镇周边生态空间占用，开展河网地区水污染治理。妥善处理江河湖泊关系，实施长江干流及洞庭湖上游“四水”、鄱阳湖上游“五河”的水库群联合调度，保障长江干支流生态流量与两湖生态水位。统筹规划、集约利用长江岸线资源，控制岸线开发强度。强化跨界水质断面考核，推动协同治理。

《关于依托黄金水道推动长江经济带发展的指导意见》提出了建设绿色生态廊道的基本目标和六大举措。基本目标是“顺应自然，保育生态，强化长江水资源保护和合理利用，加大重点生态功能区保护力度，加强流域生态系统修复和环境综合治理，稳步提高长江流域水质，显著改善长江生态环境。”

专栏3：建设绿色生态廊道的基本目标和六大举措
——摘自：关于依托黄金水道推动长江经济带发展的指导意见

一是切实保护和利用好长江水资源。落实最严格水资源管理制度，明确长江水资源开发利用红线、用水效率红线。加强流域水资源统一调度，保障生活、生产和生态用水安全。严格相关规划和建设项目的水资源论证。加强饮用水水源地保护，优化沿江取水口和排污口布局，取缔饮用水水源保护区内的排污口，鼓励各地区建设饮用水应急水源。建设水源地环境风险防控工程，确保城乡饮用水安全。严厉打击河道非法采砂。优化水资源配置格局，加快推进云贵川渝等地区大中型骨干水源工程及配套工程建设。建设沿江、沿河、环湖水资源保护带、生态隔离带，增强水源涵养和水土保持能力。

二是严格控制和治理长江水污染，明确水功能区限制纳污红线，完善水功能区监督管理制度，科学核定水域纳污容量，严格控制入河（湖）排污总量。大幅削减化学需氧量、氨氮排放量，加大总磷、总氮排放等污染物控制力度。加大沿江化工、造纸、印染、有色等排污行业环境隐患排查和集中治理力度，实行长江干支流沿线城镇污水垃圾全收集全处理，加强农业畜禽、水产养殖污染物排放控制及农村污水垃圾治理，强化水上危险品运输安全环保监管、船舶溢油风险防范和船舶污水排放控制。完善应急救援体系，提高应急处置能力。建立环境风险大、涉及有毒有害污染物排放的产业园区退出或转型机制。加强三峡库区、丹江口库区、洞庭湖、鄱阳湖、长江口及长江源头等水体的水质监测和综合治理，强化重点水域保护，确保流域水质稳步改善。

三是妥善处理江河湖泊关系。综合考虑防洪、生态、供水、航运和发电等需求，进一步开展以三峡水库为核心的长江上游水库群联合调度研究与实践。加强长江与洞庭湖、鄱阳湖演变与治理研究，论证洞庭湖、鄱阳湖水系整治工程，进行蓄滞洪区的分类和调整研究。完善防洪保障体系，实施长江河道崩岸治理及河道综合整治工程，尽快完成长江流域山洪灾害防治项目，推进长江中下游蓄滞洪区建设及中小河流治理。

四是加强流域环境综合治理。完善污染物排放总量控制制度，加强二氧化硫、氮氧化物、PM2.5（细颗粒物）等主要大气污染物综合防治，严格控制煤炭消费总量。加强挥发性有机物排放重点行业整治，扭转中下游地区、四川盆地等区域性雾霾、酸雨恶化态势，改善沿江城市空气质量。推进农村环境综合整治，降低农药和化肥使用强度，加大土壤污染防治力度，强化重点行业和重点区域重金属污染综合治理。大力推进工业园区污染集中治理和循环化改造，鼓励企业采用清洁生产技术。积极推进城镇污水处理设施和配套污水管网建设，提高现有污水处理设施处理效率。

五是强化沿江生态保护和修复。坚定不移实施主体功能区制度，率先划定沿江生态保护红线，强化国土空间合理开发与保护，加大重点生态功能区建设和保护力度，构建中上游生态屏障。推进太湖、巢湖、滇池、草海等全流域湿地生态保护与修复工程，加强金沙江、乌江、嘉陵江、三峡库区、汉江、洞庭湖和鄱阳湖水系等重点区域水土流失治理和地质灾害防治，中上游重点实施山地丘陵地区坡耕地治理、退耕还林还草和岩溶地区石漠化治理，中下游重点实施生态清洁小流域综合治理及退田还草还湖还湿。加大沿江天然林草资源保护和长江防护林体系建设力度，加强沿江风景名胜资源保护和山地丘陵地区林草植被保护。加强长江物种及其栖息繁衍场所保护，强化自然保护区和水产种质资源保护区建设和管护。探索建立沿江国家公园。研究制定长江生态环境保护规划。

六是促进长江岸线有序开发。建立健全长江岸线开发利用和保护协调机制，统筹规划长江岸线资源，严格分区管理和用途管制，合理安排沿江工业与港口岸线、过江通道岸线与取水口岸线，加大生态和生活岸线保护力度。严格河道管理范围内建设项目工程建设方案审查制度。统筹岸线与后方土地的使用和管理，提高岸线资源集约利用水平。依法建立岸线资源有偿使用制度。有效保护岸线原始风貌，利用沿江风景名胜和其他自然人文景观资源，为居民提供便捷舒适亲水空间。

建设长江经济带绿色生态廊道，就是要牢固树立生态优先绿色发展理念，彻底转变经济增长方式；统筹江河湖泊丰富多样的生态要素，推进长江经济带生态文明建设；打破区域板块割裂发展的局面，构建以长江干支流为经脉的国家经济横轴，把长江经济带建成生态绿色、集约协调、可持续发展的生态文明先行示范带。

建设长江经济带绿色生态廊道，是我国推动经济可持续发展的必然要求。长江通道是我国国土空间开发最重要的东西轴线，在全国区域发展总体格局中具有重要的战略地位，沿岸省市 11 个，人口和产值占全国的 40% 以上，承载了我国经济增长的历史重任，尤其是长江下游江浙沪一带，更是全国经济发展的领先区域。在习近平总书记的“不搞大开发，共抓大保护”的思想指导下，考虑我国区域发展不平衡的大背景，特别是我国全面推行“三条红线”的最严格水资源管理制度，建设长江经济带绿色生态廊道，可望沟通我国东中西三大板块，促进区域经济协调发展；加快转变经济增长方式，增强可持续发展能力；构筑流域生态文明建设典范，实现人与自然和谐共处。

建设长江经济带绿色生态廊道，是我国应对国际经济新形势展示大国形象的战略支撑。2015 年，习近平总书记在出席联合国气候变化巴黎大会开幕式时指出，我国将于 2030 年左右使二氧化碳排放达到峰值并争取尽早实现，2030 年单位国内生产总值二氧化碳排放比 2005 年下降 60% 到 65%，非化石能源占一次能源消费比重达到 20% 左右，森林蓄积量比 2005 年增加 45 亿立方米左右，这对我国节能减排、绿色发展提出了很高的要求。建设长江经济带绿色生态廊道，从我国经济人口最集聚的地区入手，切实提高经济发展质量，避免走发达国家“先污染、后治理”的老路，提升我国的国际形象和竞争实力。

二、共建共享的流域水资源利用的生态补偿必然性

生态建设、水生态资源保护“外部性”内部化的有效途径是生态补偿，我国流域生态建设相关的工程较多，本文以退耕还林还草（还湖）这项国家实施的一项重要的生态建设工程为例，来分析生态补偿这一生态建设“外部性”内部化的有效手段。以 2000 年中央政府颁布《关于开展 2000 年长江上游、黄河上中游地区退耕还林（草）试点示范工作的通知》，正式标志着退耕还林工程在全国范围内实施。

按照通知规定，“国家向退耕户无偿提供粮食，每亩退耕地每年补助粮食（原粮）的标准，长江上游地区 300 斤，黄河上中游地区 200 斤，每斤粮食按 0.7 元折算，由中央财政承担，以省为单位统一算账。粮食调运费用由地方财政承担，不能转嫁到农民身

上。”此外，“国家给退耕户适当现金补助。考虑到农民退耕后几年内需要维持医疗、教育等必要的开支，中央财政在一定时期内给农民适当的现金补助。现金补助标准按每亩退耕地每年补助20元安排”。

2000年国务院西部地区开发领导小组第二次全体会议确定的2001—2010年退耕还林1467万公顷的规模。从2011年开始，退耕还林工程基本停止了新增大规模的退耕面积，转而巩固前期造林成果。

在退耕还林工程项目之后，国家于2003年又启动了退牧还草工程，工程涉及的范围覆盖了整个长江上游生态屏障所能涉及区域。

所谓退耕还林工程，就是从保护和建设生态环境出发，将水土流失严重的耕地，沙化，盐碱化，石漠化严重的耕地以及粮食产量低而不稳的耕地，有计划，有步骤地停止耕种，因地制宜地造林种草，恢复植被。

实施退耕还林还草工程是一项具有外部效应的活动，杨明洪教授（2007）从农户生产活动和农户进行退耕还林还草两个角度来说明退耕还林还草工程是一项具有外部效应的活动：

从流域上游地区农户的一般经济活动来看，农户的“私人成本”是其生产活动的一切费用支出，农户的“私人收益”是其生产活动中所获得的粮食和作物收入；农户这种经济活动的“社会成本”包括上游地区农户的生产活动比如依靠不断地开垦坡地、毁坏林草以种植粮食以及其他农作物的直接成本，和这种活动带来水土流失、生态环境破坏等一系列严重后果造成的费用。由于流域生态系统的整体性和连续性，上游生态环境的破坏，直接影响了流域中下游地区经济社会的可持续发展，也给中下游地区人民的生命财产带来了巨大的损失。这三部分组成的社会成本是远远超出其“私人成本”的。农民广种薄收的高产出是以生态成本透支为代价。总之农户的“私人收益”是低于社会收益的。“私人成本”与社会成本是相背离的。

从长江上游地区的退耕还林还草工程本身来看，退耕还林还草，农户“私人成本”包括退耕以后耕地的永久性损失、种草植树的投入以及由此带来的其他损失和投入，而“私人收益”是在国家政策法规下的林草收入以及由而带来的其他收入。但农户退耕还林还草工程本身所产生的社会效益，它不仅能够改善长江上游地区的生态环境，而且由于生态系统的整体性和相关性，它的主要作用是改善长江中下游地区的生态环境。也就是说，这一工程具有强烈外部性，而这种外部性更强烈地表现为长江上游地区与长江中下游地区之间利益的溢出。

总之，实施退耕还林还草的根本目的是解决长江上游流域的水土流失问题。农户以及它的地方政府进行这项工程，其效益必然外溢，造成“私人成本”“私人收益”与

“社会成本”“社会收益”严重背离。因此，退耕还林还草，具有典型的外部性。[①]

从上分析可知，流域生态建设并非像新古典经济学的资源配置的帕累托最优的经典判断，相反出现的是，社会边际成本与私人边际成本相等，社会边际收益与私人边际收益相背离，无法实现流域生态资源资源配置的帕累托最优。英国经济学家庇古认为，当社会边际成本、边际收益与私人边际成本、边际收益背离时，不能靠在合约中规定补偿办法予以解决。市场这只“看不见的手”无法解决这个矛盾时，就需要政府这只“看得见的手”对经济进行干预，它可以通过征税、补贴等方式，对产生正外部性的行为进行补贴，对产生负外部性的行为进行征税来对人们的行为进行引导，使“外部效应”内部化。生态补偿正是对流域生态建设外部性内化的有效途径。

（二）共建共享流域水资源利用生态补偿的价值

1. 共建共享流域水资源利用生态补偿的必然

共建是指生态共建，共享是水资源质量的提高而产生的生态效益利益共享。共建共享流域水资源利用的生态补偿，是水生态利用者等主体对生态建设者利益的补偿。“实行共建共享的流域水资源利用生态补偿机制，即流域内部及流域上中下环节的各子系统相互协调配合，实现流域资源充分利用下生态环境的良性发展以及社会经济利益的可持续增加，确定流域水资源生态环境保护的总目标、总投入等，定量分析流域各利益主体所获得经济效益，按受益比例分担”。[②]

流域水资源利用生态补偿可以理解为为了促使生态保护或修复外部成本内部化，通过运用特定的经济手段和政策措施，让流域水资源生态保护成果的“受益者”从获得的利益中分离出一部分用于水资源生态环境的保护和建设；通过制度设计来处理好在消费流域水资源生态环境时所表现出来的“搭便车”现象，并且在一定程度上要能激励和保证能够足额的提供流域水资源等公共物品。[③]

建立共建共享的流域水资源利用生态补偿机制，对于协调上下游和跨省流域之间的利益关系具有指导性作用；有助于明确长江流域上下游地区之间的水资源生态环境责任、利益以及权利和义务，明确跨省流域水资源利用生态补偿的基本原则和责任划分。确定共建共享的长江流域水资源利用生态补偿管理体制，使长江流域生态补偿各项工作都能够有序进行，解决国家资源占有的利益与责任分担问题，同时解决国家与地方在资源利益分配上面的问题。因此，实施共建共享是解决生态建设水资源改善的效益利用和

---

① 杨明洪：《退耕还林（草）补偿机制研究——以长江上游地区为例》，西南财经大学博士后研究工作报告，2002.7。

②《基于共建共享的流域水资源利用生态补偿机制研究——以长江流域为例》，华中农业大学硕士研究生学位论文，2012。

③ 刘世强：《中国流域生态补偿实践综述》，《求实》，2011（3）。

避免生态破坏“公地悲剧”有效手段。

2. 共建共享流域水资源利用生态补偿是生态补偿方式的创新

共建共享流域水资源利用生态补偿，是流域水资源利用生态补偿的方式的创新，有助于实现“外补型”（“输血型”）向“内生型”（“造血型”）的转变。“外补型”即由包括政府在内的外部补偿者向被补偿者提供资金补偿的方式[①]，目前，我国大多数流域生态补偿实践都主要实行“外补型”补偿，重视经济支付补偿的手段，而忽视了对受偿者长久有益的项目补偿等以及生态经济的潜能的补偿等其他的社会经济因素。

然而，流域是一个经济循环发展的大系统，整个流域生态环境的保护与发展，以及补偿项目实施和产业规划等资源配置，密不可分。共建共享流域水资源利用生态补偿，通过生态产业转移平台建设，协调流域上下游、地区之间的产业发展规划，强化上游的产业提升其自身的“造血”功能。此外，也可以根据各地实际情况开展一些“异地开发”的试点项目，建立健全共建共享机制就是为了从机制上支持“异地开发”，并为其创设良机。贯彻建设共同生态，分享共同利益的宗旨，搭建起经济增长的互动平台与合作机制，实现“外补型”向“内生型”方向的转变。所以，共建共享有利于实现上下游经济的共同发展、缩小经济差距，亦能有效地改善上游居民生活状况及经济发展水平。

3. 协调流域上下游之间的利益的冲突和摩擦，实现社会公平

流域上游地区在自顾不暇的情况下，面临着贫困，却为流域生态建设投入巨大，还要因为保护流域生态环境放弃一些排污型工业的布局，而牺牲了自身经济的发展机会作为代价，致使他们愈加贫困。相反的，流域下游地区往往都是物产丰饶的经济发达地区，低价甚至无偿的享受着流域上游地区提供的舒适的生态系统服务；这样，他们之间的政府财政收入和贫富差距愈加拉大，就会产生利益的冲突和摩擦。究其原因，就是因为流域上游地区的付出没有得到及时和合理的补偿

问题的妥善解决有赖于科学、合理的法律机制的保障。通过按照一定的程序和标准由流域生态系统服务的受益者向流域生态系统的保护者进行资金补偿、技术补偿或是实物补偿，帮助流域上游地区改善贫困的面貌，进而缓解双方的矛盾，制度的建立在一定程度上可以防止“搭便车”现象，平衡各方主体的利益，激发流域地区参与流域生态补偿工作的主动性，最终实现社会公平。

4. 建立共建共享的流域水资源利用生态补偿机制，有利于实现水资源生态环境可持续利用。

流域上游作为是重要的水涵养区，水资源生态状况会影响整个流域水资源生态，同时要保障上游的水生态良好的质量，是以上游限制水资源资源的开发利用和制约上游的经济发展和投入生态建设的大量成本，从而降低上游居民的生活质量为代价的。

① 沈满洪：《水生态保护的补偿机制研究》，《国际研讨会论文集》，中国环境科学出版社，2006：90。

由于流域水资源的流动性和其生态价值公共物品的属性，使水资源呈现经济正外部性特点，即其利益的外溢，让更多的人会免费受益，却无须支付成本的“搭便车”现象，并且因为水资源流动的特性，生态建设者并不能独自享有其对水质所做的改善、水土保持所带来的利益，也无法阻止他人享有该利益。这样，绝大多数人都不会去投资于改善水质和水土保持，这便会出现流域生态无人建设和关心，最后遭到破坏的“公地悲剧”现象。

实践中还存在跨流域调水，国家行政命令让调水区必须为水资源质量的保护付出一定的物资或人力成本，甚至以牺牲社会经济的发展为代价，从而使水资源生态利益未能得到公平的分配。另外，因生态建设后水资源质量的提高而产生的生态效益则必然会为水资源流经省份和接受区所分享，而享用者的这种享有是不用支付任何费用的，这便是“搭便车”现象，其根源在于经济正外部性，其解决的方法是实行生态补偿。

要解决长江流域上下游之间的经济发展与水资源生态保护之间的矛盾，水资源保护成本与经济效益转移之间的问题，就需要站在全流域的高度对水资源进行统一规划、统筹管理，实现生态共建、资源共享、经济共赢的目标，实现外部成本内部化和流域上下游地区协调发展，从而保证流域水资源生态的可持续性。

三、促进流域民生发展的绿色发展道路思考

（一）流域绿色发展实现路径

1. 观念的转变

树立科学的发展观和人地和谐的自然观。建立人与自然和谐关系，就是保持人与自然之间的平衡与协调，形成人与自然和谐的价值取向和思维模式，走可持续发展之路。在工业文明建设过程中，人类以经济的增长与财富的集聚为动力，借助科学技术威胁或破坏了自然界的发展规律，日益凸显了人地关系矛盾和不可持续的发展势头。尤其是工业化发达国家走过的“先发展、后治理”的经验，更明确了我们实施生态文明建设的发展思路：处理好经济发展与保护环境之间的关系，营造人与自然和谐发展的良好环境，使大自然更好地造福于人类。要实现人与自然的和谐相处，就必须实现人文精神与科学行为的有机统一。和谐则发展，不和谐则变异，这是千古不变的真理。对诸多生存危机，人类只有回归自然，才能走出困境。这就需要进一步树立“天人合一”的自然观，坚持人地关系协调发展行为准则。

2. 促进经济系统生态化

（1）以资源循环利用为手段，促进循环经济发展。资源循环利用需要以节能、减排、降耗为根本目标，逐步改造高能耗、高污染、低附加值的传统粗放产业，促进落后产能向高效、资源节约、循环领域的现代产业体系转型升级，建立跨地区、跨产业的循环经济发展模式，推动工业经济生态化。

（2）以绿色无公害为导向，加快生态农业发展。以绿色无公害为导向，不仅需要要以削减和整治农业面源污染为路径，加大农业结构的调整和升级，推广现代农业新技术和新经营模式，建设“以生态化为基础、以科技化为主导”的特色生态农业发展模式。而且需要以农业生产生态化、规模化、区域化、标准化“四化”为抓手，科学布局优势农产品产业带建设，提高农业资源循环利用率与产业附加值，提高农业综合生产效益。

（3）以主体功能区定位为基准，优先发展优势特色主导产业。以主体功能区定位为基准，是指按照主体功能区自身资源环境条件、社会经济基础所，找准主体功能定位相符合的主导产业。例如农业地区以提供农产品为主体功能，布局以绿色农业与农产品初加工产业；限制开发区与禁止开发区等生态地区以提供生态产品为主体功能，可以布局环境友好型产业，如旅游业、创意产业和高新技术产业。

（二）共建共享共治流域水资源利用补偿的相关配套支持政策

1. 完善法律法规

加快推动出台后评估，推进制定自然保护区法，研究生态保护红线立法。加强相关立法协调，在自然资源法律法规修订时，推动将生态保护要求纳入相关条文。抓紧出台实施《自然保护区人类活动遥感监测与核查规定》，加快完善生态保护相关的评估、监管、执法的标准规范体系。

2. 体制机制创新完善

建立综合理平台，就是要从流域的整体性和关联性出发，以其自然特性为基础对流域进行统一管理的平台；以长江为例，可以将长江流域水资源管理权限由长委会总负责，同时对长委会内部机构职责进行整合成立专门的长江流域水资源利用生态补偿管理机构，负责全流域的水资源利用生态补偿工作。并从法律上赋予流域生态补偿管理机构环境协调、监督、执法等相关权利，确保其补偿工作的权威性。

建立生态补偿协同组织。以长江为例，流域水资源利用生态补偿协同组织是由流域各省各自选派的一名代表和部分在该领域有深入研究的专家学者作为组织成员，在长江流域水资源利用生态补偿管理组织确定了跨流域、跨省际的补偿政策和补偿计划后，由各组织成员共同协商出生态补偿工作的具体实施办法，报经长江流域水资源生态补偿管理组织批准后，由流域各省代表成员负责与本省之间做好沟通和具体解释工作，流域协同组织的协商结果采用多数通过制。

建立共建共享的流域水资源利用生态补偿机制。即在流域内部及流域上中下环节的各子系统相互协调配合，确定流域水资源生态环境保护的总目标、总投入等，定量分析流域各利益主体所获得经济效益，按受益比例分担补偿费用，最终达到生态共建、利益共享、资源共享、经济共赢的目标的机制。

完善“河长制”运行机制。“河长制”跨部门协同可以较好地解决协同机制中责任机制的“权威缺漏”问题，短期内成效明显，但是“河长制”以权威为依托，其等级制纵向协同的基本特征没有改变，将会面临着“能力困境”“组织逻辑困境”和“责任困境”的挑战，如何迎接这些挑战，“河长制”跨部门协同效率的影响因素等将是“河长制”机制创新需要回答的重要问题①。

建立和完善公共产品供给的长效机制。进一步增加用于生态环境建设和农业生态化生产的专项支付，并探索建立稳定的长效机制，一方面使处于限制开发区域的居民能够逐步享有均等化的基本公共服务；另一方面把限制开发区域的生态环境建设与农村基础设施建设、产业开发和农民增收结合起来。建立特色产业绿色发展扶持基金。

加大生态补偿、财政转移支付与设立特色有机产业扶持基金相联系，建立稳定的资金渠道，积极支持利用长江上游独特的资源培育发展特色产业。充分发挥联席会等已有机制平台的协调作用，推动制定和实施跨部门生态保护政策措施，协调相关部门加大生态保护投入。加快建立上下联动、沟通顺畅的各级环保部门联系机制。积极参与国家相关的体制机制改革，推动理顺相应机构与职责设置。

3. 强化科技支撑

《“十三五”规划》提到环境保护要“强化科技支撑”。强化科技支撑，一是加强相关的基础研究和科技攻关，完善生态调查评估、监测预警、风险防范等管理技术体系。二是突出重点，强化生物多样性科学规律与生物安全支撑技术、生态修复技术、生态系统监测评价等关键技术的研究。三是加大生态保护科技相关专项支持力度。四是加强国际科技合作与交流，积极引进国外先进生态保护理念、管理经验及技术手段，健全完善国内协调机制。

4. 推动共同保护

利用相关平台，加大生态保护宣传教育力度，加强政策解读，扩大保护共识，调动全社会参与生态保护的积极性和主动性。加强政府、企业、公众生态保护培训，建设中小学环境教育社会实践基地，提高全社会特别是领导干部的生态保护责任意识。依托环境保护新闻发布制度，充分利用“12369”、环保举报热线等平台，加大生态环境信息公开力度，定期发布生态保护信息，保障公众生态保护知情权和监督权。发挥社会组织的引导、监督作用，强化企业保护生态的主体责任，形成全社会共同参与生态保护的合力。

第四节　移民后续扶持政策与脱贫致富

新中国成立以来，国家进行了大规模的水利水电建设，已修建了约 8.6 万座水库，水电装机已达 7700 万千瓦，由于修筑大坝而淹没耕地 150 多万公顷，截至 2006 年 6 月

① 任敏：《“河长制”：一个中国政府流域治理跨部门协同的样本研究》，《北京行政学院学报》，2015（3）。

底，全国大中型水库移民现状人口 2500 多万人，其中农村移民 2288 万人。有关研究表明，非自愿水电移民生产生活总体仍比较困难，有相当部分移民处于贫困状态。可以说水利水电工程推动我国国民经济、社会发展、人民生活改善和提高的贡献，却是以移民贫困风险为代价，相关安置后续扶持政策实施的是移民安置补偿出现问题事后解决方案，缺乏较为完善的探索实验和科学的后续扶持政策。

一、我国水电非自愿移民安置补偿中后续扶持政策演进

移民，就其意愿而言，大体上分为两类：一类是自愿移民，指迫于生存的环境与条件，由政府或集体将较大数量的人口有组织地迁移到新的地区永久居住；另一类是非自愿移民，主要是因为较大规模的工程建设或为了某种特殊需要，居民的房屋、土地等主要的生产生活资料及生存条件被征用或将被水淹没，必须动员迁移的人口，所以称为非自愿性质的移民。按移民的动因和移民现象而言，流域移民可以分为工程性移民、灾害性移民、战争性移民、政治性移民、经济性移民等类型[①]，此处流域移民主要指研究水电移民。迈克尔·M·塞尼教授研究指出，非自愿移民的最广泛的影响就是导致了相当一部分人的贫穷。尽管我们对移民已经进行了相当的研究和实践工作，但我们仍无法完全了解在避免和减少贫困风险和道德风险过程中所涉及的困难。可见，水电移民后续扶持和保障是我国全面小康社会的重大课题。

（一）水电移民安置补偿政策的阶段性变化

根据安置方式和政策阶段性变化来看，我国水库移民大致可以分为分两个阶段，第一个阶段新中国成立—1989 年；第二阶段是 1990 年至今。在第一阶段，即在新中国成立—1989 年中，又可以分为三个时期：1957 年以前、1958—1977 年、1978—1989 年，这 3 个时期均实施补偿性安置政策或农业开发式政策；从第二阶段以来（1990 年以来）移民安置方式变单纯补偿为前期补偿补助与后期生产扶持相结合的开发性移民安置。

马巍等人 2011 年通过水电移民文献综述指出，目前学术界一致认为，我国水电移民安置方式已经呈现多样性变化：“（1）学术界已达成共识的是：现阶段单纯的农业安置方式不能满足水电工程移民需要，需要对非农安置方式进行系统和深入的研究。（2）非农业安置方式已经在我国进行了比较广泛的实践，目前常见的安置方式包括：农转非安置，长期补偿安置（包括入股分红安置），二、三产业安置，养老保险安置，跨地区安置，等等，其中长期补偿安置方式得到了安置区移民普遍的肯定。（3）由于非农业安置属于新型安置模式，虽然已经取得了不少成功的经验，但是对于其实施效果还缺少足

① 易江军：《三峡库区移民安稳致富的现状及对策分析》，重庆大学硕士论文，2008。

够的实际调研和后评估，而且这种安置方式在政策法规方面还缺少充分的依据，同时缺乏相应的技术规程和规范。”①

1. 新中国成立后至1986年的水库移民：传统的一次性货币后靠安置补偿方式的遗留问题的扶贫政策支持

新中国建立至1986年，我国水库移民安置工作主要采取一次性赔偿的移民安置补偿方式，即“国家一次性给予移民的淹没损失赔偿及一定的生活补助费用，以后移民的生产生活问题就主要依靠移民自己解决。”②一次性赔偿移民实质上是以牺牲移民土地承包经营权和房屋所有权等各种物权来支援水库工程建设。其一次性赔偿移民安置方式只注意给予移民少量的淹没损失的经济补偿及生活救济，而赔偿费用又不足以解决移民恢复正常生产生活等实际问题：“库区移民由于缺少土地，生产生活困窘，移民无法在外迁安置地稳定生活下去，由于移民安置是忽视了移民的生产开发和后期培训，移民不少人又扶老携幼返回库区，或乱耕乱种，恶化环境；或食住无源，一再上访闹事。受不合理的移民安置政策的影响，当时移民机构不但不能保障库区移民的基本生活，而且更谈不上可持续发展的人力资源开发”③。

以下几个国家直属工程，即当时的水利电力部部属水库移民，实施的是传统的移民安置补偿。遗留问题得到扶贫政策支持，在建国初期的输血式扶贫、到20世纪80—90年代的救济式扶贫，政策的落脚点始终是摆脱贫困。

案例1④：三门峡水库和东平湖水库：就地后靠为主的农业安置补偿

三门峡水库和东平湖水库，均于1958年动工兴建，并且对黄河兴利除弊发挥了很大作用。从移民安置的情况来看，这两个水库涉及的面大、人多：三门峡水库淹地84万亩，移民31.89万人；东平湖水库淹地51万亩，移民27.8万人。这两座水库移民安置，主要采取大部分就地后靠，少部分外迁安置：三门峡水库移民外迁4万人，约占13%；东平湖水库移民外迁12万人，约占43%。当时，由于对移民工作的复杂性认识不足，对移民只作了短期的生活安置，且补偿标准偏低，生产扶持没有跟上，尤其是安置区耕地很少，土壤贫瘠，移民经济困难，加上虽经二十多年努力，移民的生产生活仍低于搬迁前的水平。直到八十年代中期，国家把库区纳入老、少、边、穷地区的治理范围，认真处理移民安置遗留问题，并在生产生活上给予大力扶持，才使移民基本达到了劳力有事干、生产有门路，移民的生活水平和收入水平才逐步达到或接近当地居民的平均水平。

案例2：丹江口水库移民后靠农业安置补偿

① 马巍、骆辉煌、禹雪中：《水电工程移民安置方式研究综述》，《中国水能及电气化》，2011（4）。

② 廖蔚：《水库移民经济的人力资源开发研究》，《经济体制改革》，2004（10）。

③ 廖蔚：《水库移民经济的人力资源开发研究》，《经济体制改革》，2004（10）。

④ 案例1、案例2、案例3的资料来源：王新祝：《世界水库移民历史及三峡百万移民特点考察》，《三峡大学学报》（人文社科版），2001（3）。

于1958年动工兴建的丹江口水库，淹没湖北、河南三县二市土地面积共计43万亩，丹江口水库移民达38.2万人。移民分6批迁出和安置，淹没处理经费分5次核定，7次追加，共计3.2亿元。移民中90%以上为农业人口，少部远迁，大部分后靠。远迁到青海的早已返迁重新安置。迁移到邻省邻县的，虽能勉强安顿下来，但困难很多，如从库区河南淅川迁入湖北钟祥大柴湖的4万移民，住在低洼地，生活生产条件差，人平收入比非移民居民区低一倍。就地后靠安置的人口过挤，库周原有25万人，迁入20万人以后，新老居民共耕28万亩耕地，人均只有几分地。加上补偿标准低，扣除专项设施处理费用，移民经费人均只有594元，建房、搬迁、生活救济已非常艰难，更无力发展生产。到八十年代初尚有80%的移民未解决温饱，年人均纯收入不到100元，远远低于非移民户。农村实行大包干以后，由于土地紧缺，新老居民关系更趋紧张，库区森林遭到破坏，生态恶化，移民上访不断。1984年，国务院批准从丹江口超发电收入中筹措3亿元，分10年安排解决水库移民遗留问题。实行有偿扶持，变单纯生活救济为生产扶助，促进其种植柑橘、红果、龙须草，发展网箱养鱼等，开辟新的生产门路，使移民的收入状况迅速改观，短短五至六年时间，就基本解决了温饱问题。

案例3：葛洲坝工程移民

葛洲坝工程作为长江干流第一座水利水电枢纽工程和三峡工程前期实战试验工程，1970年动工兴建，1989年全面竣工，电站装机271.5万千瓦。水库面积79.3平方千米，淹没涉及宜昌、秭归、巴东三县及宜昌市城区，受淹耕地11322亩，动迁移民28535人。

葛洲坝水库移民曾在八十年代被全国公认为移民安置较好的一个典型。1985年第一期工程验收时，有关方面对移民安置作了肯定的评价①。但是，这阶段实施的传统消极的赔偿和救济生活为主的安置补偿方式，并没有解决移民生存、生产和生活的问题，而是出现了大批移民返迁、和大量的移民深度贫困。

2. 1986年后的水库移民：变救济生活为扶助生产的开发性开放性移民安置补偿实施：前期补偿补助与后期生产扶持方针

根据1986年1月国务院办公厅转发了水利电力部关于抓紧处理水库移民问题的通知（国办发［1986］56号）规定：水库移民工作必须从单纯安置补偿的传统做法中解脱出来，提出改消极赔偿为积极创业，变救济生活为扶助生产；使移民安置与库区建设和发展结合起来，走开发性移民的路子。

开发性移民方针是我国在认真总结了数十年水库移民工作的经验教训，努力探索具有中国特色的社会主义水库移民工作规律的基础上实行的水库移民工作的重大改革。因此，迅速在各地得以执行，并根据水库效益共享原则，对移民开发安置采取了前期补偿补助与后期生产扶持的办法，从水库收益中提取一定比例资金设立库区建设和库区维护

① 傅秀堂：《环境与移民》，《水库移民工程论文集（1989—1990）》，1991。

基金，扶持移民安置开发工作。其中在补偿费用中分配了人力资源开发的专项资金。各地移民管理机构纷纷成立了下属机构，如移民培训中心，专门负责移民的人力资源开发工作。由于有了资金投入和相应的组织保障，水库移民人力资源开发工作逐步进入正轨，也取得了良好的效果。但由于人力、物力、财力等各个方面的限制，移民人力资源开发工作仍然存在着不少的问题，进一步改进和提升的空间十分广阔。

案例 4：三峡水库移民安置的概况

根据长江水利委员会 1991 年底全面调查统计，三峡水库淹没涉及湖北省的宜昌、秭归、兴山、巴东 4 个县和重庆市的从巫山至江津的沿江 16 个县（市、区），共淹没耕地、园地和林地 28000 公顷（47 万亩），淹没各类房屋 3460 万平方米，需迁建工矿企业 1599 家，1991 年底实有人口 84.4 万人，考虑到人口自然增长等因素，到 2009 年工程建成时，移民动迁总量将达到 113 万人（以上指标均不含坝区 15.28 平方千米的征地移民）。

而且在水库淹没中，涉及两座城市、11 座县城及 116 个集镇需要搬迁；还有大量的交通通讯设施、小水电站、抽水站以及 1000 余处文物古迹需要迁移或复建。如此浩大和繁杂的移民工程，其艰巨性、复杂性是其他任何工程不可比拟的。1992 年 4 月全国人大正式通过三峡工程决议后，坝区开始进行征地移民现场勘测调查。当年 11 月中旬，中央宣布三峡工程进入前期施工准备阶段，几千名施工人员和几百台大型机械开进坝区，在坝区移民安置规划未制定、搬迁补偿标准未明确、移民没有一点心理准备的情况下，地方各级党委、政府以支援服务三峡工程为己任，顾全大局，紧急动员，广大移民群众，像战争年代支前一样，迅速行动，舍小家，为国家，先搬迁，后建房，先腾地，后补偿，经过一年多的突击，提前完成了涉及宜昌、秭归两县四镇的三峡工程坝区 4409 户 13445 人的征地移民任务，确保了 1994 年 12 月三峡工程正式开工。

此后，又按工程建设需要，如期完成了三峡工程专用公路和砂石料场的征地移民任务。根据工程进度安排，1997 年冬季三峡工程大江截流，截流之前必须完成库区 90 米水位以下的一期移民。一期移民涉及湖北宜昌县至重庆市云阳县的 7 个县，共搬迁移民 29000 多人，拆除房屋 135 万平方米。经过艰苦努力，提前两个月完成一期移民搬迁，并全面进行了清库和验收，确保了三峡大江截流顺利实现。为确保 2003 年三峡水库蓄水至 135 米，首批机组发电，二期移民的指令性计划已在库区层层下达，正紧锣密鼓地展开。宜昌市二期移民搬迁人口为 43484 人，迁建房屋 160.3 万平方米。截至 2000 年 10 月，已搬迁安置移民 32444 人，占 75%；迁建房屋 114.2 万平方米，包括秭归县城及 7 座集镇的迁建。

（二）我国水电非自愿移民安置补偿中的难题

1. 三峡移民上升为政治任务：安置具有指令性和突变性

三峡移民搬迁是在社会主义市场经济条件下进行的一项特殊的计划性任务，它所带来的变化，不是渐变，而是超常规的剧变，而作为政治任务的完成，社会稳定是移民搬迁的首要任务，所以移民能移得出和如何把移民稳得住，是各级政府的首要目标，这一政治目标之下，对移民贫困风险的精确预测和消除，缺乏有效的机制体制措施，相关政策较为滞后。

2. 三峡移民的开发性和开放性政策与移民自生能力的提高的结合点缺少

1993 年 8 月，国务院发布施行《长江三峡工程建设移民条例》，明确指出：国家在三峡工程建设中，实行开发性移民方针，由有关人民政府组织领导移民安置工作，统筹使用移民经费，合理开发资源，以农业为基础、农工商结合，通过多渠道、多产业、多形式、多方法妥善安置移民，移民的生活水平达到或者超过原有水平，并为三峡库区长远的经济发展和移民生活水平的提高创造条件。三峡水库移民一开始，就贯彻了开发性移民的方针政策，坚持国家扶持、政策优惠、各方支援、自力更生的原则，由政府出面，有计划地开发本地资源，拓展安置容量，并帮助提供配套服务，广辟生产主活门路，使之达到"搬得出，稳得住，逐步能致富"的目标。同时，国家批准三峡库区为三峡经济开放区，享受沿海地区对外开放的某些优惠政策，并号召发达省、市对口支援三峡移民，把移民企业和相关生产要素推向了更为广阔的大市场。三峡库区各级政府也出台了一些开展对口支援、招商引资的优惠措施。库区移民呈现出了以开放促开发、以开发促安置的良性局面。

3. 移民安置补偿中社会保障政策和后续扶持政策的难点

如何瞄准移民贫困的核心问题，防范各种风险，是移民安置补偿中社会保障政策和后续扶持政策的难点。然而由于对贫困的定义的不同也会影响贫困的识别。从贫困的定义来看，早期学术界一般认为："一定数量的货物和服务对于个人和家庭的生存和福利的必需的；缺乏获得这些物品和服务的经济资源或经济能力的人和家庭的生活状况，即为贫困。"①1998 年诺贝尔经济学奖获得者阿玛蒂亚·森认为："贫困的真正含义是贫困人口创造收入能力和机会的贫困；贫困意味着贫困人口缺少获取和享有正常生活的能力。"②阿玛蒂亚·森指出，"造成贫困人口陷入贫困的原因是他们获取收入的能力受到剥夺以及机会的丧失；低收入是导致贫困人口获取收入能力丧失的一个重要因素，但并不是全部因素，疾病、人力资本不足、社会保障系统的软弱无力、社会歧视等都是造成人们收入能力丧失的不可忽视的因素。"

根据 2006 年 7 月 7 日公布实施的中华人民共和国国务院令第 471 号《大中型水利水电工程建设征地补偿和移民安置条例》，和一般建设项目不同，水库移民政策是区别于现行征地拆迁政策之外的行业特定政策。《大中型水利水电工程建设征地补偿和移民安置条例》（中华人民共和国国务院令第 471 号）（以下简称《移民条例》），规定

① 如查理·布恩从 1899 年陆续发表《伦敦人民的生活和劳动》的调查报告，提出"贫困线"概念；1901 年，西博姆·朗特里发表题为《贫穷：有关城市生活的研究》的调查报告。

② 阿玛蒂亚·森：《以自由看待发展》，中国人民大学出版社 2002 年版，第 85—110 页。

对农村移民安置进行规划，应当坚持以农业生产安置为主，并对后续扶持的主要程序和做法和方式作了规定，比如《移民条例》规定“移民安置区县级以上地方人民政府应当编制水库移民后期扶持规划，报上一级人民政府或者其移民管理机构批准后实施。编制水库移民后期扶持规划应当广泛听取移民的意见；必要时，应当采取听证的方式。经批准的水库移民后期扶持规划是水库移民后期扶持工作的基本依据，应当严格执行，不得随意调整或者修改；确需调整或者修改的，应当报原批准机关批准。未编制水库移民后期扶持规划或者水库移民后期扶持规划未经批准，有关单位不得拨付水库移民后期扶持资金”。但是，关于后期扶持中未针对贫困及其本质问题的治理。《大中型水利水电工程建设征地补偿和移民安置条例》相关条款只是涉及一些方向性的规定，比如第三十九条：水库移民后期扶持规划应当包括后期扶持的范围、期限、具体措施和预期达到的目标等内容。水库移民安置区县级以上地方人民政府应当采取建立责任制等有效措施，做好后期扶持规划的落实工作；第四十条：水库移民后期扶持资金应当按照水库移民后期扶持规划，主要作为生产生活补助发放给移民个人；必要时可以实行项目扶持，用于解决移民村生产生活中存在的突出问题，或者采取生产生活补助和项目扶持相结合的方式。具体扶持标准、期限和资金的筹集、使用管理依照国务院有关规定执行。

二、流域水库移民安置和后期扶持做法——以云南四川向家坝电站为例

（一）水库及移民安置制度原则概况——宜宾向家坝水电站水库为例

向家坝水电站是金沙江最末一级水电站，装机容量640万千瓦，保证出力200.9万千瓦，多年平均发电量307.47亿千瓦时，年发电量323.2亿千瓦时，水库为峡谷型水库，水库面积95.6平方千米，是一座以发电为主，兼有拦沙、防洪、灌溉和改善下游航运条件等综合利用效益的水电站。是金沙江水电基地一期工程建设的电源点之一，主要供电华中和华东地区，兼顾川、渝、滇的用电需要，建设总工期10年，2004年7月8日水电站专用公路进场开工，2006年11月26日正式开工建设，2008年12月28日顺利实现大江截流，为2012年底首台机组正式发电奠定了坚实基础，工程2015年底全面竣工。

为做好金沙江向家坝水电站云南库区移民安置工作，维护移民合法权益，保障工程建设顺利进行，根据《大中型水利水电工程建设征地补偿和移民安置条例》（国务院471号令）、《国务院关于完善大中型水库移民后期扶持政策的意见》（国发［2006］17号）、《云南省人民政府关于贯彻落实国务院大中型水利水电工程建设征地补偿和移民安置条例的实施意见》（云政发［2008］24号）及《云南省人民政府办公厅关于印发向家坝水电站云南库区农业移民安置实施意见的通知》（云政办发［2007］157号）等法律、法规和政策要求，结合库区实际情况，制定《向家坝水电站云南库区移民安置实施办法》等办法。

移民安置工作原则是：移民安置工作应坚持以人为本，维护移民合法权益，满足

移民生存与发展需求的原则；坚持与建设社会主义新农村、推进城镇化进程、建立健全社会保障制度、构建社会主义和谐社会、优化产业结构和加强生态环境保护相结合的原则；坚持尊重移民意愿，采取多渠道、多形式安置方式，实事求是地确定移民安置方式的原则；坚持客观、公平、公正、公开的原则。

移民补偿补助（项目）包括征收土地补偿费和安置补助费、房屋及附属设施补偿费、林木补偿费、零星林木补偿费、农副业设施补偿费、宅基地补助费、搬迁补助费、基础设施建设补助费、不可搬迁设施处理补偿费、室内照明饮水补助费、农村移民能源设施建设补助费、房屋装修补助费、建房补助费、建房困难补助费等。

其中土地补偿费、安置补助费、宅基地补助费、基础设施建设补助费等补偿补助与确定的移民安置方式相对应。

（二）水库移民安置具体做法和经验——宜宾向家坝水电站为例[①]

葛洲坝水库移民工作的经验主要有四条：一是进行思想教育，深入开展政治动员；二是地方党政机关带头搬迁，把困难留给自己，把方便让给工程。当时的宜昌县委、县革委会、县人武部及县直几十个部门和单位，在只有 38 万元搬迁补偿费（后来追补到 180 万元）的情况下，仅用 46 天的时间，就全部迁至 9 公里外的小溪塔镇；三是采取了以生产建设促进移民安置，即以建促安的方针。为安置水库移民，共改田 5430 亩，约占淹没耕地的 60%，定植成活柑橘 11 万株，改造果树 8.9 万株，使移民年人均总收入达到 631 元，不仅高于搬迁前的收入，也高于当地居民的收入，同时，移民住房普遍改成砖瓦房，住房面积扩大了 20%，移民比较满意；四是本着对水库移民负责到底的精神，跟踪协调解决移民在生产生活中遇到的新情况新问题。

1. 政府主导型：问计于民，规划、政策先行

在搬迁建设各环节的工作中，坚持把政策和规划作为确保工作平稳有序推进的主线，以维护绝大多数利益，保障移民利益不受损害为宗旨，出台政策、编制规划。一是规划现行，坚持安置规划与实际工作相结合。市县坚持规划先行，全程深入参与实施规划编制，广泛吸纳基层意见，充分尊重移民安置意愿，在安置方式选择、安置协议签订的基础上编制调整规划，既较好的保障了移民与地方利益不受损害，又具有较强的操作性，得到了群众和基层干部的普遍接受。二是坚持具体政策与移民意愿相结合。市县按照统一研究，分级印发，适时出台的原则，在实调、土地和生产安置人口分解、安置协议签订、围堰特殊措施落实、安置房和门面设计、分配、搬迁组织方式选择等各环节操作办法的制定中，坚持走群众路线，充分尊重移民群众的知情权、参与权，注重调查研究，广开言路集中群众智慧，力求尽可能地涵盖解决具体实际问题，

---

①《宜宾县移民安置总结》（内部资料）。

做到了决策从群众中来、政策到群众中去，有效缓解了被动移民的对立情绪，搭建起党委政府和群众沟通与信任的桥梁，共先后分级、分阶段制定出台配套操作文件共60余个，有效杜绝了以上访甚至闹事左右政策、影响政策的情况出现，赢得了工作的主动权。三是执行政策，坚持严守底线与妥善处理具体问题相结合。在严格执行政策的同时，充分考虑移民切身利益，务实解决现行政策不能覆盖的实际问题，协调协商各方，尤其是争取业主支持，利用扶贫、民政、人社、水务、交通等多渠道措施，综合施策、分类处理，及时研究制定了安置房贷款扶持等办法，有效地杜绝了现行政策之外不能解决的三轮车、渔船群体等各类群体性问题，从源头上有效防范信访及不稳定问题产生。同时，强化政策宣传、培训切实做到了干部掌握政策、移民了解政策、政策家喻户晓，先后制作电视专栏600余期，印发宣传手册46期、文件汇编5册、政策解答13期共20余万份，开展移民政策宣讲培训500余场5万余人次，确保政策公开、透明，执行公正。

2. 地方党政机关带头搬迁，把困难留给自己，把方便让给工程，服务移民群众

移民工作是民生工作、群众工作。市县坚持一切为了移民满意为目标，牢固树立移民工作无小事的思想，创新探索在特殊形势下的群众路线工作法，倾心服务移民群众，赢得了移民对党委政府、对党员干部的信任和对政策的理解与认同，最终实现了由要我移到我要移的转变。一是增强责任，树立信任。市县党委、政府将移民迁建工作纳入全市经济社会发展全局统筹谋划，全面整合市、县、乡、村组织资源，进一步优化党组织设置，仅屏山县就将640名乡镇机关党员组织关系全部转入移民村（社区），把67个县级机关党支部与移民村联建党总支，近5000余名机关和农村党员与6000余户移民结成帮扶对子，探索成立了70多支移民义务监督员队伍和移民代表队伍，努力搭建平台，让移民群众参与过程、了解政策、支持工作。二是以心换心、倾情服务。坚持做到换位思考，设身处地站在移民的角度思考移民所想所需所急所盼，根据移民群众不同阶段的实际需要、具体困难，开展了为民工作队、万名党员党旗党徽耀库区等活动，全面实施了干部包村、包组、包户的百千万工程、组建移民工作队、和谐卫士维稳队、医疗救护服务队等1098支，无偿为移民群众提供政策咨询解答、搬迁安置的相应服务。三是率先垂范，模范引领。针对屏山移民干部双重身份的特殊性，开展了三带三包签名承诺和万名党员干部服务移民大搬迁誓师活动，强化领导干部的带头责任和表率作用，做到移民我先行、搬迁我带头，以机关单位及党员干部职工带头搬迁促进移民大搬迁，县城和5个乡镇集镇共208家机关企事业单位在90天内全部搬离库区并恢复正常办公。以移民身边的典型事例和模范人物感染人，引导村组两代表一委员、离退休干部、村社干部和致富带头人等群体，主动走在搬迁前沿，带领移民群众响应党委政府的号召，对广大移民的踊跃搬迁，积极搬迁起到了良好的示范作用、感召作用、激励作用。

3. 化解矛盾，维护稳定

坚持维稳第一责任，牢固树立又稳又好又快的工作思路，坚持进度服从稳定，主动直面工作中的矛盾问题，积极主动回应诉求，牢牢把握维稳主动权。通过设立移民接访中心、县级领导公开接访、党员干部大下访和挂包帮移民户，畅通信访渠道，加强沟通交流，强化排查影响稳定的因素化解和社会治安综合治理，防患未然，切实做到问题早解决、情绪早疏导、矛盾早化解。对涉稳群体性重大问题，择机组织移民代表进行政策对话、座谈，防止事态升级、扩大。在迁建攻坚时期，市县领导包案446个、化解365个，筹资3000余万元化解了一大批非移民历史遗留问题，在处置群体性突发事件上，坚持做到了第一时间控制平息事态，确保了库区和安置区社会总体稳定。

4. 重心下沉基层，决策实施前移一线

在迁建攻坚时期，坚持靠前指挥，重心下沉，为移民工作顺利推进提供了坚实保障。一是指挥决策窗口前移。市移民工作领导组坚持定期召开全体会议，准确预研形势发展态势，牢把工作方向节奏，统筹安排部署，决策重大事项。市委副书记为组长、市政府分管副市长为副组长的驻县指挥部，将领导组决策窗口前移，靠前指挥常态化，实现市县工作无缝对接。二是强力支援深度参与。市上先后抽调政策熟悉、基层工作和群众工作经验丰富的骨干及专业技术人员共600余人脱产下沉到移民重点村和移民工作一线工作。移民局以主要领导、2名分管副局长共10多名干部组成的工作组，常驻库区，深度参与移民工作。三是集中力量分线作战。屏山县分设县城、集镇、农村三个指挥部，6名县委常委、109个县级机关企事业单位党组织负责人分别兼任重点移民乡镇（村、社区）党委（党支部）书记或第一书记，从非移民乡镇及县级部门抽调三分之二的领导干部和二分之一的工作人员充实到移民工作一线，移民一线干部达到1700多名，确保责任落实、工作力量到位。

5. 优化完善机制，协同各方工作步调

针对移民工作涉及项目法人、地方政府、移民群众以及设计单位三个主体、四个方面利益关系的特点，坚持辩证平衡利益，不断建立健全、优化工作机制，形成了同向合力推进迁建的良好格局。省移民局牵头成立了向家坝移民工作特别工作组，建立了由市政府和三峡集团公司轮值牵头，省发改委、能源局、省扶贫移民局、省住厅等单位参与的沟通协调机制，并下设市局牵头的现场协调机制，现已召开15次轮值会、10次现场会，共解决突出问题200多个；市内建立了领导组全体会、驻县例会和专题会制度，横向到边、纵向到底、覆盖全程的工作机制，提高了决策协调效率，有效避免了问题因久拖不决、久议不决拖出有事、拖出大事、拖出难事，基本保障了移民的合理利益和诉求，较好实现了工程、移民、稳定三者的辩证统一。

（三）库区和移民安置区当前存在的主要问题原因分析

1. 库区和移民安置区存在的主要问题

根据移民区与地方社会经济现状的对比分析，截至2010年底，库区和移民安置区存在的问题主要有以下九方面：

一是经济收入较差：库区和移民安置区群众人均年收入只有4146元，全县农村人口人均收入5758元，比全县农村人口人均收入低28%。

二是土地资源缺乏：库区形成后，淹没了大量的良田沃地，就地后靠的移民只剩余零星的土地，质量较差，保水保肥功能低下，产值远远低于全县平均水平。

三是基础设施薄弱：由于库区和移民安置区地处较偏远的山区，在道路出行、人畜饮水、农田保灌、沼气利用、医疗卫生保障、教育、通讯等方面均存在困难，严重地影响了群众的生活质量。

四是生态与环境较差：向家坝水电站施工区的封闭管理，改变了安边镇的地形地貌，造成施工区同边水系不畅，安置的移民和当地群众生产生活用水困难，农产品品质下降。

五是劳动力就业低下：库区和移民安置区由于地处较偏远的地区，缺乏产业支撑，劳动力就业十分困难，多数人只能从事农业劳动，靠天吃饭，少数年轻人出去外地打工，导致群众生活困难，生活质量低下。

六是生产开发不足：由于库区和移民安置区地处较偏远的地区，人均耕地少，耕种技术落后，效益差，加之基础设施薄弱，生态环境有待改善，缺乏产业支撑，导致生产开发远远落后于其他地区。近三年来，在库区和移民安置区几乎没有引进一个上一定规模的产业，在农业深度开发方面也未做出好的项目。

七是社会保障：由于资金短缺，除了国家基本的扶贫补助资金外，基本社会保障覆盖率达到80%。

八是文化教育设施落后：儿童就读率达“普九”要求，但文化生活较落后，各村均没有文化阵地。

九是医疗卫生不足：由于库区均属于较边远地区，移民居住地分散，个别移民到村委会的距离达20千米以上，到乡镇所在地30千米以上，就医十分不便，有10个村目前还没有村级卫生站，需要加大投入，改善移民的就医环境。

2. 大型工程移民安置的特征分析

与一般的城市发展与人口迁移规律相比，大型工程移民驱动的城镇化具有如下显著特点：

（1）强制性。移民安置是一种由政府主导的外在的强力推动而产生的一种人类活动，无论是通过农村安置还是城镇化安置，被迁移的对象没有太多选择性，只能被动接受这一过程，移民迁移与安置不是按照市场经济的成本—收益原则进行安排的（段跃芳，2005）。

（2）突变性。移民安置引起的社会变迁是在巨大的外力作用下突然发生的。著名移民学家Michael Cernea对大规模的移民搬迁进行了长期研究，他指出移民搬迁会导致一个或无数个运行数百年甚至上千年的社会经济系统迅速解体，长期形成的居民社区与社会经济组织被拆散，人际社会关系网络被瓦解，生产者与消费者的贸易纽带被割断；传统的文化、宗教、习俗面临变异；业缘、地缘、血缘都因人口迁移而发生变化（Cernea，1991）。这一过程是诸多关系重组过程和利益格局重新调整过程，涉及政治、经济、文化、教育、卫生、生态环境等各个方面。在这个系统的重构过程中，强者能够较快地适应这个过程并从获取巨大利益，弱者很容易被新的系统边缘化而蒙受损失，系统中两极分化的状态会形成，从而会导致系统失去平衡。

（3）不可逆性。从对迁入地的适应过程来看，非自愿性移民比自愿性的或自发性的移民具有更明显的激进性和不可逆性。在完全失去了原有的居住地和社区生活方式的情况下，他们不得不强迫自己改变生产和生活方式以适应新的自然和社会环境。他们迁移行为的不可逆性一方面决定了这种背井离乡式迁移的彻底性，另一方面也使他们不得不面对个人生活、社会生活和生产活动的重新安置问题。

（4）时限性。移民迁移与安置都有很明确的时限性，一般移民搬迁安置的时间需要与工程建设的进度相衔接，所有受影响的人口必须在规定的时间内完成搬迁以便为工程建设腾出空间，这个过程是人为安排的，其时间要求体现的是政府按期完成工程建设的意志。由于移民安置的时间性与城镇经济系统恢复过程的长期性之间存在矛盾，往往会产生城镇经济系统无法支撑快速城镇化导致移民人口大量积聚与增加产生的生存与发展的需求，从而导致该系统无法实现预期的目标。

三、流域水库移民安置脱贫致富后期扶持方向相关政策的反思——以云南四川向家坝电站为例

（一）社会保险问题：移民出资比例高、保险险种有待完善

1. 农村移民社会保险出资比例高

根据昭通市人民政府关于印发《向家坝水电站云南库区移民安置实施办法的通知》相关保障性条款如下：

第十二条养老保障安置是指农业生产安置人口，在规划水平年 2012 年 12 月 31 日前（含 31 日）年满 60 周岁的，可以自愿选择按月领取养老金（不再配置生产用地）的安置方式。养老保障安置的移民，其耕地、园地、林地土地补偿费和安置补助费统筹用于养老保障金发放。相关的四点如下：

一是养老金领取期限从实施搬迁（县人民政府公布的实施搬迁时间）当月起至死亡当月，按每人每月 190 元标准发放。

二是在规划水平年之前已经实施搬迁（县人民政府公布的实施搬迁时间），但年龄未达到 60 周岁的移民，当月起按照每人每月 160 元的标准发放，年满 60 周岁当月起按每人每月 190 元标准发放。

三是实施搬迁（县人民政府公布的实施搬迁时间）后未满 76 周岁死亡的，由合法

继承人一次性领取从死亡次月起至76周岁的累计养老保障金。

四是移民户中有养老保障安置的，随该户确定的安置方式享受相应的安置方式权益及补偿补助标准，但该人口的耕地、园地、林地土地补偿费、安置补助费用于养老保障金统筹，不再计发。

社会保险是国家通过立法，由个人、企业、国家三方面共同筹集资金，让公民及其直系亲属在年老、疾病、工伤、生育、残疾、失业、死亡等方面遇到风险时，得到物质帮助，以保障其基本生活的一种制度，社会保险是整个社会保障制度的核心部分，一般包括社会养老保险、社会医疗保险、社会失业保险、工伤保险和生育保险等内容。然而，根据第十二条个人出自资的规定，自愿选择按月领取养老金（不再配置生产用地）方式安置的养老保障方式安置的移民，其耕地、园地、林地土地补偿费和安置补助费统筹用于养老保障金发放，移民个人以失去土地和失去安置费换取的养老保障，而且保险的项目残缺不全。

水库农村移民社会保险是水库农村社会保障体系的基本部分，属于整个体系的核心地位，它覆盖的对象是因水库建设而造成的水库农村移民，以保障其基本生活不因出现这种或那种风险而维持不了为目的。它是水库移民的一项基本权利，包括养老保险、医疗保险、失地保险、生育保险、农业风险保险等。从当前移民的现实情况看，水库移民最迫切需要的社会保障主要是养老保险和医疗保险，由国家、政府、水电业主和移民个人共同承担缴费义务。

2. 农村移民社会福利政策有待落实

社会福利是国家、社会、企事业单位和水电业主为保障社会全体成员的基本生活，提高人民的物质文化水平，而提供的福利性物质帮助、福利设施和社会服务，它是社会保障的最高纲领，面向全体居民。昭通市人民政府关于印发《向家坝水电站云南库区移民安置实施办法的通知》对此也作了规定，

如第四十一条：各级人民政府应当加强移民安置区的交通、能源、水利、环保、通信、文化、教育、卫生、广播电视等基础设施建设，扶持移民安置区发展。按规定，移民安置区地方人民政府应当将水库移民后期扶持纳入本级人民政府国民经济和社会发展规划。目前，我国社会福利的内容主要由企事业单位提供的职工集体福利、民政部门主管的特殊福利和街道、居委会举办的社区社会福利服务。特殊社会福利主要以无经济收入和生活无人照顾的老年人、残疾人和孤儿等特殊社会群体为对象，国家颁布了《中华人民共和国老年人权益保障法》《中华人民共和国残疾人保障法》和《农村五保供养工作条例》等法律法规，采用集中供养、集中供养与分散供养相结合、通过政府的优惠政策来兴办多种形式的社会福利企业，帮助适合参加劳动的残疾人获得就业机会等方式为他们提供生活供养、疾病康复和文化教育等福利服务。从向家坝水库农村移民社会福利实施看，严重不足公益性事业，包括公共福利、移民福利、特殊成员福利等举办的社会文化教育事业以及市政建设、社会服务等非常有限，享受的对象

也并非全覆盖。

3. 农村移民社会救助需要加强

社会救助，是指国家对遭受灾害、失去劳动能力的公民以及低收入的公民给与物质救助，以维持其最低生活水平的各种措施，包括城市居民最低生活保障、对农村无依靠老人、残疾人和贫困者的照顾、救灾救助、扶贫救助等。社会救助的目标是扶危济贫，救助社会脆弱群体，其对象是社会的低收入人群和困难人群，社会救助作为社会保障的内容之一，是人类社会最古老的一种保障形式，主要是对社会成员提供最低生活保障，其保障水平低于社会保险和社会福利，水库农村移民社会救助是水库移民社会保障体系的重要组成部分，指国家、社会和水电业主对因各种特殊原因造成收入减少或者中断，无法维持正常生活的那部分水库移民给予资金或实物帮助，从而保证他们最低生活需要的一种制度，在现阶段，我国水库农村移民社会救助制度主要包括水库农村移民最低生活保障、五保户供养制度、灾民救助和扶贫。

（二）存在问题探讨：水库移民后期扶持社会保障资金缺失探讨

在开发性移民政策的指导下，移民管理机构对水库移民人力资源开发问题给予了高度重视。根据昭通市人民政府关于印发《向家坝水电站云南库区移民安置实施办法的通知》第三十九条：水库移民后期扶持规划应当包括后期扶持的范围、期限、具体措施和预期达到的目标等内容。水库移民安置区县级以上地方人民政府应当采取建立责任制等有效措施，做好后期扶持规划的落实工作。

根据昭通市人民政府关于印发《向家坝水电站云南库区移民安置实施办法的通知》的第四十条：水库移民后期扶持资金应当按照水库移民后期扶持规划，主要作为生产生活补助发放给移民个人；必要时可以实行项目扶持，用于解决移民村生产生活中存在的突出问题，或者采取生产生活补助和项目扶持相结合的方式。具体扶持标准、期限和资金的筹集、使用管理依照国务院有关规定执行。省、自治区、直辖市人民政府根据国家规定的原则，结合本行政区域实际情况，制定水库移民后期扶持具体实施办法，报国务院批准后执行。

第四十二条：国家在移民安置区和大中型水利水电工程受益地区兴办的生产建设项目，应当优先吸收符合条件的移民就业。但在具体实施的过程中仍然存在着不少问题。

（三）成功的移民至少必须满足五个主要条件

迈克尔·M·塞尼教授在他的《移民与发展——世界银行政策与经验研究》一书中指出：中国与世界银行的经验都证明，要进行成功的移民，至少必须满足五个主要条件：第一，要有一个保证移民的合法权益并使他们生活水平等同或超过以前的水平的好的政策。第二，要执行正确合理的政策，必须有强有力的机构能力和实施正确的政策的政治意愿。第三，安排足够的资金。移民生活所需投资非常重要。资金计划不能仅局限于失去财产的赔偿费，而且也必须提供除资产损失赔偿费以外的资金，创造开发良机使移民们重新开始走上富裕之路。第四，要预测社会风险并使之减少到最小程度。拥有详细而灵活的计划很重要。为了确保所调配的资源由有关社区和受影响的个人很好地利用，移民计划必须因地制宜。第五，要求移民和所在社区的代表直接参与移民工作的整个过程是必要的——从移民选择开始到满足移民需要的最优方案和具体位置的选择等。①

（四）扎实开展移民后期扶持工作成效

2006 年 7 月 1 日后。宜宾县认真贯彻落实国发 17 号文件精神，主要开展移民后期扶持工作如下：

1. 移民“民生”问题有效解决。后扶项目的实施，有效改善了移民区和移民安置区的交通、饮用水、供电、卫生等基础设施，有效缓解了库区及移民安置区移民的行路难、饮水难、用电难、就医难、入学难等问题。在横江镇张窝村，投资 20 万元实施的村卫生站项目，改善了张窝电站移民的就医条件；投资 25 万元实施的张窝村公路整治工程，解决了张窝电站移民区 3 个村移民和当地村民通行难的问题。

2. 移民产业结构不断调整。经过近几年的扶持与引导，移民农业产业结构得到优化调整，移民从原来的以种植农作物自给为主，向引进优新品种等增加收入型产业转变，提高了移民经济收入。在向家坝施工区所在的安边镇 4 个移民村区域内，我县实施了良种肉兔、优质生猪、优质柑橘、茵红李和紫秋葡萄等 5 个种植、养殖业项目，扶持养兔大户 11 户，兔笼规模 1245 个；养猪大户 12 户，圈舍面积 3549 平方米；柑橘种植户 75 户，发展面积 350 亩；茵红李种植户 98 户，发展面积 313 亩；葡萄种植户 65 户，发展面积 300 亩。惠及安边镇移民安置区的三分之二区域，受益移民和村民达 2000 余人。

3. 后扶直补资金及时发放，后扶项目稳步实施。自 2007 年以来，宜宾县按照每人每月 50 元的后扶政策，累计发放移民直补资金 580 余万元，坚持了按月直接兑现到户到人。实施后扶项目 6 个，完成项目投资 383 余万元，其中移民后扶专项资金 183 万元。

四、关于水电移民后期脱贫致富扶持对策建议

（一）建立扶贫搬迁一体化配套政策体系②

1. 建立统一协调的户籍制度

一是对选择无土安置的农户，实行居住地登记制度，探索建立城乡一元的户籍制度体制机制。搬迁进城农民既可办理城镇户口，享受城镇居民待遇；也可自愿留在原迁出

① 迈克尔·M·塞尼:《移民与发展——世界银行政策与经验研究》，河海大学出版社 1996 年版，第 14 页。

② 相关启示来自：四川省社会科学院农村发展研究所课题组:《四川集中连片特困地区扶贫搬迁研究》（内部打印稿），2015.9。

地，无论是进城镇后落实居住证制度还是留在原地，可以同城镇居民一样，均等享受劳动报酬、子女教育、公共卫生、计划生育、住房租购、文化服务等基本权益。

二是对选择无土安置的贫困农民，在一定时期保留其土地、山林承包经营权，同时依法享有和承担农村集体经济组织成员应有的权利及义务。

2. 建立完善社会保障制度

一是建立有效衔接、机制灵活的城乡一体化社会保障体系。“推进新型农村养老保险与城镇居民养老保险的并轨；扶贫搬迁的农村低保和城镇低保可互转，符合条件的搬迁户可享受城镇低保；搬迁户可自主选择参加新型农村合作医疗或城镇居民医疗保险”①。

二是进入城镇的农户可继续享受农村计划生育政策和享有与城镇居民同等的计划生育服务，在低保、养老等方面给予移民贫困户政策倾斜。

三是落实移民社会保障的权利。农村水电移民的社会保障，同普通农村居民一样，应该同样享有农村合作医疗制度、五保户制度、养老院制度等社会保障权益以及移民社会救助中的生活贫困救助、灾害救助等保障，所以相关制度的落实意义重大。

3. 建立针对移民的城乡就业制度

一是加快建立完善的就业政策体系和服务体系，多渠道扩大就业途径，实现城乡劳动者平等就业、灵活就业、稳定就业。落实就业援助政策，确保有就业需求的家庭至少有一人在园区和城区实现就业。

二是为移民提供更多的就业服务平台。建立就业服务站点，开展就业指导、社会保障、法律咨询等服务，大力开发和提供公益性岗位，重点安置搬迁群众就业。

三是在城镇自主创业的贫困人口享受与城镇居民同等的优惠政策，符合条件的优先享受小额担保贴息贷款政策。

四是建立与扶贫搬迁相协调的农民培训制度。优先将搬迁群众纳入阳光工程、新型职业农民培训和雨露计划，适当给予住宿费、交通费等补助。

4. 建立协调的公共服务体系

一是推进扶贫搬迁地区教育资源的合理配置。将安置区校园建设与配套设施建设、基本教学用品配备、学习与生活设施建设、后期维护相结合，保证校舍等基础设施的长期正常使用。加大对搬迁户学生的资助力度，巩固提高九年义务教育普及成果。逐步将短期培训转向职业教育，提高农村基础教育普及率和劳动力职业技术水平。

二是完善地区医疗卫生服务体系。加强安置区乡镇卫生院和村卫生室为基础的农村医疗服务体系建设，积极推进以全科医生为重点的基层卫生人才队伍建设，进一步加大医疗卫生对口支援力度，着力提高基层卫生人才队伍素质和服务能力，努力提高医疗卫

① 桑晚晴：《四川民族地区集中连片特困区搬迁扶贫研究》，四川省社会科学院硕士论文，2015。

生服务水平。完善公共卫生服务体系，重点加强疾病预防控制、卫生监督、妇幼卫生、农村急救、突发公共事件卫生应急体系和医疗卫生信息化建设，提高重大传染病、慢性病、地方病、寄生虫病、职业病、精神疾病的预防控制能力。

（二）进一步完善参与式扶贫机制

提高政策的透明度。让移民充分了解、理解移民安置和后续扶持政策，实现水电移民参与移民开发的全过程。移民工作者应到项目所在地，通过召开村民大会、访谈等方式，结合媒体、网络、村务宣传栏等媒介，使用通俗易懂的语言，让移民群体及时掌握扶贫信息，建立起有效渠道，实现与贫困群体的沟通和互动，增强农民参与决策分析的可能性和科学性。动员移民群众参与开发，政府建立政策导向和激励机制，进一步优化以政府为主导、贫困群众为主体、社会力量参与的后续扶贫机制。

实施跨区域对口帮扶对接机制，落实下游对上游库区移民社会扶贫机制。2014 年国务院办公厅出台了《发达省（市）对口支援四川云南甘肃省藏区社会经济发展工作方案》（国办发［2014］41 号）。《方案》指出三省藏区“维护社会稳定、保障改善民生、保护生态环境、实现全面小康社会的任务十分繁重”。2016 年 12 月 7 日两办《关于进一步加强东西部扶贫协作工作的指导意见》提出的东西帮扶中，涉及长江经济带的帮扶包括：上海市帮扶云南省与贵州省遵义市，苏州市帮扶贵州省铜仁市，浙江省帮扶四川省，杭州市帮扶湖北省恩施土家族苗族自治州与贵州省黔东南苗族侗族自治州，宁波市帮扶贵州省黔西南布依族苗族自治州，山东省帮扶重庆市和济南市帮扶湖南省湘西土家族苗族自治州，青岛市帮扶贵州省安顺市，广东省帮扶四川省甘孜藏族自治州，广州市帮扶贵州省黔南布依族苗族自治州和毕节市，佛山市帮扶四川省凉山彝族自治州，中山市和东莞市帮扶云南省昭通市，珠海市帮扶云南省怒江傈僳族自治州，等等。发达地区省市对西部贫困地区帮扶，从最新的《指导意见》来看，长三角地区承担着支持上游云贵川的帮扶责任；中游地区的贫困县发展更多依靠中游省份的省内帮扶完成。在国家规定的东西帮扶的基础上，建立流域经济带——长江经济带移民及其安置区中的贫困人口的精准帮扶机制，提高贫困县贫困人口的发展能力。

（三）探索多渠道资金投入机制

充分发挥中央投资的撬动作用，探索多元的扶贫搬迁资金投入机制，激发金融资本、社会资本在扶贫搬迁中的作用。

1. 完善资金多渠道整合机制

推进扶贫搬迁资金由拼盘制整合向项目制整合转变。根据扶贫搬迁战略目标和经济社会自然资源条件，制定支持扶贫搬迁的中长期规划和计划，以规划引导和带动涉农资金的重点投向，促进各项涉农资金整合和统筹安排使用。建立健全县级财政涉农资金项目库，强化县级资金整合平台。按照部门预算归口管理要求整合归并资金，以主导产业、优势区域和重点项目为平台推进资金整合。在扶贫搬迁任务重的地区，整合相关涉农资金，试点扶贫搬迁资金切块投入模式。

2. 构建财政、金融支持体系

一是落实地方投资政策。加大地方财政投入，按照易地扶贫搬迁工程建设资金由中央、地方政府和搬迁群众共同承担的要求，省级政府安排易地扶贫搬迁资金原则上不低于中央投资规模的30%，市州、县级人民政府不低于中央投资规模的10%，提高项目建设质量和建设成效。

二是实施扶贫搬迁贴息贷款政策。对扶贫搬迁群众住房建设实施财政贴息贷款扶持，合理确定贷款贴息额度，优化扶贫搬迁贴息贷款流程，推动扩大承贷机构范围。县财政应安排一定的专项资金，并按一定比例放大，选择一至两家金融机构开展扶贫搬迁群众创业、建房贷款贴息和扶贫小额信用贷款。

三是配套金融服务政策。增加对扶贫搬迁对象的特惠贷款项目。鼓励农业银行、农村信用社、邮政储蓄银行等金融机构，推进农户贷款联保、农民购房产权抵押贷款、林权抵押贷款、龙头企业为农户担保等模式，提供金融支持。

3. 创新社会资金参与机制

一是构建社会资金参与扶贫搬迁的信息平台。依托网站、微博、微信等网络平台发布有搬迁需求的贫困对象信息，编制社会参与扶贫搬迁的指导手册，具体内容涵盖参与扶贫的准入制度、基本原则、优惠政策及流程、如何实施扶贫搬迁项目等相关信息。

二是创新社会资金参与扶贫搬迁的帮扶模式。以项目为基础，探索扶贫搬迁和社会扶贫资金的合作机制，在资金独立运行的情况下，实现企业社会影响与政府扶贫目标的双赢。如在民族地区和老少边穷地区探索设立专门的“社会扶贫基金”，以资金池的方式把社会扶贫资金汇集到一起，由专业的第三方进行管理，针对搬迁的贫困人口，有计划有步骤地开展扶贫工作；借鉴灾后重建的“联建房”模式，在贫困地区试点允许社会组织或个人与农民“联建联营”，借助社会资金解决搬迁农民建房资金缺口。

张志英　夏丽苹　刘若杉

第三篇　专题与调研

第九章　长江报告：流域经济与政区经济协同推进长江经济带建设

流域经济依托自然河流水系，是以自然力为动力，以要素自由流动为前提，以市场机制为资源配置方式，而形成生产力布局的一种特殊类型的区域经济。河流是生命和人类文明的起源。流域经济是世界各国区域经济的最重要形态。我国流域经济覆盖全国90%以上，长江、黄河、珠江、海河、淮河、松花江、辽河等七大流域覆盖全国85%的面积、人口和经济总量，流域经济发展及其研究事关国家全局，具有重要意义。流域本身是自然系统、生态系统、经济系统和社会系统的结合体，因此，流域经济发展需要遵循自然规律、生态规律、市场规律和社会规律。

政区经济是在行政区划这一“看不见的墙”范围内、依靠行政强制干预力量而实现生产力布局的一种特殊的区域经济。行政区划分割形成的行政壁垒阻碍要素向行政区范围外自由流动。政区经济作为一种特殊类型的区域经济，既具有区域经济的一般属性（客观性、地域性、综合性、可度量性、系统性等），又具有行政管理、行政区划的专门属性。政区经济的发展既要遵循区域经济规律、市场规律，又要遵循行政运行规律和社会运行规律。

长江流域是指长江干流和支流流经的广大区域，流域总面积180万平方千米，占中国国土面积的18.8%，横跨中国东部、中部和西部三大经济区，共计19个省、市、自治区。也就是说长江流域流域经济范围很大，包括了各个政区经济的范围。而政区经济是指各省、市、自治区管辖范围内的经济，乃至是指各个地级市、县级市、县管辖范围内的经济，行政区经济的范围要小，是流域经济的组成部分。同时，流域经济的范围和政区经济的范围又是高度重合，也就是说，从河流流域的角度来看，流域经济中包含着政区经济，从行政区划的角度来看，政区经济中又有流域经济。因此，长江流域的发展必须既遵循流域自然规律、区域经济规律、市场规律，又要遵循行政运行规律和社会运行规律；既要充分发挥市场配置资源的优点，克服市场失灵的缺点，又要充分发挥政府宏观管理的优点，克服政府配置资源低效率的缺点；既要充分发挥市场“无形之手”的作用，提高市场配置资源的高效率，提高长江流域经济发展集聚度，又要充分发挥政府作用，体现政府配置资源的公平性、公正性，提高公共服务和经济成果共享水平。最终达到流域经济与政区经济协同发展，实现流域经济与政区经济“和谐、合作、共赢”的协同发展结果。

第一节　长江流域基本情况

一、长江流域经济社会发展基本状况

长江流域交通运输发达，长江水运总通航程7万公里，占全国70%以上。长江干支流航道与京杭运河共同组成中国最大的内河水运网。其中干流通航里程2713公里，上起四川宜宾，下至长江口（云南维西至宜宾825公里河段尚可分段通航）。支流航道700余条，主要支流航道50余条，以下游之太湖水系最为发达。干支流水运中心为重庆、武汉、长沙、南昌、芜湖和上海等6大港口。与世界各国比，长江水系通航里程居世界之首。

长江流域农业发达，长江流域大部分地处亚热带季风区，气候温暖湿润，四季分明，年积温高，农作物生长期长，许多地区雨热同季，农业生产的光、热、水、土条件优越。流域有耕地2460多万公顷，占全国耕地总面积的1/4，而农业生产值占全国农业总产值的40%，粮食产量也占全国的40%，其中水稻产量占全国的70%，棉花产量占全国的1/3以上，油菜籽、芝麻、蚕丝、麻类、茶叶、烟草、水果等经济作物，在全国也占有非常重要的地位。成都平原、江汉平原、洞庭湖区、鄱阳湖区、巢湖地区和太湖地区都是中国主要的商品粮基地。所以，长江流域不愧为中国最主要的农业生产基地。

长江流域西部虽为气候高寒的青藏高原，但草场辽阔，日照充足，温差较大，有利于牧草生长，牧草营养丰富，适口性好，是中国重要的牧区。主要牲畜有藏牦牛、藏绵羊、藏山羊、藏马。而长江中下游则农业发达，养殖业兴旺，四川、湖南、江苏是全国生猪拥有量最多的省份，四川、上海、湖南每公顷耕地载有生猪量为全国最高的地区，四川的黄牛、水牛等大型家畜拥有量居全国之冠。所以说，长江流域又是畜牧业生产的重要基地。

长江流域渔业发达，长江流域湖泊众多，河川如网，鱼类的品种、产量均居全国首位，占全国产量的60%以上。现有水面约1.3亿亩，接近全国淡水总面积的1/2，其中可供养殖的约5000万亩。长江水系淡水鱼已知274种，为全国淡水鱼种的39%，其中鲤形目和鲈形目占半数以上，主要经济鱼类60多种。产区主要在中下游水域，渔业以淡水人工养殖为主，天然捕捞量不高。

长江流域工业、服务业优势突出，是我国重要的工业走廊和现代服务业聚集区。电子信息、装备制造、有色金属、纺织服装等产业规模占全国比重均超过50%，新型平板显示、集成电路、先进轨道交通装备、船舶和海洋工程装备、汽车、电子商务、生物医药、航空航天等产业已具备较强国际竞争力。金融保险、航运、工业设计、文化创意等服务业特色优势突出。长江经济带是我国创新驱动的重要策源地，对外开放程度高，创

新资源丰富，集中了全国 1/3 的高等院校和科研机构，拥有全国一半左右的两院院士和科技人员，各类国家级创新平台超过 500 家，涌现了高性能计算机、量子保密通信等一批具有国际影响力的重大创新成果。研发投入成效显著，研发经费支出、有效发明专利数、新产品销售收入占全国比重分别为 43.9%、44.3%、50%，形成了一批创新引领示范作用显著的城市群。

长江流域旅游资源丰富，长江流域幅员广大，历史悠久，景观纷呈，旅游资源富甲全国。荆州、岳阳、昆明、贵阳、成都、重庆、南京、南阳、扬州、镇江、苏州、宜昌、武汉、上海、杭州、安庆、南昌、九江、长沙、无锡等历史文化名城，以及风景名胜峨眉山、九寨沟、三峡、张家界、武当山、九华山、黄山、庐山、宝天曼、太湖、巢湖、洞庭湖、鄱阳湖等都是全国著名的游览胜地。

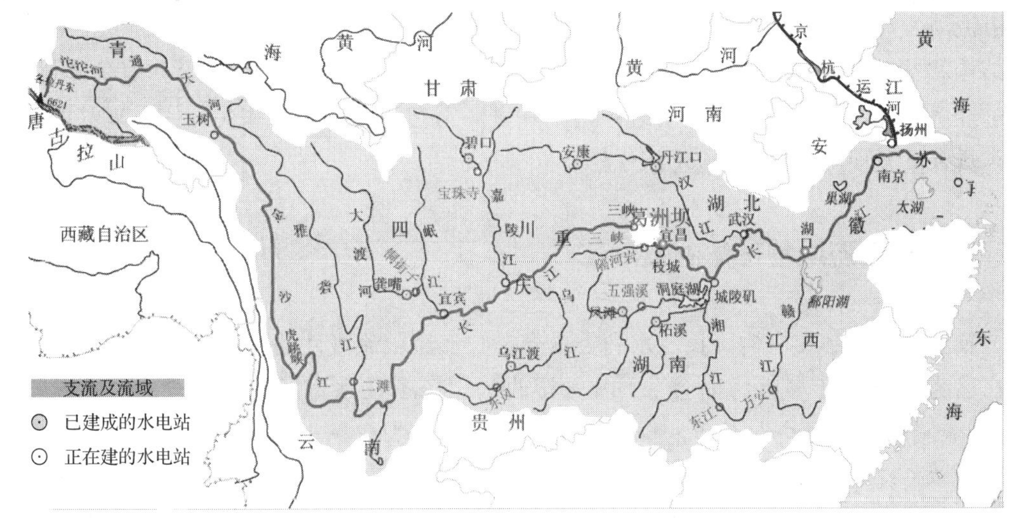

长江流域水系图

二、长江流域发展的重大意义

推动长江经济带发展，是党中央、国务院主动适应把握引领经济发展新常态，科学谋划中国经济新棋局，作出的既利当前又惠长远的重大决策部署，对于实现“两个一百年”奋斗目标和中华民族伟大复兴的中国梦，具有重大现实意义和深远历史意义。

2013 年 7 月，习近平总书记在武汉调研时指出，长江流域要加强合作，发挥内河航运作用，把全流域打造成黄金水道。2014 年 12 月，习近平总书记作出重要批示，强调长江通道是我国国土空间开发最重要的东西轴线，在区域发展总体格局中具有重要战略地位，建设长江经济带要坚持“一盘棋”思想，理顺体制机制，加强统筹协调，更好发挥长江黄金水道作用，为全国统筹发展提供新的支撑。2016 年 1 月，习近平总书记在重庆召开推动长江经济带发展座谈会并发表重要讲话，全面深刻阐述了长江经济带发展战略的重大意义、推进思路和重点任务。

长江经济带覆盖上海、江苏、浙江、安徽、江西、湖北、湖南、重庆、四川、云南、贵州 11 省市，面积约 205 万平方千米，占全国的 21%，人口和经济总量均超过全国的 40%，生态地位重要、综合实力较强、发展潜力巨大。目前，长江经济带发展面临诸多亟待解决的困难和问题，主要是生态环境状况形势严峻、长江水道存在瓶颈制约、区域发展不平衡问题突出、产业转型升级任务艰巨、区域合作机制尚不健全等。

推动长江经济带发展，有利于走出一条生态优先、绿色发展之路，让中华民族摇篮永葆生机活力，真正使黄金水道产生黄金效益；有利于挖掘中上游广阔腹地蕴含的巨大内需潜力，促进经济增长空间从沿海向沿江内陆拓展，形成上中下游优势互补、协作互动格局，缩小东中西部发展差距；有利于打破行政分割和市场壁垒，推动经济要素有序自由流动、资源高效配置、市场统一融合，促进区域经济协同发展；有利于优化沿江产业结构和城镇化布局，建设陆海双向对外开放新走廊，培育国际经济合作竞争新优势，促进经济提质增效升级，对于实现“两个一百年”奋斗目标和中华民族伟大复兴的中国梦，具有重大现实意义和深远历史意义。

三、长江流域管理体制及沿革

长江管理体制和机构。长江水利委员会是长江流域流域性的管理机构，始设于 1922 年，名为“扬子江水道讨论会”，1928 年改为“扬子江水道整理委员会”，1935 年与“太湖流域水利委员会”及“湘鄂湖水文总站”合并为“扬子江水利委员会”，1947 年改名为“长江水利工程总局”。中华人民共和国成立后，成立“长江水利委员会”，下设上游、中游、下游等 3 个工程局及洞庭湖、荆江、太湖等 3 个工程处，负责全江治理规划、重点工程设计、科学研究以及中下游平原地区的堤防、涵闸管理和维修等工作。农田水利由各省（直辖市）负责管理。为集中力量进行长江流域规划工作，于 1955 年将下属各局、处并入长江水利委员会本部，并于 1956 年 4 月改名为“长江流域规划办公室”。1989 年又恢复原名“长江水利委员会”，以加强流域的统一管理和流域开发。长江水利委员会主要负责全流域规划及部分专业规划；负责制定中下游干流和汉江的洪水预报及防洪调度方案，并负责丹江口水利枢纽的调度运用；本流域长江干流河道、主要支流河道与湖泊的管理以及水资源管理等。中下游平原地区堤防、涵闸的管理和修防工作，由所在省（直辖市）负责管理。流域内大中型综合利用水库由各省（自治区、直辖市）水利部门管理；大中型水电站由电力部门分工管理。航运管理和航道整治，由交通部长江航务管理局、长江海事局及有关省（直辖市）的交通部门分工管理。城市排涝、供水由城市建设部门管理，其他各项水利、水电工程及防洪排涝工程，分别由所在省（自治区、直辖市）水利部门及有关部门负责管理。1962 年国务院成立“长江中游防汛总指挥部”，管理协调指挥湘鄂两省的重大防汛问题。长江中、下游地区是长江防洪的重点，经国务院批准于1969年成立了“长江中下游防汛总指挥部”；1996年更名为“长江防汛总指挥部”，负责处理长江流域重大防汛事宜，办公室设在长江水利委员会。

长江流域管理规章。流域管理规章分别由有关省（直辖市）根据《中华人民共和国水法》《中华人民共和国防洪法》和国家有关政策法令和水利管理法规，结合本地区实际情况，以省（直辖市）人民代表大会常务委员会和人民政府的名义先后颁发了江河管理、河道堤防管理、水利工程管理、水资源管理及防汛指挥等配套法规。在防洪方面，1985年国务院批转水利电力部《关于黄河、长江、淮河、永定河防御特大洪水方案》，这是长江防洪调度的主要依据。各单项工程还制定有技术标准和实施细则等。

长江流域防洪调度。长江宜昌以上约100万平方千米集水面积是长江中下游平原地区每年7月份、8月份主汛期的洪水主要来源，如果与宜昌至湖口68万平方千米区间洪水遭遇时，防洪形势就特别严峻。为了做好长江防汛工作，减少洪灾损失，长江水利委员会与各省（直辖市）在流域内布设水文、气象及雨量站6400多个。汛期根据大量测站的雨情、水情、气象、云图等资料进行分析研究，及时发布干流及主要支流水情及气象预报，并根据水情、工情及时研究制定度汛措施方案，供长江防汛总指挥部、国家防汛抗旱总指挥部和国务院决策。

长江流域河道管理。包括河道工程（堤防、护岸、涵闸等）和河湖洲滩管理，河道整治与建设管理及河道保护。河道工程的管理由沿江各省（直辖市）具体负责。河道整治与建设的管理按照分级管理的原则进行，长江水利委员会按照《关于长江流域河道管理范围内建设项目审查权限的通知》（水管［1995］5号），负责授权范围内建设项目的审批。

长江流域岸线利用管理。河道岸线的开发利用一般需占用江岸、水域甚至江滩，减少了行洪断面，对防洪安全、河势稳定及航运畅通均有一定影响。因此，应加强岸线利用建设项目的管理，正确处理开发利用与防洪的关系。长江主要干支流河段，尤其是长江中下游干流河道两岸分布着许多大中城市、工矿企业、水工程设施和重要港口，是国家建设的重点地区。改革开放以来，长江两岸河道岸线开发利用加快，新建、扩建、改建工程设施如港口、码头、桥梁、取（排）水口等增多。根据水利部有关河道管理范围内建设项目管理的规定，由长江水利委员会对建设项目在省（直辖市）河道主管机关初审的基础上予以审查。为确保防洪安全、河势稳定，一般要求建设项目法人提供由有资质的规划、设计、科研单位编制的防洪影响评价报告，并召开专家评审会对防洪影响评价报告进行评审。

长江流域河道崩岸与防护。长江中下游干流河道沿江岸线长4249千米，江岸崩塌严重，崩岸长达1520千米，占江岸长度的35.7%。截至2000年，已护岸长度达1200千米，约占崩岸总长的80%。在护岸材料方面，有传统的抛石护岸和沉排护岸，也采用了一些新型材料。如在江都嘶马段采用聚氯乙烯编织布上扣混凝土预制块的软体沉排护岸；在武汉天星洲和龙王庙采用铰链混凝土板—聚酯纤维布沉排护岸；在荆江局部河段采用塑料织物土枕软体沉排护岸等。进一步采用新技术、新材料防护崩岸，将取得更好的护岸效果和经济效益。

长江流域除险加固。长江堤防包括长江干支流堤防和洞庭湖、鄱阳湖区堤防等，长约3万千米，其中长江干堤长约3900千米。长江干流及主要支流堤防大都是历史上逐渐形成的，堤身矮小，隐患较多，堤基质量较差，背河侧溃口渊潭及修堤取土坑多，影响防洪安全。中华人民共和国成立后，不断加高、加固堤防，特别是1998年大水后，对长江中下游干流堤防进行了全线加高加固。由于各种原因，长江流域很多水库存在病险问题，自1986年起开始有计划地进行水库除险加固。

长江流域航道管理。长江是中国东西主要通道。长江水系有大小通航支流3800多条，通航里程达7万千米，其中有3万千米可通机动船舶，万吨海轮可直达南京。20世纪50年代以来，重点整治了川江航道以及界牌、太子矶等碍航河段，使长江水道通航能力及通航保证中国主要江河和水利工程管理率大大提高。

长江流域河道采砂管理。长江流域河道中蕴藏着丰富的可作为建筑材料的砂石资源，随着经济建设的发展，建材砂石的需求量与日俱增，引发了长江中下游干流河道各个河段的采砂活动。1991年河道采砂量约达3000万吨。为了保障防洪安全及航运畅通，按照有关法律、法规规定的管理权限，由长江水利委员会与沿江各省水利主管部门对长江中下游干流河道采砂实施管理。2001年11月国务院颁布了《长江河道采砂管理条例》，进一步加强了长江河道采砂管理。

长江流域水资源保护。长江流域的水资源保护工作，始于1974年，同时成立了长江水资源保护局，并逐步开展了水资源保护的监测、评价、预测、规划和管理等工作。先后完成了长江流域地表水水质调查评价、长江流域水资源保护规划、葛洲坝水利枢纽及三峡工程环境影响评价等工作。沿江涵闸、泵站等取水口门由所在各省（直辖市）分别管理。

长江流域管理存在的问题。一是管理体制不协调。长江流域的管理体制存在着不少问题。主要表现为国家有关部门与地方部门的条块分割，特别是行政上的划分将一个完整的流域人为分开。从纵向管理来看，水利水电部门负责水量水能的管理，国家环保部门负责水环境的保护与管理，市政部门负责城市的给水与排水管理，这样使得责权交叉过多，难以统一规划和协调。从横向管理来看，各部门、各地区均从自身利益出发进行局域、单目标的规划与管理，口径不一，造成管理“内耗”和办事效率较低。一些地方环境监督管理难以到位，目前仍有不少县、市、区没有独立的环保机构和监察队伍，另有许多县级环保机构属于事业单位，不具有环境执法的主体资格。二是现有法律难以满足管理发展需要。目前以宪法为基础制定的有关水资源方面的法律有：《中华人民共和国水法》《中华人民共和国防洪法》《中华人民共和国水土保持法》《中华人民共和国水污染防治法》及《中华人民共和国河道管理条例》等水法规，在一定阶段对长江管理起到重要作用。首先，由于这五部法相互关系不清、管理机构的法律地位、职权范围不明等问题的存在，各部法律难以协调，各管理部门权力重复或空白，既不能充分发挥各项工作部门的作用，又难以形成整体效益，可操作性不强。其次，这些水法只是体现了我国立法的一般特征，对长江这一特定流域的特殊问题则难以涵盖，很难发挥对长江流域水资源统一管理的作用。而且这些水法更多是对过去水事经验的总结及各方权益妥协的结果，缺乏预测性和前瞻性。三是管理者环境保护意识淡薄。由于政府本身对环境保护的重要性认识不够，对行政人员的评价仍以经济增长状况为主。各级领导对生态环境保护的国策意识不强。很多企业的“三废”达标工作仅停留在表面，为降低产品成本，置法律于不顾，违规排放，把应该运行的污水处理设施当作应付检查的摆设。

四、长江流域发展存在的问题和困难

流域经济和行政区经济各有利弊。流域经济的优点主要体现在市场配置资源的高效率上，由市场实现要素整合，降低交易成本，但市场却无法解决许多其他问题，从流域开发角度来说，例如库区移民搬迁赔偿问题、水电工程兼顾农业灌溉功能问题、央企挤占地方利益和其他企业利益的问题等；从流域经济社会发展角度来说，例如流域发展不平衡问题、贫富差距问题、公共服务不均等问题和生态环境污染问题等。这些问题需要行政力量才能有效解决。行政区经济的优点是依靠行政力量，能体现国家宏观控制的目标和国家战略目标，实现政府配置资源的公平性、公正性，提高全体人民公共服务和经济成果共享水平。但行政区经济不能解决要生产要素自由流动问题，也不能解决资源配置效率问题。这些问题需要靠市场力量才能有效解决。总之，流域经济只能解决效率问题，不能解决公平问题；而政区经济能解决公平问题，不能解决效率问题。这是流域经济和政区经济之间矛盾的根本所在。

在我国经济发展的现实中，流域经济与政区经济发展存在许多冲突，主要表现为利益主体的多元化和异质化，完整的流域被人为分割给水资源利用、环境治理带来诸多难题，政策资源的内敛性导致行政壁垒，特别是行政区划分割而形成的行政壁垒对流域经济形成了一种刚性约束，加之“合作协调人”的缺位和失效，典型的表现为“政区经济与流域经济发展的不协同”，即流域经济与政区经济如何协调发展问题。

第二节　长江流域经济与政区经济协同发展的战略构想

我国流域经济与政区经济协同发展存在冲突的三个主要原因：要素错配制约、管理错位制约、利益分裂制约。解决流域经济与政区的冲突和矛盾，既需要顶层设计，也需要基层探索，更需要着力关键环节，建立高效的协同发展机制。推动流域经济与政区经济协同发展必须充分发挥行政推动的作用，也应充分发挥市场能动的作用，使二者形成合力，共同推进协同发展，因此，本书提出“要素优化配置、体制协同管理、民生工程保障”的“协同铁三角”战略，即“要素整合—体制改革—民生保障”。要素整合是基础，体制改革创新是保障，民生保障是重要保证。特别需要指出的是，在流域经济与政

区经济协同发展的过程中，关注民生既是经济发展的目的（必须保障），又是经济发展的支柱支撑（生产力最重要的要素）。长江流域通过充分发挥市场“无形之手”的作用优化要素配置，提高生产要素集聚度；通过深化流域管理体制和行政管理体制改革，加强体制协同管理；通过充分发挥政府“有形之手”的作用，提高公共服务水平和经济成果共享水平，确保民生工程保障，最终达到流域经济与政区经济协同发展，实现长江流域经济与政区经济“和谐、合作、共赢”的协同发展目标。

一、要素优化配置

要充分发挥市场“无形之手”的作用，发挥市场配置资源的优点，克服市场失灵的缺点，优化要素配置，提高市场配置资源的高效率，提高长江流域经济发展集聚度。

（一）优化要素配置，提高经济集聚度，必须提高人口和生产要素聚集和产业聚集

经济集聚与劳动力迁移和生产要素流动是相互作用的，正是这种互动推进了经济的发展和繁荣。经济集聚形成知识溢出效应，劳动力市场的蓄水池效应，产业关联效应，使得经济活动更有效率。第一，集聚使主导产业能够得到相关产业更密切的配合，而主导产业的发展，又带动了相关产业的发展。第二，集聚能促进专业化供应商队伍的形成。集聚可以提供一个足够大的市场来维持专业化供应商的生存，同时，专业化供应商的聚集，也分散了专业化设备的开发和供应成本，使集聚地的企业更具有优势。第三，集聚所形成的市场规模，带动了要素供应、产品市场等的相应发展，企业从中可以获得市场规模效益，如由于大规模的需求而取得更为低廉的原材料供应，由于经常性的业务活动而获得稳定、快捷的服务，从而提高生产率和降低成本。第四，集聚内企业可以就近寻找交易对象，就近取得原材料、中间品供应，减少了寻找、运输费用等交易成本。第五，集聚有利于形成区域内劳动力市场，使单个企业可以在长期雇佣管理人员和技术人员的同时，根据生产的需要及时调整工人数量，降低工资成本和减少劳动保障方面的支出。第六，集聚可以促进当地公路、铁路等基础设施的建设，贸易、金融、信息和服务部门的建立和人才的相互利用等，从而降低社会生产成本，产生外部经济效应。第七，集聚在一起的企业之间经常根据生产需要建立长期稳定的关系，共同的区域文化和价值有利于企业之间建立以合作与信任为基础的社会网，使交易各方容易达成并履行合约，节约搜寻市场信息的时间和费用，降低了交易成本。第八，集聚所导致的人才集中有助于技术外溢和普及，技术创新会迅速推广，从而促进区域系统的创新能力，整体提高区域的竞争力。

（二）优化要素配置，提高经济集聚度集中表现为城市化过程

因为现代城市具有经济集聚效应。首先，城市是以工业为代表的现代产业的集中

地，也是社会物质财富主要的创造地和聚集地。城市所拥有的完善的基础设施和便利的交通条件、高集聚与高效率使其成为机器大工业和第三产业最为理想的聚集地。其次，城市具有强大的聚集和辐射功能。城市通过其强大的集聚功能，将区域内的人口、产业、资本、技术等要素吸聚到城市，同时又通过其扩散功能对周边乡村区域形成强烈的辐射，带动和促进周边区域经济的发展。最后，城市具有组织其所在区域经济活动的功能。现代区域都是以一定的城市为中心组成的功能区。城市的中心作用体现在它对区域内各种社会经济活动具有一定的组织和管理功能。无论是独具时代特色的中小城市，还是有着传统优势产业的小城镇，或是具有资源优势的区域，都需要依托中心城市或城市群落发展，交通、市场、人力资源、资金等多方面的发展要素都离不开大城市的向心力作用。因此，区域也正是通过中心城市与周边城镇之间的集聚与扩散两种空间活动，完成经济运行的自组织。离开了城市，区域将缺乏一定的空间形态和内聚性，区域经济活动形似一盘散沙，自我发展能力弱。

城市化的基本特征之一是随着数量的增加、空间地域的扩大，城镇的形态和分布由各自独立的状态变成联系密切的城镇系统，城市空间组织形态由单体型城市向组合型的城市群形态演变。城市群的出现是生产力发展、生产要素逐步优化组合的产物，每个城市群一般以一个或两个经济比较发达、具有较强辐射带动功能的中心城市为核心，由若干个空间距离较近、经济联系密切、功能互补、等级有序的周边城市共同组成。发展城市群可在更大范围内实现资源的优化配置，增强辐射带动作用，同时促进城市群内部各城市自身的发展。

（三）优化要素配置，提高经济集聚度，必须缩短经济距离

经济距离是指商品、服务、劳务、资本、信息和观念穿越空间的难易程度，它衡量资本、劳务、商品和服务在地区之间流动的难易程度。经济距离涉及商品交换的时间成本和货币成本，以及包括政策在内的人为壁垒，也包括移民距离中的人们离开原来地区的“心理成本”。缩短经济距离，有利于进一步促进区域间的融合和协调发展，加快推进人口从落后地区向经济密集区流动。距离先进地区越远，落后地区发展越滞后。移民是缩减距离最自然的方式，交通通讯基础设施的质量和可得性决定经济距离的长短，应采取促进人口流动和推动基础设施建设的政策。主要包括：一是集中建立经济开发区或各种工业园区和产业园区，使进入统一园区的企业间的经济距离大大缩短，增加交易、合作的机会并减少成本；二是对基础公共设施进行大力投入，尤其是公路、铁路、水运、航运体系的建设，以缩短落后地区商品、劳务进入发达地区的距离。

（四）优化要素配置，提高经济集聚度，必须打破经济分割，实现区域经济一体化发展

经济分割指国家之间、地区之间商品、资本、人员和知识流动的限制因素，简而言

之，就是阻碍经济一体化有形和无形的障碍，包括天然的阻隔、文化的障碍、关税和贸易保护等形成的市场壁垒。要充分发挥市场“无形之手”的作用，突破长江流域上中下游，以及各省市之间行政分割、市场壁垒束缚，构建统一、开放、竞争、有序的区域性大市场，推进长江流域经济一体化发展，实现长江流域上中下游之间互利共赢的局面。

二、体制协同管理

体制问题是制约我国流域经济与区域经济协同的根本问题和关键环节。体制改革是解决我国流域经济与区域经济协同发展的根本任务。改革开放以来，中国由传统的计划经济体制向社会主义市场经济体制转变，我国经济运行必然由纵向经济运行系统向横向经济运行系统转变，我国行政区经济必然向区域经济，或者向更高层次流域经济转变。经过近四十年的改革，我国经济体制改革取得了很大的成就，但我国传统管理体制的弊端仍然严重阻碍了我国行政区经济向区域经济、流域经济转变。我国条条管理之间、条块管理之间、块块管理之间的矛盾严重阻碍了我国区域之间、流域之间要素流动和资源配置，也阻碍了我国流域经济与政区经济之间的协同、协调发展。因此，改革我国行政管理体制，解决条条之间、条块之间、块块之间矛盾显得非常必要和迫切。必须改革阻碍流域经济与政区经济协同发展的体制，必须建立部门之间、中央与地方之间、地区之间的利益协调机制，达到流域经济与政区经济协调发展的目标。

（一）加快流域内行政体制的改革

在跨行政区的流域管理中，必须处理好流域管理与行政区管理的关系，行政区域管理必须服从流域管理，实现流域管理与行政管理的协调发展。长江流域水资源的流动性决定了长江流域的完整性，流域内水质水量、地表水和地下水是相互依存的，上游和下游、左岸和右岸、干流和支流开发利用治理也是相互影响的，流域开发治理涉及防洪、航运、灌溉、供水、发电、养殖、旅游等各个方面，是一个多目标的系统工程。在长江流域管理中各行政区管理要服从长江流域管理，要建立强有力的长江流域综合管理委员会，对长江流域进行总体规划，对长江流域的进行综合管理，要加强长江流域内各行政管理体制的改革，使流域内各行政区管理服从流域管理，达到流域经济与政区经济协调发展。

（二）建立长江流域利益协调机制

由于长江流域管理极端薄弱，各行政区都是从自身利益出发，开发和利用所管辖的长江流域的资源，忽视整体性和系统性，往往是为了追求短期利益，而损害长期利益，影响其他人利益，导致流域整体利益的巨大损失。在长江流域的开发和治理过程中，湖泊正在缩小，湿地减少，一些水域水污染严重，源区水土保持功能退化，中上游地区水土流失严重，少数支流季节性干旱，森林植被破坏，渔业资源衰退，珍稀水生野生动物濒危程度加剧，水域生态荒漠化趋势日益明显等。根本原因是政府行政区管理太过于追求自己的利益，忽视了流域的整体利益。因此，必须打破行政区划的边界和障碍，加强规划、统筹和衔接，形成统一开放的市场体系、基础设施共建共享、生态环境联防联治、流域管理统筹协调的区域协调发展新机制。推进长江流域经济社会文化多层次合作，使长江流域上中下游区域合作走向深入，实现互利共赢的局面。

三、民生工程保障

要充分发挥政府作用，充分发挥政府宏观管理的优点，体现政府配置资源的公平性、公正性，克服政府配置资源低效率的缺点，提高公共服务和经济成果共享水平，确保民生工程保障。

（一）提高公共服务均等化水平

流域经济、市场经济发展必须遵循流域自然规律、区域经济规律、市场规律，可能会导致优胜劣汰，会出现市场失灵，可能会只顾效率而不顾公平，可能会导致城乡之间、区域之间发展不平衡，导致公共利益、公共服务发展失衡，可能会使区域、城乡、地区、不同群体之间的基础教育、公共卫生、社会保障等基本公共服务差距逐步扩大成为社会公平、公正的焦点问题。要提高基本公共服务均等化水平，必须充分发挥政府作用，体现政府配置资源的公平性、公正性，提高公共服务和经济成果共享水平。提供公共服务也是政府的重要职责。发挥政府在公共服务体系中的主体作用，加快公共财政建设步伐，加大财政支出中用于社会公共服务项目的比重，是建设服务型政府的首要之举。公共服务均等化也是公共财政的基本目标之一，是指政府要为社会公众提供基本的、大致均等的公共物品和公共服务。党的十八届三中全会提出，政府要加强各类公共服务提供，加大政府购买公共服务力度。做好公共服务，是全面正确履行政府职能的一项重要内容。落实中央部署，推进城乡基本公共服务均等化，稳步推进城镇基本公共服务常住人口全覆盖，需要不断提高政府公共服务能力和水平。提高公共服务均等化水平对于实现流域经济与政区经济协同发展具有非常的重要意义。

（二）提高经济成果共享水平

要提高经济成果共享水平，必须充分发挥政府作用，体现政府配置资源的公平性、公正性，提高经济成果共享水平。共享是中国特色社会主义的本质要求。必须坚持发展为了人民、发展依靠人民、发展成果由人民共享，作出更有效的制度安排，使全体人民在共建共享发展中有更多获得感，增强发展动力，增进人民团结，朝着共同富裕方向稳步前进。坚持共享发展，要着力保障和改善民生，扩大公共服务，努力解决人民群众最关心最直接最现实的利益问题，经济社会发展的成果更多更公平地惠及全体人民。坚持共享发展，要作出更有效的制度安排。加紧建设对保障社会公平正义具有重大作用的制度，逐步建立以权利公平、机会公平、规则公平为主要内容的社会公平保障体系，努力营造公平的社会环境，保证人民平等参与、平等发展权利。坚持共享发展，必须充分发挥政治优势和制度优势，实施脱贫攻坚工程，使农村贫困人口早日脱贫，到2020年与全国一道实现全面建成小康社会的目标。坚持共享发展，必须充分发挥政治优势和制度优势，实现东部地区对中西部贫困地区对口支援，使中西部贫困地区早日脱贫，与全国同步实现全面建成小康社会的目标。

（三）提高绿色生态环境保护水平

生态环境的恶化，是市场经济发展必然结果，也是公共领域、公共产品发展失衡的集中表现，也是市场失灵的集中表现。要提高公共领域、公共产品发展水平，提供更多、更好的公共产品、公共服务，也就是要提供更多、更好的生态产品，提高保护和治理生态环境水平，必须充分发挥政府作用，体现政府配置资源的公平性、公正性，提高生态环境保护和治理水平。因此，必须充分发挥政府作用，建立和完善生态补偿机制。结合主体功能区建设，通过调整目前财政转移支付结构，建立生态环境保护和建设有直接关联的专项，增设欠发达地区定向专项，对定向专项的申报条件中附设生态环境保护和建设有关的内容。探索资源使（取）用权、排污权交易等市场化的生态补偿模式。通过自愿协商鼓励生态环境保护和受益者实现合理的生态补偿。加快主体功能区的建设，发挥主体功能区作为国土空间开发和保护的制度基础，实施主体功能区规划，完善政策，发布全国主体功能区的规划图和农产品主产区、重点生态功能区目录，推动各地区依据主体功能定位发展。以提高环境质量为核心，实施最严格的环保制度，形成政府、企业、公众共治的环境治理体系。构建生态安全屏障，坚持保护优先，自然恢复为主，实施山水林田湖生态保护和修复工程，建设生态走廊和生物多样性保护网络，提高森林、湖泊、湿地、草原、海洋自然生态系统稳定性和生态服务功能。

第三节　优化要素配置加快长江经济带建设

要充分发挥市场“无形之手”的作用，发挥市场配置资源的优点，克服市场失灵的缺点，优化要素配置，提高市场配置资源的高效率，提高长江流域经济发展集聚度，加快长江经济带建设。

一、加强长江流域水资源管理和保护

要有效保护和合理利用水资源，重点要加强水源地特别是饮用水源地保护、优化水资源配置、建设节水型社会、建立健全防洪减灾体系。要把保护和修复长江生态环境

摆在首要位置，共抓大保护，不搞大开发，全面落实主体功能区规划，明确生态功能分区，划定生态保护红线、水资源开发利用红线和水功能区限制纳污红线，强化水质跨界断面考核，推动协同治理，严格保护一江清水，努力建成上中下游相协调、人与自然相和谐的绿色生态廊道。

（一）长江流域水资源状况

长江流域总体上降水丰富，年降水量的分布趋势是江南大于江北，中下游大于上游，从东南向西北呈递减态势，其中上游地区平均降水量为 940mm，中下游地区平均为 1440mm。长江干流宜昌、汉口、大通站多年平均年径流量分别为 4340 亿立方米、7060 亿立方米、8910 亿立方米，多年平均入海水量 9190 亿立方米（不含淮河入江水量）。长江流域水资源总量 9960 亿立方米，其中地表水资源量为 9857 亿立方米，地下水资源量仅 103 亿立方米。江苏省本地水资源 322 亿立方米，过境水资源 9490 亿立方米，其中长江占 96%，过境水资源量大。

长江流域水资源的主要特点是：一是与黄淮海等北方流域和西北地区比较，降雨量和径流量比较丰富，但年内分布也不均匀，汛期占 70% 左右。二是虽然水资源总量大，但主要是地表水，地表水与地下水重复量大，真正的地下水比例低，仅占水资源总量的 1%。三是长江流域基本上不存在资源性缺水，但山丘区占流域面积比大，这些地区水利工程建设和运行成本高，存在工程性缺水问题，长江中下游及长江三角洲地区，湖泊和河网密集，水域面积大，客水丰富，普遍存在水质性缺水问题。四是虽然长江流域已建和在建水库有 51643 座，但水库总库容仅 3606.89 亿立方米，占长江水系多年平均地表水资源量 9856 亿立方米的 36.7%，总兴利库容 1799.91 亿立方米，占多年平均地表水资源的 18.3%。其中大型水库仅 282 座，中型水库 1543 座，水库工程中绝大多数为小型水库，长江中下游干流和多数支流水库调节和控制能力不足。

（二）长江流域水资源面临的主要问题

1. 水污染造成的水质性缺水问题日益突出

尽管近 10 年来大中城市污水处理率明显提高，但处理排放标准低，大多数仍然为Ⅴ类和劣Ⅴ类，而且废污水排放总量大（2014 年 334 亿吨），再加上农业等面源污染（估计每年 300 亿吨），使长江水质总体改善不大，Ⅱ类及以上水域面积甚至下降，一些非常规监测的重金属、有机污染和营养物质指标时常超标。长江流域的平原河网地区、天然湖泊和中小水库等水域水污染或者富营养化问题突出。由于大量耗水产业和化工企业聚集在长江干支流两岸，还有 20 多万艘注册的船舶行驶或者停留在长江主要水系上，突发水污染事故的风险大，各城市水源地不安全因素大。

2. 长江沿线用水过分依赖地表水和过境水，沿线城市用水安全和保证率不高

长江地表水资源丰富，长久以来干支流沿线 95% 以上的用水都使用地表水，过去

长江水质良好，供水安全度高，而在水质污染日益严重的今天，各城市供水安全存在隐患，大多数水源地都不时出现超标现象，供水的保证率不同程度下降，尤其是长江沿线城市附近的本地水（城市附近湖泊）污染严重，各城市基本都是通过引、调、抽等方式取用长江水，城市备用水源地普遍缺乏，抵御江河湖突发水污染事件的能力下降，一旦过境水（也称客水）被污染，就会引起供水中断，甚至会引起巨大社会影响。目前沿江城市都在不同程度地开展引江济湖工程的规划或者实施，更加重了江水污染负荷，当地水由于功能下降，多数只作为农业、养殖和景观功能，失去饮用水源的功能。

3. 工程性缺水较为严重

由于水利工程缺乏，特别是调蓄水库少，占长江流域70%面积的山丘区存在工程性缺水，如云南的滇东、鄂北豫南、湖南衡邵、赣南等地。长江流域相对大地区也存在季节性缺水问题，即使水资源丰富的洞庭湖和鄱阳湖也常出现春旱或者伏旱等问题。干旱属于自然现象，不可能通过水利工程消除农业干旱，需要考虑水利工程投入与效率关系，更需要考虑干旱保险等管理措施来减少农民的损失。

4. 水资源管理基础差

过去长江流域基本不存在水资源短缺问题，普遍存在节水意识淡薄，用水效率低的问题，而且水资源管理的技术基础差。目前长江主要江河都没有做过水量分配，水资源的管理手段和能力弱（如专业队伍、计量、监督等）。2002年以后，长江流域虽然进行了水资源综合规划，近年来又开展了总量控制指标的制定和分配工作，但这些管理措施的实施刚起步，效果还难以显现。

5. 长江经济带发展带来的水资源保护压力增加

高标准的黄金水道建设和维护与长江泥沙冲淤、河道演变、防洪安全、河道采砂和江湖演变协调问题，传统产业转移的需求与严格的环保准入门槛如何匹配，中西部地区城市化建设的需求与山丘区稀缺的土地资源、脆弱的生态系统和有限的环境容量如何相适应。东部发展现代服务业和高新技术不仅需要带动中西部的发展，而且需要优化本地的土地资源，改善三角洲地区河网和湖泊的水环境，并需要为上中游生态环境保护、水源涵养提供必要的生态补偿等方面的支持。

（三）长江流域水资源管理

1. 长江流域严格水资源管理内涵

长江流域水资源存在水质性、工程性缺水，但主要问题仍然是水污染引起的水质性缺水问题，根源是污染总量大，污染源多，监控能力不足，水资源利用效率不高，节水意识淡薄，废污水收集和处理能力不够。解决这些问题只有通过工程措施和非工程措施综合措施，工程措施主要通过建设新的水利工程增加供水能力，满足城乡缺水问题，增加废污水收集管网及污水处理厂能力。非工程措施，即严格的水资源管理措施，需要将“三条红线”捆绑在一起进行管理，并加强水利工程的科学调度。

2. 全面推进长江流域水权制度建设

首先，必须明晰初始水权。初始水权分配是水权制度建设的首要基础。我国初始水权分配的起点是水量分配，主导权是国家，依据是三条红线，分配原则是现状为主，兼顾发展，基本属于先占者优先的水权类型。国家层面进行的水量分配在最初并未明确是初始水权，只是以“总量限额”的方式明确流域沿岸各行政区的可取水量，这部分“可取水量”能否进行交易需要国家层面的许可。初始水权分配包括四个层次：一是国家分配到省（与流域结合）；2013 年我国将全国 2030 年用水总量 7000 亿分解到各省区市，全国以行政区为单元的分水已全部完成，也就是说长江流域的初始水权已全部分到沿线各省区。全国主要河流分水基本完成，流域分水与行政区分水相互协调但不完全相等。二是省级行政区内层层分解到市县乡镇，全国已基本完成。三是分配到灌区。四是明晰到农户。后两项工作，是目前长江流域初始水权分配的重点工作所在。

其次，建立健全水权交易制度。根据实际需求，鼓励和引导长江流域各行政区间、用水户间、行业间、各支流内外开展水权交易，探索多种形式的水权流转方式，其重点在于培育规范高效的水市场。借鉴土地交易、林权交易、排污权交易等平台建设经验，研究建立长江流域的水权交易平台，开展水权鉴定、水权买卖、信息发布、业务咨询等综合服务，促进水权交易公开、公正、规范开展。明确可交易水权的界定、水权交易主体、水权交易期限、水权交易价格、水权交易规则、水市场建设等相关要素方方面面，完善长江流域的水权制度建设，为全国各流域绿色发展树立榜样。

最后，完善计量监测与信息制度。加强对水权市场准入、交易价格、交易用途、可转让水权的测算等监管制度，加强区域间等重要控制断面、水功能区和地下水的水质水量监测能力建设，完善取水、排水、入河湖排污口计量监控设施，提升流域监测站网整体功能，全面、准确监测和采集各类水质信息，满足流域水资源保护管理的需要。加强涉及流域水资源保护管理的河道、水文、水质、水生态、水工程等信息收集工作，推进建立流域管理机构与地方的信息共享机制，充分利用物联网、移动通信、大数据、云计算等现代信息技术，以“统一技术标准、统一运行环境、统一安全保障、统一数据中心和统一门户”为抓手，实现流域内水资源保护信息技术与管理业务深度融合、综合管理现代化的信息平台。

（四）长江流域水资源保护

长江水资源条件现对较好，但由于大量化工、造纸、冶炼等污染企业布置在长江水系的两岸，不仅废污水排放总量大，而且突发水污染风险也很大，必须推行可行的综合措施。

1. 严格水资源开发，保护水环境

一是落实最严格水资源管理制度，进一步完善防汛保障体系、农田水利体系和水资源管理体系，建立水资源开发利用控制、用水效率控制、水功能区限制纳污三大红线，健全水资源管理责任和考核制度。二是发展绿色产业和循环经济，减少污染总负荷，这不仅是未来产业发展的途径，也是保护长江流域水环境的必然要求。三是建立生态补偿制度，利用经济杠杆，提高水资源使用效率，鼓励水权拥有者或者使用者保护水资源，并得到必要的经济补偿。四是加强水源保护区和流域生态河道建设，优化沿江取水口和排污口布局，取缔饮用水水源保护区内的排污口，建设饮用水应急水源；进一步完善河口海洋开发保护体系，推进陆域与海域联动发展、河口与海洋共同保护，保持滩涂资源和生态湿地动态平衡；建设沿江、沿河、环湖水资源保护带、生态隔离带，增强水源涵养和水土保持能力。

2. 建设绿色生态廊道，恢复水生态

一是坚定不移实施主体功能区制度，划定流域生态保护红线，加大重点生态功能区建设和保护力度，构建中上游生态屏障。二是实施各种生态工程，强化流域生态保护和修复，中上游重点实施山地丘陵地区坡耕地治理、退耕还林还草和岩溶地区石漠化治理等生态工程，中下游重点实施生态清洁小流域综合治理及退田还草还湖还湿等生态工程。三是强化水土流失治理和地质灾害防治，加强流域天然林草资源保护和防护林体系建设，强化流域风景名胜资源保护和山地丘陵地区林草植被保护。

3. 严格控制和治理水污染

一是制定水功能区限制纳污红线，完善水功能区监督管理制度，按河段、分季节科学核定水域纳污容量，严格控制入河（湖）排污总量。二是建立严格的水环境技术标准体系和市场准入门槛，违法必究。三是大幅削减化学需氧量、氨氮排放量，加大总磷排放、总氮排放等污染物控制力度。加大流域化工、造纸、印染、有色等排污行业环境隐患排查和集中治理力度，推广合理施肥，控制稻田过量投入氮素化肥，减少城乡含磷洗涤剂的用量等。四是实行流域干支流沿线城镇污水垃圾全收集全处理，特别是流域上游贫困地区由国家出资兴建和运营各级污水处理厂，加强农业畜禽、水产养殖污染物排放控制及农村污水垃圾治理，强化水上危险品运输安全环保监管、船舶溢油风险防范和船舶污水排放控制。五是建立区域水环境污染预警系统，完善水污染应急救援体系，提高水污染应急处置能力。六是建立突发水污染事故排除、水利工程调控技术和备用水源启动机制，及时解决污染事故，保障供水安全。七是加强监测、评价能力建设，建立主要污染源和排污口信息系统，明确污染主体责任，建立跨行政区考核制度。

二、建设长江流域综合立体交通走廊

依托长江黄金水道，统筹发展水路、铁路、公路、航空、管道等各种运输方式，加快综合交通枢纽和国际通道建设，建成衔接高效、安全便捷、绿色低碳的综合立体交通走廊。

（一）提升长江黄金水道航运功能

充分发挥长江水运运能大、成本低、能耗少等优势，加快推进长江干线航道系统治理，整治浚深下游航道，有效缓解中上游瓶颈，改善支流通航条件，优化港口功能布局，加强集疏运体系建设，打造畅通、高效、平安、绿色的黄金水道。

1. 全面推进长江干线航道系统化治理

加快实施重大航道整治工程，充分利用航道自然水深条件和信息化技术，进一步提升干线航道通航能力。下游重点实施12.5米深水航道延伸至南京工程；湖口至长江口，湖口至安庆段航道为内河Ⅰ级、水深为4.5米；安庆至南京段航道内河Ⅰ级、水深为6.0米；南京至太仓段航道逐步改善通航条件，适应大型海船运输需要，可通航由2000吨或5000吨级驳船组成的2—4万吨级船队和3—5万吨级海船；太仓至长江口段航道水深12.5米，实现5万吨级集装箱船全天候双向通航，兼顾10万吨级散货船舶满载乘潮通航。

中游重点实施荆江河段航道整治工程，抓紧开展宜昌至安庆段航道工程模型试验研究；规划宜昌至城陵矶河段航道为内河Ⅰ级、水深为3.5米；城陵矶至武汉河段的航道水深为3.7米；武汉至江西湖口河段的航道水深为4.5米，可通航由2000吨或5000吨级驳船组成的2—4万吨级船队，利用自然水深通航5000吨级海船。

上游重点实施重庆至宜宾段航道整治工程、宜宾至水富段航道整治工程。水富至宜昌采取整治和疏浚相结合的措施，使水富至重庆、重庆至宜昌分别达到规划的内河Ⅲ级、Ⅰ级航道标准。金沙江下段，对大兴至宜宾航道进行整治，大兴至新市镇、新市镇至水富、水富至宜宾可分别按5、4、3级航道标准考虑。梯级渠化后，可逐步将通航河段向上游延伸，辅以回水变动区整治、疏浚，最终达到攀枝花以下河段通航。

2. 统筹推进支线航道建设

积极推进航道整治和梯级渠化，提高支流航道等级，形成与长江干线有机衔接的支线网络。加快建设合裕线、信江、赣江、江汉运河、汉江、沅水、湘江、乌江、岷江等高等级航道，抓紧实施京杭运河航道建设和船闸扩能工程，系统建设长江三角洲地区高等级航道网络。

长江上游通过对岷江、横江、赤水河、綦江、嘉陵江、乌江等主要支流航道整治和渠化，按300—1000吨级干支直达运输考虑。横江渠化后按4级航道标准；岷江整治沙湾至乐山及乐山至宜宾段航道，航道标准按4级考虑；綦江以航运为主进行渠化，赶水至江口航道标准按4级考虑；赤水河采取整治和梯级渠化措施，合江至茅台按5级航道标准考虑；嘉陵江广元至重庆，主要依靠整治，渠化广元至昭化航道，广元以下航道按6—4级标准考虑；乌江渡坝下至白马近期按5级航道考虑，乌江渡以上航道等级进一步研究确定。

长江中下游地区对主要支流整治疏浚和梯级渠化。通过以洞庭湖骨干航道为节点，连接四水及湘澧航线，沟通岳阳、长沙、湘潭、株洲、衡阳、常德、益阳、津市等城市，南连湘桂运河，沟通珠江水系，北入长江。湘江城陵矶至湘潭河段进行整治，湘潭至衡阳河段渠化结合整治，衡阳以下按3级航道标准考虑；沅水整治桃源至鲇鱼口航段，大江口至桃源达到5级航道标准，桃源至鲇鱼口航道达4级标准；澧水主要是治理澧湘航道，达到5级航道标准；汉江规划汉口至丹江口按3级航道，丹江口至安康按4级航道，安康至洋县按5级航道。鄱阳湖水系赣江、信江流经德兴、贵溪铜基地和南昌等城市，赣江规划赣州至南昌段，进行整治和渠化，建成万安、泰和枢纽，使航道等级达到5级；信江流口至湖口为3级航道标准。太湖水系通过对苏南运河等14条主要航道扩建改造，形成100—500吨级水运网。

3. 促进港口合理布局

优化港口功能，加强分工合作，积极推进专业化、规模化和现代化建设，大力发展现代航运服务业。加快上海国际航运中心、武汉长江中游航运中心、重庆长江上游航运中心和南京区域性航运物流中心建设。推进上海港、宁波—舟山港、江苏沿江港口功能提升，有序推进内河主要港口建设，完善集装箱、大宗散货、汽车滚装及江海中转运输系统。

4. 加强集疏运体系建设

以航运中心和主要港口为重点，加快铁路、高等级公路等与重要港区的连接线建设，强化集疏运服务功能，提升货物中转能力和效率，有效解决“最后一公里”问题。推进港口与沿江开发区、物流园区的通道建设，扩大港口运输服务的覆盖范围。

5. 扩大三峡枢纽通过能力

挖掘既有船闸潜力，启动三峡及葛洲坝既有船闸扩能和三峡至葛洲坝两坝间航道整治工程。加快完善公路水路无缝衔接的翻坝转运系统，大力推进铁路水路有效连接的联运系统建设，抓紧建设三峡枢纽货运分流油气管道，积极实施货源地分流。加强三峡枢纽水运新通道和葛洲坝枢纽水运配套工程前期研究工作。

6. 增强长江干线过江能力

统筹规划、合理布局过江通道，做好隧道桥梁方案比选、洪水影响评价等论证工作，充分利用江上和水下空间，着力推进铁路、公路、城市交通合并过江，节约集约利用土地和岸线资源。优化整合渡口渡线，加强渡运安全管理。促进过江通道与长江航运、防洪安全和生态环境协调发展，实现长江两岸区域间、城市间以及城市组团间便捷顺畅连接，形成功能完善、安全可靠的过江通道系统。

（二）强化铁路运输网络

加强快速铁路建设，重点建设上海经南京、合肥、武汉、重庆至成都的沿江高速铁路和上海经杭州、南昌、长沙、贵阳至昆明的沪昆高速铁路，建设商丘经合肥至杭州、重庆至贵阳等南北向高速铁路和快速铁路，形成快速铁路网。加快普通铁路新建和既有线路改扩建，改扩建沿长江普通铁路。新建衢州至丽江铁路，进一步提高沪昆铁路既有运能，加快南北向铁路、中西部干线建设，加强既有铁路扩能改造形成覆盖普通铁路网。

（三）优化公路运输网络

积极推进国家高速公路建设。以上海至成都、上海至重庆、上海至昆明、杭州至瑞丽等国家高速公路为重点，统筹推进高速公路建设，消除省际间“断头路”，尽快形成连通大中城市、重点经济区、主要港口和重要边境口岸的高速公路网络。加大普通国省道改造力度。加快普通国道建设，消除瓶颈路段制约，提高技术等级和安全水平，使东中部地区普通国道二级及以上公路比重达到90%以上，西部地区普通国道二级及以上公路比重达到70%以上。配套完善道路安全防护设施和交通管理设施设备。加强省际通道和连接重要口岸、旅游景区、矿产资源基地等的公路建设，实现主要港口、民航机场、铁路枢纽、重要边境口岸、省级以上工业园区基本通二级及以上公路。

（四）拓展航空运输网络

加快上海国际航空枢纽建设，强化重庆、成都、昆明、贵阳、长沙、武汉、南京、杭州等机场的区域枢纽功能，发挥南昌、合肥、宁波、温州、无锡、丽江、西双版纳等干线机场作用，完善支线机场布局，形成长江上中下游机场群。优化航线网络，科学论证，提高主要城市间航班密度，增加国际运输航线。深化低空空域管理改革，发展通用航空。依托空港资源，发展临空经济。

（五）完善油气管道布局

统筹规划、合理布局沿江油气管网，加快建设主干管道，配套建设输配体系和储备设施，提高原油、成品油管输比例，增加天然气供应能力。完善长江三角洲、长江中游、川渝云贵地区原油、成品油输送管道以及区域天然气管网，加快油气管道互联互通，形成以沿江干线管道为主轴，连接成渝城市群、长江中游城市群、长江三角洲城市群的油气供应保障体系。

（六）加强综合交通枢纽建设

按照“零距离换乘、无缝化衔接”要求，加快建设14个全国性综合交通枢纽（节点城市）和重要区域性综合交通枢纽（节点城市）。加强客运枢纽一体化衔接。根据城市空间形态、旅客出行等特征，合理布局不同层次、不同功能的客运枢纽。实现城市轨道交通、地面公共交通、市郊铁路、私人交通等设施与干线铁路、城际铁路、干线公路、机场等紧密衔接。鼓励采取开放式、立体化方式建设交通枢纽，尽可能实现同站换乘。完善货运枢纽集疏运功能。统筹货运枢纽与开发区、物流园区等的空间布局。按照“无缝化衔接”要求，建设能力匹配的公路、铁路连接线和换装设施，提高货物换装的便捷性、兼容性和安全性，降低物流成本。加快综合交通枢纽规划工作，做好与省域城镇体系规划、城市总体规划、土地利用总体规划等的衔接与协调。统筹综合交通枢纽与产业布局、城市功能布局的关系，以综合交通枢纽为核心，协调枢纽与通道的发展。

（七）加快城市群交通网络建设

以快速铁路和高速公路为骨干，以国省干线公路为补充，建设长江三角洲、长江中游、成渝、滇中和黔中城市群城际交通网络，实现城市群内中心城市之间、中心城市与周边城市之间的快速通达，完善城市公共交通和乡村交通网络，促进新型城镇化有序发展。

一是完善长江三角洲城市群城际交通网络。打造以上海为中心，南京、杭州、合肥为副中心，城际铁路为主通道的“多三角、放射状”城际交通网络。建设以上海为中心，南京、杭州、合肥、宁波、南通为节点的“多三角”城际交通网。建设以上海为中心，连通南通、苏州、嘉兴、宁波等城市的放射状城际交通网。建设以南京为中心，连通苏州、无锡、常州、镇江、南通、泰州、扬州等城市的放射状城际交通网。建设以杭州为中心，连通绍兴、宁波、舟山、台州、湖州、嘉兴等城市的放射状城际交通网。建设以合肥为中心，连通芜湖、马鞍山、宣城、铜陵、池州、安庆、淮南、蚌埠、滁州等城市的放射状城际交通网。实现城市群内中心城市之间以及中心城市与周边城市之间1—2小时通达。

二是扩大长江中游城市群城际交通网络。打造长江中游城市群“三角形、放射状”城际交通网络。建设以武汉、长沙、南昌为中心，快速铁路为主通道的“三角形”城际交通网。建设以武汉为中心，连通黄石、鄂州、咸宁、宜昌、荆州、荆门、潜江、仙桃、天门、孝感、黄冈等城市的放射状城际交通网。建设以长沙为中心，连通株洲、湘潭、衡阳、娄底、岳阳、益阳、常德等城市的放射状城际交通网。建设以南昌为中心，连通九江、景德镇、鹰潭、抚州、新余、宜春、萍乡等城市的放射状城际交通网。实现武汉、长沙、南昌之间2小时通达，武汉、长沙、南昌与周边城市之间1—2小时通达。

三是构建成渝城市群城际交通网络。打造以重庆、成都为中心的“一主轴、放射状”城际交通网络。建设以重庆至成都铁路客运专线为主通道的运输主轴，重庆中心城区连通万州、涪陵、江津、永川、合川等区（县）的放射状城际交通网，成都连通德阳、绵阳、遂宁、南充、广安、达州、资阳、内江、自贡、泸州、宜宾、乐山、眉山、雅安等城市的放射状城际交通网。实现重庆、成都之间以及与周边城市之间1—2小时通达。

四是建设黔中、滇中城市群城际交通网络。建设以贵阳为中心，连通安顺、遵义、毕节、都匀、凯里的放射状城际交通网络，实现贵阳与周边城市之间1小时通达。建设以昆明为中心，连通曲靖、玉溪、楚雄等城市的放射状城际交通网，实现昆明与周边城市之间1小时通达。

五是提升城市公共交通网络能力。贯彻落实公共交通优先政策，统筹城市发展与重大交通基础设施建设。有序发展城市轨道交通，上海、南京、武汉、重庆、成都等建成城市轨道交通网络，杭州、合肥、南昌、长沙、贵阳、昆明、宁波、苏州、无锡等建成城市轨道交通主骨架。充分利用现有铁路资源，积极推进市郊铁路建设。提升公共交通枢纽场站规划建设水平，基本实现大城市中心城区公共交通站点500米全覆盖，公共交通占机动化出行比例达到60%左右。强化城市主干道路建设，完善路网结构，改善微循环系统，优化交通组织，广泛应用智能交通技术，提高道路通行效率。加强静态交通管理。进一步推动城市步行和自行车交通系统建设。

六是改善乡村交通条件。以满足农村交通需求为出发点，继续实施以通沥青（水泥）路为重点的通畅工程，加快集中连片特殊困难地区农村公路建设，形成以县城为中心，辐射乡镇，覆盖行政村的乡村公路网络，实现上中下游地区具备条件的乡镇、建制村通沥青（水泥）路率达到100%。实施县乡道改造和连通工程，提高乡村公路骨架网络质量。实施乡村公路的桥涵建设、危桥改造以及客运场站等公交配套工程，加强乡村公路的标识、标线、护栏等设施建设，提高乡村公路安全保障水平。大力发展农村客运，实现乡镇、建制村通客车率达到100%。

（八）建设国际运输通道

建设孟中印缅通道、中老泰通道和中越通道，加快基础设施互联互通。推进昆明至缅甸铁路、公路和油气管道建设，形成至南亚的国际运输通道。推进昆明至越南、老挝的铁路和公路建设，形成至东南亚的国际运输通道。开发利用国际河流航运资源，建设澜沧江、红河等水路国际运输通道。配套建设与国际通道相关的基础设施，完善口岸功能。

三、加快长江流域下中上游城市群建设

以沿江综合运输大通道为轴线，以长江三角洲、长江中游和成渝三大跨区域城市群为主体，以黔中和滇中两大区域性城市群为补充，以沿江大中小城市和小城镇为依托，促进城市群之间、城市群内部的分工协作，强化基础设施建设和联通，优化空间布局，推动产城融合，引导人口集聚，形成集约高效、绿色低碳的新型城镇化发展格局。

（一）提升长江三角洲城市群国际竞争力

促进长江三角洲一体化发展，打造具有国际竞争力的世界级城市群。充分发挥上海国际大都市的龙头作用，加快国际金融、航运、贸易中心建设。提升南京、杭州、合肥都市区的国际化水平，推动南京都市圈、杭州都市圈、合肥都市圈、苏锡常都市圈、宁波都市圈的同城化发展。

专栏 9–1：长江三角洲城市群

提升上海全球城市功能。按照打造世界级城市群核心城市的要求，加快提升上海核心竞争力和综合服务功能加快建设具有全球影响力的科技创新中心，发挥浦东新区引领作用，推动非核心功能疏解，推进与苏州、无锡、南通、宁波、嘉兴、舟山等周边城市协同发展，引领长三角城市群一体化发展，提升服务长江经济带和“一带一路”等国家倡议的能力。

促进五个都市圈同城化发展。南京都市圈，包括南京、镇江、扬州三市。提升南京中心城市功能，加快建设南京江北新区，加快产业和人口集聚，辐射带动淮安等市发展，促进与合肥都市圈融合发展，打造成为区域性创新创业高地和金融商务服务集聚区。杭州都市圈，包括杭州、嘉兴、湖州、绍兴四市。发挥创业创新优势，培育发展信息经济等新业态新引擎，加快建设杭州国家自主创新示范区和跨境电子商务综合试验区、湖州国家生态文明先行示范区，建设全国经济转型升级和改革创新的先行区。合肥都市圈，包括合肥、芜湖、马鞍山三市。发挥在推进长江经济带建设中承东启西的区位优势和创新资源富集优势，加快建设承接产业转移示范区，推动创新链和产业链融合发展，提升合肥辐射带动功能，打造区域增长新引擎。苏锡常都市圈，包括苏州、无锡、常州三市全面强化与上海的功能对接与互动，加快推进沪苏通、锡常泰跨江融合发展。建设苏州工业园国家开放创新综合试验区，发展先进制造业和现代服务业集聚区，推进开发区城市功能改造，加快生态空间修复和城镇空间重塑，提升区域发展品质和形象。宁波都市圈，包括宁波、舟山、台州三市。高起点建设浙江舟山群岛新区和江海联运服务中心、宁波港口经济圈、台州小微企业金融服务改革创新试验区。高效整合三地海港资源和平台，打造全球一流的现代化综合枢纽港、国际航运服务基地和国际贸易物流中心，形成长江经济带龙头龙眼和“一带一路”倡议支点。

打造一体化城乡体系。培育区域性生产、贸易、高端服务、交通运输、创新、旅游等特色职能，形成以区域中心城市为核心、功能节点城市（镇）为纽带、乡村地域为支撑，生态空间开敞、城乡风貌各异，紧凑型、网络化的一体化城乡体系。以市域空间为整体推进规划和建设，严格划定城市开发边界、永久基本农田和生态保护红线，统筹城镇建设、基础设施布局、农田保护、产业集聚、村落分布、生态涵养，推进农村一二三产业融合发展加强“菜篮子”工程建设。强化特大镇对城乡体系的支撑作用，加快推进特大镇行政管理体制改革，开展特大镇功能设置试点和设市模式改革创新试点，在降低行政成本和提升行政效率的基础上不断拓展特大镇功能，充分发挥长三角城市群数量众多的特大镇作为区域生产网络重要节点的作用。

（二）培育发展长江中游城市群

增强武汉、长沙、南昌中心城市功能，促进三大城市组团之间的资源优势互补、产业分工协作、城市互动合作，把长江中游城市群建设成为引领中部地区崛起的核心增长极和资源节约型、环境友好型社会示范区。优化提升武汉城市圈辐射带动功能，开展武汉市国家创新型城市试点，建设中部地区现代服务业中心。加快推进环长株潭城市群建设，提升湘江新区和湘北湘南中心城市发展水平。培育壮大环鄱阳湖城市群，促进南昌、九江一体化和赣西城镇带发展。建设鄱阳湖、洞庭湖生态经济区。

专栏 9–2：长江中游城市群

武汉城市圈。充分发挥武汉科教优势和产业优势，强化辐射引领作用，开展国家创新型城市试点，提升国际化水平；全面加快武汉城市圈一体化建设，推进武汉与鄂州、孝感、咸宁、黄冈、黄石等同城化发展，加强与汉江生态经济带和鄂西生态文化旅游圈联动发展；积极推进“两型”社会综合配套改革试验区和自主创新试验区建设，率先在优化结构、节能减排、自主创新等方面实现新突破，把武汉城市圈建设成为全国重要的综合交通运输枢纽、先进制造业和高技术产业基地、中部地区现代服务业中心。

环长株潭城市群。依托现有国家级开发区和产业基地，提升长沙东部开放型经济走廊发展水平，促进长沙产业高端化发展，增强产业集聚能力，强化科技教育、文化创意、商贸物流等功能，打造中部地区重要的先进制造业基地、综合交通枢纽和现代服务业中心，率先建成“两型”城市和实现全面小康；推动长沙与株洲、湘潭一体化发展，辐射带动衡阳、岳阳、常德、益阳、娄底等城市发展，加快洞庭湖生态经济区建设，把环长株潭城市群建设成为全国“两型”社会建设示范区和现代化生态型城市群。

环鄱阳湖城市群。优化南昌要素集聚、科技创新、文化引领和综合交通功能，辐射带动周边地区发展，打造重要的先进制造业基地、中部地区综合交通枢纽和现代服务业集聚区；加快（南）昌九（江）一体化、（南）昌抚（州）一体化发展，推进鄱阳湖生态经济区建设，加强与新（余）宜（春）萍（乡）城镇密集带、信江河谷城镇群的联系，促进与赣南等原中央苏区联动发展，把环鄱阳湖城市群建设成为大湖流域生态人居环境建设示范区和低碳经济创新发展示范区。

促进各类城市协调发展。优化城镇规模结构，明确大中小城市功能定位、发展重点和发展方向，加强协作对接，实现集约发展、联动发展。促进武汉、长沙、南昌进一步增强综合承载能力和服务功能。支持老工业基地城市加快调整改造，促进资源型城市可持续发展，继续扶持资源枯竭城市转型。加快培育和发展中小城市，加强产业和公共服务资源布局引导，增强特色产业和人口集聚能力。推动小城镇发展与疏解大城市中心城区功能相结合与特色产业发展相结合、与服务“三农”相结合。推进产业和城市融合发展，推动有条件的开发区由单一生产功能向城市综合功能转型，加快城区老工业区、独立工矿区搬迁改造。创新城镇联动发展机制。加大城镇规划协调力度，建立起城镇之间完善、互联、互通的陆运网络。建设以武汉、长沙、南昌为中心的“三角形、放射状”城际交通网络，实现省会城市之间 2 小时通达，省会城市与周边城市之间 1—2 小时通达。加快推进快速铁路建设，形成覆盖 50 万人口以上城市的快速铁路网；加快推进其他干线铁路和既有线路改扩建，推进疏港等支线铁路建设，与快速铁路形成覆盖 20 万人口以上城市的铁路网。积极推进国家高速公路建设，建成连通 20 万人口以上城市和主要港口的高速公路网络实施国家高速公路繁忙路段扩容改造工程和公路安全生命防护工程；在科学论证和规划基础上，建设必要的地方高速公路，作为国家高速公路网的延伸和补充；加强省界地区的普通国道、省道衔接，提高国省干线公路技术等级以及交通管理设施设备、安全防护设置和相关服务水平，消除普通国道瓶颈路段制约，普通国道二级及以上公路比重达到 90% 以上；加快县乡连通路、资源开发路、旅游景区路建设，实现具备条件的乡（镇）、建制村通沥青（水泥）路，逐步提高农村公路技术等级，完善道路交通安全设施，创造安全通行条件。加快发展农村客运，建制村通客车率达到 100%。增加长江干线过江能力，推进铁路、公路、城市交通合并过江，有序建设功能完善、安全可靠的长江过江通道。

（三）促进成渝城市群一体化发展

提升重庆、成都中心城市功能和国际化水平，发挥双引擎带动和支撑作用，推进资源整合与一体发展，把成渝城市群打造成为现代产业基地、西部地区重要经济中心和长江上游开放高地，建设深化内陆开放的试验区和统筹城乡发展的示范区。重点建设成渝主轴带和沿长江、成绵乐（成都、绵阳、乐山）等次轴带，加快重庆两江新区开发开放，推动成都天府新区创新发展。

专栏 9–3：成渝城市群

提升重庆核心功能。围绕建成国家中心城市，强化重庆大都市区西部开发开放战略支撑和长江经济带西部中心枢纽载体功能，充分发挥长江上游地区经济中心、金融中心、商贸物流中心、科技创新中心、航运中心的作用加快两江新区建设，全面增强集聚力、辐射力和竞争力。加强城市规划建设管理，强化城市规划约束性作用，根据山地特色合理控制建筑物高度，提升现代化国际大都市形象。以主城区为核心，以城市发展新区为腹地、联动沿江城市带和四川毗邻城市发展，构筑具有国际影响力的现代化大都市区。

提升成都核心功能。以建设国家中心城市为目标，增强成都西部地区重要的经济中心、科技中心、文创中心、对外交往中心和综合交通枢纽功能，加快天府新区和国家自主创新示范区建设，完善对外开放平台，提升参与国际合作竞争层次。强化城市规划建设管理，发挥自然因素在城市风貌特色塑造中的基础作用，提升城市形象。充分发挥成都的核心带动功能，加快与德阳、资阳、眉山等周边城市的同城化进程，共同打造带动四川辐射西南、具有国际影响力的现代化都市圈。

打造成渝发展主轴。依托成渝北线、中线和南线综合运输通道，积极推进重庆两江新区和四川天府新区建设加快推动核心城市功能沿轴带疏解，辐射带动资阳、遂宁、内江、永川、大足、荣昌、潼南、铜梁、璧山等沿线城市加快发展，打造支撑成渝城市群发展的“脊梁”。加快城际轨道交通、高速公路和沿线交通枢纽建设，构筑发达的基础设施复合廊道。加强沿线城市产业分工协作，引导先进制造业和现代服务业集群发展。支持沿线中心城市拓展发展空间，提高人口经济集聚能力。

培育沿江城市带。依托长江黄金水道及沿江高速公路、铁路，充分发挥重庆的辐射带动作用，促进泸州、宜宾、江津、长寿、涪陵、丰都、忠县、万州等节点城市发展，培育形成沿江生态型城市带。发挥沿江区位和港口优势，有序推进岸线开发和港口建设，增强泸州、宜宾、涪陵、长寿、万州等产业园区支撑作用，建设临港产业特色产业和现代物流基地。规范开发秩序，严守生态红线，建设沿江绿色生态廊道，强化沿江生态保护和修复，统筹流域环境综合治理。

优化成德绵乐城市带。依托成绵乐城际客运专线、宝成－成昆铁路和成绵、成乐、成雅高速公路等构成的综合运输通道，发挥成都辐射带动作用，强化绵阳、德阳、乐山、眉山等城市的节点支撑作用，带动沿线城镇协同发展，提升人口综合承载能力，建成具有国际竞争力的城镇集聚带。依托沿线产业基础，发挥天府新区、成都自主创新示范区和绵阳国家科技城的平台优势，围绕电子信息、装备制造、航空航天、科技服务、商贸物流等产业打造创新驱动的特色产业集聚带。

培育川南城镇密集区。包括自贡、内江、泸州、宜宾的市区和部分县（市），促进自贡内江联合发展、泸州宜宾沿江协调发展，建设成为成渝城市群南向开放、辐射滇黔的重要门户。

培育南遂广城镇密集区。包括南充、遂宁、广安的市区和部分县（市），加强与重庆协作配套发展，建设成为成渝城市群跨区域协同发展示范区。

培育达万城镇密集区。包括达州市部分地区、万州、开县和云阳部分地区，加快达万综合通道建设，促进万开云一体化融合发展，建设成为成渝城市群向东开放的走廊。

做强区域中心城市。结合自身特点和发展条件，提升区域服务能力，分担核心城市功能，强化区域辐射带动作用，加快产业和人口集聚，优化行政区划设置，适当扩大城市规模，与邻近区县一体化发展。把万州打造为渝东北区域中心、长江经济带重要节点城市；把黔江打造为渝东南区域中心、武陵山区重要经济中心；把绵阳、乐山打造为成都平原区域中心城市、宝成–成昆发展轴带向北和向南辐射的空间节点；把南充打造为川东北区域中心城市，带动川东北城乡均衡发展；把泸州、宜宾打造为川南的区域中心城市，带动川南丘陵地区和长江经济带沿线城镇发展。

建设重要节点城市。把建设重要节点城市作为优化城镇体系的抓手，提升专业化服务功能，培育壮大特色优势产业。强化江津、德阳等在重庆、成都都市圈中的协作配套功能，发挥遂宁、大足等区位优势明显城市对成渝主轴的支撑作用，完善自贡、达州等城市在城镇密集区发展中的支点作用。

培育发展一批小城市。以县城和发展潜力较大的特大镇为重点，加快基础设施建设，提升城市服务功能，推动具备行政区划调整条件的县有序改市，探索赋予镇区人口10万以上的特大镇部分县级管理权限。鼓励引导产业项目向资源环境承载力强、发展潜力大的县城布局，夯实县城产业基础。加强市政基础设施和公共服务设施建设推动公共资源配置适当向县城倾斜。鼓励适度增加集约用地程度高、吸纳人口多的县城建设用地供给，有效满足农民就近城镇化的住房需求。

有重点地发展小城镇。位于重庆、成都都市圈范围内的重点镇，要加强与周边城市的统筹规划、功能配套，有效分担城市功能。具有特色资源、区位优势的小城镇，要通过规划引导、市场运作，培育成为文化旅游、商贸物流、资源加工、交通枢纽等专业特色镇。其他一般小城镇，要完善基础设施和公共服务，发展成为服务农村、带动周边的综合性小城镇。

（四）推动黔中区域性城市群发展

增强贵阳产业配套和要素集聚能力，重点建设遵义—贵阳—安顺主轴带，推动贵安新区成为内陆开放型经济示范区，重要的能源资源深加工、特色轻工业和民族文化旅游基地，推进大数据应用服务基地建设，打造西部地区新的经济增长极和生态文明建设先行区。

专栏 9-4：黔中城市群

遵循城市经济、区域经济发展规律重点打造以贵阳城区为中心周边开阳、息烽、福泉、瓮安、惠水、西秀、都匀、普定、长顺、织金、黔西等高速公路沿线城市为节点的1小时黔中核心经济圈,使之成为带动黔中经济区发展的主引擎。进一步做大贵阳中心城市加快贵安新区建设把贵阳—贵安建设成为带动区域发展的核心增长极着力推进国内其他城市发展。统筹区域交通、水利等重大基础设施建设推进产业分工合作加快重点产业园区建设，推动产业集群发展，构建贵阳—安顺、贵阳—都匀、贵阳—息烽、开阳—瓮安—福泉城市带、产业带；建立完善贵安新区、双龙航空港经济区等开发建设的体制机制为创新跨区域经济区开发合作机制探索有益模式和经验推动黔中核心经济圈率先发展。

加快培育遵义、六盘水、安顺、毕节、铜仁、兴义、凯里和都匀等城市增长极，做大中心城市，完善城镇功能加强中心城市与周边重点城镇交通快速联结，打破行政区划推动产业分工协作，促进区域资源要素自由流动优化配置，增强城市增长极的发展动力，推进区域一体化发展。加快构建形成以遵义市中心城区为核心，遵义、仁怀、桐梓、绥阳、湄潭等县（市）城区为支撑的城市增长极；以六盘水市中心城区为核心，六枝、盘县、水城等县（区）城区为支撑的城市增长极；以安顺市中心城区为核心，平坝、普定、镇宁等县（区）城区为支撑的城市增长极；以毕节市中心城区为核心，大方、纳雍、赫章等县城区为支撑的城市增长极；以铜仁市中心城区为核心江口、松桃、玉屏等县城区为支撑的城市增长极；以兴义中心城市为核心，兴仁、安龙、贞丰等县城区为支撑的城市增长极；以凯里中心城市为核心，黄平、台江、雷山、麻江等县城区为支撑的城市增长极；以都匀中心城市为核心，福泉、贵定、平塘、三都等县（市）城区为支撑的城市增长极。

加快特色小城镇建设，加快建设一批产业定位清晰、文化内涵丰富、功能配套完善的特色小城镇进一步提升全省小城镇的绿色发展能力、吸纳就业能力、经济产业实力实现小城镇生活、生态、生产全方位升级打造贵州特色小城镇升级版。

提升城镇基础支撑能力。实施城际互联互通工程加快城际铁路建设规划建设都匀—凯里、兴义—兴仁、玉屏—碧江、贵阳—惠水等城际干道。大力发展城市公共交通系统推进贵阳城市轨道交通规划建设遵义、六盘水等其他区域中心城市轨道交通。新建一批智能、集约、高效的城市停车场。加快在加油站、停车场等场所建设充电设施基本形成适度超前、车桩相随、智能高效的新能源汽车动力保障体系。加强城镇供水、道路、燃气，污水垃圾处理等设施建设。加快推进六盘水国家地下综合管廊试点，规划建设贵安新区和 9 个市州城市综合管廊。加强海绵城市和智慧城市建设，推进贵安新区海绵城市国家试点和贵阳、遵义等11个国家智慧城市试点。

（五）推动滇中区域性城市群发展

提升昆明面向东南亚、南亚开放的中心城市功能，重点建设曲靖—昆明—楚雄、玉溪—昆明—武定发展轴，推动滇中产业集聚区发展，建设特色资源深加工基地和文化旅游基地，打造面向西南开放重要桥头堡的核心区和高原生态宜居城市群。

专栏9–5：滇中城市群

提升昆明中心城市功能。着力提升昆明作为全省政治、经济、科技、文化、金融、创新中心的作用，努力把昆明建设成为面向南亚东南亚的区域性国际中心城市。着力加强昆明市与曲靖市、玉溪市、楚雄州、红河州互联互通基础设施网络建设，重点推进城际间快速轨道交通建设，促进各种运输方式有效衔接，努力将昆明市建设成为全国性和我国面向南亚东南亚区域性综合交通枢纽。充分发挥昆明市人才资源和各类创新平台集聚的优势，大力发展高新技术产业，全面提升创新能力，打造区域性产业创新中心。充分考虑滇池盆地资源环境承载能力，向外转移和扩散重化工业和一般加工业，腾出空间重点发展战略性新兴产业和现代服务业。着力提高昆明城市规划、建设和治理能力，改善城市人居环境，建设开放型、国际化城市。

提升滇中城市群对全省经济社会的辐射带动力，加快建设昆明省域中心城市，曲靖、玉溪、楚雄区域性中心城市，安宁、晋宁、嵩明、宜良、富民、石林、马龙、宣威、澄江、易门、禄丰等中小城市，以及小城镇构成的四级城镇体系，推动大中小城市协调发展，不断增强城镇承载能力和可持续发展能力，打造滇中城市群1小时经济圈，把滇中城市群建设成为全国城镇化格局中的重点城市群，全省集聚城镇人口和加快推进新型城镇化的核心城市群。

加快推进基础设施一体化。推动路网、航空网、能源保障网、水网、互联网的统筹规划和共建、共享，努力形成适度超前、互联互通的现代基础设施体系。进一步加快路网建设，重点建设滇中城市经济圈高速公路网环线、连接线，加强国省道改造和农村公路建设，积极推进高铁、国铁及联络线建设，利用既有国家铁路、新建国家铁路和新建城际铁路，形成城际铁路客运网，鼓励主要城市发展城市轨道交通，打造昆明市全国性综合交通枢纽和曲靖市、红河州等区域性综合交通枢纽。着力构建国际化广覆盖航空网，加快推进民用机场、航线网络和昆明长水国际航空枢纽“两网络一枢纽”建设，适时推进有关新建、改扩建机场建设项目，建设一批通用机场。完善能源保障网，构建以昆明、玉溪、曲靖、红河为主的滇中负荷中心，推进城市、工业园区电网建设，升级改造县城及农村配电网，提高城乡供电质量和用电水平，依托中缅油气管道和安宁石油炼化基地，完善成品油管网布局，开展成品油储备应急设施建设，配套建设压缩天然气母站及液化天然气项目，加快天然气储气库、城市应急调峰储气设施建设，不断推进城镇燃气输配管网建设。加强水网建设，重点加快推进滇中引水工程及配套工程，建设一批大中型水库和大中型灌区，完善供排水渠系和管网。加强互联网建设，超前建设信息网，建设面向南亚东南亚的国际通信枢纽、区域信息汇集中心，加快第四代移动通信（4G）网络建设，实现城市、重要场所和行政村连续覆盖，超前部署下一代移动通信（5G）网络，所有行政村实现光纤通达。

加快推进城乡建设一体化。强化昆明、曲靖、玉溪、楚雄、蒙自等中心城市辐射带动力，构建布局合理、功能互补、山坝结合、城乡一体、特色鲜明的城镇体系，抓好曲靖市、红河州国家城镇化综合试点工作，增强城市整体竞争力、吸引力、承载力、文化魅力，全面提升城镇发展品质。加大对“三农”的支持力度，形成城乡经济社会全面发展、共同繁荣的城乡统筹发展新格局。

（六）强化城市群交通网络建设

充分利用区域运输通道资源，重点加快城际铁路建设，形成与新型城镇化布局相匹配的城际交通网络。长江三角洲城市群要建设以上海为中心，南京、杭州、合肥为副中心，“多三角、放射状”的城际交通网络；长江中游城市群要建设以武汉、长沙、南昌为中心的“三角形、放射状”城际交通网络；成渝城市群要建设以重庆、成都为中心的“一主轴、放射状”城际交通网络，实现城市群内中心城市之间、中心城市与节点城市之间1—2小时通达。建设黔中、滇中城际交通网络，实现省会城市与周边节点城市之间1—2小时通达。①

四、加快长江经济带科技创新、产业集聚发展

全面贯彻落实创新、协调、绿色、开放、共享的发展理念，深入推进创新驱动发展战略，加快长江经济带产业向中高端水平迈进，增强对全国的辐射带动作用。坚持以优化为主线，调整产业存量、做优产业增量，完善现代产业体系。坚持以创新为动力，依托科技创新、制度创新双轮驱动，构建全方位创新发展体系。坚持以融合为导向，推进科技、产业、教育、金融深度融合发展，建立要素资源联动机制。坚持以协同为抓手，

① 国务院：《关于依托黄金水道推动长江经济带发展的指导意见》（国发［2014］39号），中国政府网，2014.09.25。

打破地区封锁和利益藩篱，形成全面合作的发展机制。

（一）增强流域创新和科技集聚能力

一是完善区域创新体系。加快推动区域创新资源引进和整合，促进创新资源流动和创新成果交流。加强上中下游合作，统筹协调各区域的技术创新主体，建立共同参与、利益共享、风险共担的产学研用协同创新机制。创建具有国际竞争力的创新资源集聚区，系统推进上海、安徽（合芜蚌）、武汉、四川（成德绵）的全面创新改革试验，推动国家自主创新示范区合理布局。建设一批高新技术产业开发区、创新型（试点）城市和创新型省份，进一步发挥国家高技术产业基地的集聚与引领作用。推动上海加快建设具有全球影响力的科技创新中心，发挥长三角地区对长江经济带创新发展的龙头带动作用。推进攀西战略资源创新开发，打造国内资源富集地科学开发利用示范区。

二是推动产业技术创新平台建设。加强统筹规划、共建共享，布局一批面向长远、技术先进的国家创新平台。完善和新建一批工程（技术）研究中心、工程实验室、国家（部门）重点实验室，支持建设一批国家地方联合创新平台。优先布局一批区域制造业创新中心，推动有条件的地方建立长江经济带工业技术研究院，建设和完善一批面向企业的公共技术服务平台。加强企业技术中心建设，继续培育和认定一批企业技术中心和技术创新示范企业。实施创新企业百强工程试点，面向重点行业和领域提升骨干企业创新能力。促进国家重大科技基础设施和大型科研仪器向社会开放，实现跨机构、跨地区开放运行和共享。

三是加快科技创新成果转移转化。支持骨干企业联合高校、科研机构、行业协会组建产业技术创新战略联盟，共建科技成果产业化试验平台，面向产业需求开展中试和技术熟化，加快新技术、新工艺、新产品的示范应用。在产业基础较好的地区，探索建立长江经济带技术交易网络平台、技术转移中心和知识产权交易中心。选择有条件的高校、科研机构试点建设专业化的技术转移机构和职业化人才队伍，促进创新成果与市场需求对接。完善创新成果转化资金保障机制，加强科技成果转化引导基金、新兴产业创业投资基金联动，引导金融和社会资本投资区域创新创业。开展重点产业专利导航试点，制定知识产权布局导向目录，引导产业创新方向和专利战略布局。深化科技成果使用、处置和收益权改革，为创新成果转化营造良好的外部环境。

四是激发社会创新创业活力。构建大众创业、万众创新良好氛围，培育开放式创新创业生态系统，促进创新成果与市场需求及资本的有效对接。加快实施“互联网+”创业创新行动，充分利用移动互联网、云计算、大数据、电子商务等新技术新模式，降低全社会创新创业门槛和成本，推动将互联网创新创业纳入国家创新和就业体系。在有条件的地方研究探索创业券、创新券等公共服务新模式，为创业者和创新企业提供培训、咨询、管理、设计等服务。发展“创业咖啡”“创新工场”“星创天地”等新型孵化模式，加快建设一批市场化、专业化、集成化、网络化的众创空间，为小微创新提供低成本、便利化、全要素、开放式的创新创业综合服务平台。完善科技人员创新创业股权激励机制，推进科技特派员创新创业，深入实施大学生创业引领计划，支持返乡创业人员因地制宜开展创业。

（二）加强流域产业协同发展，打造世界级产业集群

一是推动产业协同发展。以产业链为整体，加强上中下游产业互动，推进区域协同发展。发挥上中下游各自优势，推动建立科学合理、分工协作的产业布局。结合重大生产力布局规划、主体功能区定位，坚持政府引导和市场机制相结合、产业转移与升级相结合、优势互补与互利共赢相结合、资源开发与生态保护相结合，创新园区合作管理模式和运作机制。推进安徽皖江城市带、江西赣南、湖北荆州、湖南湘南、重庆沿江、四川广安等国家级承接产业转移示范区建设。搭建区域间产业转移促进服务平台，推动区域间的园区跨省市合作共建，引导长江经济带地区间产业合作和有序转移。综合运用产业政策、土地政策、环境容量和资源配置等手段，加强产业转移的政策引导和宏观调控。

二是培育世界级产业集群。以沿江国家级、省级开发区为载体，以大型企业为骨干，发挥中心城市的产业优势和辐射带动作用，在新型平板显示、集成电路、先进轨道交通装备、汽车制造、电子商务等五大重点领域，布局一批战略性新兴产业集聚区、国家高新技术产业化基地、国家新型工业化产业示范基地和创新型产业集群，打造世界级产业集群。发挥沿江产业带重点省市的优势条件和基础，瞄准发展潜力较强、市场前景广阔的产业领域，在生物医药、研发设计服务、检验检测服务、软件和信息技术服务、新材料产业、现代物流、现代金融服务、节能环保、新能源装备、航空航天等领域，培育一批具有国际竞争力的本土跨国企业和专精特新的中小企业，形成骨干企业领军、中小企业配套协同发展的良好产业生态体系，培育十大新兴产业集群。

（三）打造工业新优势

一是大力发展战略性新兴产业。结合《中国制造 2025》战略，瞄准未来产业竞争制高点，加快发展高端装备制造、新一代信息技术、节能环保、现代生物、新材料、新能源、新能源汽车等战略性新兴产业，着力提升技术研发水平，推动产业转型升级和结构调整。在高端装备制造领域，重点发展航空航天、智能制造、海洋工程、轨道交通、工程机械，提升关键系统及装备研制能力，推动高端装备产品应用推广。在新一代信息技术领域，重点发展物联网、云计算、大数据、移动互联网、高性能集成电路、新型平板显示、高端软件，加快建设宽带、融合、安全、泛在的信息网络基础设施，推动信息技术融合应用示范。在节能环保领域，重点发展高效节能、资源循环利用、先进环保装备，加大先进节能技术创新和示范，加强节能标准宣传与实施，提升能源利用效率，发展节能型、高附加值的产品和装备。在现代生物领域，重点发展生物医药、生物农业、生物制造和现代中药，进一步提升生物技术创新水平，完善生物技术服务体系，开展生物医药国际合作，打造生物示范产业链。在新材料领域，重点发展新型功能材料、先进结构材料、高性能复合材料及前沿新材料，大力发展区域特色新材料，加快新材料产业基地建设。在新能源领域，依托沿江绿色能源产业带，重点发展核能、风电、智能电网、页岩气、太阳能光伏、生物质能源。在新能源汽车领域，重点发展插电式混合动力汽车、纯电动汽车，提升新能源汽车信息化、智能化水平，推动新能源汽车在沿江地区的应用示范。

二是加快改造提升传统产业。加快钢铁、有色金属、石化、纺织等领域技术改造，提高传统产业竞争力，提升重点行业清洁生产水平，淘汰落后产能。发展“互联网+”协同制造新模式，在重点领域推进智能制造、大规模个性化定制、网络化协同制造和服务型制造，提升资源使用效率。在钢铁领域，推动沿江钢铁企业加快兼并重组步伐，推动钢铁制造向高端方向发展，以数控技术为依托，提升钢铁制造柔性生产装备研发制造能力，重点实现产业优化、关键技术突破、智能化能力提升。在有色金属领域，适度控制资源开发强度，积极利用低温低压电解、强化熔炼、生物冶金等先进适用技术，提高资源利用水平，以轻质、高强、大规格、耐高温、耐腐蚀、低成本为方向，积极发展精深加工产品，重点实现优化产能布局、发展循环经济、延伸产业链。在石化领域，加快推进炼化一体化项目，扩大炼油和乙烯生产能力，延伸发展合成树脂、合成橡胶、聚酯、聚氨酯、特种纤维、聚碳酸酯等产业链，完善石化生产力布局，重点提升大型炼化能力、做精做优化学工业、页岩气产业化。在纺织领域，加强纺织行业整合能力，加快纤维新材料开发应用，培育高端产业用纺织品，推行节能降耗技术，全面推进清洁印染生产，提高服装材料技术含量，重点加强品牌建设、结构优化、绿色生产。

三是夯实信息化发展基础。加快“宽带中国”战略实施，推进光纤宽带网络建设，城市新建区域推动光纤到户，已建区域加快光纤化改造进程，统筹提高宽带网络接入能力和普及水平。进一步加快4G网络部署，持续推进移动宽带网络建设。大力推进无线局域网建设，加快下一代互联网规模化商用，推动下一代广播电视网络建设。构建沿江信息大通道，提升国际通信互联互通水平，加强国际出入口局建设，支持骨干网络向大容量高智能方向演进。加快云计算数据中心建设布局，积极引导大型云计算数据中心在能源优势、地质结构稳定地区有序建设。推动信息网络集约化发展，统筹宽带网络与公路、铁路、市政等公共基础设施的共建共享。加强智慧城市基础设施建设，不断提升公共服务便捷化、基础设施智能化、城市管理精细化。

（四）壮大现代服务业

一是重点发展高技术服务业和科技服务业。依托国家高技术服务业基地、高新技术产业开发区和高新技术产业化基地，重点发展高技术的延伸服务和相关科技支撑服务，推动信息技术服务、研发设计服务、知识产权服务、检验检测服务、创业孵化、科技咨询、科技金融、数字内容服务、科技成果转化服务、电子商务服务、生物技术服务等领域加快发展。健全高技术服务业人才评价体系，完善职业资格制度。培育和壮大服务市场主体，创新服务模式和业态，促进高技术服务业和科技服务业专业化、网络化、规模化、国际化发展。着力培育一批创新能力强、创业环境好、特色突出的高技术服务业和科技服务业领军企业。

二是优先发展生产性服务业。以服务实体经济、延伸重点产业链为着力点，完善融资保险、物流配送、航运服务、节能环保、市场营销等服务环节，加快现代物流、金融保险、商务会展等行业发展。加快发展高技术、高附加值服务外包产业，搭建具有国际先进水平的服务外包产业创新平台、交易平台和培训平台。进一步放开生产性服务业领域市场准入，鼓励社会资本以多种方式发展生产性服务业。鼓励制造业企业增加服务环节投入，发展个性化定制服务、全生命周期管理、网络精准营销和在线支持服务。推动云计算、大数据、物联网等信息技术在生产性服务业的应用，加快培育新兴生产性服务业态。

三是大力发展生活性服务业。以加快推进新型城镇化建设为契机，围绕人民群众日益增长的旅游、文化、医疗、养老等消费需求，发展旅游休闲、健康养老、家庭服务、文化教育等生活性服务业。支持互联网、移动互联网在益民服务、便捷交通等领域的深度应用，推动以互联网为载体的线上线下互动。积极促进医疗保障、健康检测、卫生保健、康复护理等健康服务业发展，鼓励社会资本进入养老服务领域。扶持现代传媒、数字出版、动漫游戏等文化创意产业发展，打造一批大型文化企业集团。加快建设国际黄金旅游带，加大长江经济带沿线旅游资源整合力度，搭建互联互通的旅游信息平台。①

（五）促进农业现代化

一是推进农村一二三产业融合发展。发展多类型农村产业融合方式，加快农业结构调整，大力发展绿色农业、特色农业和品牌农业，加快种养结合、农牧结合，推进粮改饲和种养一体化模式试点，积极发展多种形式的适度规模经营，构建优势区域布局和专业生产格局，推动产销区合作和区域融合。延伸农业产业链，支持发展农机服务、疫病防控、农产品运销等农业生产性服务业，大力发展农产品加工业，加快发展农产品流通业，提高农产品附加值。大力拓展农业多种功能，推进田园风光、民俗文化、特色村镇等特色观光休闲农业和乡村旅游，鼓励农民以庭前屋后等资源为载体发展农家乐，积极拓展农业功能、传承农耕文化、适宜度假体验的休闲旅游区，打造形式多样、特色鲜明的乡村旅游休闲产品。大力发展农业新型业态，引入资本、技术等要素、产业组织方式和新的商业模式，实施“互联网+”现代农业行动，支持农产品电商、农资和农技网络

---

① 国家发展改革委、科技部、工业和信息化部：《长江经济带创新驱动产业转型升级方案》，2016.03.14。

服务、农村互联网金融、智慧农业等新型业态发展。

二是加快农村信息化建设。推进“宽带乡村”工程建设，全面提高农村宽带普及率和接入带宽。加快移动网络基础设施建设，提升网络服务质量。完善电信普遍服务补偿机制，提升普遍服务能力，支持农村及偏远地区宽带网络发展。加快研发和推广适合农民需求的低成本智能终端。持续提高农业信息化水平，实现信息化在农业生产经营管理服务活动中的深度融合，为改造传统农业提供现代生产要素和管理手段。推进全国农业信息化服务体系建设，依托国家电子政务网，基本建成综合高效的县、乡（镇）、村级信息共享和业务协同框架。

三是完善现代农业服务体系。加快土地承包经营权制度改革，推进农村土地流转和农业机械化，发展适度规模经营，完善农业生产经营体系。提升农业技术创新能力，重点研发产业化技术，推广农业生产环节节能技术和农业机械节油技术。构建新型农业社会化服务体系，加强培育专业大户和家庭农场，建立健全自主形成的农业合作社组织机制，推进国家有机食品生产基地建设。打造具有农业前沿技术、产业化实践经验、产业链辐射广的龙头企业，支持通过多种方式形成与农户的紧密联系。大力发展农村电子商务，开拓和完善农产品供销市场体系，推动沿江和城乡农产品产地和销地批发市场建设，建立具有区域特色的现代农产品流通和贸易体系。①

五、打破市场分割，加快长江流域经济一体化

推动长江流域经济一体化发展，有利于打破行政分割和市场壁垒，推动经济要素有序自由流动、资源高效配置、市场统一融合，促进区域经济和政区经济协同发展。推进长江流域经济一体化发展，要加快推进长江流域基础设施、产业发展、公共服务、城乡建设、社会管理、市场体系和生态环保等一体化发展。

（一）加快推进基础设施一体化

推动水网、路网、航空网、能源保障网、互联网的统筹规划和共建、共享，努力形成适度超前、互联互通的现代基础设施体系。

全面推进长江干线航道系统化治理，实施重大航道整治工程，进一步提升干线航道通航能力。统筹推进支线航道建设，积极推进航道整治和梯级渠化，提高支流航道等级，形成与长江干线有机衔接的支线网络。优化港口布局，加强分工合作，积极推进港口专业化、规模化和现代化建设，建设一批上中下流航运中心。加强集疏运体系建设，以航运中心和主要港口为重点，加快铁路、高等级公路等与重要港区的连接线建设，强

① 国家发展改革委、科技部、工业和信息化部:《长江经济带创新驱动产业转型升级方案》，2016.03.14。

化集疏运服务功能，提升货物中转能力和效率，有效解决“最后一公里”问题。建成以上海国际航运中心为龙头、长江干线为骨干、干支流网络衔接、集疏运体系完善的长江黄金水道。

加强快速铁路建设，重点建设上海至成都的沿江高速铁路和上海至昆明的沪昆高速铁路，建设商丘至杭州、重庆至贵阳等南北向高速铁路和快速铁路，形成快速铁路网和普通铁路网。

统筹推进高速公路建设，重点建设上海至成都、上海至重庆、上海至昆明、杭州至瑞丽等国家高速公路，消除省际间“断头路”；加强省际通道和连接重要口岸、旅游景区、矿产资源基地等的公路建设；形成以沪蓉、沪渝、沪昆、杭瑞高速公路为骨架的国家高速公路网和覆盖所有县城的普通国道网。

拓展航空运输网络，加快国际航空枢纽、区域枢纽建设，完善干线机场、支线机场布局，建设一批通用机场，形成长江上中下游机场群。建成以上海国际航空枢纽和一批区域航空枢纽为核心的民用航空网。

加强综合交通枢纽建设、客运枢纽一体化衔接，按照“零距离换乘、无缝化衔接”要求，加快建设14个全国性综合交通枢纽（节点城市）和重要区域性综合交通枢纽（节点城市），实现城市轨道交通、地面公共交通、市郊铁路、私人交通等设施与干线铁路、城际铁路、干线公路、机场等紧密衔接。

统筹规划、合理布局沿江油气管网，加快建设主干管道，配套建设输配体系和储备设施。完善长江三角洲、长江中游、川渝云贵地区原油、成品油输送管道以及区域天然气管网，加快油气管道互联互通，形成以沿江干线管道为主轴，连接成渝城市群、长江中游城市群、长江三角洲城市群的油气供应保障体系。[①]

（二）加快推进产业发展一体化

搭建区域间产业转移促进服务平台，推动区域间的园区跨省市合作共建，引导长江经济带地区间产业合作和有序转移。[②]

加快长江流域区域创新体系建设，推动区域创新资源引进和整合，促进创新资源流动和创新成果交流。加强上中下游合作，统筹协调各区域的技术创新主体，建立共同参与、利益共享、风险共担的产学研用协同创新机制。创建一批具有国际竞争力的创新资源集聚区，建设一批高新技术产业开发区，进一步发挥国家高技术产业基地的集聚与引领作用，把长江流域建设成为具有国际影响力的创新发展实验区。

---

① 国务院：《关于依托黄金水道推动长江经济带发展的指导意见》，2014.09.25。

② 国家发展改革委、科技部、工业和信息化部：《长江经济带创新驱动产业转型升级方案》，2016.03.14。

（三）加快推进市场体系一体化

长江流域上中下游，以及各省市之间要突破行政分割、市场壁垒束缚，构建统一、开放、竞争、有序的区域性大市场，不断提高各类市场运行效率、资源配置效率，加强物流信息平台和口岸大通关建设，推进上海国际航运中心、重庆长江上游航运中心和武汉长江中游航运中心建设，加快南京、武汉、成都、昆明、杭州、南昌、岳阳、贵阳等全国性和区域性物流节点城市物流业发展。加快推进综合保税区物流基地、综合物流园区建设，促进资本、人才、技术、服务以及其他生产要素的自由流动，加快推进市场体系一体化。

推进市场准入一体化，长江流域上中下游各省和市要在改善市场主体准入环境方面展开合作，以促进市场主体在平等的基础上开展竞争，实现市场准入政策的一致性，促进市场主体登记注册的一体化，促进市场主体监督管理的一体化。通过推行政务公开、政务承诺、首办责任制、过错责任追究制等措施和制度，改善投资服务环境，增加相关事务办理的透明度；通过设立绿色通道，为上中下游在本地区内的企业登记注册申请提供快速便捷服务，对企业合作项目、产业转移协调以及大型和重点项目，给予积极配合，协调和解决涉及企业投资及运行过程中的各类问题。

加快流域信息资源共享平台建设，借助公用平台实现相关市场管理信息与数据的互联互通，合作建立共同的信息数据交换标准。建议建设具有兼容性甚至统一的工商信息数据中心数据库，实现上中下游之间工商管理信息资源的互查互用和共同处理，为长江流域市场管理的一体化及其他相关工作提供技术支持。

推进企业信用一体化，长江流域上中下游各省和市携手合作，共同建立和完善企业信用信息档案、信用激励引导机制和失信预警惩戒机制、企业信用征信系统、企业信用信息管理系统，以及企业信用信息披露系统。

推进监管执法一体化，长江流域上中下游各省和市政府相关部门应加强协作，创造开放的市场环境，清理地方保护和市场封锁的地方性政策和规定，开放商品市场，实行区域内市场一体化；建立执法办案协作机制，在提供案件线索、案件协助调查、协助执行行政强制措施、委托送达法律文书、协助执行行政处罚决定和实行联合办案方面加强。

（四）加快推进基本公共服务和社会管理一体化

整合、优化、提升公共服务和社会管理资源，构建资源共享、制度对接、流转顺畅、城乡统一、待遇互认、公平透明的基本公共服务体系，建立协调统一的跨行政区域社会公共事务管理机制。加强跨区域职业教育合作和劳务对接，推进统一规范的劳动用工、资格认证和跨区域教育培训等就业服务制度。建立基本医疗保险、基本医疗保险等社会保险关系转移接续制度，在长江流域率先推动社会保障卡“一卡通”，推动实现长江流域三甲医院之间检查结果的互认。应对长江事故灾难、环境污染、公共卫生等跨区域突发事件，构建协同联动的社会治理机制。建立区域协调配合的安全监管工作机制，加强跨区域重点工程项目的监管，有效预防和减少生产安全事故。

（五）加快推进城乡建设一体化

按照城乡一体化的要求，推进城乡交通、通讯、供电、供水、供热、供气等基础设施与医疗、卫生等公共服务设施建设；改善城乡就业环境，大力促进城乡就业，建立农民进城就业与城市居民就业平等制度；统一农村社会保障和城市社会保障，建立城乡统一的社会基本保障制度；公平分配城乡卫生资源，建立覆盖城乡的公共医疗卫生制度；实现城乡教育均衡发展，建立城乡一体的义务教育制度，促进各级各类教育协调发展；进一步完善城乡最低生活保障制度，在实现应保尽保的基础上，建立城乡一体的社会救助体系。

（六）加快推进生态环保一体化

生态环境问题有突出的外部性，流域往往是上游影响下游。必须打破现行体制下行政区划的制约，加强长江流域各省、市、自治区的生态保护和建设合作，共同推进生态保护和环境整治重点工程的实施，协调出台促进生态保护和环境整治的政策措施，联合打击污染环境和破坏生态的违法犯罪行为，共同争取国家对长江流域生态环境保护和建设的政策资金支持，争取国家尽快建立长江上游生态保护和建设的补偿机制，全面推进长江上游干支流流域的生态保护、污染防治和综合治理。加大执法力度，严格执行环境保护和资源管理的法律、法规，严厉打击破坏生态环境的犯罪行为，坚决纠正一些地方有法不依、违法不究、执法不严等问题。提高环境风险防控和突发环境事件应急能力，健全环境与健康调查、监测和风险评估制度。

第四节　长江流域体制机制改革与创新

深入贯彻全面依法治国战略部署，建立健全长江流域生态环境保护法律体系，规范和约束各类利用自然资源的行为，使长江流域生态环境保护有更严格的法律保障。加强长江流域管理体制和流域内各行政体制改革，使流域内行政区域管理服从流域管理，统筹加强水资源、水环境、供水、排水、防洪、水电、岸线、航运、旅游、渔业、生态、环境等方面的监督管理，建立长江流域综合监督管理新体制。加强规划统筹和衔接，形成市场体系统一开放、基础设施共建共享、生态环境联防联治、流域管理统筹协调的区域协调发展新机制。

一、加快长江流域综合管理体制改革

新中国成立以后，我国先后成立了长江水利委员会等7大流域机构，开展了以防洪、

灌溉、供水、水力发电和航运为主体大规模江河治理和水资源开发利用工作。2002年新《水法》提出“国家对水资源实行流域管理与行政区域管理相结合的管理体制”“国务院水行政主管部门在国家确定的重要江河、湖泊设立的流域管理机构（以下简称流域管理机构），在所管辖的范围内行使法律、行政法规规定的和国务院水行政主管部门授予的水资源管理和监督职责”，确定了流域机构的法律地位。

（一）长江流域综合管理面临的挑战

2002年《水法》虽然明确了水利部门对水资源进行统一管理的权限，但是部门之间矛盾依然存在。长江流域涉及我国19个省、直辖市和自治区，加上已经建成的南水北调中线和东线工程，长江流域水资源管理涉及20多个省、直辖市和自治区，在协调长江流域防洪、水资源开发利用、河道利用、水资源和水生态系统保护与地方政府经济社会发展关系不仅事物繁杂，而且矛盾突出；不仅技术要求高，而且协调和管理难度大，目前长江流域综合管理虽然取得了长足的进展，但离全面实现流域综合管理的要求还有相当大的差距，还存在以下困难或问题：一是流域管理法律法规体系尚不健全；二是流域管理体制上的条块分割依然存在，流域统一管理亟待加强，可行和高效的跨部门、跨地区协调机制亟待建立，流域管理与行政区域管理的职能划分与结合尚需进一步明确和落实；三是流域规划体系有待完善，流域规划对流域开发治理与保护的指导和约束作用有待强化；四是防洪抗旱管理尚需实现从洪水治理向洪水管理的转变，从单一抗旱向全面抗旱管理的转变；五是水资源管理还需实现从供水管理向需水管理的转变，以执行最严格的水资源管理制度，省际用水总量控制和水量分配尚待完成，跨流域调水统一管理制度、流域控制性水利水电工程统一调度管理制度尚待建立；六是水生态与水环境管理制度尚需完善，水功能区及入河排污口管理尚需进一步加强；七是执法监督还需加强；八是流域管理能力和现代化水平有待进一步提升。[①]

（二）制定长江流域管理法

通过制定长江流域管理法，明确规定长江流域统一管理的目标、流域管理机构的法律地位和职责范围、流域管理的运行机制、国家对流域管理的政策和资金支持、流域管理与行政区域管理的关系、流域内有关经济主体的利益协调机制等，规范长江流域管理活动，明确界定流域内各经济主体的权利和义务，确保长江流域统一规划、开发和治理的顺利实施，消除长江流域开发治理在现行管理体制下存在的利益纷争、管理混乱、管理主体不明确、管理职责范围不清楚和由此造成的无序开发、投资不足而引发的湖泊萎缩、湿地减少、部分水域水体严重污染、源头区水源涵养功能下降、上中游地区水土流

① 陈进：《长江流域综合管理模式探讨》，《人民长江》，2013（10）。

失严重、少数支流河段季节性断流干涸、局部地下水超采、森林植被破坏、渔业资源衰退、珍稀水生野生动物濒危程度加剧、水域生态荒漠化趋势日益明显等一系列环境问题，促进长江流域经济社会可持续发展。[①]长江流域管理法明确长江流域管理委员会与流域内各行政区域政府的主次关系，以长江流域管理委员会对长江流域的综合管理和统一管理为主导，流域内各行政区域的管理应服从流域管理。长江流域管理法将长江流域作为一个整体，对长江流域的防洪、水电、供水、排水、航运、旅游、渔业、生态、环境等方面的管理制定明确的法律规定，有效解决现有法律规定之间法律关系不协调和法律冲突的问题，紧密结合长江流域的特点，加强制度的针对性和可行性，形成一个有机、有序、有效的法制保障体系。

（三）建立强有力的长江流域综合管理委员会

将长江水利委员会改造为一个强有力的流域管理机构。要改变目前条块分割、各行其是、多头管理的混乱局面，把长江三峡工程建设委员会及其下属的长江三峡工程建设委员会办公室和长江三峡工程开发总公司与长江水利委员会整合为一个直属国务院的长江流域管理委员会。长江流域管理委员会下设供水、水电开发、防洪、航运、旅游开发、水土保持、生态环境建设、水污染预防与治理等执行委员会，具体组织实施长江流域各种专业规划和管理。长江流域管理委员会作为国务院直接管理的一个政府部门拥有以下权力，对长江流域进行统一规划，按照规划组织长江流域开发治理的统一实施，对流域内地方政府违背统一规划的地方规划、建设项目等有权禁止。长江流域管理委员会的法律地位和职责范围在长江流域管理法中明确规定，保证长江流域管理委员会依法对长江流域进行统一管理，避免部门利益和地方利益的干扰。[②]长江流域管理委员会作为长江流域管理的最高决策机构，直接对国务院和全国人大负责，并根据长江流域管理法就长江流域的规划、开发和治理制定相应的实施办法，用以规范流域内各经济主体的经济行为，从体制上防止个体利益、部门利益和地方利益与流域总体利益的冲突，使长江流域步入人与自然和谐发展、上中下游协调推进的可持续发展轨道。

（四）加强流域内行政区管理改革，使行政区管理服从流域管理

长江流域水资源的流动性决定了长江流域的整体性，流域内水量水质、地表水地下水相互依存，上下游、左右岸、干支流的开发利用治理互为影响，流域开发治理涉及防洪、灌溉、发电、供水、养殖、航运、旅游等多个方面，是一个多目标的系统工程，直接关系到流域内不同经济主体的多方面利益得失。国内外成功的流域管理经验表明，在跨行政区域的流域管理中，必须处理好流域管理和行政区域管理的关系，行政区域管理

① 黄廷义：《长江流域管理体制研究》，重庆师范大学硕士论文，2007。
② 黄廷义：《长江流域管理体制研究》，重庆师范大学硕士论文，2007。

应该服从流域管理，流域管理引导行政区域管理，努力实现流域管理的最优化。长江流域管理委员会根据长江流域管理法对长江流域进行总体规划，组织实施防洪工程建设、水电开发、水土保持、生态环境建设、供水、水污染治理、航运、河道管理、旅游开发等，有利于克服部门利益和地方政府利益追求单目标开发利用长江流域资源的倾向，实现流域综合经济效益、社会效益和环境效益的最大化。流域内各行政区域根据流域总体规划并结合本地区实际条件来制定区域规划，区域规划服从流域规划，可以避免地方政府单纯从本地区利益出发、各自为政导致的无序开发和由此引发的一系列生态环境问题，实现流域内不同区域之间的协调发展。由于流域内各行政区域在流域总体规划中的功能不同，在长江流域开发治理中的利益得失不同，长江流域管理委员会在组织实施长江流域总体规划时通过具体项目建设的投入、管理和经营进行区域之间的利益协调和平衡，在实现流域总体利益最大化的同时实现流域内不同经济主体利益的最优。

二、加快长江流域区域合作机制建设

要打破行政区划界限和壁垒，加强规划统筹和衔接，形成市场体系统一开放、基础设施共建共享、生态环境联防联治、流域管理统筹协调的区域协调发展新机制。推进长江流域经济社会文化多层次合作，使长江流域上中下游区域合作走向深入，实现互利共赢的局面。

（一）建立长江流域合作协调机构

区域经济合作要想取得实质性进展，必须建立一个强有力的协调机构，统一协调各方利益，制定发展战略和规划，协调各方面的政策，打破行政区障碍，使生产要素自由流动，形成开放、统一的区域市场。长三角区域合作取得卓有成效原因之一就是建立了有决策功能的区域协调机构。建议成立由国务院主管部门和省、市行政首脑组成的长江流域合作协调机构。由国家发改委领导，成员由各省市党政一把手及主要领导组成的协调机构。这个机构既是决策机构，又协调机构。统一决策长江流域经济社会发展的重大战略问题，统一布局区域发展重大项目；统一协调各方利益，制定发展战略和规划，协调各方面的政策。

（二）建立长江流域互动合作机制

加强国家层面协调指导，统筹研究解决长江经济带发展中的重大问题，建立推动长江经济带发展部际联席会议制度。发挥水利部长江水利委员会、交通运输部长江航务管理局、农业部长江流域渔政监督管理办公室以及环境保护部华东、华南、西南环境保护督查中心等机构作用，协同推进长江防洪、航运、发电、生态环境保护等工作。建立健全地方政府之间协商合作机制，共同研究解决区域合作中的重大事项。充分调动社会力量，建立各类跨地区合作组织。

（三）推进一体化市场体系建设

进一步简政放权，清理阻碍要素合理流动的地方性政策法规，打破区域性市场壁垒，实施统一的市场准入制度和标准，推动劳动力、资本、技术等要素跨区域流动和优化配置。健全知识产权保护机制。推动社会信用体系建设，扩大信息资源开放共享，提高基础设施网络化、一体化服务水平。

（四）加大金融合作创新力度

适时推进符合条件的民间资本在中上游地区发起设立民营银行等中小金融机构。引导区域内符合条件的创新型、创业型、成长型中小企业到全国中小企业股份转让系统挂牌进行股权融资、债权融资、资产重组等。探索创新金融产品，鼓励开展融资租赁服务，支持长江船型标准化建设。鼓励大型港航企业以资本为纽带整合沿江港口和航运资源。鼓励政策性金融机构加大对沿江综合交通体系建设的支持力度。

（五）建立生态环境协同保护治理机制

完善长江环境污染联防联控机制和预警应急体系，加强防洪、抗旱、突发水污染、地质灾害、海事事件应急处理，保障经济带发展的安全。鼓励和支持沿江省市共同设立长江水环境保护治理基金，加大对环境突出问题的联合治理力度。按照“谁受益谁补偿”的原则，探索上中下游开发地区、受益地区与生态保护地区试点横向生态补偿机制。依托重点生态功能区开展生态补偿示范区建设。推进水权、碳排放权、排污权交易，推行环境污染第三方治理。

（六）建立公共服务和社会治理协调机制

适应上中下游劳动力转移流动的趋势，加强跨区域职业教育合作和劳务对接，推进统一规范的劳动用工、资格认证和跨区域教育培训等就业服务制度。加大基本养老保险、基本医疗保险等社会保险关系转移接续政策的落实力度。应对长江事故灾难、环境污染、公共卫生等跨区域突发事件，构建协同联动的社会治理机制。建立区域协调配合的安全监管工作机制，加强跨区域重点工程项目的监管，有效预防和减少生产安全事故。完善集中连片特殊困难地区扶贫机制，加大政策支持力度。

（七）建立信息共享及公众参与机制

建立统一的气候、水文、水质、水生态生物、梯级水库及重要水利工程调度运行、航道、船舶行驶及海事、岸线利用、码头及水陆交通等综合信息监测、业务服务信息系统，并向流域及社会及时提供相关信息服务，建立统一的水文及水质、信息流、物流和生物流等信息发布机制。建立跨部门的涉水事物技术问题的联合攻关机制，解决经济带发展的技术难题。为了促进公众的参与权和知情权，也为了监督管理机构和执法人员是否依法行政和管理，应该建立公共资源开发、利用、保护和管理的信息共享和交流机制，将重要的资源开发和使用信息公布于众，避免将需要公开的重大工程事项作为内部或保密事项，仅在专家和官员层面知晓，同时，水资源重要事件应该使其他相关部门、地区和利益相关者有参与权和知情权。公共资源理应属于全体公众的，应该服务于社会和公众，特别是新闻媒体的监督，对于自然资源的开发、利用、保护和管理有重要的监督作用。

第五节　加强民生保障提高公共服务和成果共享水平

要充分发挥政府作用，体现政府配置资源的公平性、公正性，克服政府配置资源低效率的缺点，加强民生保障，提高公共服务和经济成果共享水平；建设美好的绿色家园和生态屏障，提供更多更好的公共产品。

一、提高长江流域公共服务均等化水平

提高公共服务均等化水平，必须充分发挥政府宏观管理的优点，克服政府配置资源低效率的缺点，体现政府配置资源的公平性、公正性，加快公共服务和公共领域建设；必须提升发展教育质量、促进就业创业、建立更加公平的社会保障和促进健康流域建设。

（一）提升发展教育质量

全面贯彻党的教育方针，牢固树立教育优先发展理念，落实立德树人根本任务，加强社会主义核心价值观教育，培养德智体美全面发展的社会主义建设者和接班人。深化教育改革，把增强学生社会责任感、创新精神、实践能力作为重点任务贯彻到国民教育全过程。

推动义务教育均衡发展，全面提高教育教学质量。普及高中阶段教育，逐步分类推进中等职业教育免除学杂费，率先从建档立卡的家庭经济困难学生实施普通高中免除学杂费。发展学前教育，鼓励普惠性幼儿园发展。完善资助方式，实现家庭经济困难学生资助全覆盖。[①]

促进教育公平发展，围绕加快义务教育标准化建设、加强农村教师周转房建设，促

---

① 中共中央：《关于制定国民经济和社会发展第十三个五年规划的建议》，新华社，2015.11.03。

进教育事业公平发展。逐步实现未达标城乡义务教育学校的校舍、场所标准化，缓解城镇学校“大班额”问题及农村寄宿学校“大通铺”问题，提高农村义务教育质量，推动义务教育均衡发展。二是新建和改扩建一批布局合理、实用适用的农村学校教师周转宿舍，加快解决长期在农村任教、距家较远、学校住宿有困难的教师住宿问题。为缩小城乡、区域教育差距，全面提高义务教育质量，基本实现区域内均衡发展创造条件。

建设现代职业教育体系，推进产教融合、校企合作。加强职业教育基础能力建设，根据产业发展的需要，支持重点中高等职业院校品牌专业和实训基地建设。积极发展高等教育，着力打造一批特色优势学科。支持和规范民办教育发展，鼓励引导社会力量和民间资本提供多样化教育服务。

推行职业技能培训制度，建立健全职业培训机构，提高培训层次，形成面向市场、运行有序、管理高效、覆盖城乡的职业培训和技能人才评价制度，进一步加大对各类劳动者的培训力度，基本建立起规模较大、专业齐全、梯次合理的技能劳动者队伍。实现下岗失业人员再就业培训率达 90% 以上，参加劳动预备制培训的人员占新生劳动力的 80% 以上，进城务工人员和向非农转移就业的农村劳动力得到基本的职业技能培训。

（二）大力促进就业创业

坚持就业优先战略，实施更加积极的就业政策，创造更多就业岗位，着力解决结构性就业矛盾。完善创业扶持政策，鼓励以创业带就业，建立面向社会的各级各类创业服务平台。

统筹人力资源市场，打破城乡、地区、行业分割和身份、性别歧视，维护劳动者平等就业权利。加强对灵活就业、新就业形态的支持，促进劳动者自主就业。落实高校毕业生就业促进和创业引领计划，带动青年就业创业。加强就业援助，帮助就业困难者就业。

推行终身职业技能培训制度。实施新生代农民工职业技能提升计划。开展贫困家庭子女、未升学初高中毕业生、农民工、失业人员和转岗职工、退役军人免费接受职业培训行动。推行工学结合、校企合作的技术工人培养模式，推行企业新型学徒制。提高技术工人待遇，完善职称评定制度，推广专业技术职称、技能等级等同大城市落户挂钩做法。

提高劳动力素质、劳动参与率、劳动生产率，增强劳动力市场灵活性，促进劳动力在地区、行业、企业之间自由流动。建立和谐劳动关系，维护职工和企业合法权益。完善就业服务体系，提高就业服务能力。①

（三）建立更加公平的社会保障

完善城镇职工和城乡居民养老保险制度，逐步实现基础养老金全国统筹。建立城镇

① 中共中央：《关于制定国民经济和社会发展第十三个五年规划的建议》，新华社，2015.11.03。

职工与城乡居民、机关事业单位养老制度间转移接续办法。研究制定科学的参保缴费激励政策，继续加大扩面征缴工作力度，稳步提高参保人员待遇水平。

按照“医保全民覆盖、基金统收统支、待遇水平提高、保障功能增强”的原则，不断推进医疗保险由普惠转向公平，建立更加公平可持续的医疗保障制度。到“十三五”末城乡一体化社会保障体系基本实现，城乡社会保障制度逐步融合，社会保险待遇水平逐步提高，社保经办服务能力明显提升，社保基金监管制度进一步健全。

民政民生保障做到救助对象精准、管理规范、狠抓养老服务体系建设。一是城乡低保坚持动态管理、应保尽保、应退尽退，坚持对特殊群体分类施保，建立低保长期公示制度，建立低保申请家庭经济信息状况核查机制，推动各街道全面建立社会救助“一门受理、协同办理”机制，实现精准识别救助对象、救助标准量化确定。实施低保政策兜底，对实施扶贫开发尚不能实现脱贫的贫困家庭，全部纳入保障范围。二是完善医疗救助制度和临时救助制度，统一救助标准，依法规范开展救助。坚持救助对象公示制度，继续资助城乡低保、特困供养对象、重残人员参保，逐步提高救助对象政策范围内住院自负医疗费用救助比例，“十三五”期间力争达到80%。三是完善灾害应急救助体系，加强救灾物资储备，抓好查灾核灾报灾工作，加强救灾资金和物资发放过程监管，扎实做好因灾困难群众生活救助工作，救助工作做到规范、阳光、准确。四是大力推进养老服务体系建设，继续实施政府购买居家养老服务补贴工作和高龄老人补贴制度，加强基层老年人协会组织建设，争取各村（社区）均成立老年人协会。

（四）推进均衡的医疗卫生建设

深化医药卫生体制改革，实行医疗、医保、医药联动，推进医药分开，实行分级诊疗，建立覆盖城乡的基本医疗卫生制度和现代医院管理制度。

全面推进公立医院综合改革，坚持公益属性，破除逐利机制，建立符合医疗行业特点的人事薪酬制度。优化医疗卫生机构布局，健全上下联动、衔接互补的医疗服务体系，完善基层医疗服务模式，发展远程医疗。促进医疗资源向基层、农村流动，推进全科医生、家庭医生、急需领域医疗服务能力提高、电子健康档案等工作。鼓励社会力量兴办健康服务业，推进非营利性民营医院和公立医院同等待遇。加强医疗质量监管，完善纠纷调解机制，构建和谐医患关系。

坚持中西医并重，促进中医药、民族医药发展。完善基本药物制度，健全药品供应保障机制，理顺药品价格，增加艾滋病防治等特殊药物免费供给。提高药品质量，确保用药安全。加强传染病、慢性病、地方病等重大疾病综合防治和职业病危害防治，通过多种方式降低大病慢性病医疗费用。倡导健康生活方式，加强心理健康服务。①

① 中共中央：《关于制定国民经济和社会发展第十三个五年规划的建议》，新华社，2015.11.03。

实施食品安全战略，形成严密高效、社会共治的食品安全治理体系，让人民群众吃得放心。

（五）促进人口均衡发展

坚持计划生育的基本国策，完善人口发展战略。全面实施一对夫妇可生育两个孩子政策。提高生殖健康、妇幼保健、托幼等公共服务水平。帮扶存在特殊困难的计划生育家庭。注重家庭发展。

积极开展应对人口老龄化行动，弘扬敬老、养老、助老社会风尚，建设以居家为基础、社区为依托、机构为补充的多层次养老服务体系，推动医疗卫生和养老服务相结合，探索建立长期护理保险制度。全面放开养老服务市场，通过购买服务、股权合作等方式支持各类市场主体增加养老服务和产品供给。

坚持男女平等基本国策，保障妇女和未成年人权益。支持残疾人事业发展，健全扶残助残服务体系。①

二、提高长江流域经济成果共享水平

提高经济成果共享水平，必须充分发挥政府作用，充分发挥政府宏观管理的优点，克服政府配置资源低效率的缺点，体现政府配置资源的公平性、公正性；必须缩小收入差距，调整国民收入分配格局，加大再分配调节力度；必须弘扬社会主义制度的优越性，加强对中西部地区的精准扶贫和精准脱贫，打赢脱贫攻坚战；必须开展东部省市对口支援中西部贫困地区，让中西部广大地区人民也能共同享受经济发展成果。

（一）长江流域中西部地区的精准扶贫和精准脱贫

打赢脱贫攻坚战，是促进全体人民共享改革发展成果、实现共同富裕的重大举措，是体现中国特色社会主义制度优越性的重要标志，也是经济发展新常态下扩大国内需求、促进经济增长的重要途径。

1. 健全精准扶贫工作机制

抓好精准识别、建档立卡这个关键环节，为打赢脱贫攻坚战打好基础，为推进城乡发展一体化、逐步实现基本公共服务均等化创造条件。按照扶持对象精准、项目安排精准、资金使用精准、措施到户精准、因村派人精准、脱贫成效精准的要求，使建档立卡贫困人口中有90%以上的人通过产业扶持、转移就业、易地搬迁、教育支持、医疗救助等措施实现脱贫，其余完全或部分丧失劳动能力的贫困人口实行社保政策兜

① 中共中央：《关于制定国民经济和社会发展第十三个五年规划的建议》，新华社，2015.11.03。

底脱贫。对建档立卡贫困村、贫困户和贫困人口定期进行全面核查，建立精准扶贫台账，实行有进有出的动态管理。根据致贫原因和脱贫需求，对贫困人口实行分类扶持。建立贫困户脱贫认定机制，对已经脱贫的农户，在一定时期内让其继续享受扶贫相关政策，避免出现边脱贫、边返贫现象，切实做到应进则进、应扶则扶。抓紧制定严格、规范、透明的国家扶贫开发工作重点县退出标准、程序、核查办法。重点县退出，由县提出申请，市（地）初审，省级审定，报国务院扶贫开发领导小组备案。重点县退出后，在攻坚期内国家原有扶贫政策保持不变，抓紧制定攻坚期后国家帮扶政策。加强对扶贫工作绩效的社会监督，开展贫困地区群众扶贫满意度调查，建立对扶贫政策落实情况和扶贫成效的第三方评估机制。评价精准扶贫成效，既要看减贫数量，更要看脱贫质量，不提不切实际的指标，对弄虚作假搞“数字脱贫”的，要严肃追究责任。①

2. 实施易地搬迁脱贫

对居住在生存条件恶劣、生态环境脆弱、自然灾害频发等地区的农村贫困人口，加快实施易地扶贫搬迁工程。坚持群众自愿、积极稳妥的原则，因地制宜选择搬迁安置方式，合理确定住房建设标准，完善搬迁后续扶持政策，确保搬迁对象有业可就、稳定脱贫，做到搬得出、稳得住、能致富。要紧密结合推进新型城镇化，编制实施易地扶贫搬迁规划，支持有条件的地方依托小城镇、工业园区安置搬迁群众，帮助其尽快实现转移就业，享有与当地群众同等的基本公共服务。加大中央预算内投资和地方各级政府投入力度，创新投融资机制，拓宽资金来源渠道，提高补助标准。积极整合交通建设、农田水利、土地整治、地质灾害防治、林业生态等支农资金和社会资金，支持安置区配套公共设施建设和迁出区生态修复。利用城乡建设用地增减挂钩政策支持易地扶贫搬迁。为符合条件的搬迁户提供建房、生产、创业贴息贷款支持。支持搬迁安置点发展物业经济，增加搬迁户财产性收入。探索利用农民进城落户后自愿有偿退出的农村空置房屋和土地安置易地搬迁农户。

3. 结合生态保护脱贫

国家实施的退耕还林还草、天然林保护、防护林建设、石漠化治理、防沙治沙、湿地保护与恢复、坡耕地综合整治、退牧还草、水生态治理等重大生态工程，在项目和资金安排上进一步向贫困地区倾斜，提高贫困人口参与度和受益水平。加大贫困地区生态保护修复力度，增加重点生态功能区转移支付。结合建立国家公园体制，创新生态资金使用方式，利用生态补偿和生态保护工程资金使当地有劳动能力的部分贫困人口转为护林员等生态保护人员。合理调整贫困地区基本农田保有指标，加大贫困地区新一轮退耕还林还草力度。开展贫困地区生态综合补偿试点，健全公益林补偿标准动态调整机制，

① 中共中央、国务院：《关于打赢脱贫攻坚战的决定》，新华社，2015.12.07。

完善草原生态保护补助奖励政策，推动地区间建立横向生态补偿制度。

4. 着力加强教育脱贫

加快实施教育扶贫工程，让贫困家庭子女都能接受公平有质量的教育，阻断贫困代际传递。国家教育经费向贫困地区、基础教育倾斜。健全学前教育资助制度，帮助农村贫困家庭幼儿接受学前教育。稳步推进贫困地区农村义务教育阶段学生营养改善计划。加大对乡村教师队伍建设的支持力度，特岗计划、国培计划向贫困地区基层倾斜，为贫困地区乡村学校定向培养留得下、稳得住的一专多能教师，制定符合基层实际的教师招聘引进办法，建立省级统筹乡村教师补充机制，推动城乡教师合理流动和对口支援。全面落实连片特困地区乡村教师生活补助政策，建立乡村教师荣誉制度。合理布局贫困地区农村中小学校，改善基本办学条件，加快标准化建设，加强寄宿制学校建设，提高义务教育巩固率。普及高中阶段教育，率先从建档立卡的家庭经济困难学生实施普通高中免除学杂费、中等职业教育免除学杂费，让未升入普通高中的初中毕业生都能接受中等职业教育。加强有专业特色并适应市场需求的中等职业学校建设，提高中等职业教育国家助学金资助标准。努力办好贫困地区特殊教育和远程教育。建立保障农村和贫困地区学生上重点高校的长效机制，加大对贫困家庭大学生的救助力度。对贫困家庭离校未就业的高校毕业生提供就业支持。实施教育扶贫结对帮扶行动计划。

5. 开展医疗保险和医疗救助脱贫

实施健康扶贫工程，保障贫困人口享有基本医疗卫生服务，努力防止因病致贫、因病返贫。对贫困人口参加新型农村合作医疗个人缴费部分由财政给予补贴。新型农村合作医疗和大病保险制度对贫困人口实行政策倾斜，门诊统筹率先覆盖所有贫困地区，降低贫困人口大病费用实际支出，对新型农村合作医疗和大病保险支付后自负费用仍有困难的，加大医疗救助、临时救助、慈善救助等帮扶力度，将贫困人口全部纳入重特大疾病救助范围，使贫困人口大病医治得到有效保障。加大农村贫困残疾人康复服务和医疗救助力度，扩大纳入基本医疗保险范围的残疾人医疗康复项目。建立贫困人口健康卡。对贫困人口大病实行分类救治和先诊疗后付费的结算机制。建立全国三级医院（含军队和武警部队医院）与连片特困地区县和国家扶贫开发工作重点县县级医院稳定持续的一对一帮扶关系。完成贫困地区县乡村三级医疗卫生服务网络标准化建设，积极促进远程医疗诊治和保健咨询服务向贫困地区延伸。为贫困地区县乡医疗卫生机构订单定向免费培养医学类本专科学生，支持贫困地区实施全科医生和专科医生特设岗位计划，制定符合基层实际的人才招聘引进办法。支持和引导符合条件的贫困地区乡村医生按规定参加城镇职工基本养老保险。采取针对性措施，加强贫困地区传染病、地方病、慢性病等防治工作。全面实施贫困地区儿童营养改善、新生儿疾病免费筛查、妇女“两癌”免费筛查、孕前优生健康免费检查等重大公共卫生项目。加强贫困地区计划生育服务管理工作。[①]

6. 实行农村最低生活保障制度兜底脱贫

完善农村最低生活保障制度，对无法依靠产业扶持和就业帮助脱贫的家庭实行政策性保障兜底。加大农村低保省级统筹力度，低保标准较低的地区要逐步达到国家扶贫标准。尽快制定农村最低生活保障制度与扶贫开发政策有效衔接的实施方案。进一步加强农村低保申请家庭经济状况核查工作，将所有符合条件的贫困家庭纳入低保范围，做到应保尽保。加大临时救助制度在贫困地区落实力度。提高农村特困人员供养水平，改善供养条件。抓紧建立农村低保和扶贫开发的数据互通、资源共享信息平台，实现动态监测管理、工作机制有效衔接。加快完善城乡居民基本养老保险制度，适时提高基础养老金标准，引导农村贫困人口积极参保续保，逐步提高保障水平。有条件、有需求地区可以实施"以粮济贫"。

7. 探索资产收益扶贫

在不改变用途的情况下，财政专项扶贫资金和其他涉农资金投入设施农业、养殖、光伏、水电、乡村旅游等项目形成的资产，具备条件的可折股量化给贫困村和贫困户，尤其是丧失劳动能力的贫困户。资产可由村集体、合作社或其他经营主体统一经营。要强化监督管理，明确资产运营方对财政资金形成资产的保值增值责任，建立健全收益分配机制，确保资产收益及时回馈持股贫困户。支持农民合作社和其他经营主体通过土地托管、牲畜托养和吸收农民土地经营权入股等方式，带动贫困户增收。贫困地区水电、矿产等资源开发，赋予土地被占用的村集体股权，让贫困人口分享资源开发收益。

8. 健全留守儿童、留守妇女、留守老人和残疾人关爱服务体系

对农村"三留守"人员和残疾人进行全面摸底排查，建立详实完备、动态更新的信息管理系统。加强儿童福利院、救助保护机构、特困人员供养机构、残疾人康复托养机构、社区儿童之家等服务设施和队伍建设，不断提高管理服务水平。建立家庭、学校、基层组织、政府和社会力量相衔接的留守儿童关爱服务网络。加强对未成年人的监护。健全孤儿、事实无人抚养儿童、低收入家庭重病重残等困境儿童的福利保障体系。健全发现报告、应急处置、帮扶干预机制，帮助特殊贫困家庭解决实际困难。加大贫困残疾人康复工程、特殊教育、技能培训、托养服务实施力度。针对残疾人的特殊困难，全面建立困难残疾人生活补贴和重度残疾人护理补贴制度。对低保家庭中的老年人、未成年人、重度残疾人等重点救助对象，提高救助水平，确保基本生活。引导和鼓励社会力量参与特殊群体关爱服务工作。[②]

9. 重点支持长江流域革命老区、民族地区、连片特困地区脱贫攻坚

① 中共中央、国务院:《关于打赢脱贫攻坚战的决定》，新华社，2015.12.07。

② 中共中央、国务院:《关于打赢脱贫攻坚战的决定》，新华社，2015.12.07。

出台加大脱贫攻坚力度支持革命老区开发建设指导意见，加快实施重点贫困革命老区振兴发展规划，扩大革命老区财政转移支付规模。加快推进民族地区重大基础设施项目和民生工程建设，实施少数民族特困地区和特困群体综合扶贫工程，出台人口较少民族整体脱贫的特殊政策措施。加大教育对口支援力度，积极发展符合民族地区实际的职业教育，加强民族地区师资培训。加强少数民族特色村镇保护与发展。完善片区联系协调机制，加快实施集中连片特殊困难地区区域发展与脱贫攻坚规划。加大中央投入力度，采取特殊扶持政策，推进西藏、四省藏区地市州脱贫攻坚。

（二）东部省市对中西部贫困地区对口支援

开展东部省市对口支援中西部贫困地区，有利于加快中西部贫困地区安稳致富，增强中西部贫困地区经济发展活力，促进中西部贫困地区社会和谐稳定；有利于加强中西部贫困地区生态环境保护，保障长江流域水资源安全；有利于探索建立新型区域合作关系，对口支援双方携手共促区域协调发展；有利于传承全国一盘棋的优良传统，弘扬社会主义集中力量办大事的优越性。

1. 推进中西部农村扶贫开发

一是支持农村小型基础设施建设。长江流域东部各省市要重点支持中西地区农村小型基础设施建设，东部各省市在安排各类相关建设资金时，要把重点放在与中西部贫困地区、贫困人口生产生活条件密切相关的农村饮水安全、农村电网改造、农村沼气、农村水电、小型农田水利设施、中小型水源工程建设、小流域治理等方面；在安排财政专项扶贫资金时，继续扶持西部贫困地区中的集中连片特殊困难地区县和国家扶贫开发工作重点县。

二是扶持致富带头人创业。东部省、市要发挥资金、技术、信息等方面优势，重点帮扶移民小区贫困山区致富带头人创业。中西部各省市要制定扶持致富带头人创业发展的具体办法和措施，采取“请进来”“走出去”的方式加强对致富带头人的培训，帮助致富带头人选择好的项目，在资金、技术和销售渠道等方面给予支持，鼓励和引导金融机构对符合条件的西部贫困地区贫困地区劳动者创业就业提供小额贷款支持。

三是动员和鼓励社会力量参与农村扶贫开发。支援省、市要充分发挥社会组织和团体的作用，构建西部地区扶贫志愿者服务网络，引导扶贫志愿者到西部地区服务，形成社会各界广泛参与农村扶贫开发的新格局；结合西部集中连片特殊困难地区的扶贫开发工作，组织科技特派员扶贫团到集中连片特殊困难地区县和国家扶贫开发工作重点县开展科技创业扶贫试点工作。在西部地区的中央企业，要承担起更多的社会责任，积极主动制定扶贫方案，明确帮扶重点，开展定点扶贫。

2. 强化中西部贫困地区就业培训服务

一是支持中西部贫困地区强化就业培训。要支持西部贫困地区开展以提高就业能力为目的的职业技能培训，采取当地培训与异地培训等多种形式，重点开展生态农业技能培训、劳务经纪人培训、安全技能培训、创业带头人培训等。支援省、市要结合本地企业招工用工实际，在西部贫困地区或依托本地职业院校、职业教育实训基地和各类培训机构开展技能培训。国家有关部门在落实职业培训和职业技能鉴定补贴政策、建设创业孵化示范基地时，继续向西部贫困地区倾斜。

二是支持西部贫困地区提高就业服务能力。支持西部贫困地区加强公共就业和人才服务机构以及基层平台建设，进一步完善和提高就业机构服务能力。支援省、市要对在本地务工的西部贫困地区人员开展就业指导、社会保障、法律咨询等服务，帮助西部贫困地区政府在当地建立就业服务站点；指导西部贫困地区政府开发公益性岗位，重点解决西部贫困地区零就业家庭中就业困难人员的就业问题。国家有关部门要加大对西部贫困地区公共就业服务和人才服务体系建设的支持力度，帮助西部贫困地区政府开发和完善就业信息服务平台。

三是积极开展劳务输出合作。支援省、市要为西部贫困地区提供就业岗位与就业信息，有计划地组织本地企业到西部贫困地区招募员工；可采取定向招生、定向培训的方式，为西部贫困地区学生提供高、中等职业教育和就业培训，并会同西部贫困地区政府在按国家规定免学费和给予国家助学金的基础上，适当给予住宿费、交通费等补助；为西部贫困地区学生提供有针对性的就业岗位信息，并在就业方面提供便利，帮助西部贫困地区学生尽快融入当地社会。西部贫困地区各级政府要配合支援省、市做好在西部贫困地区的招生、招工工作，力争招生规模达到准备就业的应届初高中毕业生的20%。对口支援双方要建立劳务输出合作机制。

3. 支持中西部地区提高基本公共服务能力

一是继续支持西部贫困地区基础教育。支援省、市要鼓励本地学校与贫困地区学校开展“一对一”“结对子”“手拉手”活动，通过教学现场观摩、远程培训等方式，开展贫困地区教师培训；建立教师岗位聘用、业绩考核与支教经历直接挂钩等机制，在教师专业技术职务晋升方面向有支教经历的教师倾斜，支持优秀校长、教师到西部贫困地区支教。国家有关部门要大力支持贫困地区基础教育，在项目安排上继续向贫困地区倾斜。

二是支持中西部贫困地区提升职业教育水平。支援省、市要帮助西部贫困地区职业院校调整专业和课程设置，开发实用性教材，为西部贫困地区培养市场适用人才；以“双师型”教师为重点，支持职业院校加强师资队伍建设。支援省、市要每年邀请西部贫困地区教师到本省、市学习交流，派骨干教师赴贫困地区支教。

三是加大对西部贫困地区医疗卫生支持力度。支援省、市要组织本省、市医疗卫生机构到西部贫困地区对口帮扶，与有条件的贫困地区县级医院建立远程会诊系统，组织专家到贫困地区进行义诊或医疗讲座，开展基层医务人员交流，为贫困地区基层医务人员开展培训；要发挥在办院理念、人才、技术、设备等方面的优势，与贫困地区医疗卫生机构共建特色诊室。西部各省市在实施医疗和公共卫生服务体系建设、安排补助资金时，继续向贫困地区倾斜。

四是支持西部贫困地区科技、文化、体育等领域发展。支援省、市应利用自身优势，加强对西部贫困地区基层科技、文化、体育等专业人员的培训，与西部贫困地区开展文化、文物保护、体育的合作与交流。国家有关部门要继续加大对西部贫困地区农村科技服务体系的支持，关心西部贫困地区基层文化、教育事业发展，加强对文物保护利用的指导与支持；在开展使用体育彩票公益金支持公益性体育设施建设等项目时，继续向西部贫困地区倾斜。

五是支持西部贫困地区加快完善社会保障体系。拓宽西部贫困地区社会保障资金筹资渠道，加大经费保障力度，做到应保尽保，确保城乡居民最低生活有保障。支援省、市要以扶老、助残、救孤、济困为重点，帮助西部贫困地区政府加快建立健全社会救助体系和养老服务体系。西部各省市要按照规定做好外出务工人员基本养老保险关系转移接续相关工作，维护外出务工人员养老保险权益；在实施“金保工程”二期、“社会保障人才队伍建设工程”“社会保险百千万人才队伍建设工程”时，重点向西部贫困地区倾斜。

三、提高长江流域绿色生态环境保护水平

长江流域要提供更多、更好的生态产品，提高保护和治理生态环境水平，必须依托政府的力量，在禁止开发区、限制开发区、江河湖泊上游、沙漠荒原以及经济密集区，进行大规模的生态建设，发展生态经济。必须实行生态补偿政策，调动上下游的积极性。必须坚持不懈的努力，建设美好的绿色家园和生态屏障。

（一）优化长江流域国土空间开发格局

强化国土空间开发的生态引领，实施重要城市群和省级及以上开发区集中集约开发，规范水电、矿产等自然资源开发秩序与布局，加强长江岸线资源治理保护和利用空间协调，形成开发空间集中集约、生态空间自然开敞的国土空间开发格局。

第一，实施主体功能区战略，强化国土空间开发生态引领。明确区域主体功能定位，实施主体功能区差别化区域开发和环境管理政策，按不同功能区自然环境条件、环境承载能力和环境质量目标要求，提出科学、合理的空间环境准入要求，加快调整完善财政、金融、产业、人口、土地、资源开发、环境保护、生态补偿等配套政策。

第二，强化重要城市群和省级及以上开发区集中集约开发，控制城市和产业园区无序发展。针对长三角、长江中游、成渝、黔中、滇中等城市群，根据资源环境承载能力和城镇化发展需求，合理设定开发强度上限和中心城市增长边界，保护农业发展空间和绿色开敞空间；强化城市用地效率管控，根据城市功能稳步调整用地结构；提升城市群一体化发展水平，促进城市群之间、城市群内部的分工协作，推进市场体系统一开放、

基础设施共建共享、生态环境协同整治。针对省级及以上开发区，提升开发区内产业集聚能力，控制开发区外产业集聚规模，健全用地规模和效率管控机制，避免开发区无限制扩张，完善开发区环境基础设施，推动与城市距离适宜、人口集聚基础好的开发区产城融合发展，由工业区向城市功能新区转型。

第三，规范水电、矿产等自然资源开发秩序与布局。制定流域一体化开发规划，建立自然资源资产登记审计制度，加强流域综合管理，规范流域开发秩序。提高水电资源开发前的生态环境影响评价和实施后的生态环境监测补偿制度权威性，强化区域环评和规划环评的约束性，并将河流生态基流、生物多样性保护等作为水电开发规划、设计、建设和运行的依据。开展矿产资源丰富地区的生态重要性和敏感性评价分区，禁止在重要生态功能区核心区和生态环境强敏感区进行开发，明确资源开发的时序和方式，严格控制乱开乱挖现象，做好开发后的生态修复工作，减轻资源开发的生态破坏。

第四，加强长江岸线资源治理保护和利用空间协调。重视长江岸线产业发展和港口建设等生产功能以外的水源涵养、生态保护和维护河道稳定等生态服务功能，统筹规划长江岸线资源，严格分区管理和用途管制，合理安排沿江工业与港口岸线、过江通道岸线与取水口岸线，加大生态和生活岸线保护力度。统筹岸线与后方土地的使用和管理，提高岸线资源集约利用水平。依法建立岸线资源有偿使用制度。有效保护岸线原始风貌，利用沿江风景名胜和其他自然人文景观资源，为居民提供便捷舒适亲水空间。①

（二）加强长江流域水资源保护和水环境治理

以长江经济带可持续发展为目标，加强水安全保障、自然生态保育、重大灾害防御和环境生态风险防范为重点的长江经济带绿色生态保障体系建设，确保长江经济带长治久安。

第一，保障长江流域水安全。从系统性、综合性、长远性出发，以长江源区、上游水源与水生态保护、中游水量调蓄和下游水环境保护为重点，兼顾上下游、左右岸需求，综合防洪、供水、水污染防治和生态保护需要，建设长江水安全保障工程，既满足沿岸工农业生产与居民生活用水需要，也要满足国家战略水资源储备安全需求；既要满足保障大坝和河湖堤岸等水工程安全需要、保障经济社会发展和人民生命财产安全，也要满足维护长江干支流河湖水生生物多样性和水生态系统健康的需求。

第二，切实保护和利用好长江水资源。落实最严格水资源管理制度，明确长江水资源开发利用红线、用水效率红线。加强长江流域水资源统一调度，保障生活、生产和生态用水安全。严格相关规划和建设项目的水资源论证。加强饮用水水源地保护，优化沿江取水口和排污口布局，取缔饮用水水源保护区内的排污口，鼓励各地区建设饮用水应急

① 杨桂山、徐昔保、李平星：《长江经济带绿色生态廊道建设研究》，《地理科学进展》，2015（11）。

水源。建设水源地环境风险防控工程，确保城乡饮用水安全。严厉打击河道非法采砂。优化水资源配置格局，加快推进云贵川渝等地区大中型骨干水源工程及配套工程建设。建设沿江、沿河、环湖水资源保护带、生态隔离带，增强水源涵养和水土保持能力。①

第三，妥善处理江河湖泊关系。综合考虑防洪、生态、供水、航运和发电等需求，进一步开展以三峡水库为核心的长江上游水库群联合调度研究与实践。加强长江与洞庭湖、鄱阳湖演变与治理研究，论证洞庭湖、鄱阳湖水系整治工程，进行蓄滞洪区的分类和调整研究。完善防洪保障体系，实施长江河道崩岸治理及河道综合整治工程，尽快完成长江流域山洪灾害防治项目，推进长江中下游蓄滞洪区建设及中小河流治理。

第四，严格控制和治理长江水污染。明确水功能区限制纳污红线，完善水功能区监督管理制度，科学核定水域纳污容量，严格控制入河（湖）排污总量。大幅削减化学需氧量、氨氮排放量，加大总磷、总氮排放等污染物控制力度。加大沿江化工、造纸、印染、有色等排污行业环境隐患排查和集中治理力度，实行长江干支流沿线城镇污水垃圾全收集全处理，加强农业畜禽、水产养殖污染物排放控制及农村污水垃圾治理，强化水上危险品运输安全环保监管、船舶溢油风险防范和船舶污水排放控制。完善应急救援体系，提高应急处置能力。建立环境风险大、涉及有毒有害污染物排放的产业园区退出或转型机制。加强三峡西部贫困地区、丹江口西部贫困地区、洞庭湖、鄱阳湖、长江口及长江源头等水体的水质监测和综合治理，强化重点水域保护，确保流域水质稳步改善。

（三）优化长江流域产业结构，推动生产方式绿色化

从根本上缓解经济发展与资源环境之间的矛盾，必须构建科技含量高、资源消耗低、环境污染少的产业结构，加快推动生产方式绿色化，大幅提高经济绿色化程度，有效降低发展的资源环境代价。

第一，推动科技创新。结合深化科技体制改革，建立符合生态文明建设领域科研活动特点的管理制度和运行机制。加强重大科学技术问题研究，开展能源节约、资源循环利用、新能源开发、污染治理、生态修复等领域关键技术攻关，在基础研究和前沿技术研发方面取得突破。强化企业技术创新主体地位，充分发挥市场对绿色产业发展方向和技术路线选择的决定性作用。完善技术创新体系，提高综合集成创新能力，加强工艺创新与试验。支持生态文明领域工程技术类研究中心、实验室和实验基地建设，完善科技创新成果转化机制，形成一批成果转化平台、中介服务机构，加快成熟适用技术的示范和推广。加强生态文明基础研究、试验研发、工程应用和市场服务等科技人才队伍建设。

① 国务院：《关于依托黄金水道推动长江经济带发展的指导意见》，2014.09.25。

第二，调整优化产业结构。推动战略性新兴产业和先进制造业健康发展，采用先进适用节能低碳环保技术改造提升传统产业，发展壮大服务业，合理布局建设基础设施和基础产业。积极化解产能严重过剩矛盾，加强预警调控，适时调整产能严重过剩行业名单，严禁核准产能严重过剩行业新增产能项目。加快淘汰落后产能，逐步提高淘汰标准，禁止落后产能向中西部地区转移。推动要素资源全球配置，鼓励优势产业走出去，提高参与国际分工的水平。调整能源结构，推动传统能源安全绿色开发和清洁低碳利用，发展清洁能源、可再生能源，不断提高非化石能源在能源消费结构中的比重。

第三，发展绿色产业。大力发展节能环保产业，以推广节能环保产品拉动消费需求，以增强节能环保工程技术能力拉动投资增长，以完善政策机制释放市场潜在需求，推动节能环保技术、装备和服务水平显著提升，加快培育新的经济增长点。实施节能环保产业重大技术装备产业化工程，规划建设产业化示范基地，规范节能环保市场发展，多渠道引导社会资金投入，形成新的支柱产业。加快核电、风电、太阳能光伏发电等新材料、新装备的研发和推广，推进生物质发电、生物质能源、沼气、地热、浅层地温能等应用，发展分布式能源，建设智能电网，完善运行管理体系。大力发展节能与新能源汽车，提高创新能力和产业化水平，加强配套基础设施建设，加大推广普及力度。发展有机农业、生态农业，以及特色经济林、林下经济、森林旅游等林产业。

（四）促进资源节约使用，加快利用方式根本转变

节约资源是破解资源瓶颈约束、保护生态环境的首要之策。要深入推进全社会节能减排，在生产、流通、消费各环节大力发展循环经济，实现各类资源节约高效利用。

第一，推进节能减排。发挥节能与减排的协同促进作用，全面推动重点领域节能减排。开展重点用能单位节能低碳行动，实施重点产业能效提升计划。严格执行建筑节能标准，加快推进既有建筑节能和供热计量改造，从标准、设计、建设等方面大力推广可再生能源在建筑上的应用，鼓励建筑工业化等建设模式。优先发展公共交通，优化运输方式，推广节能与新能源交通运输装备，发展甩挂运输。鼓励使用高效节能农业生产设备。强化结构、工程、管理减排，继续削减主要污染物排放总量。

第二，发展循环经济。按照减量化、再利用、资源化的原则，加快建立循环型工业、农业、服务业体系，提高全社会资源产出率。完善再生资源回收体系，实行垃圾分类回收，开发利用“城市矿产”，推进秸秆等农林废弃物以及建筑垃圾、餐厨废弃物资源化利用，发展再制造和再生利用产品，鼓励纺织品、汽车轮胎等废旧物品回收利用。推进煤矸石、矿渣等大宗固体废弃物综合利用。组织开展循环经济示范行动，大力推广循环经济典型模式。推进产业循环式组合，促进生产和生活系统的循环链接，构建覆盖全社会的资源循环利用体系。

第三，加强资源节约。节约集约利用水、土地、矿产等资源，加强全过程管理，大

幅降低资源消耗强度。加强用水需求管理，以水定需、量水而行，抑制不合理用水需求，促进人口、经济等与水资源相均衡，建设节水型社会。推广高效节水技术和产品，发展节水农业，加强城市节水，推进企业节水改造。积极开发利用再生水、矿井水、空中云水、海水等非常规水源，严控无序调水和人造水景工程，提高水资源安全保障水平。按照严控增量、盘活存量、优化结构、提高效率的原则，加强土地利用的规划管控、市场调节、标准控制和考核监管，严格土地用途管制，推广应用节地技术和模式。发展绿色矿业，加快推进绿色矿山建设，促进矿产资源高效利用，提高矿产资源开采回采率、选矿回收率和综合利用率。

（五）加快长江流域生态系统修复和建设

统筹实行农业清洁生产、工业循环经济、退耕还林还草、退田还湖还湿、绿化荒山荒坡以及水体生态修复与河湖连通等一体化措施，加强受损生态系统的生态修复和建设，减少河湖污染负荷，控制水土流失、平衡河湖水量，整体提升和发挥长江水陆复合生态系统的区域水源涵养、生物多样性保育、防洪供水保障和维系区域生态平衡等综合生态服务功能。

第一，加强自然生态保育。建立长效扶持政策和生态补偿机制，巩固天然林保护工程建设成效，稳步扩大天然林保护范围。牢固树立尊重自然、顺应自然和保护自然的理念，针对长江经济带范围内不同生态功能保护类型，划定自然生态保护红线，加强自然保护区的能力建设，建立更加完善的包括水源涵养、水土保持、生物多样性保育和洪水调蓄等重要生态功能保护区的自然生态保育体系。推进太湖、巢湖、滇池、草海等全流域湿地生态保护与修复工程，加强金沙江、乌江、嘉陵江、三峡西部贫困地区、汉江、洞庭湖和鄱阳湖水系等重点区域水土流失治理和地质灾害防治，中上游重点实施山地丘陵地区坡耕地治理、退耕还林还草和岩溶地区石漠化治理，中下游重点实施生态清洁小流域综合治理及退田还草还湖还湿。树立“绿水青山就是金山银山”和“山水林田湖生命共同体”的理念，统筹森林草地、河湖水体与湿地等自然生态各要素，整体保护、系统修复、综合治理，增强生态系统循环能力，维护生态平衡。加大“退耕还林还草”“退田还湖还湿”“长江防护林工程”“绿化长江工程”和“库周防护林工程”等重点生态工程建设力度，构建水陆复合、上下连通的长江绿色生态廊道。

第二，加强中上游生态屏障建设。加大以若尔盖、桐柏山淮河源、大别山、三峡西部贫困地区和秦巴山地水源涵养重要区、西南喀斯特地区和川滇干热河谷土壤保持重要区、岷山区为核心的长江上游生态屏障保护力度。加强长江中游鄱阳湖、洞庭湖、长江荆江段、丹江口西部贫困地区、东江源和南岭山地水源涵养区为核心的生态屏障建设，重点保护重要蓄滞洪区、水域重要生态功能区、国际重要湿地和珍稀候鸟越冬栖息地，构建沿河、环湖水资源保护带与生态隔离带，推进鄱阳湖、洞庭湖生态经济圈及与上下游之间的生态协调共建。

第三，加强重大灾害防御。划定上游地区地震滑坡泥石流等山地灾害风险区，实施高风险区移民建镇工程，提高灾害防治工程标准和覆盖范围，强化生态保育和建设，切实保障城镇和水库、高等级公路、铁路等重大基础设施与工程安全。加大陡坡地退耕还林还草、荒山丘陵绿化等生态工程建设，不断减缓水土流失灾害危害。通过合理加高加固长江和干支流堤防，整治河道湖盆，建设平原蓄滞洪区和加强三峡与长江干支流水库群联合优化调度等，形成较为完备的以堤防为基础、三峡工程为骨干、干支流湖泊水库与蓄滞洪区调蓄相配套的长江中下游综合防洪体系，最大限度减轻长江洪水心腹之患。构建基于卫星遥感与物联网等新技术的重大灾害动态监测与预测预警网络，提升重大灾害风险管理水平和灾害防御与应急救灾能力。

第四，加强环境生态风险防范。构建严密的环境与生态风险源分类监管与区域防控机制，实行运输、储存、生产、销售各环节全覆盖的环境与生态风险源申报登记核查许可制度，建设基于风险源数据库和物联网感知的区域风险实时监控与预警系统，大幅提高风险早期识别与管理能力。加大投入，建立区域联动、部门协调、指挥统一、反映快速、保障有力的环境与生态风险防范与应急处置体系，显著提升风险应急管理水平。

（六）强化长江流域环境保护和综合治理

严控污染物排放总量，持续推进资源节约型和环境友好型社会建设，加大污水处理力度，逐步推行环境质量目标管理，不断改善水体、土壤和空气环境质量。

第一，严控污染物排放总量。依据长江经济带各区域主体功能定位和长江生态环境风险防控的总体要求，在重点产业园区内合理集中布局和发展重化工业，改变长江沿江重化工业分散布局、污染和风险难以控制的局面。加大沿江重化工业等重污染行业整治力度，关停并转一批污染大、能耗水耗高、经济效益差的工业企业，通过制定和执行严格的环境污染物限排政策，形成落后产能与企业退出倒逼机制，强制淘汰落后产能和工艺。对超标、超总量排污和使用、排放有毒有害物质的重点行业和企业实施强制性清洁生产审核，不断提高清洁生产水平。加快特色产业园区建设，以龙头企业为核心、以循环经济项目为载体，合理构建和延伸循环经济产业链，最大限度提高资源循环利用率和废弃物综合利用水平。

第二，持续推进资源节约型和环境友好型社会建设。实施煤炭消耗总量和利用效率双控制度，发挥长江经济带水电优势，大幅提高清洁能源使用比重。划定永久基本农田，实施建设用地增长边界空间管制，统筹安排发展用地和生态用地，不断提高土地集约利用率。实施最严格的水资源总量、水资源利用效率和限制水体纳污“三条红线”管理；坚持节水优先，大力推行全社会节水；实施城市污水处理厂再生水工程，提高城市再生水利用率。坚持绿色、低碳、环保的发展路径，以园区生态化和企业生产清洁化为重点，实现工业发展从“耗能型、分散型、低端型”向“生态型、集聚型、高端型”转变。

第三，加大污水处理力度。建设高标准、全覆盖的沿江污水处理系统，切实提高尾水排放标准，确保无分散工业和生活污染直排入江；规范设置和严格控制长江沿岸排污口，实施沿江排污口设置许可制度，严格控制长江两岸污染物排放总量。强化生态农业和清洁小流域建设，实施入江河流和湖泊清水入江工程；加强长江源头区、三峡水库、丹江口水库、洞庭湖、鄱阳湖等重点水域水质保护和生态恢复，永久保持长江一江清水。

第四，逐步推行环境质量目标管理。积极探索污染减排与环境质量改善挂钩的区域（流域）环境管理新模式，实现环境管理由污染减排目标考核向环境质量目标考核转变。坚持质量导向、容量约束、倒逼减排的思路，制定不同江段（入江支流）环境质量达标整治计划，建立健全超量排污惩罚性收费和资源能源价格差别化供给等经济杠杆调节机制，以环境整洁化、产业高端化、园区生态化和企业清洁化为导向，分阶段实施主要江段（入江支流）环境质量目标达标整治。

（七）建立和完善生态文明制度体系

建立长江流域综合管理机构，健全自然资源保护管理制度和环境损害赔偿与责任追究制度，为长江经济带生态环境保护提供制度保障。

第一，建立长江流域综合管理机构。打破部门和地方分割，成立由沿江省市政府、国家相关行业主管部门、重点企业和资深学者等组成的长江流域综合管理委员会，负责议定流域开发和保护相关管理办法、规划、方案、重点项目等重大事项；下设流域综合管理委员会办公室，作为委员会日常事务处理和利益相关各方协调的常设机构，切实保障长江的永续利用和长江经济带可持续发展。

第二，健全自然资源资产产权制度和用途管制制度。对水流、森林、山岭、草原、荒地、滩涂等自然生态空间进行统一确权登记，明确国土空间的自然资源资产所有者、监管者及其责任。完善自然资源资产用途管制制度，明确各类国土空间开发、利用、保护边界，实现能源、水资源、矿产资源按质量分级、梯级利用。严格节能评估审查、水资源论证和取水许可制度。坚持并完善最严格的耕地保护和节约用地制度，强化土地利用总体规划和年度计划管控，加强土地用途转用许可管理。完善矿产资源规划制度，强化矿产开发准入管理。有序推进国家自然资源资产管理体制改革。

第三，健全生态保护补偿机制。科学界定生态保护者与受益者权利义务，加快形成生态损害者赔偿、受益者付费、保护者得到合理补偿的运行机制。结合深化财税体制改革，完善转移支付制度，归并和规范现有生态保护补偿渠道，加大对重点生态功能区的转移支付力度，逐步提高其基本公共服务水平。建立地区间横向生态保护补偿机制，引导生态受益地区与保护地区之间、流域上游与下游之间，通过资金补助、产业转移、人才培训、共建园区等方式实施补偿。建立独立公正的生态环境损害评估制度。

第四，完善生态环境监管制度。建立严格监管所有污染物排放的环境保护管理制度。完善污染物排放许可证制度，禁止无证排污和超标准、超总量排污。违法排放污染物、造成或可能造成严重污染的，要依法查封扣押排放污染物的设施设备。对严重污染环境的工艺、设备和产品实行淘汰制度。实行企事业单位污染物排放总量控制制度，适时调整主要污染物指标种类，纳入约束性指标。健全环境影响评价、清洁生产审核、环境信息公开等制度。建立生态保护修复和污染防治区域联动机制。

第五，建立健全环境损害赔偿制度和以环境损害赔偿为基础的环境责任追究制度。改变环境损害“企业赚钱、政府买单、群众受害”的不合理现象，加大环境损害处罚和赔偿额度，合理合法追究环境损害者的刑事、民事（经济赔偿）责任，减少环境保护工作对行政手段的过度依赖。完善环境信息发布和重大项目公示、听证制度，健全公众参与机制，对造成生态环境损害的重大决策失误，实行问题追溯和责任终生追究。

邵平桢

第十章　黄河报告：水资源管理与水权制度建设为核心的流域协同

第一节　黄河流域水资源与经济情况概述

一、黄河流域水资源概况

黄河发源于青海省巴颜喀拉山，流经青海、甘肃、四川、宁夏、内蒙古、陕西、山西、河南、山东9省区，最后注入渤海。黄河干流全长5464千米，落差4480米，位于北纬32—42度和东经96—119度，东西长约1900千米，南北宽1100千米，流域面积79.5万平方千米（包括内流区面积3.2万平方千米）。从河流长度和流域面积来计算，黄河是中国第二大河。结合人口和社会经济情况来看，黄河流域又是中国水资源供需矛盾最突出，水环境问题最严重的流域之一。20世纪70年代到90年代末，黄河下游经常出现断流。断流河段和断流时间最长的是1997年，当年黄河自河口一直断流到上游开封的夹河滩，断流河段全长约704千米，河口段断流时间长达226天。黄河下游断流已经影响到地区的工农业发展和生活用水，并使河口地区的生态环境进一步恶化。自20世纪80年代起，中国在黄河流域采取了一系列的水资源管理措施，旨在缓解黄河的水量和水质问题，并取得了相当大的成效。当然，随着社会经济的发展和生态环境的变化，黄河水资源管理还面临着诸多遗留问题和新的挑战，需要更加全面、深入和更具适应性的综合管理措施来实现流域经济和行政区经济的可持续发展。

（一）水资源利用

从取水总量上看，根据《黄河水资源公报》统计，1998—2012年黄河流域年均取水量为491.05亿立方米，占1987—2000年花园口水资源总量（地表水和地下水）年均值的88.6%，占1956—2000年花园口水资源总量年均值的79%。1998—2012年流域年均耗水量为380亿立方米，占1987—2000年花园口水资源总量（地表水和地下水）年均值的68.6%，占1956—2000年花园口水资源总量年均值的61.2%，其中2002年河道外耗水量占花园口水资源总量的比例高达94.75%。在20世纪末可以说，黄河流域的河流开发利用强度已经非常之大（表10–1）。但是自黄委会1999年3月1日起正式对黄河水量实行统一调度之后，黄河自20世纪70年代以来“四年三断流”的情况得到彻底改变。2006年国务院颁布《黄河水量调度条例》，使黄河水量管理步入依法调度的新阶段。即便在干旱年份，黄河也能够保证连续十余年不断流。

表10-1　黄河流域1998—2012年水资源开发概况（单位：亿立方米）

年份	总取水量	总耗水	花园口以上水资源总量	入海水量
1998	497.12	364.80	549.48	101.52
1999	516.82	392.74	562.76	61.69
2000	480.68	365.89	441.40	41.74
2001	474.55	361.79	416.46	40.89
2002	494.93	382.23	403.04	34.62
2003	429.12	336.45	684.06	189.60
2004	444.75	342.30	482.65	196.18
2005	465.01	361.75	638.18	204.08
2006	512.10	401.73	477.90	186.70
2007	484.88	379.78	581.76	199.80
2008	490.95	383.54	483.73	141.60
2009	502.84	392.57	563.39	127.70
2010	512.05	394.86	544.19	188.20
2011	536.36	421.27	638.87	178.70
2012	523.60	419.12	692.16	276.90
历年平均	491.05	380.05	544.00	144.66

数据来源：《黄河水资源公报》（1998—2012）。

从用水结构上看，工业化和城镇化的快速发展对用水结构的变化起到很大影响。从1998年到2012年，工业用水比例提高3.9%，城镇生活用水比例提高4.7%，而农业用水比例下降12.6%。而原先不被考虑的生态环境用水在2012年也占到总耗水量的5%。总体上说用水结构正在向趋于合理的方向发展，但是农业耗水量依然非常巨大。

（二）水生态环境

从河道生态来看，由于黄河水资源开发强度较大，河道内生态和输沙用水大量被挤占，1998—2012年均入海水量为144.6亿立方米，占花园口1987—2000年均天然径流量的54%，占1954—2000年均天然径流量的37%。黄河干流水质自2005年来逐年好转，Ⅰ—Ⅲ类水河长所占比例出现较平稳上升，由2005年45.8%增长为2012年的88.2%；Ⅳ—Ⅴ类水河长比例由2005年的51.5%减少为11.8%。2009年来干流无劣Ⅴ类水出现。近年来黄河干流水质好转的河段主要分布于兰州段、宁蒙段、潼关至花园口段。其中兰州断面水质由2005年Ⅳ类水转为Ⅲ类水，同期石嘴山断面水质由Ⅴ类水转为Ⅳ类水，昭君坟断面水质由Ⅳ类水转为Ⅲ类水，潼关断面水质由劣Ⅴ类水转为Ⅳ类水，三门峡坝下断面水质由Ⅳ类水转为Ⅲ类水，花园口断面水质由Ⅳ类水转为Ⅱ类水，水质好转非常明显。

然而从全流域来看，黄河支流污染仍然相当严重。截至2012年，黄河主要支流评价河长15081.7公里，年平均符合Ⅱ类水质标准以上的河长占评价总河长的30.2%，符合Ⅲ类水质标准的河长占13.4%，符合Ⅳ类和Ⅴ类水质标准的河长分别为12.6%和6.5%，劣Ⅴ类水质标准的河长仍高达37.3%。支流污染以湟水西宁至老鸦峡河段，大黑河呼和浩特以下，汾河小店桥以下，渭河北道、渭源、文峰、甘谷、耿镇以下等河段，以及祖厉河、宛川河、苦水河等入黄河段尤为突出，其水质全年基本为劣Ⅴ类，主要污染项目为氨氮、化学需氧量、高锰酸盐指数、五日生化需氧量、挥发酚等。

二、黄河流域政区经济与水资源管理

按照地理条件，黄河干流可分为三段，自黄河源头到内蒙古托克托县河口镇为上游，自河口镇到郑州的桃花峪为黄河中游，自桃花峪到黄河入海口为黄河下游。而结合自然生态和社会经济情况，我们以兰州为界将上游进一步划分为兰州以上和宁蒙河段。下文将讨论流域范围内这四个地区的经济概况及其与水资源的关系。

（一）兰州以上

青海高原是黄河的主要产水区，兰州以上的流域面积只占全流域的不到30%，但其年径流量却达到接近56%；花园口断面平均每年248亿立方米的基流量中，有超过六成来自兰州以上地区。不仅如此，位于青海省南部的三江源区（即黄河、长江和澜沧江的源头地区）是北半球气候变化的主要启动区和调节区，该区通过黄河、长江水系将源区的生态环境同我国东部和全国的生态环境紧密联系在一起，对我国东部、西南部的生态环境和社会经济发展都有巨大的影响。[①]因此，要维持黄河健康生命，保证黄河下游河床冲沙和工农业用水，实现区域社会经济可持续发展，甚至是全国的可持续发展，必须

① 王启基、来德珍、景增春、李世雄、史惠兰：《三江源区资源与生态环境现状及可持续发展》，《兰州大学学报》（自然科学版），2005，41（4）。

加强兰州以上尤其是三江源区的水资源和生态环境保护。

而另一方面，兰州以上又是流域内社会经济水平相对落后的地区，而且区域内部经济发展不协调。以青海省为例，其地区生产总值从2000年的263.68亿元提高到了2014年的2301.12亿元，在全国GDP比重也由2000年的0.264%提高到了0.362%，然而其总量仍然在全国经济中所占比重微乎其微。相似的，甘肃省地区生产总值由2000年的1052.88亿元提高到2014年的6835.27亿元，在全国GDP中的比重基本维持在1.06%不变（2014年全国国内生产总值636138.7亿元，2000年为99776.3亿元）。甘肃也面临现有粗放型经济增长方式和不合理产业结构以及长期以来存在的技术性、制度性等问题导致的资源利用效率偏低、经济发展面临巨大的资源消耗压力的问题。而且甘肃工业结构呈现出明显的重化特征，能源供应过度依赖煤炭，能源消费结构低度化，白银市、玉门市和红古区等还面临资源耗竭的挑战。[①]总体来说，兰州以上地区的宏观经济发展水平与中东部地区的差距在逐渐拉大。同时，在该区域内部经济发展不协调的情况也较为突出。以人口来看，青海和甘肃2014年末常住人口分别为583万和2591万，占全国总人口的0.43%和1.9%。根据第五次人口普查资料，青海共有藏族、蒙古族、回族、土族、撒拉族和其他少数民族238.8万人，占全省总人口的45.51%。少数民族与汉族之间，农牧民与城镇居民之间人均收入水平差别较大[②]。从产业上看，1999年西部大开发以来，随着中央战略的逐步落实，青海的经济结构调整出现了第一产业和第三产业的产值比重进一步下降，第二产业的产值比重上升较快的转变。其三产结构构成由1999年的17∶41∶42变为2014年的9.5∶53.5∶37。然而各区域产值比重与各产业的就业比重不协调，第三产业就业的人数最多，第二产业比重最高但就业人数不多。工业发展也有可能对资源环境造成较大压力。

尽管区域经济发展落后且存在诸多问题，兰州以上地区可利用的自然资源却极为丰富。青海、甘肃的人均水资源量都高于流域内其他地区。青海储有大量的石油天然气资源、盐湖资源、旅游资源、矿产资源等，中国“四大盆地”之一的柴达木盆地有丰富的盐化工、煤炭、石油天然气和有色金属资源，亦是青海省的经济发展支柱和优势资源。甘肃则在煤炭、石油等传统能源和风能、太阳能等新能源领域的开发利用方面，都具有明显的优势和巨大的潜力。这些资源禀赋能够为兰州以上经济相对落后的区域提供支撑，但也为可持续发展，同时不威胁整个流域和其他区域的生态健康安全提出了更高的要求。

从策略上讲，该地区要立足于生态文明的基本要求，并以人为本，在区域经济发展过程中，注重经济与生态、社会的协调发展，使社会环境、物质财富和良好的自然环境呈现共同演进的趋势。

---

① 马明辉：《浅议甘肃区域经济可持续发展的路径》，《西北民族大学学报（哲学社会科学版）》，2014（1）。

② 杨春英：《青海区域经济协调发展的统筹性分析》，《青海师范大学学报（哲学社会科学版）》，2006（4）。

（二）宁蒙河段

宁蒙河段地处黄河上中游。从用水结构上看，在总用水量中农业、工业、生活、生态用水量分别为85.5亿立方米、9.1亿立方米、5.1亿立方米和2.3亿立方米。分别占总用水量的83.8%、8.9%、5.1%和2.3%。[①]不难看出，引黄用水，尤其是农业灌溉用水水量依然巨大。据统计，2000—2002年宁蒙引黄灌区平均总用水量140.52亿立方米，其中引黄水量129.48亿立方米，地下水11.05亿立方米。农业灌溉总用水量134.02亿立方米，其中引黄水量128.28亿立方米，地下水5.75亿立方米；工业及生活总用水量6.5亿立方米，其中引黄水量1.2亿立方米，地下水5.3亿立方米。由于历史原因，加之宁蒙引黄灌区地理位置优越，引水条件便利，灌区引黄水量较大，特别是宁夏引黄灌区形成了“大引大排”的灌溉方式，水资源利用效率不高；加上灌区灌排工程布局不合理、配套差，田间工程标准低，人定额超量灌水，加剧了本区土壤次生盐碱化的威胁。[②]

由于河套大型灌区与能源金三角地区在空间上毗邻分布，如何确保水资源的高效利用，减轻缺水对大型能源基地建设和煤炭资源开发的制约作用，处理好水资源的配置和管理问题就成为该地区经济发展、社会进步、产业转型、生态保护的核心。这尤其体现在水资源和工业活动的空间结构上。

（三）下游河段

黄河下游河道全长300多公里，流经河南、山东两省，贯穿华北平原，地势平坦开阔，是历史上河道迁徙变化非常剧烈的河段。尤其黄河下游河床高出两岸地面4—6米，并且滩区面积广大，在滩区居住的居民有180多万人，防范洪水风险是重中之重。50年代以来，随着自然和社会的变化，尤其是大规模水利工程的修建和黄河下游防洪体系的建设、水量调度和调水调沙实践改变了黄河下游河道的自然特征和水沙情势，黄河下游的水资源及水文情势受到了高度人工调控，成为高度人工化的河渠。[③]这使得水旱灾害问题得到较大的缓解。但主槽萎缩，悬河和二级悬河加剧，水资源供需矛盾日益突出，水质恶化，河流生态系统退化、河口湿地萎缩等新的水资源问题又逐渐暴露出来。可以说，黄河下游作为一条高度人工化的河流，具有很强烈的社会经济属性。

黄河下游的社会经济属性尤其体现在它对于河南、山东两个大省的重要作用。尽管由于地上悬河的原因，下游流域面积只占全流域面积的3%，但黄河却是两省最主要的

---

① 李云玲、汪党献、张敏秋：《蒙陕甘宁能源金三角地区水资源需求分析与保障对策》，《水电能源科学》，2012（6）。

② 荆新爱：《黄河上游主要用水区用水特性及用水规律分析》，《第十一届全国水动力学学术会议暨第二十四届全国水动力学研讨会并周培源诞辰110周年纪念大会文集》（下册），海洋出版社2012年版。

③ 彭勃、王化儒、王瑞玲、韩艳丽、黄文海、朱彦峰：《黄河下游河流健康评估指标体系研究》，《水生态学杂志》，2014，35（6）。

地表水来源。农业灌溉用水、工业用水、城镇生活用水和农村人畜用水是影响引黄水资源需求的主要因素。其中，农业灌溉用水是引黄用水大户，占引黄用水的90%。

黄河下游引黄灌区位于我国生产力布局的沿黄主轴线上。区内有豫、鲁两省的省会城市郑州和济南，七朝古都开封，新兴的石油化工城市濮阳和东营等，重要铁路、公路交通干线纵横交错。灌区内的石油天然气资源十分丰富，已探明的石油地质储量为17.4亿吨，约占全国总地质储量的21%，其中胜利油田是我国的第二大油田，中原油田天然气富集，是我国东部地区的第一大型天然气基地。引黄灌区现已基本形成了门类齐全的工业结构，工业生产总值占全流域的40%。

第二节　黄河流域水资源管理体系

一、背景

总体来说，黄河流域的管理在全国的水资源管理框架体系下建立，同时也有其自身特点。在黄河水资源的长期开发利用过程中，随着黄河流域经济的发展，黄河流域的水资源管理体系也在不断演化，大概可以划分为三个阶段。第一阶段为20世纪50—80年代，即黄河水资源大规模开发利用阶段。第二阶段为20世纪80年代到21世纪初，伴随着从20世纪70年代开始黄河干流下游开始出现的断流现象，为了缓和一系列水资源问题，进入水资源统一调度阶段。第三阶段是21世纪初至今。尽管水量调度杜绝了黄河断流现象，但无效率或低效率配置稀缺的黄河水资源的问题仍然无法解决。2002年颁布的新《水法》更加强调了水权、水价等市场手段对提高水资源配置效率的作用。以新《水法》的颁布施行为标志，以及习近平总书记提出的“节水优先、空间均衡、系统治理、两手发力”的新时期治水方针，现阶段的水资源管理需主要通过大力发展节水农业，加强水资源宏观调控，进一步建立健全水资源资产产权制度和水资源生态补偿制度，全面建设节水型社会。

二、现行法律和制度框架

（一）法律体系

黄河流域的水资源管理是在全国的体制体系下进行的。2002年新《水法》为我国的综合水资源管理提供了详细的法律框架。该法规定了有关水资源产权、取水权、水资源规划、水资源开发和利用、水资源保护和涉水争议的处理等问题。它界定了各大流域管理机构及其责任，并加强了它们的管理权限。1988年的《水污染防治法》（于1996年和2008年陆续修订）目的在于预防污染，通过控制向水体排污和其他方式来保护水质和人民身体健康。1997年的《防洪法》建立起了一套控制洪水，减轻洪水灾害，保护人民财产和健康的法律框架体系[①]。

以上法规由全国人民代表大会或全国人大常委会制订。在由国家层面的法例设定原则和大方向以外，各个部委和省级地方政府也制订了一系列部门规章、地方法律和管理条例作为支撑，并确保各项法律法规在实际工作中得到顺利执行。具体的法律法规安排如下图所示。

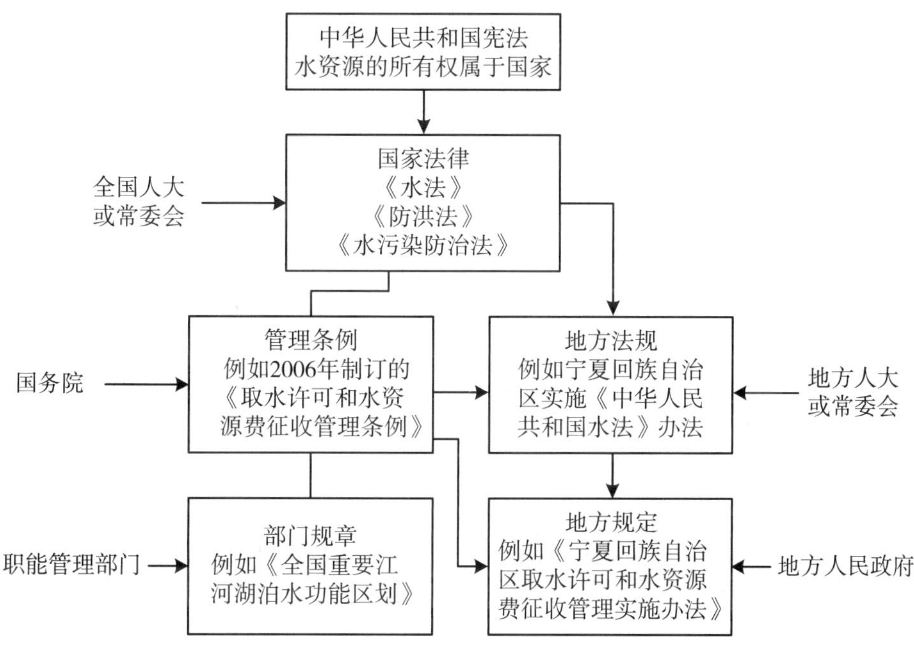

图 10-1　中国水资源管理法律法规体系

（二）机构设置

黄河流域管理相关的机构设置同样嵌套在国家水资源管理的宏观体系下。国务院是中国最高的行政机构，其下属的诸多部委均与水资源管理相关，例如主要负责水污染防治的环境保护部，不过与水资源管理更加紧密相关的是全面负责水资源开发、利用、节水、保护、防洪的水利部。水利部负责编制与水资源管理相关的各个方面的规划，同时也负责取水许可证和水功能区的管理，是我国在水资源管理专业领域的最高部门。

水利部下辖长江水利委员会、黄河水利委员会、淮河水利委员会、海河水利委员会、珠江水利委员会、松辽水利委员会和太湖流域管理局七大流域管理机构。每个机构负责各自流域内的水资源规划、法律法规执行和监管，尤其涉及跨省级行政区的情况

① Wouters, P., et al., The New Development of Water Law in China. University of Denver Water Law Review, 004. 7（2）: pp. 243—308.

时，除了七大流域机构以外，各个省、市、县级行政单位同样设立水利部门。由于水资源管理涉及的部门较多，在一些地区已成立水务局，以负责统筹管理与城建、农业、环保等多部门交叉的诸多职能，例如供水、污水处理、城市节水、洪水治理等。①

在下图所示的行政管理机构设置下，水利部黄河水利委员会及其下属机构与各个省市自治区下属的水利厅和水利局共同对黄河行使管理职能。黄河流域面积广大，人口众多，社会经济条件复杂，因而在管理过程中仍然存在着许多职能不清或是责任重叠的情况。在具体执行过程中，原则上，各个行政机关会通过水资源规划、水资源分配、取水许可、水功能区划、水权交易等方式对黄河流域的地表水和地下水资源进行管理。

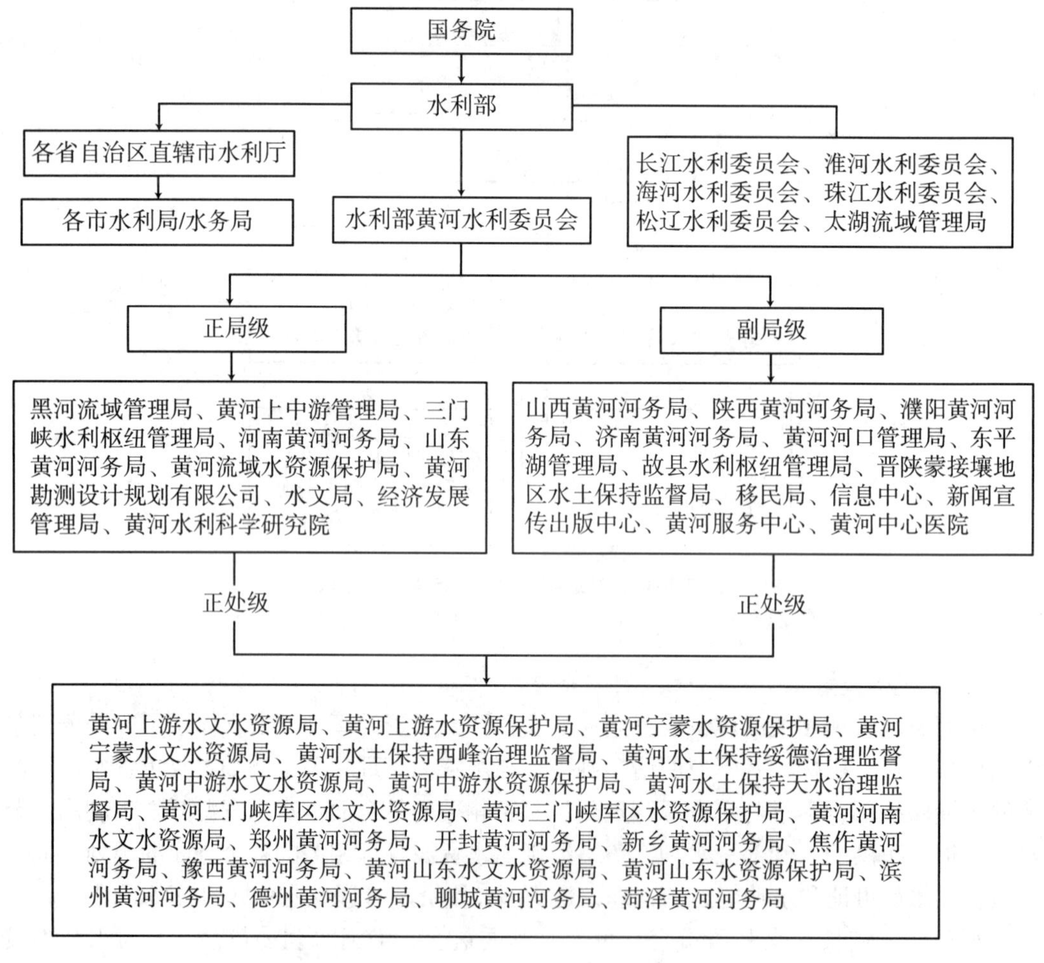

图 10-2　黄河流域水资源管理机构设置

① Shen, D.J. and B. Liu, Integrated urban and rural water affairs management reform in China: Affecting factors. Physics and Chemistry of the Earth, 2008. 33 (5): pp. 364—375.

三、水资源管理方式

（一）水资源规划

水资源规划是围绕流域范围内的主要水资源问题，以流域内经济、社会、生态保护和可持续发展需要为基础，以指导加强流域综合管理的政策措施为目的，制定出的水资源节约、开发、利用、保护、防治水旱灾害的总体方案。在水资源开发利用的调查评价、节约用水、供水预测、需水预测、水资源保护、水资源配置等基础上，水资源规划能够为流域水资源可持续利用和管理提供规划基础，根据经济社会可持续发展对水资源的要求，提出水资源合理开发、配置、利用、有效保护和综合治理的布局及实施方案，促进支持经济、社会的可持续发展。

（二）水资源分配和取水许可

我国水资源管理的相关法律法规和流域综合规划提供了一个宏观的管理框架，而这个框架的执行则包括众多流域和区域层面的进一步管理措施，其中水资源分配是一个重要方面。

黄河流域的水资源分配由 1987 年国务院批准。该方案以 580 亿立方米的黄河多年平均天然径流量为基础，将其中的 370 亿立方米的可供水量分配给流域内青海、甘肃、四川、宁夏、内蒙古、陕西、山西、河南、山东及河北省和天津市，其余 210 亿立方米用于河道内输沙等生态用水。黄河是我国首条进行全河水量分配的大江大河。各省、自治区则进一步将分配给自己的水量向下级市县再次分配。

此外，从 1994 年开始，根据国务院颁布的《取水许可制度实施办法》，黄委会在水利部的授权下，在流域中全面实施取水许可制度。取水者不仅要持有取水许可证，还要支付相应的水资源费。水资源费的价格则随当地变化。

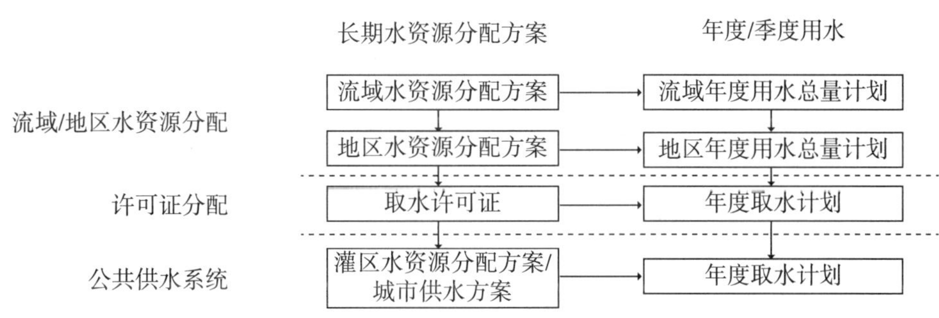

图 10-3　中国水资源分配和取水许可体系

（三）水功能区

水质的保护主要通过水功能区划和设定水功能区限制纳污红线的方式来保证。水功能区划是以河湖水体的用途功能为依据，对该水体设定水质目标。每一个水功能区的纳污能力也经过计算，以确保水质条件能够满足其设定目标的要求。换言之，水功能区划为污染物排放设置了上限。

（四）水量调度

从1999年3月开始，在水资源供需矛盾日趋严峻和黄河下游频繁断流的形势下，国务院批准黄河流域开始正式实施统一的水量调度制度。黄河水量统一调度的具体原则包括“总量控制、断面流量控制、分级管理、分级负责等，实行年计划、月旬调度、实时调度相结合”等。经过多年的探索实践，黄河流域的水量调度目前已形成了一套较为完善的组织体系和协商沟通机制。

第三节　黄河流域水权管理体系

一、背景

黄河流域的水资源稀缺主要体现在两个方面：一是水资源时空分布高度不均，二是水资源与人类经济活动例如人口、耕地、矿产资源分布高度不匹配。据统计，黄河流域60%以上的降水集中在6—9月，其年径流量仅占全国河川径流的2%，却需要负担15%的耕地灌溉并且供养17%的人口。[①]水资源的过度开发和利用严重威胁了黄河流域的经济发展和生态健康。从20世纪70年代起至90年代末，黄河共有22次出现断流。为了应对这些严峻挑战，对黄河流域水资源管理体系进行改革和创新就很有必要。

建立新型的水权体系被普遍认为是解决水资源利用低效的重要手段之一。通过将有限的水资源配置到不同的地区和用水者当中，允许水资源的交易和流转，可能成为缓解水资源稀缺并提高用水效率的一个重要方式。但与此同时，水权交易作为一种尚在摸索中的管理手段，也有可能对环境和社会公平带来巨大的影响，因此需要对其运行机制做进一步探讨。

本章内容首先回顾黄河水权的制度基础及其演化过程，然后结合内蒙古、宁夏等实际案例，厘清当前水权管理的制度框架，最后讨论在目前阶段我国水权交易和水市场建立过程中所面临的机遇和挑战。

二、中国水权制度的基础和演化

从全球视野来看，许多国家都试图并通过市场手段刺激水资源流向最需要的地区或行业。在美国、澳大利亚、智利等地，政府都建立起水权的交易和流转机制，并取得

① 葛颜祥、胡继连、接玉梅：《黄河水权市场的建设及其作用研究》，《中国农村经济》，2002（4）。

了不错的经济效益。其核心是将明晰的水权赋予不同的主体，并建立起一个允许水权交易的框架体系。在这个体系下，每个个体会做出对自己最有利的理性选择，例如使用水权，投资节水设施，或者主动将水权卖给其他使用者，这样可以通过市场机制将水资源配置到最高效的行业或部门，获得更高的经济回报。①尽管道理上看似简单，水权体系却需要依赖一系列管理和规划手段的支持才能够正常运行。在绝大多数情况下，这些手段体现在广泛而具体的制度体系中，例如清晰界定每个用水者的水权范围、水量水质特征、权利被侵犯如何处理、冲突解决机制等。这些制度体系则因不同地区的政治、经济、社会特征而有所区别，需要具体问题具体分析。

（一）水权理论

水权制度的本质是将有限的水资源在不同的使用者当中进行总量分割，其定义包括以下几个主要的理论要求。②

1）普适性：水权体系需覆盖特定范围内所有的水资源；

2）水量可预测性：在一般的情况下，用水者能够对可得水量有合理的预期；

3）确定性：用水者所持有的水权被法律保护不被其他人侵占；

4）持续性：用水者所持有的水权的年限时间有明确的规定；

5）排他性：与水权相关的成本和效益仅仅附属于权利所有者；

6）无约束性：获得水权并不以获取土地使用权为前提，用水者行使水权亦无具体功能方面的限制；

7）可分割和可交易性：水权的界定需要能够保证权利可被分割和可被自由交易。

通过以上原则，水权体系实现两方面的功能：一是从社会利益的角度来看，它能够明确一个流域或区域在一段时间内水资源大致的总量；二是从用水者个体角度来看，它能够明确该用水者在长期或任一时期内可得的水量，为用水者进行长期的水资源规划或投资提供信心。在前期分配机制透明且明确的情况下，可能产生的用水矛盾也有较大机会被避免。此外，水权体系还能够促进一系列水资源管理政策工具的施行。例如明晰的水权能够为政府主导的总量控制、行业水量分配、水价改革等一系列措施提供重要的制度基础。

（二）水权的性质

之前的许多学术讨论都倾向于讨论水权的法律属性和地位，试图明确所有权与使用权、公权与私权之间的差别。然而，在实践中比水权的法律定义更重要的是围绕水权分

---

① Chong，H. and D. Sunding，Water markets and trading. Annual Review of Environment and Resources，2006. 31：pp. 239–264；Turral，H.N.，et al.，Water trading at the margin：The evolution of water markets in the Murray–Darling Basin. Water Resources Research，2005. 41（7）.

② Xie，J.，Addressing China's Water Scarcity：A Synthesis of Recommendations for Selected Water Resource Management Issues. 2008，Washington，DC：World Bank Publications.

配和转换交易过程中的一系列制度规定和管理体系，例如初始水权该如何分配，在什么情况下权利可以被转换等等。此外，水权体系的建设并非是从“无”到“有”，从“0”到“1”，而是一个循序渐进不断完善发展的过程。换言之，在水权改革的初始阶段，权利界定不清且缺乏保护和交易，这样的情况并不会因为一个概念的提出或是某部法律的颁布而得到彻底改变。只有在实践中不断摸索完善，建立起与水权的法律内涵相配套的制度框架和实践条件，水权改革的发展才能不断向前。从这个意义上讲，水权的本质已超越了简单的法律内涵，它实际上包含了一系列政治、经济、社会和生态要素，其本质目标是保证更清晰的权责界定和更完善的类似市场体系的保障。

（三）中国水权体系的建立

中国水权体系的建立以 2002 年《水法》为基础，其大体框架分为以下三个层面：

地区水权：以水资源分配方案为基础，将共享的水资源分配到不同的行政区，该行政区代表国家行使水权，并有权利将该水权进一步分配给下级行政单位或取水者。

取水权：通过取水许可赋予取水者如工厂、自来水公司、灌区等从河湖或地下等水体中直接取水的权利。

用水权：个体的用水权利，例如在灌区内部赋予农户的用水权利。

在实践中，以上三项权利的赋予和界定根据当地情况存在较大的差异。在一些地区，较为详细系统分配方案已经施行，而在另外的一些地区类似的管理手段还处在很初级的阶段。在水权已经过初始分配的地区，理论上每个层面内部的水权转换已成为可能，即不同行政区之间、不同取水实体之间和不同用水者之间可以进行水权转换。但总体而言，中国的水权转换还处在较为初级的阶段，多数的转换都是在政府主导下做出的特别安排，而非真正意义上的市场行为。

在过去的十年中，中国政府对于水资源管理给予了特别的关注。在“十一五”规划期间，国务院特别提出了要建立初始水权分配和交易制度，水利部也在向以水权为基础的水资源管理体系推进改革。[①]此后，管理层制订推出了一系列宏观层面或区域性的指导意见和部委规章，尽管如此，现存的法规体系距离有效指导水权转换还有一定差距。

具体而言，在地区层面的水权以分水方案来界定，即各个行政区并未被授予额外的文件或证书来界定其权利。因此，从理论上说水权的转换需要修订原有的分配方案，改变原有地区在分水方案中的份额。分水方案可以为适应某些新的区域发展需求而在上级政府要求下进行调整，亦可由地区之间达成协议而调整。这就要求重复最初制定分水方案的程序，并重新被各级人民政府审批。然而这些调整需要经过繁复的行政程序，有些地区（例如著名的东阳—义乌水权交易）则会通过合同的形式规避这种极高的交易成本。

① Wouters，2004.

在取水者层面的水权交易则通过取水许可来管理。目前的取水许可管理条例规定了取水许可（或部分取水许可）能够被交易的条件，即取水许可证持有者通过生产结构调整、科技创新及节水措施等手段减少了取水总量，那么节约出的水量可以向外转让并获取适当补偿。然而，这是在取水者层面唯一明确被允许的水权交易条件。即取水许可证持有者不允许简单因为不想使用自己的水权而将其转让。换言之，取水者层面的水权交易必须以节水为前提条件。尽管在 2002 年《水法》的早期提案中有更多关于水权转换的条款，但这些条款却激起了极大的争议最终并未被纳入法律条文中。①

在个人用水权层面，目前仅在少数的试点地区有案例。在这些地区，农民以水票的形式获得个人的取水权，地方管理者基本上允许农民之间进行水票交易。但实际上这样的交易缺少相应的法律框架或扎实的法律基础作为支撑。

三、黄河流域水权与水市场实践

由于黄河流域众多的人口经济活动和稀缺的水资源，该地区一直是中国水资源分配、水资源管理和水权转换制度创新的前沿。由国务院在 1987 年批准的黄河分水方案是中国首个分水方案。该方案将总量为 370 亿立方米的水量分配到 10 个不同省、自治区和直辖市（表 10–2），因而限定了黄河流域的年度总耗水量。②

表 10–2 黄河流域分水方案（亿立方米）

地区	青海	四川	甘肃	宁夏	内蒙	陕西	山西	河南	山东	津冀	总量
耗水量	14.1	0.4	30.4	40	58.6	38	43.1	55.4	70	20	370

然而近 30 年前的分水方案在诸多环节上已经不能满足北方地区快速的经济发展和经济结构转型的需求。水资源已经成为黄河流域经济短板和最主要制约因素之一。例如在宁夏回族自治区，40 亿立方米的耗水定额已经全部通过取水许可的方式分配到不同的用水者当中，其中农业用水占到九成，制约了新兴的需要水资源支撑的工业发展。类似的问题在内蒙古自治区也很突出。

为了解决这样的问题，中央和地方政府都在河套灌区范围内推动了一系列的农业节水措施。这些措施主要通过渠道衬砌的方式减少下渗量。相关工业部门作为渠道衬砌和后期维护的投资者，完成了数百公里的农业节水工程，并有权利向政府购买通过节水工程节约下来的水权。在内蒙古，第一项水权转换工作于 1998 年进行，涉及了两个灌区

① Wouters，2004.
② 陈永奇：《黄河水权制度建设与黄河水权转让实践》，《水利经济》，2014，32（1）。

向两个电厂的水权转换。自那以后，中央和地方的相关机构颁布了一系列的规章制度，以提供更为具体的政策指导，明确规划好水权转换的路径。

在黄河流域的水权转换过程中各级政府扮演着核心的角色，具体体现在以下几个环节：1）地方水资源管理部门开展渠道衬砌的前期评估工作，例如节水潜力和执行成本等；2）以公开招标的形式邀请企业提交申请，明确其用水需求；3）政府基于区域发展的综合考量选择企业并给予其在渠道衬砌工程完工以后收购水权的权利。通常申请的企业数量大于能够获批的企业数量。申请的企业在申请时也并不主动提出申购水权的价格，而是由政府建议渠道衬砌的成本；4）最终申请成功的企业与政府签订合同，达成以投资渠道衬砌换取水权的协议。最初，企业所需承担的衬砌任务依据合同明确在具体的几个渠道。而后来经过流程化和标准化管理，这样的联系也就没有必要了。

通过以上几个细节不难看出，目前的水权转换形式与市场自由交易还有着很大的距离，但在实践中已形成不小的规模。在2003—2006年之间，内蒙古自治区有30家企业提出水权收购的要求，16家最终与政府签订了协议，涉及水权交易金额8.4亿元，水权转换总量达到1.53亿立方米。由于购买水权的企业还需支付渠道运行过程的维护费用，这部分费用并非一次性支付，因此意味着企业与灌区和政府还有着长期的合同义务。一旦渠道衬砌工程完工以后，黄河流域管理委员会将会对工程进行验收，确保节水效果真正能够得到实现。确认以后，黄委会接着负责灌区的取水许可证调整，即将灌区的取水许可量减少至节水工程完工后的总量，并对购买水权的企业颁发新的取水许可。通过这样的方式，内蒙古的杭锦灌区的年取水许可就由原来的4.1亿立方米减至2.8亿立方米。

类似的水权转换方式也在宁夏得到开展。根据2005年宁夏回族自治区水利厅编制的《宁夏黄河水权转换总体规划报告》和2009年黄委会批复的《宁夏黄河水资源初始水权分配方案》，确定宁夏引黄灌区2010年可转换水量为3.3亿立方米，到2015年累计转换水量达到4.94亿立方米。①宁夏的水权转换过程与内蒙古基本相似，并强调了以下几个实施原则：1）总量控制，即水权转换不能增加总取水量，不能超过黄河分水方案分配给宁夏的40亿立方米耗水量；2）明晰水权，即出让水权者必须拥有取水许可；3）统一管理，即水利部、黄委会和宁夏回族自治区水利厅必须就水权转换方案达成一致；4）多方协调，即民主、透明、公平、公开；5）水权需有偿转换；6）政府管理与市场机制相协调。以上原则与具体操作流程定义了中国水权转换的基本形态。

近期关于水权的新发展是内蒙古自治区跨盟市的水权转换。内蒙古自2003年开展黄河流域水权转让试点工作以来，盟市内水权转换的试点工作进展总体顺利。随着水权转换的广泛开展，目前内蒙古已批复沿黄各盟市转让水量达到3.32亿立方米，除河套以外，其他灌区的节水潜力已经不大。

---

① 马云、苏立宁、马如国：《宁夏水权转换工作进展及水权交易工作设想》，《中国水利》，2015（12）。

四、黄河水权与水市场改革的方向与挑战

黄河流域的水权转换总体来说取得了较好的效果，尤其是在不增加黄河分水指标的情况下，通过企业投资农业节水灌溉设施，以提高农业用水效率的方式，为新建工业项目提供新的用水指标。这在一定程度上缓解了制约缺水地区的水资源瓶颈问题。另一方面，水权转换也是经济社会发展实际情况倒逼的结果，这使得许多的制度设计是为了满足具体个案的需求，而缺少广泛应用的普适性和长期运行的可持续性。因此从长远来看，黄河流域水权和水市场的发展还有很大的改善和提升空间。

（一）明晰水权的意义

中国目前冠以水权交易名头的试点众多，但距离真正意义上的以自由市场和受保护产权为基础的水权转换还相差很远。以著名的东阳—义乌水权交易为例，作为中国第一个相关案例，尽管被推为实践中的典范，但仍面临诸多潜在问题。例如在协议中并未界定不同的地区或取水许可证持有者如何分配横锦水库的水量，也没有明确水库在不同年份可取水的总量上限。对于义乌而言，其购买的水权可靠性则有可能在未来的枯水年份或取水许可进一步被分配时面临挑战。这一系列的不确定性因素的原因是东阳—义乌之间所谓的水权交易本质是5000万立方米每年的长期供水协议。因此义乌获得的水资源是商品而非权利。二者之间的区别是需要被重视的。在供水协议下，义乌以一定的价格换取一定供水量，其获取的权利并不多于具有商品性质的水资源本身。而购买水权则意味着义乌获得的不仅仅是一定数量的商品，而是用益物权或处置横锦水库中一部分水资源的权利。获取水权，所需明确的不仅仅是水量，还有诸多影响水权使用的规章制度。这些制度结合每年的实际情况才能确定权利拥有者实际获得的水量和其他权利。①

此外，以上问题还与政府水资源管理部门和供水部门之间职责交叉在一起。例如，当区域间进行水权转换或达成供水协议时，在一些情况下，协议一方是当地政府或其水资源管理部门，另一方则是另一地的国有供水企业。在缺少清晰的水权界定制度和相关操作体制的情况下，许多必要的规定被加入合同条文中，以为购买者提供一定的确定性。这使得对区域水资源管理的诸多重要政策性问题被包含到商业合同中，或许会引起合同双方以外的其他利益相关者的顾虑，尤其是水资源管理和使用行为会产生较大的经济和环境外部性。例如假设义乌能够找到更好的水源地，或是其他更具经济效益的替代方式，那么在缺少清晰水权界定的情况下，如何处理与东阳之间的供水合同将是复杂的问题。

① Water Entitlements and Trading Project，Water Entitlements and Trading Project（WET Phase 2）Final Report. 2007，Ministry of Water Resources，People's Republic of China and Department of Agriculture，Fisheries and Forestry，Australian Government：Beijing and Canberra.

（二）水权转换的外部性

农业是中国北方地区的用水大户。在黄河流域的某些地区，农业用水能够达到当地总用水量的80%—90%，农业灌溉系数低于35%。显然，农业用水还有很大的节水空间。通过渠道衬砌和其他提高农业用水效率的手段能够在满足灌溉需求的同时将节约出来的水资源转移到工业或居民生活用途，这显然是一个合情合理的途径。然而，节水工程实施的过程会伴生一些外部性问题。这些问题值得重视，以确保水权转换在公平和可持续的状态下进行。

尤其需要重视的是水权转换过程中的环境影响，例如渠道衬砌对地表水和地下水交互过程有哪些影响。考虑到水循环的过程，有可能在渠道衬砌前下渗“损失”的水量补给了地下水，或是有一部分最终回到了黄河的地表水循环。在任何水权转换过程中，对地下水以及依赖这些地下水的人类社区和自然生态系统都应进行完整的评估。类似的，大规模的地表硬化对黄河地表径流会产生哪些影响同样需要密切关注。换言之，整个流域是一个完整的水资源系统，任何分水方案或水权转换工程都不能仅仅考虑水循环过程中的一个环节，而需要从总体的角度去考量。否则，一些人类改造行为会在表面上看似获取一些益处，实则会在不为人注意的方面例如地下水位、地表径流等带来不利影响。在内蒙古杭锦灌区的节水实践中，一部分节约下来的水资源被用于提升当地的生态功能，缓解地下水位下降对一些农作物和植被的影响。这是对水权转换外部性认知意识的提高，尽管更全面完整的评估工作还需要进一步开展。

（三）水市场改革

目前阶段我国的水市场还处在相当初级的阶段，尤其在取水者层面，可供交易的水权必须局限于节约出来的水资源。固然，这样的政策有其必要性，其目的在于：首先，防止农民为了追逐经济利益而直接将水权卖给工业企业而导致农业减产；其次，防止取水许可持有者在持有的取水权大于自身的用水需求的情况下，通过转卖水权而获取超额利润；最后，防止总用水量的增长，即当某些取水许可持有者将其多余的取水权转让给其他用水者时，会导致实际的总用水量增长，从而增加环境和供水系统的压力。

然而，这些问题并不能成为约束水市场进一步成长的理由。政策制订者可以通过一系列的替代措施来解决以上问题。例如，通过总量控制和水量分配的手段，重新审查甚至是修改已经发放的取水许可，使其与水资源的实际利用状况更加匹配。当这些制度到位时，水资源管理者应该允许更为自由和更为广泛意义上的水权转换。比如允许一些用水者因为产业类型转变，而非仅仅是生产过程用水效率提高，减少总需水量而带来的水权交易。这样的政策从某种意义上可以突破行业内节水的限制，促进产业结构的升级和调整，例如刺激一些高耗水低效益的产业向资源集约效益高的类型转变。而对于农业产量的一些顾虑，则可以通过向农业部门施加相应的规定来解决。比如控制农业部门向其他部门卖水的总量上限。此外，用水量只是影响农业产量的要素之一，前者的减少未必一定带来后者的减产。其他要素例如耕作设备、灌溉技术、化肥、种子等一系列要素都会产生影响。政策的制订者只需要关注宏观的最终结果，即粮食总产量，而无需强行约束农业生产中各个要素环节，例如用水量。这样重视结果而过程相对宽松的管理方式更利于激发市场活力，提高水资源利用效率。

（四）农户水权交易与临时水权

与西方国家相比，中国在水权转换领域有自身的社会经济特色，必须在管理体制设计时着重考虑。这样的特色突出体现在中国有大量的小农和个体用水者。以杭锦灌区为例，作为一个面积 23000 公顷的北方中等规模的灌区，灌区内大约有三万农民。在南方地区，农民的密度可能更高。在这样的情况下，农户之间进行水权转换的交易成本非常高，尤其是在与灌区外的用水者或者非农产业进行交易，管理者将会面临很大的挑战。因此有学者认为水权分配并非越细越好，在黄河流域，原则上只需将水权分配落实到市县和灌区。[①]

然而以灌区为基本实施单元的水权转换势必面临两个方面的困难。一是作为农业活动主体的农民不能够直接参与到水权转换过程中。换言之，以灌区集体形式的水权转换与农民个体的行为并不能建立起直接的联系。尽管渠道衬砌的方式可以减少农民的水费，但这些费用的绝对数值微乎其微，与转让水权所获取的利润不可相提并论。二是水权的激励作用难以在农民的耕作灌溉行为中得到体现。若不能将水权明晰到户，农民就不知道自己能用多少水，该用多少水，自家使用的这些水有多少价值。而且受总水量限制，用水户购买水量时无定额、无标准，致使用水户间用水有失公平，受益不均。[②]这样的集体机制是否能够充分调动农民个体的节水积极性令人怀疑。反而当开展水权落实到户时，农民就会知道自己有多少水指标可用，可以依据各阶段水权水量安排作物种植，这样做到减少无序开发，以水定植，提高灌溉效益。

此外，除了长期的水权交易以外，澳大利亚的经验还表明短期的临时水权交易也能够带来巨大的效益。这种类型的交易占到澳大利亚水权总交易量的三分之二。中国未来也可以考虑建设临时水权交易市场，提高用水户之间交易的灵活性，以适应短期用水需求的变化。

五、结语与讨论

随着黄河流域人口经济的持续增长，水资源稀缺对该地区的制约作用将会愈发明显，因而水权转换的压力和需求仍将增加。根据新时期“节水优先、空间均衡、系统治理、两手发力”的治水方针，水权改革将是推动黄河流域可持续发展的核心内容之一。

---

① 王亚华、田富强：《对黄河水权转换试点实践的评价和展望》，《中国水利》，2010（1）。

② 黄利：《宁夏盐池扬黄灌区水权到户试点主要做法及成效》，《中国农村水利水电》，2015（3）。

从过去十余年的进展情况来看，黄河流域作为中国水权改革最先进的试验田，取得了相当的成绩。同时我们也应注意到，这样的进展是一个循序渐进的过程。面对新形势下中国的社会经济特点，水权改革仍有许多理论问题需要澄清，许多操作问题需要在实践中摸索应对方案。

首先，由政府主导的具有中国特色的水权交易在现阶段更符合中国的政治、经济和文化形态，并在很大程度上实现了改革初期的目标。这种中国特色体现在以下几个方面：1）水权改革并未改变水资源国有的基本属性，初始水权分配是通过行政许可的形式对水资源的用益物权进行配置，水权交易亦是取水权的转换；2）水权改革并未突破用水总量控制的红线，自上而下的行政约束依然能够在提高水资源使用效率的同时控制其总量不增长，满足政府水资源管理的基本目标；3）水权由农业部门向工业部门转移符合政府的产业规划方向，换言之，水权改革能够在一定程度上与经济发展的需求相匹配；4）以政府、企业和灌区三者为主体的水权转换具备更强的集体性，规避了完全自由市场条件下相对更高的交易成本。

其次，目前由政府主导的水权交易的实现有诸多客观先决条件，这意味着目前的交易形式有较大的局限性。一方面水权交易的规模有限，另一方面宁夏和内蒙古灌区范围的水权交易能否在全国推广存在疑问。这些先决条件包括：1）农业部门具备较高的节水潜力和较大的节水规模；2）灌区有高度发达的渠网系统和管理经验，能够有效地对农业水资源使用、渠道维护进行监控；3）农业用水有用水协会和灌区组织，取水权利相对清晰，容易进行交易；4）农业部门与新建的煤炭、煤化工、发电等需水工业在地理空间上相邻，因此节约出的水资源可以立即投入到工业部门当中，无须涉及复杂的跨行政区尤其是跨省分水方案的调整。这一系列的地理和社会经济条件使得河套灌区成为中国水权交易得天独厚的试验田。然而若是在其他地区，相似的经验或许就难以推广。例如某些地区农业用水的监管还处在比较混乱的状态，农民不知道自己能用多少水，管理部门也摸不清农民用了多少水。在水权初始分配不清的情况下说水权转换就无从谈起。还有些地区产业结构相对单一，如果能够节水，那么省下来的水给谁用成了问题。在缺少“水银行”等更为先进的市场机制的情况下，节水还需要寻找市场需求。

最后，未来水权改革的思路还需要回答两个基本问题。一是市场化的进程还应该走多远？根据“两手发力”的原则和自然资源资产化管理的思路，水资源管理的市场化改革应该进一步放开。而放开到什么程度？哪些领域应该进一步放开？比如说，水权分配是否越细越好？初始分配是应该尊重现状还是考虑历史沿袭亦或是未来的需求？是否应该在法制层面上允许更广泛意义上的水权转换，而不仅仅局限于通过节水手段省下来的水资源？能不能建立“水银行”，使得一个机构能够在更广泛的地理范围内调配水资源？政府在水权转换的过程中应该担任哪些角色，哪些角色不应该担任？这些问题涉及水权改革的根本，需要在总结经验的基础上着重考虑，尽早在国家层面出台政策，以便为进一步的水权改革提供理论基础。二是国家的宏观政策与地方的具体情况该如何协调？中国幅员辽阔，地方差异巨大。单以黄河流域为例，上下游之间的人口情况、经济结构、生态环境千差万别，很难说有一个放之四海而皆准的制度规则。如上文所述，水权改革最早在宁夏和内蒙古的灌区推进，有其特殊的先决条件。在其他省份水权改革的思路应该如何设计，是否应该以宁夏和内蒙古的方式为蓝本？如果各地结合自身的特点进行制度设计，那么在多大程度上必须与国家的宏观政策保持一致？目前内蒙古跨盟市的水权转换还处在试点阶段，但毕竟可以在自治区范围内协调解决各种利益和纠纷。如果今后探讨涉及跨省、直辖市和自治区的水权转换，又应该套用怎样的法制和理论基础呢？

总而言之，尽管过去十余年的黄河水权改革积累了大量的经验，但在水资源市场化的进程上我们才刚刚开始。中国水权改革迈出了坚实的一小步，未来还有漫长的路需要探索。

第四节　黄河流域区域经济格局及其与水资源管理的相互关系

一、黄河流域区域经济格局

流域经济是以河流水资源为纽带形成的特殊的区域经济，而研究黄河流域，对流域经济空间分异格局的认识是一个十分重要的基础。由于黄河流域空间尺度大且省区边界与黄河流域的自然边界并不吻合，已有研究工作涉及黄河流域区域经济空间格局的甚少，因而对黄河流域空间开发战略和重点的选择缺乏必要的科学依据。本节拟对黄河流域经济空间分异格局进行专门的研究，揭示其空间特征和演变过程，以期为黄河流域开发研究提供一个科学的认识基础。

本节以 2010 年第六次人口普查数据以及 2010 年国民经济发展数据为基础分析表达黄河流域的经济发展简况。从全流域和全国的综合情况对比，大致有以下几个特点：首先，黄河流域县域尺度上的人口密度大致与全国平均水平接近。其中县域和地区面积占全国国土面积的 12%，人口占全国的比重大致在 11%。其次，黄河流域县域和地区空间尺度区域内的人口和对应的经济总量占全国的比重同样大致接近，其经济总量占全国的比重约为 13%。最后，就经济结构和人口结构而言，黄河流域的人口非农化水平略低于全国平均水平，其非农就业人口占全国非农就业人口的 10% 左右。从各个方面看，黄河流域的人口、经济都与全国平均水平接近，可以说是中国的典型代表地区。

从黄河流域内部来看，又有以下几个特点。

首先，人口主要集中在中下游地区。根据 2010 年第六次人口普查数据制作的图 10–4 可以看到，县域范围内常住人口 60 万以上的地区主要分布在黄河下游河南、山东的沿黄地区。其他人口密集地区包括陕西的关中平原地区、陕北榆林地区、山西汾河谷地、宁夏河套地区、青海湟水谷地等。而图 10-5 所表示的人口密度图则更加直观地表现出单位面积上所需承载的人口总量。相似的，人口密度最高的地区仍然集中在河南、山东黄河沿岸。黄河的几条主要支流，例如陕西渭河、山西汾河、青海湟水河沿岸同样是人口密集地区。其他的人口密集区还包括内蒙古的呼和浩特、包头以及陕西的榆林等。总体来说，黄河流域的主要人口分布与流域面积的空间分布并不匹配，下游地上悬河流域面积狭小的地带分布了大量的常住人口，而除了渭河、汾河等主要支流沿线，上中游广大地区人口相对稀疏。此外如图 10-6 所示，与人口空间分布不相匹配的是，人口非农率在下游沿河地区并不高。换言之，尽管黄河流域的人口主要分布在流域下游的河南、山东，但这些地区的就业人口中仍有较大比例从事农、林、牧、渔等第一产业，从事非农业的第二、第三产业劳动人口较少。而非农人口比例较高的地区在流域上则呈零星分布，主要集中的地区有各省会城市如郑州、济南、西安、太原、呼和浩特、银川、西宁、兰州等，其他非农人口比例高的城市则包括一些资源型城市如榆林、包头、鄂尔多斯、阿拉善等。

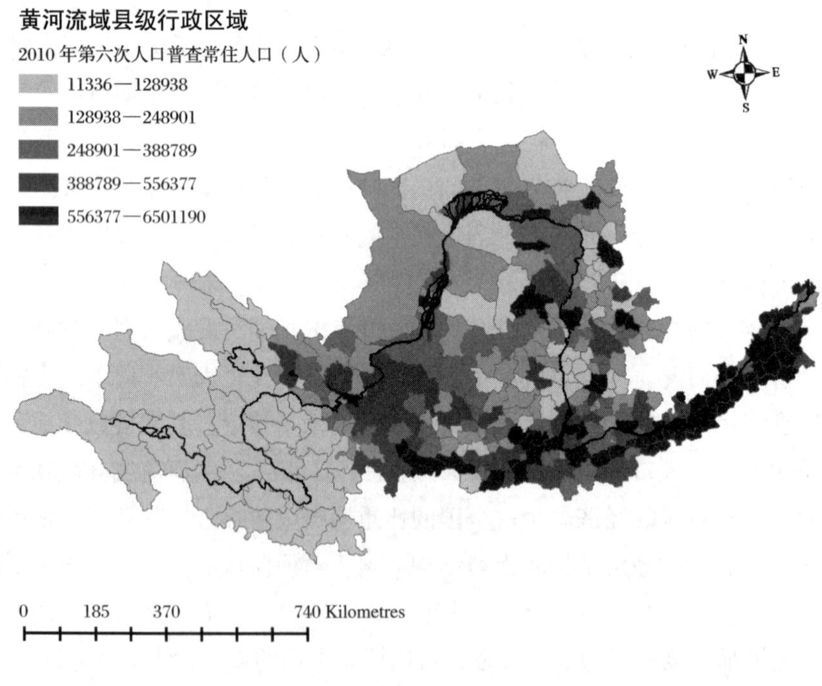

图 10-4　黄河流域人口分布图

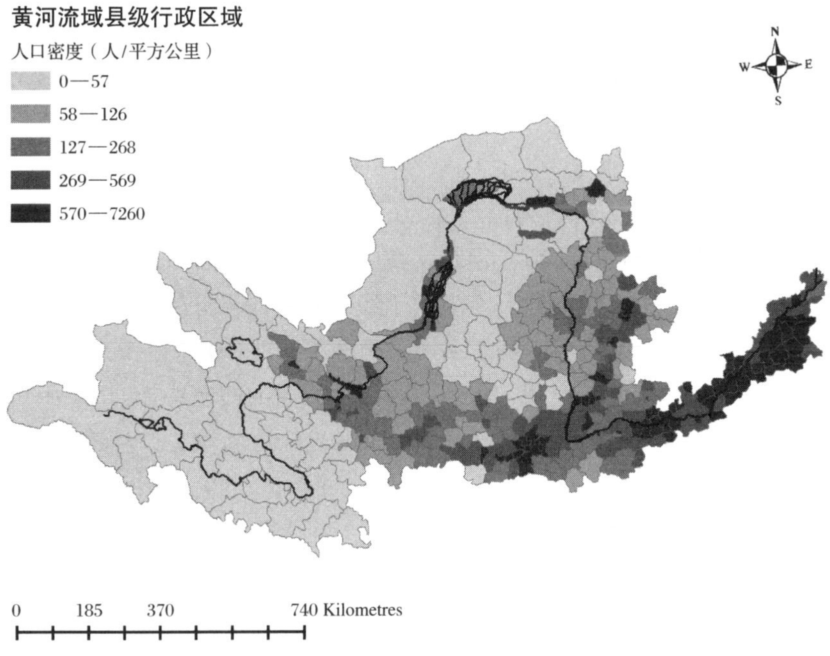

图 10-5　黄河流域人口密度图

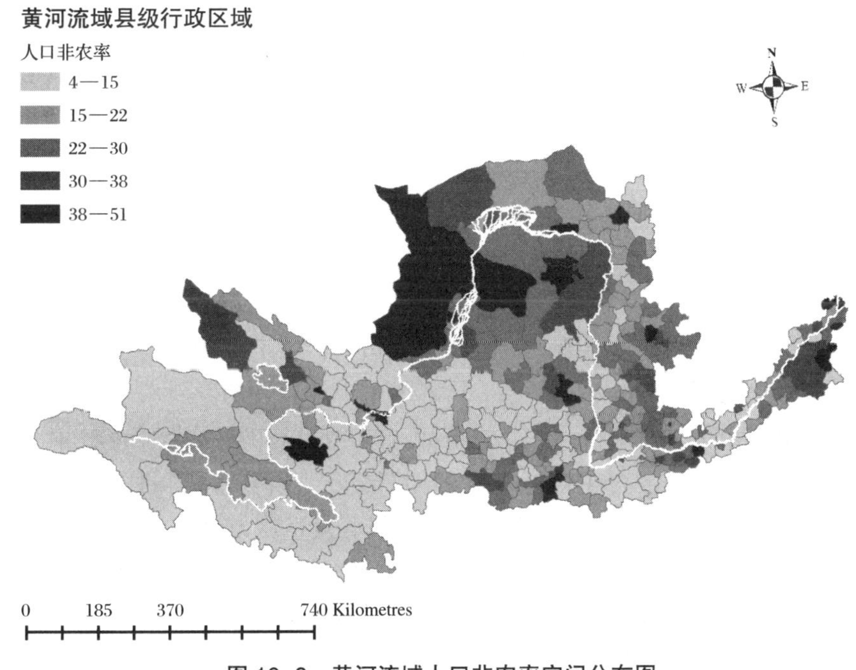

图 10-6　黄河流域人口非农率空间分布图

其次，与非农劳动人口空间分布类似的是，黄河流域区域经济发展的空间结构也与人口分布并不匹配。如全流域GDP空间分布的图10–7所示，黄河流域经济活动的空间分布具有偏重东南和沿河密集的特征，但整体上以低值区域为主。高值区域基本都是沿河分布的，其中主要是沿黄河干流分布，另外，中游靠近下游河段的支流泾河、渭河和洛河都是GDP总量的高密集轴线。基本上国民生产总值较高的地区都分布在以黄河干流及支流汾河、渭河、伊河及大汶河为核心的80公里半径以内。就区段的差异而言，下游和中游的GDP总量要明显高于上游。但是，在中下游河段GDP较高的整体格局下，各河段内也存在特异现象。如上游河段基本上属于经济总量比较低的区域，但也存在有像包头、银川、兰州、西宁、阿拉善、鄂尔多斯、榆林等一些GDP高值区域；而中下游在整体的高值背景下，也有山西的忻州、陕西的商洛、河南的鹤壁这样的落后区域。总体上，GDP极高值和高值区域主要分布在各省省会和其他中心城市，并且这些相对发展较好的城市几乎都是矿产资源的分布地。也就是说，黄河流域的经济活动的空间分布具有比较明显的资源耦合性和经济、政治重合性，这种特征在上游河段体现得更是明显。而从人均GDP分布图10–8来看，人口稀少的中上游地区占据了大部分深色地域，即人均GDP较高的县域。这些地区主要分布在黄河上中游，包括鄂尔多斯、巴彦淖尔、阿拉善、榆林等盟市，煤炭储量非常丰富，是我国主要能源基地。其他人均GDP较高的地区则主要沿河分布，包括上游甘肃的兰州和白银、宁夏的银川和石嘴山、青海的海西蒙古族藏族自治州和西宁、中游山西的太原和阳泉、下游河南的郑州和洛阳、山东的东营和济南等。图10–9所展示的GDP密度图能够很好地反映流域内区域高低值的差异。该图以每个县级行政区域的GDP除以流域所有360个县级行政区域GDP的均值，因此密度指数1相当于该区域的国民生产总值与区域平均水平相当。如图10–9所示，我们可以看到大量的低值区域，可以判断黄河流域地区尺度上人均GDP整体上以低值区域为主，尚未达到流域的平均水平。尽管流域各区段之内都有各自经济发展表现较为良好的地区，但高值区表现出更为分散的特点，各地区经济发展水平落后和欠发达的区域数量仍然较多。

最后，黄河流域经济空间呈现出分异的总体格局，即下游是流域内经济活动和经济发展水平较密较高的区域，是流域的核心区；而中上游整体的发展水平要略低，是流域的外围和边缘区。总体的流域空间中，经济活动的空间分布具有沿河道分布、重心偏东的特征，区段差异也很明显。在上述总体分异格局下，黄河流域内的经济空间分异呈现“点轴圈”的结构模式。整体上，下游济南、郑州等发达城市是整个黄河流域的经济核心，但上游、中游又有兰州、太原、包头、西安等资源型城市或区域政治中心为二级中心，黄河干流和渭河、汾河等支流是黄河流域经济发展的轴线，在集聚和扩散机制作用下，在发展程度相对较高的核心周围存在圈层状网络结构。同时，黄河流域城市经济总量和城市经济发展水平均存在区段分异特征：即下游地区城市发育相对密集，城市体系相对完善，城市经济发展水平相对较高；中上游地区城市经济规模和城市经济发展水平存在两极分化的情况，高水平的据点与大面积的孤立城市并存；而且城市经济空间还存在核心—边缘分异，在流域中下游的山东和晋豫交界处分别存在一个经济发展水平较高的集聚区，其他地区城市经济主要沿轴线延伸，非轴线区域仅存在少量的城市据点，且它们增长极和轴线均较稀疏，经济总量偏低，是流域内城市经济的边缘区或外围区。

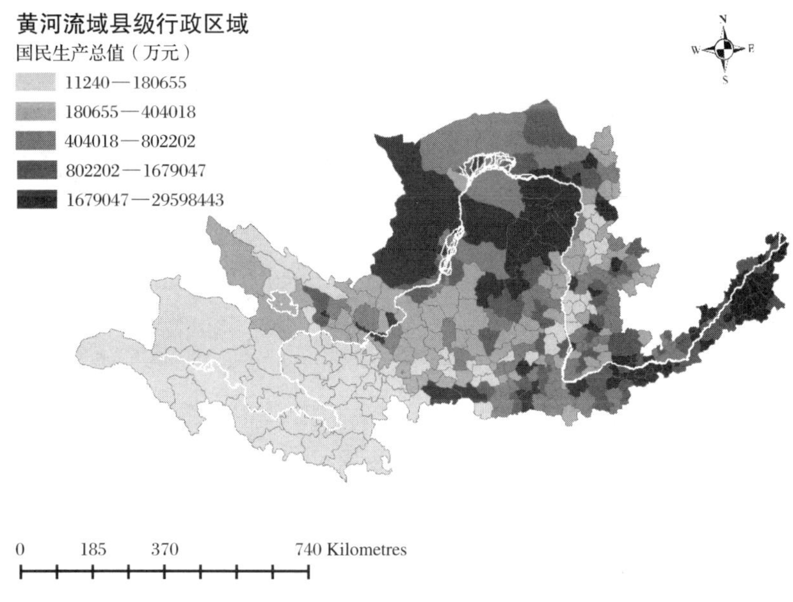

图 10-7　黄河流域国民生产总值空间分布图

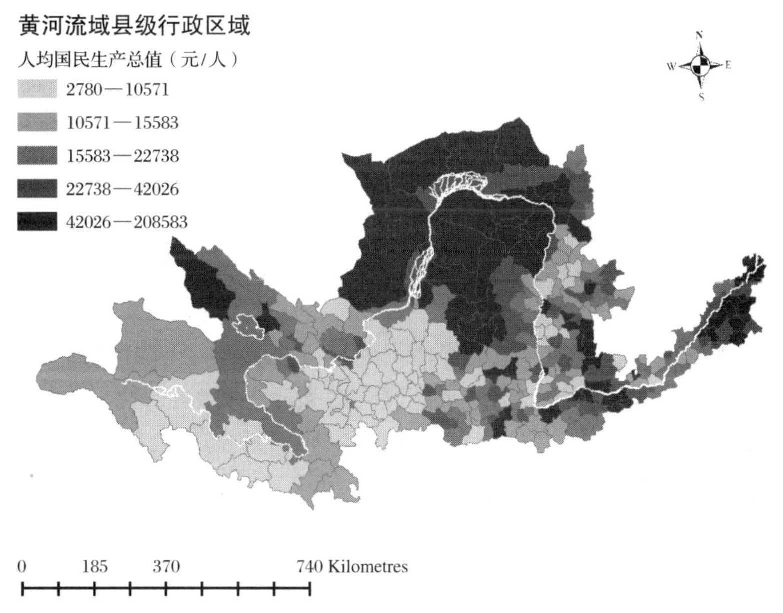

图 10-8　黄河流域人均国民生产总值空间分布图

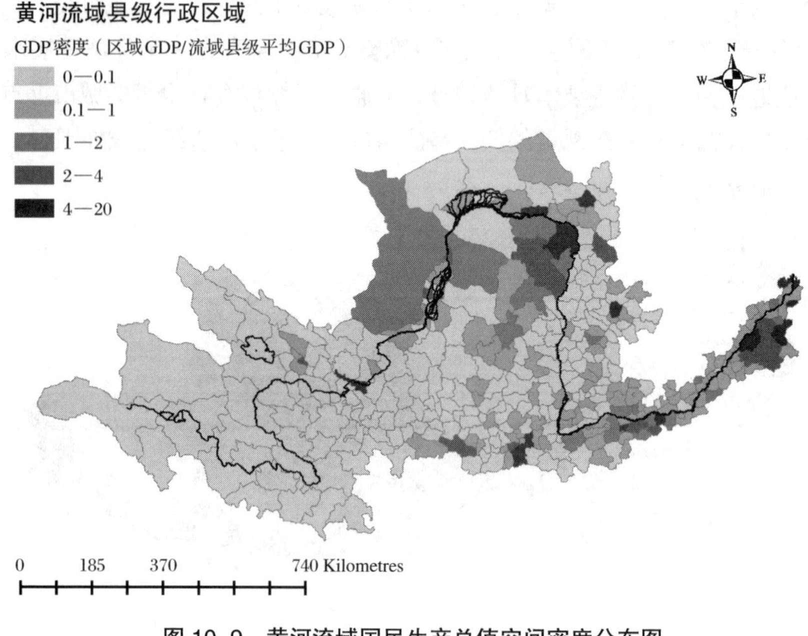

图 10–9　黄河流域国民生产总值空间密度分布图

二、黄河流域区域经济与水资源管理的相互关系

（一）水资源对区域经济发展的制约作用

黄河流域能源、矿产和土地资源丰富，是我国重要的能源重化工基地和粮棉基地，也是国内具有后备耕地的主要地区之一，在我国国民经济宏观战略布局中具有重要的战略地位。随着经济社会的可持续发展，特别是西部大开发战略实施以来，人口增长、工业化、城市化速度增快、粮食需求增加、经济的快速发展，对水资源有效供给、防洪减灾和水环境保护提出了艰巨的任务。然而，由于流域降水稀少，生态环境脆弱，在自然地理因素和人类活动两个方面的影响下，黄河水资源短缺，成为制约黄河流域内社会经济发展的重要因素之一。如何实现黄河流域水资源的可持续利用，保持黄河河流健康是中央政府高度关注的问题，也是不同领域专家学者研究的重点问题。

从经济发展水平上看，黄河流域的经济发展具有区域上的不均衡性，反映到各个区域经济社会发展的空间格局上面，是各个地区人口和经济实力的不均衡。总体而言，黄河流域的人口集中在中下游，其经济中心城市（例如郑州、济南、西安、太原）的经济实力要高于上游地区（例如兰州、银川、呼和浩特），除自然区位与政策等因素之外，各经济中心可利用的资源条件也起到了重要的作用。尽管黄河流域上游地区自然资源的蕴藏量丰富，但真正被利用到经济发展中的却较少，这是形成黄河流域上游地区经济落后于下游地区空间格局的主要原因之一。

从水资源管理的角度来看，要想缩小区域之间经济发展水平，促进上游地区国民经济和社会发展，为经济、社会发展和建设布局提供支撑和保障，则必须重视黄河水资源具有的制约条件。这样的制约条件体现在以下几个方面：首先，水资源总量有限。黄河流域属水资源十分紧缺的地区，受诸多因素的限制，流域多年平均径流量有限，采取工程措施调水是有限度的。为了保证黄河流域全局的经济社会稳定与平衡，以及黄河河流健康，区域经济结构和产业布局必须充分考虑水资源条件。其次，黄河水土保持和水环境挑战十分严重。一直以来黄河流域水土流失严重，水污染的问题也没有能够较好地解决，这威胁到整个黄河流域居民生存和发展的基础。最后，洪水风险依然影响经济和发展布局。尽管黄河目前已成为一条高度人工化的河流，但是每年凌汛以及下游地上悬河的问题始终存在着潜在的洪水风险。尤其在黄河防洪保护区和蓄滞洪区内，还有许多经济建设和人类活动，这使得洪水依然成为社会经济发展一个潜在的危险。

（二）创新水资源综合管理模式应对区域经济发展需求

面对区域发展空间格局与流域水资源不匹配的制约条件，需要以水资源综合管理模式创新来应对，即将可持续发展的理念贯穿于水资源开发、规划、利用和保护的全过程当中。此外，“综合”还包括了很多其他层面的含义，例如上下游的统筹兼顾、环境保护与社会发展的平衡、地表水与地下水的统一管理、水量和水质的平衡、水土协调等，其根本目的和标准在于保证资源的高效利用和经济效益的公平分配。①

要建立合理的水资源综合管理模式，就需要推进水资源治理体系的创新与改革，实现低效粗放型的传统管理方式向高效集约转变。以下四方面的创新对完成这个转变至关重要：1）水资源治理理念的创新；2）水资源治理制度的创新；3）水资源治理机制的创新；4）水资源治理手段创新。完成这四方面的创新，体现在黄河流域上就是要依照“节水优先，空间均衡，系统治理，两手发力”的指导思想，通过“三条红线”的治理模式提高水资源利用效率和配置效率，实现水资源的可持续发利用。

“三条红线”是国家为确保水资源可持续利用，在水资源开发利用、用水效率、水功能区限制纳污能力 3 个方面划定的目标红线。将“三条红线”贯穿于水资源综合管理的全过程，核心是要在管理理念、方法、手段、体制等方面做出改革。

首先，建立基于水资源开发利用控制红线的水资源管理模式框架。水资源开发利用控制红线可以从四个方面来设计：1）全过程目标和要求；2）水资源开发利用环节；3）针对水资源开发利用过程的制度设计；4）水资源管理制度相关的法规层次。

其次，建立基于用水效率控制红线的水资源治理体系。用水效率红线目的是提高水资源利用率，通过定额的实施，将水资源治理落实到生产、生活节水的每个不同环节。用水效率控制红线的水资源治理框架可以从以下三方面来设计：1）用水过程中的定额

① 黄昌硕、耿雷华：《基于“三条红线”的水资源管理模式研究》，《中国农村水利水电》，2011（11）。

管理设计；2）水资源统计和计量管理设计；3）区域用水效率考核设计。管理者可以通过水权交易等市场机制，促进限制高耗水、重污染的工业项目，同时发展节水工程，调整产业结构，推动农田水利设施的建设和促进农业节水灌溉。

第三，建立基于水功能区限制纳污红线的水资源管理框架。明确水功能区限制纳污红线，就是处理好开发与保护的关系，严格控制入河排污总量，以水体功能为目标加强水质、水量、水生态的监控，保证水体功能的良好。基于水功能区限制纳污红线的水资源管理框架可以从三个方面来设计：1）水功能区划制度设计；2）水功能区监测体系；3）入河排污物计量及考核制度设计。

王 雨 林 睿

第十一章　淮河报告：水资源利用、管理与流域发展

第一节　流域概况

淮河流域地处我国东中部，介于长江与黄河两流域之间，西起伏牛山、桐柏山，东临黄海，北以黄河南堤和沂蒙山脉与黄河流域接壤，南以大别山、江淮丘陵、通扬运河及如泰运河南堤与长江流域毗邻；跨湖北、河南、安徽、江苏、山东 5 省，全长 1000 千米，面积约 27 万平方千米，有耕地 1.9 亿亩，人口约 1.7 亿，平均人口密度约为 631 人/平方千米，是全国平均人口的 4.5 倍。流域内矿产资源丰富，交通发达，是主要粮食生产基地之一，在我国国民经济中占有重要地位。

一、水文气象

（一）气候

淮河流域气候四季分明，春温多变，夏雨集中，秋天凉爽，冬季干冷。大体以淮河和入海水道一线为界，北部属暖温带半湿润季风气候区，南部属亚热带湿润季风气候区。季风是影响流域天气的主要因素，支配着流域四季降水的多寡。

（二）降水

淮河流域降水的主要因素是夏季季风，降水以锋面雨、气旋雨为最多。流域多年平均年降水量为 875mm（1956—2000 年），其中淮河水系为 911mm，沂沭泗河水系为 788mm。汛期（6—9 月）的降水量约占全年的 63%。流域年际降水变化也较大，最大与最小年降水量比值一般在 2—6 倍。

（三）暴雨洪水

1. 暴雨

淮河流域的暴雨多发生在 6—8 月，其中 6—7 月主要受梅雨锋影响，8 月易受台风影响，以 7 月最多，且强度大、范围广、持续时间长。

2. 洪水

淮河干流的洪水特性是洪水持续时间长，水量大，正阳关以下一次洪水历时一般为1个月左右。每当汛期大暴雨时，淮河上游及支流洪水汹涌而下，洪峰很快到达王家坝。由于洪河口至正阳关河道弯曲、平缓，泄洪能力小，加上山丘区支流相继汇入，河道水位迅速抬高，洪水经两岸行蓄洪区调蓄后至正阳关洪峰既高且胖。

沂沭泗河水系洪水多发生在7—8月。沂河、沭河上中游暴雨出现机会多，由于河道比降大，洪水来势凶猛，峰高量大。南四湖湖东支流多为山溪性河流，洪水来水迅急；湖西支流流经黄泛平原，洪水过程平缓。邳苍地区上游洪水陡涨陡落，中下游洪水变化平缓。骆马湖是沂沭泗洪水重要的调蓄湖泊，其下游新沂河为平原人工河道，比降较缓，洪水过程较长。

（四）干旱

淮河流域干旱的根本原因是气象因素造成的降水偏少。淮河流域四季均可能出现干旱，干旱可能连季发生，也可能连年发生；区域性大旱也曾有发生。

二、地形地貌

淮河流域地处我国第二级阶梯的前缘，大都在第三级阶梯上。地理形态自北向南呈较为规则的平行四边形，东西长约700千米，南北平均宽约400千米，大体上由西北向东南倾斜。根据地势形态和高程，淮河流域可分为山地、丘陵、平原、洼地和湖泊5种类型地貌。

三、河流水系

（一）水系变迁

“导淮自桐柏，东会于泗、沂，东入于海”（《禹贡》），描述了当时的淮河流域轮廓，这一形势一直延续到12世纪90年代。古淮河干流在洪泽湖以西大致与今相似，那时没有洪泽湖，干流经盱眙后折向东北，在云梯关入海。1194年以后，进入黄河长期夺淮时期。黄河洪水携带大量泥沙，在豫东、鲁西南、皖北、苏北诸河道和湖泊中淤积，使淮河水系遭到巨大的破坏。直至1855年，黄河改道经山东大清河入海，结束了长达661年的夺淮历史。淮河入海古道已淤积成一条高出地面的废黄河，成为淮河水系与沂沭泗河水系的分水岭。

（二）水系现状

淮河流域由淮河和沂沭泗河两大水系组成，废黄河以南为淮河水系，以北为沂沭泗河水系。两大水系由京杭大运河、分淮入沂和徐洪河沟通。

淮河全长约1000千米，总落差200米，平均比降0.2‰，集水面积19万平方千米。从桐柏山淮源至河南、安徽两省交界的洪河口为上游。洪河口到洪泽湖中渡是淮河中游，从洪泽湖出口处的中渡到长江边三江营的入江水道是淮河的下游。洪泽湖以下淮河下游的排水出路，除入江水道以外，还有苏北灌溉总渠、淮沭新河和2003年建成的入海水道。

沂沭泗河水系由沂河、沭河、泗河组成，集水面积约8万平方千米。沂河发源于沂源县鲁山南麓，自北向东南流经临沂、郯城进入骆马湖，再由嶂山闸控制经新沂河入黄海；在彭家道口分流入沭河，在江风口分流经邳苍分洪道入中运河。沭河发源于沂山南麓泰薄顶，与沂河并行东南流至新沂市口头入新沂河，在临沭县大官庄辟新沭河向东南入海。泗河发源于山东省新泰市蒙山太平顶西麓，向西南流经曲阜、兖州、邹县注入南阳湖。

（三）主要支流和湖泊

淮河水系支流众多，南岸支流发源于山区或丘陵，流程较短，具有山区河道特征；北岸支流除洪汝河、沙颍河发源于山区外，其他大都发源于黄河南堤，一般都源远流长，具有平原河道特征。流域面积在1000平方千米以上的支流共23条，其中流域面积大于10000平方千米的支流有洪汝河、沙颍河、涡河、濉潼河（怀洪新河）4条。沂沭泗河水系较大支流有洙赵新河、万福河、东鱼河、梁济运河、东汶河、祊河、浔河等。

淮河流域湖泊较多，其水面面积约为7000平方千米，总蓄水能力280亿立方米，兴利库容66亿立方米。较大的湖泊中有淮河水系的洪泽湖、高邮湖、宝应湖等，以及沂沭泗河水系的南四湖、骆马湖等。

四、水旱灾害

（一）水灾

1. 历史上的水灾

据流域内豫、皖、苏、鲁4省的历史水灾资料统计，从公元前185年至1194年的1379年中，共发生洪涝灾害有175年，平均每8年1次，较大洪涝灾害112次，其中黄河决溢14次，平均12.3年发生1次水灾。

从1194—1855年（清咸丰五年）黄河夺淮的661年中，淮河流域共发生较大洪水灾害268次（其中黄河决溢水灾149次），平均2.5年发生一次，除去黄河决溢水灾，淮河流域本身洪水造成的水灾，平均5.6年发生一次。

从1855年至新中国成立前，黄河虽然北徙，但洪涝旱灾害频繁的状况未改变。这个时期全流域共发生洪涝灾害85次，平均1.1年发生一次，几乎年年有灾。

2. 当代水灾

新中国成立后，豫、皖、苏、鲁4省开展了大规模的淮河治理，基本形成了流域防洪除涝工程体系，洪涝灾害大大减轻。但由于特定的气候因素和地形条件，加上黄河夺淮的影响，流域内洪涝灾害仍很严重。

1949—2010年全流域水灾年平均成灾面积2529万亩，成灾面积超过万亩的年份有15年，占统计年数的24.2%；超过4000万亩的年份有11年，占统计年数的17.7%；超过5000万亩的年份有7年，占统计年数的11.3%；成灾面积超过6000万亩的年份有1954年、1963年、1991年，占统计年数的6.5%。

（二）旱灾

1. 历史上的旱灾

据统计，从公元前246年（战国末期秦王政元年）到1949年新中国成立，共计2194年，淮河流域共发生旱灾915次，平均2.4年就有1次旱灾。其中以10世纪和17世纪旱灾年数最多，平均3年有2年旱灾；10—11世纪和15—19世纪的旱灾平均不到2年就出现1次旱灾。

2. 当代旱灾

新中国成立后，淮河流域抗御水旱灾害的能力有较大的提高，但旱灾依然很严重。

据统计，1949—2010年全流域年平均旱灾成灾面积2351万亩，成灾面积超过3000万亩的年份有15年，占统计年数的24.2%；超过6000万亩的年份有5年，占统计年数的8%。

五、流域特点

（一）地处南北气候过渡带，极易发生洪涝旱灾害

淮河流域是我国南北气候过渡带，气候变化幅度大，灾害性天气发生的频率高；受东亚季风影响，流域的年际降水变化大，年内降水分布也极不均匀；洪、涝、旱及风暴潮灾害频繁发生，且经常出现连旱连涝或旱涝急转的情况。

（二）地势低平，蓄排水条件差

淮河流域平原广阔，占流域总面积的2/3。由于山区面积小，平原地势平缓，拦蓄洪水的条件差。加之人水争地矛盾突出，无序开发，侵占河湖，更加恶化了蓄排水条件。

（三）水资源总量不足，供需矛盾突出

淮河流域水资源总量为794亿立方米，人均水资源量不足500立方米，是水资源严

重短缺地区。水资源的时空分布不均和变化剧烈，70%左右的径流集中在汛期6—9月，最大年径流量是最小年径流量的6倍，使水资源短缺问题更加突出。水资源分布与流域人口和耕地分布不平衡，山丘区水资源量相对丰富且用水需求相对较小，平原地区人均和亩均水资源量小但用水需求大。河湖调节能力低，开发利用难度大。

（四）黄河夺淮影响深远，使淮河的治理更为复杂

12世纪以后黄河长期夺淮，改变了流域原有水系形态，淮河失去入海尾闾，淮北支流河道、湖沼多遭淤积，沂河、沭河、泗河诸河排水出路受阻，中小河流河道泄流能力减小，排水困难。黄河夺淮影响深远，增加了淮河治理的难度。

第二节　流域水资源及开发利用

一、流域水资源

淮河流域水资源总量为794亿立方米（1956—2000年），其中淮河水系583亿立方米，沂沭泗河水系211亿立方米。

淮河流域地表水资源量595亿立方米，地表径流量主要集中在汛期6—9月，占全年的46%—70%；地表径流的年际变化也很大，丰水年径流量最大可达1000亿立方米以上，而枯水年不及200亿立方米。

淮河流域浅层地下水资源量338亿立方米，水质良好的有279.41亿立方米，占全流域平原区浅层地下水资源量的89%。

淮河流域水污染始于20世纪70年代，80年代以后，工业废水和城市污水日益增加，江河、湖库、地下水等水体受到污染。1990—2010年淮河流域水质经过了由恶化得到控制并好转的变化过程。2001—2010年，水质在波动中逐步向好的方向发展。

二、水资源开发现状和预测

淮河流域水资源利用历史悠久。早在远古时期，人们在求生存、发展的过程中逐渐形成和发展了灌溉和供水技术，是我国开展农业灌溉最早的地区之一。总体上看，新中国成立前淮河流域水资源主要用于农田灌溉，开发利用水平较低，至1949年，全流域有效灌溉面积仅1200万亩，主要灌溉水稻，年水资源利用量为100亿—120亿立方米。

（一）新中国成立后水资源开发利用状况

新中国成立后，淮河流域水资源开发利用得到快速发展，大致可分为3个阶段。

1. 以农业为主的灌溉发展时期（至20世纪80年代初）

新中国成立后，随着大规模治淮建设，农业灌溉发展迅速，有效灌溉面积从1200万亩发展到1.1亿亩，需水量从20世纪50年代初的120亿立方米左右增长至80年代初的400亿立方米左右，增加约280亿立方米。

2. 供水目标多元发展时期（20世纪后20年）

在1980—2000年期间，农业年供水量稳定在400亿立方米左右，平均约占总供水量的80%。城镇生产、生活用水呈上升趋势，2000年城镇生产、生活用水与1980年相比，分别增加了1.91倍、1.04倍。

3. 供水能力持续增长时期（2000年以来）

至20世纪末，淮河流域修建了大量水利工程，已初步形成淮水、沂沭泗水、江水、黄水并用的水资源利用工程体系。至2010年，淮河流域年供水能力606亿立方米，地表水源工程分为蓄水、引水、提水和调水工程，现状供水能力457亿立方米，地下水源现状供水能力为149亿立方米。

南水北调东线、中线一期工程也在2013年年底和2014年年底先后建成通水。

（二）水资源开发利用形势与展望

1. 面临的形势和问题

水资源短缺将是淮河流域长期面临的形势。淮河流域水资源总量不足，人均亩均水资源占有量仅为全国平均的1/4，是我国水资源严重短缺的地区之一。淮河流域水资源具有时空分布极不均匀，地表径流量年内变化大、年际变化剧烈的特点。加之流域平原面积大，蓄水条件差，加剧了水资源开发利用难度。随着经济社会快速发展、生态文明不断进步，流域水资源供需矛盾仍将十分突出。

流域水资源配置体系尚需完善。经过60多年的建设，淮河流域初步形成了河道、水库（湖泊）、地下水利用、跨流域调水等以工程为主的流域骨干配水体系，供水能力达600多亿立方米，但供水体系尚不能相互贯通、互济互补、配套完整，局部地区水资源配置也不尽合理，需要完善。

水污染问题仍十分突出。淮河流域工业废水排放达标率不高，城市污水处理率较低，非点源污染日渐突出且缺乏有效的防治措施，致使水污染问题仍很突出，加剧了流域缺水状况，部分城市供水安全受到威胁。淮北地区主要城市大量开发利用深层地下水、超采浅层地下水，致使局部地区出现地面沉降和大面积漏斗，水环境持续恶化。

农业供水工程老化失修严重。20世纪80年代以来，淮河流域农业用水量总体呈现下降趋势，节水灌溉有一定的贡献作用，但主要原因是农业供水工程老化失修、配套不完善，供水能力不足，降低了农业生产用水保障程度，影响粮食安全。

2. 水资源供需展望

淮河流域的经济社会发展较快，对水资源的需求旺盛。据分析，到2030年，淮河流域需水量按现状用水模式将达到708亿立方米，按一般节水的用水模式将达到672亿立方米，按强化节水的用水模式仍需 647 亿立方米。

为保障流域用水需求，在强化节水、转变经济增长方式以抑制水资源需求过快增长的基础上，通过建设大中型水库、实施跨流域调水、完善配套工程，辅以非工程措施，使淮河流域 2030 年供水量达到 642 亿立方米，基本实现供需平衡。

三、水质和水生态

（一）水质

淮河流域水功能区 1017 个，其中有 394 个水功能区纳入《全国重要江河湖泊水功能区划（2011—2030 年）》。

根据 2012 年监测结果，按照《地表水环境质量标准》（GB3838—2002）22 项指标评价，淮河流域 394 个重要河流湖泊水功能区中，水质达到Ⅱ类的占 12.9%，Ⅲ类的占 26.4%，Ⅳ类的占 27.2%，Ⅴ类的占 10.7%，劣Ⅴ类的占 22.8%。对照水功能区水质目标评价，淮河流域重要河流湖泊水功能区 2012 年水质达标率为 26.1%。

淮河流域 1017 个水功能区中，2012 年水质达到Ⅱ类的占 8.6%，Ⅲ类的占 26.3%，Ⅳ类的占 27.1%，Ⅴ类的占 10.5%，劣Ⅴ类的占 27.5%。对照水功能区水质目标评价，淮河流域全部水功能区水质达标率为 20.5%。

2000—2012 年淮河流域省界断面逐年水质变化情况详见图 11-1。

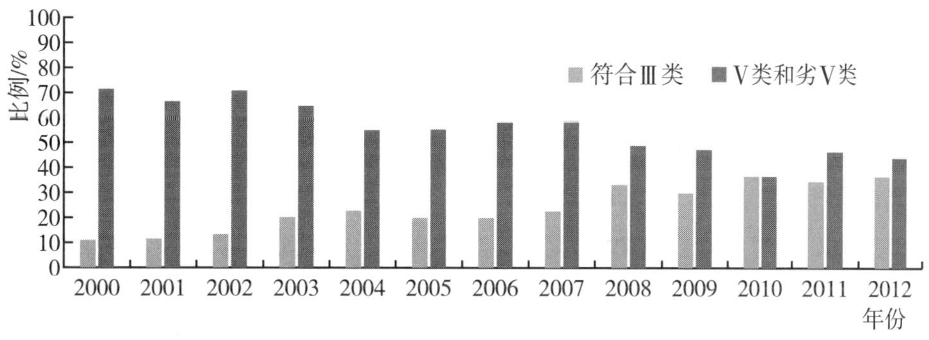

图 11-1　2000—2012 年淮河流域省界断面逐年水质变化情况

（二）水生态

根据 2008 年对淮河干支流、南水北调东线输水干线和重要湖泊水库进行的水生态状况调查评价专题研究表明，淮河干支流水生态状况在空间分布上有比较大的差异。在 71 个监测断面中，水生生物多样性最好的断面是汝河汝南，多样性最差的断面是南四湖独山岛；丰度最高的断面是淠河马头，丰度最差的断面是南四湖独山岛；水生生物物种均匀度指数最大的断面是运河台儿庄，各类物种分布最不均匀的断面是南四湖独山岛。

采用生物指数法评价结果表明，71 个监测断面中水生态系统稳定、脆弱和不稳定的比例分别占 9%、73% 和 18%。总体上看，淮河流域水生态系统脆弱，河湖生态系统大多遭受到了不同程度的破坏。

第三节　流域水利工程

1950 年夏，淮河发生严重水灾。同年 8 月政务院召开第一次治淮会议，10 月 14 日颁布《关于治理淮河的决定》，确定了“蓄泄兼筹”的治淮方针。1950 年 11 月 6 日治淮委员会成立。在国民经济极为困难的情况下，掀起了新中国第一次大规模治理淮河的建设高潮，新中国全面治理淮河的进程由此启动。

一、水利工程建设

（一）治淮工程建设历程

在新中国政治经济发展的不同历史时期，治淮的内容和特点有所不同，大致可分为 5 个阶段。

1. 第一阶段（1949—1957 年）

新中国治淮起步于 1949 年。1949 年 4 月，山东导沭整沂工程开工，1949 年开始江苏省导沂整沭工程。1950 年 11 月政务院发布《关于治理淮河的决定》后，掀起了新中国治淮第一次高潮。

这一时期，国家治淮投资为 13.3 亿元，共完成土方 15.14 亿立方米、石方 701.6 万立方米、混凝土 166 万立方米。

2. 第二阶段（1958—1970 年）

这一时期，国家治淮投资 29.46 亿元，完成土方 30.2 亿立方米、石方 9301 万立方米、混凝土 252.7 万立方米。通过兴建水库和整治干流、支流河道，使淮河及洪泽湖的防洪标准提高到 50 年一遇，骆马湖、新沂河达 10 年一遇，南四湖为 20 年一遇。灌溉面积达 7000 多万亩。

3. 第三阶段（1971—1980 年）

1971 年 2 月，国务院治淮规划小组讨论通过了《关于贯彻执行毛主席“一定要把淮河修好”指示的情况报告》，提出“初步设想再用十年或稍长的时间，基本实现‘一定要把淮河修好’的任务”。

这一时期，国家治淮水利基本建设投资 26.7 亿元，完成土方 27.33 亿立方米、石方 4290.6 万立方米、混凝土 370.3 万立方米，对干支流河道进行整治，开展灌区建设。

4. 第四阶段（1981—1990 年）

1980 年 12 月，水利部召开治淮工作会议，研究如何贯彻落实党中央关于对国民经济实行“调整、改革、整顿、提高”的方针，把治淮工作重点转移到管理上来，力求在调整期间，充分发挥各项水利工程潜力。

这一时期，国家治淮建设投资为 21.67 亿元，共完成土方 5.64 亿立方米、石方 826 万立方米、混凝土 211.3 万立方米。期间，国务院把黄淮海平原列为国家农业发展重点开发区，豫、皖、苏、鲁 4 省淮河流域共投资 40.32 亿元；改造中低产田 5391 万亩，新增灌溉面积 2115 万亩，改善灌溉面积 2989 万亩，新增除涝面积 1791 万亩，改善除涝面积 1822 万亩。

5. 第五阶段（1991—2011 年）

（1）治淮 19 项骨干工程。1991 年淮河大水后，国务院发出《关于进一步治理淮河和太湖的决定》，确定了治淮 19 项骨干工程。国务院分别于 1991 年、1992 年、1994 年、1997 年、2003 年召开 5 次治淮会议，布置治淮骨干建设。

至 2010 年年底，治淮 19 项骨干工程已全面建成，共计安排投资 461 亿元，完成投资 455 亿元，占已安排投资的 98.7%；完成土石方 17.24 亿立方米，混凝土 924.45 万立方米。

治淮 19 项骨干工程构建了流域防洪体系的框架，流域总体防洪标准提高。在行蓄洪区充分运用的情况下，能安全防御新中国成立以来发生的最大洪水。据分析，治淮 19 项骨干工程多年平均减淹面积 3493 平方千米，多年平均年减灾效益 82 亿元。

（2）淮河流域 2003 年、2007 年灾后重建。

2003 年灾后重建主要包括移民迁建和灾后重建工程两部分，共安排 46.8 亿元。2007 年灾后重建共安排投资 10.1 亿元，主要内容包括河南、安徽行区和淮干滩区移民迁建，以及行洪区堵口复堤和应急工程等。

（3）兴建面上水利项目。2005 年以后，农村饮水安全、病险水库加固、大灌区续建配套与节水改造、中小河流治理等工程大规模展开。

（4）南水北调工程。南水北调工程是缓解我国北方水资源严重短缺局面的重大战略性工程，南水北调东线一期、中线一期工程已分别于 2013 年和 2014 年建成通水。

（二）重点工程建设

淮河是新中国成立后第一条系统治理的大河，治淮 60 多年期间，在勘测设计、工程施工中注重新技术、新产品的应用，不断研究和采用新材料、新技术、新工艺、新设备，建设了许多代表性的工程。

以下是几项在不同时期建成的代表性工程：

1. 佛子岭水库

佛子岭水库位于淮河支流淠河东源，是新中国成立之初治理淮河的第一骨干工程，是我国自行设计并施工的第一座钢筋混凝土连拱坝，具有防洪、灌溉、发电、养鱼等综合效益。当时世界上连拱坝才出世不久，仅美国和阿尔及利亚各有一例。

2. 淠史杭灌区

淠史杭灌区位于安徽省中西部和河南省东南部，是横跨江淮两大流域淮河、史河、杭埠河 3 个毗邻灌区的总称，工程受益范围涉及安徽、河南 2 省 4 市 17 县区，设计灌溉面积 1198 万亩，实灌面积 1000 万亩，区域人口 1330 万，是新中国成立后兴建的全国最大灌区。

3. 江都水利枢纽

江都水利枢纽工程位于江苏省江都市境内，是南水北调东线工程和江苏江水东引北调工程的起点。具有灌溉、防洪、排涝、引水、航运、发电，以及为江苏沿海冲淤保港、改良盐碱地、提供淡水资源等综合能力，工程先后被评为全国优质工程、省十佳建设工程，荣获国家金质奖。

4. 临淮岗洪水控制工程

该工程位于淮河干流中游，是整个淮河防洪体系的重要组成部分，是迄今为止淮河上最大的水利枢纽工程。建设过程中开发运用了一系列新技术，荣获 2007 年度“中国建筑工程鲁班奖”（国家优质工程）。

5. 淮河入海水道近期工程

入海水道西起洪泽湖东至黄海，水道全长 163.5 千米。入海水道近期工程建设中超大型薄壁混凝土结构裂缝防控技术、海淤土基础上的筑堤技术、海淤土上建筑物基础加固技术以及桥梁整体抬高工艺等居行业领先水平，荣获 2006 年度“中国建筑工程鲁班奖”（国家优质工程）。

二、水利工程现状

新中国 60 年治淮，建成水库 6360 座，总库容 296.36 亿立方米，防洪库容 85.71 亿立方米，兴利库容 137.36 亿立方米。其中，大型水库 38 座，总库容 200.18 亿立方米，防洪库容 67.38 亿立方米，兴利库容 84.72 亿立方米；中型水库 189 座，总容量 53.40 亿立方米。另外，淮河中游临淮岗洪水控制工程，滞洪水位 28.41 米时，对应库容 85.6 亿立方米；滞洪水位 29.49 米时，对应库容 121.3 亿立方米。

蓄滞洪区和大型湖泊共 16 处，其中，蓄滞洪区 12 处，蓄滞洪容量 120.14 亿立方米；大型湖泊 4 处，总容量 239.14 亿立方米。

沿淮河干流中游建有 17 处行洪区，在设计条件下如充分运用，可分泄河道设计流量的 20%—40%。

整治了干支流河道，扩大了泄洪排涝能力。下游先后开辟了新沂河、新沭河、苏北灌溉总渠、淮沭新河和入海水道（近期），扩大了入江水道，使淮河水系尾部的排洪能力由不足 8000 立方米/秒扩大到 15270—18270 立方米/秒，沂沭泗河水系的入海排洪能力由不到 1000 立方米/秒提高到 12000 立方米/秒。新开了茨淮新河、怀洪新河等一批骨干排水河道和众多的排水河渠。

修筑 5 级以上堤防长约 6.5 万千米。按堤防等级划分，淮北大堤、洪泽湖大堤、里运河大堤、南四湖湖西大堤、新沂河大堤等 1 级堤防 1692 千米，2 级堤防 2198 千米。

建成各类水闸 19074 座，总过闸流量 97.07 万立方米/秒，包括节制闸、排水闸、分洪间、挡潮闸、进水闸和退水闸等。其中，大型水闸 156 座，过闸流量 44.61 万立方米/秒；中型水闸 1054 座，过闸流量 28.60 万立方米/秒。

水电站 192 座，总装机容量 65.08 万千瓦。其中，中型 2 座，装机容量 13 万千瓦；小（1）型 8 座，装机容量 20.86 万千瓦；小（2）型 182 座，装机容量 31.22 万千瓦。

泵站 1.67 万座，总装机流量 32283.66 立方米/秒，总装机功率 283.18 万千瓦。其中大型泵站 53 座，总装机流量 5274.83 立方米/秒，总装机功率 47.54 万千瓦；中型泵站 341 座，总装机流量 4677.56 立方米/秒，总装机功率 55.21 万千瓦。

总灌溉面积 1031.49 万公顷，其中，耕地有效灌溉面积 986.95 万公顷，园林草地等有效灌溉面积 44.54 万公顷。高效节水灌溉面积 35.59 万公顷（其中，低压管道 28.10 万公顷、喷灌 7.04 万公顷、微灌 0.45 万公顷），占流域总灌溉面积 3.45%，耕地灌溉率达 80%。其中大型灌区 75 处（河南 19 处、安徽 6 处、江苏 32 处、山东 18 处），总耕地面积 453.86 万公顷，总灌溉面积 341.95 万公顷。

三、水利工程规划

（一）流域水利发展目标

流域水利发展的总体目标是：建立适应流域经济社会发展的完善的水利体系，保障淮河流域防洪安全、供水安全和生态安全，协调人与自然的关系，实现人水和谐，支撑流域经济社会可持续发展。

近期（2020 年）基本建成较完善的防洪除涝减灾体系，防洪标准基本达到国家规定的要求。淮河干流一般堤防防洪标准达到 20 年一遇，上游防洪标准达 20 年一遇，中游淮北大堤防洪保护区和沿淮重要工矿城市的防洪标准达百年一遇，洪泽湖大堤的防洪标准达 300 年一遇；沂沭泗河中下游地区主要防洪保护区的防洪标准达 50 年一遇；重点平原洼地除涝标准基本达到 5 年一遇，里下河腹部地区除涝标准基本达到 10 年一遇；重要支流防洪标准达到 10—20 年一遇，排涝标准达到 3—5 年一遇；重要城市防洪标准基本达到国家规定的要求；海堤基本达标。

基本形成较为完善的流域水资源配置格局，水资源调配能力大为提高。城乡供水条件进一步改善，节水水平显著提高；通过污染源治理控制入河排污总量，实现集中式饮用水供水水源地水质全面达标，河湖功能区水质总体达标率提高到 80% 以上。通过水资源调配改善生态用水状况，使流域内重要河湖和湿地最小生态水量得到保障，使流域水生态系统得到有效保护。基本解决农村饮水安全问题，农业生产条件和农村水环境有较大改善。

水土保持工作得到进一步加强。流域内水土流失治理程度60%以上，其中新增水蚀治理面积2.0万平方千米和风蚀治理面积0.5万平方千米。25度以上坡耕地退耕还林，适地适量实施坡改梯工程；桐柏、大别、伏牛、沂蒙三大山区林草覆盖率提高5%以上，正常年份减少泥沙下泄40%以上；人为水土流失得到初步遏制。

完善流域管理和区域管理相结合的水资源管理体制与机制，初步形成协调、有效的涉水事务管理和公共服务体系。

远期（2030年）建成适应流域经济社会可持续发展、维护良好水生态的整体协调的水利体系。建成较完善的现代化流域防洪除涝减灾体系，各类防洪保护区的防洪标准达到国家规定的要求，除涝能力进一步加强。建立合理开发、优化配置、全面节约、高效利用、有效保护、综合治理的开发利用和保护水资源的体系，全面实现入河排污总量控制目标，水土流失得到全面治理，水生态系统和生态功能恢复取得显著成效。流域水利基本实现现代化管理。

（二）水利工程建设的主要任务

未来一个时期，淮河流域水利工程建设仍然以防洪、水资源开发利用为重点。

上游山丘区增建水库，增加拦蓄能力，加固病险水库；在淮河中游对行洪区采取废弃、改为行蓄洪区或适当退建后改为保护区的方式进行调整，整治河道，扩大中等洪水行洪通道，巩固排洪能力；淮河下游整治河道堤防，扩大入江入海泄洪能力，降低洪泽湖水位。沂沭泗河水系扩大河道行洪规模，完善防洪湖泊和骨干河道防洪工程体系。实施淮干一般堤防达标建设，进一步治理重要支流和中小河流；治理低洼易涝地区；建设蓄滞洪区工程和安全设施，实施行蓄洪区和淮干滩区居民迁建；加强城市防洪和海堤工程建设。

在完成南水北调东、中线一期工程的基础上，启动南水北调东线后续工程和引江济淮、苏北引江工程等跨流域调水工程建设，完善水库、湖泊、闸坝等调蓄工程和沿黄、沿江引水工程，与淮河干流共同构建淮河流域“四纵一横多点”的水资源配置和开发利用工程格局。新建、改建水源地，保障城乡饮水安全；加快大中型灌区节水改造与续建配套，完善面上农田排灌体系。

第四节　流域水管理

一、历史上的流域管理

我国是世界上实施水行政管理较早的国家。历代政府都把水利管理作为政府的重要职能，并设置专门的机构加以实施。

淮河流域历来是水利管理的重点。宋元以后，由于黄河长期夺淮加上京杭运河全线开通，黄河、淮河、运河在淮河流域交汇，治河、治运、治淮交织在一起。明代总理河道、总理漕运和清代河道总督、漕运总督的机构多设在淮河流域，重点治理和管理该区域的黄河、淮河、运河河道，可认为是淮河乃至我国早期的流域管理。1855年黄河北徙，“复淮”“导淮”呼声渐起，1866年（清同治五年）10月，曾国藩在清江浦（现淮安）创设导淮局，成为近代淮河流域机构。1929年国民政府制定《导淮委员会组织条例》，成立国民政府导淮委员会，隶属国民政府，掌握治淮一切事务，后经多次调整，至1947年导淮委员会改组为淮河水利工程总局，隶属行政院下设的水利部，是民国时期全国统一的治淮管理机构。新中国成立后，淮河流域经济社会发展进入了全新的时代，治淮得到党和政府的高度重视，水利管理体系逐步健全。

二、流域管理现状和问题

（一）流域管理体制

淮河流域目前实行流域管理与区域管理相结合的体制。淮河水利委员会为水利部的派出机构，负责流域管理。流域各省设有水利厅，为所在省水行政主管部门，市（地）、县也设有水行政主管部门，分别管理本行政区的水利事务。流域机构和各省水利厅之间无直接的行政隶属关系。

（二）流域机构

新中国成立后，接管了“淮河水利工程总局”。随着大规模治淮的开展，1950年11月，在安徽蚌埠成立治淮委员会，统一规划与治理淮河。治淮委员会由中共中央华东局代管。

1958年7月，治淮委员会撤销，治淮工作由淮河流域4省分别管理。1969年10月，国务院成立治淮规划小组，从统一规划入手，开始加强流域的管理。1977年，在治淮规划小组办公室的基础上，重新组建水利电力部治淮委员会，作为水利电力部的派出机构，1990年改名水利部淮河水利委员会（以下将新中国各时期淮河的流域机构均简称为淮委）至今。

（三）淮河流域管理的基本经验

1. 流域与区域管理相结合的管理体制基本符合我国国情

流域与区域管理相结合是我国的基本水管理制度。淮委作为淮河的流域管理机构，曾经历高度集中管理、撤销、重新组建的历史变革，说明中国的历史、文化背景下，由于地方政府主导的区域管理强势，流域性的高度集中管理难以实行；流域管理是水的自然属性决定的，没有流域机构的统一、协调管理，水利建设与管理很难达到预期的效果，淮河流域水管理的历史说明，流域与区域管理相结合的管理体制能够更大程度地发挥水管理的功能，有效地治水害、兴水利。

2. 统一的流域规划是流域管理的主要任务

60多年来，较全面的流域综合治理规划有：治淮初期的《关于治淮方略的初步报告》和《沂沭汶泗流域洪水处理初步意见》，1956年、1957年的《淮河流域规划报告（初稿）》和《沂沭泗流域规划报告（初稿）》；1971年的《关于贯彻执行毛主席“一定要把淮河修好”的情况报告》及其附件《治淮战略性骨干工程说明》；《淮河流域综合规划纲要（1991年修订）》以及近期编制的《淮河流域综合规划（2013—2030年）》。20世纪90年代以来，针对淮河流域治理与开发暴露出一些突出的和亟待解决的问题，淮委还先后组织编制一批专业规划、专项规划、发展规划和战略规划。

这些规划科学指导了不同时期的治淮工作，为推进流域管理和治淮建设奠定了坚实基础。

3. 协调、指导和监督是流域机构的基本工作方法

从目前的流域管理机构的职能和作用看，作为国务院水行政主管部门的派出机构，授权行使的水行政管理职责代表国家和流域整体利益，应该是高于区域利益为目标的地方区域管理。按照我国行政分级管理的原则，凡是地方各级政府及其部门能够实施管理的事务，都可由地方管理；地方各级政府及其部门实施管理有困难、需要中央协调的事务，应该由流域机构或国家水行政主管部门管理。流域机构与地方省市水行政主管部门不存在隶属关系，对整个流域水事活动的管理，基本手段是协调、指导和监督。

4. 流域管理机构对重要水事矛盾敏感区域实施直接管理

沂沭泗河水系历史上省际水事矛盾多发，严重影响了水利建设和地区的和谐稳定。1981年，国务院批准水利部对南四湖和沂河、沭河水利工程进行统一管理的请示，成立沂沭泗水利工程管理局，对主要河道、湖泊和枢纽实行统一管理和统一调度。此后，该局的管理职能经过几次调整，更名为水利部淮委沂沭泗水利管理局，代表国家在授权的省际河道、湖泊管辖范围内，实施水利工程建设、防汛抢险、河道湖泊、水资源保护、水土保持与水生态保护管理。30年实践表明，流域机构必要的直接管理可有效缓解敏感地区的水事矛盾，维护了稳定，保障了发展。

（四）存在问题

1. 管理事权不够清晰

2002年修订的《中华人民共和国水法》从法律层面上确定了流域机构管理地位，但在涉及流域管理机构的18条法律条文中，只有第十二条第三款流域管理机构“在所管辖的范围内行使法律、行政法规规定的和国务院水行政主管部门授予的水资源管理和监督职责”这一条原则规定是独立的，其他17条涉及与地方政府、水行政主管部门管理关系的，都是“会同”“和”“或”，流域机构究竟该有什么职责仍较模糊。在事权划分上对

于流域机构宏观管理和必需的一些微观管理职能不够清晰，导致越权、交叉管理和管理缺失，甚至在流域管理的南四湖地区出现管理职能基本相同的流域和地方两个机构。

2. 管理法规和制度不够协调

流域管理立法进程滞后，我国至今还没有一部流域管理法。参照世界各地的流域管理成功经验，无论采取什么模式的流域管理，都必须有涵盖流域水管理各方面的流域管理法律体系，跨国的流域这些法律就成为国际法；2002 年《中华人民共和国水法》修订对流域管理提出了多条要求，但由于与流域管理有关的配套法律文件制订工作迟缓，使流域机构在管理实践中得不到法律的有效保障。法律之间的相互关系需要理顺，从理论上讲防洪、水资源保护、水环境保护、水污染防治、水土保持等相关法律与《中华人民共和国水法》不应是一个层次，否则法律文件之间易产生矛盾，不利于依法实施流域管理。

3. 淮河流域机构的统一管理能力较弱

一是流域机构的权威性不够，协调难度大。水利工程、防洪、水资源保护、水生态保护等方面的管理常涉及局部利益的调整，而流域机构作为水利部的事业单位，难以与各省政府及其相关部门协调问题，往往与水利厅协调达成一些共识后，因省政府及其相关部门有异议，不得不由水利部、国务院相关部门再协调，降低了行政效率。二是监督管理能力比较弱。近几年，淮委为加强自身能力建设做了大量工作，在水质水量监测、水政监察执法、防洪、抗旱调度等方面取得了显著成效，但在水资源的配置、调度，水土流失治理、水生态保护等方面的监管仍显不足。三是缺少对违反流域统一管理行为的处罚权力。有关法律法规对流域机构在涉及水事时的必要处罚缺乏授权，或授权不明确，使流域机构难以有效行使流域管理的职责。

三、改进流域水管理

（一）推进流域立法

除《淮河流域水污染防治条例》外，淮河流域尚无流域性立法，我国其他流域情况基本相同。流域立法应当在进一步明确流域管理的目标、原则以及任务基础上，创新体制机制，理顺流域和行政区域（中央和地方）、各部门之间在洪水管理、水资源管理、水利工程管理等方面的事权划分，授予流域机构恰当的仲裁处罚权以及与水管理相关的调查、监测、预报预警、应急处置等职责和权力。流域机构是流域江河湖泊的代言人，代表全流域公共利益，监督、制止流域内涉水的违法行为，使流域内各方享受公平的权利。

（二）改革流域管理机构

20 世纪 50 年代治淮委员会和目前淮河防汛抗旱总指挥部的管理实践证明，加强流域统一管理需要一个高规格、跨部门、跨行政区域的流域管理机构。基于淮河流域水系复杂、跨省河湖多、水事矛盾多的特点，参照国外流域管理的成功经验，建议成立类似于国务院三峡工程建设委员会、国务院南水北调工程建设委员会的淮河流域管理委员会。现有的淮委既是水利部的派出机构，作为该机构的办公室，接受国务院有关部委的业务指导，级别宜恢复到20世纪70年代末淮委重新组建时的水平。这将有利于统一规划、统一建设和管理，有利于流域机构与地方政府及涉水相关部门沟通；有利于水事纠纷调处；有利于涉水事务的执法与监督；有利于提高管理效率，减少行政管理成本。

（三）加强流域机构自身建设

淮河流域管理能力建设主要包括下面几个内容：①前期规划能力建设。要提高规划制定者的素质，改善规划制订的保障手段，提高流域发展规划的公平性、科学性。②监测能力建设。建立和完善流域水资源监测站点和监测系统，根据防洪、除涝、抗旱、水资源管理等实际需要，补充、调整、完善各类监测站网。③水行政执法能力建设。近期要加强流域水政执法基础设施建设和流域水政执法队伍建设，提高水政执法的专业化水平；远期要完善流域水行政执法体系，加强流域水行政执法制度建设。④应急处理能力建设。近期要加强水旱灾害和突发事件的预测预警能力建设，编制应急预案，提高应急专业化水平。⑤创新能力建设。近期要开展与流域管理相关的科技研究，开展与流域管理相关的制度研究；远期要建立健全科技创新和制度创新体系，加速培养高素质人才队伍。⑥信息化和网络化建设。建成集淮河防洪、除涝、抗旱、水资源管理等多位一体的综合管理平台。

（四）完善信息共享和公众参与机制

目前在流域层面上缺少正式的信息共享机制，流域管理机构与其他相关的部门没有正式的信息交流渠道，甚至有些部门和单位，将监测数据视为其“私有财产”。实现全流域水信息的互联互通、资源共享，提高水管理决策的支持与保障能力，是需要解决的问题。

当前，我国的流域管理基本以行政推动为主，利益相关方参与不足，应加快建立流域管理中的公众参与机制，增加透明度，使公众获得流域规划、水资源状况、重大项目进展等必要的信息；在流域规划或政策的制定过程中，通过召开听证会或发放公众意见调查表等形式，征求公众的意见；建立一套引导和激发群众积极主动地参与水资源节约、保护的制度，培养企业、用水户及利益相关者参与水资源管理的意识；在各种涉水行政审批程序中设置公告和公众参与环节；推动环境公益诉讼。

第五节　水利与流域发展

淮河流域水利开发历史悠久，流域水利发展一直伴随着历史的进步而进步，也伴随着朝代的更迭而起伏。顺应经济社会发展需求，水利建设会得以长足发展，社会政治环境动荡和经济发展水平的衰落，也会大大制约水利建设的进步。

一、古代水利发展及影响

淮河流域气候适宜，雨量充沛，土地肥沃，是我国经济文化开发历史最为悠久的区域之一。流域内 100 多处新旧石器文化遗址的发现，说明 1 万年前，我们的祖先就在这块土地上劳动生息。传说中的伏羲氏和炼石补天以止淫雨的女娲是淮河流域氏族的祖先。远古时期就有大禹治水和伯益凿井的传说。早在 3000 多年前的殷商甲骨文里，就已经出现“淮”字。

（一）古代水利发展简述

中国几千年来以农业经济为主，水利是农业的命脉，流域内农田水利比较发达。春秋中期，楚国令尹孙叔敖在淮河流域兴建了我国最早的灌区期思雩娄灌区和芍陂蓄水灌溉工程。芍陂几经演变成为现在安丰塘，至今仍在发挥效益。两汉时期在淮河以北和汝水两岸兴修陂塘，据《水经注》记载，淮河以北陂塘 90 余处，汝水两岸陂塘有 37 处之多，陂塘沟通沟渠，形成了灌溉网，农田水利灌溉工程有了长足的发展；三国曹魏时期大兴屯田需要，修陂塘、通河渠、筑坝堰，改建邗沟，也常对汴渠进行整修，以灌溉农田；唐在两淮修建、整修了许多陂塘灌溉工程，农田灌溉发展大大提高；北宋时期制定《农田利害条约》，广泛调动了全社会兴修水利的积极性，促进了农田水利的发展。

淮河流域位居黄河、长江之间，历史上即是沟通南北、控引东西的战略要冲，航运历史悠久。春秋战国时期出于政治、经济和军事的需要，相继开凿沟通江、淮、河的人工运河，如周代徐偃王“欲舟行上国，乃沟通陈蔡之间”；春秋晚期，吴王夫差兴兵北图，开邗沟，通江淮，继而又“阙为深沟通于商鲁之间”，是为菏水，沟通淮黄两水系；战国时期之魏国，东扩图强，开鸿沟，“与济、汝、淮、泗会”，形成沟通今河南、山东、江苏、安徽等地的水运网络。隋代开凿南北大运河，南达杭州，北通涿郡，西至长安，沟通海河、黄河、淮河、长江和钱塘江五大水系，唐宋时期又进行了大规模整治，对当时经济社会发展发挥了巨大作用；元代为解决南粮北运，贯通了北起北京南抵杭州的京杭大运河；明清两代又进行了整治，使之成为南粮北运的动脉。

黄河洪水一直是淮河的大患，治淮与治河密不可分。东汉王景治汴，修筑千余里黄河堤防，固定了黄河河床，整治了汴渠河道，黄河洪水对淮河流域的危害得到缓解；明清时期黄、淮、运河在淮河流域交汇，治河、治淮又增加了治运的任务，三者交织在一起，成为全国水利建设的重点，处理好黄河、淮河、运河的关系成为明清两代最为棘手的治水问题。到明万历年间潘季驯定“蓄清刷黄”之策后，明清两代大筑高家堰，逐步形成如今的洪泽湖。

古代的水利工程很多都带有军事性质。吴王夫差开凿邗沟，最初是为了运输兵员和粮草；曹魏在流域内发展军屯，为军队提供粮饷；梁武帝时在淮河干流修建拦河大坝（浮山堰），以蓄水淹北魏寿阳城（今安徽寿县）。

水利发展在历史上发挥了巨大的政治、经济和军事作用。而水利工程因其工程浩大，在古代经济、技术条件欠发达的条件下，往往需要举全国之力兴办。因此，水利的发展也离不开稳定繁荣的社会经济条件，历史上每逢战乱、社会动荡，水利多因之荒废。

（二）水利发展对经济社会发展的作用——运河的开凿

古代淮河流域人工运河有三大体系：汉代以前，以鸿沟水运网为纽带，沟通中原诸侯各国，鸿沟水系沿线崛起一批繁华都市；隋唐北宋时期，以通济渠（唐宋时称汴渠）为骨干，把北方政治中心与南方经济中心联系起来；元明清时期，京杭大运河成为国家南北交通大动脉和政治、经济、文化的生命线。据初步统计，淮河流域古代较大的人工运河有 34 条，约占我国古代较大人工运河（58 条）的 59%左右。淮河流域人工运河开凿之早，数量之多，工程之艰巨，技术之先进，对国家贡献之大，都是举世瞩目的，其中隋代南北大运河和元代京杭大运河的影响尤为深远。

（三）水问题对经济社会的影响——黄河夺淮前后淮北地区经济发展演变

12 世纪以前，淮河可以独流入海。其时，淮河下游河槽宽深，泄水通畅，民间有“走千走万，不如淮河两岸”的说法。然而，从 1194 年黄河决阳武南流入淮，一直到 1855 年黄河决铜瓦厢北行大清河入海为止，期间 600 余年形成了黄淮合流，“以一淮受全河之水”的不正常局面，使淮河水系受到极大的破坏，甚至使淮河流域的地貌也发生了很大变化，对经济社会带来了深重的影响。

中国水科院的相关研究成果认为，以各代政府财政资料统计为依据，将宋与明清经济发展水平做一比较，可以大致看出夺淮前后淮北区的经济演变脉络：黄河夺淮前唐宋淮北地区田赋在全国位居前列。唐天宝八年（749 年），时河南道（包括今山东省西南、河南省东南及安徽省淮河以北区）正仓、义仓和常平仓的储粮总量占全国的 27%，全国十道之中，河南道田赋位列第 1。

黄河夺淮后，元明清淮北地区的田赋在江苏和安徽位居末位，清代淮北地区凤阳、颍州、泗州、陈州、归德等州府丁口数只占全国的 4.4%，地亩占 3.6%，粮赋占 3.3%。据道光年间成书的《皖省志略》资料统计，当年淮北地区经济发展水平在安徽省位居中下等。

淮河流域悠久的水利发展历史证明，流域水利发展与经济社会发展密切相关。总体而言，两汉、隋唐和北宋以及明清等政局比较稳定、封建社会经济也有较大发展的时期，也是流域水利有长足发展的时期，而三国至南北朝，宋金元时期政权割据、屡遭战乱，则水利失修。

二、新中国治淮对流域经济社会发展的支撑和保障

新中国成立以来，经过60多年持续治理，淮河流域初步形成了防洪、除涝、灌溉、航运、供水、发电等水资源综合利用体系。基本建成由水库、河道堤防、行蓄洪区、控制性湖泊和防汛调度指挥系统等组成的防洪除涝减灾体系，初步建成蓄、引、提、调相组合的水资源配置工程体系，减灾兴利能力显著提高，对保障流域防洪安全和粮食安全、支撑经济社会发展发挥了基础性作用。

（一）水利基础设施的减灾作用

目前流域已建成的防洪除涝减灾体系，在行蓄洪区充分运用的情况下，可防御新中国成立以来发生的流域性最大洪水，能够满足重要城市和保护区的防洪安全要求。2003年、2007年淮河防洪实践也证明，目前淮河防洪体系对洪水调度、防控能力大大增强，全流域抵御洪水灾害的能力和社会安定程度要好于历史上任何一个时期。

1. 1950年和2007年的淮河水灾对比

1950年淮河发生洪水，其重现期约10年一遇。2007年淮河又一次发生洪水，重现期大致在15—20年一遇。两次洪水比较，前者洪水规模小于后者，与1950年相比，2007年成灾面积减少36.8%，倒塌房屋数量和因灾死亡人口更是大幅减少；1950年安徽受灾人口占皖北地区的60%，而2007年安徽受灾人口占其流域总人口的36%，相对受灾人口2007年比1950年减少了近一半。需要说明的是，1950年洪水中洪泽湖以上淮河干流决口达10余处，当年沿淮地区洪、涝灾害并发；而2007年洪水中，除部分行蓄洪区因主动开放而造成行蓄洪区的洪灾外，其他基本上都是涝灾所致。

由此可见，2007年的洪水量级大于1950年，而灾情要明显小于1950年。治淮工程的防洪减灾效益十分明显。

2. 沂沭泗河洪水东调南下工程的防洪作用

新中国成立前，整个沂沭泗河水系入海能力尚不足1000立方米/秒。1957年沂沭泗河水系发生了新中国成立后的最大洪水，汛期暴雨集中，量大面广，相当于90年一遇洪水，受灾面积123万公顷，倒塌房屋249万间，灾情十分严重。

经过多年的建设，沂沭泗工程已经全部建成。河水系的防洪标准已大为提高，未来沂沭泗河水系如发生1957年洪水，整个区域洪涝灾情将有根本性改善，据分析，除南四湖湖西的万福河、东鱼河部分地区及沂沭河上游少部分地区将遭受洪灾外，其他地区

将免受洪水灾害。与 1957 年实际淹没面积相比减少 15030 平方千米。

（二）水利发展对粮食生产的支撑作用

1. 主要粮食作物及产量的变化趋势

淮河流域的粮食产量在新中国成立初期只有 1400 万吨，1978 年为 4198 万吨，2010 年流域粮食总产量为 10836 万吨。2010 年的粮食产量比新中国成立初期增长了 6.74 倍，比 1978 年增长了 1.58 倍。

2010 年淮河流域粮食总产量约占全国的 1/5，其中小麦 5332 万吨，约占全国的 46%；水稻 2614 万吨，约占全国的 13%。除水果外，淮河流域主要大宗农产品在全国比重均高于 10%，油料和棉花高于 20%，豆类、玉米高于 15%。有研究对我国十大农作区的粮食总产量的贡献率进行了评价，结果表明对全国总粮食贡献率较高的区域依次是黄淮海地区（29.71%）、长江中下游地区（21.40%）和东北地区（11.23%）。1970—2010 年，淮河流域粮食生产对全国粮食增产的贡献率持续增长，增产贡献率由 20 世纪 70 年代的 30.5% 提高到 21 世纪 10 年来的 43.3%，居各大流域之首。

2. 水利发展与粮食生产的关系

比较淮河流域的粮食总产量和粮食播种面积的变化趋势，可以发现期间粮食播种面积相对稳定，而粮食总产量却呈不断增长的趋势。其中，1980—2010 年淮河流域粮食总产从 0.44 亿吨增加到 1.08 亿吨，增加了 145%，而播种面积仅增加了 10%，可见粮食增产主要是通过粮食单产提高来实现的。2010 年粮食亩产量达到 408 公斤 / 亩，高于全国平均水平 22%。

虽然影响淮河流域粮食单产的因素较多，但水利在其中起到关键性作用。有研究表明，新中国成立以来有效灌溉面积、亩用化肥、农机动力、农药、良种，以及复种指数对粮食单产作出了重要的贡献，但不同阶段对单产影响的大小是不同的，从总体看，1952—1997 年各因素对单产增长的贡献由大到小依次是：灌溉、良种、农药、复种、化肥、农机。

淮河流域新中国成立初期有效灌溉面积约为 1714 万亩，到 1978 年发展到 11224 万亩，2010 年为 14379 万亩。有效灌溉面积总体上呈不断增长的趋势，经历了 3 个阶段：第一阶段是新中国成立初期到 20 世纪 80 年代的快速增长，增长了近 6 倍，年均增长 19%；第二阶段是 20 世纪 80—90 年代初期，稳定维持在 11000 万亩左右的水平；第三阶段是 20 世纪 90 年代以来，缓慢稳定增长到 14000 多万亩。淮河流域粮食单产和有效灌溉面积变化趋势见图 11-2，可见，除个别大水年份外，淮河流域粮食单产和有效灌溉面积的增长之间的相关性较好，即粮食单产随有效灌溉面积的增长而增长。

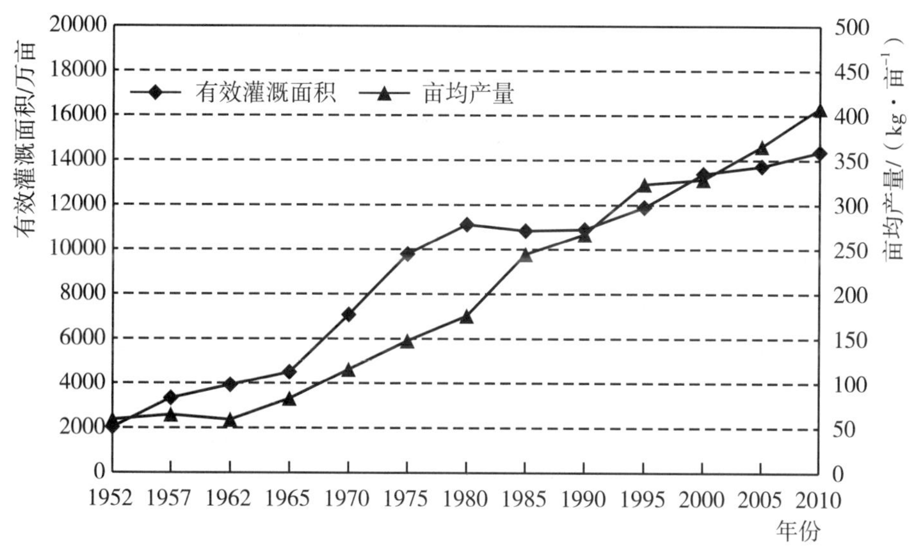

图 11-2　淮河流域粮食单产和有效灌溉面积变化趋势

（三）水利发展对经济社会发展的保障作用

淮河流域包括湖北、河南、安徽、江苏、山东五省 40 个地级市，168 个县（市），2010 年总人口 1.68 亿人，约占全国总人口的 13%，其中城镇人口 5657 万人，城镇化率 34.81%。煤炭资源探明储量为 700 亿吨，且煤种齐全、质量优良，是我国黄河以南地区最大的火电能源中心，华东地区主要的煤电供应基地。流域内工业门类较齐全，以煤炭、电力、食品、轻纺、医药等为主，近年来化工、化纤、电子、建材、机械制造等有很大的发展。淮河流域是我国重要的粮、棉、油主产区之一，总耕地面积为 1.9 亿亩，约占全国总耕地面积的 11.7%；2007 年粮食总产量 9490 万吨，约占全国粮食总产量的 17.4%；人均粮食产量 559 公斤，高于全国人均粮食产量。

1. 近几十年水资源供给基本满足了流域经济发展的需求

新中国成立以来修建了大量的水利工程，初步形成了淮水、沂沭泗水、长江水、黄水并用的水资源利用工程体系，年现状实际供水能力达到约 606 亿立方米，有效保障了流域经济发展需求。表 11-1 和表 11-2 分别是 1980—1990 年和 2000—2010 年经济和用水量变化情况，分析近几十年供用水量的变化过程，可以发现供用水总量是随着经济总量的增加而稳步增长，全流域 GDP 从 1980 年 368 亿元增加到 2010 年 39136 亿元，期间全流域供用水总量也从 1980 年 446.1 亿立方米增加到 2010 年 571.69 亿立方米；期间用水总量的波动，主要是因降雨在时间上分布不均、年际间变化比较大而使农业用水年际变化大引起的，如 2002 年淮河流域降雨偏少，2003 年雨水丰沛，农业用水量分别为

400.32亿立方米、273.94亿立方米，全流域用水量分别为530.41亿立方米、410.86亿立方米，如果剔除农业用水波动的因素，则用水总量稳步增长趋势更加明显。用水结构也发生了明显变化，农业用水比重逐步下降，工业、生活用水比重上升，农业用水从1980年的90%左右下降到2010年的70%略多；期间工业、生活用水量增长速度大大高于整个用水总量增加速度，供用水总量年均增加0.8%，而工业用水总量年均增加3.3%，这也符合期间流域内工业快速发展、城市化率水平提高的趋势。用水效率不断提高，随着水资源管理工作不断加强，水资源论证制度得到全面贯彻落实，工业用水量由2000年的80.60亿立方米增长到2010年86.87亿立方米，年均增长约0.8%，万元工业增加值用水量由263立方米下降到127立方米。

表11-1　1980—1990年淮河流域经济发展与用水量变化情况表

年份	GDP/亿元	用水量/亿 m^3			
		小计	农业	工业	城镇生活
1980	368	446.10	409.11	32.85	4.14
1985	781	360.5	324.20	29.60	6.70
1986		403.69	367.46	30.40	5.83
1987		402.66	360.86	36.31	5.49
1988		477.54	422.13	49.48	5.93
1989		463.86	404.22	51.09	8.55
1990	1626	452.04	390.65	52.38	9.01

注：GDP数据为淮河流域及山东半岛水资源综合规划编制过程中测算的数据；用水量：1980年数引自《淮河流域水中长期供求计划报告（1996—2000—2010年）》，其他数据引自《淮河规划（2005年12月第一版）。

表11-2　2000—2010年淮河流域经济发展与用水量变化情况表

年份	GDP/亿元	用水量/亿 m^3						
		合计	农业	工业	城市居民生活	城镇公共	农村居民生活	生态环境
2000	8474	469.77	343.48	80.60	11.11	7.99	26.58	0.01
2001		536.80	407.74	80.48	13.87	9.11	25.56	0.04
2002	10575	530.41	400.32	79.79	14.39	9.50	26.09	0.32

（续表）

年份	GDP /亿元	用水量 /亿 m^3						
		合计	农业	工业	城市居民生活	城镇公共	农村居民生活	生态环境
2003	11526	410.86	273.94	83.77	15.79	6.11	27.28	3.97
2004	14440	493.20	353.04	86.85	18.35	6.22	25.54	3.20
2005	27971	479.62	329.31	95.18	18.38	6.69	26.44	3.62
2006	22334	521.61	368.62	96.20	18.93	7.74	26.00	4.12
2007	24767	487.07	338.82	87.65	20.78	8.47	26.69	4.66
2008	28146	544.23	393.24	86.84	22.02	8.73	26.61	6.79
2009	32858	552.11	400.47	86.41	22.73	9.44	26.97	6.09
2010	39136	571.71	417.99	86.87	24.64	10.29	25.21	6.71

注：2030 年 GDP 数据为淮河流域及山东半岛水资源综合规划编制过程中测算的数据，2002—2010 年 GDP 数据引自历年《治淮汇刊（年鉴）》，其中 2005 年 GDP 数据含山东半岛数据；用水量为《淮河流域水资源公报》数据。

2. 保障了城市供水安全

改革开放以前，淮河流域城市化进程缓慢，这一阶段，水资源基本上没有制约城市的发展。改革开放以后，随着城市化水平的快速发展，淮河流域的城市供水量大幅增加，城市用水由 1980 年的 36.99 亿立方米增长到 2010 年的 128.51 亿立方米。城镇居民生活用水快速增长，1980—1990 年间由 4.14 亿立方米增长到 9.01 亿立方米，年均增长 8.1%，2000—2010 年间由 11.11 亿立方米增长到 24.64 亿立方米，年均增长 8.3%。工业用水量由 1980 年的 32.85 亿立方米增加到 2010 年的 86.87 亿立方米，其中 1980—1990 年增速相对较快，年均为 4.8%，2000 年以后增速放缓，2006 年达到用水高峰 96.20 亿立方米；2007—2010 年基本保持在 87 亿立方米左右。21 世纪以来，随着社会对生态环境的愈加重视和水资源统计的变化，生态用水逐渐在淮河流域水资源统计公报中出现，且用水量持续增加，从 2000 年的 0.01 亿立方米迅速增长到 2010 年的 6.71 亿立方米，成为城市用水的重要组成部分。

（四）水利发展保障了河湖生态

随着经济社会发展，河湖的生态问题日益突出并且也成为社会关注的焦点问题，社会各界对水利发展的要求也不仅仅局限于如何保障防洪安全、保障经济社会发展用水安全的范畴，如何维护良好的水生态已成为全社会对水利发展的要求之一。事实上，现有的水利工程体系不仅具备防水害、兴水利的功能，也能够在维护、改善河湖生态方面发挥很好的作用。

1. 2001 年引沂济淮

2001 年的淮河流域气候异常，严重的旱情，使流域内诸多中小河流断流，湖库水位急剧下降，淮河干流航运中断。干旱不仅给农业生产带来重大危害，而且给城乡供水及水生态带来严重影响。

7 月下旬，淮委紧急会商江苏省防汛抗旱部门，决定实施引沂济淮跨水系调水，利用中运河和徐洪河南调沂沭泗河水系洪水补给淮河水系。此次跨水系调水共调出骆马湖洪水 7.3 亿立方米，其中进洪泽湖水量 6.8 亿立方米，有效缓解了淮河洪泽湖地区的旱情，极大地改善了洪泽湖的水生态环境，保护了洪泽湖的渔业资源，恢复了航运。

2. 2002 年南四湖生态补水

2002 年，南四湖流域降水量严重偏少，南四湖遭遇了百年一遇的特大干旱，其中部分地区的旱情达到了 200 年一遇。由于特大干旱，湖内蓄水几近干涸，周边地区的经济损失严重，湖区人民生活用水困难，湖内水道全线断航，湖区生态环境已到了毁灭的边缘。

为缓解南四湖旱情、维系湖区生态平衡，国家防汛抗旱总指挥部、水利部决定从长江向南四湖应急生态补水。补水以江苏江都抽水站为起点、以京杭运河为输水骨干河道，沿程利用江都、淮安、淮阴等 9 级抽水泵站，将长江水送到南四湖下级湖；再以微山西及昭阳临时泵站为起点，经由老运河从下级湖向上级湖输水。

此次补水过程于 2002 年 12 月 8 日正式启动，到 2003 年 1 月 24 日 8 时，注入南四湖下级湖的水量达 11539 万立方米；2002 年 12 月 20 日至 2003 年 3 月 4 日注入南四湖上级湖的水量达 5095 万立方米。通过应急补水，长江水、淮河水、沂沭泗河水、黄河水在南四湖上级湖首次实现了交融，极大地改善了南四湖的水环境和生态环境，恢复了航运。

三、流域水利发展展望

（一）淮河流域水利发展需求演变

从新中国成立之初开始，淮河流域相继经历 1950 年、1952 年、1954 年、1957 年以及 1968 年流域性或区域性洪涝严重的年份，防洪除涝保安问题突出，同时为解决吃饭问题急需发展农业灌溉，因此解决洪涝旱问题成为 20 世纪 80 年代以前淮河流域水利发展的紧迫而首要的问题。

20 世纪 80 年代起，流域经济快速发展，期间虽然对防洪减灾、农业灌溉等方面的安全性需求仍然很高，工业、城镇生活等经济性需求快速增长，从用水结构变化看，农业用水占总用水量的比重从 20 世纪 80 年代初期的 90%左右降低到 2000 年 70%略多。同时，流域水污染问题日趋严重，到 20 世纪 90 年代水污染事件仍有发生，水生态迅速恶化，水环境方面安全需求重要性日益显现。

进入21世纪的前10年，淮河流域又连续发生2003年、2007年洪水，对防洪保安等安全性需求不断提高；农村饮水不安全的问题十分突出；新一轮经济快速增长以及工业化和城镇化加速推进，使工业和城镇供水需求进一步增长、水资源供需矛盾加剧，水污染事故频繁发生。同时随着一些地区居民收入从小康走向富裕，对水生态安全、水景观建设等舒适性需求开始涌现。

未来一个时期，由于自然条件的差异性和区域经济社会发展的不均衡性，安全性需求、经济性需求和舒适性需求的迫切性在流域不同地区或许有所侧重，但总体而言，淮河流域将处在安全性需求、经济性需求和舒适性需求均持续增长的时期。

（二）未来流域水利发展的重点

未来淮河流域水利发展要围绕满足流域经济社会发展的安全性需求、经济性需求和舒适性需求均持续增长，以建立、健全和完善防洪减灾、水资源保障、水资源和水生态保护、流域综合管理“四大体系”为重点。

针对流域防洪安全要求不断提高，防洪减灾能力相对不足的问题，要健全流域防洪减灾体系。进一步控制山丘区洪水，上游山丘区建设出山店、前坪等大中型水库，增加拦蓄能力；完善中游蓄泄体系和功能，调整行洪区布局、整治河道，扩大中等洪水通道，实施蓄滞洪区建设，开展行蓄洪区及淮河滩区居民迁建；巩固和扩大下游泄洪能力，整治入江水道、分淮入沂，加固洪泽大堤，建设淮河入海水道二期工程，扩大淮河下游洪水出路，降低洪泽湖水位。沂沭泗河水系在既有东调南下工程格局的基础上，进一步巩固完善防洪湖泊和骨干河道防洪工程体系，扩大南下工程的行洪规模；实施沿淮、淮北地区和里下河等低洼易涝地区的综合治理；合理安排重要支流治理和中小河流治理；加强城市防洪和海堤建设。

针对经济社会快速发展，水资源供需矛盾将持续存在的状况，要完善水资源保障体系。建设南水北调东线、中线和引江济淮、苏北引江工程等跨流域调水工程，完善水库、湖泊、闸坝等调蓄工程和沿黄、沿江引水工程，与淮河干流共同构建淮河流域“四纵一横多点”的水资源配置和开发利用工程格局，完善沿淮湖泊洼地及沂沭河洪水资源利用工程，加快大中型灌区节水改造，在水土资源较匹配的地区适度发展灌溉面积，提高城乡供水能力，保障城乡供水安全和粮食生产安全。全面解决农村饮水安全问题，改善农业灌排条件，整治农村水环境。加强全国内河高等级航道、区域性重要航道和一般航道网建设，改善港口体系。

针对工业和城市化进程加速，水资源和水环境保护压力倍增的状况，构建水资源和水生态保护体系。构建以淮河干流、南水北调东线输水干线及集中供水水源地为重点的“两线多点”的地表水资源保护格局。严格水功能区纳污总量控制管理和入河排污口管理，在水污染严重地区采取工程措施对水污染进行综合整治。加强地下水资源保护，禁采深层承压水，压减浅层地采。强化城镇集中饮用水水源地保护和管理。开展生态用水调度，重点水域实施生态保护与修复工程。加强水土流失综合治理和预防保护，防治山洪灾害。

针对社会管理和公共服务理念不断更新，流域综合管理能力亟待提升的态势，进一步加强流域综合管理体系建设。完善流域管理法律法规体系。完善流域管理和区域管理相结合的水资源管理体制与机制，初步形成协调、有效的涉水事务管理和公共服务体系。加强防洪抗旱减灾管理、水资源管理、水保护管理、河湖岸线及水利工程管理、水土保持管理，建立健全应急管理体系。加强流域综合管理能力建设，开展重大问题研究。

总之，未来一个时期，淮河流域将进入加快发展的重要时期，将是我国承载人口和经济活动的重要地区，在保障国家粮食安全、支撑能源安全、实现国家交通安全战略等方面的作用和地位愈加显现，流域经济社会发展对水利发展的安全性需求、经济性需求及舒适性需求均处在持续增长的时期。流域水利要围绕经济社会持续增长的各类需求加快发展，健全流域防洪减灾体系，完善水资源保障体系，构建水资源和水生态保护体系，进一步加强流域综合管理体系建设。

四、建设跨流域调水工程

淮北（皖北、豫东）地区发展滞后，但潜力巨大，主要制约之一是缺水。规划中的引江济淮工程从长江引水过江淮分水岭入淮河，再经淮北支流河道及新开渠道向安徽北部和河南东部供水，为流域和区域发展提供水资源和水环境保障，建议尽早立项开工。引江济淮工程河渠输水断面由航道规模控制，有扩大输水能力，可以向北延伸补充黄河用水。

东线南水北调一期工程已建成通水，应向北延伸向河北东部和天津供水，以充分发挥效益。东线引江处水量丰沛，引水对全江生态影响小，工程相对简单，不影响长江发电，虽需提水，但扬程低用电少，可利用过去规划过的运西线和淮河及淮北支流向黄河下游补水，作为解决黄河缺水问题的重要选项；也可过黄河与中线工程以及引黄济淀接续，作为后续水源，或另辟线路，解决京津冀包括雄安新区水源问题。

需要特别指出，如果一定要从长江向黄河及其以北调水，综合考虑水量、生态、工程量和工程难度、发电影响，应尽量从下游调；黄河上中游缺水问题，可适当调整现有分水方案解决（起码是部分解决），至于所带来的用水成本差异问题，可考虑通过统筹水价解决。这样考虑问题，从国家层面看，显为合理；从长江和黄河以及上下游的关系看，也是公平和合适的，建议有关方面在规划包括西线在内的南水北调后续工程时，统筹加以研究。

宁　远

第十二章　金沙江报告：利益冲突背景下长江源流区域共商共建共享发展

“世界水电在中国，中国水电在西南，西南水电在金沙。”金沙江，这条奔腾激荡的大江，全长2300公里，流域面积近50万平方千米，干流落差3300米，水力资源1亿多千瓦，占长江水力资源40%以上，因中国高速增长的能源需求，一个25级水电大坝、装机规模相当于4座三峡的世界超级巨型水库群正在金沙江展开建设。三峡之后，中国水电正阔步迈向“金沙江时代”！大规模水电开发建设给我们带来一系列创造奇迹的历史机遇，也抛给我们一系列考验，金沙江成为我们研究流域经济与政区经济协同发展的最好案例。

金沙江开发建设集中了流域经济与政区经济协同发展的全部矛盾。金沙江若干巨型水电直输华东上海不落地，如何处理好资源地与受益地的关系？金沙江是长江上游生态屏障核心区和三峡库区影响区，如何处理好水电开发与环境保护的矛盾？金沙江水电群不仅跨四川多个市县，而且是四川和云南的界河，如何协调好左岸与右岸、四川与云南的利益？金沙江水电群穿越人口、经济、城镇最密集的成渝经济区和川南城市群，具有“再造一个都江堰”从而福泽2000万人口的条件，但如何兼顾好水电富企与水利富民的关系？金沙江是国家拥有水权的大江大河，但它又是千百年来两岸人民生存发展的母亲河，如何处理好水资源国有与当地群众应享有的权益？可以说，流域开发面临的全部矛盾几乎都齐聚金沙江，例如水权问题、定价问题、补偿问题、移民问题、水电与水利、水电与环保、条条和块块的行政管理体制问题，这些问题既“尖端”又现实，研究金沙江流域经济与政区经济协同发展，不仅是十分紧迫的现实需求，而且具有十分重要的理论意义、政策意义和推广价值。

本专题研究聚焦于金沙江下游，即攀枝花至宜宾，全长781公里，涉及川滇黔十二市（州），即四川省的宜宾、泸州、乐山、攀枝花、凉山，云南省的昭通、曲靖、楚雄、昆明东川区，贵州省的六盘水、毕节、黔西南等。在研究金沙江下游经济区的范围界定时，本课题组曾有几种设想：一种设想是只包括八市州，即宜宾、泸州、乐山、攀枝花、凉山、昭通、六盘水和毕节，这一界定主要考虑包括沿江区域（攀枝花、凉山、昭通）及与其有紧密联系和港口联系的区域（泸州、宜宾、乐山、六盘水和毕节）。基于这一设想，课题组连同三省八市（州）于2014年成都市锦江宾馆成功举办了“依托长江建设中国经济新支撑带——川滇黔三省八市州共建长江上游航运物流中心论坛”，形成并签署重要成果文件《合作共识》[①]。一种设想是在十二市州的基础上，将云南的大理和丽江、贵州的遵义也纳入经济区范围，因为改革开放以来该区域已连续举办七届的川滇黔市（州）合作与发展峰会，2016 年第七届峰会的参会市州已达到 14 个。还有一种设想是将金沙江下游经济区的范围与国家三线办 1991 年《攀西—六盘水地区资源综合开发规划》[②]的范围一致起来，即十二市（州）。本报告采用第三种办法。好处是长期以来，十二市州便具有充分的经济联系，人员交流频繁，能够更好地展开资源开发、基础设施共建共享等方面的合作，特别是市州间功能互补，具有良好的配套设施，将有利于该经济区的经济社会发展。

本专题立足金沙江流域的新情况、新机遇，形成初步战略构想，探讨金沙江流域经济与政区经济协同发展面临的重大问题和政策需求，探索流域经济与政区经济协同发展的一般规律和制度建设，与总课题研究和五个子课题构成相互支撑的研究体系。

第一节　金沙江流域概况

一、自然地理概况

金沙江（包括通天河、沱沱河）是长江的上游干流河段，位于我国青藏高原、云南高原和四川盆地的西部边缘，跨越青海、西藏、四川、云南、贵州 5 省区，流域面积 47.4 万平方千米，源头至宜宾干流全长约 3500 千米，总落差 5100 米，分别占长江全长的 55.5% 和干流总落差的 95%。金沙江发源于唐古拉山脉中段各拉丹冬雪山的姜根迪如峰南侧冰川，成为东支支流，与尕恰迪如岗雪山的支流汇合后始称沱沱河，折转东流，汇入当曲后称通天河，流至玉树巴塘河口始称金沙江。金沙江流域以山区为主，地势西高东低，逐渐向东南倾斜，跨越青南川西高原、横断山地、川滇山地及四川盆地等四个地貌区。

金沙江流域地处我国西南腹地，拥有水电、矿产、森林、生物、旅游等众多优势资源，是我国西南重要的水电基地、工农业生产基地和极具魅力的旅游胜地，极具开发优势。地理位置优越，落差集中，水资源和水能资源丰富。水资源总量为 1565.2 亿立方米，水能蕴藏量 121023 兆瓦，技术可开发量 119650 兆瓦，分别占长江流域的 43.6% 和 46.6%，水能资源蕴藏量约占全国的 1/6，居我国大江大河之首。气候立体分布明显，适

① 陈岩、钟晓晴、赵若言：《八市州跨省共建长江上游航运物流中心》，《四川日报》，2014.03.02（01 版）。

②《攀西—六盘水地区资源综合开发规划》由国务院三线建设调整改造规划办公室于 1991 年 3 月编制完成。

宜农林牧业发展，牧草资源丰富，畜牧业发达，光热资源丰富，是云南、四川两省粮食和经济作物的重要产区。矿产资源丰富，种类多，储量大，品位高，铁、铜、铅、锌、煤、食盐和磷的储量均十分丰富，有著名的攀西地区的铁矿和钒钛等伴生矿，云南昭通和攀西地区的煤矿、西藏江达的铜矿，以及晋宁的磷矿、安宁的盐矿等，其中攀枝花市的钒钛等储量位居世界前列，为流域的发展提供了雄厚的物资基础。

二、经济社会概况

从经济区或经济带概念讲，金沙江流域主要包括四川宜宾、泸州、攀枝花、凉山州、乐山和云南的昭通、昆明东川区、楚雄、曲靖，以及贵州的六盘水、毕节、黔西南州，涉及三省十二市（州）[①]，现有常住人口约4447.58万人，2015年地区生产总值达到12987亿元，人均地区生产总值约29265元，地方财政一般预算收入约1272.2亿元。金沙江流域初步形成了以清洁能源生产、矿产资源开发利用、机械制造、特色农产品深加工等为主体的工业体系，区域内攀钢集团、水城钢铁集团、钢城集团、五粮液集团等大型企业进入了全国工业企业500强。[②]金沙江流域还是全国最大彝族聚居区的重要组成部分和西南主要的民族聚居区之一，民族风情浓郁，民族歌舞和民间工艺独特，彝族“火把节”更被列为国家非物质文化遗产。历史文化源远流长，是古代“南丝绸之路”的重要节点，红色文化资源丰富，红军巧渡金沙江为中国革命史写下光辉篇章。流域内的教育、卫生、文化等社会事业不断进步，基本公共服务水平不断提高，通过实施扶贫攻坚，流域内贫困群众生产生活条件得到较大改善。

表12-1　金沙江下游主要城市经济社会发展水平（2015年）

	常住人口（万）	GDP（亿）	第一产业（亿）	第二产业（亿）	第三产业（亿）	人均GDP（元）	城市化率（%）
攀枝花市	123.25	925.18	31.31	661.03	232.84	75078	64.7
凉山州	468.00	1314.84	263.58	648.65	402.61	28276	32.4
宜宾市	449.00	1525.90	216.35	889.89	419.66	34060	45.1
泸州市	428.52	1353.41	167.84	806.74	378.83	31714	46.1
乐山市	326.05	1301.23	142.50	767.05	391.68	39973	47.3
昆明东川区	31.54	75.7	5.5	40.6	29.6	27748	49.6

① 刘世庆、林凌等：《长江流域上游纵深开发与源头航运中心建设》，《生态经济》，2016（3）。
② 齐天乐：《流域经济视角下长江航运发展战略研究》，四川省社会科学院硕士论文，2014：29。

（续表）

	常住人口（万）	GDP（亿）	第一产业（亿）	第二产业（亿）	第三产业（亿）	人均GDP（元）	城市化率（%）
昭通市	543.00	709.18	140.65	308.93	259.6	13112	29.2
楚雄州	273.30	762.97	152.82	291.85	318.29	27942	40.4
曲靖市	604.72	1630.26	317.15	642.23	670.88	27044	44.6
六盘水市	288.99	1201.08	114.51	614.14	472.43	41618	47.5
毕节市	660.61	1461.3	324.7	566.6	570.1	22230	38.0
黔西南州	282.16	801.65	159.97	273.29	368.39	28464	37.0

注：（1）本表根据《四川统计年鉴 2016》《云南统计年鉴 2016》《贵州统计年鉴 2016》整理。

第二节　金沙江流域开发的新情况

2016 年 9 月，《长江经济带发展规划纲要》正式印发，确立长江经济带“一轴、两翼、三极、多点”的发展新格局，明确以长江三角洲城市群、长江中游城市群、成渝城市群为主体，打造长江经济带三大增长极，同时发挥三大城市群以外地级城市的支撑作用，推动“多级”发展。在这一国家战略背景下，一个新情况摆在我们面前：金沙江下游四座巨型电站建设正在形成八百公里库区！这是一个不能回避的新情况，其机遇和挑战将大大超过六百公里库区的三峡建设；这是一方不能被忽视的热土，因为她囊括有攀西—六盘水资源富集区，镶嵌有攀枝花、凉山、昭通/水富、宜宾、泸州、乐山、六盘水、毕节、楚雄、东川等数十座传统和现代大中小城镇[①]，切合国家“多级”发展格局。

一、水电开发进入金沙江时代

金沙江已成为中国水电开发主战场。25 级水电大坝、装机规模相当于 4 座三峡的水电开发正在金沙江展开，它将成为平均不到 100 公里就有一座梯级水库的世界超大水库群。三峡之后，中国水电正阔步迈向“金沙江时代”！根据规划，金沙江上游河段 11 级开发，有东就拉、晒垃、果通、俄南、白立、波罗、降曲河口、拉哇、巴塘、苏洼龙、日冕，总装机容量 11460 兆瓦，年发电量 521.5 亿千瓦时；金沙江中下游河段 14 级开发，装机容量 59485 兆瓦（或 59265 兆瓦）（虎跳峡或塔城方案），年发电量 2710 亿千瓦时（或 2802 亿千瓦时）。金沙江梯级电站主要集中在金沙江中下游（石鼓至宜宾河

① 刘世庆、林凌等：《长江经济带建设从三段规划走向四段部署新阶段》，《中国社会科学院报》，2014.06.09。

段），干支流水能蕴藏量 121023 兆瓦，占长江流域的 43.6%，占全国总量的 17.4%，技术可开发量 119650 兆瓦，年发电量 5927 亿千瓦时，分别占长江流域的 46.7% 和 49.9%，占全国总量的 22.1% 和 23.7%，其中干流（江源至宜宾）水能蕴藏量 58110 兆瓦，技术可开发量 76750 兆瓦。金沙江下游电站梯级（六级）开发建设，特别是乌东德、白鹤滩、溪落渡、向家坝四级特大型电站建成，正在形成 800 千米以上的库区湖面，规划可以建成全长 768 千米的Ⅳ级航道，这是一条长度等于法国最大河流塞纳河，两倍于英国著名河流泰晤士河，三分之二于西欧第一大河流莱茵河，造福金沙江两岸数千万百姓的母亲河。

表 12-2　金沙江中下游水电站规划概况

	名称	状态	投资额（亿元）	装机总量（万千瓦）	年发电量（亿千瓦时）
中游第一级	上虎跳峡	规划中	389	600	260
第二级	两家人	规划中	169	400	163
第三级	梨园	建设中	161.2	240	107.03
第四级	阿海	建设中	207	475	88.77
第五级	金安桥	已建成	147	280	124
第六级	龙开口	建设中	96	190	82.7
第七级	鲁地拉	建设中	178	220	102
第八级	观音岩	建设中	307	300	135.1
第九级	金沙	建设中	–	52	23.53
下游第一级	银江	建设中	–	–	–
第二级	乌东德	建设中	413	870	387
第三级	白鹤滩	建设中	932	1500	588
第四级	溪洛渡	建设中	792.3	1440	653
第五级	向家坝	建设中	543	720	333

图 12-1　金沙江中下游河段梯级水电站规划图

二、攀西—六盘水地区加快建设

攀西—六盘水资源富集区位于金沙江流域沿岸，是我国资源集约开发、综合利用的典范，在新中国资源开发和综合利用的历史上，攀枝花更是一面旗帜。①60 年来，攀西—六盘水已经历三次大规模开发。20 世纪 60 年代，国家在这一地区进行了第一次大规模的资源开发，以钢铁生产为核心，建设了攀枝花钢铁、六盘水煤炭等为代表的一大批重点企业，逐步实现了铁、钒、钛等资源的规模化利用，彻底改变了我国西部地区工业落后的面貌。第二次资源大开发始于 20 世纪 90 年代，以水电开发为核心，建成了二滩、锦屏、向家坝、溪洛渡等大型水电工程，清洁能源源源不断地输往华东、华南，为国家“西电东送”战略做出了重大贡献。

今天，金沙江流域的核心地区攀西—六盘水正在面向国家重大工程建设和战略新兴产业发展的需求，进行以国家大宗紧缺矿产、“三稀”（稀有、稀土、稀散）战略矿产资源集约开发、综合利用为核心的第三次资源开发。近十多年以来，随着我国工业化加

① 四川省经济发展研究院：《攀西—六盘水资源富集地区发展研究报告》，内部报告，2013 年 6 月。

速推进，我国资源供应的形势十分严峻，据对我国探明储量的45种主要矿产分析，到2020年将会有25种出现不同程度的短缺，其中有11种是国民经济支柱性矿产。同时，国家正在努力推进转变经济增长方式，推进战略性新兴产业的发展，这又在很大程度上产生了巨大的矿产资源需求，特别是关键性“三稀”战略矿产从潜力需求显化为现实需求和关键性保障需求。我国矿产资源供求不平衡的矛盾进一步加剧，对攀西—六盘水地区的资源依赖程度日益加深。这是当前我们必须正视的现实变化，也是我们进行重大战略部署的重要出发点。

表 12-3　攀西重点矿区钒钛磁铁矿、稀土、碲铋矿资源分布表

矿区	保有资源储量（亿吨）	主要元素和平均地质品位
攀枝花矿区	11.91	$TFe_30.64\%$，$TiO_211.64\%$，$V_2O_50.29\%$
红格矿区	36	TFe27.5%，$TiO_210.69\%$，$V_2O_50.24\%$，$Cr_2O_30.34\%$
白马矿区	17.6	$TFe_26.62\%$，$TiO_26.09\%$，$V_2O_50.26\%$
太和矿区	17.18	$TFe_30.31\%$，$TiO_211.76\%$，$V_2O_50.27\%$
其他中小型钒钛磁铁矿	14.66	$TFe_27.8\%$，$TiO_210.6\%$，$V_2O_50.25\%$
攀西普通铁矿	4.83	TFe_30—50%
德昌县大陆槽稀土矿	80 万吨	镧、镨、铈
冕宁县牦牛坪稀土矿	240 万吨	镧、镨、铈
石棉县大水沟碲铋矿	3.29 万吨	含碲一般在1%到12%，最高达36.6%；含铋一般在3%到20%，最高达40%

资料来源：《攀西战略资源创新开发试验区建设规划（2012—2015）》。

三、沿江城市群初具规模

金沙江下游崛起一座座新城，城市群雏形基本形成。根据国家三线办1991年规划，这一地区包括川滇黔三省12市州（四川攀枝花、凉山、宜宾、泸州、乐山，云南昭通、东川、楚雄、曲靖，贵州六盘水、毕节、黔西南州），面积约22.2万平方千米，2015年常住人口达到4447万人。近年来，金沙江下游交通建设快速发展，已有攀枝花、昭通、西昌和宜宾机场，已建和在建成昆铁路、成贵铁路、内昆铁路、丽攀昭铁路、宜西铁路以及京昆、内宜、宜水、乐宜、丽攀昭等高速公路，落成宜宾港、泸州港、水富港，凉山港也已报批，形成了较为完备的综合交通网络，各节点城市间的时空距离大大缩短，成都与西昌的时间距离由原来的两天缩短至两个小时，昆明与昭通的时间距离缩短至4

个小时。攀枝花、西昌分别至宜宾等地的交通干线也已经纳入《四川省长江经济带发展实施规划（2016—2020年）》，未来攀枝花至宜宾可实现4小时直达。也就是说，攀西资源富集区与成都、川南等工业发达地区即将打破分割，实现优势互补，沿江产业布局也将发生根本性变化。

特别重要的是，金沙江下游区域发展态势强劲，攀枝花、宜宾、凉山等沿江城市正在加快百万人口特大城市建设，宜宾经济总量现居四川省第四，攀枝花城镇居民收入居四川省第二，凉山州财政收入居四川省第四，乐山、曲靖、凉山的经济总量已经突破千亿。金沙江下游城市群雏形基本形成。2015年统计数据显示：金沙江流域的攀枝花和宜宾，非农就业指数均超过50%，分别达到71.5%和53.4%，按照国际通行标准，两市已经进入工业化中期加速发展阶段；宜宾作为嘉陵江和长江重要的港口，2015年集装箱吞吐量达到20万余标箱，自2011年以来年均增幅130.22%，是金沙江流域城市群经济发展的强力支撑；六盘水市人均GDP达到6691美元，发展经济学的观点认为其属于加速成长的后半阶段；发展相对落后的昭通、毕节的人均GDP分别为13165元和22340元，均超过1000美元，根据国际经验数据，两市也将进入工业化城市化加速发展阶段。

第三节　长江经济带发展战略从三段规划走向四段部署

从金沙江流域的新情况出发，长江流域事实上已形成发展阶段、承担功能、自然环境迥异的四段区域，从“长江第一城”四川宜宾到长江入海口上海已形成的上游、中游、下游三大航运中心和三大城市群之后，一段长达800公里的崭新航道和区域摆在我们面前，这是西部大开发中贯彻落实国家治理长江的12字方针“深下游，畅中游，延上游，通支流”的重要成果，是长江经济带“一轴、两翼、三级、多点”发展格局的重要延伸，是一个令人振奋而尚未引起人们重视的现实。因此，建设长江经济带的战略部署应从三段规划走向四段部署，即下游航运中心上海和长三角城市群，中游航运中心武汉和中游城市群，上游航运中心重庆和成渝城市群，源流航运中心宜宾和金沙江下游城市群。金沙江下游开发可有效发挥该区域连通长江流域与云南“桥头堡”的区位优势，促进长江经济带实现“双向开放”和南向沿边开放，从而更好利用国际国内两个市场、两种资源，彻底改变金沙江流域远离中心城市和发达地区的边缘状态，成为连接成渝经济区、滇中经济区、黔中经济区三大国家重要经济区之间的新兴经济区和增长极。

一、发挥金沙江流域的重要功能

（一）延伸长江干流800公里“黄金水道”

《长江经济带发展规划纲要》明确提出全面提升黄金水道功能，重点解决下游“卡脖子”、中游“梗阻”、上游“瓶颈”问题，进一步提升干线航道通航能力。其实，早在几年前，国家为开发长江流域，便已经形成“深下游，畅中游，延上游，通支流”12字方针。而金沙江系长江上游，长江正源，沿岸四座巨型电站提供了462亿立方米的总库容，形成近800公里宽阔湖面，极大改善了急流险滩的自然河道状况，可常年区间通航千吨级船舶，为“延上游”和突破“瓶颈”创造了有利条件。届时，长江黄金水道向上游可延伸近800公里，延长干流近三分之一，长江干流从约2800公里延长为约3600公里，腹地拓展至川南、攀西、六盘水等广大纵深地区。因此，进一步发挥长江“黄金水道”潜力，拓展长江上游纵深，促进长江东中西一体化协调发展，满足金沙江沿岸航运需求，是长江经济带建设的重大战略内容。

专栏：金沙江航道规划历程梳理

1. 1990年国务院批准的《长江流域综合利用规划简要报告》明确：“金沙江下游按乌东德、白鹤滩、溪洛渡、向家坝4级开发……渠化后，可逐步将通航河段向上游延伸，辅以回水变动区整治、疏浚，最终达到攀枝花以下河段通航……妥善处理发电与航运的矛盾，保证航运畅通。对现有碍航闸坝，交通、水利、能源和地方有关部门应加强合作，对有复航价值的碍航闸坝，有计划有步骤地尽快安排复航工程”。

2. 长江水利委员会经过对金沙江下游航运问题的深入调研，在2012年4月完成的《长江流域综合规划（2011—2030）》中表述：“金沙江攀枝花至水富河段，近期溪洛渡水电站建成后可发展库区航运，向家坝水电站建成后可渠化溪洛渡至向家坝河段，结合向家坝至水富约3千米河段以及向家坝变动回水区的河道整治，溪洛渡至水富河段159.5千米可达Ⅳ级航道标准；远景金沙江干流下游四级水电站全部建成后，乌东德、白鹤滩、溪洛渡水电站库区形成深水航道，可根据经济社会发展需要以及河段货运量发展情况，研究攀枝花以下河段通过翻坝或修建通航建筑实现全线通航的必要性和可行性”。

3. 2001年四川省政府批复的《四川省内河航运发展规划（2001—2050）》（川府函［2001］267号）明确提出：“金沙江攀枝花—水富段航道规划为Ⅳ级标准航道”。目前正在修编的《四川省内河水运发展规划（送审稿）》提出：“规划2020年通过向家坝、溪洛渡库区碍航浅滩整治和梯级水电站通航设施建设，白鹤滩水电站以下355千米达到Ⅲ级航道标准；2030年前通过库区航道整治和规划河段全部梯级水电站通航设施建设，攀枝花至水富788千米达到Ⅲ级航道标准”。

4. 2012年1月，四川省政府第98次常务会议时强调，“要进一步加强金沙江流域水电枢纽通航设施建设，研究提出溪洛渡水电站满足通航需求的具体办法，白鹤滩、乌东德水电站的设计建设必须保障通航”。2012年9月发布《四川省金沙江下游沿江经济带发展规划（2012—2017年）》明确提出：“积极推动乌东德、白鹤滩、溪洛渡、向家坝、金沙、银江水电枢纽通航能力建设”。

5. 2014年7月，交通运输部向国家能源局综合司以《关于乌东德白鹤滩水电站建设有关问题的意见》（交办规划函［2014］272号）正式表明对乌东德白鹤滩意见，明确提出乌东德、白鹤滩水电站应将航运作为开发任务之一，同步开发，并要求项目业主同步开展通航建筑物方案研究，同时，应将翻坝码头及相关道路等纳入水电站建设内容和投资范围，与水电站同步建设。

6. 2014年出台的《国务院关于依托黄金水道推动长江经济带发展的指导意见》明确要求“研究论证金沙江攀枝花至水富段航运资源开发”；四川、云南两省省委省政府、交通主管部门及凉山、攀枝花、宜宾等沿江地市正积极推进金沙江下游河段以“过渡期翻坝、远期直航”的模式，拟按照三级航道标准，实施各级水电枢纽通航设施规划建设，以期实现长江黄金水道“延上游”的发展战略，带动促进金沙江流域经济社会发展。

（二）推动沿江绿色生态廊道建设

《长江经济带发展规划纲要》提出坚持生态优先、绿色发展，要遵循江湖和谐、生态文明的基本原则，共抓大保护，不搞大开发。金沙江流域位于国家“两屏三带”重点生态功能区，是长江上游生态屏障的核心组成部分，更是沿江绿色生态廊道建设的重要内容。按照国家主体功能区规划的要求，金沙江流域要特别注重水源涵养区等生态敏感区的保护，维护生态安全。然而，当前金沙江流域却是水土流失、生态破坏较为严重的区域，特别是川西地区、西南石漠化地区、秦巴山区等集中分布着近百个国家级贫困县，这些区域水土流失预防和生态治理任务十分艰巨。当前，随着金沙江下游800公里湖面的形成，河流流速大幅降低，江河湖泊的环境净化能力减弱，特别因其有800公里之长，对于整个长江上中下游和金沙江自身，影响特别巨大。因此，金沙江流域是长江绿色生态廊道建设的重要区域之一，需要尽早从国家层面明确金沙江下游承担长江上游生态屏障和沿江绿色生态廊道建设的任务和功能，给予相关政策保障。

（三）连接云南“桥头堡”实现长江“双向开放”

长江经济带建设是国家一带一路战略的重要内容，主要任务之一便是推进“双向开放”，构建长江经济带东西双向、海陆统筹的对外开放新格局。在这一重大战略中，由于上中下游地区对外开放的基础和优势存在较大差异，各地区需要因地制宜地提升开放型经济发展水平。金沙江流域独特的区位优势，不仅具有沟通沿海乃至海外的潜力，而且通过云南“桥头堡”，还具有向西沿边开放的巨大机遇。云南是面向南亚、东南亚的辐射中心，与周边基础设施互联互通和跨境运输正逐渐便利化，加工贸易、保税物流、跨境电子商务等业务也在加快发展。基于此，金沙江下游流域依托抵近云南“桥头堡”

的区位优势，具备实现长江“双向开放”的基础。在金沙江下游 12 市州中，东川是昆明的一个行政区，楚雄和攀枝花离昆明分别仅 250 公里、350 公里，宜宾与云南昭通邻水相依，经济社会来往也十分频繁。因此，开发金沙江下游对于实现长江经济带“两头开放”，对于南丝绸之路经济带与海上丝绸之路的有效对接，对于四川、重庆、整个西南面向东南亚、南亚的南向开放通道建设，意义重大。

（四）有效保障三峡大坝安全

经过长期努力，为加强长江治理开发和保护，长江流域已经建成一批以三峡水库为核心的控制性水利水电工程，在流域防洪、生态保护、航运等方面发挥了巨大作用。在长江整体水文形势发生新变化、江湖关系呈现新情势、泥沙冲淤变化更为复杂的情况下，长江中上游水库群的联合调度配合发挥了重大作用。特别是金沙江下游电站建设，不仅为三峡水库分担了百亿立方米以上的拦蓄，有效降低三峡河段防洪压力，而且金沙江下游电站的拦沙功能，更是大大延长了三峡大坝的使用年限。根据三峡总公司的论证报告，溪洛渡水库单独运行 60 年，三峡库区入库沙量将比天然状态减少 34% 以上，溪洛渡和向家坝两个电站联合运行 60 年期间，可为三峡水库拦沙 120 多亿吨，从而有效保障了三峡水库的长久安全。金沙江下游电站还可使三峡水库入库泥沙颗粒变细，有效减少三峡库尾的泥沙淤积，对促进三峡工程效益发挥和减轻重庆港的淤积具有重要作用。

（五）广泛惠及三省广大人民

金沙江流域居住有近亿人口，区内有四川第二粮仓安宁河谷、乌蒙山连片贫困地区、众多少数民族聚集区以及革命老区，更是四川扶贫攻坚战的主要战场，区情复杂，发展极不平衡，贫困面广程度深。流域开发对富裕一方土地和百姓是一个难得的机遇，但金沙江流域的对外交通条件长期较差，资源型产品无法流通至东部沿海乃至海外市场，无法转化为带动地方经济发展的经济优势。从流域经济的内涵来看，金沙江下游 800 公里航道打通之后，航运利益将能有效带动沿岸省市的区域发展。对四川而言，可以把攀西和川南两大经济区打通，改变攀枝花东向的封闭状态，更好地释放攀西的能量，发挥攀西的作用。对云南而言，可使滇东滇北依托水富港进入长江流域，使云南进出的商品由水富港直达全国和海外。贵州的经济联系和通航联系包括长江和珠江两个方向。贵州的雄心是“北入长江向东海，南下珠江出南洋”。六盘水和毕节既属长江流域又属珠江流域，虽然不沿长江干流，不是金沙江下游沿江城市，且距离省会城市贵阳较远，但却是川黔两省经济联系的重要节点和四川南向出海大通道的咽喉，既可经四川泸州、宜宾入长江，又可南下经珠江入海。可以说，金沙江下游开发可推动欠发达地区更多更公平分享发展成果，直接惠及两岸三省上亿人民的期盼和福祉，推动乌蒙贫困山区和民族地区与全国同步实现全面小康。

表 12-4 凉山港分货类吞吐量预测成果表

水平年项目	2020 年			2030 年		
	合计	进口	出口	合计	进口	出口
一、货运吞吐量（万吨）	1178	413	765	2590	932	1658
散货	645	160	485	1430	360	1070
1. 煤炭	65	45	20	200	100	100
2. 金属矿石	250	45	205	610	100	510
3. 非金属矿石	330	70	260	620	160	460
件杂货	533	253	280	1160	572	588
4. 钢铁	19	19	0	72	62	10
5. 水泥、建材	53	38	15	206	118	88
6. 机械设备	35	24	11	102	72	30
7. 化工原料及制品	308	113	195	530	195	335
8. 其他	118	59	59	250	125	125
二、客运吞吐量（万人次）	54	27	27	80	40	40

资料来源：《凉山港总体规划（金沙江河段）》。

二、建设长江源流航运中心①

长江流域开发已经进入金沙江时代。面对金沙江流域的新情况和重要功能，我们有必要建设长江源流航运中心，将长江干流向上延伸 800 公里，与正在大规模开发的金沙江下游贯通。这是国家战略资源重镇攀西—六盘水开发的迫切需要，是长江源头三省川滇黔广大区域上亿人民的迫切愿望，是“推进腹地发展，促进两头开放”的具体落实。四川 96.5%的国土面积属于长江流域，航道里程 11725 公里，居西部第一，全国第四；云南 44%的国土面积属于金沙江，全省近 20%货物“北进长江”；贵州约三分之二的国

① 本课题组关于长江源流航运中心的提出经历了一个思考过程。我们认为金沙江流域面临较多新情况和新形势，本身又承担有几大重要功能，因此，有必要建设一个航运中心，这个航运中心与上海、武汉、重庆共同构成长江四大航运中心。起初，考虑到金沙江流域是长江的源头，我们将航运中心命名为长江源头航运中心。而后，在充分调研、考证和咨询的基础上，我们倾向于强调金沙江流域的区域概念，包括干流、支流等众多区域，“源流”本义指水的本源和支流，意义较“源头”更为丰富。因此，本课题组最终将其命名为“长江源流航运中心”。

土面积属于长江流域，水系发达，水运航道覆盖全省近70%的区域。[①]长江源流航运中心意义重大，建设条件基本成熟。

（一）核心腹地

金沙江下游纳入长江干流体系，四川和云南境内长江干流航道将达到1000余公里，并承担开发攀西—六盘水战略资源区陆水交通枢纽和西南三省内陆水运枢纽的功能，如此广袤的腹地和如此繁重的功能，仅有长江上游航运中心已显不足，有必要再建一个连接金沙江和长江干流的第四航运中心——“长江源流航运中心”。“长江源流航运中心”建设以大城市宜宾为依托，以宜宾港、泸州港、水富港三港合作为基础，以长江上游四川段、金沙江下游以及岷江下游近1200公里航道为核心。考虑到攀西—六盘水资源开发的需要以及相关产业配套，“长江源流航运中心”的辐射范围包括四川攀枝花、凉山州、宜宾、乐山、自贡、内江，贵州六盘水、毕节、遵义、黔西南州，云南省的昭通、曲靖、昆明、楚雄州、丽江、大理、迪庆17个市州。

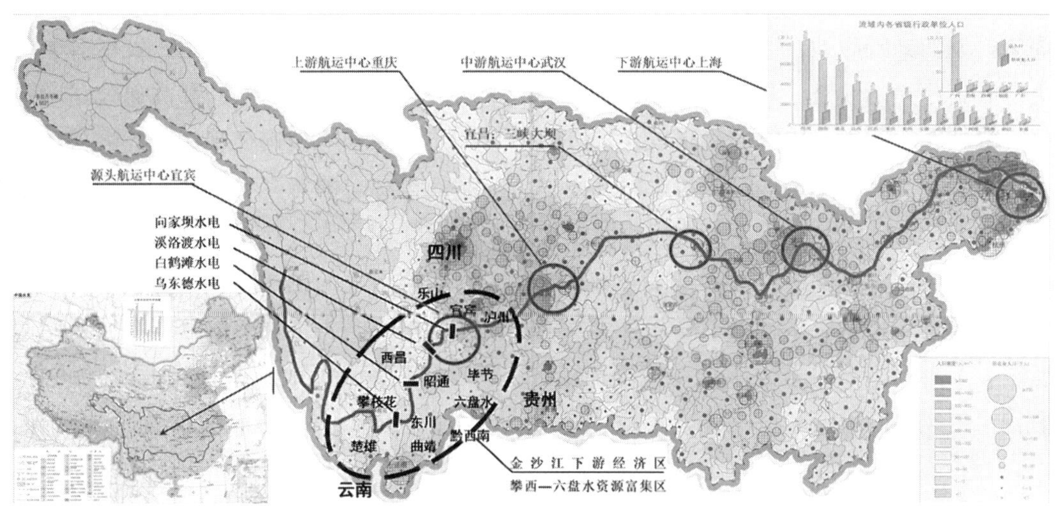

图12-2　长江经济带金沙江下游经济区示意图

（二）功能定位

长江源流航运中心的功能定位：一是拓展长江上游纵深，将金沙江下游纳入长江干流体系，打通东部沿海产业、技术及信息向上游进一步推进的通道；二是推动国家重要战略资源基地的开发建设，满足攀西—六盘水地区大运力运输的迫切需要；三是加速西部地区陆上开放，逐步形成与东部地区海上开放并进的新局面，推动长江“两

① 李伟：《加快贵州航运发展的思考》，《中国水运》，2013（6）。

头开放”战略的实现；四是带动长江源流欠发达地区发展，发挥交通枢纽的经济吸纳能力和扩散能力[①]，进而将资源优势转化为经济优势，为乌蒙山连片贫困地区注入发展动力[②]，推动发展成果更多更公平惠及长江上游和源流广大欠发达地区；五是打造西南三省内陆水运枢纽，接纳成都平原、滇中、黔中地区大量转运货物，进一步惠及川滇黔近亿人口。

（三）依托条件

长江源头航运中心建设有“三江六岸”的优良岸线资源和大城市宜宾可作依托。宜宾位于“三江”汇合处，地势平坦，江面开阔。“三江”指岷江、金沙江、长江。岷江纵贯川西平原和丘陵，是四川开发程度最高的长江支流，是四川重型机械装备入江出海的特大通道。金沙江是长江正源，长江上游组成部分，通航后可直达我国重要钢铁钒钛基地攀枝花市。岷江和金沙江在宜宾汇合，习惯上始称长江，宜宾因此而有“万里长江第一城”之称。宜宾处于川滇黔交界处，是长江上游第一个水、铁“十”字交通要道[③]，三省水运的重要货物都是从宜宾进出口。宜宾拥有“三江六岸”的优良岸线资源和大片尚未开发的开阔腹地，天然岸线约589公里，其中长江岸线资源180公里，发展潜力巨大。宜宾已建的铁路、高速公路通道达成都、重庆、昆明，拟建的铁路和高速公路通西昌、攀枝花、昭通、毕节，机场与北京、上海、广州、深圳等城市往来频繁，大城市架构已经展开。宜宾是金沙江下游水电开发的依托基地，综合能源开发基地，页岩气储量超过2万亿立方米，是国家级页岩气示范区，开创了我国页岩气民用之先河。宜宾一直是航运和商贸发达的综合性区域中心城市，自古有“搬不完的昭通、填不满的叙府”之赞叹，描述云贵物资多得运不完，宜宾水运能力大得填不满。现代化的宜宾港已开始运营，并与上海港联合开发、连线管理，实现了一体化发展，货物出川、出海非常便捷。宜宾可望成为四川仅次于成都的第二大城市，是长江源流航运中心建设的可靠依托。

（四）建设路径

建设长江源流航运中心是当前长江经济带发展战略从三段规划走向四段部署的首要任务。一是依托宜宾，做大城市，提升服务。宜宾应当加大开发力度，大力发展新兴产业，加速推进建设成为特大港口城市，为川南、攀西、滇北、黔西北等广大地区

① 漆先望：《优化资源配置加快构建枢纽》，《四川党的建设（城市版）》，2009（8）。

② 乌蒙山集中连片特殊困难地区（简称“乌蒙山区”），行政区划跨云南、贵州、四川三省，是国家扶贫开发攻坚战主战场之一，包括云南、贵州、四川三省毗邻地区的38个县（市、区），其中四川省13个县、贵州省10个县（市、区）、云南15个县（市、区），是集革命老区、民族地区、边远山区、贫困地区于一体，是贫困人口分布广、少数民族聚集多的连片特困地区。

③ 川南国土规划课题组：《四川省川南地区国土综合开发规划》，成都科教印刷厂，1988。

提供高质量的中转型港口贸易服务，充分发挥宜宾的区位优势和核心力量。二是三港合作，辐射三省，服务八城。长江源流航运中心建设以宜宾、泸州、水富三港合作为基础，以川江（长江上游四川段）、金沙江下游以及岷江下游近1200公里航道为核心，辐射四川、云南、贵州三省，服务宜宾、泸州、攀枝花、乐山、凉山、昭通、毕节以及六盘水八市（州）。三是构建枢纽，打造窗口，形成中心。长江源流航运中心建设是一个开放性的三省交界、三江交汇的航运中心，在构建三省货物通江入海的运输枢纽的基础上，将其打造成川滇黔三省东西向“两头开放”的窗口，进而形成攀西—六盘水地区矿产资源重要的集散中心。在交通上，以铁路、公路枢纽站场、内河港口、机场为重点，加快航运、铁路、公路、机场建设，形成水铁联运、公水联运等多种运输方式有机协调、有效衔接的沿江综合交通运输体系。在产业上，协调好各市产业分工，重视产业集聚，促进产业优势互补，主动承接沿海、成渝、滇中、黔中等地区的产业转移，大力发展大运量的重化工业和以“三稀”资源为重点的临港产业，依托长江航运，形成竞争优势。

第四节　金沙江流域经济与政区经济协同发展路径思考

一、顶层设计：纳入国家规划部署和协调

建议长江经济带建设分四段部署，将金沙江流域开发作为四段之一纳入国家规划，同时规划建设长江第四航运中心“长江源流航运中心”，拓展长江上游纵深开发。金沙江下游800公里，在装机容量、河段长度、涉及领域和多重任务等方面，均大大超过三峡大坝建设，加之数十万移民和乌蒙山连片扶贫任务，面临的机遇和挑战均十分突出。这是一个把攀西、六盘水、川南、昭通与长江联通的大战略，是这一地区钒钛、钢铁、煤炭、稀土、页岩气等优势资源的大开发，是川滇黔三省发挥长江航运优势、建设长江源头航运中心的大动作①。鉴于本区域的特殊性，金沙江下游开发由川滇黔三省联合推进，中央要作为国家重大战略给予政策、项目、资金等各个方面的支持，有必要参考三峡工程建设和南水北调工程建设的经验，在国家推进长江经济带建设的机构内，设置一个专门指导金沙江下游开发建设的次级机构，统筹协调航运开发、电站建设、战略资源开发等事宜。

① 刘世庆、林凌等：《金沙江经济区的构想与现实：长江经济带建设从三段规划走向四段部署新阶段》，《经济与管理评论》，2014（7）。

二、基础建设：加大交通基础设施建设

构建铁路、公路、水路、航空和管道等相互配套、无缝对接的综合交通网络体系。一是积极开展航道整治，将长江干流宜宾至重庆航道由目前的三级提升为一级，按三级航道标准将长江航道延伸至攀枝花。二是进一步提升铁路、公路的集疏运能力，启动一批连接主要资源开发、重点产业聚集区、港口的铁路、公路建设，积极打造沿江高速通道，构建以资源富集区和重要城市为节点的综合交通网络。三是加强港口建设，深度推进港口间的合作，除整合和扩大现有宜宾、泸州、水富港外，还应筹建攀枝花港和沿岸其他港口和码头，借鉴武汉新港等整合经验，依靠市场经济及经济手段，促进宜宾、泸州、水富三港合作，辐射乐山、攀枝花、凉山等其他港口和腹地，构建一个开放性的三省交界三江交汇的长江源流航运中心和港口城市群。特别要加强铁水联运、公水联运、铁公水联运、水水中转等项目建设，强化水运网与其他交通运输网有效对接，最大限度降低物流成本，实现社会经济效益最大化。

三、水电运协同：共享流域开发综合效益

金沙江流域需要树立流域综合开发理念，水电、航运、水利兼顾，开发企业与开发区域共同发展。水电站建设实行发电和航运并举，兼顾防洪和水利灌溉。在电站设计上，未预留航道的，积极争取预留航道；已建成大坝而未留航道的，采取补救措施，建设航运通道。三省八市（州）要共同向三峡公司和中央申请解决溪洛渡、白鹤滩、乌东德三大电站通航问题，增设三大电站通航过坝设施或利用电站交通网络建设翻坝转运系统。积极争取交通运输部和三峡公司支持，按照三级航道标准完善金沙江下游库区航道设施，建立库区航道维护体系，并适时启动金沙江中上游航运规划，通过规划引领约束并统筹航电开发。金沙江水电开发需要发挥防洪和灌溉作用，加快向家坝灌区建设，保证下游沿岸的宜宾、泸州、重庆等城市的防洪安全，保障四川、云南所属的宜宾、泸州、自贡、内江、昭通等县市的农田灌溉和城镇供水。

四、生态建设：坚守绿色流域发展理念

长江流域是我国 4 亿人口饮水来源，水资源安全与经济发展具有同等重要甚至更加重要的地位，尤其是水库修建后河流自净能力降低，资源开发往往存在污染较大等问题，如何确保水资源安全和长江上游生态屏障建设，是金沙江流域开发建设一开始就要坚守的红线。金沙江流域开发需要坚持可持续发展原则，流域开发与环境保护并重，开发规划和环保规划并进。建立负面清单管理制度，按照国家主体功能区规划要求，建立

生态环境硬约束机制，明确金沙江流域环境容量，制定负面清单，强化日常监测和监管，对不符合要求占用的岸线、河段、土地和布局的产业，必须无条件退出。建立生态保护补偿机制，依托重点生态功能区开展生态补偿示范区建设，实行分类分级的补偿政策，激发金沙江沿江省市保护生态环境的内在动力。进一步建立和完善环保政策和监督体系，加强环境保护的联防联控，划定水资源安全红线，为本地区社会经济发展提供良好的生态屏障，确保国家建设长江上游生态屏障政策的全面贯彻与落实。

五、共享发展：促进区域发展和百姓致富

金沙江流域开发和攀西—六盘水战略资源开发，必须坚持“建设一个工程致富一方百姓”的口号，富裕川滇黔三省百姓，促进本区域城市化和城市群发展。金沙江流域内有乌蒙山集中连片特困区，长期陷入“富饶的贫困”，当地丰富的自然资源并未有效富裕地方百姓。在国家扶贫攻坚战略的背景下，金沙江流域开发应以全面建成小康社会为目标，以长江经济带发展规划为基础，完善金沙江中下游经济社会发展总体规划，编制三省八市（州）沿江城市群发展规划，引导人口和生产力向沿江集聚，全面提升沿江城镇交通、电力、通信、供水、供气、防洪等城市基础设施和综合承载能力，通过沿江城市群的发展，带动资源富集的山区人民致富，与全国同步建成小康社会。

六、经济发展：推动优势产业沿江布局

坚持创新驱动发展，推动产业转型升级，继续推进去产能、去库存，坚决落实供给侧结构性改革。依托港口条件，重启攀钢“二基地”论证，主动服务四川大件运输需求，引导重大装备制造业、汽车零部件产业、战略资源加工业和便于船舶装卸、运输时间要求低的食品饮料等其他加工业沿江布局。实施产业转型升级的差别化政策，适当放宽具备资源优势、有市场需求的部分行业准入限制，提高资源能源开发利用和就地转化水平。在金沙江流域建立与成都、重庆保税区联动的保税港区，执行协调统一的优惠政策，加快与国际规则接轨。该区域尤其要强化科研开发强度，像60年来国家推进钒钛攻关一样，在适宜地区建立研究所、实验室、中试基地等突破其他“三稀”资源开发关键问题，深度开发川滇黔三省特别是攀西—六盘水地区的资源，使中国变小金属大国为强国。创新合作机制，探索“飞地园区”和“共建园区”等合作模式，促进工业企业门类向临港开发区集聚，实现产业转型升级和利益共享。

七、体制创新：构建区域协同发展机制

搭建三省及涉及市州合作交流平台，共同商讨和推进金沙江流域开发和长江源头航

运中心建设及本区域面临的热点难点问题；建立国家有关部门和沿江省市主要领导参加的多层次的联席会议制度，共同制定区域合作规则，加强信息往来与合作共赢，共同促进本区域联动发展；建立流域生态环境共建共治机制，协调中央、部门、地方、央企关系，创新流域经济与政区经济协调发展机制，实现“建好一座电站，开发一片流域，带动一方经济，致富一方百姓”。

刘世庆　齐天乐

第十三章　南水北调西线工程新情况及调水思考

南水北调西线工程涉及青藏高原三江源头和藏族聚居区，地质生态脆弱，民族宗教敏感，调水水源不可靠，西线工程不可行、不易行。近年来，黄河泥沙锐减，水权转换试点和节水成效初显，南水北调东线和中线竣工，西线调水途径拓宽，西线工程不必行、不应行。调水方案必须尊重自然规律和经济规律，必须贯彻五大发展理念，必须协调各方利益，必须兼顾近期利益和子孙万代可持续发展。本报告提出调水思路是：调整“八七分水”方案，调整西线取水位置，保水节水以增加黄河水源，推进水权置换和节水行动，上中下游统筹，黄河、长江两全，高水高用，量水而行，转变发展方式，建设健康河流。

第一节　制约西线调水的关键问题更加严峻

南水北调是我国优化水资源配置的重大工程，包括东线、中线、西线三条线路。东线从长江下游沿京杭大运河北上向沿线和天津送水，已于 2013 年正式通水。中线从长江中游丹江口北上向沿线和北京送水，已于 2012 年底全线贯通，2014 年底通水。西线从长江上游源头通天河、雅砻江、大渡河，穿越分水岭巴颜喀拉山，向黄河上游送水。西线工程因地质生态环境恶劣，调水水源不可靠，民族宗教问题敏感，调水区域工作基础薄弱，争议十分激烈，2008 年 1 月国务院第 204 次常务会议决定暂停西线工程前期工作。[①]时至今日，制约西线工程的三大关键问题并未趋好，反而更加严峻。目前规划取水位置的西线工程，是一个违背自然规律的“不能行、不可行、不易行”的高风险工程。

一、地质生态脆弱，西线工程不能行

西线工程位于高寒、高海拔的青藏高原，这是地球上最年轻的还在不断隆升且每年

① 林凌：《西线工程六年观察》，《西部研究通讯》，2014（9）。

发生着几十毫米至几毫米旋转位移的高原[①]，工程区地质和生态极端脆弱，地震、地质灾害频发。在如此脆弱、复杂的地区，建7座高坝、6座水库[②]，穿越不同地质单元的数百公里长距离深埋隧道，不仅施工和维护条件差，而且施工及建成后地表水锐减，对生态和地质将带来巨大灾难，诸如冻土层退化甚至消失、植被退化甚至物种消失、气候恶化和河流干涸不断引致荒漠化等，都将是不可逆的巨大灾难性后果。据四川地震专家分析[③]，工程区是当前青藏高原最强烈的巨大地震最活跃的高发区，工程线路70%的地段都有遭受七八级地震破坏的危险，是多次历史大地震的可能复发危险区，而绝非稳定的"安全岛"，加之工程呈带状分布，比点状分布更加不可避让。近些年接连发生的汶川8级地震（2008年）、玉树7.1级地震（2012年）、芦山7级地震（2013年）、鲁甸6.5级地震（2014年），是对西线工程最沉重的地震警示，特别危险的是，鲁甸地震再次警示"地震空区"是高危险区而绝非"安全岛"。

青藏高原的极端重要性，有专家形容为"不能在太岁头上动土"，这个评价一点也不为过，而是科学界的共识。青藏高原受到国际社会高度关注，是全球变化研究的焦点地区。著名地质学家刘宝珺院士和江新胜教授著文揭示：青藏高原是全球变化的发动机、东亚水循环的心脏、东亚地区的水塔，是我国乃至东亚的生态屏障。如果没有青藏高原的隆升，中国今天应该是东亚的"撒哈拉大沙漠"，四川天府之国、东北和华北粮仓、江南鱼米之乡会全为沙漠覆盖。如果全球温度不断上升，高原冰盖可能全部消融，发源于青藏高原的7条主要河流枯竭，东亚水塔坍塌，青藏高原周边的冰川融水依赖国家将遭受严重的水资源危机，中国将首当其冲。[④]尤其是，青藏高原15万年形成的平衡，如果被仅仅数十年的西线工程打破，人类将难以适应，灾难后果难以想象。

人类对这个发动机、心脏和水塔，不能有一丁点懈怠，西线工程不能行！

二、调水量无保障，西线工程不可行

设计单位最新提出的西线工程原一二期合并方案，一期调水增至80亿立方米/年[⑤]，占调水库址多年平均径流量119.23亿立方米/年的67%。调水量从计算看似乎有保障，但该计算忽视了两个重要因素：

---

① 陈智梁：《西线一期工程区地壳的活动性》，《山地学报》，2005，23（6）。

② 7个坝坝高均超过100米（其中2个坝高197米和273米）；6座水库有4座库容超过5亿立方米，有5个位于7级以上地震危险区内（玉树东、阿安、珠安达、霍那、克柯），均位于地质活动断裂带上。

③ 黄圣睦、陈天长、钱洪等：《西线工程位于大地震的高危发生区》，《西部研究通讯》，2014（8）。

④ 江新胜、刘宝珺：《中国全球变化趋势与南水北调西线工程的全球变化风险》，《矿物岩石》，2014，34（4）。

⑤ 李勇：《南水北调西线工程若干问题的认识》，《南水北调与水利科技》，2014（2）。

一是，调水区是高寒区域，径流量年内各月差别很大，漫长的冬季无水可调。鲁家果研究员指出：调水区全年霜期长达 8 个月，平均冰期达 5 个月，平均气温在 0℃以下，最低气温 -40℃— -30℃；11 月至次年 3 月的 5 个月期间，引水区的径流量仅占年径流量的 10.1% —12.1%。这几个月不仅调水困难，而且将出现无水可泄的情况，坝下河段可能断流三个月之久，虽有水库调节，但相当部分的洪水径流仍不能被利用，可调水量高估了 20 亿立方米（高估了 25%）[①]。

二是，调水河流径流量呈显著减少趋势。鲁家果研究员分析指出，一期调水所依据的径流量数据 119.23 亿立方米/年，是包括五六十年代较大径流量在内计算的 1960—2010 年平均数，而 2001—2010 年的年均径流量早已锐减到 90 亿立方米左右；尤其不乐观的是，水文分析长系列数据显示，调水河流径流量呈加速递减趋势：近十年（2001—2010 年）年均径流量比 1960—2010 年的年均径流量减少了 22.31 亿立方米，年均减幅为 18.71%，与 1960—2000 年的年均径流量比较，进一步大幅减少了 27.54 亿立方米，年均减幅上升为 22.12%[②]（表 13–1）。因环境退化和全球气候变化，特别是西线取水位置及其来水途径的特殊性，未来二三十年若没有强大外部因素改善，这一变化成为趋势性而非周期性是大概率事件，长江科考专家杨勇连续数十年六次考察证明了相同结论。[③]若果真以此速度递减，届时可调水量恐仅及设计数据的一半左右，不仅无法满足调水规划需要，而且将大幅增加调水成本！此外，设计方案认为取水点坝下 50—100 千米即可恢复河流原有径流，从目前上游已建成运行的众多电站情况看，这个预测不符合实际。

综上，西线工程不具备调水量保障，不可行！这里还需要特别指出三点：第一，按照该设计方案实际调水量仅为 50% 的保证率，而不是设计方案所表明的 90% 保证率。[④]第二，评估调水量有无保障，关键要看引水点的径流量而不是整条河流的径流量。设计方案认为西线一期调水 80 亿立方米仅占调水河流多年平均径流量 1079 亿立方米的 8%，因而调水是有保障的[⑤]，这种判断方法是根本错误的，其表述方法尤其容易给决策带来误导。第三，黄河、长江气候同源，丰枯同期，没有互补性，水源无保障，这一点将在后面详细讨论。

---

① 鲁家果：《南水北调西线一期工程调水量分析》，《西部研究通讯》，2014（5）。

② 鲁家果：《南水北调西线一期工程调水量分析》，《西部研究通讯》，2014（5）。

③ 杨勇：《南水北调西线工程独立考察报告》，杨东平主编：《环境绿皮书：中国环境发展报告》（2010），社会科学文献出版社 2010 年版。

④ 鲁家果：《南水北调西线一期工程调水量分析》，《西部研究通讯》，2014（5）。

⑤ 李勇：《南水北调西线工程若干问题的认识》，《南水北调与水利科技》，2014（2）。

表 13–1 南水北调西线一期工程取水坝址年均径流量变动趋势

<table>
<tr><td rowspan="3">时期</td><td rowspan="3">1960—2010 年</td><td rowspan="3">1960—2000 年</td><td colspan="5">2001—2010 年</td></tr>
<tr><td rowspan="2">年均量</td><td colspan="2">与 1960—2010 年比较</td><td colspan="2">与 1960—2000 年比较</td></tr>
<tr><td>减少量</td><td>减少速率/（%·a⁻¹）</td><td>减少量</td><td>减少速率/（%·a⁻¹）</td></tr>
<tr><td>年均径流量/亿m³</td><td>119.23</td><td>124.46</td><td>96.92</td><td>22.31</td><td>18.71</td><td>27.54</td><td>22.12</td></tr>
</table>

注：（1）1960—2000 年年均径流量、1960—2010 年年均径流量为实测数；（2）2001—2010 年年均径流量及减少速率根据前两组数据并分别在各个引水点计算综合而得。

数据来源：鲁家果：《南水北调西线一期工程调水量分析》，《西部研究通讯》2014 年第 5 期。

三、民族宗教敏感，西线工程不易行

西线工程位于藏民族集中聚居区，主要是四川藏区，民族和宗教问题极为敏感，叠加恶劣的生态环境，移民搬迁极为困难，或将成为西线工程的最大困扰。西线工程影响的寺庙有 16 座，其中工程建设直接占用寺庙 1 座，水库淹没寺庙 6 座，受影响需搬迁的寺庙有 9 座，涉及僧尼 2000 余人。西线一期工程将淹没和永久占用土地约 24 万亩，7 座水源水库淹没草场 11.57 万亩、耕地 3.61 万亩、林地 2.51 万亩，征用房屋总面积约 120 万平方米。初步调查估计，到 2030 规划水平年，农村移民生产安置总人口 4101 人，搬迁安置总人口 16724 人。①藏区农牧民有着十分虔诚的宗教信仰，寺庙与信众都有固定的供奉关系、服务关系和精神关系，需要随同一起搬迁。当地虽然面积宽广，但可耕地非常少，牧区广阔，但冬春草场比例很低，而调水工程又往往多淹没这些区域，移民搬迁非常困难。如果后靠移民，他们将面临更加恶劣的自然环境、活动半径扩大、生活成本增加、生活质量下降、房屋保暖功能降低等问题。如果异地搬迁，难以找到能同时容纳寺庙和信众的大片区域，且面临与原住民争夺资源的冲突。移民不仅面临宗教和精神方面的冲击，在经济方面遭遇的损失也难以评估和补偿。藏区宗教设施量多面广，不仅有历史悠久的寺庙，还包括修行地、佛塔、转经房、嘛呢堆、经幡等大量设施，而且，藏族民居往往也具有十分宝贵的宗教文化价值，寺庙搬迁已是不易（很难做到无损搬迁），这些分散在广大区域的宗教设施和文物更加难以搬迁，且价值难以评估，事实上，绝大多数根本就没有评估，移民将蒙受极大损失。农牧民收入的 2/3 源自国有或集体林地草场采集野生虫草、松茸、菌类、药材，搬迁或水库湮没使这部分收入丧失，但

① 张序、劳承玉：《南水北调西线一期工程对调水藏区传统社会的影响》，《西部研究通讯》，2014（7）。

却不能纳入补偿。调水工程开山凿洞，坝下河道水量剧减甚至断流，不仅影响周边群众生产生活用水来源，局部气候向干旱型发展，而且极大冲击藏区群众心目中的“神山圣水”感情，历史上曾多次发生保护“神山圣水”的重大事件。此外，工程建设将会有大量外来人口进入，可能会出现习俗不同的冲突，也会给藏区群众带来压力，稍有不慎也可能导致冲突。特别要提到的是，四川藏区是全国第二大藏区，是全国五大藏区中唯一与其他四大藏区都接壤的藏区，与西藏具有特殊的历史联系和重要影响，是整个藏区稳定的关键区域，对我国民族团结和边疆巩固具有非常特殊的政治意义，自古以来是内地与西藏交流的通道、桥梁和依托，有“汉藏走廊”“治藏依托”之称。正因为此，该区域也成为达赖集团的重点渗透区，近年来发生多起境外分裂主义者策划的群体性事件和自焚事件。20 世纪 90 年代，中央特别作出“稳藏必先安康”的各种部署，中央和省州各级政府积极推进藏区发展，我们要珍惜这些成果，藏区的资源开发项目一定要立足当地生态环境保护，尊重藏区群众意愿，避免重大失误。

综上，西线工程将承受比一般区域更大的移民压力和损失，不仅涉及经济领域，而且涉及难以评估的宗教和文化领域，容易引发心理抵触情绪，容易被分裂势力利用、煽动，这些都可能成为导致冲突的诱因，影响民族地区的稳定和民族团结。

西线工程是一个极其不易实施甚至可能被分裂分子利用而引发重大事件的高风险工程。

第二节 影响西线决策的背景发生可喜变化

近年来，西线调水的决策背景出现许多新变化，许多问题进一步明朗，一些误区得到澄清，特别是黄河水情沙情的新变化、上游缺水性质的再认识、黄河流域水权置换的积极效果、水利界泰斗钱正英和林一山等老前辈提出的新思路、最新科学研究对我国未来气候变化趋势的揭示，使我们对西线工程的必要性有了进一步认识。这些背景变化进一步揭示，目前的西线调水方案是一个违背经济规律和自然规律、不利社会公平与和谐发展的“不宜行、不应行、不必行”的项目。

一、黄河水情、沙情出现新变化，泥沙锐减

黄河的一个重大特点是沙多，从而导致河道淤塞和地上悬河，黄河调水的目标用途之一是冲沙，但近年来黄河泥沙呈明显减少趋势。据《黄河流域综合规划（2012—2030 年）》，黄河干流沙量近年明显减少。1960—1964 年进入黄河干流泥沙量年均 20.95 亿吨，1964—1973 年入黄沙量年均 18.22 亿吨，1973—1986 年这一数字减少为 12.35 亿吨，1986—1999 年进一步减少为 11.13 亿吨，1999—2005 年锐减为 6.16 亿吨。虽然目前对这一现象究竟是趋势性还是周期性尚存争议，但多年治理努力，诸如上中游

退耕还林和退牧还草等“山川秀美工程”、小流域治理工程、小浪底工程冲沙等，多项工程的综合效应开始显现也是十分明显的。此外，还有农村人口大量向城镇和东部迁移从而发挥大自然的修复能力等因素，使黄河调水冲沙的压力大大减轻。如果黄河泥沙减少是趋势性的，千百年来作为中华民族忧患的黄河面临的重大问题就得以解决，这也是实现中国梦的重大成果。与此同时，高效输沙用水效率也在不断提升，20 世纪 60 年代平均需要 40 立方米水输 1 吨沙，现在采取措施已可力争实现 4 立方米水输 1 吨沙，还可进一步减少，冲沙需水量可大大节约，黄河调水冲沙的必要性大大降低。

二、黄河上游缺水存在认识误区，黄河上游是制度性缺水而非资源性缺水

西线调水的目标是解决黄河上游缺水问题，然而，黄河上游并不存在资源性缺水，黄河 62% 的水产自兰州以上流域，黄河上游缺水的真实原因是没有用水指标。1987 年黄河进行全流域水资源分配时，黄河源头和上游的青海、甘肃等省区经济不发达，水资源分配因此很少。27 年来，这些省区经济社会发生了很大变化，特别是西部大开发以来和大型能源基地建设，这些省区需水规模发生很大变化，而水资源分配方案却在 27 年内从未调整，致使源头和上游区域缺水。因此，解决这些省区缺水的办法是调整水资源分配方案，而不是从外流域调水。钱正英院士多年前就指出：长江水多不在源头，黄河缺水不在上游，黄河 62% 的水产在兰州，产在兰州、青海的水为什么不可以留在兰州、青海使用呢？可以充分就地利用，应该高水高用。[①]

三、东线、中线折射出的尴尬实情：调水价格高企，多个城市不要南水北调水

南水北调东线和中线通水，许多真实情况浮出水面，使我们清楚了之前的认识，并对西线工程提出警示。东线和中线调水不仅暴露出诸如污染、环境、移民、文物、调水区利益补偿等众所周知的难题，而且深刻折射出设计者对水价承受力和调水必要性的误判。东线通水后意想不到的是多个受水城市不要水，原因是价格远远高于黄河水和本地水。以山东为例[②]，南水北调山东段平均水价[③]为1.54元/立方米，其中基本水价0.76元/立方米、计量水价 0.78 元/立方米，到达终端用户平均价格 6 元/立方米左右，而目前济南市水资源费征收标准是：地表水 0.4 元/立方米、地下水城市公共用水 0.4 元/立方米、黄河水农业用水 0.012 元/立方米（黄河水城市公共用水 0.4 元/立方米），大大低于南水北调

---

① 赵业安:《钱正英谈治黄》,《西部研究通讯》，2014（3）。

② 南焱:《南水北调东线遭遇高水价难题》,《中国经济周刊》，2014（2）。

③ 南水北调平均水价俗称“工程水源费”。

山东段的基本水价和计量水价。其结果是，山东原申请的 13 个调水城市中，8 个城市不要水，5 个城市大幅减少要水，山东原定多年平均计划调水总量 14.67 亿立方米，2014 年只上报水利部 7750 万立方米调水量，仅为原规划的 5%。山东甚至有一句口号是“咬住黄河不松口”。山东等有关部门还提出中央政府补贴长江调水价格，以及设置调水缓冲期和优惠措施来消化南水北调水困难的建议。在天津，还出现南水北调水价高于海水淡化成本而导致使用南水北调水的意愿下降。与此同时，南水北调工程投资的分担也出现困难，过去调水路线沿途的北京、河北、天津、河南等均承诺分担建设成本，但当工程投资从最初规划的 917 亿元增至 2300 多亿元时情况出现了变化，河南等一些省区不再愿意分担。此外，缺水区域不断涌现的水权交易反映出许多更加有趣的情况。从 2008 年北京奥运会开始，缺水的河北以每吨 2 元的价格向北京转让水，迄今已转让了 16 亿吨；山东以每吨 3 毛 9 分的价格向天津供水（数量不详）；十分缺水的山西甚至也效仿此法向北京、天津供水。这些交易实例从另一个侧面折射出缺水的真实程度和节水的巨大潜力。这些情况促使我们思考：西线工程难度更大，投资更多，调水更少，水价必然更高，受水区的承受力和用水意愿未来究竟会如何呢？笔者保守估计，即使仅以东线、中线的成本作参考（不考虑西线更加突出的难度从而高企成本的因素），由于可调水量大幅高估，西线工程未来水价将在东线和中线的两倍以上。生态用水用不起，农业用水用不起，即使城市和居民，由于地处西部，也难以承受。

四、未来我国气候变化趋势的新认识：北湿南干的可能性探讨

最新科学研究揭示，未来我国气候变化将呈北湿南干趋势，这进一步对西线工程的必要性给出佐证，而西线工程恰恰违背这一客观趋势。著名地质学家江新胜和刘宝珺研究指出，气候带快速漂变是当前全球变化在我国的特点，漂变的结果是我国干湿区域空间分布发生明显变化，我国将很快进入北湿南旱的气候状态。①科技部、国家气象局、中国科学院等单位 2007 年编制出版的《气候变化国家评估报告》论证指出，21 世纪我国年降水量将可能明显增加，增加幅度可能高达 11%—17%，但不同地区差异较大，西北、东北和华南增加更多，环渤海沿岸和长江口地区可能变干；未来 20 年我国夏季降水存在由南涝北旱型向南旱北涝型转变的可能性。②最新研究结果表明，1951—2010 年我国气候区划界线发生了大幅度漂变，导致干湿区域空间分布发生明显变化。③北湿南

① 江新胜、刘宝珺：《中国全球变化趋势与南水北调西线工程的全球变化风险》，《矿物岩石》，2014，34（4）。

② 史辅成：《对未来黄河沙量有关问题的思考》，《黄河报》，2008.10.30。

③ 卞娟娟、郝志新、郑景云等：《1951—2010 年中国主要气候区划界线的移动》，《地理研究》，2013，32（7）。

旱将是我国未来气候变化的发展趋势。华北未来30年气候变化趋势模拟研究结果表明，我国东西向增温带增温明显，华北增温幅度2030年可达2.5℃；未来30年的夏季，华北处于明显的水汽辐合区，偏南气流较强，大气中可降水量增加，我国降水格局将呈现南少北多的分布态势，华北夏季降水会明显增多，南方降水则有所减少，冬季降水也是北多南少。[①]河南省未来30年气候预测也证明其降水量增加的趋势[②]。在华北降水量增加的同时，南方将遭遇极度干旱。气候模拟结果表明，未来西南旱灾危险性明显增大，2011—2040年最为严重，干旱致灾危险性处于5级的县域个数为236个，面积所占比例为50.3%，分别为现阶段的4.82倍和6.24倍。[③]非常遗憾的是，西线工程是一个与此趋势相反的应对措施。

五、钱正英、林一山等老前辈的调水思考：高水高用、水源可靠、科学调水

课题研究中令人深深感动的是，水利界泰斗钱正英老前辈对治黄和调水的一系列思考，让人豁然开朗。据黄河研究专家赵业安介绍，钱正英院士提出从长江源头几条支流调水的西线调水方案问题很多。一是水源不足，黄委规划的调水线路坝址处多年平均只有200亿—210亿立方米水量，枯水时期更少，要调出170亿—180亿立方米水量不大可能。而且三江源区属同一气候带，长江源区与黄河源区丰枯同期，当黄河源区为枯水期、需要调水时，长江源区也是枯水期，无水可调。二是调水工程沿线地质条件复杂，工程施工条件恶劣，生态环境脆弱，还涉及民族宗教文化等一系列社会经济问题，难以解决。三是调水工程沿线高程3500米，调水后影响其下游3000米落差的水能开发，而现在大渡河、雅砻江、金沙江都是国家水电开发的重点地区，调水带来的巨大影响怎么补偿并不简单。钱老极力主张要高水高用，要调整“八七分水”方案，要优选西线调水的取水位置，她强调西线南水北调工程应该泛指从长江上游干、支流调水入黄河的各种可能调水方案，不局限于从长江源三条支流调水的方案，也包括从三峡水库小江调水入渭济黄方案。这些思考一针见血地指出西线工程的关键问题和解决思路。[④]

被誉为当代中国杰出的治水哲学家和治江战略家[⑤]、已故长江水利委员会首任主任

---

① 柳艳香、吴统文、郭裕福等：《华北地区未来30年气候变化趋势模拟研究》，《气象学报》，2007，65（1）。

② 赵国强、李彤霄、王君等：《河南省未来30年气候变化趋势研究》，《河南水利与南水北调》，2012（2）。

③ 贺山峰、葛全胜、吴绍洪等：《SRESB2情景下西南地区干旱致灾危险性时空格局预估》，《中国人口·资源与环境》，2013，23（9）。

④ 赵业安：《钱正英谈治黄》，《西部研究通讯》，2014（3）。

⑤ 萧木华：《论林一山的治水哲学遗产》，《水利发展研究》，2010（11）。

林一山院士，不仅是“长江王”，其黄河治理的实践成就和哲学思考也让人豁然开朗[①]。他强调黄河的水和沙都是宝，强调要高水高用，强调要总结学习民间的小流域治理经验，修梯田，搞淤灌，水不出川，土不下山，在中游把黄河的水和沙吃尽。他一再强调黄河治理开发的基本方针是，在中上游吃尽黄河水沙资源，千方百计使黄河中上游的水不要下来或尽可能少下来，上游的水尽可能在当地利用或往西边走。他说，黄河中上游的水头高，那里又特别缺水，资源又特别丰富，那里的水应尽可能留在高处利用，不要或尽可能少让它流到华北，要高水高用，华北缺水要靠南水北调东线、中线，山东用水可用东线替代。他还说，将上游的水在小浪底提水到西安和关中平原都可以考虑，都比西线调水划算。林一山再三强调，黄河流域治理和开发有一个根本问题就是不要让上游的水下来，高处的水更宝贵！这些思路虽存在争议，但为我们提供了另一个侧面的宝贵启示。

第三节　西线调水新思路

黄河缺水让全国人民着急！但解决的办法必须符合自然规律、经济规律、实际情况、全局利益、长远目标，从根本上建设健康黄河。基本原则是：第一，要保水节水，建设自我“造血”功能，尽可能减少调水依赖，这个目标完全有条件、有潜力实现。第二，要调整取水位置，避免重大风险，保障水源可靠，不能在“太岁头上动土”。第三，要高水高用，调整“八七分水”方案，上游的水留在上游充分利用，不能轻易放下去，下游的补水难度远远小于上游，途径也更多，东线和中线已经开始发挥作用，如果三峡调水能够实施，下游补水余地更大。第四，要积极发挥水权交易等经济杠杆作用，促进节水。第五，要量水而行，以水定产，以水定人，以水定城，调整结构，优化布局。要设置长江调水红线，长江水也不是取之不尽的。第六，要科学决策，针对西线工程的具体情况，应增强自然科学专家的席位和分量，积极为公众参与提供条件，构建有利于争论的机制，要像三峡工程那样在全国人大讨论。

一、调整“八七分水”方案，解决黄河上游制度性缺水，实现高水高用

黄河上游缺水的真实性质，是制度性缺水而不是资源性缺水，缺的是分水指标。黄河60%的水产自兰州以上[②]，但“八七分水”所占比例不足可供分配水量370亿方的

① 邓英陶：《林一山访谈录》，林凌、刘宝珺、马怀新、刘世庆：《南水北调西线工程备忘录》，经济科学出版社2006年版。

② 黄河流域各省区产水量摘自各省区水利厅水资源公报。

13%[①]。青海被誉为黄河水塔，为黄河提供了36.9%的水，“八七分水”指标仅3.8%；甘肃为黄河提供了23.8%的水，“八七分水”指标仅8.2%（表13–2）。1987年黄河流域各省区分配可用水量时，上游省区经济发展落后，用水量少，从而分水量也少。当年的分水原则和方案是合理的，而且，当年分配分水指标时承诺该方案是动态的，南水北调工程生效后将进行调整。现在上游省区经济有了很大发展，当年的分水量已远远不能满足发展需要，且南水北调中线和东线已通，27年前制定的分水方案应该调整了。世界各国水权分配原则主要有两种模式——优先权和河岸权，我国分水原则主要是现状为主、兼顾未来。1987年黄河水量分配更多向下游倾斜是合情合理的，但现在上游发展急需用水，调整分配方案更是公平合理的。从经济性上来讲，上游的水也应尽可能留在上游“高水高用”，中下游缺水通过南水北调中线、东线和其他途径补充。

调整“八七分水”方案无疑是一项涉及利益众多、难度较大的工作，宜采取增量调整的“帕累托改进”方式，不损害既得利益，并设定一定时间，逐步理顺不同水源的价格，促使长江水、黄河水、地表水、地下水最终达到统筹调度、优化配置的效果。

表13–2　黄河流域省区产水量及“八七分水”指标

地区	产水量/（亿 $m^3 \cdot a^{-1}$）	比例/%	分配水量/（亿 $m^3 \cdot a^{-1}$）	比例/%
青海	193.95	36.86001	14.1	3.810811
四川	0.6	0.114029	0.4	0.108108
甘肃	125.15	23.78464	30.4	8.216216
宁夏	8.45	1.605914	40.0	10.81081
内蒙古	9.2	1.748451	58.6	15.83784
陕西	89.81	17.0683	38.0	10.27027
山西	37.55	7.136341	43.1	11.64865
河南	44.9	8.533202	55.4	14.97297
山东	17.32	3.291649	70.0	18.91892
河北、天津	0	0	20.0	5.405405
合计	526.18	100	370.0	100

数据来源：（1）产水量摘自各省水利厅水资源公报；（2）分配水量参考“八七分水”方案，摘自：《国家计委、水利部关于颁布实施〈黄河可供水量年度分配及干流水量调度方案〉和〈黄河水量调度管理办法的通知〉》〔计地区［1998］2520号〕，1998年。

①《国家计委、水利部关于颁布实施〈黄河可供水量年度分配及干流水量调度方案〉和〈黄河水量调度管理办法〉的通知》〔计地区［1998］2520号〕，1998。

二、调整西线取水位置：避免重大风险，保障调水水源

黄河从长江上游调水的最佳取水位置，在众多方案中，三峡引水方案（又称“小江调水”）具有三大优势。一是规避在长江源头取水和在青藏高原动土的生态风险和社会风险。目前设计的西线取水位置不是“跨流域调水”，而是“跨源区调水”，风险极大。二是调水量有保障。目前设计的西线取水点年平均径流量不足200亿立方米，且气候同源，丰枯同期，无法互补，水源无保障；而三峡引水方案有充沛的水源保障，长江宜昌站多年平均年径流量达4510亿立方米之巨，三峡引水设计年调水135亿立方米，仅占3%，还有洪水期的弃水可以利用。①三是“高水高用”，规避长江上游水电基地损失。长江上游是我国大型水电基地和西电东送主战场，以金沙江、雅砻江、大渡河三大江河流域为代表的“三江”水电基地是我国规划的十三大水电基地中水能资源的主要富集区，装机规模分别位居十三大水电基地的第一、第三和第五位，与黄河能源基地具有同等重要的地位，特别是，在当前我国面临极端严峻的雾霾治理形势下，水电作为清洁能源的重大意义更加凸显。目前的西线调水方案位于3500米海拔，长江上游发电损失巨大，初步估算，西线一期将导致“三江”各梯级年发电量减少约442亿千瓦时，四川每年减少发电收入136亿元，电力税收减收26亿元。②与之相比，三峡调水方案的取水位置下降到海拔150米，规避了长江上游水电的巨大损失。三峡水库引水对三峡电站的影响也大大低于源头引水方案。三峡引水工程将于每年4—11月8个月抽水，平均减少三峡电站发电量约18亿千瓦时，占三峡电站年总发电量的2%。不影响三峡电站保证出力和电站的正常运行③。三峡调水的难题是取水点位置低于黄河，需要用电抽水，可以通过低谷期用电和弃水发电在一定程度上减少成本，也可通过其他地方的发电替代三峡发电损失，即“以电换水”。

三峡引水方案还有一个特别重要的优势是：这是一个经济学所谓“帕累托改进”的多赢方案，受水区受益的同时，调水流域负面影响较小（至少远远低于源头引水），从而调水阻力大大降低。

---

① 郭树言、李世忠、魏廷琤：《三峡引水工程》，载林凌、刘宝珺、马怀新、刘世庆：《南水北调西线工程备忘录》，经济科学出版社2006年版。

② 李基栋、黄炜斌、马光文等：《南水北调西线一期工程对四川水电产业的影响》，《西部研究通讯》，2014（6）。

③ 郭树言、李世忠、魏廷琤：《三峡引水工程》，林凌、刘宝珺、马怀新、刘世庆：《南水北调西线工程备忘录》，经济科学出版社2006年版。

三、保水节水优先，培养“造血”机制，建设健康黄河

黄河治理的根本目标是，让黄河成为一条健康的河流，有充足的自身水源补充。这个目标完全有条件、有潜力实现。一是保水。保护好黄河源头的重要水源地——扎陵湖、鄂陵湖，增加黄河入水；治理恢复黄河源头两大湿地若尔盖湿地和甘南湿地，增加黄河入水。据四川环境科学专家研究，若尔盖和甘南两大湿地的治理恢复仅需投资100亿元，便可增加黄河入水80亿立方米，①相当于西线一期的调水量。二是节水，特别是黄灌区农业节水潜力巨大。目前黄灌区水损耗高达百分之三四十。据中科院专家计算，如果采用防渗漏水泥管道，改漫灌为滴灌等系列节水措施，可节水约90亿立方米/年。②三是黑山峡工程建设。可通过优化调度增加供水50亿立方米/年③，其主要问题是处理好相邻省区的利益协调，而流域内工程比之跨流域调水，无论在自然风险和利益协调等方面，难度都小得多。四是继续推进退耕还林、退牧还草、水土保持等生态建设工程和水保措施，积极推进小流域治理，增强黄河“造血”功能，让黄河成为一条健康的黄河。

四、发挥经济杠杆作用，促进节水和布局优化及公平发展

解决黄河流域缺水问题不仅需要工程手段，而且需要经济手段，发挥价格杠杆和水权交易的作用。2003年以来，水利部在黄河宁蒙河段试点，积极推进水权置换和水市场建设，取得积极成效。④黄河“八七分水”方案只规定了各省区总水量指标，未作分行业规定，从而为农业用水转换为工业和城镇用水提供了空间。以缺水的宁蒙河段为例，表13–2显示，宁夏、内蒙古等工业和能源缺水大户在“八七分水”方案中所占比例并不低，宁夏占10.8%，内蒙古占15.8%，尤其是当年主要为农业用水，这恰恰为工业化、城市化快速进程中必然发生的农业比重降低、农业用水减少从而工业用水增加留下巨大空间。近年来，宁蒙河段积极推进农业节水，将节约的农业用水指标置换为工业用水，并进一步尝试从行政区域内的水权置换走向跨行政区水权置换，内蒙古自治区成立了水权转让中心。黄河流域在我国水权转换方面走在全国前面，发展前景非常好。前述河北等水权交易实例也说明，经济杠杆和水权交易对于节水具有重要作用。还可试点调水区按市场价获得收入的补偿机制，促进公平发展和布局优化。不适合经济发展的区域，可

① 刘永顺、谢天：《恢复若尔盖—玛曲高原湿地再造西水东流》，林凌、刘宝珺、马怀新、刘世庆：《南水北调西线工程备忘录》，经济科学出版社2006年版。

② 鲁家果：《南水北调西线工程决策要慎重》，林凌、刘宝珺、马怀新、刘世庆：《南水北调西线工程备忘录》，经济科学出版社2006年版。

③ 赵业安：《黄河水情沙情新变化与黄河水资源开发利用》，《西部研究通讯》，2014（4）。

④ 陈永奇：《黄河水权制度建设与黄河水权转让实践》，《水利经济》，2014，32（1）。

以通过节约用水和水权交易获得同等收入，而不是一定要通过GDP才能获得发展，这对于全国城镇、人口和产业的布局优化将产生重要作用。

五、总结东线和中线的运行情况，深化认识，优化规划

南水北调这样一个跨流域的巨大工程，面临的挑战前所未有，争议也前所未有，许多后果甚至在工程实施前未曾预见。比如，中线调水现在面临的调水量问题、当地用水形势和生存状况的恶化[①]，东线和中线受水区难以承受调水价因而弃用或少用调水，不愿或减少原来承诺分担的建设资金，三峡工程对下游甚至上海的负面影响[②]等，都大大超过设计者的预想，甚至存在重大误判。因此，有必要在中线和东线运行一段时间从而尽可能更多地显露真实情况之后，再论证西线工程，使我们的认识更加符合实际情况和科学，减少误判和损失。

六、落实中央新时期治水思路，以水定城、以水定人、以水定产，调整结构、优化布局，设置长江调水红线

我国的调水思路在成绩与失误中不断进步。改革开放后，我们深刻反思违背自然规律遭致的重大惩罚，“人定胜天”的思路逐渐被“尊重自然”所替代，但这经历了一个漫长的过程。1998年，我们已经认识到砍伐原始森林带来的危害并大力推进一系列生态建设工程，但其时启动的西线工程规划甚至最近新修改的西线工程方案，仍然带着浓厚的征服自然的理念，试图在极度脆弱、敏感的青藏高原动土。党的十八届三中全会把生态文明建设放在前所未有的高度，生态文明建设和现代治水理念得到高度重视。习近平总书记2014年4月发表重要讲话，强调要“节水优先、空间均衡、系统治理、两手发力”，强调要“以水定城、以水定人、以水定产”。[③]西线工程设计要转变观念，我们每个人、每个领域都要转变观念，转变发展方式，调整结构，优化布局。近几十年来，缺水的北方在不断调水的同时，人口不断膨胀，城镇超常扩张，产业大上快上，缺水矛盾不断加剧。事实说明，不转变发展方式，任何调水都不能解决缺水问题。长江调水也是有限度的，要设置长江调水红线。

---

① 吕宗恕：《汉江争水：保了北京，丢了谁？》，《南方周末》，2014.06.05。

② 陈国阶：《中科院专家：上海将成为三峡工程最大受害者》，（2014.07.17）［2014.07.23］。

③ 水利部：《水利部党组学习贯彻习近平总书记关于保障水安全重要讲话精神》，(2014.04.25)［2014.07.23］。

七、重视自然科学和自然科学专家的意见

西线工程争议和不断修改的版本，显示出设计单位对工程技术的高度重视，同时也暴露出自然科学专家在该项工作中的弱势地位。设计单位每每从工程技术角度强化手段，认为可以通过工程技术克服诸如地震带等问题，但自然科学专家并不认同，他们强调青藏高原对于全球变化的极端敏感性，强调物种消失对于人类的危害，强调气候变化和“水塔”坍塌对于中华民族子孙后代的灾难性后果。[①]对于西线工程这样一个大跨度的巨型工程，一个跨流域、跨时代、跨区域、跨领域的巨型项目，一个在极端敏感区域的巨型工程，我们面对的绝不仅仅是技术问题，自然科学和自然科学家的意见应该放在更加重要的地位。

八、增加对“影响区”中下游的分析

三峡工程说明，如此重大的工程其影响将涉及整个流域，不仅仅是上游和源头，中游和下游（如洞庭湖、鄱阳湖甚至上海）均受到影响，而且影响巨大。西线工程对影响区的界定目前仅到四川，这远远不够，西线工程的影响范围和领域相当广泛，而且相当深远，一定要对长江中下游的各种影响作深入分析。

九、推进决策科学化、公开、透明、问责

西线工程有争论是好事，真理只有一个，不能怕争论，争论能够帮助我们不断修正错误，避免不必要的损失。推进决策科学化的最重要环节是问责制度和程序公开透明。鼓励公开讨论，公开公共数据，抱着感激和信任的态度对待不同意见，特别要重视向利益相关方、关心工程的专业人员、提出不同意见的人员提供数据帮助，而不是千方百计寻找保密借口，这也是我们当前最薄弱的环节。现在一些水电建设开始实行网上征求意见，但留出的时间很短，提供的资料很少，走了过场。此外，西线工程地区的地质、生态、文物等各个方面的前期工作深度也远远不够，需要加快推进。

党的十八届四中全会审议通过《中共中央关于全面推进依法治国若干重大问题的决定》，明确规定要建立重大决策终身责任追究制度及责任倒查机制，并作出许多具体规定，在阐述全面推进政务公开时明确规定“坚持以公开为常态、不公开为例外原则”，这是一个重大进步。西线工程这样的重大决策如何落实，将是一个很大的挑战，公开原

① 倪师军、朱利东、伊海生：《南水北调西线工程的几个科学问题》，林凌、刘宝珺、马怀新、刘世庆：《南水北调西线工程备忘录》，经济科学出版社 2006 年版。

则无疑是一个十分重要的保证。特别是相关数据的公开，对于提高科学决策水平具有重要作用。一些专业部门和重大决策在推进公众参与时，往往以公众不懂专业为托词推诿，居高临下，不屑与之对话讨论，千方百计封锁重要数据，使一些本可避免的损失未能制止，这些弊病再不能继续下去了。我们特别呼吁，西线工程一定要像当年三峡工程上马时一样，通过人大讨论。

十、为长江源头和上游欠发达区域留出未来发展空间

黄河上游的制度性缺水也带给我们关于长江流域的思考：西线工程和长江流域水资源分配如何为长江上游欠发达区域留出未来发展空间？中国水权制度如何设计？优先权与河岸权如何结合？希望既保证发达地区用水，也保证流域沿岸，特别是欠发达地区的发展，不要重蹈黄河“八七分水”方案带给上游的制度困境。

刘世庆　巨　栋

第四篇　国际经验借鉴

第十四章 美国：高度市场化运作下的流域协同发展

美国以高度的市场化和完备的法律保障，对境内流域进行了全面的综合开发管理，取得辉煌成就，其中田纳西河流域的综合开发更被誉为“世界流域河流综合开发的经典之作”。田纳西河流域开发与管理的成功，主要来自于高度自治的流域统一管理机构、强有力的管理架构以及良好的市场化运营机制，并在公众的积极参与下，对航运、防洪、发电、农业和社区服务等方面进行市场化统一开发和管理。

第一节 田纳西河流域开发的背景

一、流域自然环境

美国的第五大河流——田纳西河流域，长 1050 公里，流域面积 10.6 万平方千米。流域的三分之二在田纳西州，剩余三分之一在弗吉尼亚州、北卡罗来纳州、佐治亚州、亚拉巴马州、肯塔基州以及密西西比州，所以称其为田纳西流域。“田纳西流域涉及 125 个县，其中田纳西州境内 66 个，肯塔基州 6 个、亚拉巴马州 14 个、密西西比州 3 个、弗吉尼亚州 10 个、北卡罗来纳州 16 个。”[①] 田纳西河流域的干流是由发源于弗吉尼亚州的北源赫莱斯顿河和发源于北卡罗来纳州的南源支流布朗德河，在田纳西州的诺克斯维尔汇合后形成的，继续向西汇入密西西比河的支流俄亥俄河，在地图上看整个河流呈“U”字形。流域覆盖面积广，地形也较为复杂，起伏较大，上游是山区，中游为丘陵区，下游为平原区。田纳西河流域属于大陆性亚热带气候，气候四季分明，雨量充沛，年降水量在 1100 至 1800 毫米之间，多年平均降水量 1320 毫米，7 月是最热的月份，平均气温在 25 摄氏度以上，最冷月在 1 月份，平均气温为 2 至 6 摄氏度。田纳西河流域植被以阔叶林为主，土壤肥沃，盛产马铃薯、棉花和蔬菜，矿产资源丰富，水资源和水能资源也十分丰富。

---

① 何大明等：《TVA 与澜沧江流域的综合开发与管理研究》，《云南地理环境研究》，1994（2）。

二、流域经济社会状况

在较长时间内，田纳西河流域是美国最为贫穷、最为落后的地方，农村人口在总人口中占据了很大比例。当时，流域内人口有 250 万，超过 75% 的人生活在农村地区；流域内仅不到 25% 的人口居住在城市，而当时美国全国的城市人口比重已高达 56%；流域内的人均收入与全国相比非常低，农庄纯收入的平均数为每年 639 美元，而美国全国的平均数达 1835 美元，流域内约有五分之三的县平均每个农庄每年的纯收入在 500 美元以下，五分之一的县不足 250 美元。①流域内居民收入低下，生活贫困，用电、公共卫生实施和教育水平与美国其他地方相比非常滞后。截止到 1933 年，只有 3% 的农场具有通电设备，制冷设备只存在于几个较大的城镇，在农村是极其缺乏的；流域内 4.2% 的村庄通电，而美国平均达 13.4%；结核病、伤寒和婴儿死亡率均高于美国其他地区，在北亚拉巴马州，每三个人中就有一人受到疟疾的影响，据统计，居住在亚拉巴马州北部的三分之一人口曾经患过疟疾。流域内疾病盛行，而医生和公共卫生设施却极其匮乏，与美国其他地区相比，流域内医生不足三分之二、牙科医生不足一半，医院的床位不到五分之二。②

田纳西河流域内的教育发展滞后于同期美国平均水平，主要体现在流域内拥有的公共图书馆数量、教育经费、成年人文盲率和未成年人读写率的对比上。例如，流域内 125 个县，仅有 28 个县有公共图书馆，在 1930 年，美国教育部门对各州教育质量进行过排序，流域内 7 个州均居于全美国后 10 位。1933 年，流域用于教育的费用按 7—17 岁之间的儿童计算，人均 23.35 美元，仅相当于全美国平均数 68.02 美元的三分之一。成年人中文盲率达 8%，几乎是全国平均数 4.3% 的 2 倍。按照 1930 年的人口普查，流域内 10 岁以上的白人中，未达到读写水平的比列占 6.8%，而全国同年龄范围的比例仅为 1.5%。通过上面的数据对比，可以看出，当时田纳西河流域的社会经济状况远远落后于美国其他地区。

田纳西河流域资源丰富，然而对资源的不合理开发，进一步加剧了流域内人民的贫困。30 年代初，流域 52650 平方千米的耕地约有 85% 存在土壤侵蚀问题，在这些耕地中，有 8100 平方千米出现了较深的冲沟，以致恢复起来困难极大；另外 36450 平方千米的耕地侵蚀明显，且部分发生了冲沟现象。在 1930 年，流域内的农民约有 70% 生活在表土和营养氮正在迅速减少的土地上。在田纳西河谷的一些地方，高达 70% 的耕种土

① 李文华、金陵、徐勇：《流域开发与管理——美国田纳西河流域与中国乌江流域对比研究》，贵州人民出版社 1989 年版。

② 越少芳：《美国罗斯福新政期间对田纳西河流域的治理与开发研究》，内蒙古大学硕士研究论文，2013:3。

地遭到蹂躏与侵蚀，大部分林地也正在消失。据统计，在田纳西州 2700 万英亩土地中，只有 400 万英亩是完好的。由于流域内居民的滥垦滥伐，当时的土壤和森林遭到极大破坏，矿产资源也处于不利于开发和管理的状态中，居民生存在一种压榨式的环境下，当地居民曾把它诅咒为“魔鬼之河”。这便是田纳西河流域进行综合开发与管理前的真实写照。

第二节　田纳西河流域经济的发展实践

一、田纳西河流域管理局的创立

田纳西流域的开发始于 20 世纪 30 年代，当时的世界正经历严重的经济危机，各国都在思考如何摆脱“大萧条”，远在英国的凯恩斯曾撰文主张通过扩大政府支出，由政府出面兴办大型公共工程建设，以此解决就业、促进消费，摆脱经济危机。上台伊始的罗斯福总统为摆脱经济困境，决定实施“新政”。“新政”是当时最大规模的公共工程计划，是为扩大内需而开展的公共基础设施建设，推动了美国历史上大规模的流域开发，田纳西流域作为一个试点，试图通过一种新的独特的管理模式，对流域内的自然资源进行综合开发，以此达到振兴和发展区域经济的目的。

当时，罗斯福给美国各州州长写信，建议他们通过州宪法特许成立公共管理局，开展公共工程项目。一方面，工程项目完成之后可以通过征收使用费获得财政收入；另一方面，工程项目的建设可以雇佣大量因大萧条而失业的工人，从而减少失业，刺激缺乏活力的经济。1933 年 4 月 10 日，罗斯福在致国会的咨文中建议国会立法创建田纳西河流域管理局（TVA），最终促成了《田纳西流域管理局法案》的通过。1933 年 5 月 18 日，田纳西河流域管理局成立。罗斯福认为，“田纳西河流域项目应该为人民服务，管理局不仅仅发展电力，而且还注重防洪、控制土壤侵蚀、避免利用贫瘠土地从事农业生产、植树造林、进行土地规划。”[①]1993 年 6 月 8 日，罗斯福总统颁布 6161 号行政命令，指导TVA 对田纳西河流域进行调查、规划、正确使用和开发田纳西河流域及毗邻地区的自然资源。

田纳西河流域管理局是美国联邦政府体制下的一次重大尝试，是宏观调控和地方自治相结合的产物，是美国解决区域发展不平衡而创立的一个协调机构。管理局管辖的范围包括美国东南部的田纳西全州、亚拉巴马州北部、密西西比州东北部以及肯塔基、北卡罗来纳、弗吉尼亚和佐治亚州的一部分，面积约 23 万余平方千米，覆盖人口约 780 万。管理局的主要管理机构设在亚拉巴马州的苏尔斯、田纳西州的诺克斯维尔和查托努

① 越少芳：《美国罗斯福新政期间对田纳西河流域的治理与开发研究》，内蒙古大学硕士研究论文，2013:7。

加三处，另设有七个地区办事处。全局雇员约为34000人。在定位上，TVA既是美联邦政府部一级的机构，又是一个经济实体，属于公营事业，受联邦政府管辖。作为联邦政府机构，该局只接受总统的领导和国会的监督，完成其规定的任务和目标。

二、田纳西河流域管理局的运行机制

（一）高度自治的统一管理机构

田纳西河流域管理局之所以在流域开发与管理中取得巨大成就，主要在于管理局建立了一整套行之有效的管理机制和经营机制。田纳西流域管理局一方面是联邦政府领导下的政府职能机构，下设若干机构专门负责流域的各项开发利用，具有颁布流域管理行政法规的职能，以及对流域所有水资源统一调度的行政权力；另一方面又是一个具有独立法人资格、进行独立经营、独立核算的经济实体，直接从事全流域各种开发项目的营运。这种双重职能的政策，使管理局既能作为联邦政府机构行使流域内经济发展管理和综合治理等职能，又能利用市场机制充分配置流域内各种生产要素，促进全流域经济的发展，成为高度自治的流域管理机构。

成立之初，管理局用了3年的时间对田纳西河全流域进行统一规划，制定了流域开发建设的一系列具体方案，为流域的长期发展打下了良好的基础。而在之后的具体建设和执行中，由于本身具有的权力优势，管理局能够最大限度地调度多方力量，各部门之间也极大限度地加强配合。以水利和电力的配合为例，管理局的大电厂在建设中充分考虑了利用水库水源进行直接冷却。当水库综合利用、防洪灌溉和大电厂之间出现矛盾时，管理局都能逐一对其进行妥善的处理。①

（二）强有力的管理体制

1. 完善的治理结构

田纳西河流域管理局的管理由具有政府权力的机构——管理局董事会和具有咨询性质的机构——地区资源管理理事会实现（见图14–1）。董事会是主要的决策机构，由主席、总经理和总顾问三人组成，总统提名，经国会通过后任命，直接向总统和国会负责。这一领导机制一直延续至今。董事会下设一个由15名高级管理人员组成的执行委员会，委员会的各成员分别主管某一方面的业务。管理局的内设机构主要由董事会自主设置，这些内设机构会根据业务的需要而进行调整，如前期根据自然资源综合开发的需要，设置有农业、工业建设、自然资源开发保护等方面的机构，以及根据发展电力的需要，又增设了电力建设和经营等方面的机构。地区资源管理理事会则是流域资源管理的

① 谢世清：《美国田纳西河流域开发与管理及其经验》，《亚太经济》，2013（2）。

咨询机构，提供咨询性建议，以促进当地公众积极参与田纳西河流域的开发与管理。这种咨询机制对管理局的行政决策起到重要的参考和补充作用，有利于改进管理，也符合现代流域管理的公众参与和协商的发展趋势。

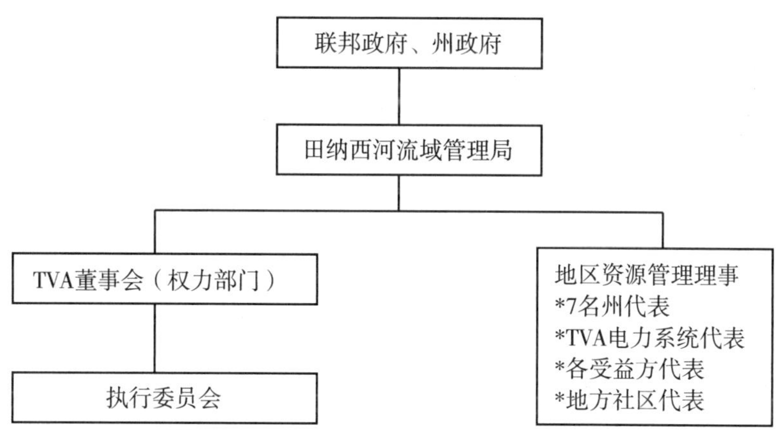

图 14–1　田纳西河流域管理机构示意图

2. 全面的管理权限

管理局的管理权限通过法案的形式进一步确认和强化，1993 年美国国会通过的《田纳西流域开发法》，赋予管理局规划、开发、利用、保护流域内各种自然资源的权利，比如：有权为开发流域自然资源而征用流域内土地，并以联邦政府机构的名义管理；有权在田纳西河干支流上建设水库、大坝、水电站、航运设施等水利工程，以改善航运、供水、发电和控制洪水；有权将各类发电设施联网运行；有权销售电力；有权生产农用肥料等等。这一法案还历经多次修改和完善，进一步扩大了管理局的权力，使凡涉及流域开发和管理的重大举措都能得到相应的法律支撑。

3. 有效的公众参与机制

管理局强调通过公众参与来协调各方利益以确保开发计划能够最大限度地满足所有相关方的利益诉求，实现多方共赢。流域开发所涉及的自然资源和经济关系极其复杂，不是任何单一机构所能妥善处理的。民意的参与始终贯穿在田纳西河流域开发与管理的整个过程中。无论是筑坝防洪、恢复森林，还是发电过程引发的各种污染问题，田纳西河流域的居民都积极地参与其中，从而确保了多方利益的协调。管理局还提供技术和信息服务，帮助当地居民发展多种经营，通过开发水运、水上休闲、创造就业等措施，让当地民众共享流域经济发展成果，从而获得社会公众的广泛支持。①

① 杨朝晖、褚俊英、陈宁等：《国外典型流域水资源综合管理的经验与启示》，《水资源保护》，2016，32（3）。

（三）良好的市场化经营机制

在由法律确立的权利和管理机制下，作为一个独立的经营主体，田纳西河流域管理局还具有良好的经营机制。一是政府的大力扶持。美国联邦政府对管理局开发项目给予大量拨款，在1960年前，这种拨款基本是无偿的，仅交纳少量的资金占用费；1961年后，经营项目的拨款要求限额偿还。另外，管理局作为联邦机构，可享有免税待遇，以后改为地税征收。可以说，政府的扶持政策对管理局的早期发展具有很大作用。二是经营盈利项目，为发展积累资金。起初，管理局以开发水电为主，至50年代，电力负荷的需求迅速增长，促使管理局积极建设火电站，继而建设核电和燃气电站，电力生产逐渐成为管理局最大的经营资产。据2001年资料，管理局拥有48座各类电站，近3000万千瓦保证容量，是美国最大的公共电力企业。电力赢利为流域自然资源综合开发与管理提供了坚实的资金支持。三是发行债券，面向社会筹措资金。管理局自1960年开始在国内发行债券，为发展电力筹措资金。1995年开始在国际市场发行债券，管理局对债券的成功运用，促进了电力生产的发展，也使电力生产经营逐渐成为管理局的经济支柱。

田纳西河流域管理局从早期的政府扶持，到20世纪60年代发行债券筹措发展资金，逐步形成了经营管理良性运行的机制。经营项目盈利的持续增长，支持了包括水资源在内的流域自然资源综合开发和管理。管理局这种以电力经营为主，“以电养水”的运营方式看起来好像是“不务正业”，实际上这正是特定条件下的一种适宜的发展模式，对流域经济的发展是有力的。①

三、田纳西河流域开发的主要措施与内容

田纳西河流域管理局经国会立法授权，对田纳西河流域自然资源进行统一开发和管理。成立之初，管理局用了3年的时间对田纳西河全流域进行统一规划，制定了流域开发建设的一系列具体方案，为流域的长期发展打下良好基础。同时，这些管理方案也经历了一个不断发展和完善的过程。管理局立足区域特征，强调以国土治理和地区经济的综合发展为目标，初期主要根据河流梯级开发和综合利用的原则，解决航运和防洪，结合开发水电。至50年代，管理局基本完成田纳西河流域水资源传统意义上的开发利用，同时对森林资源、野生生物和鱼类资源开展保护工作。60年代后，随着对环境问题的重视，管理局在继续进行综合开发的同时，加强了对流域内自然资源的管理和保护，为提高居民的生活质量服务。当前，田纳西河流域已经在航运、防洪、发电、农林业和社区

① 谈国良、万军：《美国田纳西河的流域管理》，《中国水利》，2002（10）。

服务等多方面实现了统一开发和管理。

（一）防洪方面

田纳西河流域年降雨量 1200 到 1500 毫米，降雨集中在 1 到 4 月份，强度非常之大，河流经常泛滥成灾。这样的自然条件导致田纳西河极容易发生洪灾，加之流域内自然资源的人为破坏，更加剧了洪灾发生的可能性。根据田纳西河流域管理局法案的规定，管理局把防洪作为最重要的任务之一。从 1933 年到 1952 年之间，田纳西河流域管理局改建了 5 座水坝，新建了 20 座水坝，这些水坝极大地减少了发生洪灾的可能性，对河水的有效控制，进而也减轻了俄亥俄河和密西西比河的洪水威胁。田纳西河流域的水坝设施可以说是一种近乎完美的雨水控制体系。

这些大坝遏制了洪水侵害，而且为航运、工业、农业的发展创造出良好的条件，极大地促进了流域经济的发展。水坝林立，管理局还有统一有效的水库防洪调度系统，防洪指令会及时传遍各个水坝。有学者指出：现在，每当山洪暴发，防汛指令会立即传遍各座水坝。比如，海沃西水坝的控制室会收到这样的指令：请把希瓦西河的水全部拦住，不让它流到田纳西河来。而贺尔斯顿河上的切洛基水坝则可能得到这样的指令：拦住贺尔斯顿河的水。甚至田纳西河上的齐卡摩加水坝也会收到电文：赶快开闸放水，腾出地方容纳上游涌下来的河水。[①]田纳西河流域内的居民还会收集、预测雨量，并向管理局及时汇报，管理局以此形成下达指令的基础。除此之外，田纳西河流域还是美国最早实施洪泛区管理的河流，自 20 世纪 50 年代起，田纳西河流域开始实施洪泛区管理计划。据估算，全流域通过工程与非工程相结合的综合防洪减灾措施，每年平均防洪减灾效益约达 1.47 亿美元。

表 14-1　田纳西河流域管理局新政期间建造大坝情况[②]

名称	建设时间	建造地	成本（百万美元）
诺里斯大坝	1933—1936 年	田纳西州	31.5
惠勒大坝	1933—1936 年	亚拉巴马州	48.2
匹克威克码头	1934—1938 年	田纳西州	47
岗特斯维尔	1935—1939 年	亚拉巴马州	39
海沃西	1937—1940 年	北卡罗来纳州	23.2

① 朱欣民：《落后地区开发的国际比较研究》，四川人民出版社 2006 年版。

② Robert D. Leighninger. Long-rang Public Investment: the Forgotten Legacy of the New Deal. Colombia, South Carolina: University of South Carolina Press, 2007. p.112.

续表

名称	建设时间	建造地	成本（百万美元）
齐卡摩加	1938—1940 年	田纳西州	41
沃茨巴	1939—1942 年	田纳西州	35.6
肯塔基	1939—1944 年	肯塔基州	119.2
切洛基	1940—1941 年	田纳西州	36.3
罗堡	1940—1943 年	田纳西州	43
希尔斯巴	1940—1952 年	田纳西州	35.6
奥科伊	1941—1942 年	佐治亚州	8.6
恰都	1941—1942 年	北卡罗来纳州	10
诺特利	1941—1942 年	佐治亚州	8.6
阿巴拉契亚	1941—1943 年	田纳西州	23.7
道格拉斯	1942—1943 年	田纳西州	46.2
丰塔纳	1942—1945 年	北卡罗来纳州	75.8

（二）航运方面

水路运输在美国早期经济发展中一直占据着十分重要的地位。田纳西河是美国的第五大河流，在管理局治理之前，航运条件非常差，枯水期航道极易阻塞，由于亚拉巴马的马斯尔肖尔斯浅滩的阻碍，1.2 米深的航道只能通达田纳西州的查塔努加，再往上游就只有 0.45 米深的航道。100 多年来，田纳西河流域的人民一直试图改进流域的航运，进而减少与外界的隔绝，但是航运仍然处于一种零星、无序的开发状态。1809 年，联邦政府对田纳西河流域的航道进行整治，但效果甚微。此后，在 1824 年对亚拉巴马州的马斯尔肖尔斯进行了治理；在 1836 年进行了通航工程方面的建设；在 1918—1925 年建成了威尔逊水坝。在此期间，陆军工程团曾提出对田纳西河流域进行综合治理与开发的报告，但最终并未执行。直到 1933 年 5 月 18 日，罗斯福政府成立了田纳西河流域管理局，才开始对该流域进行综合治理和开发。

田纳西河流域管理局利用田纳西河上的水坝系统，设置 9 级提升船闸，并对帕杜卡至诺克斯维尔 1000 千米田纳西河道上的浅滩进行整治，实现了田纳西河流域管理局法案所确定的通航目标：9 英尺深的航道一直通到上游的诺克斯维尔。[①] 田纳西河流域全年通航，并与南部内陆河、大湖区、俄亥俄河及密西西比河水系连接，直通北方五大湖、

①《美国赖以立国的文本》，J·艾捷尔编，赵一凡编，郭国良译，海南出版社 2000 年版。

墨西哥湾以及世界各大洋，田纳西河流域的交通运输条件得到极大的改善。自此，“廉价的驳船运输在650英里长的内陆水道上，将汽车、汽油、铁和水泥运往沿河城市”①，田纳西河货运量逐年增加。据数据记载，田纳西河在渠化之前，货运量最高的年份是1930年，为258万吨。田纳西河流域管理局成立的1933年，田纳西河货运量仅100万吨，货运周转量为0.5亿吨/千米，1947年货运量达到289万吨，货运周转量达5.63亿吨/公里。可见，田纳西河流域管理局成立之后，田纳西河的货运量和货物周转量整体趋势是逐年增加的，到70年代，田纳西河货运量就已经达到2700万吨。

（三）电力方面

“田纳西流域降水丰富……河流比降大，源头海拔910米，河口海拔约90米，从诺克斯维尔至河口，干流水位150米，有些地段河床相当险峻，落差甚大，水利资源十分丰富。”②田纳西河具备丰富的流量与高落差的优势，是水力发电的最佳之地。当时，罗斯福总统积极提倡公共电力，认为公共电力与邮政局一样，都是政府应承担的责任，除了政府之外，没有其他人可以做得更好。因此，田纳西河流域管理局成立后，法案赋予管理局生产和销售电力的权力。为了流域内居民的利益，管理局依据法案规定，在电力方面贯彻了以下几条原则：为了避免水库弃水，管理局进行电力的输送和出售电能；管理局将不用的剩余电力出售时应优先考虑州、县、市、城市居民或农民的合作组织、非组织的商行；管理局主要是为本市的居民供电；管理局在电力销售方面保证公正分配和销售的原则，把向流域内的市民家庭和乡村居民出售廉价的电力放在首要位置，将向工业出售电力放在其次；如果董事会认为管理局向消费者出售的电力价格不合理，可以表决取消。这些原则，放在当前环境下，仍然不失为良策。

至40年代，田纳西河流域管理局基本上已经完成水电开发，建成水电站30多座，成为美国最大的电力生产者。1933年到1978年间，田纳西河流域的总发电能力从80万千瓦增为2800万千瓦，而实际发电量从15亿瓦小时，增为1180亿瓦小时。到20世纪40年代初期，田纳西河流域管理局所辖地区每人每年的耗电量是1180度，与此形成鲜明对比的是，美国全国平均每人每年耗电量是850度。此外，鉴于罗斯福总统对公共电力的看法，田纳西河流域管理局贯彻薄利取胜原则，放弃固定电费率的办法，于1933年9月制定电费价目表，把电费降低，其电价大约只有全国平均电价的一半，40年代和60年代初，管理局电价分别为2美分多和1美分，而全国平均电价分别为4美分多和2美分半。③

---

① 拉尔夫·德·贝茨：《1933—1973美国史》（上卷），南京大学历史系英美对外关系研究室译，人民出版社1984年版。

② 应定华：《美国田纳西河流域电力开发而促进经济发展的经验借鉴》，《能源研究与信息》，1990（2）。

③ 威廉·爱·洛克滕堡：《罗斯福与新政1932—1940年》，朱鸿恩等译，商务印书馆1993年版。

（四）农工林方面

如前所述，丰富而廉价的电力资源为田纳西河流域的工农业发展奠定了坚实基础。罗斯福总统成立家庭与农场电气化管理局，计划将田纳西河流域管理生产的电力输送到整个流域，并致力于降低电费和家用电器售价，让农民用得上电，用得起电。1932 年，田纳西河流域只有 3% 的农场通电，到 40 年代，已有 40% 的农场通电，到 1950 年，有 90% 的农场通电，彻底改变了因农村缺电而形成的城乡“两个世界”。

廉价电力的应用、灌溉系统的建立、化肥的使用、农业机械化水平的提高，改善了田纳西河流域的农业生产条件。结合流域化肥生产的大力发展与廉价供应，鼓励农民施用化肥，提高土壤肥力；帮助农场主耕种土地以保持土壤的含水量；依靠充足的电力发展农业灌溉；还进行了循等高线开沟耕作和覆盖作物利用的示范。从 1929 年到 1949 年，美国其他地方的农民收入增加了 170%，而田纳西河流域的农民收入则增加了 200%。田纳西河流域举办了成百个示范农场和良种场，引导农民发展高产农田，提高农民的种田技术，使该流域农业产值比 1933 年增长了 16 倍，农业人口也由 1933 年的 62% 下降到 1982 的 5%。

随着航运事业的兴旺和廉价电力的供应，田纳西河流域的工业化进程开始加快，很多工业从旧西北地区向南迁移，以便利用廉价的电力进行生产，一些新的工业企业也在田纳西河流域内建立起来，极大促进了电解铝工业、原子能工业、化学工业、机械、运输设备、电器、造纸等产业发展，流域内的产业结构发生了巨大变化。例如，在亚拉巴马州，管理局为该州北部新兴的钢铁厂和制铝厂提供大量廉价电力，使其摆脱了长期以来的贫困状态。田纳西河流域管理局接管原有的马斯尔肖尔斯硝酸盐工厂后，大力发展化肥生产，现已成为美国大型化肥基地，产品畅销全国并远销欧、亚、拉美。

在田纳西河流域管理局法案中，植树造林和防止水土流失也是整个田纳西河流域综合治理的一个重要组成部分。管理局曾与民间自然资源保护组织合作。民间资源保护组织是罗斯福新政期间为解决青年失业问题而成立的保护资源的重要组织，他们的苗圃为管理局培育树苗。在民间资源保护组织的积极协助下，管理局的植树造林工作卓有成效，在荒山谷地植树造林共达 125 万英亩。到 20 世纪 70 年代，田纳西河流域森林覆盖率超过 50%，蓄材量是 1933 年的 2 倍。到 1983 年时，田纳西河流域的林业产值已经超过 20 亿美元。

（五）社区服务方面

田纳西河流域管理局不仅注重防洪、航运、电力、农业和林业等项目的建设，而且还非常重视社区服务方面的发展，希望民众能够共享治水成果。为此，管理局加强社区服务功能，促进卫生文化事业发展，消灭流域内的疟疾，建立图书馆和供当地居民休息、娱乐的公园，以此造福流域内民众。以卫生防治为例，当时田纳西河流域内疟疾流行，严重危害居民健康，田纳西河流域被查出的患疟疾的人竟然占到流域人口的25%。① 管理局为防治流域内的疟疾，采取了许多措施，甚至有专家提到：如果在蚊子繁殖的季节，让水库水位每周升降0.3米，就会破坏蚊子的生命周期。最终，疟疾专家和水利工程师们一起合作，找到了综合治理的方法。管理局还积极参与并提供技术和资金支持流域内社区的长期发展，它提出的“优质社区计划”，旨在对其电网服务范围的社区，通过帮助其制定规划发展目标、行动计划、建立工作机构和提高领导水平，以及促进持续发展，来提高社区的长期经济竞争能力。

从以上田纳西河流域开发与管理的内容来看，管理局对当地资源的开发与保护不是一项项孤立的，而是对水资源和土地资源等各方面进行合理开发与使用，具有明显的综合型特点。

第三节　田纳西河流域经济与政区经济协同发展的经验

回顾前人研究成果，不难发现，田纳西河流域开发与管理的巨大成功，更多地来自于田纳西河流域管理局的创立与运行。高度自治的统一管理机构、完备的法律保障、管理局良好的运行机制等都是学术界所公认的重要经验。这些内容已在前文做出了较多评述，此处不再赘述。因此，本小节将从更加微观的层面总结田纳西河流域开发与管理的成功经验。

一、建立多元化融资体系

田纳西河流域开发耗资巨大。根据开发的需要，田纳西河流域管理局通过各种渠道筹集流域建设项目所需要的巨额资金，为流域的开发提供经费保证。田纳西河流域管理局的开发与治理资金，1960年以前主要由联邦政府拨款，联邦政府投入了大量财政资金。1960年以后，发行债券成为主要的资金筹集渠道。《田纳西河流域管理局法案》规定，田纳西河流域管理局有权发行总金额在300亿美元以内的债券及其他债券凭证，以资助水利电力建设与开发，并规定债券将成为管理局合法投资的一部分。田纳西河流域管理局发行的债券占田纳西河流域管理局每年总投资的59%至92%。城市用水、水电、休闲旅游等以经济效益为主，但又兼有一定社会效益的项目，在明确项目法人投资主体的情况下，主要走市场化融资的路子，广泛采用发行开发债券、上市融资、向银行贷款等方式，鼓励和吸收社会资金以及外资投资和运营。自2000年，田纳西河流域管理局基本全面实现了财务自主，在田纳西河流域系统管理的一切费用不再获得政府资金的支

① F，W.Reeves. Social-Economic Development in the Tennessee Valley. Journal of Educational Sociology，Vol.8，No.5，Some Educational Implications of the Tennessee Valley Authority（Jan.，1935），pp.226-277.

持。田纳西河流域管理局的电力收入基本占据了资金来源的绝大部分。没有了政府的资助，田纳西河流域管理局特别注重提高经营效率，管理局运营成本始终处在电力行业的较低水平。而田纳西河流域管理局的这种电力经营为主的经营方式也成为一种适宜的流域管理机构的发展模式。

二、重视人力资源开发

面对经济的快速发展、市场竞争的加剧以及科学技术的不断更新，田纳西河流域管理局深刻认识到，人才是赢得市场并在竞争中立于不败之地的关键因素。因此，田纳西河流域管理局非常重视人力资源的开发，创办了田纳西河流域管理局职工大学，聘请了专业教师和中、高级管理人员讲课，形成了较完善的教育培训体系。田纳西河流域管理局职工都要接受定期的岗位培训，包括上岗前培训、在岗培训、转岗培训等，管理局还特别重视新技术和计算机应用技能的培训，并要求每位员工每 3 年必须完成 120 学时的培训任务。田纳西河流域管理局职工大学还与美国众多著名大学联合开设了多门选修课程，将选修课程的成绩记入学分，为职工继续深造提供了良好条件。除此之外，管理局还会将在提升电力系统可靠性、降低停工率和成本控制上表现突出的员工树立为标杆，鼓励其他员工加以学习，营造良好的工作氛围。田纳西河流域管理局对人力资源开发的办法和手段，取得了明显的社会效益和经济效益。

三、建管分离的创新

田纳西河流域管理局对工程建设方式和内容进行了重大策略转变，不断加以创新，适应多种形势的变化。起初，田纳西河流域管理局的工程建设项目多为自己承担，很少有其他公司或组织的参与。然而，随着规模的不断扩大，田纳西河流域管理局逐渐地将工程建设转变为自行建设与承包建设相结合。而从 1988 年起，田纳西河流域管理局就已不再自行独揽工程的建设，而是全部委托给社会承包。此外，田纳西河流域管理局还对工程建设的内容进行了调整，由主体工程建设转为配套工程建设和综合开发，由硬件建设转为软件建设，不断满足流域开发和管理的各种新的需要。这种创新，更多地体现了田纳西河流域管理局职能的转变，从工程建设撤离，而转向更加宏观的管理与指导，并根据田纳西河流域开发的不同阶段，不断调整管理重点。可以说，作为政府权力机构，田纳西河流域管理局的这种管理理念的转变，是一种巨大的进步。

四、加强自主研发能力培养

在政府的资金资助下，田纳西河流域管理局成立了专门的科研机构，组建了专业的科研队伍，开展自然资源利用的研究工作。科研课题涉及田纳西河流域管理局所从事的所有专业领域，如水资源开发研究、电力工程建设研究、高效化肥研究、湿地研究等。这些科研项目在美国均具有重要地位。比如，研究清洁能源技术，积极部署未来可再生能源开发；在电力输送方面，通过收费站调节对电网的需求，寻找诸如太阳辅助充电和分布式能源储存等方式减少对电网的需求，完善现有电力控制流程；研究出智能电网，为用户、分销商和电网调度站提供电量和费用信息；为了提高农业产量，田纳西河流域管理局建立了化肥厂和实验室，发展成为全美最大的肥料生产和研究中心；为保护环境，田纳西河流域管理局在亚拉巴马州建立了环境研究中心，其湿地研究在美国处于领先地位。

五、强调高科技的广泛应用

田纳西河流域管理局非常重视高新技术的应用，大胆采用多种高新技术手段，以确保流域管理目标的顺利实现。田纳西河流域管理局在流域管理中广泛应用地理信息系统、全球定位系统、遥感技术和计算机等先进技术，不仅有效提高了管理水平，也大大提高了工作效率，更使得流域管理迈入数字化时代。通过综合运用多种高新技术，田纳西河流域管理局可以采集、储存、管理分析、描述和应用流域内与空间和地理分布相关的数据，及时、可靠地对流域内资源的地点、数量、质量、空间分布进行精确输入、储存、控制、分析、显示，以便相关部门做出科学合理的决策。

齐天乐

第十五章　欧洲：充分协商合作下的流域协同发展

欧洲莱茵河是世界河流开发史中的典范，流域开发先后经历了“先污染后治理”“先开发后保护”的曲折过程，如今已取得显著成效，成为欧洲经济最为发达、交通最为繁忙、人口最为集聚的一条河流。莱茵河流域开发的成功，主要得力于欧洲行政区划间的良好协调合作机制。面对日益严峻的河流污染形势，各国之间积极协作，在流域可持续发展及管理方面达成广泛共识，落实了多项多层次的合作方案，如今已然形成一套行之有效的制度安排。考虑到欧洲行政区划和国家体制的复杂性，可以说，莱茵河是流域经济与政区经济协同发展的重要范例之一。

第一节　莱茵河流域概况

莱茵河作为曾经的凯尔特人、罗马人的生息之地，具有重要的历史意义和悠久文化传统。它是西欧最大的河流，是欧洲最重要的内陆河道。莱茵河全长 1232 千米，流域面积超过 22 万平方千米，居住着 4 种不同语言的民族，流域人口约 5400 万，有 2000 万人以莱茵河作为水源。

莱茵河河道发源于瑞士境内的阿尔卑斯山北麓，西北流经列支敦士登、奥地利、法国、德国和荷兰，最后在鹿特丹港附近注入北海。从河源到瑞士工业城市巴塞尔被称为莱茵河上游，河谷狭窄，河床坡度较大，河流水量十分丰富，径流系数达到 75%，阿尔河为主要支流。巴塞尔到德国波恩为莱茵河中游，主要支流包括内卡河、美茵河和摩泽尔河。右岸支流内卡河和美茵河以融雪补给为主，春末涨水，夏末枯水。左岸支流摩泽尔河流域秋冬多雨，中游地区秋冬流量较为丰富。波恩以下为莱茵河下游，流经德国西部平原和荷兰低地，河流坡度较小，秋冬降水较多，又受上、中游水量的调节、补充，以及接纳鲁尔河、利伯河等右岸支流，因而莱茵河下游水量丰富，水位稳定，河口地区年平均流量为 2500 立方米/秒。

2002 年莱茵河被遴选列入世界遗产名录，它作为一条大河的地位非同一般，在人类文明史中更有着光耀而显赫的地位。莱茵河同世界上孕育了人类文明的大河一样，是成就欧洲文明乃至整个西方文明的一个重要源头，塑造了欧洲的两个伟大民族——德意志和法兰西。①

如今，莱茵河经过沿岸各国的共同努力和近两个世纪的开发建设，集聚了近 1 亿人口，形成了许多古老而闻名的港口城市，如：瑞士的巴塞尔，法国的斯特拉斯堡，德国的沃尔姆斯、美因兹、科隆等，集中了许多重要产业部门，如钢铁、石化、电力、建材、机械、电子等，成为世界上最重要的工业运输大动脉之一。莱茵河及其支流沿岸主要的人口、产业和城市密集带有：

化工产业带。在荷兰，以世界第一大港、“欧洲门户”鹿特丹为中心，沿莱茵河河口段绵延 50 公里，形成“莱茵梦地”石化产业带，主要生产合成橡胶、人造树脂、化纤原料、塑料、农药、化肥、油漆、颜料，以及日用精细化工产品；在德国，以三大化工巨头——拜耳、巴斯夫和赫希斯特公司为骨干，莱茵河干支形成沿河化工产业带；在瑞士桑多兹公司大本营所在地巴塞尔的化工区，都是重要的国际石化和化工生产基地。

钢铁、冶金和机械等制造业产业带。莱茵河畔，有鲁尔重型工业区，号称“欧洲工业心脏”，前西德 92 个钢铁工厂，60 个集中在沿岸；欧洲最大的公共交通车辆制造基地曼海姆也在莱茵河边。莱茵河沿岸的工业产值占全德国经济总量的 50% 左右。

山水旅游产业带。从“德国之角”科布伦茨向西到马克思故居特利尔的摩泽尔河景区带，德国、瑞士和奥地利三国接壤的博登湖，以及与之相连的瑞士沙夫豪森莱茵瀑布，既是莱茵河源的蓄水池和周边地区的饮用水源，更因阿尔卑斯山终年皑皑雪峰影映的 538 平方千米的湖面，而成为不可多得的旅游度假胜地。

金融、保险、信息服务等第三产业。美因河畔的法兰克福是莱茵河支流美因河产业带的中心城市，欧洲金融中心和航空枢纽，欧洲中央银行、德国联邦银行和三大银行总部所在地，世界各主要国家的大银行也都在这里开设分行或办事机构。在荷兰鹿特丹，服务业占就业的 70% 以上。作为国际货物集散中心，鹿特丹还成为国际粮食、棉花、木材、热带水果和矿物油等大宗商品交易中心，国贸大厦商贾云集，仅大型批发公司就超过 200 个。各种交易需要信息及时准确，鹿特丹据此又成为信息港。阿姆斯特丹是荷兰的金融交易中心，法国斯特拉斯堡是欧洲议会所在地。

第二节　莱茵河流域经济发展的重点方向

一、河道整治与航运

自古莱茵河就是欧洲交通最繁忙的水上通道。较早时期，由于莱茵河上游河段的比降大、水流急、洪峰大，挟带着大量泥沙顺江而下，中游河段的地势则相对平缓，下游

① 罗志高、刘勇等：《国外流域管理典型案例研究》，西南财经大学出版社 2015 年版。

又多为低洼地，河床比降平稳，所以造成中下游的泥沙沉积而致使河床淤高。在莱茵河未治理前，中下游沿江两岸极易遭受洪涝灾害侵袭，导致当时航运业发展相对缓慢。而从18世纪开始，莱茵河沿岸各国开始重视以防治洪涝灾害为目的的河道整治，纷纷采取建造堤防、修筑堰坝和船闸、开挖人工运河、疏浚河床淤泥等众多工程措施治理河道、改造河道，以此实现河道渠化。

特别是自1815年维也纳会议以来，沿江各国大力修建码头、铁路和公路等基础设施，发展航运业，莱茵河逐渐成为国际航运水道。如今，7000吨级的船舶可以通过莱茵河直达德国的科隆港（距河口500公里），5000吨级的船舶可直达法国的斯特拉斯堡（距河口1000公里），而1500吨级的船舶可以直达上游瑞士的巴塞尔（距河口约1200公里），每年在莱茵河上行驶的各国船舶总吨位已经超过1500万吨，年货运量在3亿吨左右，相当于20条同等长度铁路干线的年货运总量。运河连着各条支流，也连接到欧洲重要水域塞纳河、多瑙河等，完全连成了“江海直达”的航运网。

二、水资源开发和水电建设

众所周知，世界第二次产业革命是电力的广泛应用，可以说，电力是产业发展的基础，在20世纪的七八十年代尤为重要。莱茵河流域各国重视水能资源开发和水电建设，他们采取自主建造或者联合建造方式，在莱茵河干流上兴建了几十座水电站，并与火电和核电并网，已经基本实现成龙配套。目前，莱茵河干流水电的总装机容量已经超过200万千瓦，各级电站普遍采取计算机控制，并通过现代通信线路和网络来掌握和控制各级电站的运行状况，根据需要进行指挥调度，实现了电站的自动化管理。这成为莱茵河流域工业和经济发展，以及沿河城市产业带的能源保障体系的重要组成部分。水电作为清洁能源，为最为重视环境生态的欧洲民众所青睐。

莱茵河作为一条国际性河流，水能资源的开发利用更是涉及沿岸各国的利益。各国在联合开发水能资源时，为了维护各自权益，一般都在电站开工之前签订双边或多边的水电建设协议或协定，按照在建投入的比例来合理分配电能。

三、港口建设和城市化

便捷和低成本运输，是古典区位理论中最基本的要素和许多产业集聚的基本动力，而港口城市是沿河产业带的“成长核”，流域工业化和城市化“动力源”。[①]因此，莱茵河流域是典型的点—轴开发模式，并在长期的开发实践中，始终坚持以点带轴、以轴

---

① 许浩:《国外流域开发模式与江苏沿江开发战略（模式）研究》，东南大学硕士学位论文，2004。

带面、以面带区。莱茵河水运资源和水能资源的开发利用与两岸港口城市的发展，具有互为因果、循环积累的机制，带来了人口和产业的集聚，推动了沿岸各国和各地区工业化、城市化和现代化的进程，形成了沿莱茵河港口城市带和产业带。据不完全统计，仅在莱茵河干流上，就建成了近50座中等规模以上的城市，这些城市几乎都是以港兴城和以城托港发展起来的，有的成为区域性经济中心，有的成为科学、教育、文化中心城市，还有的成为国际经济、贸易和金融中心城市。如在干支河畔城市中，鹿特丹是“有城市的港口”、杜伊斯堡是世界第一内河大港，它仍以港口功能闻名于世。而其他不少城市，由于其他的城市中心功能的更加凸显，港口功能便降到了次要的位置，很少被人们提及了，如法兰克福、阿姆斯特丹等已成为金融中心；斯特拉斯堡、海牙、波恩等成为行政中心；科隆是著名商都；埃森、多特蒙德、卡尔斯鲁厄、弗莱堡、康斯坦茨等是大学城。

四、产业发展与结构调整

长期以来，沿莱茵河干流形成世界闻名的六大工业基地：一是巴塞尔—米卢斯—弗莱堡工业区，主要以金属加工、化工、食品及纺织业为主；二是斯特拉斯堡工业区，主要从事食品、造纸、纺织和金属加工；三是莱茵—内卡工业区，以化工为主；四是莱茵—美茵河谷，气候温和、日照强，是著名的葡萄酒产区；五是科隆—鲁尔工业区，是重要的石油化工工业、精炼厂、金属加工、汽车制造、重要服务区和商业中心；六是鹿特丹—欧洲港区，以精炼厂、造船、化工、金属加工出名，也是重要的欧洲服务区。莱茵河下游地区还有比利时的沙城工业区、法国的洛林工业区等，这些大工业区都曾起过举足轻重的作用。

在沿河产业发展与结构调整方面，莱茵河沿岸各国将科技进步作为收缩、改造和提升传统产业、促进结构调整和产业升级的基本动力。例如，德国以提升产业技术水平和科技含量为核心和基础，使传统产业精益求精。煤炭开采利用、精品钢和特种钢材生产、汽车、机械、化工、制药、电子电气、计量检测仪器仪表等，在技术和设备制造上是德国的传统优势，也是德国工业体系的支柱和基础以及莱茵河产业带的脊梁和基本架构，年产值约1.1万亿马克，就业人数为311万。这些产业通过不断的技术创新和进步，使德国始终保持了世界制造业大国的地位，也成为德国出口产品和技术的强项。同时，德国在自动化工程、信息学、生物技术、遗传工程、空间技术和环保技术等方面，也具有极强的国际竞争力。经过20世纪70至80年代近20年的调整，沿莱茵河交通运输轴线（航道、铁路、公路和管道）构筑的莱茵—鲁尔、莱茵—美茵和莱茵—内卡产业带，产业技术水平不断提升，结构不断调整，至今仍然基本代表着德国经济技术的发展水平。

第三节 莱茵河流域生态修复的重要实践

莱茵河在国际河流中占有重要的地位，不仅在于流域经济发展的巨大成就，还在于生态修复的伟大尝试与成功。

一、莱茵河的环境变迁

自19世纪中叶以来，随着莱茵河沿岸人口增长和工业化进程加速，河流中的生活废水、工业废水越来越多，氯负荷迅速增加，水污染问题日益尖锐。二战期间，莱茵河流域生态系统遭到严重破坏，莱茵河沿岸约50%的森林被毁，水土严重流失，河道淤积成灾。二战后，莱茵河流域各国大力重建和修复经济，大兴土木，修建房屋和交通破坏了很大面积的植被土地，工业化进程再度加速，污染进一步加重。莱茵河水体污染主要以工业污染为主，尤其重金属含量非常高。氮磷污染问题也很突出。到20世纪50年代末，莱茵河水质开始严重变差。据估计，仅在德国段就有约300家工厂把大量的酸、漂液、染料、铜、汞、去污剂、杀虫剂等上千种污染物倾倒入河中。此外，莱茵河中轮船排出的废油、莱茵河两岸居民倒入的污水、废渣以及农产的化肥、农药，使水质遭到严重的污染。当时，莱茵河水中的各种有害物质达到1000种以上。

到20世纪70年代，莱茵河生态环境的破坏、污染程度已经发展成一种灾难，河流已经成为一条真正的毒河，河水中有毒物质含量是正常值的200多倍，导致没有任何生物可以存活。空气污染严重，鲁尔地区的树木被染成煤灰色，大量废气未经处理直接排入大气，大气环境显著下降，从而诱发大量呼吸道疾病，严重影响人们的健康和生活。

莱茵河流域一直深受洪水灾害威胁，先后于1882—1883年、1982年、1988年、1993年和1995年发生了五次流域性大洪水。1993年和1995年的洪水淹没了莱茵河沿岸许多城市。1995年的洪水冲毁了荷兰的沿河大堤，约25万人被迫迁移，洪水造成的损失高达数十亿欧元。频发的洪水灾害让人们清楚地认识到：洪水虽是一种自然现象，但人们必须不断加深对它的认识。道路建设、房屋对沿河地区土地的侵占，过多的人类活动对河流自然特性的干预，以及流域内土地使用方式的转变，这些都进一步增加了莱茵河洪水泛滥的危险。生态环境灾难的频繁发生，使政府和民众都认识到，人们赖以生存的土地、河流和湖泊为人类提供资源不是无限度的，保护莱茵河流域的水环境已迫在眉睫。

二、国际性合作机制的建立

莱茵河流域跨9个国家，对各个国家经济发展的作用各异，各个地区经济发展水平也不相同。但莱茵河流域综合防治、治理模式堪称多个国家共同参与、协调协作之典范，这完全得力于国际性合作机制的建立。为了恢复莱茵河的生机，1950 年 7 月 11 日，由荷兰提议，瑞士、法国、卢森堡和德国 5 个国家在瑞士巴塞尔召开了一次意义深远的环境保护会议，成立了“保护莱茵河国际委员会”（International Commission for the Protection of the Rhine，ICPR），宗旨是全面处理莱茵河流域保护的问题，并寻求解决方案，从此奠定了国际间共同治理莱茵河的合作基础。

ICPR的日常工作只是由一个 12 人组成的国际秘书处负责，位于德国科布伦茨市。现有包括欧共体在内的莱茵河流域主要成员国 6 个，委员会主席由各成员国的环境部长轮流担任，3 年为一个任期，但部长们多为兼职，出席重要会议。每年召开一次各国环境部长参加的全体会议，为其最高决策机构，主要决定重大问题。ICPR通过的计划由各国分工实施，经费由各国各部门共同承担。ICPR还设有由政府间组织（航运委员会、河流委员会等）和非政府间组织（如自然保护和环境保护组织、化学企业、食品企业、饮用水公司等）组成的观察员小组，监督各国工作计划的实施情况。3 个常设工作小组分别负责水质、生态和污染方面的工作。ICPR还设立了许多技术和专业协调专家工作组，如水质工作组、排放标准工作组、生态工作组、防洪工作组、可持续发展规划工作组等，解决与常设工作小组和项目小组有关的具体问题，每个专家小组都由各国政府专家组成。

ICPR主要负责以下四项任务：一是根据预定目标，预备国际间的流域管理对策、行动计划以及进行莱茵河流域生态系统调查研究；针对各项对策和行动计划拟定出合理有效的建议；协调莱茵河流域各国之间的预警计划；对流域各国行动计划的效果进行综合评估等。二是按照行动计划的要求，做出科学决断。三是为莱茵河流域各国提供综合年度评价报告。四是向莱茵河各国公众通报流域的环境状况以及治理成果①。

三、“莱茵河行动计划”

1963 年在瑞士首都伯尔尼，莱茵河流域各国与欧共体代表共同签署了一份ICPR的框架协议——《保护莱茵河伯尔尼公约》，公约奠定了莱茵河流域管理国际协调和发展的基础，成为国际合作的法律基础。1976 年，ICPR签署《莱茵河防治化学污染公约》和《防治氯化物公约》两项协议，这两项公约规定ICPR的工作之一就是确立具有国际约束力的剧毒物质最高排放值。

1986 年的桑多兹污染事件震惊世界，使莱茵河流域各国政府和公众空前关注和反省莱茵河流域的污染问题。这一事件也成为一个良好契机，使各国环境部长能够表达出

① 姜彤：《莱茵河流域水环境管理的经验对长江中下游综合治理的启示》，《水资源保护》，2002（9）。

他们的行动意愿：于1987年批准实施了“莱茵河行动计划”。计划把生态系统恢复作为莱茵河重建的主要指标。计划首要目标：到2000年某些生物物种重返莱茵河，尤其是20世纪50年代已经从莱茵河绝迹的鲑鱼，以此作为检验整体河流生态恢复情况的标志，因而这一长期计划也被称为“鲑鱼2000计划”。

“鲑鱼2000计划”还有另外两项目标：一是保证莱茵河水可以作为饮用水水源；二是改善莱茵河河底沉积物的治理，降低淤积污染，特别是减少鹿特丹港沉积物污染，以便随时利用淤积建坡地或将淤积泵入大海。这项计划包括以下几项具体的防治治理措施：一是对已经明确的基本物质进行严密监测，并按照既定的指导值检验这些物质的浓度；二是减少污染物来源；三是提高化工厂的安全性，加强国际预警和警报计划的功能完善；四是提高河流的通航能力和整体生物环境质量等。

经过一个世纪的努力，花费超过300多亿英镑的治理成本，莱茵河及其支流水质得到了明显改善，尤其是在ICPR实施后，河水含氧量升高，重金属污染下降，水生生物物种增加。据统计，到2000年，有大约5000条鲑鱼重返莱茵河产卵，别的鱼类、两栖动物和鸟类也重新返回莱茵河。

四、“莱茵河2020”

1995年莱茵河发生大洪水之后，莱茵河保护国际委员会受莱茵河流域部长会议委托起草了“莱茵河洪水管理行动计划”，并多次进行修改和补充。1998年1月，在荷兰鹿特丹举行的第十二届莱茵部长会议上正式通过了总额120亿欧元的“莱茵河洪水管理计划”。2001年1月，在斯特拉斯堡召开的第十三届部长级会议上，莱茵河保护国际委员会签署了“2020莱茵河流域可持续发展计划”，即“莱茵河2020”，原则上通过水域管理、自然保护、城镇规划、农业和林业、洪水预防等综合措施来实现改善莱茵河生态系统、地表水质、洪水防护系统和保护地下水四个相关联的目标。根据这项新的行动计划，在2020年时，莱茵河流域通过沉积物管理计划将河道淤积污染物基本去除；采用各种先进的技术，从根本上解决各种点源污染问题；真正实现“人水共生存”的目标，让莱茵河流域可持续发展成为欧洲共同体河流流域管理政策的典范。

表15-1 “莱茵河2020”目标的具体内容

（1）进一步改善莱茵河整体生态系统。继续保持从博登湖到北海之间，以及适宜迁徙鱼类的支流业已形成的莱茵河典型生境（生境连通性）和生态闭合（上下游迁移）。
（2）洪水灾害的保护和防治。即以1995年洪水位基准，到2000年抑制灾害损失风险的上升，到2005年减少灾害风险10%，2020年将灾害损失风险减少25%；到2005年降低莱茵河上游调蓄段以下最高洪水位30厘米，到2020年降低70厘米；2005年完成50%以上洪泛区和洪水高危险区域内的洪水风险分布图，到2020年完成所有区域；短时间内改善洪水预警系统，到2000年延长50%现

（续表）

有洪水预警时间，到 2005 年延长一倍。 （3）水质改善。水质达到经简单处理即可饮用的状态；河水成分不能对动植物和微生物产生有害影响；莱茵河可以捕鱼，贝类和虾米必须适合人类消费；莱茵河某些水域须达到可以游泳的标准；河底沉积物不能对环境造成有毒污染。 （4）地下水保护。无污染的地下水必须保存下来；保持地下水抽取和补偿平衡。

五、欧盟水框架指令

在欧洲一体化进程中，环境保护的一体化不断加速，尤其是在跨界环境问题中的协调和解决方面，通过制定欧盟水框架指令，使得跨界水体莱茵河实现了有效的流域综合管理。2000 年 10 月，欧盟水框架指令正式启动，标志着欧盟各国（包括除瑞士以外的所有莱茵河国际委员会的成员国）有一个统一的水资源管理法律文件。欧盟水框架指令的目标是：启动 9 年后，所有河流改善计划都要得到实施，并在启动 13 年后实施完毕；到 2015 年，欧盟境内所有的地表水和地下水达到良好的状态。

欧盟水框架指令具有深远意义，重点是它的核心思想更具有科学性和权威性。主要体现在以下几个方面：河流从源头到入海口是一个完整的系统，局部河段与整个流域是紧密相关的；所有河流改善计划的细节都要公布，并让公众参与提出意见；各个国家都要定期向欧盟汇报工作进展；制定十分严格的惩罚条例，对无法完成指令的国家进行处罚。从欧盟水框架指令启动以来，各成员国在水资源管理及水环境保护方面取得了举世瞩目的成就。由此可见，统一协调的流域管理法规、政策是流域实现综合管理的重要保障，欧盟水框架指令在流域综合管理中已经起到了重要作用。①

六、莱茵河生态修复的成果

在莱茵河沿岸各国的共同努力下，经过近半个世纪的治理，莱茵河终于逐渐恢复了曾经的自然风貌。在 20 世纪 60 年代，莱茵河溶解氧浓度不到 40%，如今大多数时间溶解氧饱和度维持在 90% 以上。水体中的生化需氧量（BOD）从 20 世纪 50 年代起逐步有所改善，到 20 世纪 70 年代中期上升到峰值，而后开始稳步下降，直到 80 年代末降低到 3mg/L 以下，从 20 世纪 90 年代以来，一直稳定在 2mg/L 以下。总磷含量从 20 世纪 70 年代初期持续呈下降趋势，在 1973 年，总磷浓度为 1.1mg/L，已经降低到 0.16mg/L，消减率达 85.4%。从 20 世纪 50 年代中期至 70 年代初，大型底栖动物种类从原来的 165

① 谭伟：《欧盟水框架指令及其启示》，《水资源可持续利用与水生态环境保护的法律问题研究——2008 年全国环境资源法学研讨会（年会）论文集》，2008（10）。

种减少到 27 种，减少了 83.6%。而从 20 世纪中期起种类数又有所增加，并一直持续到 20 世纪 90 年代。如今莱茵河中可迁移大型底栖动物种类数已达 150 多种，包括消失了 30 多年的浮游类水生生物。鲑鱼的回归被认为是莱茵河水质改善的标志。到 1990 年，大西洋鲑鱼首次重新出现在莱茵河支流齐格河中。莱茵河治理与生态恢复已经达到预期目标，莱茵河现在被称为欧洲最清洁的河流一点也不为过。

第四节　莱茵河流域经济与政区经济协同发展的经验

一、完善的国际协作机制

莱茵河流域的各个国家尽管经济发展水平参差不齐，但在流域可持续发展及管理方面达成了广泛共识，形成了多层次的合作机制。国家之间的合作机制是指成立专门的国际协调管理机构，20 世纪 70 年代，ICPR 为流域各国制定治理法规提供交流平台，此后，流域跨界合作进一步要求 ICPR 从辅助政策制定的机构转变为政策实施机构，协调上下游之间的负荷分配，负责监控各水资源保护主体的目标完成情况。在此合作框架下，在遵守国际协定的约束与监督中，流域各成员国之间在以往的数十年中，建立起良好的相互信任机制。虽然各国利益不同，但都能够本着从流域整体可持续发展的立场出发建立合作关系。而且莱茵河保护国际委员会还会督促各国加强实施治理措施，每年会以年度报告的形式，对协议各国削减污染、恢复生态环境的进展情况进行国际性评估，以维护和实现保护莱茵河、可持续发展莱茵河的目标。而后，通过欧盟水框架指令的设立，更加促进了跨国水体的协调管理。

二、强化公众参与意识

公民参与、一同负责的原则始终贯彻在莱茵河流域的开发与管理中。各级政府、企业、社会团体、家庭、公民都要参与合作，主动发挥自我作用，共同推动流域开发与保护政策的积极实施。政府成立了一个日常维护相关河段生态环境的莱茵河治理股份制管理机构，莱茵河两岸的居民可以入股，获得一定的股份收益。在经济效益兼生态效益的吸引下，居民积极、主动参与到流域开发与管理全过程中。政府还充分利用教育机构的平台作用，与教育机构合作形成了完善的环境教育机制。德国把环保教育直接纳入中小学教学大纲，注重学生的生活体验，强化公民在生态治理方面面临的责任和义务。

许多环保组织也积极投入莱茵河的保护与实践。一方面，他们通过对政府和公司直接施加影响，呼吁关注环境保护；另一方面，他们也会直接以新闻报道等形式引起公众的关注，通过公众参与来促进对环境的保护。公众强烈要求政府和企业采取严格措施来控制污染，而这一举动越来越变成自觉行为。

三、充分发挥市场机制作用

作为一条国际河流，莱茵河沿岸各国开发过程中也曾一度缺乏统一规划，各自为政在所难免，但总体上未曾出现过以邻为壑的情况。在这里，市场机制是资源配置的基本支配力量。荷兰莱茵河“三角洲工程”更是该流域经济规划的世界杰作。同时，市场竞争机制也导致沿河各工业带和工业中心之间，由低水平重复建设、结构雷同的竞争转向发展特色产业和相互利用、错位竞争。由于共同利益的驱动，进一步增强了沿江各国流域经济荣损与共的整体意识，使各国十分认真地搞好不同历史阶段全流域发展规划的协调和合作，并切实贯彻执行。

四、重视法制建设

法制建设的完备程度是衡量一个地区或流域经济发展水平和社会进步程度的一项重要标志。莱茵河流域的法制建设主要有两个方面的内容[①]：一是沿江各国制定的独立的、双边的或多边的相关法规或条约；二是在国内的法律框架下通过相关的法律程序。如1999年莱茵河保护协定通过后在各国议会签署，成为指导莱茵河流域未来开发利用和保护的依据。

法制建设在莱茵河这样一条国际性河流的水能资源、水运资源等多种资源的开发和利用过程中发挥着日益重要的作用。它不仅有效地维护了莱茵河这条国际内陆水运航道正常的航运秩序，有效地促进了以内河航运为发展基点的莱茵河综合交通运输网络的形成与发展，有效地促进了莱茵河综合性多目标的开发和利用，并不断提高开发的水平和层次，有力地推动了产业带的形成及沿江各国经济与社会的发展与进步，而且在建立一整套行之有效的管理机制和不断提高管理水平及加强流域的环境保护与建设等许多方面，都发挥着并将继续发挥重要作用。

五、单一管理向综合管理模式转变

莱茵河早期的开发利用过程，投入了过多的人力，任意索取，不懂节制，完全不顾自然生态的平衡。为了缓解人口剧增与粮食产量不足的矛盾，沿岸土地遭到大规模开垦。修筑水坝、任意对河道疏浚、裁弯取直、截断小支流等，这些工程设施一定程度上促进了流域经济的发展，但同样也带来了许多意想不到的灾难，如洪水泛滥、河流沿岸

① 刘健：《莱茵河流域的开发建设及成功经验》，《世界农业》，1998（2）。

栖息地生物多样性大大减弱甚至丧失等。这些无不表明追求单方面发展是不明智的。

如今，莱茵河河流管理尤其重视以下几个方面的工作：禁止河滩地的开发，返还河流应有的空间，尽力维护、恢复河流的自然特性，注重莱茵河流域生态恢复，如恢复河流的自然冲蚀、切变、淤积和蜿蜒等自然特性，为各种生物提供生存环境等。在过去更关注治理流域污染、关注防洪效果、提高航道保证程度，现在逐步重视生态环境保护，充分认识到人与自然的和谐统一。与原先单一治理方式不同的是，通过制定综合管理规划，把监测、评价、反馈、调整作为规划的有机组成部分，根据以往措施实施结果，不断总结经验和教训，调整和完善应对措施。

齐天乐

第十六章　澳大利亚：多层级协调机制下的流域协同发展

澳大利亚的水资源开发与管理，在全球享有盛誉，流域治理凸显出对州际治理协调机制的倚重，例如政府间协议所表征的流域政府间联盟，以及各种协商性组织机构等多种实现形式均得以强调和完善，进而有效开发和管理了全流域的水资源环境。在管理体制创新的基础上，澳大利亚流域治理还注重引入市场化机制，建立起发达完善的水权交易，以求发挥一定程度的补充作用，实现水资源的有效配置和管理。

第一节　墨累—达令流域的基本概况

墨累—达令河全长 2560 公里，流域面积为 106 万多平方千米，大约占整个澳大利亚陆地面积的七分之一。流域内共有 20 多条河流和低下水系。墨累河是澳大利亚最长的河流，长 2530 公里，达令河为墨累河最长的一级支流，长度是 2740 公里，流量占墨累河总流量的 20% 左右。墨累—达令流域自然区域和行政区域跨度大，河流流经新南威尔士、维多利亚、昆士兰和南澳大利亚州。近 200 万人口依赖流域的自然资源生存和发展，此外，墨累—达令流域还为流域外的 100 万人口供水，300 多万左右的人口和各种工业生产活动的用水量，大约占河流水量的 4%，其余 96% 主要用于农业灌溉。墨累—达令流域是澳大利亚最重要的农业区，1992 年农业总产值占到澳大利亚农业总产值的 41%，它拥有澳大利亚一半的耕地、一半的绵羊以及四分之一的牛肉和奶制品、四分之三的灌溉农田、大约 90% 灌溉耕地作物产量、80% 的草场和苜蓿、70% 的水果和 25% 的蔬菜，可以说，墨累—达令流域是澳大利亚重要的经济区。[①]

墨累—达令河流域降水量变化较大，从源头的 1400 毫米降至奥尔伯里的 600 毫米左右。在有些地区，如科罗瓦，蒸发量甚至超过了降水量。墨累—达令河干流年平均流量 190 立方米每秒，实测最大流量 4400 立方米每秒，实测最小流量 28 立方米每秒，径流总量 59.5 × 108 立方米，径流深为 21 毫米。流域的主要特点是源头位于降水丰富的东

① 高琪、杨鹤：《墨累—达令流域管理模式研究》，《法制与社会》，2008（1）。

部高地，流经降水稀少、蒸发旺盛的广大平原地带，以致多数支流的中下游常有断流现象，特别是干旱年断流月份更长。如 1920 年，拉克伦河连续 9 个月断流，达令河连续 11 个月无水。墨累河上游依靠山地降水、雪水补给，虽未断流，但水位很低。

墨累—达令河流域早期开发的项目主要有灌溉供水、新城镇建设，以及通过兴建各种水闸和塘堰开展的航运。20 世纪 20 年代至 70 年代，各州在流域内修建了许多大坝，使水库容量从 50 亿立方米增加到 300 亿立方米。流域灌溉用水量从 1920 年的 20 亿立方米，增加到20世纪90年代的105亿立方米①。水资源的过度开发导致河流径流量减少，对河流健康与环境产生了重大影响，出现了土地与植被退化、河流环境恶化、土壤盐碱化、海藻泛滥等问题。

第二节　墨累—达令流域管理制度的变迁

墨累—达令河流域在管理体制方面进行了积极探索和重大尝试。国内研究也较多的集中在流域管理体制和制度方面的探讨，更有学者将墨累—达令河流域与我国黄河流域进行比较分析，认为墨累—达令河流域的管理经验对黄河流域具有重要参考价值。因此，回顾墨累—达令河流域的管理制度变迁，可以让我们更好地了解一项制度的建设需要不断探索和创新。本文认为墨累—达令河流域的管理制度演变大致可以分为三个主要阶段②。

一、第一阶段（1900 至 1920 年）

这一阶段的主要特征是：为加快发展，创造更多财富，政府和社团都希望无限制地开发利用墨累—达令河流域的水资源。而此时，人们对河流的认识仍然缺乏系统性，对过度开发的后果认识不清，加之新成立的联邦政府负责为各州确定行政边界，并允许各个州自主管理本辖区内的环境资源，导致墨累—达令河流域的开发出现很多争议和问题。

为了解决争议，1914 年，联邦政府、新南威尔士州、维多利亚州和南澳大利亚州共同签署《墨累河水协议》，1915 年由联邦政府和 3 个州政府批准，各个州还制定了相关的法律，保障该协议的贯彻执行。根据这一协议成立了河流管理机构——墨累河委员会，各州政府在墨累河委员会中都有发言人，都享有一定权利，且相互影响、相互制约，通过协调保障各州的根本利益不受损害。

---

① 王新功、杜文华等：《墨累达令河流域规划解读》，《人民黄河》，2011（5）。

② Don Blackmore：《墨累—达令河流域管理的关键——汇流区域一体化管理》，《中国水利》，2003（11）。

二、转变阶段（1920 年至 1967 年）

墨累河委员会建立后，政府赋予它部分权利，其主要优先权是建设水库、塘堰和水闸，确保墨累河的水资源分配、节约利用和开发、安全供水，以求最大限度地利用有限的水资源。一方面，政府在墨累—达令流域内建设了许多坝、堰等水利工程，进行了世界著名的雪山调水工程，修成 104 座水库，总库容达到 207 亿立方米，使墨累—达令流域实现灌溉和发电两大效益。另一方面，墨累—达令流域沿岸各州共商水资源治理开发问题，达成多项水管理协议，把河水和取水权从州层层分配到城镇到灌区到农户，而墨累河管委会，保证了分水协议的执行与修订完善。

虽然 1915 年制定的水分配原则一直沿用到现在，但是直到本阶段末，由当时不完善的水量分配计量规则而造成的关于供水安全性的争议依然存在。1967 年至 1968 年，墨累—达令河流域发生了近 20 年来最为严重的干旱，加之流域内急剧增加的人口和迅速发展的工农业，水资源供应完全依靠墨累—达令河，水资源短缺问题又一次暴露出来。同时，自然植被砍伐与退化、湿地与河岸带退化、栖息地减少、物种灭绝等环境问题，土著文化遗产区条件恶化、旅游与休闲区退化等社会文化问题，以及政策不协调、已有法规政策实施不力等管理问题，都一一暴露出来。人们开始意识到，水资源的开发与管理不能仅仅局限于水量，还应关注其他更多方面。

三、完善阶段（1968 年至今）

这一阶段，墨累—达令河流域管理制度的变化主要体现在管理对象更加宽泛，职能也更加全面，包括水质和安全供水以及消除其他各种威胁等。在第三阶段早期，对墨累—达令河流域基本成员来说，最大的挑战是如何解决州与州之间的水权争端，如何解决盐分升高问题，如何应对不断高涨的水资源需求。墨累—达令河流域管理者还必须解决流域自然资源一体化管理问题，以及如何引导广大民众关注水资源等问题。毕竟几十年来，委员会的主要任务仍然停留在水量方面。60 年代末，委员会执行的一项详细的墨累河谷盐度调查项目已极大地促进委员会的职能拓宽，而且越来越明确地需要一种更好的整体流域管理办法。1984 年各方政府对协议进行补充，提高了委员会在环境保护方面的职能，反映在社区对盐度的关注，对流域整体管理方法的需要，以及流域的自然资源管理要求协调所有相关政府的行为。随后，1985 年，《墨累—达令河流域协定》诞生，并按照该协议成立了墨累—达令河流域机构以取代墨累河管理机构。墨累—达令河流域委员会负责规划和协调整个流域的自然资源管理项目，实现墨累—达令河流域水土资源及其他环境资源公平、高效、可持续利用。这一制度安排，在后续的管理实践中得到多次修订和完善，一直延续至今。

第三节　墨累—达令流域管理模式的建立

就墨累—达令河流域管理模式的类型而言，学术界尚有不同看法，主要分成“整体流域开发管理”或“汇流区域一体化管理”说，以及“协商管理模式”说。前者着重强调该模式将墨累—达令河流域作为整体管理的特点，从管理范围和对象上界定管理模式，后者则试图体现管理各方之间共同管理的方式和基础，即通过签订州际协定方式，在协商基础上规定管理机构及职责等。但不论名称如何，墨累—达令河流域管理模式的内容都包括法律依据、机构组织等多方面。

一、法律依据

如前所述，1985年,《墨累—达令河流域协定》诞生，并于1987年获得政府批准。随后1992年，澳大利亚联邦、新南威尔士州、维多利亚州和南澳大利亚州又重新签订《墨累—达令河流域协定》，从而替代1982、1987、1990年各协定。此时昆士兰州参加了内阁和委员会，从而使流域在地理上完整。维多利亚议会1993年11月颁布实施《墨累—达令河流域法》，目的就在于批准联邦政府、新南威尔士州和南澳大利亚州之间签署的有关墨累—达令河流域水资源、土地资源和其他环境资源的协定，并为这一协定做出规定,《墨累—达令河流域协定》被作为附件涵盖其中。2003年5月，国会又通过了对该法的修正案，新增附件2，即2002年6月份的第三日签订的《墨累—达令河流域法修正协定》，上述法律及其修正案就成为了现行墨累—达令河流域管理的法律依据。

二、管理机构

依据法律及协定，墨累—达令河流域委员会的组织机构如下：

（一）墨累—达令河流域部级理事会

部级理事会是墨累—达令河流域管理的最高决策机构，由每个签约政府负责水、土地和环境事务的3名部长组成。以墨累—达令河流域为一个整体，任务是总体上负责并制定流域内的自然资源管理政策和确定方向。部级理事会进行流域综合管理的指导原则是：必须寻求流域尺度的解决办法；不能只重视表象，而必须解决内在原因；必须采用综合方式：通过社区行动实现区域和亚区尺度的资源管理；必须向社区土地关爱小组提供明确的指导和支持；政府与社区的人力资源和资金必须协调使用。部级理事会的职能主要包括以下两个方面：其一，为实现流域内水、土地和其他环境资源公平、高效和可持续利用，商讨和制定涉及共同利益的重大决策；其二，为上述目标而努力、权衡，并在适当的时候采取措施。理事会至少每年召开一次会议，由于由各签约政府相关部长组成，理事会的决议代表着流域内各州政府的意志。首都直辖区的官员以观察员的身份列席会议，同时社区咨询委员会的主席可以参加部级理事会召开的全部会议。

（二）社区咨询委员会

为了在流域内采取统一的政策行动，并广泛地听取各方面的意见，墨累—达令河流域委员会设立了一个社区咨询委员会。社区咨询委员会是部级理事会的咨询协调机构，负责广泛收集各方面的意见，进行调查研究，并就一些决策问题进行协调咨询，保证各方面的信息交流，及时发布最新的研究成果。委员会通常有 21 名成员，为来自 5 个州、12 个地方流域机构和 4 个特殊利益群体的代表。根据墨累—达令流域的特点，并适当考虑行政界线，流域分成 12 个单元，并相应成立了 12 个地方流域机构，每个流域机构派 1 名代表加入社区咨询委员会。4 个特殊利益群体分别是全国农民联合会、澳大利亚自然保护基金会、澳大利亚地方政府协会、澳大利亚工会理事会。社区咨询委员会在人数规模限制的条件下，体现了广泛的代表性。社区咨询委员会负责流域委员会和社区之间的双向沟通，其宗旨是“确保社区有效参与，并解决流域内的水土资源和环境问题”。社区咨询委员会对流域委员会提供下列咨询：向部级理事会和委员会就需要关注的自然资源管理问题提供咨询，向委员会反映社区对所关注的问题的观点和意见。

（三）墨累—达令流域管理委员会

管理委员会是部级理事会的执行机构。管理委员会由来自流域 5 个州政府中负责土地、水利及环境的司局长或高级官员担任，每州 2 名，主席由部级理事会指派，通常由持有中立态度的大学教授担任。管理委员会是一个独立机构，它既要对各州政府负责，但也不是任何一个州政府的法定机构，职能则是由流域管理协定规定。流域管理委员会的主要职责是：分配流域水资源；向部级理事会就流域自然资源管理提供咨询意见；实施资源管理策略，包括提供资金和框架性文件。另外，流域管理委员会下设一个由 40 名工作人员组成的办公室，负责日常事务。为了加强流域的综合规划与管理，建立了 20 多个特别工作组，聘请来自政府部门、大学、私营企业及社区组织的关于自然资源管理及研究的专家，以便将最先进的技术方法和经验运用到流域管理中去。

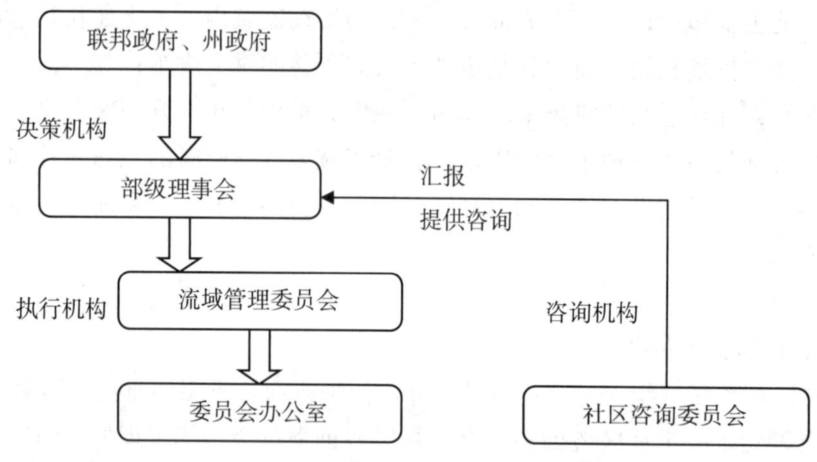

图 16–1　墨累—达令流域管理机构示意图

三、墨累—达令河流域管理模式特点

墨累—达令河流域管理模式的一大特色就在于采用联邦—州的联合协议的方式，对流域进行统一管理，避免了“政出多门”的现象。采取这种方式，与澳大利亚自身的政治体制以及环境管理方面的现状密不可分。澳大利亚采用联邦制，除宪法明确授予联邦的权力外，均由各州保留，但联邦权力位于州权力之上。值得注意的是，澳大利亚联邦的权力，与其他一些联邦制国家一样，在 20 世纪都有相当的扩张。[①]而在环境保护领域，污染企业更期望由各州进行环境管理，因为各州的污染控制机构相对小而弱，更倾向于调解的方式而不是强制遵守。再加上墨累—达令流域内包含数个行政区域，因此要进行有效的全流域环境管理，采用联邦—州的联合协定方式无疑是最佳选择。

联邦—州的联合协定源自州际协定，是州际协定发展的最重要趋势之一。州际协定是实现州际合作和解决州际争端的最为重要的区域法治协调机制。它是两个或更多的州为了解决跨越州边界的争端或者更好地合作而签订的法律协定。效力优先于成员州之前颁布的法规，甚至也优先于之后新制定的法规。当两个或者更多的州通过立法的形式来创造和解释一个协定的时候，州际协定就产生了效力。但是，州际协定同时也是参与州之间的合同，所以它与州的其他一般法规是不同的。就像一般民事合同对个人或公司的效力一样，具有合同性质的州际协定对成员州同样具有约束力。一旦参加了州际协定，各州就不能随意地单方面修改或者撤销该协定。

① Brian G. Baillie，Environmental Law and Litigation in the United States：An Australian' s Impressions of America' s New Legal Frontier.5ENVTL. & PLAN.L.J.14.15 (1988) .

州际协定这种区域法治协调工作越来越受到联邦政府和州政府决策者的关注和青睐，它对州际合作的巨大贡献也日益显现。而相比于纯粹联邦机构模式（即田纳西河模式），这种联合计划机构模式已经取得很大进展。①

第四节　水权制度与水权交易的探索

在澳大利亚殖民的早期，由于人口较少，且多集中居住在降雨较丰沛的地区，水资源的矛盾不是十分突出。进入19世纪后期，随着农牧业的迅猛发展和城市用水的大量增加，水资源供需变得紧张起来，水权制度也就由此产生。19世纪中叶前，澳大利亚的水权制度主要以英国的共同法为基础，实行河岸所有权制度，规定与河道毗连的土地所有者拥有水权。②进入20世纪，各州开始立法，实行水权许可制度，水权与土地有所权分离，明确水资源是公共资源，归州政府所有，由州政府调整和分配水权。在此期间，出现了共同水权。这种水权的特征就是农业灌区设施是由发展商或政府投资发展，然后由当地灌区农民共享灌区水权。还出现了各州共同水权。墨累河由维多利亚州、南澳大利亚州及新南威尔士州共同拥有，三州签订分水协议，对水权进行分配，以定量的方式明确各州所拥有的具体水权。20世纪70年代后澳大利亚开始实施计量水权，即根据河流的可用水量来分配灌溉用水及环境用水，也就是以供定需型。这也为水权交易奠定了基础。20世纪70年代，澳大利亚政府通过立法允许水权交易，使水资源利用和流域开发开始真正走上良性发展道路。

一、水权制度的主要内容

如前文所述，澳大利亚的水权由州政府控制并分配水权，跨州河流水资源的使用是在联邦政府的协调下，由有关各州达成分水协议，各州共享水权。水权从流域到州到城镇到灌区到农户被层层分解。

从管理体制看，澳大利亚水资源管理体制分为邦、州和地方三个层次，基本上以州为主。在联邦政府，联邦政府水利委员会是国家管理地表水和地下水的主要机构，农林渔业部和环境部也具有相应的水管理职能。在州，州政府是水资源的拥有者、管理者，负责调整和分配水权，州政府内水管理机构负责水资源的评价、规划、监督和开发利用，并负责州内的供水、灌溉、防洪、河道整治等水利工程建设，水资源市场由州机构管理，保证市场运营顺畅。在地方，水务局作为水资源配额的授权管理者，执行州政府

---

① 何渊：《州际协定——美国的区域法治协调机制》，http://www.diffy.com/sifashijian/jj/200605/20060504174613.htm，2007.11.20。

② 刘世庆、巨栋等：《中国水权制度建设考察报告》，社会科学文献出版社2016年版。

颁布的水法律、法规，负责供水、排水及水环境保护。总的来看，各级政府分工明确，对水资源进行分级管理，取得较好成效。下面以墨累—达令河流域内的维多利亚州为例，具体说明澳大利亚所建立的水权制度。

（一）水权的类型

《维多利亚水法》规定，维多利亚州水的所有权归州政府所有。农户对河道外的水有使用的权力，同时有从流经其土地的河道内为家庭生活和家禽饮用而取水的权力，其他取水、用水都需要申请。法律还规定，水权分为三种类型：一是授予具有灌溉和供水职能的管理机构、电力公司的水权，成为批发水权。二是授予个人从河道、地下或从管理机构的工程中直接取水以及河道内用水权力的许可证。许可证有效期限一般为15年，到期前须申请更换。三是灌区内的农户具有用水权，灌溉管理机构必须确保向农户提供生活、灌溉和畜牧用水。

（二）水权的分配与获得

理论上，水权分配是根据综合规划系统及全流域资源的水文评价进行的，包括消耗性和非消耗性用水权的分配。根据某一河流多年的来水和用水记录以及土地的拥有情况等，确定个人农牧场主或公司用水额度。水分配过程中，每个流域经测试后首先评估确定需要多少环境生态用水，在生态环境用水得到保证的前提下，再确定可供消费水量。除了某些特殊或紧急情况，环境用水具有优先权。在水权分配过程中，还积极创立各种途径吸引社会大众的广泛参与，包括让各用水户、利益团体和一般社区成员参与到影响水权分配与管理的流域规划过程中，建立与水分配有关的公众咨询程序等。根据法律规定，水权分配后，批发水权和许可证的获得仍然需要多个步骤，经多部门和组织的调查研究后予以批准，方可取水。未取得许可证而擅自取水的属于违法行为，当事人将受到罚款或3至6个月的监禁处罚。①

（三）水价机制

澳大利亚的水价按照水的用途大致可以分为三类：第一类是工业用水水价，这类水价完全按照市场运作，价格中包含所有成本费用，并要考虑一定的税收和供水公司的利润；第二类是城市居民用水水价，这部分水价主要核计成本价和供水公司适当的利润；第三类是农牧业用水水价，这类水价政府一直采取倾斜政策，水价主要为供水公司的成本价，以调动农民生产积极性，降低生产成本。政府水行政主管部门每年在供水公司的核算中，对不能回收的部分水成本采用政府补贴的办法，使供水公司能够维持正常

---

① 胡德胜、陈冬：《澳大利亚水资源法律与政策》，郑州大学出版社2008年版。

发展。

（四）生态用水管理制度

这种制度主要包括生态水权制度和政府回购生态用水制度等。针对人类过度利用水资源而产生的水生态问题，1995 年澳大利亚政府颁布了《水分配和水权——实施水权的国家框架》，明确了“环境是合法用水户”；1996 年发布了《保障生态系统供水的国家原则》，其中，最基本的原则是河流和湿地是法定的用水户，明确为其配置水资源是保证生态可持续的重要因素，要求管理机构必须建立环境用水配置效果的监测系统，并通过监测和研究结果调整配置方案。

早期用水许可颁发过度，生态用水量无法满足。为解决这一问题，20 世纪 90 年代中期，澳大利亚开始实施用水上限控制制度和政府回购制度。除了规定社会取水上限来减少取用水量外，针对取水许可颁发过度的情况，政府还采取回购办法增加生态用水量。2004 年政府出资 5 亿澳元从墨累—达令河流域的水权拥有者手中购买 5 亿立方米水作为生态用水，保留在墨累河流域，以此解决墨累—达令河流域生态环境问题。

二、水权交易市场的运行

澳大利亚进入 20 世纪 70 年代后，随着水资源短缺状况日益加剧，水资源供需矛盾进一步突出，可授权的水量也越来越少，有时甚至超过可利用量，所以新用水户很难通过申请获得水权，在这种情况下，澳大利亚政府通过立法允许水权交易，通过水权交易获得收益。1983 年，墨累—达令河流域的新南威尔士州和南澳大利亚州进行水权交易，这是澳大利亚的第一次水权交易。新南威尔士州开始只允许墨累河沿岸的私人饮水者进行水转让，到 1984 年制定条例将工业用水也列入可转让范围。1983 至 1984 年度新南威尔士州完成 4 次临时水权交易，交易量为 257 万立方米。从 80 年代末开始，在本州内以及同其他州之间进行临时或永久水权交易[①]并且交易额逐年增长。1989 年出现首次永久水权交易，1989 年至 1990 年度永久性水权交易为 5 次，交易量为 270 万立方米。

进入 20 世纪 90 年代，澳大利亚的水交易迅猛发展，给澳大利亚的农业和用水户带来了巨大的经济利益。这是澳大利亚联邦政府政务院水改革框架的一项重要成果。1994 年 2 月，澳大利亚联邦政务院签署批准了水工业改革框架协议，其中最重要的改革之一是要求各州推行水分配综合体系，其基础是水权和土地权的分离和水权综合体系的建立。1995 年 4 月，澳大利亚联邦政务院批准推行包括工业在内的国家竞争政策和相应改革，这大大促进了水权交易的发展。1997 年至 1998 年度，仅新南威尔士州就完成

① 水权交易方式从时间上划分，可以分为临时转让（年度或季节的水量交易）和永久转让（水证转让）。

1980次临时水权交易，总交易量达5.07亿立方米，其中跨流域水权交易133次，交易量6278万立方米；完成永久性水权交易125次，交易量4760万立方米。1999年4月，在政府灌区内也开始推行水权效益，不同的政府灌区间、政府灌区与私人引水者之间也开始了水转让。在维多利亚州，2003年水权临时转让年交易量已达2.5亿立方米，永久转让年交易量为2500万立方米。目前，水权交易在澳大利亚相当普遍，水权交易制度也比较完善，许多州已形成了固定的水权交易市场，已成为世界水权交易和水市场的典范。[①]

澳大利亚州政府在水权交易中起着非常重要的作用，包括：一是提供基本的法律和法规框架，建立有效水权交易制度，保障土地所有者、管理当局、灌溉公司或合作社以及其他私营代理能够有效进行交易，而不会对第三方产生负面影响及对河流、含水层、环境和可持续发展不产生破坏。二是作为资源的看守者，建立用水和环境影响的科学与技术标准，规定环境流量。三是提供强有力的监测制度并向广大社区发布信息。如通过发展水交易所等方法促进价格公开和市场信息的传播。四是明确私营代理机构的权限，使它们在权限内运营。五是促进对社区有明显效益的水交易。六是维持资源的供给，保证优先顺序的灵活性，处理不断出现的各种新问题等。[②]

实践证明，澳大利亚水权交易使水资源的利用和流域经济的发展向更高效益的方面转移，给农业以及其他用水户带来了直接的经济效益，促进区域发展，改善生态环境。用水户和供水公司出于自身的经济利益，更加关注节约用水，促进了先进技术的应用，提高了用水管理水平。澳大利亚水权交易的典型案例要数南澳大利亚的墨累—达令流域的水权交易。根据澳大利亚产业委员会估计，在墨累—达令流域，每年因水权交易而产生的经济效益可达4000万澳元。当然，由于立法、自然条件、经济和政治等方面的不同，水权交易在不同的州、地区、区域和流域之间的发展还有所差异。

第五节　墨累—达令河流域经济与政区经济协同发展的经验

一、水资源分级管理的创新实践

澳大利亚的水资源管理实行行政管理和流域管理相结合的体系，各级政府分工明确，对水资源进行分级管理，取得了较好成效。从行政管理看，水资源管理大体分联邦、州和地方三级，但基本上以州为主。联邦政府水利委员会是国家管理地表水和地下水的主要机构，农林渔业部和环保部也具有相应的水管理职能。各州水资源所有权属于州政府，由管水机构代表州政府实施水资源管理、开发和供水分配，发放取水许可证。

① 沈满洪：《论水权交易与交易成本》，《人民黄河》，2004（7）。
② 水利部黄河委员会：《黄河水权转换制度构建及实践》，黄河水利出版社2008年版。

地方的水务部门是执行机构，负责供水、排水及水环境保护。从流域管理看，墨累—达令河流域设有流域管委会，由州政府、民间组织、公民等共同参与管理，并且通过协商机制，建立了流域管委会的权威。这种流域州际政府与联邦政府达成流域管理协定的做法，具有积极意义，是未曾有过的创新实践。

二、公众积极参与流域管理与水资源开发

为推动公众参与水资源管理，各级政府部门一方面给公众提供参与平台，设立一些民间组织，如社区咨询委员会、农民联合会、民间团体等，吸引公众参与这些平台并积极献计献策；另一方面，推行一些如“水的共享计划”“节水行动计划”等水权管理活动，吸引公众主动参与到水管理和水节约的具体活动中，以提高公众的参与意识和节水意识。实践证明，澳大利亚水资源管理中的公众参与有效促进了公众对水资源管理和分配的参与积极性，提高了水资源分配和水权交易的效率和公平性，有利于全民节水意识和环保意识的提升。

三、完善的用水计量设施和水资源信息监测系统

用水计量设施和水资源信息监测系统是水资源管理的技术基础。澳大利亚经过近百年的流域开发和持续的技术投入，已经建立比较完善的用水计量设施和水资源信息监测系统。墨累—达令河流域已经安装了用水计量设施，建立了比较完善的水资源信息监测系统，从而能可靠地预测年内、年际水资源可分配总量，极大地提高了水权定量管理的可操作性和有效性。例如，在新南威尔士州，地表水用水计量普及率达 94%，地下水用水计量普及率达 34%，并且水资源信息监测系统实行了自动化，信息可以通过网络平台与社会共享，企业和公众通过查询可以随时了解到所需要的水资源信息，从而理性做出关于水事活动的判断和决策，提高了用水效率。

四、建立市场化的水权交易制度

建立水权制度是实现水资源合理配置的关键。在科学的管理组织架构下，如何运用行之有效的手段，使流域整体管理思路真正落实是实际管理中的关键问题。而经济手段的可行性和自觉约束力在管理中具有显著的优势。从澳大利亚水改革框架方案实施后，就开始建立水市场，制定水价，进行水权交易等。墨累—达令河流域的市场化管理就是建立在国家长期水市场管理的基础上。市场化管理的封顶和水权交易制度都是为了实现总量控制的目标，其总量控制措施就是通过建立一个在全流域内共享水资源的新框架，来确保水资源的有效和可持续利用。水权交易使水资源向利用效率和使用价值更高的用

途转移。它改变了供水工程建设管理的投融资方式，使得用水户更直接地参与供水管理。墨累—达令河流域作为重要的农业灌溉区，是水权交易实施的重要区域，通过总量控制和水权交易等手段，让各流域管理主体更加注重水资源的使用成本和价值，有利于实现流域水资源的合理配置。

五、坚持贯彻可持续发展理念

墨累—达令河流域管理以水资源保护、河流生态保护与可持续利用为重点，突出体现在水资源与河流生态的保护、管理与治理、确定地表水与地下水可开采的限额、设置全流域水环境与盐度治理的目标、制定环境用水规划和流域水资源交易制度等，以求确保流域水资源的可持续利用与河流生态的保护。这与墨累—达令河流域水资源开发利用程度较高、水资源供需矛盾尖锐、水生态环境恶化等问题是对应的。同时，墨累—达令河流域管委会对河流的开发利用，已经从单一目标向社会、经济和生态多目标，从短期向长期、可持续发展目标，从商品价值目标向非商品价值目标转变，这是当前国际上河流整体开发与管理理念的体现。

齐天乐

定了专门的社区咨询委员会，以此广泛听取多方意见，保证决策科学性。

长期以来，我国的流域管理缺少利益相关方参与，公众参与更是薄弱。例如，一些地方政府和企业为了经济利益，不惜上马高耗水、高污染、高排放的项目，而作为弱势群体的普通公众，往往被排斥在决策过程之外，不仅利益得不到保障，甚至连知情权都被剥夺，也更谈不上参与。流域综合管理要求流域内的各利益相关方共同参与解决流域事务，利益相关方有效而广泛的参与是实施流域综合管理的必要条件。需要指出的是，虽然公众参与流域管理的作用越来越重要，但在现阶段，各个层次的政府部门及专家的参与，比普通民众的参与显得更为迫切。因此，在我国推进公众参与，需要完善法律法规，保障公民的参与权；支持用水者协会和环保NGO的发展，使其成为公众参与流域管理的桥梁；推进流域信息公开，充分保障公民知情权；利用各种途径扩大宣传，提高公众的参与意识，增强政府对公众参与的认识。

四、突出重点领域，综合利用流域资源

国外实践表明，根据国情区情，选择开发的主导目标，综合利用水资源的战略是经济可行的。田纳西河流域管理局起初主要从防洪入手，大力发展电力，疏通航道，为当地居民及产业发展提供丰富而稳定的水源。而后，管理局开始利用当地丰富的自然资源，发展火电、核电、化肥工业、旅游业，取得了良好的经济效益，仅发电、防洪、航运、旅游四项主要效益已达269亿美元，相当于政府拨款的6.5倍。①此外，法国的罗纳河流域开发的首要原则是充分发挥电力效益，并以低水头引水式电站建设为方法，节约土地，同时兼顾灌溉、航运及生态建设，其土地节省和环保效益非常显著，被誉为“罗纳河模式”。莱茵河流域的沿岸各国把航运作为开发的首要目标，通过干支流直达、河海港口相联的航道网，实现流域经济与国际市场的互通互联。

我国流域经济的发展还十分滞后，虽然很多城市依水而居，很多产业依水而兴，但是整体看，我国流域的综合功能仍然没有充分挖掘。目前，国内流域开发仍然较多地局限于水电开发，以水坝等工程建设，实现防洪和发电的经济效益，而航运、旅游、休闲娱乐等其他功能发展相对缓慢。以航运为例，唯有长江能够实现通江达海的长距离运输，即使如此，长江航运的潜力也没有充分发挥，航道疏浚不力，仍有较多险滩激流，水坝的过坝设施更是预留不足，严重制约航运业的发展。考虑到流域开发的阶段性和每一流域的特殊性，我们可以以水电建设为突破口，首先实现防洪和发电的功能，但是经过几十年的开发，我国大多数流域的水电开发已经基本完成。当前，应该将重点转向其他功能的开发利用，例如旅游、休闲娱乐、环境保护等方面。

① 许浩：《国外流域开发模式与江苏沿江开发战略（模式）研究》，东南大学硕士学位论文，2004：22。

五、重视环境保护，推动可持续发展

流域生态环境的优劣直接影响着流域经济的发展，流域生态系统的平衡更是水资源开发与管理的重要内容。历史上，国外所发生的数次流域污染事件无不震惊世界，人们不得不重新审视水环境的承载力，并制定相应措施，以求流域的可持续发展。美国在流域开发之初便十分重视环境治理，田纳西河流域管理局通过目标建立、过程控制和成效报告这一综合的环境管理系统将环境保护实践融入到业务操作中，并且始终严格遵守环境法律法规的要求，不断取得进步。管理局还进行多项环境工程，例如在裸露地区植树种草、恢复植被；在保护好流域内植被的前提下，逐步将一些深根性植物改为浅根性植物，以提高林分质量；对国有林采取限额采伐措施，减少流域森林资源消耗等。[①]欧洲莱茵河流域则是经历了先污染后治理的过程，针对日益严重的污染问题，欧洲沿岸建立大量工业废水和城市生活污水处理厂，严格限制未经处理或未达标的水直接向河道排放，同时采取放养鱼苗、增加适合鱼类生存的栖息地、拆除支流上的大坝或设置鱼道等措施，致力于恢复莱茵河的生物多样性。如今，多数发达国家已将水污染的控制及流域范围内生态系统的保持作为日常流域管理的重中之重，并使之产业化，保护环境的同时，产生经济效益，以此实现流域经济的可持续发展。

我国流域生态环境并不乐观。2005 年，全国七大水系的 411 个地表水监测断面中，27% 的水为劣Ⅴ类水质，基本丧失使用功能。重点流域 40% 以上的水质没有达到治理规划的要求，流经城市的河段普遍受到污染，近海水域赤潮和三峡库区“水华”现象接连发生。部分流域水资源开发利用程度过高，淮河、辽河水资源开发利用率超过 60%，海河超过 90%，明显超过合理利用水平，致使枯水期基本上没有生态流量，减弱了水体自净能力，加剧了水污染恶化的趋势。因此，为了实现国家生态建设目标，必须建立高效的管理体制，理顺政府职能，推广流域水污染防治联席会议制度，加强环保执法力度。同时，运用经济手段提高治理环境效率，例如，加快征收城镇污水处理费，提高排污收费标准，实行有利于水污染防治的税收政策等。环境公开对生态保护也具有重大推动作用，应不断加强环境宣传与教育，增强全社会生态文明意识，扩大公众环境知情权等。

六、以市场化手段优化流域要素配置

水资源合理配置是流域经济健康发展的关键，而行之有效的市场化手段或经济手段在水资源合理配置中具有显著的优势。澳大利亚的水权市场交易使水资源向利用效率和

---

① 甘露：《美国流域管理经验借鉴——赴美培训考察报告》，《贵州林业科技》，1995（4）。

使用价值更高的用途转移，它改变了供水工程建设管理的投融资方式，使得用水户更直接地参与供水管理，提高了水资源利用效率。在莱茵河流域的开发与管理中，市场机制更是资源配置的基本支配力量。荷兰莱茵河“三角洲工程”是该流域经济规划的世界杰作。同时，市场竞争机制也导致莱茵河沿河各工业带和工业中心之间，由低水平重复建设、结构雷同的竞争转向发展特色产业和相互利用、错位竞争。

在我国，流域开发与管理基本上还是以行政强制为主，市场化手段比较欠缺，仅有赔偿和收费是法律法规中比较明确规定的经济手段，而例如财政、税收、金融等经济手段，现有法律法规中很少涉及，水权交易更是缺乏实践层面上的操作性。这就需要我国政府逐步实行市场化，以此应对越来越复杂的流域管理。在我国现行的市场经济体制下，保留初始水权作为生态之用，而对市场上进行交易的水权，通过各地区、各部门之间的协商，以市场作为流域水权改革方向的导向。①此外，还应逐步减弱政府的导向作用，政府作用主要体现在宏观调控与监督作用上，将政府放在流域的核心管理职能的资源管理者和调控者的位置上。这里还需特别强调的是，市场化会对农民增加负担，此时政府应予以适当补偿，来遏制农业用水的浪费。

七、加强流域开发与管理的科技支撑

随着科学技术越来越进步和流域管理越来越复杂，各发达国家无不确立了加强流域科技支撑的目标，为流域综合管理提供强有力的科研信息、流域监测、技术装备等支撑条件，提高流域综合管理的科技水平。美国田纳西河流域管理局成立专门的科研机构，组建专业的科研队伍，开展自然资源利用的研究工作。科研课题涉及田纳西河流域管理局所从事的所有专业领域，如水资源开发研究、电力工程建设研究、高效化肥研究、湿地研究等。田纳西河流域管理局还非常重视高新技术的应用，大胆采用地理信息系统、全球定位系统、遥感技术和计算机等多种高新技术手段，以确保流域管理目标的顺利实现。澳大利亚则是建立了比较完善的用水计量设施和水资源信息监测系统，从而能可靠地预测年内、年际水资源可分配总量，极大地提高了水权定量管理的可操作性和有效性。

我国财政通过多种渠道资助大量经费支持开展了很多水资源和流域问题研究，相关科技工作者在科技创新和服务于国家需求方面，都取得了重要成果。这些成就，应该得到充分肯定。但无论科技管理体系、科技规划和科技应用等方面，仍有许多地方亟待调整和完善。各部门之间、各资助渠道之间的协调与配合有待加强，多学科力量参与的、多目标的、具有长期性和综合性的流域集成研究有待加强，科研成果的应用也有待加

① 史璇、赵志轩等:《澳大利亚墨累—达令河流域水管理体制对我国的启示》,《干旱区研究》，2002（5）。

强。所以，为了加强科技支撑，需要统筹重大科研项目的立项，协调组织相关重大科研项目的实施；打破基础研究、高科技研究之间的壁垒，打破自然科学研究、社会科学研究之间的壁垒；整合多部门多学科的科研力量，加强流域问题的综合、集成研究，减少低水平重复研究；加强新理念、新技术、新方法的应用；加强学术交流，广泛、深入开展流域管理方面的国际交流和合作。

齐天乐、唐佳路、胡　洹

参考文献

覃成林编:《黄河流域经济空间分异与开发》，科学出版社 2011 年版。

梁积江、吴艳珍编著:《西部生态区划与经济布局》，中央民族大学出版社 2008 年版。

刘小康:《“行政区经济”概念再探讨》,《中国行政管理》，2010（3）。

熊曦、吴冬霞、曹姣:《关于我国“行政区经济”的思考》,《西部论坛》2007，17（3）。

陈湘满:《论流域区与行政区的关系协调》,《邵阳师范高等专科学校学报》，2002（2）。

邢华、赵景华:《流域与区域水利发展协调性评价——以淮河流域为例》,《中国人口·资源与环境》，2012（10）。

刘有明:《流域经济区产业发展模式比较研究》,《学术研究》，2011（3）。

张莉:《欧美流域经济开发的经验及启示》,《群众》2015（9）。

国家能源局:《国外主要国家水电发展的经验》，2014.09.16。

郑春宝、马水庆、沈平伟:《浅谈国外流域管理的成功经验及发展趋势》,《人民黄河》，1999（21）。

张卓群、肖强、于升峰:《国外流域综合管理典型案例研究及对我国的启示》,《现代商业》，2016（25）。

李阳、赵中极:《我国公共水权制度及其发展趋势探讨》,《中国水运》2007（10）。

王浩等:《流域初始水权分配理论与实践》，中国水利水电出版社 2008 年版。

孙宏亮、李璐、张涛、刘伟江、郜志云:《我国饮用水安全保障现状与对策分析》,《环境与可持续发展》，2015（5）。

李慧:《京津冀水利一体化如何破冰》,《光明日报》，2014.09.21。

燕乃玲、虞孝感:《我国生态功能区划的目标、原则与体系》,《长江流域资源与环境》，2003，12（6）。

陈栋生:《区域经济学》，河南人民出版社 1993 年版。

韩文洁、史利江:《流域经济的空间分异——以黄河流域为例》,《价值工程》，2016（25）。

罗宏、冯慧娟、吕连宏:《流域环境学初探》,《2010中国环境科学学会学术年会论文集(第二卷)》,中国环境出版社2010年版。

李伟:《建造流域经济》,《人民日报海(外版)》,2000.04.27。

世界银行:《2009年世界发展报告:重塑世界经济地理》,胡光宇等译,清华大学出版社2009年版。

张建波、韩飞:《无锡首创的"河长制"要在全国推广》,《扬子晚报》,2016.11.04。

国务院办公厅:《关于全面推行河长制的意见》,2016.12.11。

张侃侃、郭文炯:《基于空间特征、过程与机制的流域经济研究》,《经济问题》,2013(10)。

仇和、石金楼、陈洪强:《谈谈"政区经济"与"区域经济"之关系——张家港"科技兴市"的启示》,《中国科技论坛》,1994(6)。

吴小建:《从碎片化到一体化:流域水污染治理模式的转向》,《安徽广播电视大学学报》,2014(1)。

丰云:《从碎片化到整体性:整体性治理视角下的湘江流域治理策略》,《党政干部论坛》,2015(6)。

陈坤:《从直接管制到民主协商:长江流域水污染防治立法协调与法制环境建设研究》,复旦大学出版社2011年版。

上官仕青:《跨域环境治理中的地方政府合作——以小清河流治理为例》,中国海洋大学硕士论文,2015。

王昱、丁四保、王荣成、卢艳丽:《地理学区域研究中的外部性认识及其科学意义》,《地理研究》,2011(4)。

刘玉龙、阮本清、张春玲、许凤冉:《从生态补偿到流域生态共建共享——兼以新安江流域为例的机制探讨》,《理论前沿》,2006(2)。

魏向前:《跨域协同治理:破解区域发展碎片化难题的有效路径》,《天津行政学院学报》,2016(3)。

(美)埃莉诺·奥斯特罗姆:《公共事物的治理之道——集体行动制度的演讲》,余迅达、陈旭东译,上海三联书店2000年版。

吴群河、牛红义:《外部性理论与我国流域水环境管理的探讨》,《人民长江》,2005(1)。

王圣君:《政府治理跨界水污染模式研究》,硕士论文,东华大学,2014。

田苗:《珠江流域滇黔桂三省交界地区跨边界经济合作及协同发展研究》,云南师范大学硕士论文,2006。

北京大学"科学发展观与政府管理改革"课题组:《参与共治:超越地方行政分割体制的流域水污染治理新模式》,《环境保护》,2011(23)。

毕乐强:《区域经济外部效应及对策研究》，东北财经大学博士论文，2011。

刘英基:《中国区域经济协同发展的机理、问题及对策分析》,《理论月刊》，2012(3)。

安树伟、母爱英:《省级“行政区边缘经济”与统筹区域协调发展》,《重庆工商大学学报(西部论坛)》，2005(6)。

王力年:《区域经济系统协同发展理论研究》，东北师范大学博士论文，2012。

李琳、刘莹:《中国区域经济协同发展的驱动因素》,《地理研究》，2014(9)。

王佳、石智雷:《基于共生理论的流域经济协同发展分析——以南水北调工程河南段为例》,《水利经济》，2013(4)。

冷志明:《中国省际毗邻地区经济合作与协同发展的理论基础及运行机制研究》,《科学经济社会》，2007(2)。

顾金妍:《中央与地方政府及地方政府间对长江流域合作治理的研究》，西南交通大学硕士论文，2007。

薛雅琳:《南水北调工程建设中“整体政府”公共服务模式研究》，郑州大学硕士论文，2014。

邢华:《水资源管理协作机制观察：流域与行政区域分工》,《改革》，2015(5)。

钱东:《我国水资源流域行政管理体制研究》，昆明理工大学，2007。

杨娟:《流域良治——流域管理的发展方向》,《北方环境》，2004(5)。

崔伟:《京津冀大气污染治理中政府间协作的碎片化困境及整体性路径选择》,《哈尔滨学院学报》，2016(8)。

胡徽:《流域协同治理的主体动力研究》，湘潭大学硕士论文，2015。

颜昌武:《协同治理化解碎片化困境》,《学习时报》，2016.05.02。

李建建、黎元生、胡熠:《论流域生态区际补偿的主导模式与运行机制》,《生态经济》，2006(10)。

王勇:《流域政府间横向协调机制研究》，南京大学博士论文，2008。

黎鹏:《区际产业的互补性整合与协同发展研究》,《经济与社会发展》，2003(5)。

卢祖国:《流域内各地区可持续联动发展路径研究》，暨南大学博士论文，2010。

米娟:《中国区域经济增长的要素集聚差异性研究》，辽宁大学博士论文，2008。

熊俊:《要素投入、全要素生产率与中国经济增长的动力》，中国财政经济出版社2008年版。

黄宏伟:《整合概念及其哲学意蕴》,《学术月刊》，1995(9)。

李显君:《关于管理整合的初步研究》,《中国软科学》2003年第4期。

黎鹏:《区域经济协同发展研究》，经济管理出版社2003年版。

张文合:《流域经济区划的理论与方法》,《天府新论》，1991(6)。

刘君德、舒庆:《中国区域经济的新视角——行政区经济》,《改革与战略》，1996

（5）。

胡碧玉:《流城经济非均衡协调发展制度创新研究》，四川人民出版社 2005 年版。

刘培林:《地方保护和市场分割的损失》,《中国工业经济》，2005 年第 4 期。

徐长乐:《建设长江经济带的产业分工与合作》,《改革》，2014（6）。

曹俊杰:《生态农业、效益农业与我国农业的可持续发展》,《经济问题》，2002（3）。

李萍、黄载曦:《四川生态旅游业与政府的主导作用》,《旅游管理》，2001（2）。

胡鞍钢:《地区与发展西部开发新战略》，中国计划出版社 2001 年版。

熊晶:《国际河流管理和内河流域管理比较研究》,《长江流域资源与环境》，2005，14（2）。

张惠林:《流域地表水资源管理体制》，中国农林大学硕士论文，2005。

崔伟中:《流域管理若干问题的研究》,《湖泊科学》，2004（12）。

杨道波:《流域生态补偿法律问题研究》,《环境科学与技术》，2006，29（9）。

何大伟:《三峡库区流域管理模式探讨：机构、法律与制度》,《科技导报》，2000，03。

李曦、雷海章、熊向阳:《我国流域管理的现状问题及对策》,《科技进步与对策》，2002（3）。

刘毅:《改革流域管理体制促进流域综合管理》,《中国科学院院刊》，2008（2）。

王树义:《流域管理体制研究》,《长江流域资源与环境》，2000，11（9）。

冯省、王富贵:《流域管理中的几个新理念及其实践应用》,《水资源与水工程学报》，2011，22（3）。

薄燕怀:《实施水环境全流域管理的初步研究》,《安徽师范大学学报（自然科学版）》，2000，23（4）。

施雪、普利锋、张力小等:《流域管理与区域管理矛盾研究——以丹江口水库流域为例》,《环境科学与技术》，2009，32（3）。

刘新华:《建立流域管理与区域管理相结合的黄河河道管理机制的探讨》,《水利发展研究》，2004（9）。

李婉晖、潘文斌、邓红兵:《水资源利用与保护的途径——流域管理》,《生态学杂志》，2004，23（6）。

任远:《太湖流域水污染实质与集成化流域管理》,《中国人口资源与环境》，2002，12（4）。

任勇、冯东方、俞海:《中国生态补偿理论与政策框架设计》，中国环境科学出版社 2008 年版。

胡鞍钢、王亚华:《转型期水资源配置的公共政策：准市场和政治民主协商》,《中国软科学》，2000（5）。

葛颜祥、梁丽娟、接玉梅:《水源地生态补偿机制的构建与运作机制研究》,《农业经济问题》,2006(9)。

张惠远、刘桂环:《我国流域生态补偿机制设计》,《环境保护》,2006(19)。

安新代、殷会娟:《国内外水权交易现状及黄河水权转换特点》,《水资源管理》,2007(19)。

樊辉:《流域管理中的公众参与研究》,《商业时代》,2012(29)。

李环:《流域管理中公众参与问题的探讨》,《油气田环境保护》,2006,16(2)。

李丹、黄德忠:《流域管理中的公众参与机制》,《水资源保护》,2005,21(4)。

黄艺、蔡佳亮、郑维爽等:《流域水生态功能分区以及区划方法的研究进展》,《生态学杂志》,2009,28(3)。

崔延松、张云等:《自然资源开发利用与管理——基于流域可持续发展的研究视角》,黄河水利出版社2012年版。

姜群鸥、邓祥征、战金艳等:《锡林河流域综合管理信息系统研发与应用》,《生态学杂志》,2010,29(1)。

黄茁、曹小欢:《流域管理中水质监控技术发展探讨》,《长江科学院院报》,2009,26(2)。

彭顺风、李凤生、黄云等:《淮河流域管理数字化系统框架与方法研究》,《治淮》,2011,(7)。

王金南、吴文俊、蒋洪强等:《中国流域水污染控制分区方法与应用》,《水科学进展》,2013,24(4)。

蓝定香等:《大型国企产权多元化改革》,人民出版社2012年版。

林学钰、廖资生、苏小四、钱云平:《黄河流域地下水资源及其开发利用对策》,《吉林大学学报(地球科学版)》,2006,36(5)。

安新代:《黄河水资源管理调度现状与展望》,《中国水利》,2007(13)。

王启基、来德珍、景增春、李世雄、史惠兰:《三江源区资源与生态环境现状及可持续发展》,《兰州大学学报(自然科学版)》,2005,41(4)。

马明辉:《浅议甘肃区域经济可持续发展的路径》,《西北民族大学学报(哲学社会科学版)》,2014(1)。

杨春英:《青海区域经济协调发展的统筹性分析》,《青海师范大学学报(哲学社会科学版)》,2006(4)。

张进海、刘天明、李文庆、张哲、王林伶:《银鄂榆三角区域经济发展战略研究》,《宁夏社会科学》,2010(6)。

李云玲、汪党献、张敏秋:《蒙陕甘宁能源金三角地区水资源需求分析与保障对策》,《水电能源科学》,2012(6)。

荆新爱:《黄河上游主要用水区用水特性及用水规律分析》,《第十一届全国水动力学学术会议暨第二十四届全国水动力学研讨会并周培源诞辰110周年纪念大会文集》（下册），海洋出版社2012年版。

彭勃、王化儒、王瑞玲、韩艳丽、黄文海、朱彦峰：《黄河下游河流健康评估指标体系研究》，《水生态学杂志》，2014，35（6）。

王宏乾：《黄河下游引黄供水规模变化及影响因素分析》，西安理工大学，2007。

钱万钧、张恒涛：《对黄河下游水资源管理的几点认识》，《科技信息》，2009（7）。

陈永奇：《黄河水权制度建设与黄河水权转让实践》，《水利经济》，2014，32（1）。

马云、苏立宁、马如国：《宁夏水权转换工作进展及水权交易工作设想》，《中国水利》，2015（12）。

王宝林：《内蒙古水权转让实践与下一步工作思路》，《水利发展研究》，2014，14（10）。

王亚华、田富强：《对黄河水权转换试点实践的评价和展望》，《中国水利》，2010（1）。

黄利：《宁夏盐池扬黄灌区水权到户试点主要做法及成效》，《中国农村水利水电》，2015（3）。

黄昌硕、耿雷华：《基于“三条红线”的水资源管理模式研究》，《中国农村水利水电》，2011（11）。

李令跃、甘泓：《试论水资源合理配置和承载能力概念与可持续发展之间的关系》，《水科学进展》，2000，11（3）。

李伟：《加快贵州航运发展的思考》，《中国水运》（下半月），2013（6）。

漆先望：《优化资源配置加快构建枢纽》，《四川党的建设》（城市版），2009年（8）。

川南国土规划课题组：《四川省川南地区国土综合开发规划》，成都科教印刷厂，1988年印刷。

《国务院办公厅转发国家计委和水电部关于黄河可供水量分配方案报告的通知》（国办发［1987］61号）。

马晓强、韩锦绵：《我国水权制度60年：变迁、启示与展望》，《生态经济》，2009（12）。

王亚华：《水权解释》，上海人民出版社2005年版。

杨士坤、牛富：《实践水权水市场理论，积极探索解决漳河水事纠纷的新途径》，《海河水利》，2004（2）。

张瑞美、尹明万、张献锋、闫莉：《我国水权流转情况跟踪调查》，《水利经济》，2014（1）。

朱珍华：《论我国水权转让的性质》，《吉首大学学报》（社会科学版），2014（9）。

李晶：《我国水权制度建设进展与研判》，《水利发展研究》，2004（1）。

孙翠萍:《周恩来与东深工程》,《中华魂》,2012 年(18)。

邝伟轩:《东江水供应确保港够食水》,《香港商报》,2015.03.04。

周志翔:《宁夏水权转换成效明显》,《银川晚报》,2015.08.12。

汪开宏:《石羊河流域凉州区水权制度改革的思考》,《中国农村水利水电》,2010(9)。

米方杰:《新密向平顶山买水“解渴”》,《东方今报》,2015.11.27。

彭巍、徐明:《江西今年将开展水权改革试点》,《新法制报》,2015.01.20。

水利部黄河水利委员会编:《黄河水权制度转换制度构建及实践》,黄河水利出版社 2008 年版。

裴云云:《我区水资源使用权改革全面启动》,《宁夏日报》,2015.08.18。

黄本胜、芦妍婷、洪昌红、邱静:《广东省水权交易制度建设及试点若干问题探讨》,《水利发展研究》,2014(10)。

黄本胜、洪昌红、邱静、芦妍婷、赵璧奎:《广东省水权交易制度研究与设计》,《中国水利》,2014(20)。

水利部黄河水利委员会编:《黄河水权转换制度构建及实践》,黄河水利出版社 2008 年版。

汪恕诚:《水权和水市场——谈实现水资源优化配置的经济手段》,《中国水利》,2000(11)。

闵祥鹏、徐玉昌、李谢辉:《水权制度的反思与重构——基于黄河流域水资源利用现状的分析》,《人民黄河》,2012(10)。

贾科华:《水权制度建设难以一蹴而就——专访中国工程院院士、中国水科院水资源所所长王浩》,《中国能源报》,2014.09.22。

李雪松:《论水资源可持续利用的公平与效率》,《生态经济》,2001(12)。

李雪松:《中国水资源制度研究》,武汉大学出版社 2006 年版。

孙春芳:《水利部部署水权市场建设》,《21 世纪经济报道》,2014.06.24。

王忠静、王光谦、王建华、王浩:《基于水联网及智慧水利提高水资源效能》,《水利水电技术》,2013(1)。

王赫:《我国水权制度完善的法律思考》,《甘肃政法学院学报》,2007(2)。

宁立波、徐恒力:《水资源自然属性和社会属性分析》,《地理与地理信息科学》,2004(1)。

林凌、刘宝珺主编:《南水北调西线工程备忘录》,经济科学出版社 2006 年版。

南焱:《南水北调东线遭遇高水价难题》,《中国经济周刊》,2014(2)。

姜辰:《我国再生水利用率仅占污水处理量 10%》,《经济参考报》,2014.04.14。

杨传敏:《四川沱江流域因污染成癌症高发地区》,《南方都市报》,2007.11.07。

吕兰军:《基层水资源管理面临的机遇》,《水资源研究》,2010(3)。

陈雷:《新时期治水兴水的科学指南——深入学习贯彻习近平总书记关于治水的重要论述》,《求是》, 2014 (15)。

赵业安:《黄河水情沙情新变化与黄河水资源开发利用》,《西部研究通讯》, 2014 (4)。

陈进:《长江生态系统特征分析》,《长江科学院院报》, 2015 (6)。

陈德敏、谭志雄:《长江上游流域综合开发治理思路与实现路径研究》,《中国软科学》, 2010 (11)。

蒋文华:《保护长江自然生态恢复长江生命之网》,《民主与科学》, 2015 (4)。

王润、方晓、蔡爱玲:《构建长江经济带环保区域协调机制的思考》,《中国国情国力》, 2016 (5)。

张彤:《论流域经济发展》, 四川大学博士论文, 2006。

马建华:《建设长江经济带的水利支撑与保障》,《人民长江》, 2014 (5)。

付丽丽:《长江经济带定调绿色——解读长江经济带发展规划纲要》,《科技日报》, 2016.04.18。

刘世庆:《南水北调西线工程新情况及调水思考》,《工程研究: 跨学科视野中的工程》, 2014 (4)。

刘世庆、林凌、齐天乐、邵平桢、付实:《长江流域上游纵深开发与源头航运中心建设》,《生态经济》, 2014 (3)。

刘世庆、林凌、齐天乐等:《金沙江经济区的构想与现实: 长江经济带建设从三段规划走向四段部署新阶段》,《经济与管理评论》, 2014 (4)。

张兆安:《加强长江流域水资源保护》,《联合时报》, 2016.04.19。

王海平:《长江经济带规划纲要发布突出生态环境保护》,《21 世纪经济报道》, 2016.09.12。

林凌:《西线工程六年观察》,《西部研究通讯》, 2014 (9)。

何大明等:《TVA 与澜沧江流域的综合开发与管理研究》,《云南地理环境研究》, 1994 (2)。

葛颜祥、胡继连、接玉梅:《黄河水权市场的建设及其作用研究》,《中国农村经济》, 2002 (4)。

李文华、金陵、徐勇:《流域开发与管理——美国田纳西河流域与中国乌江流域对比研究》, 贵州人民出版社 1989 年版。

谢世清:《美国田纳西河流域开发与管理及其经验》,《亚太经济》, 2013 (2)。

杨朝晖、褚俊英、陈宁等:《国外典型流域水资源综合管理的经验与启示》,《水资源保护》, 2016, 32 (3)。

谈国良、万军:《美国田纳西河的流域管理》,《中国水利》, 2002 (10)。

朱欣民:《落后地区开发的国际比较研究》, 四川人民出版社 2006 年版。

J.艾捷尔、赵一凡编:《美国赖以立国的文本》，郭国良译，海南出版社 2000 年版。

[美] 拉尔夫·德·贝茨:《1933—1973 美国史》(上卷)，南京大学历史系英美对外关系研究室译，人民出版社 1984 年版。

应定华:《美国田纳西河流域电力开发而促进经济发展的经验借鉴》,《能源研究与信息》，1990(2)。

威廉·爱·洛克滕堡:《罗斯福与新政 1932—1940 年》，朱鸿恩等译，商务印书馆 1993 年版。

罗志高、刘勇等:《国外流域管理典型案例研究》，西南财经大学出版社 2015 年版。

许洁:《国外流域开发模式与江苏沿江开发战略(模式)研究》，东南大学硕士学位论文，2004。

刘健:《莱茵河流域的开发建设及成功经验》,《世界农业》，1998(2)。

Don Blackmore:《墨累—达令河流域管理的关键——汇流区域一体化管理》,《中国水利》，2003.11。

高琪、杨鹤:《墨累—达令河流域管理模式研究》,《法制与社会》，2008 年 01。

刘世庆、巨栋等:《中国水权制度建设考察报告》，社会科学文献出版社 2016 年版。

胡德胜、陈冬:《澳大利亚水资源法律与政策》，郑州大学出版社 2008 年版。

沈满洪:《论水权交易与交易成本》,《人民黄河》，2004(7)。

傅涛、杜鹏等:《法国流域水管理特点及其对中国现有体制的借鉴》,《水资源保护》，2010(5)。

让-保罗·布拉瓦尔、蔡宗夏:《法国罗纳河及其流域整治》,《世界地理研究》，2015(1)。

石秋池:《法国的流域管理》,《水资源保护》，1997(1)。

韩瑞光、马欢、袁媛:《法国的水资源管理体系及其经验借鉴》,《水资源管理》，2012(11)。

王勇:《浅析法国流域治理的政府间协调机制》,《大连干部学刊》，2009(8)。

王海等:《法国水资源流域管理情况简介》,《水利发展研究》，2003(8)。

冯尚友:《水资源持续利用与管理导论》，科学出版社 2000 年版。

王洪昌、李春玲等:《国外江河水利开发》，黄河水利出版社 2001 年版。

杨桂山、于秀波等:《流域综合管理导论》，科学出版社 2004 年版。

陈宜瑜、王毅等:《中国流域综合管理战略研究》，科学出版社 2007 年版。

甘露:《美国流域管理经验借鉴——赴美培训考察报告》,《贵州林业科技》，1995(4)。

史璇、赵志轩等:《澳大利亚墨累—达令河流域水管理体制对我国的启示》,《干旱区研究》，2002 年 5 月。

Perri .Towards Holistic Governance: The New Reform Agenda.New York：Palgrave，2002， pp.28- 31, p.29.

Cai, X., Vogel, R., and Ranjithan, R. (2013) . “Special Issue on the Role of Systems Analysis in Watershed Management.” J. Water Resour. Plann. Manage., 139 (5) , pp. 461—463.

Mohammed I. Mahmoud, Hoshin V. Gupta, Seshadri Rajagopal, Scenario development for water resources planning and watershed management: Methodology and semi-arid region case study, Environmental Modelling & Software, Volume 26, Issue 7, July 2011, pp. 873—885.

Nicklow, J., et al, (2010). “State of the art for genetic algorithms and beyond in water resources planning and management.” J. Water Resour. Plann. Manage., 136 (4) , pp. 412—432.

Juan Camilo Cardenas, Luz Angela Rodriguez and Nancy Johnson (2011) . Collective action for watershed management: field experiments in Colombia and Kenya. Environment and Development Economics, 16, pp. 275—303.

L. German, Hussein Mansoor, Getachew Alemu, Waga Mazengia, T. Amede, A. Stroud, Participatory integrated watershed management: Evolution of concepts and methods in an ecoregional program of the eastern African highlands, Agricultural Systems, Volume 94, Issue 2, May 2007, pp. 189-204.

Wouters, P., et al., The New Development of Water Law in China. University of Denver Water Law Review, 2004. 7 (2) : pp. 243—308.

Shen, D.J. and B. Liu, Integrated urban and rural water affairs management reform in China: Affecting factors. Physics and Chemistry of the Earth, 2008. 33 (5) : pp. 364—375.

Chong, H. and D. Sunding, Water markets and trading. Annual Review of Environment and Resources, 2006. 31 : pp. 239—264.

Turral, H.N., et al., Water trading at the margin: The evolution of water markets in the Murray-Darling Basin. Water Resources Research, 2005. 41 (7).

Water Entitlements and Trading Project, Water Entitlements and Trading Project (WET Phase 2) Final Report. 2007, Ministry of Water Resources, People' s Republic of China and Department of Agriculture, Fisheries and Forestry, Australian Government: Beijing and Canberra.

Daniel Schaffer. Managingthe Tennessee River: Principles, Practice, and Change. The Public Historian, Vol.12,No.2, (Spring1990) , pp. 7—29.

Robert D. Leighninger Jr. Long-rang Public Investment: the Forgotten Legacy of the New Deal. Colombia, South Carolina; University of South Carolina Press, 2007, p. 104.

Owen, A.L.Riesch. Conservation under F.D.R...New York, N.Y.: Praeger, 1983, pp.14—15.

Robert D. Leighninger. Long–rang Public Investment：the Forgotten Legacy of the New Deal. Colombia，South Carolina：University of South Carolina Press，2007. p.112.

F，W.Reeves. Social–Economic Development in the Tennessee Valley. Journal of Educational Sociology，Vol.8，No.5，Some Educational Implications of the Tennessee Valley Authority（Jan.，1935），pp.226—277.

Brian G. Baillie；Environmental Law and Litigation in the United States：An Australian's ImpressionsofAmerica'sNewLegal Frontier。5ENVTL. & PLAN.L.J.14.15（1988）.

后　记

本报告为国家社科基金重大项目《我国流域经济与政区经济协同发展研究》（编号 12&ZD201）最终成果。本成果的突出特点是从问题出发和多学科合作，正如林凌教授在序言所言：这是一部跋山涉水、深入典型案例调查、研究机构与实际部门合作而完成的考察报告和研究成果。课题组在四年多的研究工作中，多次深入黄河、长江、珠江、西北内陆河等流域考察调研，多次前往水利部、黄河委、长江委、珠江委座谈请教，探讨我国流域经济与政区经济协同发展的经验教训，力图在探寻基本规律、中国特色、制度建设诸方面贡献一份力量。

全部研究由刘世庆、林凌牵头和组织，共设置一个总报告、8个分报告、6个专题报告。总课题负责人：刘世庆、林凌、巨栋、郭时君；子课题负责人：许英明、刘立彬、付实、邵平桢、蓝定香、张志英、齐天乐、林睿；课题总顾问：林凌、魏后凯、姜兆雄、张克俊、马光文。各章撰稿人：第一篇第一章：刘立彬；第二章：林睿、郭时君；第三章：郭时君；第四章：刘世庆、巨栋、林睿；第二篇第五章：许英明；第六章：付实；第七章：蓝定香；第八章：张志英、夏丽苹、刘若杉；第三篇第九章：邵平桢；第十章：王雨、林睿；第十一章：刘世庆、齐天乐；第十二章：宁远；第十三章：刘世庆、巨栋；第四篇第十四章至第十七章：齐天乐；第十八章：齐天乐、胡洹、唐佳路。全书由刘世庆、林凌、巨栋统稿。

本研究的调研和完成要特别感谢：水利部、黄委会、长江委、珠江委、石羊河流域管理局、甘肃张掖水务局、内蒙古水利厅、鄂尔多斯市水务局、巴彦淖尔市水务局、宁夏社科院、宁夏水利厅、宁夏盐池水务局、广东省水利厅、广东省水科院、惠州市水务局、河源市水务局、东江流域管理局、河南省水利厅、南水北调中线工程管理局、平顶山市水利局、邓州市水利局、新密市水利局、四川省水利厅等给予的大力帮助，他们不仅给予无私且十分耐心的指导，而且共同完成部分章节的研究和撰写。

本研究撰写中参阅和吸收了大量国内外研究成果和各方面资料数据，在此一并表示衷心感谢！

本研究结题后，课题组将根据评审意见和出版社意见做进一步提升工作。本研究专题领域新，内容广，研究难度大，尽管在研究过程中我们始终兢兢业业，力求精益求精，但由于专业水平、研究能力和时间资料所限，不足或错误之处在所难免，衷心希望评委专家提出宝贵意见。

课题组

2017 年 5 月 8 日

策　　划：张文勇
责任编辑：孙　逸
封面设计：刘芷涵

图书在版编目（CIP）数据

中国流域经济与政区经济协同发展研究 / 刘世庆等著．—北京：人民出版社，2019.3

ISBN 978-7-01-020190-0

Ⅰ．①中…　Ⅱ．①刘…　Ⅲ．①流域经济—区域经济发展—研究—中国　Ⅳ．①F127

中国版本图书馆 CIP 数据核字（2018）第 285426 号

中国流域经济与政区经济协同发展研究

ZHONGGUO LIUYU JINGJI YU ZHENGQU JINGJI XIETONG FAZHAN YANJIU

刘世庆　许英明　巨栋　等◎著

人民出版社 出版发行
（100706　北京市东城区隆福寺街 99 号）

北京新华印刷有限公司印刷　　新华书店经销

2019 年 3 月第 1 版　2019 年 3 月北京第 1 次印刷
开本：787 毫米 ×1092 毫米 1/16　印张：32.25
字数：683 千字

ISBN 978-7-01-020190-0　定价：98.00 元

邮购地址 100706　北京市东城区隆福寺街 99 号
人民东方图书销售中心　电话（010）65250042　65289539

218058063